河北大学历史学强势特色学科学术出版基金资助

汉书学史
（现当代卷）

杨倩如 著

人民出版社

《河北大学历史学丛书》出版缘起

河北大学的前身，是成立于 1921 年的天津工商大学，后改称天津工商学院、津沽大学、天津师范学院、天津师范大学。1960 年定名为河北大学，1970 年从天津迁至古城保定。河北大学的历史学科，创建于 1945 年天津工商学院的史地系，侯仁之院士出任首届系主任。聘请齐思和教授讲授中国通史，1946 年 9 月至 1948 年先后由方豪、王华隆任系主任。1949 年 1 月天津解放，钱君晔任系主任。1952 年王仁忱出任系主任。1953 年史地系分为历史系和地理系。在 20 世纪 50—60 年代，河北大学历史学科以拥有漆侠、李光璧、钱君晔、傅尚文、周庆基、乔明顺、葛鼎华等史学专家，与北京大学、南开大学等创办《历史教学》杂志而著称于世。改革开放以来，河北大学历史学科再创佳绩，获得全国第二批、河北省第一个博士点，建成全国宋史界唯一的教育部"省属高校人文社会科学重点研究基地"。中国宋史研究会秘书处挂靠于此，并负责编辑出版《宋史研究通讯》。2005 年以来，又获得中国近现代史博士点，历史学一级学科博士点，建成历史学博士后科研流动站，河北大学历史学科被评定为河北省强势特色学科，2009 年 1 月河北大学历史学院成立，本学科获得空前大的支持力度，迎来更新更好的发展机遇。2011 年全国学科调整后，中国史成为一级学科博士点，世界史、考古学成为一级学科硕士点，另有中国史博士后科研流动站。宋史研究中心和历史学院的关系是"各自独立，资源共享，密切合作，共建历史学科"；目前共有教职员工 60 余人，下设"三系七所"等教学研究机构。在继续编印《宋史研究论丛》（CSSCI 来源集刊）和《宋史研究丛书》的同时，我们决定隆重推出《河北大学历史学丛书》。该丛书编委会成员除河北大学历史学强势特色学科建设领导小组外，主要有：郭东旭、刘敬忠、郑志廷、汪圣铎、张家唐、闫孟祥、刘秋根、刘金柱、吕变庭、杨学新、雷戈、肖爱民、肖红松等先生。

　　研究历史，教书育人，奉献社会，是我们的天职。

　　不吝赐教，日新月进，臻于完善，是我们的期待。

　　最后，衷心感谢各级领导和各位专家对本学科的长期厚爱和支持。特别鸣谢人民出版社对《河北大学历史学丛书》的鼎力襄助。

　　　　　　　　　教育部省属高校人文社会科学重点研究基地
　　　　　　　　　河北大学宋史研究中心
　　　　　　　　　河北大学历史学院
　　　　　　　　　河北大学历史学强势特色学科建设领导小组
　　　　　　　　　组长：姜锡东
　　　　　　　　　成员：王菱菱、范铁权、丁建军

序

王子今

　　中国第一部完整的断代史《汉书》，是公认的史学经典。人们都注意到，由于作者班固生活在儒学确立意识形态主导地位的东汉时期，历史观受到儒家正统思想的影响，以致《汉书》的历史批判精神显得较《史记》逊色。然而这部史学巨著的完成，体现出司马迁之后又一位史学大家的思想和学术个性。班固有意补足《史记》"太初以后，阙而不录"的缺憾，其学术风格也自有优长，如《后汉书》卷40《班固传》所说，其序事"不激诡，不抑抗，赡而不秽，详而有体，使读之者亹亹而不猒"。比较马班、《史》《汉》，是历代学者热议的话题。宋代思想家朱熹说："《太史公书》疏爽，班固《书》密塞。"（《朱子语类》卷6）明代学者王鏊写道："《史记·董仲舒传》不载《天人三策》，贾谊与屈原同传，不载《治安》等疏，视《汉书》疏略矣。盖《史记》宏放，《汉书》详整，各有所长也。"（《震泽长语》卷下）黄淳耀说："马疏班密，向有定论。"但是又指出："然亦论其行文耳，其叙事处互有疏密。"（《陶庵全集》卷4）邱逢年《史记阐要·班马优劣》又作了这样的总结："《史记》变化，《汉书》整齐；《史记》宕逸，《汉书》沈厚。"杨慎则以李杜诗风比喻《史》《汉》："余谓太白诗，仙翁剑客之语；少陵诗，雅士骚人之词。比之文，太白则《史记》，少陵则《汉书》也。"《四库全书总目提要》卷首三《凡例》也有"马班之史，李杜之诗"的说法。

　　《汉书》研究，是文献学与史学史研究的重要主题。《汉书》行文有喜用古字古训的特点，读来往往辞义艰涩，多有难解之处。成书不久，服虔、应劭已经开始为《汉书》注音释义。魏晋南北朝以后出现的《汉书》音注研究论著更多。赵翼《廿二史札记》说，隋唐时代，"《汉书》之学大行。"颜师古《汉书叙例》列有《汉书》注家凡23家。据《新唐书》

卷 44《选举志上》记载，当时科举考试科目中，是包括史学内容的。而《汉书》，是所"试"主题之一。关于宋代的"《汉书》学"，《宋史》卷319《刘奉世传》中可以看到这样的记载："奉世优于吏治，尚安静，文词雅赡，最精《汉书》学。"据说苏轼读《汉书》并总结出治学经验："尝有人问于苏文忠公曰：'公之博洽可学乎？'曰：'可。吾尝读《汉书》矣，盖数过而始尽之。如治道、人物、地理、官制、兵法、货财之类，每一过专求一事，不待数过而事事精核矣。参伍错综，八面受敌，沛然应之而莫御焉。'此言也虞邵庵常举以教人，诚读书之良法也。"（〔明〕杨慎：《丹铅余录》卷 10）北宋著名文学家黄庭坚也曾经说到读《汉书》的情景："每相聚，辄读数叶《前汉书》甚佳。人胸中久不用古今浇灌之，则俗尘生其间。照镜则觉面目可憎，对人亦语言无味也。"（《山谷集》外集卷 10《与宋子茂书》）洪迈曾经评价《汉书》的学术品质："班固著《汉书》，制作之工，如英茎咸韶，音节超诣。后之为史者莫能及其髣髴，可谓尽善矣。"（《容斋随笔》三笔卷 2"《后汉书》载班固文"条）这当然是倾心研读的体会。清代朴学学者重视《汉书》学。他们完成的比较重要的《汉书》研究资料，可以简略列举如下数种：

1. 王念孙《读书杂志·汉书杂志》；2. 沈钦韩《汉书疏证》；3. 周寿昌《汉书注校补》；4. 钱大昭《汉书辨疑》；5. 朱一新《汉书管见》；6. 沈家本《汉书琐言》；7. 王先谦《汉书补注》。

王先谦的《汉书补注》无疑是《汉书》学研究最重要的成果。其中所征引的《汉书》学研究专著多达 67 家。

《汉书》学的学术源流清朗，学术层次明晰，学术积累深厚，学术创获丰富，在中国传统正史文献研究的系列中形成独自的品质和格局，值得学界珍视。

20 世纪以来，中国文献学与中国史学史研究进入新的境界。事实上，历代对于《史》《汉》的研究，确有重《汉》轻《史》的传统（周洪才：《历代〈汉书〉研究述略》，《齐鲁学刊》1987 年 3 期），然而进入 20 世纪之后，这一倾向竟急骤扭转，又出现了重《史》轻《汉》的偏向。据统计，1900 年至 1990 年"司马迁与《史记》"研究专著出版 102 种，"班固与《汉书》"研究专著则不过 33 种。（张传玺主编：《战国秦汉史论著续编》，北京大学出版社 1992 年版，第 787—793 页）这当然只是不完全的统计，而《史记》研究成果显然遗漏更多。重《史》轻《汉》倾向发生的原因，有学者曾经这样分析："《史记》在思想性、开创性、文学性方面远胜于《汉书》确是主因。"（周洪才：《历代〈汉书〉研究述略》，《齐鲁学刊》1987 年 3 期）其实，思想史学者、史学史学者和文学史学者的广泛参与所体现的，还只是表面的和浅层的现象。从历史文献研究的角度来说，似乎还应当深刻检讨 100 年来对于朴学传统的贬斥，对于实证主义学风的背弃。现当代《汉书》研究的成就虽然在数量上未能与《史记》研究并重，但是仍然有若干学术精品发表，新的研究方法的发明和应用，也体现出无愧于这一进取的时代的科学价值。

杨倩如博士潜心多年从事"《汉书》学"学术史研究。终于面世的《汉书学史（现当代卷）》是她累年学术思考所得收获的总结。

《汉书学史（现当代卷）》介绍了《汉书》在东亚和欧美的研究概况。对于 20 世纪中国的《汉书》研究，则区分"20 世纪前期"（1900—1949）、"20 世纪中期"（1950—1979）、"20 世纪后期"（1980—2000），分别论说。对杨树达《汉书窥管》、陈直《汉书新证》等名著均有所分析评价。"岑仲勉的《汉书》研究"、"冉昭德的《汉书》研究"，以往治《汉书》学术史者涉及不多，杨倩如都进行了有价值的说明和评断。其中"冉昭德的《汉书》研究引发的争论"一节，读来可以对《汉书》研究史的一个特殊情节有所反思。作者写道，据冉昭德日记显示，"标点《汉书》的'出版说明'原本指定由他撰写，但 1962 年中华书局出版的《汉书》却未采用其原稿，而是进行了大幅修改，强调'只有运用辩证唯物论和历史唯物论，彻底批判《汉书》中的反动儒家思想，正确处理这些史料，才能对西汉历史作出科学的总结，为巩固无产阶级专政服务'。"显然，《汉书学史（现当代卷）》作者是在全面的资料准备工作的基础上进行认真的分析的。

作者在《汉书学史（现当代卷）》的最后一部分又专辟一章言"新世纪的《汉书》研究（2001 年至今）"，也是有意义的。有关"利用出土文物和最新的考古成果"以及"构建现代'汉书学'的理论体系"等意见，都是有价值的中肯的建议。

《汉书》的作者虽然是以记述西汉历史为任务，但是全书内容也包括刘邦集团反秦并战胜项羽集团创建汉王朝的历史，自然涉及秦史及秦汉之际的历史，对于新莽史的记录，也是最为完整的。作为秦汉史研究者，我们重视《汉书》的史料价值，也不能不密切关注《汉书》研究的学术动向。而自己研读《汉书》的若干片断点滴的学术心得，或许也可以在一定意义上有益于《汉书》研究的推进。正是在这样的认识基础上，我以为《汉书学史（现当代卷）》的学术意义应予肯定。

谨此祝贺《汉书学史（现当代卷）》面世。同时也相信杨倩如博士会以诚恳的态度面对学界的检验。

王子今
2018 年 8 月 23 日于北京大有北里

目　录

绪　论

　　《汉书》是中国第一部纪传体断代皇朝史。自成书以来，在学术史和文化史上享有尊崇的地位。"二十六史"中有 19 部仿照它的体例编撰①，《汉书》因此成为中国古代官修正史的范本，被历代史家、学者视为"命代之奇作"、"五经之亚"而"共行钻仰"。历代均有人对《汉书》进行注释、校勘、评点、刊刻、改编和研究，产生了许多令人瞩目的学术成果，从而形成了一项"专门之学"——"汉书学"。

　　古代"汉书学"成果丰硕、名家辈出，是中国传统史学的一个重要组成部分，学界对其总体成就和专项研究进行了较为充分的梳理和总结。20 世纪以降，西方学术思潮的引进带来了研究理论、方法的更新和现代学术体系的建立，"汉书学"从传统经、史、子、集的分类体系——"史部"的一项专门之学，逐步演化为现代文、史、哲学科体系中历史学所属之中国史学史、秦汉史等分支学科的研究课题。然而，至今尚未有人对古今"汉书学"的研究状况与发展进程进行专门考察，对于 20 世纪以来数量众多的《汉书》研究成果之重视和利用尤嫌不足。

　　当前，对《汉书》文本、作者及其研究成果进行全面、系统、深入的研究，在此基础上明确"汉书学"的概念范畴、理论体系、研究方法和发展路径，是一个具有学术价值和现实意义的课题。有鉴于此，本课题拟对 20 世纪以来的《汉书》研究成果进行全面、系统的总结、梳理，回顾《汉书》研究的总体态势，对其中有代表性的成果、研究者和研究机构进行评述，以期在此基础上对现当代"汉书学"作宏观的理论建构和前景展望。

---

　　①　这 19 部纪传体史书为：《后汉书》、《晋书》、《宋书》、《南齐书》、《梁书》、《陈书》、《魏书》、《北齐书》、《周书》、《隋书》、《旧唐书》、《新唐书》、《宋史》、《辽史》、《金史》、《元史》、《明史》、《清史稿》、《新元史》。

第一节　中国传统"汉书学"发展概述

《汉书》自开始流传即具有很高声誉，《后汉书·班固传》云："当世甚重其书，学者莫不讽诵焉。"学者们研读《汉书》蔚然成风，自东汉中后期便开始有人对其加以注释，之后历代史家、学者推崇《汉书》，纷纷对其进行改编、注释、考订、评议，最终发展成为一门发达的"汉书学"。

一、"汉书学"的兴起（东汉魏晋南北朝）："当世甚重其书，学者莫不讽诵焉"

东汉魏晋南北朝是"汉书学"的兴起与形成阶段。这一时期的主要成就在于音义研究，其中一方面是由于《汉书》好用古字、行文简奥，学者以注经方式研治《汉书》，可获得较大的学术发挥空间；另一方面，则是受到汉末以降经学研究相对式微、史学研究走向独立发展的学术大势之影响。这一时期《汉书》音义研究主要表现为两种形式：一是以师法口授来传习《汉书》。如马融从班昭受读[1]、蔡邕师事胡广问《汉书》以补《汉志》[2]、张休从张昭受读以授孙登[3]、刘殷以《汉书》为家学授其子[4]、陆士季从顾野王学习《汉书》[5] 等。这种形式多见于汉末魏晋之际，目的在于通晓《汉书》文意，就研读《汉书》中遇到的问题进行探讨、解惑，并"习知近代（西汉）之事"。这在某些方面已初步具有了研究性质，对后来专门的音义研究产生了一定影响。二是专门以《汉书》注释为业。已知最早注释《汉书》的人是汉桓帝时的延笃[6]，其他注家有荀悦、服虔、应劭、伏俨、刘德、郑德、李斐、李奇、邓展、文颖、张揖、苏林、张晏、如淳、孟康、项昭、韦昭、晋灼、刘宝、

---

① 《后汉书》卷84《列女传·曹世叔妻传》。
② 《后汉书》卷60下《蔡邕传》注《邕别传》，《续汉书·祭祀志下》注补引蔡邕《表志》。
③ 《三国志》卷59《吴书·吴主五子传·孙登传》。
④ 《晋书》卷88《孝友传·刘殷传》。
⑤ 《旧唐书》卷188《孝友传·陆南金传》。
⑥ 李奇注《汉书·天文志》"流星下燕万载宫极"下引"延笃谓之堂前阑盾也"。

臣瓒、郭璞、蔡谟、崔浩①，以及项岱、刘显、韦稜、顾野王、崔慰祖、诸葛亮、刘孝标（刘峻）、陆澄、梁元帝（萧绎）、姚察等。其中尤以服虔、应劭、晋灼、臣瓒、蔡谟等为名家。

东汉魏晋南北朝时期，《汉书》成为文人学者关注的对象，出现了许多精熟《汉书》并专门从事抄录、参校的学人。《汉书》亦成为这一时期士人切磋学术、文化交流的媒介。如西晋贾谧请左思讲授《汉书》②；南朝刘显考察韦载有关《汉书》的知识③；以治《汉书》闻名的南朝学者姚察出使北朝，刘臻私下向其请教《汉书》问题十余条④。在两国敌对的状态下，一方学者不避嫌疑、虚心求教，另一方耐心解答、诲人不倦，此事"成为了南北朝时南北之间文化交流的佳话"⑤。尤其值得关注的是，班固和《汉书》成为当时品鉴学者才情的依据。如谢灵运认为殷仲文善属文但读书少，"若殷仲文读书半袁豹，则文才不减班固"；⑥ 崔㥄素与魏收不协，"收既专典国史，㥄恐被恶言，乃悦之曰：'昔有班固，今则魏子。'收笑而憾不释"。⑦《汉书》的学术魅力，由此可窥一斑。

统治者也十分重视《汉书》，将其视为必读的历史教材。例如东汉末年，汉献帝因《汉书》篇幅太长、难以遍览，而令荀悦改作《汉纪》；⑧ 三国时期，吴主孙权不仅自己研读"三史"（《史记》《汉书》《东观汉记》），还让太子和臣下阅读《汉书》；⑨ 蜀主刘备临终遗诏，敕谕后主刘禅专读《汉书》。⑩ 又如十六国时期，匈奴左贤王刘宣"每读《汉书》，至萧何、邓禹传，未曾不反覆咏之，曰：'大丈夫若遭二祖，终不令两公独擅美于前矣！'"后赵

　　① 上举23家为颜师古《汉书叙例》中所列。另据孙钦善考证，这23家除荀悦与崔浩外，"其他皆为《汉书》的直接注家"。孙钦善：《汉末魏晋时期〈汉书〉注家考略》，《历史文献研究》（北京新二辑），北京燕山出版社1991年版，第35页。
　　②《晋书》卷92《文苑传》。
　　③《陈书》卷18《韦载传》。
　　④《陈书》卷27《姚察传》。
　　⑤ 陈其泰：《再建丰碑——班固和〈汉书〉》，生活·读书·新知三联书店1994年版，第273页。
　　⑥《晋书》卷99《殷仲文传》。
　　⑦《北齐书》卷23《崔㥄传》。
　　⑧《后汉书》卷62《荀悦传》。
　　⑨《三国志》卷52《张休传》。
　　⑩《三国志》卷32《先主传》。

主石勒"常使人读《汉书》，闻郦食其劝立六国后，大惊曰：'此法当失，何得遂成天下？'"①

在统治者与文人推崇《汉书》的同时，《汉书》也开始在民间广为传播。被学者称为"俗说"和"世俗传道"的民间通俗讲史活动，对《汉书》的传播产生了重要影响。文人学者开始有意识地收集、整理、编辑与《汉书》有关的史料、传说及各种异闻轶事，并在此基础上出现了专门吟咏、记述西汉人物、故事的诗歌、散文、笔记、小说，构成了《汉书》早期传播的成果。②

二、"汉书学"的繁荣（隋唐）："至于专门受业，遂与《五经》相亚"

隋唐时期的《汉书》研究成就斐然，"汉书学"成为一门发达的学问。唐代史学家刘知幾概述唐前学者尊奉《汉书》的情况："始自汉末，迄乎陈世，为其注解者凡二十五家，至于专门受业，遂与《五经》相亚。"③ 这是将《汉书》推崇到仅次于儒家五经的地位，究其原因，在于长期以来官方的大力支持：或指派学者专事研读或改编，如东汉时期马融执弟子礼受《汉书》，荀悦受命将《汉书》改编为《汉纪》；或由统治者亲自倡导诵读并推动研究，如《梁书》载刘之遴受皇太子之命与众学者参校《汉书》真本，唐代颜师古受太子之命注《汉书》。此外，梁元帝萧绎曾亲注《汉书》，唐代亦出现了君主亲自铨定的《御铨定汉书》（《新唐书·艺文志二》）。"汉书学"一词，就是在这一时期形成的④。标志之一是唐穆宗于长庆三年设"三史"科⑤，将《史记》《汉书》《后汉书》钦定为科举考试的科目及各级学校的专用教材，这说明研读《汉书》已成为读书人步入政坛的途径之一。

"《汉书》之学，隋人已究心，及唐而益以考究为业。"⑥ 隋唐之际"汉书学"兴盛的另一显著标志，是涌现出一批专治《汉书》的学者，有姚察、刘臻、杨汪、萧该、包恺、颜游秦、颜师古、敬播、刘伯庄、刘讷言、秦景通、秦暐等。著有《汉书》研究专著的，有张冲、于仲文、僧务静、李喜、顾胤、

---

① 《晋书》卷105《载记·石勒下》。
② 据笔者统计，东汉魏晋南北朝时期以《汉书》人物、事件为题的诗歌、辞赋、散文计有70余篇，另有笔记、杂传、小说计十余部。
③ （唐）刘知幾：《史通》外篇二《古今正史》。
④ 《新唐书》卷198《儒学传上》。
⑤ 《新唐书》卷44《选举志上》。
⑥ （清）赵翼：《廿二史劄记》卷20"唐初三礼汉书文选之学"。

元怀景、沈遵、李善、姚珽、王勃等；以精通《汉书》闻名的，还有王仲通、阎毗、任希古、王方庆、李德裕、赵弘智、浑瑊、李密、裴炎、郝处俊、郗士美等。这一时期学者从事《汉书》研究仍主要以注疏训释为主，且注重师法传承，"习《汉书》者"如果不经专门宗师指授，"则谓之不经师匠，无足采也"。① 如姚察→姚思廉→姚珽、刘臻→杨汪、萧该→阎毗、王仲通→包恺→李密、顾野王→陆士季、刘讷言→李贤、任希古→王方庆（王綝），等。有些学者为世人所尊崇，号为"宗匠"。如隋代萧该、包恺教授《汉书》，弟子数千，门庭若市；② 另，唐代"为《汉书》学者"刘讷言，"亦为当时宗匠"；③ 再如，世称"大秦君"的秦景通和"小秦君"的秦暐，"当时习《汉书》者皆宗师之"，甚至"非其授者，以为无法云"。④ 以是观之，隋唐时期的"汉书学"，不仅涌现了一些著名学者，而且已形成了若干学派，成为名副其实的"显学"。

颜师古的《汉书注》代表了汉末至唐代《汉书》研究的最高水平，无愧于"班孟坚忠臣"之誉。⑤ 颜师古注《汉书》，是在太子李承乾的支持下，因袭叔父颜游秦《汉书决疑》的成果，遍采前人 23 家注释，撰成《汉书注》，得到了唐太宗的赞许与褒奖。⑥《汉书注》将《汉书》原文 115 卷析成 120 卷，在"文字校勘，史实考订补充，注音释义解字及典章制度注释诸方面都取得了开创性的成就"，"它的问世使《汉书》训读问题基本得到解决"。⑦

刘知幾是第一个对《汉书》进行全面、系统研究的史官与学者。他将《汉书》誉为"五经之亚"，即仅次于儒家"五经"的重要典籍，对《汉书》的编撰体例、结构、论赞、采撰、言辞、叙事、编次等方面的得失优劣，进行了系统的总结和批评，并从历史编撰和政治思潮两个层面，揭示了自魏晋以来《汉书》逐渐显要、至隋唐时期发展成一门繁盛兴旺的"汉书学"之深刻动因，可视为隋唐之际"汉书学"在理论上的总结。

隋唐时期，随着东西方文化交流的深入，《汉书》的传播载体和形式更为

---

① 《旧唐书》卷 189《儒学传上》。
② 《隋书》卷 75《儒林传·包恺》。
③ 《旧唐书》卷 189《儒学传上·刘讷言》。
④ 《旧唐书》卷 189《儒学传上·秦景通》。
⑤ 《旧唐书》卷 76《颜师古传》。
⑥ 《旧唐书》卷 73《颜师古传》。
⑦ 许殿才：《汉书研究的回顾》，《史学史研究》1991 年第 2 期，第 68 页。

多元，地域和受众更为广泛。有学者考察敦煌、吐鲁番出土文献中的《汉书》残卷，指出当时《汉书》已由中原内地传播到了西域广大地区。例如《旧唐书·哥舒翰传》载"翰好读《左氏春秋传》及《汉书》，疏财重气，士多归之"，① 哥舒翰系少数民族将领，此条史料可显示《汉书》在唐代的传播地域之广、受众成分之杂。另，《旧唐书·李光弼传》载"光弼幼持节行，善骑射，能读班氏《汉书》"，② 有学者认为此条史料说明在当时"即使粗通文墨之武人，亦以《汉书》为进学之阶，尤可见《汉书》在'普及教育'中之独特地位"③。上述史料均可证明这一时期《汉书》的传播，不仅打破了地域隔绝，而且超越了种族、文化的界限。

三、"汉书学"的深化（宋元明）："历代之宗《汉书》，至宋尤为盛"

宋元明时期，《汉书》研究获得了多元的发展。官方与知识阶层对《汉书》的推崇与传诵，雕版印刷技术的成熟与发达，极大地推动了《汉书》的传播与研究；传统学术思想演进大势的影响，又使《汉书》研究出现了新动向。

"历代之宗《汉书》，至宋尤为盛。"④ 这一时期《汉书》在统治阶级上层的传播，主要体现在三个方面：一是最高统治者的推崇与研习，二是官方的普及和传授，三是士人阶层的喜爱与颂扬。唐宋以前人们传阅典籍主要依靠手写传抄，此种方式不便于典籍的长时间保存与流传，因为物理上的虫蛀、腐蚀、磨损等损坏现象在所难免，而人为的抄误、窜乱、兵燹等损毁行为也屡见不鲜。宋代雕版印刷技术的成熟与应用，带来了全社会刻书业的繁荣，不仅改善了典籍保存条件，而且使典籍传播的范围与速度也较以前有了很大进步。官方开始组织专人进行镂板刊行，还指定《汉书》为学校的教材和科举的专用史书。《汉书》还成为君臣之间交流、进谏、示意、问对的媒介。不独两宋，辽、金、元虽为异族统治，《汉书》亦作为正史典范被翻译、颁行。

---

① 《旧唐书》卷104。《哥舒翰传》。
② 《旧唐书》卷110。《李光弼传》。
③ 余欣：《中古异相：写本时代的学术、信仰与社会》，上海古籍出版社2011年版，第47页。
④ （明）凌稚隆：《史记评林·序》，天津古籍出版社1998年版。

金朝单子温曾将《史记》、《汉书》译成女真文字，撰成《西汉书译解》；① 金朝又借鉴宋、辽科举制度，将《史记》、两《汉书》等正史作为科举考试的科目和国子监、太学的教材，从而进一步扩大了《汉书》传播的族群和受众。

宋元时期，喜读、精通、收藏《汉书》成为文人士大夫阶层的风尚。宋代文人嗜读《汉书》成癖，如苏舜钦以《汉书》下酒，被传为美谈；② 苏轼曾三抄《汉书》，称自己的渊博源于《汉书》，其研读《汉书》的方法被后世学者视为"读书之良法"。③ 黄庭坚谈及创作要领在于："要读《左氏》、《前汉书》精密。其佳句善事，皆当经心，略知某处可用，则下笔时源源而来。"④《容斋随笔》的作者洪迈以博学著称于世，他一生诵读《汉书》上百遍，盛赞其为著述典范，后之为史者莫能及其仿佛。⑤ 元代著名诗人、画家王冕，隐逸山林、品行高洁，"常着高檐帽，披绿蓑衣，履长齿木屐，或骑黄牛，持《汉书》朗诵，人皆目为狂"⑥。

明代君主自太祖朱元璋起，历代皇帝、宗室、亲藩大多嗜读《汉书》，并以之作为读史论政的教材和依据，"在明朝最高统治者的力行并倡导下，《汉书》被前所未有地推上了政治经典的地位，成为上至皇帝，下至臣民阅读的宝典"。⑦ 明代民间儒士、文人也有阅读《汉书》的爱好，至有读《汉书》30遍者。习读《汉书》、收藏《汉书》成为时尚，宋版《汉书》尤为人所追捧。

宋代参与《汉书》校订、研究且有著作者，计有赵抃、余靖、刘敞、刘攽、刘奉世、吴仁杰、富弼、刘巨容、陈铎，其主要成就体现在版本校勘和专题研究方面。木刻制版便于批量印刷、广泛流传，印刷术的改进有力地推动了宋代《汉书》版本校勘研究的发展。宋人参合众书、详加校勘，"改伪文，补脱文，去衍文"⑧，有正本清源之功，宋版《汉书》因此成为被人们珍视和信赖的典籍。这一时期出现了对《汉志》的专题研究，以王应麟《汉艺

---

① 《金史》卷99《徒单镒传》：（大定）五年，翰林侍讲学士徒单子温进所译《贞观政要》、《白氏策林》等书。六年，复进《史记》、《西汉书》，诏颁行之。

② （宋）龚明之：《中吴纪闻》卷2 "苏子美饮酒"条。

③ （宋）陈鹄：《西塘集耆旧续闻》卷1。

④ （宋）黄庭坚：《山谷老人刀笔》卷3《答曹苟龙》。

⑤ （宋）洪迈：《容斋随笔》卷2 "《后汉书》载班固文"条。

⑥ 《新元史》卷238《文苑传下》。

⑦ 谢贵安：《明代的〈汉书〉经典化与刘邦神圣化的现象、原因与影响》，《长江大学学报》（社会科学版）2008年第2期。

⑧ （清）王鸣盛：《十七史商榷史》，商务印书馆1912年版。

文志考证》为代表。《汉艺文志考证》是第一部系统研究《汉志》的专题著作，王应麟在颜师古注的基础上，编采《诗》、《书》、《礼》、《易》、《乐》、《春秋》、《老子指归》、《素王妙论》、《汉律》、《汉令》、《鬼谷子》、《夏氏日月传》、《甘氏岁星经》、《石氏星经》等儒、道、法、纵横家、天文、历谱、五行经方诸类26部书，补注旧文，开启了《汉志》研究的先河。将史书改编为类书、编纂专书字典和专科目录，也成为这一时期《汉书》专题研究的内容。尤袤《遂初堂书目》所载无名氏《前汉六贴》，将《汉书》分类编辑，是将史书改编为类书的典型例证。陈天麟《前汉古字韵编》将《汉书》中的古字以韵编排，是一部专书字典，易于翻检，为人们研究《汉书》提供了便利。另外，高似孙《史略》（卷二）辑录了历代《汉书》研究重要学者的注解和相关论著的目录、版本等情况，并予以解题，是我国现存最早的一部史籍专科目录，为后世研究《汉书》提供了有价值的参考。

宋元以降，"讲史"热潮推动了"通俗史学"的蓬勃发展①，出现了大量以《史记》《汉书》所记载的西汉历史题材的文艺作品。在戏曲方面，约有元杂剧46种、明传奇26种②。在小说方面，"前三史"为底本的元代话本《前汉书平话》、明代小说《西汉通俗演义》、《东汉通俗演义》、《全汉志传》、《两汉开国中兴传志》等，"成为了普及秦汉历史的鲜活读本"，"通过这些通俗读物，使世人熟悉秦汉历史，起到惩恶扬善的作用"。③ 由于通俗史学的广泛传播，使以"前四史"为代表的经典史书成为人们日常生活中不可或缺的历史读物，从而使《汉书》研究步入了一个新的历史阶段。

自东汉至隋唐，《汉书》研究重在音义训释、史事考订以及体例、叙事的评议；宋代程朱理学和明代王阳明心学的导向，使这一时期的史籍评点之风大炽。明代学者对于史书编撰技巧、特色的评点，对历史人物、事件的评论，以及对史家著史旨趣的阐发，成为当时小说、散文、戏曲、诗歌等创作的源

---

① 李小树认为官方史学和文人史学可以称之为"雅史学"，但并非中国史学的原生形态。早在"雅史学"出现之前便已存在的"俗史学"才是中国史学的真正源头，它在讲述内容、讲述主体、讲述对象、历史观念上都具有明显的民众性特征。李小树：《中国史学的雅俗分流与俗史学的复兴》，《中国人民大学学报》2005年第2期。

② 这一统计数据来自以下著作：傅惜华：《明代传奇全目》，人民文学出版社1959年版；庄一拂：《古典戏曲存目汇考》，上海古籍出版社1982年版；郭英德：《明清传奇综录》，河北教育出版社1997年版。

③ 朱志先：《雅俗共赏：明人汉史学研究述论》，《学术探索》2010年第4期。

泉和应用文体的写作指南,这说明历史著作中文学性、艺术性的一面受到重视。从接受美学的角度而言,人们对历史著作的兴趣逐渐由被动地接受、研读、考究,转为主动地阐释、演绎和创作。这一时期出现的《汉书》评点著作,有茅坤《鹿门先生批点汉书》、钟人杰《汉书辑评》、徐中行《徐天目汉书评抄》、许应元《许茗山汉书评抄》、葛锡璠《汉书汇评》、凌约言《凌藻泉汉书评抄》和凌稚隆《汉书评林》等。其中,凌稚隆汇辑汉末至明代170家评论,引书达130多种,编成《汉书评林》100卷,"对书中所载历史事件、人物、文章技巧、作史宗旨等方面进行了评说"①,被誉为《汉书》研究的集大成之作。

四、传统"汉书学"的总结（清代）:"著述丰美、旷隆往代"

清代文网森严,朴学昌兴,古籍整理尤为发达。六经之外,以史为盛,因此《史记》、《汉书》拥有了几同于经的地位。《汉书》意蕴宏深,文字艰涩,虽经历代学者不断注解,仍有进一步加以整理、考证、辨伪、补缺的必要。因此,有清一代"鸿生巨儒多肆力此书"（杨树达《汉书窥管自序》）,"研究班义,考证注文,著述美富,旷隆往代"（王先谦《前汉书补注序例》）,《汉书》研究进入全盛时期。这一时期《汉书》研究多样、内容丰富,多见于清人专门著述,以及大量的文集、笔记、日记、杂著等,为前代所未及。

综观清代学者的《汉书》研究,有学者这样总结:"熔汉唐之训诂、考证及宋人之校勘方式为一炉,且更精进,以致在研究中能做到辨析毫芒,穷极流别,综前人之成就,演而申之,更上层楼。"②具体而言,清代"汉书学"在各时期的基本特征被概括为:清初,官方标榜理学与学者务实学风影响下以考证兼评点为主要特点的研究,体现得较为宏阔;乾嘉时期,乾嘉汉学影响下以考据为主要特点的研究,体现得较为精审;道咸时期,汉学、宋学彼此消长调和下以词章为特色的研究,体现得较为宽泛;晚清,在义理、考据、词章的融合中走向总结,体现得较为博大。③

清人在《汉书》研究方面,继承和发扬了汉代的训诂学和宋代的校勘学成就,并充分发挥了考证专长,因此将《汉书》研究推到了一个前所未有的高度。

---

① 徐家骥:《中国古代〈汉书〉研究概述》,《咸阳师专学报》1996年第1期。
② 徐家骥:《中国古代〈汉书〉研究概述》,《咸阳师专学报》1996年第1期。
③ 袁法周:《乾嘉时期的〈汉书〉研究》,北京师范大学2007年博士学位论文。

在《汉书》的综合研究、专题研究和史评方面均取得了很大成就，可谓"博通"与"专精"兼具。清代学者的《汉书》研究往往包括在通释诸史的范围内，主要有音义、考订、校勘、辨伪、训释、辑佚、补注、史评等形式，其中尤以乾嘉时期最为突出。以"乾嘉三大史家"——钱大昕、王鸣盛、赵翼的《汉书》研究为例，在他们的代表作《廿二史考异》、《十七史商榷》和《廿二史劄记》中，涉及《汉书》的篇幅分别占了4卷、22卷和3卷。且三人的研究各具特色：钱大昕重校勘训诂，王鸣盛重典章考实，赵翼则擅长参核评议。

此外，其他学者或通释诸史，或专释《汉书》：如何焯《汉书校记》、陈景云《两汉订误》、王峻《汉书正误》、杭世骏《诸史然疑》、齐召南《汉书考证》、牛运震《读史纠谬》、钱大昭《两汉书辨疑》、王念孙《读汉书杂志》、洪亮吉《四史发伏》、洪颐煊《诸史考异》、沈钦韩《两汉书疏证》、李贻德《十七史考异》、何若瑶《汉书注考证》、周寿昌《汉书注校补》、王先谦《汉书补注》、王荣商《汉书补注》、朱一新《汉书管见》、李慈铭《汉书札记》、李祖陶《前汉书细读》等，可谓各有所长。表、志方面，主要以对《古今人表》、《地理志》、《艺文志》的研究为代表。其中，王先谦《汉书补注》不仅解决了研读问题，且其注史方法亦为后人所仿效，成为"汉书学"史上继颜注之后的又一里程碑。

在《汉书》评论方面，赵翼和章学诚堪称不随流俗、振聋发聩者。赵翼对于《汉书》著述体例和编撰成就的理解和论述极为精辟、深刻。他详细考校了《史》、《汉》在内容、体例、文字上的异同与得失，认为"《汉书》武帝以前纪传多用《史记》原文，惟移换之法，别见剪裁"①；肯定了"《汉书》多载有用之文"的文献与思想价值②。在《史记》、《汉书》中，对于汉武帝时期因统治措施失当导致社会矛盾激化、政治危机加深、民众生活困苦，均提出了尖锐而深刻的批评。是以赵翼分析《武帝纪》赞语之深意在于："专赞武帝文事，而武力不置一词，抑思帝之雄才大略正在武功，班乃一概抹煞，并谓不能法文、景。盖其穷兵黩武，夏侯胜已讥之。东汉之初，论者犹以为戒，故班固之赞如此。"③可谓领悟准确、评价精当。另，在分析《汉书》名

---

① （清）赵翼：《廿二史劄记》卷二《史记 汉书》"《汉书》移置《史记》文"条。
② （清）赵翼：《廿二史劄记》卷二《史记 汉书》"《汉书》多载有用之文"条。
③ （清）赵翼：《廿二史劄记》卷二《史记 汉书》"《汉书》武帝纪赞不言武功"条。

篇《李陵苏武传》时，赵翼高度赞誉班固的叙事之才不下于司马迁："《史记》无《苏武传》，盖迁在时武尚未归也。《汉书》为立传，叙次精采，千载下犹有生气。合之《李陵传》，慷慨悲凉，使迁为之，恐亦不能过也。魏禧谓固密于体，而以工文专属之迁，不如固之工于文，盖亦不减子长耳。"① 此论遂成为后世对于《汉书·苏武传》和班固叙事成就的经典评价。

《文史通义》与《史通》合称中国古代史学理论的"双璧"，较之刘知幾，章学诚对《汉书》的编撰风格和叙事成就的把握与评价更为高明。首先，章学诚突破了以往学者仅限于对史家、史著之优劣、高下的比较和评议，注意发掘史学发展的内在线索。他将《汉书》置于史学发展的总序列中加以考察，概述了古代史学从《尚书》、《春秋》、《左传》、《史记》到《汉书》的发展进程，肯定了《汉书》对于确立传统史学的地位、促进后世史学发展所产生的作用和影响，是此后任何一部史著都无法取代的。其次，章氏痛感"圣学衰而横议乱其教，史官失而野史逞其私"的现状，将《史记》、《汉书》视为古代史官集传统学术之大成的"专门之业"与"别具心裁"之作。② 再次，章氏从史书的撰述宗旨和体例要求入手，认为《汉书》对《史记》的因袭，是由于古代史官撰史均出于公心而非同于一般文章之士出于私利，赞扬班固有摆脱束缚的胆略，同后世墨守科举程式的史著有着本质区别。③ 最后，章学诚将自古以来的史书分为"记注"和"撰述"两大类，用"方以智"、"圆而神"分别概括它们的特点，指出《汉书》体例是史家"别识心裁"之作，故为后代修史的"不祧之宗"——此正是《汉书》具有久远生命力的根本原因。④ 赵翼、章学诚对《汉书》历史编撰成就的总体评价和具体论述，堪称传统《汉书》研究的最高水平，这些卓有见地的论断广为后人所采用，

---

① （清）赵翼：《廿二史劄记》卷二《史记汉书》"《汉书》增传"条。

② （清）章学诚：《文史通义》内篇四《黜陋》。"三代而后，史迁、班固俱世为史，而谈、彪之业，亦略见于迁、固之叙矣"；"唐后史学绝，而著作无专家。后人不知《春秋》之家学，而猥以集众官修之故事，乃与马、班、陈、范诸书，并列正史焉。于是史文等于科举之程式，胥吏之文移，而不可稍有变通矣。"

③ 章学诚指出，"固书断自西京一代，使孝武以前，不用迁史，岂将为经生决科之题问而异文乎？"从而得出"古人之言，所以为公也，未尝矜于文辞而私据为己有也"的结论。（清）章学诚：《文史通义》内篇二《言公》。

④ 章学诚指出，"盖迁书体圆用神，多得《尚书》之遗；班氏体方用智，多得官礼之意也"，"固书本撰述而非记注，则于近方近智之中，仍有圆且神者以为之裁制，是以能成家而传世行远也"。（清）章学诚：《文史通义》内篇二《言公》。

如今已成为众多史家学者研究、评价《汉书》的依据。

自东汉至清末，传统"汉书学"经历了发端、兴盛、深化、繁荣四个阶段，出现了一大批专门研治《汉书》的学者和众多富有学术价值的论著，形成了不同的家学、门派和研究方法。如何能在古代《汉书》研究的深厚积淀与辉煌成就之上，不断引进新理念、探索新方法、发现新材料、拓展新视野，以期在继承前人成果的基础上发扬光大、更上层楼，正是 20 世纪以来《汉书》研究者所面临的课题。

五、"汉书学"的近代转型与现代构建（20 世纪以来）

20 世纪以来中国的《汉书》研究大致可分为三个阶段：第一阶段是 20 世纪初至 1949 年，研究成果总量较少，但价值颇高，如李景星的《四史评议》、刘咸炘的《汉书知意》、顾实的《汉书艺文志讲疏》、陈衍的《史汉文学比较法》、郑鹤声的《史汉比较》和《班固年谱》等。在研究方法上，体现出传统治学路径与近现代学术研究交融并进的态势。

第二阶段是新中国成立至"文革"结束，这一时期最重要的成果是 1962 年中华书局出版的校点本《汉书》，从此成为中外学者治《汉书》的基础文献。此外，杨树达《汉书窥管》、陈直《汉书新证》、岑仲勉《汉书西域传地理校释》，冉昭德与陈直合编的《汉书选》以及相关研究，是这一时期令人瞩目的成果。

第三阶段是 80 年代至今，学术界对班固和《汉书》的研究逐步深入，不断取得重大进展。白寿彝主编的 22 卷本《中国通史》第 4 卷《秦汉时期》与崔瑞德、鲁惟一主编的《剑桥中国秦汉史》，集中体现了中外秦汉史学者在《汉书》研究方面所取得的重要成果。白寿彝主编的六卷本《中国史学史》与杜维运主编的三卷本《中国史学史》，均给予班固与《汉书》充分的介绍与高度的评价。多部《汉书》研究专著相继出版，如安作璋、陈其泰等撰写的数种《班固评传》，台湾学者吴福助与韩国学者朴宰雨等撰写的《史》、《汉》比较专著，对班固的生平事迹、学术思想、史学理论，以及《汉书》的编撰成就和文化价值进行了全面总结。一些有代表性的官方和民间学术机构，在《汉书》的教学、研究方面发挥了重要作用，内地与港台各高校提交的有关《汉书》研究的学位论文数量明显增长，出现了一些值得关注的佳作。在《汉书》的通俗传播方面，出现了多种版本的《汉书》全集、选本与白话注译之作，以西汉历史和人物故事为题材的小说、戏剧与影视作品，成为当前文艺创作和公众关注的热点。新世纪的《汉书》研究，现状是令人振奋的，前景是值得期待的。

第二节　对《汉书》研究成果的回顾与综述

自《汉书》成书以来，历代均有人对其版本、编撰者、研究者和研究成果进行"辨章学术，考镜源流"的工作。古代学者对《汉书》的研究，如音义训释、史实考据、叙事评点、版本校订等，多是针对《汉书》文本及其研究者和研究成果所展开的。以现代学术史的理论方法对《汉书》研究成果和"汉书学"发展概况进行梳理、考察，出现于 20 世纪中后期。笔者将目前所见研究成果分为五类，分别加以介绍。

一、对《汉书》成书以来传播、研究总体情况的概述

目前所见 20 世纪前期介绍历代《汉书》研究情况的论文，仅有张舜生（1894—1985）所撰《〈汉书〉著述源流考》（《女师大学术季刊》1931 年第 2 期），惜未见原文。此后张氏又发表论文《〈汉书〉著述目录考》①，简要介绍了自东汉至民国时期的《汉书》研究者及著述目录。20 世纪 80 年代，始有学者对历代《汉书》研究情况进行系统总结、评述。周洪才在整理《两〈汉书〉研究书录》（《河南图书馆学刊》增刊之六，1985 年版）的基础上，先后撰成《历代〈汉书〉研究述略》和《〈汉书〉及其历代研究》两篇论文。② 他将《汉书》研究分为五个阶段：以注音释义为主的东汉魏晋南北朝时期，名家并起、蔚为显学的隋唐时期，以校勘批点、翻译改作为主的宋明时期，以校勘训释、考证补遗、综合研究为主的清代，以开辟新径、标点整理为主的解放后，并分别论述了各阶段的发展状况。周洪才指出，《汉书》在古代被视为"史"中之"经"，是学子不可不读的正史之典范。根据他的统计，"前四史"在古代注释著作最多、研究最为精详的莫过于《汉书》，见诸

---

① 张舜生：《〈汉书〉著述目录考》，陈新雄、于大成主编：《〈汉书〉论文集》，台北木铎出版社 1976 年版。

② 周洪才：《历代〈汉书〉研究述略》，《齐鲁学刊》1987 年第 3 期；周洪才、钟淑娥：《〈汉书〉及其历代研究》，《河南图书馆学刊》1989 年第 1 期。

文献记载、能成卷帙的不少于 240 种，是其他史书无法比拟的，此亦是《汉书》在传统史学中居于"正宗"地位的具体反映。他还将颜师古的《汉书注》、王先谦的《汉书补注》和中华书局标点本《汉书》视为《汉书》问世近两千年间三部里程碑式的研究成果，分别进行了评述。

此后出现的相关综述，多采用分阶段概述发展态势、对有代表性的成果予以重点评述的方法。如徐家骥《中国古代〈汉书〉研究概述》①、袁法周《中国古代〈汉书〉的传播与研究》②、刘治立《史注传统下的"汉书学"》③，均将古代《汉书》研究分为汉末魏晋南北朝、隋唐、宋明和清代四个阶段，进行了概括总结。许殿才《〈汉书〉研究的回顾》一文④，打破了上述分阶段考察《汉书》研究概况的做法，以"五四"为界限，将《汉书》研究分为"传统"与"现代"两个时期进行论述。他将文字训诂、语意注释和史实考订、异文校勘视为传统《汉书》研究的范畴，认为这一部分工作经历代学者的相继努力已取得了卓越的成就，存在的问题已大体得到解决，今后应本着去粗取精的原则，将历代最重要的研究成果反映出来，为专业工作者提供方便。他认为传统《汉书》研究的薄弱环节是对其总体成就的评论和对义理的阐释，这方面取得的成果较少、论述也很零散，应予以加强；在经典的普及方面，应考虑到中等文化程度以上文史爱好者的需求，以现代文体注释、翻译《汉书》，此说启发了笔者在研究中关注各种注译本和白话文本《汉书》的编撰、出版情况（此类著作由于受众多为普通读者，常常为专业研究者所忽略）。对于"五四"以降、特别是新中国成立以来的《汉书》研究，许殿才在肯定成就的基础上，指出当前尚存在大量有待改进的问题，主要原因是研究人员和研究成果太少，有深度、有见地的成果更不多见，此与《汉书》的历史地位很不相称。在为数不多的研究成果中，对《汉书》的肯定多集中于其编纂成就上，对史家思想及史观中的进步因素则挖掘太少，存在简单化倾向。他认为导致对《汉书》不公正评价的主要症结，在于用今人思想去套古人，没有把《汉书》放在其所处历史背景和史学发展总序列中加以认真研究。最后他得出结论：

---

① 徐家骥：《中国古代〈汉书〉研究概述》，《咸阳师专学报》1996 年第 1 期。

② 袁法周：《中国古代〈汉书〉的传播与研究》，《宁夏社会科学》2007 年第 2 期。

③ 刘治立：《史注传统下的"汉书学"》，《信阳师范学院学报》（哲学社会科学版）2013 年第 4 期。

④ 许殿才：《〈汉书〉研究的回顾》，《史学史研究》1991 年第 2 期。

《汉书》是一个百科全书式的富矿，应对每一部分进行深入发掘，在加强专题研究的基础上，对其进行全面的、多方位的系统研究。

对于《汉书》历代版本的考订与研究，目前所见有台湾学者赵惠芬的论文《〈汉书〉知见版本考述》①，就明清以来公、私藏《汉书》的版本进行了归纳、排比和检稽。内地学者倪小勇的论文《〈汉书〉版本史考述》②，概述了《汉书》自产生以来主要版本的流传情况，基本厘清了清代以前《汉书》版本体系的基本框架和相互承传关系，介绍了新中国成立后中华书局标点本《汉书》的版本使用情况。

二、对《汉书》阶段性发展情况和研究成果的概述

（一）对 20 世纪之前"汉书学"发展情况的概述

1. 对魏晋南北朝时期"汉书学"发展情况的概述

魏晋南北朝是"汉书学"发端、形成的时期，这一时期对于《汉书》的研究多集中于音义训释和版本校勘。南朝梁时，鄱阳嗣王范得到由北方传来的所谓班固"真本"《汉书》，将其献给东宫，东宫太子命刘之遴、张缵等人，针对今本《汉书》提出了十项与古本《汉书》的相异之处，由此产生了《汉书》今、古本真伪的争议。《四库全书总目提要》针对刘之遴等人所提出的相异之处提出了辩驳，认为魏晋南北朝时期作伪书的风气相当盛行，刘之遴拿到的版本应是伪书，且对其考据方法提出了批评。台湾学者林麟瑄就这一问题进行了专门考察。③ 李广健亦关注南北朝时期的《汉书》流传情况，他的论文亦以《汉书》"真本"作为讨论对象，探讨其时南北两地的学术背景，包括史学著作、目录编纂、藏书数量等层面的差异，继而对《汉书》"真本"的流传、整理及其形式，以及《汉书》"真本"南传前后的《汉书》研究情况进行了深入考察。作者由此得出结论，南北朝时期的《汉书》研究经历过一段低潮期之后，大盛于梁，出现了南方学者特盛的研究局面，可谓南

---

① 赵惠芬：《〈汉书〉知见版本考述》，《书目季刊》2003 年第 3 期。

② 倪小勇：《〈汉书〉版本史考述》，《西北大学学报》（哲学社会科学版）2013 年第 1 期。

③ 林麟瑄：《从四库全书总目提要中看其对今古本〈汉书〉争议问题之讨论》，《新北大史学》2007 年第 5 期。

朝史学的特色之一，最终达到了全国范围的逐步扩展过程。①

从学术史角度，肖瑞峰、石树芳征引饶宗颐的观点②，从史学与文学的关系着手，论述了"汉书学"历经魏晋南北朝的积累，在隋唐之际走向成熟的历程，及其与"文选学"的关系。③ 孙文明、廖善维比较《汉书·艺文志》与《隋书·经籍志》所载书目，认为唐代之前"《史记》传者甚微，而《汉书》注家如云"的原因在于：《史记》不为"王者讳"，有"奇谲纵横之术"，致其禁锢与删削，且《史记》力主儒道墨，非儒一隅，传播受到两汉经学环境制约。而《汉书》本身的艰深难读，催生出很多注家；且《汉书》富丽典雅，崇尚藻饰，倾向排偶骈俪的特点，与两晋六朝文学风气所暗合，成为魏晋文人学习取法的对象。④ 吴玲探讨《后汉书》、《宋书》、《南齐书》、《魏书》等几部创作于魏晋南北朝时期的史学著作，在沿袭《汉书》纪传断代的体例基础上，所进行的创新或变更。对于这一时期学者研读、注解《汉书》的情况，以及文学作品中所出现的《汉书》人物、故事加以梳理。从而得出结论：即魏晋南北朝读者在当时的文学观念、情感原则的框架内对《汉书》进行的重新解读，赋予了《汉书》强大的生命力。随着读者视野的不断交替演化，读者接受意识的不断转变迁移，《汉书》在不断生成新的认知和审美质素。⑤

2. 对隋唐时期"汉书学"发展情况的概述

隋唐是"汉书学"繁荣发展的高峰时期，学者对于这一时期的《汉书》研究情况进行了多角度的总结。瞿林东概述了隋唐时期"汉书学"繁荣兴盛、蔚为大观的现象，从历史编纂学的角度阐释了《汉书》在隋唐时期成为显学

---

① 李广健：《天监初南传所谓〈汉书〉"真本"探讨》，《汉学研究》2015 年第 3 期。另，李广健的《汉书》研究论文尚有《梁代〈汉书〉研究兴起的及其背景》，载黄连清主编：《结网三编》，台北稻乡出版社 2007 年版；《南北朝〈汉书〉学与南方学术社群》，中山大学历史系主办"地域社会与魏晋南北朝研究学术研讨会"论文，2008 年，惜未看到原作。

② 饶宗颐认为，是时《汉书》已成热门之显学，《文选》初露头角，尚未正式成学，萧该、曹宪、李善均是先行之人，萧、李兼以《汉书》名家，不特《汉书音注》有益于《文选》所收录之汉代文章，且由"汉书学"起带头作用，从而有"文选学"之诞生。载荣新江主编：《唐研究》第 4 卷，北京大学出版社 1998 年版，第 52 页。

③ 肖瑞峰、石树芳：《"汉书学"的历史流程及其特征》，《清华大学学报》（哲学社会科学版）2013 年第 4 期。

④ 孙文明、廖善维：《唐以前〈史记〉与〈汉书〉注评考议》，《乐山师范学院学报》2014 年第 2 期。

⑤ 吴玲：《魏晋南北朝文学与〈汉书〉》，北京师范大学 2009 年硕士学位论文。

的原因：《汉书》作为纪传体皇朝史的始祖，是统一的皇朝政治的需要和产
物。随着封建政治的巩固、经济的发展、文化的繁荣，势必要求出现"包举
一代"的朝代史，于是，《汉书》继《史记》之后应运而生。从历史编撰的
角度来看这是合情合理的，因为《汉书》的体例更符合历史编撰的要求，且
易于为后世史家、学者所学习、仿效。① 这一观点在其编撰的《中国史学史》
第三卷中，进行了更为系统的论述。② 另，台湾学者张荣芳亦提交过关于魏晋
至唐代《汉书》研究情况的论文，惜未见到原作③。

　　近年来，学界对于《汉书》在隋唐时期的传播情况较为关注，视角与观
点均具有一定的创新性。阙海选取汉唐间《汉书》流传的四例个案，从经学、
史学、文学、经史关系、学术传承等层面，对《汉书》自成书至唐代数百年
间的传播、研究情况进行了专门考察④。荣新江通检德国国家图书馆所藏吐鲁
番文献，发现将《史记》与《汉书》对应篇章抄写在同一写卷之残片：残片
正面为《汉书》抄本，小字严谨，且有界栏，应当是抄写在前；背面《史
记》字体较为连贯，且无界栏，抄写时间在后。作者推定这可能与汉魏以来
人们普遍重《汉书》而轻《史记》的传统有关。更为珍贵的是，《史》、《汉》
抄写在同一写卷上及其有所先后的事实，为人们诠释古人《史记》、《汉书》
并重及相关问题提供了直接的文献依据。⑤ 余欣从"俗史学"的角度，运用
敦煌、吐鲁番出土文书以及唐代墓志，阐述了《汉书》的流布情况以及历史
知识的传播方式与社会效应。⑥ 陈君亦从文学传播的角度，指出中古时期的人
们有一种"汉代情结"：时人对《汉书》的认识，蕴含着他们对汉帝国的历
史记忆和情感认同。作为秦汉帝国制度和思想的结晶，《汉书》"包举一代"
的新制作，其流行程度超过《史记》，成为新经典，治道镜鉴意义之外，还在

---

　　① 瞿林东：《隋唐〈汉书〉学的发展》，《历史知识》1980 年第 5 期。后收录于瞿林东：《唐代
史学论稿》（增订本），高等教育出版社 2015 年版，第 119—123 页。
　　② 白寿彝、瞿林东主编：《中国史学史》第三卷《魏晋南北朝隋唐时期中国古代史学的发展》，
第三章第一节"汉书学的兴起"，上海人民出版社 2006 年版，第 125—127 页。
　　③ 张荣芳：《魏晋至唐时期的〈汉书〉学》，载台湾中兴大学历史系主编：《第三届史学史国际
研讨会论文集》，1991 年。
　　④ 阙海：《汉唐间〈汉书〉流传的个案研究》，华东师范大学 2016 年硕士学位论文。
　　⑤ 荣新江：《〈史记〉与〈汉书〉——吐鲁番出土文献札记之一》，《新疆师范大学学报》（哲学
社会科学版）2004 年第 1 期。
　　⑥ 余欣：《中古异相——写本时代的学术、信仰与社会》，第一章"史学习染：从《汉书》写本
看典籍传承"，上海古籍出版社 2015 年版，第 29—73 页。

于它文字典雅和法度严整，此正契合了六朝隋唐的贵族文化氛围。①

　　3. 对宋代"汉书学"发展情况的概述

　　宋代"汉书学"的发展，得益于官府校书活动和雕版印刷术的兴起。周晨和刘尚恒考察了宋代《汉书》刻本的刊刻、传播情况②；燕永成则介绍了两宋学者研究"前三史"，进而考论、评议、研究两汉典制的概况③；范宇焜梳理两宋学人笔记中对《汉书》的注解、考订、评价，着重探讨宋代"汉书学"在史学发展进程中的影响，认为宋人对《汉书》的研究，是对隋唐"汉书学"的继承与发展，并为明清"汉书学"的发展提供了较好的基础。④ 倪小勇较为全面、详尽地考察了宋代《汉书》的版本流传、教育与研究情况，及其与宋代史学的关系，将宋代"文治"背景下的《汉书》研究和宋代"汉书学"的特点归纳为以三点：一是宋代对《汉书》的重视与推崇，形成了百花齐放的格局，开创了《汉书》研究的新阶段；二是宋代印刷技术的快速发展，推动了《汉书》由"写本时代"向"刻本时代"的转变；三是《汉书》是历代正史的典范，宋代于五代十国的战乱割据后实现国家版图的局部统一，统治者的治国理想与士人阶层"鉴于往事，有资于治道"的政治诉求，在《汉书》这一文本载体上形成了契合点，深刻影响了宋代士风的形成。宋代士人延续了自盛唐以来对《汉书》的推崇，汉儒"经世致用"的精神在其身上得到了继承与展现。⑤

　　此外，从《汉书》的研读与传播角度，张海沙比较、分析了唐人喜好《文选》和宋人嗜读《汉书》的原因，认为唐宋文人在读书方面所表现的个人爱好的差异，从中彰显出唐宋文人不同的文化心理和两代文风的异趣，从根本上体现出唐宋文人不同的人格追求。⑥ 宋人极为推崇汲黯，激赞其敢言直谏、刚直不阿的品性，肯定其在汉朝的政治地位和政治功能。陈畅分析宋人对于《史记》、《汉书》中汲黯形象的接受情况，认为宋人消解了汲黯敢言直

---

　　① 陈君：《〈汉书〉的中古传播及其经典意义》，《上海大学学报》（社会科学版）2017 年第 2 期。

　　② 周晨：《宋刻〈汉书〉版本考》，《襄樊学院学报》2002 年第 1 期；刘尚恒：《宋刻两〈汉书〉的传递原委》，《图书馆工作与研究》2002 年第 6 期。

　　③ 燕永成：《宋人汉史学研究》，《史学月刊》2007 年第 7 期。

　　④ 范宇焜：《宋代笔记中的"汉书学"》，《史学理论及史学史学刊》2017 年第 2 期。

　　⑤ 倪小勇：《宋代〈汉书〉教育考辨》，《教育评论》2014 年第 1 期；《宋代"文治"背景下的〈汉书〉研究》，西北大学 2014 年博士学位论文。

　　⑥ 张海沙：《唐人喜〈文选〉与宋人嗜〈汉书〉——谈读书与做人》，《广东教育》2004 年第 11 期。

谏的负面影响，事实上汲黯的政治作风并不如宋人所言只属道家"清静无为"
的单一作风，还融合了儒家"仁"与"忠"的思想。①

　　4. 对明清时期"汉书学"发展情况的概述

　　明清时期的《汉书》研究，此前学界重视稍嫌不足，近年来出现了一些
有价值的成果。在官方传播方面，谢贵安探讨了明代《汉书》的经典化与刘
邦神圣化的现象、原因与影响，认为明朝开国之君朱元璋的独特身世，使其
对汉高祖刘邦高度认同，由此兴起了一场《汉书》经典化和刘邦神圣化的运
动，对明代君臣的行为取向、政策指向、史学倾向和文学转向等各个方面均
产生了广泛的影响。② 朱志先亦从朱元璋的个人经历和性格，探讨其嗜读《汉
书》的"汉史情结"，进而发掘他这种嗜好对明代政治所产生的影响。③

　　在民间传播方面，朱志先对于晚明汉史的通俗化现象进行了研究，指出
明代晚期出现大量有关汉史的演义本和节选本，这与经济发展及文化需求是
密不可分的。一方面，它便捷地促进了汉史的流播；另一方面，部分急功近
利的书商为谋取利润，所刊刻的汉史著作质量较差，亦引起了正统学者的忧
虑和非议。④ 有鉴于此，朱志先认为明代的汉史研究呈现出"雅俗共赏"的
特点，可谓是游历于神圣与世俗之间，其研究方法、理念和成果对后世产生
了深远的影响。⑤ 在此后出版的专著《明人汉史学研究》（湖北人民出版社
2011 年版）中，朱志先系统考察了明代自官方至学界对于《汉书》的研习、
考订、刊刻和传播情况，并以专门章节探讨了在明中叶文学复古运动和晚明
史学通俗化思潮的影响下，《汉书》研究和汉史传播出现的新趋势、特点，在
此基础上总结了明人汉史学研究的成就与不足，及其对明代学术与明清之际
史学发展的影响。

　　清代是传统《汉书》研究的集大成阶段，尤以乾嘉时期成就最高。袁法
周的博士论文《乾嘉时期的〈汉书〉研究》，将乾嘉时期的《汉书》研究视

　　① 陈畅：《宋人对〈史记〉〈汉书〉中汲黯形象的接受——兼论其政治作风》，《忻州师范学院
学报》2018 年第 1 期。
　　② 谢贵安：《明代的〈汉书〉经典化与刘邦神圣化的现象、原因与影响》，《长江大学学报》
（社会科学版）2008 年第 2 期。
　　③ 朱志先：《试析朱元璋的汉史情结》，《滁州学院学报》2009 年第 1 期。
　　④ 朱志先：《晚明汉史通俗化研究》，《史学月刊》2011 年第 7 期。
　　⑤ 朱志先：《雅俗共赏：明人汉史学研究述论》，《学术探索》2010 年第 4 期。

为乾嘉学术乃至整个清代学术不可或缺的组成部分，深入考察了这一时期有代表性的《汉书》研究者及其成果，由此彰显出清代学术的特点、成就及其在中国古代"汉书学"发展史上的重要贡献。①

（二）对 20 世纪以来"汉书学"发展情况的概述

1. 对 20 世纪以来中国"汉书学"发展情况的概述

有关 20 世纪以来中国的《汉书》研究情况，台湾学者多有关注。在程发轫主编的《六十年来之国学》（第 3 期，台湾正中书局 1972 年版）中，收录了其论文《六十年来〈汉书〉之研究》，惜未见到原文。李广健发表论文《八十年代大陆学者〈汉书〉研究述略》，并附录 1979—1990 年间大陆报刊发表的《汉书》研究目录。通过对这一时期中国学者发表的史学史论著的统计，作者认为较之《史记》研究，这一时期《汉书》明显受到了忽视，除数量不足之外，研究范围也相当有限，大多集中在文字句读和注释方面，而对于《汉书》研究的不足，又将成为中国史学史研究的"一层妨碍"，是以亟须开拓新范围、引进新方法，推动《汉书》研究的深化。②

从历史文献学的角度，王子今对于 20 世纪在《汉书》研究领域有突出贡献的学者——杨树达、陈直、王利器、金少英、顾实、岑仲勉、施丁、吴恂等人的成果进行了评述③。吴平、曹刚华和查珊珊在编辑、整理明清至 20 世纪前期《汉书》研究文献的基础上，阐述了"汉书学"的内涵和研究范围④。陈其泰、张爱芳在《20 世纪〈汉书〉研究述评》中，将 20 世纪《汉书》研究的历程分为三个阶段：前 50 年为研究工作初步展开阶段；50 年代至 60 年代前期为深入探索并经受严酷考验阶段；1979 年以后为取得重要进展阶段。回顾《汉书》研究的百年历程，陈其泰一方面指出推动 20 世纪《汉书》研究不断获得进展的力量，是历史观点的进步、研究视野的拓宽和方法的改进；另一方面也指出，《汉书》作为标志着中国传统史学确立的名著，以现有的研究成果与其历史地位相比，仍是很不够的，因此 21 世纪的《汉书》研究仍然

---

①　袁法周：《乾嘉时期的〈汉书〉研究》，北京师范大学历史学院 2007 年博士学位论文。

②　李广健：《八十年代大陆学者〈汉书〉研究述略》，《新史学》1992 年第 2 期。

③　王子今：《20 世纪中国历史文献研究》，第八章"20 世纪早期史学文献研究"，清华大学出版社 2002 年版，第 311—324 页。

④　吴平、曹刚华、查珊珊主编：《〈汉书〉研究文献辑刊》（全十册）"前言"，国家图书馆出版社 2008 年版。

空间广阔、任重道远。对此他提出了四点建议：一是从传统史学演进的长过程来评价《汉书》的史学成就和历史地位；二是从注意彻底摆脱扬此抑彼的思维方式来深入进行《史》、《汉》比较研究；三是从历史编纂学的角度对《汉书》的一些重要篇章作分析、阐发，并以此作为推进《汉书》研究的重要突破口；四是开展《汉书》与西方史学名著的比较研究。①

　　1962 年中华书局出版的标点本《汉书》，是 20 世纪《汉书》研究取得的重大成果，如今治《汉书》者均以此为基础文献。标点《汉书》工作由西北大学历史系师生共同负责，完成之后有专人对此项工作进行了总结。② 近年来，针对这一段学术往事在流传过程中发生的误会，西北大学文博学院教授黄留珠曾专门撰文予以澄清，指出此项工作当时是在西北大学历史系直接领导之下，由 12 位教师和 18 名学生组成六个小组共同完成，并非后来所传说的是由陈直一人所主持完成的。③ 在笔者整理的西北大学历史系冉昭德教授（按，此人系《汉书》点校工作的参与者和高校文科教材《汉书选》的主编之一）的日记中，较为详尽地记录了此项工作的进展情况，为我们了解标点《汉书》——这项 20 世纪中期《汉书》研究史上的重大事件提供了一份珍贵的史料。④ 在上述成果的基础上，笔者发表了两篇论文《20 世纪以来的〈汉书〉研究》和《20 世纪以来的"汉书学"：综述及理论思考》⑤。

　　2. 对 20 世纪以来海外"汉书学"发展情况的概述

　　有关《汉书》在海外的译介和研究情况，除了几部介绍海外汉学的著作中有所涉及外，过去较少为中国学者所关注。20 世纪 30 年代，曾有人对英国

---

　　① 陈其泰、张爱芳：《20 世纪〈汉书〉研究述评》，《史学理论及史学史学刊》，2008 年。此文后收入陈其泰、张爱芳主编：《20 世纪二十四史研究·汉书研究》（论文集）"前言"，中国大百科全书出版社 2009 年版。

　　② 西北大学历史系《汉书》标点组：《标点〈汉书〉工作总结》，《西北大学学报》（社会科学版）1959 年第 1—2 期合刊。

　　③ 黄留珠：《一段被误传的学术往事——1959 年西北大学历史系标点〈汉书〉始末》，《西北大学学报》（哲学社会科学版）2008 年第 3 期。

　　④ 杨倩如整理：《冉昭德日记节选（1959.3.1～1960.9.30）》，《历史学家茶座》第 27—30 辑，山东人民出版社 2013 年版。另，笔者根据冉昭德日记所撰写的《"大跃进"时期一段难忘的经历——冉昭德日记中有关标点〈汉书〉的记载》，载杨倩如编著：《冉昭德文存》，山东大学出版社 2014 年版。

　　⑤ 杨倩如：《20 世纪以来的〈汉书〉研究》，《周秦汉唐研究辑刊》第七辑，三秦出版社 2009 年版；《20 世纪以来的"汉书学"：综述及理论思考》，《秦汉研究辑刊》第八辑，三秦出版社 2014 年版。

学者德效骞的《汉书》译注进行评述①；1990 年，在台湾中兴大学举办的第三届史学史国际研讨会上，赵令扬提交论文，介绍欧美学者对《史记》、《汉书》的翻译情况②，但原文已不可考。近年来，李秀英、温柔新介绍了《汉书》的主要英文译本，和西方对班固与《汉书》的研究情况③；王娟对德效骞译介《汉书》的过程、内容、特点及成就进行了专项研究④。

　　至于日本的《汉书》研究情况，目前虽无专文介绍，但《中国史研究动态》等刊物上发表的介绍日本秦汉史研究情况的综述中，均可搜集到相关信息。⑤ 在上述成果的基础上，笔者撰成了《〈汉书〉在东亚的传播与研究》和《〈汉书〉在欧美的译介与研究》两篇论文⑥。

三、对有代表性的《汉书》研究者及其成果的研究

（一）对古代《汉书》研究者及其成果的研究

　　历代以研治《汉书》为业的学者众多、名家辈出。据笔者的不完全统计，目前介绍《汉书》研究者的论文有 40 余篇，包括服虔⑦、应劭⑧、张揖⑨、孟

　　① 王伊同：《德氏〈前汉书〉译注订正》，《史学年报》1938 年第 5 期。
　　② 赵令扬：《欧美学者对〈史记〉〈汉书〉之翻译》，《第三届史学史国际研讨会论文集》，台中青峰出版社 1991 年版。
　　③ 李秀英、温柔新：《〈汉书〉在西方：译介与研究》，《外语教学与研究》2007 年第 6 期。
　　④ 王娟：《德效骞〈汉书〉译介之研究》，华东师范大学 2013 年硕士学位论文。
　　⑤ 目前所见《中国史研究动态》上共刊发了 17 篇综述，介绍了 1999—2014 年日本学界的秦汉史研究情况。
　　⑥ 杨倩如：《〈汉书〉在东亚的传播与研究》，《中国史研究动态》2010 年第 1 期；《〈汉书〉在欧美的译介与研究》，《中国史研究动态》2010 年第 5 期。
　　⑦ 李苑静：《〈汉书〉服虔注合成双音词研究》，《伊犁师范学院学报》2003 年第 4 期；《〈汉书〉服虔注音义初探》，《西华师范大学学报》（哲学社会科学版）2003 年第 6 期；孙亚华：《服虔〈汉书音训〉亡佚时间考略》，《辽宁行政学院学报》2006 年第 6 期；《服虔〈汉书音训〉释例》，《文教资料》2013 年第 1 期。
　　⑧ 阎崇东：《应劭之〈汉书〉注》，《文献》1999 年第 1 期；胡继明：《〈汉书〉应劭注双音词研究》，《河南师范大学学报》（哲学社科学版）2002 年第 3 期；《〈汉书〉应劭注偏正式双音词研究》，《东南大学学报》（哲学社会科学版）2003 年第 2 期；《〈汉书〉应劭注联合式双音词探析》，《汉字文化》2003 年第 3 期；《〈汉书〉应劭注训诂研究》，《四川师范学院学报》（哲学社会科学版）2003 年第 3 期；郭浩：《论汉应劭的史学成就及其历史地位》，《河南广播电视大学学报》2005 年第 3 期；王忠英：《应劭著述考论》，山东师范大学 2010 年硕士学位论文；冯花周：《应劭及其社会批判思想研究》，安徽大学 2011 年硕士学位论文。
　　⑨ 阳欢、戴琴：《张揖〈汉书注〉特点研究》，《唐山文学》2016 年第 3 期。

康①、韦昭②、如淳③、苏林④、文颖⑤、司马彪⑥、蔡谟⑦、臣瓒⑧、刘臻⑨、包恺⑩、萧该⑪、颜游秦⑫、宋祁⑬、刘敞⑭、刘攽⑮、刘奉世⑯、刘子翚⑰、茅

---

① 徐佩:《孟康生平及著述考略》,《湖北成人教育学院学报》2007 年第 6 期。
② 李步嘉:《韦昭〈汉书音义〉辑佚》,武汉大学出版社 1990 年版;王寒冬:《论韦昭的文献学成就》,安徽大学 2012 年博士学位论文。
③ [日] 小林正《〈汉书〉如淳注"如墨委面"之研究》,《日本研究》1987 年第 4 期;梁健:《曹魏律章句研究——以如淳汉书注为视角》,西南政法大学 2007 年硕士学位论文;耿虎、杨际平:《如淳"更三品"说驳议》,《厦门大学学报》(哲学社会科学版) 2007 年第 3 期;胡俊俊、胡琼:《〈汉书〉颜注发覆"如淳第十三"考补》,《剑南文学》2012 年第 2 期;《论如淳〈汉书音义〉对辞书编纂的价值》,《西昌学院学报》(社会科学版) 2012 年第 4 期;《〈汉书〉如淳注辑佚》,《广东技术师范学院学报》(社会科学版) 2013 年第 8 期;梁健:《如淳〈汉书〉注引律注史辑考》,《许昌学院学报》2013 年第 4 期。
④ 殷榕:《苏林〈汉书音义〉辑佚》,武汉大学 2004 年硕士学位论文;万献初:《苏林、韦昭〈汉书〉"音义"考辨》,《中文学术前沿》2015 年第 1 期。
⑤ 王晓庆:《文颖〈汉书注〉辑佚》,武汉大学文学院 2005 年硕士学位论文;《文颖〈汉书注〉考证》,《求索》2009 年第 1 期。
⑥ 杨继采:《司马彪著述考辨》,《南都学坛 (人文社会科学版)》2014 年第 6 期。
⑦ 徐建委:《蔡谟〈汉书音义〉考索》,《古籍整理研究学刊》2003 年第 6 期。
⑧ 刘宝和:《〈汉书音义〉作者"臣瓒"姓氏考》,《文献》1989 年第 2 期;李步嘉:《论朱希祖的臣瓒姓氏考》,《清华大学学报》(哲学社会科学版) 2006 年第 3 期。
⑨ 王光照:《"汉圣"刘臻与隋代〈汉书〉学》,《江淮论坛》1998 年第 1 期。
⑩ 周晓薇、王其祎:《礼遇与怀柔:江南士人流寓隋朝的文教事功省略——以新出隋大业十三年包恺墓志为中心》,《陕西师范大学学报》(哲学社会科学版) 2017 年第 2 期。
⑪ 万献初:《萧该〈汉书音义〉音切考辨》,《古汉语研究》2009 年第 3 期。
⑫ 王鑫义:《颜游秦〈汉书决疑〉佚文与颜师古〈汉书注〉比义》,《史学月刊》2007 年第 3 期。
⑬ 李丛竹:《〈汉书〉宋祁校语辑校》,南京师范大学 2011 年硕士学位论文;马清源:《〈汉书〉宋人校语之原貌与转变——以宋祁、三刘校语为主》,《文史》2014 年第 1 期;李娟:《〈汉书〉宋祁校语所涉版本改字研究》,《语文学刊》2014 年第 10 期。
⑭ 张尚英:《刘敞之生平与学术》,《宋代文化研究》第 10 辑,2001 年;《刘敞著述考》,《宋代文化研究》第 12 辑,2003 年。
⑮ 宋衍申:《刘攽与〈东汉刊误〉》,《古籍整理研究学刊》2005 年第 4 期。
⑯ 聂鹏:《墨庄"三刘"》,《江西教育学院学报》1995 年第 4 期;邹志峰:《三刘〈汉书刊误〉浅探》,《山西大学学报》(哲学社会科学版) 1996 年第 3 期;卢萍:《三刘汉书刊误考略》,《新疆职业大学学报》2003 年第 1 期。
⑰ 杨国学、黄艺惠、蔡玉蝉:《论刘子翚〈汉书杂论〉超卓的史识与局限》,《泉州师范学院学报》(社会科学版) 2010 年第 1 期。

坤①、凌稚隆②、何焯③、赵翼④、王鸣盛⑤、钱大昕⑥、齐召南⑦、杭世骏⑧、钱泰吉⑨、何若瑶⑩、王念孙⑪、吴卓信⑫、沈钦韩⑬、梁玉绳⑭、周寿昌⑮、李慈铭⑯、杨守敬⑰等。除了介绍其生平学术和著作之外，重点均在于他们研治《汉书》的著述、特色及其影响，其中最重要者，是对于颜师古、刘知幾和王先谦《汉书》研究方法、成就的分析与总结。

东汉魏晋南北朝是《汉书》研究的第一个高潮，出现了众多注家，至唐代颜师古《汉书注》出现，许多唐代之前《汉书》注家的著作遂湮没不传。为了还原唐代之前"汉书学"发展的真实面貌，近现代学者开始辑佚唐前的

---

① 周洁：《茅坤〈史记〉〈汉书〉比较的价值初探——以〈汉书钞〉为中心的讨论》，《开封教育学院学报》2017年第4期；黄卓颖：《茅坤〈汉书钞〉及其评点价值》，《新世纪图书馆》2017年第6期。

② 周录祥：《明湖州出版家凌稚隆辑著文献考》，《湖州师范学院学报》2009年第6期；朱志先：《〈汉书评林〉探微》，《史学史研究》2011年第3期。

③ 仇利萍：《论何焯对〈汉书〉的接受》，《图书馆理论与实践》2012年第5期；李娟：《何焯〈义门读书记〉研究》，首都师范大学2012年硕士学位论文。

④ 徐家骥：《试论赵翼对〈史记〉〈汉书〉的研究》，《内蒙古师大学报》（哲学社会科学版）2000年第1期；张爱芳：《赵翼论正史编撰》，《河北学刊》2001年第2期。

⑤ 姚晚霞：《王鸣盛史评的显著特色》，《南京林业大学学报》（人文社会科学版）2002年第2期；施建雄：《论钱大昕与王鸣盛史学思想的同和异》，《史学史研究》2008年第3期；刘开军：《略论赵翼与王鸣盛对"前四史"的批评》，《东岳论丛》2009年第5期；《王鸣盛对中国古代史书叙事的批评》，《廊坊师范学院学报》（社会科学版）2011年第2期。

⑥ 马丽丽：《钱大昕〈汉书考异〉辨误一则》，《图书馆杂志》2008年第10期。

⑦ 谢海林：《齐召南〈汉书考证〉综论》，《古典文献研究》（第12辑），2009年。

⑧ 戴庞海、苗水芝：《杭世骏著述考》，《河南理工大学学报》（社会科学版）2009年第4期。

⑨ 石洪运、张小梅：《清代校订两〈汉书〉的空前硕果——钱警石先生〈汉书〉校本》，《图书馆情报论坛》1998年第3期。

⑩ 许外芳、夏东锋：《何若瑶〈两汉书注考证〉研究》，《古籍整理研究学刊》2016年第4期。

⑪ 吴蕴慧：《〈读书杂志·汉书杂志〉训诂二则》，《苏州职业大学学报》2005年第1期；程艳梅：《〈读书杂志〉所纠颜师古〈汉书注〉讹误类型举隅》，《山东省青年管理干部学院学报》2006年第5期；何和平：《〈汉书杂志〉所校讹字及其启示》，《广播电视大学学报》2015年第3期；万楚钰：《王念孙〈汉书杂志〉纪表部分校读札记》，《文教资料》2016年第36期。

⑫ 华林甫：《略论吴卓信〈汉书地理志补注〉的地名学价值》，《吴中学刊》1998年第3期。

⑬ 许军：《沈钦韩〈汉书疏证〉研究》，南京师范大学2017年硕士学位论文。

⑭ 李淑燕：《梁玉绳研究》，山东大学2010年博士学位论文。

⑮ 高典：《周寿昌〈汉书注校补〉研究》，南京师范大学2016年硕士学位论文。

⑯ 殷月英：《李慈铭〈越缦堂读书记〉评析》，北京师范大学2005年硕士学位论文；张桂丽：《李慈铭著述考略》，《图书研究与工作》2013年第3期；史誉遐：《李慈铭〈史记〉〈汉书〉札记研究》，南京师范大学2017年硕士学位论文。

⑰ 孙亚华：《杨守敬〈汉书二十三家注钞·服虔〉校补》，武汉大学2004年硕士学位论文；徐佩：《杨守敬〈汉书二十三家注钞·孟康〉校补》，武汉大学2004年硕士学位论文；闫平凡：《杨守敬〈汉书二十三家注钞·应劭〉校补》，武汉大学2004年硕士学位论文。

《汉书》注。闫平凡以清末杨守敬所辑《汉书二十三家注钞》为基础,详细介绍了唐代之前《汉书》旧注的辑佚与研究情况,并在文后附"唐前《汉书》旧注辑佚情况表",具有一定的参考价值。①

颜师古的《汉书叙例》和《汉书注》是《汉书》文献研究所取得的最重要的成果之一,对于它的研究亦是 20 世纪《汉书》研究史的一项重要内容。在笔者收集的研究成果中,关于颜师古《汉书注》的论文 100 余篇(包括期刊论文 70 余篇,学位论文 24 篇,会议论文 3 篇,海外论文 1 篇)。这些成果多属于历史文献学或语言学范畴,王智群《二十年来颜师古〈汉书注〉研究述略》、万献初《颜师古〈汉书注〉音义研究综论》对此有概要的介绍②。此外,李广龙的论文《颜氏家族著述考(先秦—晚唐)》,介绍了颜游秦、颜师古为代表的颜氏家族重要成员的学术渊源和代表著作③。

刘知幾《史通》中对《汉书》体例、修辞、叙事的系统评述,为后世提供了一系列具有重大影响的理论范畴,其关于《汉书》编撰和《史》、《汉》比较的许多精辟论断,至今仍被经常引用,因此 20 世纪 80 年代开始有学者专门就此进行探讨。在目前所见的数部《史通》研究专著和 200 余篇论文中,有相当数量的成果涉及刘知幾评议《汉书》的得失,以下试举其中有代表性的几篇。例如,钟涛、田文红和张晔较为全面地考察了刘知幾对于班固的史学思想和《汉书》编撰成就的评议,得出了迥异的结论④;杨绪敏、许凌云、贾忠文、汪高鑫等人考察了刘知幾对《史记》、《汉书》编撰体例、成就的评议,就其"尊班抑马"思想倾向进行讨论。⑤ 施丁和周征考察了刘知幾的"实录论"与班固"实录论"之间的理论渊源,以及刘知幾对于史书叙事理

---

① 闫平凡:《唐前〈汉书〉旧注辑佚与研究述评》,《中国史研究动态》2007 年第 7 期。

② 王智群:《二十年来颜师古〈汉书注〉研究述略》,《古籍整理研究学刊》2003 年第 4 期;万献初:《颜师古〈汉书注〉音义研究综论》,《古籍整理研究学刊》2010 年第 6 期。

③ 李广龙:《颜氏家族著述考(先秦—晚唐)》,东北师范大学 2007 年硕士学位论文。

④ 钟涛:《刘知幾〈汉书〉研究评议》,《青海师范大学学报》(社会科学版)1989 年第 1 期;田文红:《试论刘知幾〈史通〉对班固〈汉书〉的评论》,《四川教育学院学报》1999 年第 7、8 期;张晔:《刘知幾对两汉史学述评之研究》,河北师范大学历史学院 2009 年硕士学位论文。

⑤ 杨绪敏:《〈史通〉尊班抑马辨》,《徐州师范学院学报》(哲学社会科学版)1983 年第 3 期;许凌云:《刘知幾"抑马扬班"辨》,《江汉论坛》1984 年第 11 期;《刘知幾关于史汉体例的评论》,《史学史研究》1985 年第 4 期;贾忠文:《〈史通〉抑马扬班再辨——与许凌云同志商榷》,《江汉论坛》1990 年第 10 期;汪高鑫:《刘知幾班马优劣论平议》,《安庆师范学院学报》(社会科学版)2000 年第 5 期。

论的贡献；① 王文惠和薛艳伟分析了刘知幾在《史通·书志篇》中，有关
《汉书》"书志"编撰得失的评议②，等。

王先谦的《汉书补注》被誉为清代史书校注中的扛鼎之作，堪称唐代颜
师古以后，历代学者《汉书》研究成果的集大成之作。除了十余篇期刊论文
外③，近年来有数篇研究生论文对王先谦的《汉书补注》进行了专门论述④。
李明对于王先谦对颜师古注的全面继承、补充、创新与不足之处，以及近现
代学者有关《汉书补注》的研究成果，进行了评述⑤。张海峰从文字校勘、
语词训释、史实考订、表志专门之学等方面，对王先谦校注《汉书》的成就
进行考察，并得出结论：《汉书补注》标志着《汉书》注释时代的结束，学
者们意识到利用传统的研究方法和传统文献注释《汉书》已无多少新的发明，
他们开始开辟新的研究方向。第一个方向是利用出土文物考证《汉书》，如杨
树达在《汉书管窥》、陈直《汉书新证》等；第二个方向是以《汉书》以及
出土文物为史料对西汉历史作专题研究，如杨树达《汉代婚丧礼俗考》、安作
璋《汉史初探》、周振鹤《西汉政区地理》等，以及近年来学界对西汉官制、
刑法等诸多方面的研究，皆是这一研究方向的延续和发展。⑥ 翟迪亦从王氏对
于颜注的承袭与校补两个方面，论述了《汉书补注》的成就与不足。作者认
为，《汉书补注》对于《汉书》的众多版本进行了校勘，弥补了前人对文字、
史实考证的不足，并且标明颜注引文的出处，体现出实事求是的学风，此为
其成就所在；然而，《汉书补注》亦有不足之处，表现在：颜注不误而误纠

————————————

①　施丁：《刘知幾"实录"论》，《史学理论研究》2003 年第 4 期；周征：《刘知幾〈史通〉叙
事理论研究》，山东大学 2006 年硕士学位论文。

②　王文惠：《评刘知幾〈史通·书志〉中对〈天文〉〈艺文〉〈五行〉三志的批判》，《兰台世
界》2008 年第 8 期；薛艳伟：《评述刘知幾对于〈汉书〉在体例上的批评》，《乐山师范学院学报》
2013 年第 6 期。

③　此类论文如李廷先：《王先谦〈汉书补注〉质疑》，《文献》1982 年第 1 期；李家骥：《王先
谦〈汉书补注〉评述》，《南京师大学报》1982 年第 4 期；吴荣政：《王先谦〈汉书补注〉略论》，
《兰州大学学报》1982 年第 4 期，；马固钢：《谈〈汉书补注〉的吸收前人成果》，《石家庄师范专科学
校学报》2002 年第 1 期；《〈汉书补注〉训诂杂识》，《古籍整理研究学刊》2002 年第 5 期；李明：《浅
论王先谦〈汉书补注〉对颜注成果的继承》，《成功教育》2007 年第 12 期。

④　李和山：《王先谦学术年谱》，苏州大学 2007 年博士学位论文；李海玲：《王先谦评议》，吉
林大学 2007 年硕士学位论文；邹寰：《论王先谦》，辽宁师范大学 2007 年硕士学位论文；翟迪：《王
先谦〈汉书补注〉训诂研究》，渤海大学 2007 年硕士学位论文。

⑤　李明：《王先谦〈汉书补注〉研究》，南昌大学 2007 年硕士学位论文。

⑥　张海峰：《王先谦〈汉书补注〉研究》，山东大学 2011 年硕士学位论文。

之，过分依据《史记》、《汉纪》和类书等修改《汉书》，因而出现错误。① 此
外，在孙玉敏的专著《王先谦学术思想研究》中，亦对《汉书补注》的成就
与不足进行了分析，并从《汉书》研究史的角度揭示了王氏补注在学术史上
的地位。②

　　对于一些在《汉书》研究史上具有重要影响的人物，也有专门论述。如
与班固的学术传承极有渊源的刘向、刘歆③，与班彪关系密切且对班固著史有
显著影响的扬雄④，最早提出"甲班乙马"观点的王充⑤，率先论述"班马优
劣"的张辅、傅玄⑥，率先对"史传"和班固著史特色进行专门论述的刘
勰⑦，精研《汉书》的唐代政治家李德裕⑧，对《汉书》推崇备至的宋代学者
洪迈⑨，对《史》《汉》文字、体例、内容进行系统比较评点的宋代学者娄
机⑩、倪思、刘辰翁⑪、明代学者许相卿⑫，以及对马、班历史编撰思想和成
就进行集大成式总结的章学诚等⑬，近年来在各类史学论著中有所涉及，此处

　　① 　翟迪：《王先谦〈汉书补注〉训诂研究》，渤海大学 2013 年硕士学位论文。
　　② 　孙玉敏：《王先谦学术思想研究》第三章第一节"王先谦与《汉书》研究"，黑龙江出版社
2008 年版，第 153—169 页。
　　③ 　汪春泓：《论刘向、刘歆和〈汉书〉之关系》，《古籍整理研究学刊》2009 年第 5 期。
　　④ 　粟品孝：《扬雄以儒家思想论史及其对班固和〈汉书〉的影响》，《蜀学》2012 年。
　　⑤ 　叶建华：《王充与中国批判史学》，《浙江学刊》1993 年第 5 期；靳宝：《论王充的史学功能
观》，《南都学坛》（人文社会科学版）2003 年第 6 期；《浅析王充的史学方法》，《贵州文史丛刊》
2006 年第 3 期；汪高鑫：《试论王充的历史发展观》，《安徽教育学院学报》2003 年第 5 期；施丁：
《王充论衡的史学批评》，《廊坊师范学院学报》（社会科学版）2008 年第 6 期。
　　⑥ 　刘治立：《傅玄及其史学》，《史学史研究》1998 年第 2 期。
　　⑦ 　这部分研究成果较多，仅列出其中有代表性者：［美］汪荣祖：《史传通说——中西史学之比
较》，中华书局 2003 年版；卢东兵：《〈文心雕龙·史传〉的史学成就》，安徽师范大学 2005 年硕士学
位论文；白云：《刘勰历史编纂学思想刍论——〈文心雕龙·史传〉读后》，《红河学院学报》2005 年
第 1 期；莫恒全：《〈文心雕龙·史传〉篇辨读——刘勰对史传编修的理论贡献》，《晋阳学刊》2006
年第 4 期；王先需：《〈文心雕龙·史传〉篇"传体"说发微》，《文艺理论研究》2012 年第 2 期；刘
澎颖：《史传批评的批评——以〈文心雕龙·史传〉为中心》，湖北大学 2014 年硕士学位论文。
　　⑧ 　曲景毅：《论李德裕的公文创作与〈左传〉〈汉书〉之关系》，《江淮论坛》2009 年第 4 期。
　　⑨ 　王胤颖：《〈容斋随笔〉两汉史研究初探》，华中师范大学 2016 年硕士学位论文。
　　⑩ 　郭国庆：《〈班马字类〉的版本源流》，《东南文化》2003 年第 1 期；吴琼：《〈班马字类〉连
语的整理和研究》，《现代语言·语言研究版》2011 年第 8 期；王楠：《〈班马字类〉通假字研究》，河
南大学 2011 年硕士学位论文。
　　⑪ 　可永雪：《〈班马异同评〉与人物形象问题》，《内蒙古教育学院学报》1992 年第 3 期；郭明
芳：《明末刊本〈班马异同〉版本考订》，《天一阁文丛》第 13 辑，2015 年；王晓鹃：《〈班马异同评〉
研究三题》，《陕西师范大学学报》（哲学社会科学版）2016 年第 1 期。
　　⑫ 　国建松：《〈班马异同〉与〈史汉方驾〉对比研究》，河北师范大学 2011 年硕士学位论文。
　　⑬ 　诸雨辰：《历史文本的独断读法——章学诚的〈史记〉〈汉书〉解读》，《求索》2016 年第 10 期。

不再细述。

（二）对现当代《汉书》研究者及其成果的研究

20 世纪前中期，李景星、刘咸炘、杨树达、陈直、冉昭德、白寿彝等学者在《汉书》研究方面作出了突出贡献，总结他们的理论成就也成为现代"汉书学"的重要内容。

《汉书评议》是李景星《四史评议》中卓有成就的部分，至今虽未有人进行专项研究，但在倪金梅、刘开军的论文中曾有涉及。① 刘咸炘的《汉书知意》是 20 世纪初年运用传统治学方法研究《汉书》的重要成果，由于他英年早逝，过去学界对其关注不多。近年来，张霞、朱志先、傅莉雯等先后撰文介绍刘氏的《汉书》研究，对《汉书知意》的撰写特点和总体成就进行了评价②；在刘开军、杨志远对刘咸炘的历史教育、史学批评和史学思想的研究中，亦有对其《汉书》研究的介绍③；鉴于《汉志》在刘咸炘校雠学理论中的重要地位，关兴业的硕士论文还对刘氏的《汉志馀义》进行了专项研究④。

杨树达因《汉书补注补正》、《汉书窥管》、《汉代婚丧礼俗考》、《汉地理志今释》等《汉书》研究专著，被誉为"汉圣"，杨荣达、范忠程等均对杨氏的《汉书》研究成果有所介绍⑤。目前所见成果多以杨氏代表作《汉书窥管》（以下简称《窥管》）为主：萧德铣、郭玲玲和徐建委的论文，阐述和总结了《窥管》的治学特色，及杨氏所取得的重大成就⑥；周秉钧将杨树达在

---

① 倪金梅：《李景星〈四史评议〉文学研究》，安庆师范学院 2012 年硕士学位论文；刘开军、曾丹：《李景星〈四史评议〉的学术渊源与史学审美》，《廊坊师范学院学报（社会科学版）》2013 年第 3 期。

② 张霞、朱志先：《刘咸炘〈汉书知意〉探微》，《宜宾学院学报》2010 年第 11 期；另有台湾学者傅莉雯：《试论刘咸炘〈汉书知意〉》，《中国文学研究》2003 年第 6 期，未见到原文。

③ 刘开军：《试探刘咸炘的历史教育思想》，《四川师范大学学报》（社会科学版）2011 年第 4 期；《刘咸炘〈四史知意〉的史学批评理论》，《池州学院学报》2012 年第 1 期；杨志远：《刘咸炘史学思想初探》，《史学史研究》2014 年第 3 期。

④ 关兴业：《刘咸炘〈汉志馀义〉研究》，华中师范大学 2013 年硕士学位论文。

⑤ 杨荣祥：《杨树达先生学术成就述略》，《荆州师专学报》（社会科学版）1999 年第 1 期；范忠程、范群：《杨树达与国学》，《湖南大学学报》（社会科学版）2006 年第 5 期。

⑥ 萧德铣：《〈汉书窥管〉管窥》，《怀化师专社会科学学报》1989 年第 1 期；郭玲玲：《杨树达先生的〈汉书窥管〉》，《现代语文》2011 年第 9 期；徐建委：《数十年课读〈汉书〉所得——〈汉书窥管〉平议》，《中国社会科学报》2016 年 8 月 4 日。

《窥管》中运用文法进行训释的 190 余条例证，总结为 15 项，分别加以阐述①；孙良明从语法分析的角度，对《窥管》进行了专门考察②；刘敏探讨了《窥管》的训诂内容、成就、方法及其行文体例、学术贡献和影响，并总结了杨树达研读古书的方法与经验③。此外，陈松长、李婧嵘从杨树达的手稿《汉书提要》入手，认为此稿与《窥管》主要采用训诂与校勘方法不同，是从整体和宏观的角度对《汉书》进行分析和评价，"虽然篇幅不长，但简明扼要，观点精辟，仍是杨树达未刊《汉书》研究的重要著述之一"。④

对陈直《汉书新证》（简称《新证》）的研究，是史学史与秦汉史研究者共同关注的课题。在介绍 20 世纪重要的史家、史著时，秦汉史专家王子今、黄留珠、周天游均对《新证》进行了专门介绍，且给予了很高评价。⑤ 在总体成就方面，李灿认为陈直继承和发扬了王国维的"二重证据法"，在史学研究方面作出了重要的贡献。《新证》作为其代表作，从考释前人之说和原文两个方面诠释了陈直的史学思想，即终生贯彻"使考古为历史服务"的学术主张，从而在历史学、考古学、文学、文字学方面均取得了突出成就。⑥ 在版本比较方面，针对天津人民出版社 1959 年版和 1977 年版的《新证》，台湾学者陈文豪从基本结构、条目增删、条目解释、征引史料和增订本缺失等五个方面加以比较研究，结论为"增订本虽有缺失，但毕竟瑕不掩瑜，在《汉书》研究史上，仍有其贡献"⑦；"陈氏为学勤勉，并不以已有的成就而自满，在教学及研究之余，仍随时吸收新知，增订旧作，方有《汉书新证》增订本的

---

① 周秉钧：《〈汉书窥管〉文法为训释例》，《湖南师范大学学报》主编：《杨树达诞辰百周年纪念集》，湖南教育出版社 1985 年版。

② 孙良明：《概述杨树达〈汉书窥管〉中的语法分析》，《南开语言学刊》2005 年第 1 期；《谈杨树达〈汉书窥管〉"句式类比"语法分析法——兼说我国古代语法学—传统分析法》，《语言研究》2005 年第 2 期。

③ 刘敏：《〈汉书窥管〉的训诂研究》，湖北师范学院 2014 年硕士学位论文。

④ 陈松长、李婧嵘：《杨树达手稿〈汉书提要〉浅说》，《文献季刊》2010 年第 2 期。

⑤ 王子今：《20 世纪中国历史文献研究》，第八节"20 世纪早期史学研究"，清华大学出版社 2002 年版，第 319—322 页；黄留珠：《汉书新证》，仓修良主编：《中国史学名著评介》（第 5 卷），山东教育出版社 2006 年版，第 83—88 页；周天游：《注释与辨证的杰作——陈直的〈汉书新证〉》，马宝珠主编：《20 世纪中国史学名著提要》，北京师范大学出版社 2007 年版，第 257—259 页。

⑥ 李灿：《论陈直〈汉书新证〉的考证学成就》，《池州学院学报》2009 年第 2 期。

⑦ 陈文豪：《〈汉书新证〉版本述略》，《华岗文科学报》1999 年第 23 期。

出版。这种为学的精神，值得后世学习效法"。① 在具体篇目、内容的研究方面，李根蟠针对陈直《新证》中有关"大市"和"狱市"的论述提出了商榷意见②；马雪芳则从四个方面，探讨了《汉书新证·艺文志》对于文献校勘的重大贡献③。

冉昭德是20世纪前中期卓有成就的秦汉史专家。新中国成立后，他参与了中华书局点校、选注《汉书》的工作，主张以历史唯物主义为指导思想进行班固和《汉书》研究，在20世纪60年代《汉书》研究陷入低潮时期，以非凡的勇气和史识，坚持为班固正名，是20世纪《汉书》研究史上最具代表性的学者之一。由于其在"文革"中受到迫害而去世，在相当长时间里，学界对其生平著述和贡献知之甚少。近年来，在冉昭德的子女、生前同事及学生的帮助下，笔者得到了其母校山东大学和生前工作的西北大学等机构的支持，整理、出版其生前著作及学术纪念文集《冉昭德文存》（山东大学出版社2014年版），全面、深入地介绍和总结了他在《汉书》与秦汉史研究领域所取得的成果与贡献。

白寿彝对于中国史学史的学科建设和理论发展贡献巨大，他在20世纪60年代发表的《司马迁与班固》，在肯定《汉书》编撰成就的同时，对其思想性多有批评，视之为"封建史学的正宗"，这一观点在当时及此后相当长时间里产生了较大影响④。有鉴于此，一些学者多关注他对《史记》的研究，其中涉及对其《汉书》研究情况的介绍⑤。赵骞总结了白寿彝《汉书》研究的理论方法和思想价值，认为白氏以马克思主义的历史唯物主义作为指导思想，其《汉书》研究尽管带有不可避免的时代烙印，存在一定的不足，但其"研究丰富深化了我们对班固及其时代史学家的认识，为后学指出了门径，这是他留下的宝贵史学遗产"。⑥

---

① 陈文豪：《〈汉书新证〉两版本的比较研究》，《西北大学学报》（哲学社会科学版）2000年第2期。

② 李根蟠：《汉代的"大市"和"狱市"——对陈直〈汉书新证〉两则论述的商榷》，《中国社会经济史研究》2002年第1期。

③ 马雪芳：《论〈汉书新证·艺文志第十〉对文献校勘学发展的贡献》，《唐山学院学报》2015年第1期。

④ 白寿彝：《司马迁与班固》，《北京师范大学学报》（社会科学版）1963年第4期。

⑤ 龚书铎、瞿林东：《白寿彝先生的史学思想和治学道路》，《北京师范大学学报》1989年第1期；汪高鑫：《论白寿彝先生对汉代史学思想史的研究》，《求是学刊》2005年第3期。

⑥ 赵骞：《论白寿彝先生对〈汉书〉的研究》，《五邑大学学报》（社会科学版）2016年第4期。

20 世纪后期，相继出现了几部班固评传和《汉书》研究专著，学界也给予了及时关注。安作璋著成《班固与汉书》（山东人民出版社 1979 年版），此后又应邀为"中华历史名人评传·史学家系列"撰写了《班固评传：一代良史》（广西教育出版社 1996 年版），该书出版后，被中华书局总编李侃誉为较原作"有锦上添花之效"①。有学者系统梳理、总结安作璋秦汉史研究成果时，称赞其"对班固的家世、生平经历特别是他在史学上的卓越贡献，都用翔实可信的资料进行了详细的评述"；② 对于秦汉历史人物的研究，堪称"资料翔实，考辨精审，文笔优美，将学术性与趣味性有机结合在一起，引人入胜，发人深思"③。陈其泰的两部专著《再建丰碑——班固与〈汉书〉》（生活·读书·新知三联书店 1994 年版）和《班固评传》（南京大学出版社 2002 年版），亦引起学界关注。鲁沛称赞《再建丰碑》致力于学术大众化的旨趣，摆脱习见的学术专著的刻板形式，将哲学思考引入史学史研究的治学路数，"为这门学科增添了又一部极具创新价值的佳作"；④ 张小锋、沈颂金肯定《班固评传》，"新见迭出，态度严谨，语言流畅，堪称一部推陈出新的可喜之作。它的出版，必将促使人们对班固和《汉书》产生新的认识"。⑤

这一时期，《汉书》的注译、集释和研究文献的编辑、整理，也取得了重要进展。魏连科主编《汉书人名索引》（中华书局 1979 年版），给《汉书》和西汉史的研究带来很多方便，但也存在一些错误，张如元、洪沉、马斗全、王继如、张朝范等均撰文提出了修订、补遗⑥。叶品评价仓修良主编的《汉书辞典》（山东教育出版社 1997 年版）是"一部开拓创新的专书辞典"，"不仅是解释《汉书》这部古代史学经典巨著的工具书，而且也是研究上古至汉代

---

①　安作璋：《我与中华书局交往四十年》，《光明日报》2002 年 6 月 20 日。

②　张仁玺：《博学慎思　明辨笃行——安作璋先生的史学成就与治学之道》，《高校理论战线》2007 年第 2 期。

③　陈乃华：《安作璋先生与秦汉史研究》，《邯郸学院学报》2011 年第 3 期。

④　鲁沛：《再建丰碑——班固和〈汉书〉简评》，《北京师范大学学报》1996 年第 3 期。

⑤　张小锋、沈颂金：《评陈其泰著〈班固评传〉》，《中国史研究动态》2003 年第 11 期。

⑥　张如元：《〈汉书人名索引〉错误举例》，《西南大学学报》（社会科学版）1984 年第 3 期；《〈汉书人名索引〉疏误续辨》，《温州大学学报》（自然科学版）1985 年第 3 期；洪沉：《〈汉书人名索引〉纠缪三则》，《苏州科技学院学报》（社会科学版）1990 年第 2 期；马斗全：《〈汉书人名索引〉订误十四则》，《文献》1992 年第 1 期；《〈汉书人名索引〉订误廿一则》，《文献》1993 年第 2 期；张朝范：《〈汉书人名索引〉补遗》，《文献》1997 年第 1 期；王继如：《〈汉书人名索引〉札记》，《文教资料》1997 年第 5 期。

祖国历史文化的大型百科辞书，具有独创性与开拓性的意义"。① 施丁主编的
《汉书新注》（三秦出版社 1994 年版）和安平秋、张传玺主编的《二十四史
全译·汉书》（汉语大词典出版社 2004 年版）是 20 世纪末至今出版的两种质
量颇高的《汉书》注译本，为当代人阅读《汉书》提供了便利。冯靓芸认为
施著是近年出现的较新、较好、搜集资料较全的《汉书》全注本，具有较有
参考价值，是阅读研究《汉书》较好的工具，并就施注《汉书》中有关通假
的注释提出商榷；② 陶家骏认为安、张主编的译本采取直译方式，按照词序，
每字、每典都有落实，译文精练，行文严谨，白而不俗，是一部高质量的
《汉书》全译本，堪称"恢弘巨制"③；吴艺文与贺璐璐则结合其他古籍与出
土简帛材料，对《二十四史全译·汉书》中一些句子的翻译提出商榷，认为
该译本未将原文中的词语清楚地解释和翻译出来，进而提出古籍翻译应力求
翔实准确，以便于读者理解。④ 近年来，先后出版了几部具有重要价值的大型
文献丛书，如 12 册《汉书集释》（台北三民书局 2003 年版）、10 册《汉书研
究文献辑刊》（国家图书馆出版社 2008 年版）和 12 册点校本《汉书新注》
（上海古籍出版社 2009 年版），对此有关报刊都进行了及时报道。⑤

　　新世纪的《汉书》研究步入了多元化的新阶段。鲁西奇的著作《何草不
黄：〈汉书〉断章解义》（广西师范大学 2015 年版），认为"历史学家所面对
的问题，更多的是历史叙述与认识是什么，而不再是历史本身是什么；更多
的是人们是怎样认识历史的运动，而不再是历史过程是怎样运动的"，通过对
《汉书》经典篇章的细致解读，分析《汉书》所叙述之历史过程与历史认识
的根源，历史记忆与历史真相的建构。李梦泽撰文进行了评述⑥。在《史》、
《汉》比较方面，台湾学者吕世浩的著作《从〈史记〉到〈汉书〉的转折过
程与历史意义》（台湾大学出版中心 2009 年版），将《史记》到《汉书》之

　　① 叶品：《一部开拓创新的专书辞典——评〈汉书辞典〉》，《浙江社会科学》1997 年第 5 期。
　　② 冯靓芸：《〈汉书新注〉通假注释商榷》，《古籍整理研究学刊》2005 年第 1 期。
　　③ 陶家骏：《〈汉书〉今注今译商榷》，《苏州教育学院学报》2010 年第 2 期。
　　④ 吴艺文：《二十四史全译本〈汉书〉（卷三十六）译句指瑕》，《宜昌学院学报》2006 年第 5
期；贺璐璐：《〈二十四史全译·汉书〉商榷三则》，《新西部》（理论版）2015 年第 9 期。
　　⑤ 《书讯：〈汉书〉研究文献辑刊（全十册）》，《文献》2008 年第 2 期；《〈汉书补注〉首次整
理出版》，《文学报》2009 年 2 月 19 日；曹玲娟：《历时二十余载〈汉书补注〉整理出版》，《中国新
闻出版报》2009 年 2 月 24 日；占旭东：《〈汉书〉研读之首选，古籍整理之力作——王先谦撰〈汉书
补注〉首次整理出版》，《科学时报》2009 年 4 月 9 日。
　　⑥ 李梦泽：《鲁西奇著〈何草不黄：汉书断章解义〉评介》，《中国史研究动态》2016 年第 3 期。

间的发展历程分为四个阶段和三个版本，说明东汉当局和班固对于《史记》之政治立场，以此揭示《史记》到《汉书》之间的转变，不只局限于体例和内容的改变——虽然《汉书》在记载史事的详尽和先后顺序上，确较《史记》优异，但无法掩饰其对于中国史学的伤害，致使后世史学发展缺少了论议当代施政的勇气与史识，更重要的是《史记》欲传后世的"通古今之变"大义自此而衰。徐义法肯定了其著作的学术贡献，同时也指出其著作存在章节架构不合理、外文史料运用不足，以及对班固和《汉书》批评过当等缺陷。①

一些非历史专业的学者也开始从事《汉书》的评议与研究，对此学界均及时给予了关注。周慕辉评价卢敦基的《风起云扬——〈汉书〉随笔》（浙江文艺出版社 1999 年版），旨在"走出一条从体制上评论历史的新路"，对《汉书》有许多"非常精当和启发性的评论"；同时也批评作者陷入既想写出不同于"英雄史"的"平民史"、却又陶醉于"英雄神话"的矛盾之中。② 王春林、张大可、梅生为薛俊华的随笔《读史论政——〈史记〉〈汉书〉纵横谈》撰写书评，认为他结合自己多年从事行政和党务工作的经验，旨在"从历史中汲取政治智慧"。③ 国际问题专家时殷弘认为《汉书》是中国历史上最伟大、最详密的史著之一，其著作《病变中兴衰毁：解读〈汉书〉密码》，以传统史家评点文本的方式，解读西汉帝国的对外战略和政治进程，有评论者誉之为一部"从《汉书》管窥历史周期律"的佳作④；但也有评论者认为该书"只是作者阅读典籍之余的个人批注，并不涉及对经典本身的学术批评"，因而不可避免地带有片面性⑤。上述评议，均显示出 20 世纪以来学界运用新的理论、方法，在《汉书》研究领域取得的重要进展。

---

① 徐义法：《评介吕世浩〈从史记到汉书的转折过程与历史意义〉》，《中兴史学》2014 年第 16 期。
② 周慕辉：《历史写给平民看——评〈汉书随笔〉》，《读书》2000 年第 1 期。
③ 王春照：《在历史中汲取政治智慧——关于薛俊华〈读史论政〉》，《黄河》2012 年第 6 期；张大可：《历史的价值——读薛俊华〈读史论政——史记汉书纵横谈〉》，《前进》2012 年第 10 期；梅生：《我们应该怎样读历史——有感于薛俊华〈读史论政——史记汉书纵横谈〉》，《先锋队》2012 年第 19 期。
④ 邓勤：《从〈汉书〉管窥历史周期律——推介〈病变中兴衰毁：解读汉书密码〉》，《中国纪检监察报》2014 年 9 月 30 日。
⑤ 仲权：《评时殷弘教授〈帝国的病变、中兴与衰毁〉：学问长者的真性情》，凤凰网，2014 年 12 月 23 日，http://book.ifeng.com/shuping/detail_2014_12/23/1500887_0.shtml。

四、对《汉书》专题研究进展的回顾与总结

《汉书》专题研究范围广泛，其中形成专门之学的首推"十志"。成果最多的是对《汉书·艺文志》（以下简称《汉志》）的研究，其次则是对"十志"中的《食货志》、《五行志》、《地理志》和《西域传》的研究。近年来，亦有研究者对其中有代表性的学者和成果进行了回顾与总结。

（一）对《艺文志》研究进展的总结

20 世纪以来出版了清代、民国及现当代学者译注、研究《汉志》的著作十余种，学位论文 20 余篇，报刊会议论文 330 余篇。有学者对此进行了专门评述，大致可分为以下两类：

1. 概述历代《汉志》研究的整体状况

谌三元将《汉志》研究分为东汉三国魏晋隋唐、宋元明、清代、民国和现代五个阶段，介绍了各个时期的代表学者和著作，认为自《汉书》成书以来，历代学者对《汉志》的注解经历了"从音义训诂到分析学术源流，从考据校勘到目录学，从部分剖析到整体综述，从分到合，从部分到整体的过程，从中也可看出我国学术研究的演变经历"①。陈锦春在评述历代《汉志》研究情况时，着重介绍了近现代学者的重要成果，试图从研究方法上寻绎历代《汉志》研究的发展趋势。他认为，唐以前的《汉志》研究重在疏通文字，宋元明清则主要在于补苴辨正，而 20 世纪 20 年代以来的现当代学者则更加注意分析《汉志》的编撰体例与分类特点②。钟书瑞认为历代学者对《汉志》的研究，"经历了疏通文字到补苴辨正，再到分析编纂、体例分类的研究。从学术史的角度出发，利用《汉志》'辨章学术，考镜源流'，总结目录学理论与规律，是当代学者应该从中吸取的经验"③。乔松林总结 30 年来的《汉志》研究，认为"无论是本体研究还是价值研究，都取得了长足的进步，其学术史的研究也逐渐被重视"，但也存在着表面研究、重复研究等问题，只有融入到思想文化研究中，才能摆脱单纯的文献学研究模式和被边缘化、经院化的

---

① 谌三元：《历代〈汉书·艺文志〉研究综述》，《图书馆》2000 年第 2 期。
② 陈锦春：《历代〈汉书·艺文志〉研究述略》，《图书馆杂志》2006 年第 9 期。
③ 钟云瑞：《历代〈汉书·艺文志〉研究专书综述》，《安徽文学》2014 年第 5 期。

命运，进而获得更大的发展①。这些观点对于笔者思考"汉书学"实现从传统到现代的理论、方法的转换，颇有启发。

2. 介绍有代表性的《汉志》研究者及其成果

目前可见评介古今《汉志》研究名家的报刊及研究生学位论文近 20 篇，涉及王应麟②、郑樵③、钱大昭、侯康、顾櫰三、曾朴④、姚振宗⑤、叶德辉⑥、康有为⑦、王国维⑧、刘光蕡⑨、顾实、姚明辉⑩、叶长青⑪、孙德谦⑫等人的《汉志》研究情况，亦有人专门介绍《四库全书》中有关《汉志》的论述⑬。

张舜徽的《汉志》研究贯穿 20 世纪中后期，近年来出现了数篇论文对他的代表作《汉书艺文志释例》的理论、方法、特色、成就及不足进行考察。王余光称赞该书是"通释古书的又一典范"；⑭许刚认为张氏的《汉志》研究代表了其汉代文献学研究的最高成就，将其内容归结为四个方面：发明《汉志》体例，指明古书通例；辨议句读文字，商议前人成说；剖析经籍，授人

---

① 乔松林：《30 年来〈汉书·艺文志〉研究综述》，《南都学坛》（人文社会科学版）2011 年第 3 期。

② 杨万兵：《王应麟〈汉书艺文志考证〉的文献学贡献》，《安庆师范学院学报》（社会科学版）2007 年第 4 期；傅荣贤：《试论王应麟〈汉书艺文志考证〉的〈汉志〉研究得失》，《四川图书馆学报》2010 年第 4 期；陈鸿图：《试论王应麟〈汉艺文志考证〉在目录学史上的地位》，《书目季刊》2010 年第 4 期；杨毅：《王应麟〈玉海〉与〈汉艺文志考证〉关系考略》，《图书情报知识》2012 年第 4 期；《王应麟〈汉艺文志考证〉考证特色分析》，《华中学术》（第七辑），2013 年；《王应麟汉代文献研究述论》，世界图书出版有限公司 2013 年版；曹晋婷：《王应麟〈汉艺文志考证〉校读札记》，《文教资料》2015 年第 36 期。

③ 傅荣贤、李满花：《试论郑樵的〈汉志〉研究之得失》，《四川图书馆学报》2012 年第 4 期。

④ 杨华：《清代五家补〈汉书·艺文志〉"诗类"书目评议》，《图书馆理论与实践》2014 年第 2 期。

⑤ 沈晓宇：《论姚振宗的汉书·艺文志研究》，黑龙江大学 2011 年硕士学位论文。

⑥ 罗瑛：《叶德辉补注〈汉书·艺文志〉》，《古典文献研究》（第十一辑），2008 年。

⑦ 傅荣贤：《康有为〈汉书·艺文志〉研究得失评》，《山东图书馆学刊》2010 年第 5 期。

⑧ 徐兴无：《王国维〈汉书艺文志举例〉跋"未达者"之一试解——兼及刘向歆父子校书和汉代今古文经问题》，《古典文献研究》第九辑，凤凰出版社 2006 年版。

⑨ 傅荣贤：《刘光蕡〈前汉书艺文志注〉浅析》，《山东图书馆学刊》2012 年第 4 期。

⑩ 钟云瑞：《顾实与姚明辉〈汉书·艺文志〉研究刍议》，《河北北方学院学报》2014 年第 4 期。

⑪ 彭丹华：《叶长青及其〈汉书艺文志问答〉》，《中国图书评论》2012 年第 8 期。

⑫ 傅荣贤：《孙德谦〈汉书·艺文志〉研究得失评》，《图书馆》2014 年第 5 期；杜志勇：《孙德谦〈汉书艺文志举例〉述论》，《求是学刊》2016 年第 3 期。

⑬ 姜汉卿、傅荣贤：《管窥〈四库总目〉对〈汉书·艺文志〉的研究》，《图书馆论坛》2005 年第 6 期。

⑭ 王余光：《通释古书的又一典范——读张舜徽〈汉书艺文志通释〉》，《文教资料》1995 年第 3 期。

研读之法；溯古达今，扼论学术简史，并就其得失进行了评议；① 王齐洲认为《汉志·诸子略》各家的书目著录反映各家的学术发展史，因此，张氏的《通释》对于学习和研读《汉志》、考察东汉以前文献和学术发展，具有重要的学术价值；② 戴建业从知识考古的角度，认为张氏《汉书艺文志通释》经由对《汉志》所载典籍的叙录进行了辨体、辨义、辨人与辨伪，追溯了"六经"的经典化历程和"权力—知识"话语的形成，探寻了各学术流派兴盛与衰微的动因，进而考索了各科知识产生与消亡的社会语境，因而这种叙录解题——亦即校雠学的形式与特色，也就构成了别具特色的"知识考古"。③ 温显贵和成文露参照张氏《汉书艺文志通释》的类例，分析诸子"杂"说的三种情况：即一人多书、一书多人和一书多家，借此探索先秦时期以诸子学为主发展到汉代以经学为主的学术变化历程。④ 熊诗峥的硕士学位论文分四个部分，将张氏的四部著作《广校雠略》、《汉书艺文志释例》、《汉书艺文志通释》及《中国文献学》中的《汉志》研究要点，分别加以总结概述，认为张氏对《汉志》的研究最能体现其一生"辨章学术，考镜源流"的治学风格，对于当代目录学、图书馆学有着极其重要的指导意义。⑤ 这些论著都从不同侧面深化了我们对张舜徽《汉志》研究及其总体学术成就的理解。

　　傅荣贤的著作《〈汉书艺文志〉研究源流考》，将两千年来的《汉志》研究分为四个流派的做法，启发了笔者对于"汉书学"与"汉书学史"在研究内容与理论方法上的诸多思考。作者将古今学者的《汉志》研究归纳为四个流派：史书注解派、目录本体派、学术考辨派和专题派，逐一评述所有重要的研究者及成果。该书以专门章节论述的《汉志》研究者达五十余家，出版

---

① 许刚：《张舜徽先生〈汉书·艺文志〉研究的成就和不足》，《四川图书馆学报》2006 年第 4 期；《治学之门径，读书之方法——论张舜徽的〈汉志〉目录学研究》，《图书馆》2008 年第 3 期；《张舜徽〈汉志〉目录学研究中的学术史特征》，《图书馆工作与研究》2008 年第 9 期。另有许刚专著：《张舜徽的汉代学术研究》，第三章"以《汉书艺文志通释》为代表的汉代文献学研究"，华中师范大学出版社 2009 年版。

② 王齐洲：《张舜徽〈汉书艺文志通释〉蠡测———以〈诸子略〉为中心》，《齐鲁学刊》2010 年第 5 期。

③ 戴建业：《学术流派的盛衰与各科知识的消长——论张舜徽〈汉书艺文志通释〉的知识考古》（上），《图书情报知识》2010 年第 6 期；《辨体·辨义·辨人·辨伪——论张舜徽〈汉书艺文志通释〉的知识考古》（下），《图书情报知识》2011 年第 2 期。

④ 温显贵、成文露：《汉志诸子略诸子学说"杂"学浅论——以张舜徽〈汉书艺文志通释〉为例》，《书目季刊》2016 年第 3 期。

⑤ 熊诗峥：《论张舜徽的〈汉书·艺文志〉研究》，黑龙江大学文学院 2011 年硕士学位论文。

后在学界获得了好评。有学者认为其该书取材广泛、考订翔实、论述全面，其价值不仅在于从学术史的角度"填补了历代有关《汉书·艺文志》研究的空白"，而且"从某种意义上已经超出了有关《汉书·艺文志》研究本身的范畴"，是"为久已沉寂的中国古代目录学研究注入了一股清新的学术活力"，"更为当代目录学领域增添了些许学术自信"。①

（二）对《五行志》研究进展的总结

学术界对于《汉书·五行志》的评价长期存在争议，认为志中所记皆是迷信之作。赵宜聪概述了古代正史和古今史家、学者对于《五行志》的评价，认为《五行志》的价值主要体现在其对西汉思想和社会价值的反映。② 俞晓群长期致力于正史《五行志》研究，其著作《五行志通考》、《五行志札记》和《五行占》（岳麓出版社即将出版），对于《汉书·五行志》给出的六大门类进行了纵向梳理，并仿前贤札记之法（如顾炎武《日知录》），按人物、著作、词语、篇目四条路径，逐一进行考证，对于其中所记载的种种"怪力乱神"现象进行了整理和解读，意在将此前被认定为"糟粕"而遭遇断裂的历史文化接续起来，以此揭示古代中国人眼中的外部世界图像。③ 江晓原对其研究进行评述，肯定了中国传统文化"容纳怪力乱神的外部世界图像"之"宽容而且开放同时又能敬畏自然"的理念，这样的理念主张与自然和谐相处，这对于矫正当代科学主义带来的对于自然界疯狂征服无情榨取的态度是有益的。④

（三）对《地理志》和《西域传》研究进展的总结

《汉书·地理志》是中国古代历史地理学和疆域政区地理学的重要著作，历代研究者众多。华林甫对清人吴卓信的《汉书地理志补注》的特色与成就进行了介绍⑤，并概述了20世纪学界对正史《地理志》的研究情况，其中重

---

① 徐建华：《一部非应时的古代目录学研究力作——评傅荣贤先生的〈汉书艺文志研究源流考〉》，《大学图书馆学报》2008 年第 1 期。

② 赵宜聪：《〈汉书·五行志〉研究综述与展望》，《滇西科技师范学院学报》2016 年第 2 期。

③ 俞晓群：《二十四史〈五行志〉丛谈》，《文史知识》2006 年第 11 期；《思考〈五行志〉》，《书城》2016 年第 7 期。

④ 江晓原：《古代中国人的外部世界图像及其积极意义——读俞晓群"五行志研究"系列》，《书城》2016 年第 12 期。

⑤ 华林甫：《略论吴卓信〈汉书地理志补注〉的地名学价值》，《吴中学刊》1998 年第 3 期。

点介绍了清代以来学界对于《汉书·地理志》的研究。① 张保见和高青青将民国以来的《汉书·地理志》研究，分为由传统向现代过渡的民国时期、新中国成立以来至 1977 年的曲折发展时期，以及 1978 年以来的拓展繁荣时期等三个时段，分别介绍了有代表性的学者和研究论著。②

　　学界对于《地理志》的研究专著亦有及时的评述。雷虹霁的著作《秦汉历史地理与文化分区研究——以〈史记〉、〈汉书〉、〈方言〉为中心》（中央民族大学出版社 2007 年版），介绍了《史记·货殖列传》、《汉书·地理志》和《方言》的著述情况，依据三书的记载，复原出司马迁经济分区、班固风俗分区和扬雄方言分区的格局，并对这三种"区域观"进行比较，由此展开"秦汉文化区域的形成与发展"之论述，对"秦汉文化区域和区域文化的突出特点与一般规律性问题提出比较系统的看法"。由于作者既注意到了文献中关于文化分区记载的分析归纳，还考虑到各记载之间的关系，"把汉代统一版图上的文化分区进行了一番立体的综合探索"，且除吸取历史学有关成果外，能大量参考考古学、民族学、文化人类学、语言学的观点和材料，其研究方法得到了李学勤、陈连开等前辈专家的赞扬③。梁志平、刘瑞亦撰写书评予以介绍和评述④。孔祥军的著作《汉唐地理志考校》（新世界出版社 2012 年版），以文献考校和政区地理研究为主，广涉经济地理、交通地理、军事地理、佛教地理等诸多领域。在对汉唐地理志文献研究基础之上，作者就汉代三辅称谓沿革，盐、铁官之分布，新莽改亭之通例，北魏政区之沿革，并对隋代关官、水道和唐代诸渠进行了辑录和考察。评论者称其"纠文本之讹，正史文之谬，辑失佚之地志，探史志之史源，考其断代，辨其书例"，"重视学术传承和演变，善用图表的方式来明晰思路脉络，为汉唐地理研究之佳作"。⑤

　　《西域传》亦为班固首创，开历代正史《西域传》和后世西域史地研究之端绪。岑仲勉、余太山均为 20 世纪以来西域史地研究有影响的专家，他们

---

　　① 华林甫：《二十世纪正史地理志研究述评》，《中国地方志》2006 年第 2 期。

　　② 张保见、高青青：《民国以来〈汉书·地理志〉研究综述》，《湘南学院学报》2016 年第 1 期。

　　③ 雷虹霁：《秦汉历史地理与文化分区研究——以〈史记〉、〈汉书〉、〈方言〉为中心》，"序言"，中国民族大学出版社 2007 年版，第 1—2 页。

　　④ 梁志平：《综合研究中的创新问题——读〈秦汉历史地理与文化分区研究〉》，《中国历史地理论丛》2009 年第 2 期；刘瑞：《读〈秦汉历史地理与文化分区研究〉》，《中国史研究》2010 年第 2 期。

　　⑤ 徐成：《汉唐地理志研究的新成果——评孔祥军〈汉唐地理志考校〉》，《中国历史地理论丛》2012 年第 4 辑。

对于《汉书·西域传》的研究引起了学界的重视。朱杰勤在《汉书西域传地里考释》的"校后记"中，详细介绍了岑仲勉自 20 世纪 30 年代以来对《汉书·西域传》所进行的研究。① 对于余太山的两部著作《两汉南北朝正史西域传要注》及《两汉魏晋南北朝正史西域传研究》，评论者亦肯定其"首次对正史西域传的资料来源体例及编者的指导思想做出多角度系统研究……提出了一些极有见地的看法，填补了西域史研究的空白，具有开创和奠基的意义"②。

（四）对《刑法志》和《食货志》研究进展的总结

有关《刑法志》研究的评述，目前所见有台湾学者赵晶《正史〈刑法志〉"文本"研究路径举要》一文。文中将 20 世纪以降中外学界对于正史《刑法志》文本的研究路径分为点校、译注和文本型构分析三种，认为今后的研究，应着意于"文本型构"的问题意识，重估《刑法志》的史料价值，开拓新议题。③

目前尚无专门评述《汉书·食货志》研究的论文，但在已出版的注译、汇编历代《食货志》的著作中，可以窥见 20 世纪以来学者的研究情况。例如，罗章龙在《历代食货志注译》（农业出版社 1984 年版）序言中，评价该书编者王鸣雷对历代《食货志》所作的注释和撰写的题解、提要，"在我国经济史料的整理工作方面迈出了可喜的一步，是经济史研究领域的一项重要成果"④。金少英在《汉书·食货志》研究方面颇有建树，其合作者李庆善在他们合编的《汉书食货志集释》"序言"中，亦对其研究情况与成就进行了简要介绍。⑤

（五）对《汉书》文学研究进展的总结

上述领域之外，还有学者对《汉书》的文学研究、语言成就和人物类传

---

① 朱杰勤：《岑仲勉先生对西域史地的研究——岑著〈汉书西域传地里考释〉校后记》，《史学史资料》1979 年第 5 期。

② 书评：《两汉魏晋南北朝正史西域传研究》，中国社会科学院历史研究所中外关系史研究室主办："欧亚学研究"网站，2004 年 3 月 28 日，http//www. eurasianhistory. com/data/articles/c03/14. html。

③ 赵晶：《正史〈刑法志〉"文本"研究路径举要》，《法制史研究：中国法制史学会会刊》2016 年第 6 期。

④ 王鸣雷编注：《历代食货志注释》，"序言"，农业出版社 1984 年版，第 1—5 页。

⑤ 金少英、李庆善：《汉书食货志集释》，"序言"，中华书局 1986 年版，第 1—2 页。

进行了评述。潘定武回顾了《汉书》文学研究的情况，指出古代《汉书》研究多为零星的评述与感悟，以简要概括与评点的方式为主，而缺乏系统研究，但总体评价较高。现当代较之《史记》文学研究的全面繁荣，《汉书》文学研究不但相对冷落得多，而且更缺乏一种整体性的宏观架构和综合研究，对《汉书》的文学评价至今仍基本在低调徘徊。作者指出，扭转《汉书》文学研究状况的根本前提，是必须承认《汉书》在文学史上也应有其独立的地位。① 李艳亦认为相对于《史记》研究而言，新世纪《汉书》的文学研究仍显得稚嫩、单调，甚至重复，对具体篇章的研究也不够广泛和深入。这有待于人们对《汉书》文学地位的正确认识，而不仅仅是笼罩在《史记》文学研究阴影下的附带研究。② 施晓风回顾了《汉书》成书两千多年来语言研究的历程，分前后两个时期，对 20 世纪《汉书》语言研究的历史和现状进行了简要述评，认为《汉书》在新时期的研究现状与《史记》相比，受到明显的轻视。在《史记》丰富的语言研究成果的基础上，《汉书》的语言研究工作也应该迎头赶上，以期为汉语史的整体研究贡献一份力量。③

五、对《汉书》比较研究情况的概述

20 世纪以来围绕《汉书》所开展的比较研究，以《史》、《汉》比较成果众多、进展最大，引起了一些学者的关注，简要介绍如下。

《史》、《汉》比较，自古有之。早在班氏父子撰写《汉书》之际，东汉王充就已提出了"甲班乙马"的观点，此后晋代张辅作《班马优劣论》，宋明学者作《班马异同》、《史汉方驾》等，清代学者的相关论著更是不胜枚举。至 20 世纪后期，学者们的注意力不再局限于《史》、《汉》的文本异同及司马迁、班固的编撰宗旨、学术思想之高下优劣，而是追根溯源，既从纵向上按时间顺序分阶段概述各时期《史》、《汉》比较的发展情况与成就，又从横向上按学科分类总结核心观点、比较研究方法、分析诸家评论之得失，从而令《史》、《汉》比较不仅成为中国传统史学研究的一个重要部分，更成为新兴的"比较史学"领域中有影响、有价值的课题。

---

① 潘定武：《〈汉书〉文学研究的回顾与思考》，《宝鸡文理学院学报》（社会科学版）2005 年第 6 期。
② 李艳：《论新世纪〈汉书〉文学研究状况及其存在问题》，《现代语文》2013 年第 8 期。
③ 施晓风：《〈汉书〉语言研究述略》，《鲁东大学学报》（哲学社科科学版）2013 年第 5 期。

（一）回顾、评述 20 世纪之前"班马异同论"的发展历程

目前有数篇论文，概述古今《史》、《汉》比较研究情况。针对唐代之前的"班马优劣"论和《史》、《汉》比较情况，沙志利、曾小霞和陈莹先后发表了不同的见解。沙志利认为唐代之前的"班马异同"论体现出以下特点：一是论述简略，而且侧重宏观比较，没有真正对第一手材料进行细致比对，因此算不上是真正的研究；二是论点往往从主观印象而来，缺乏论证；三是进行史家思想比较之时，往往超出史书范围之外，对史家个人遭际"极尽诋毁之能事"；四是论点之间多互相抄袭且没不言名；五是联系当时的大环境来看，这些论述大都出于一时社会风气使然，或是作者别有目的，因此显得不够客观。①曾小霞的观点与之相近，认为唐前《史》、《汉》比较研究主要集中于"史汉优劣论"，而且《汉书》的研究者明显多于《史记》的研究者。评论者往往从自身主观愿望出发作简短论断，尽管这些论断并不客观，论述缺乏说服力，研究方法也流于粗疏，但这些直观式的评论却为日后的进一步研究打下了基础。②陈莹则将唐代之前班马优劣并称的演变轨迹进行了梳理，对于"扬班抑马为唐前班马比较的主流倾向，班马抑扬相当出现于宋明时期"这一说法提出了不同的意见。她认为，如果我们运用接受美学理论，即从读者的角度梳理这一问题，会发现班马优劣并称出现在南北朝而非宋明时期。③这一结论说明作者不满足于仅就《史》、《汉》比较的发展历程作简单评述，而是注重发掘其背后的社会背景、学术思潮、审美旨趣等深层原因，这样的研究方法与思路，令笔者颇受启发。

隋唐"汉书学"大兴，刘知幾是最早、最系统地将《史记》与《汉书》进行比较研究的史家。徐兴海认为刘知幾的研究内容涉及史学目的、史学价值、历史编纂学、语言、修辞等方面，是具有创造性的，值得研究与借鉴，同时他认为《史通》中"扬班抑马的倾向是很明显的"④。明清时期《史》、《汉》比较出现了繁荣局面。曾小霞认为，《史》、《汉》比较研究"从唐前简单的史汉优劣论，逐渐发展到了明清的互有得失论，这是了不起的进步"，

① 沙志利：《唐以前的〈史〉〈汉〉比较研究综述》，《泰山学院学报》2005 年第 4 期。
② 曾小霞：《试析唐前"史汉优劣论"》，《保定学院学报》2009 年第 2 期。
③ 陈莹：《唐前班马优劣并称演变轨迹的梳理与考辨》，《史学理论研究》2010 年第 3 期。
④ 徐兴海：《刘知幾的史汉比较研究》，《渭南师范学院学报》2002 年第 1 期。

"在多方面的对比以及文学流派的推崇中，《史记》的优势地位得以稳固"。①

　　乾嘉学者在《史》、《汉》比较方面多有建树。徐家骥从对《史》、《汉》本身的研究和通过史文探索社会历史两方面，介绍了赵翼的《史记》、《汉书》研究情况和理论价值。②刘开军对比了赵翼、王鸣盛对"前四史"（主要是《史》、《汉》）的评议，认为二人均善于运用比较的方法，赵翼重史事原委以及对史事的评价，王鸣盛则侧重于品评史书编纂及其得失。相比之下，赵翼举重舍轻，故简要而多解说；王鸣盛则轻重并举，故烦冗而多训故，二人的评议对今人认识"前四史"均多有裨益。③与徐家骥、刘开军关注单个史家、史著不同，王记录、王青芝从史文繁简、编纂体例、叙事风格、学术思想等方面，概述了王鸣盛、陈元、邱逢年、赵翼、沈德潜、钱大昕、浦起龙、熊士鹏、梁玉绳、邹方锷、朱仕、章学诚、刘大櫆、牛运震等 12 家的"班马异同论"，认为由于文化总结意识的增强，乾嘉学者对马班异同的研究呈现出多样化的趋势：他们超越马班异同研究上抑此扬彼的局限，主张马班并举《史》、《汉》同列，在比较时能够考虑到成书背景、著史旨趣及著史目的等方面因素，认识更加深刻，并且得出的结论也较客观、公允。④

（二）对 20 世纪以来《史》、《汉》比较的进展与成就的分析、总结

　　20 世纪以来的《史记》、《汉书》比较，较以往取得了很大进展。日本学者曾专门出版《〈史记〉〈汉书〉研究文献目录（日本篇）》⑤，韩国学者朴宰雨也曾发表论文《史汉异同研究史略》⑥，惜均未在国内出版。沙志利简要回顾了古今学者有关《史》、《汉》比较的情况；⑦曾小霞介绍了近 30 年《史》、《汉》比较研究的情况，指出有关思想性、文学性方面的宏观研究是主流，而从文献、文字学等微观角度着手的则比较少。概言之，当前的研究面貌是

---

① 曾小霞：《明清〈史记〉〈汉书〉比较研究综述》，《苏州大学学报》（哲学社会科学版）2009 年第 3 期。

② 徐家骥：《试论赵翼对〈史记〉〈汉书〉的研究》，《内蒙古师大学报》（哲学社会科学版）2000 年第 1 期。

③ 刘开军：《略论赵翼与王鸣盛对"前四史"的批评》，《东岳论丛》2009 年第 5 期。

④ 王记录、王青芝：《评乾嘉学者的马班异同论》，《商丘师范学院学报》2004 年第 6 期。

⑤ ［日］藤田胜久：《〈史记〉〈汉书〉研究文献目录（日本篇）》，日本爱媛大学教育学部 1994 年版。

⑥ 朴宰雨：《史汉异同研究史略》，《中国文化月刊》1992 年第 150 期。

⑦ 详见沙志利：《〈史〉〈汉〉比较研究》第一章，北京大学 2005 年博士学位论文。

"'金''沙'并存，既有精彩之作，亦有平庸之论，重复研究依然存在"。①

与曾小霞概述当代《史》、《汉》研究的全貌不同，夏民程从一个侧面——《史》、《汉》民族思想的比较研究方面展开论述。他以为，当代研究者对司马迁和班固民族思想的比较研究，一般都是以二人对民族史料之取舍处理或对民族问题的言论为基本依据，主要着眼于两个方面：一是对民族的认识（包括民族起源、优劣、地位、关系等），二是如何处理民族关系的主张。此项研究经历了一个"由浅入深、由粗到细、由零碎到系统"的过程，获得了丰硕的成果。但不可否认，也存在着一些问题：一是受"扬马抑班"的先入之见的干扰；二是需要将研究的视野进一步扩大，不仅应对比《史》、《汉》中的民族传，还应考察书中"纪"、"传"乃至"书"、"志"中涉及民族问题的论述；三是将马、班民族思想进行比较研究，走出一条结合历史学和民族学理念方法的跨学科的新路子。②

邵静回顾了 20 世纪 80 年代以来，司马迁和班固的经济思想比较研究的情况。总体而言，作者认为此类文章的结构偏于相似，选取内容、研究方向大同小异，创新性未有突破。研究者基本局限于《史记·平准书》、《汉书·食货志》及两部著作的《货殖列传》，对其他非经济篇章的引用少之又少。尤其是进入 21 世纪后，就二者经济思想的研究，在深度和广度上都未能更上一层楼，研究的成果也明显少于 20 世纪末。目前尚未有关于经济思想比较的专著面世表明，说明对于二者经济思想的比较研究非常不充分，并没有对广大历史研究者尤其是《史》、《汉》研究人员造成足够的重视和吸引力，所以未能形成系统的规模与成果。此外，在有关马、班经济思想的研究当中，绝大多数文章存在明显褒贬色彩，"抑班扬马"者多，而"抑马扬班"者则几乎没有。司马迁的经济思想在当代学者看来，更加符合社会发展规律，更有甚者将其上升为冲破封建束缚，推动社会发展的高度。相比较而言，班固更多的是成为儒家思想、专制王朝服务的代名词。作者以为这样的观点失于偏颇。单纯对司马迁个人经济思想的研究占绝大部分，相比较而言班固经济思想的研究就显得分量很小，其领域和范围也远不及对司马迁及《史记》的研究，

---

① 曾小霞：《近 30 年〈史记〉〈汉书〉比较研究综述》，《陕西教育学院学报》2009 年第 1 期。
② 夏民程：《新中国〈史记〉〈汉书〉民族思想比较研究综述》，《贵州民族研究》2006 年第 1 期。

这也留给现代学者进一步研究的机会。①

对于"游侠"的争论及研究由来已久，《游侠传》又是《汉书》中备受争议的一篇，研究者多将其与《史记·游侠列传》作对比。冯帆从内涵、特征，史学、文学和社会文化视角，对《汉书》游侠研究进行了回顾，认为此项研究有助于了解班固的作史精神和《汉书》游侠在游侠文化史上的重要地位。作者指出，学者对于《汉书·游侠传》的研究重点多放在班马游侠对比上，单独研究《汉书》游侠者较少；在《史》、《汉》游侠对比过程中又多侧重分析原因且观点重复，对班固生平、思想等阐述过多。加之人们对班固及其著史的评判始终存在一定偏颇，故而也影响了学界对《汉书》游侠的研究。因此，当前首要的是应该引起对《汉书·游侠传》的重视，力求在一个客观公允的态度下对其进行探索。②

与上述论著分阶段或按照史家、史著进行论述的做法不同，张大可将"马班异同"的研究史分为汉唐、宋明、清代和近现代四个阶段，概述了各阶段有代表性的研究者及其成果。在此基础上，他将"马班异同"归结为文字、体例、风格和思想的异同，将前二者视为"有形异同"，将后二者视为"无形异同"，认为宋明人注重"有形异同"的研究、清人注重"无形异同"的研究，这是学术发展的必然。"马班异同从厚此薄彼的评论发端，到全面比较《史》《汉》两书的文字、体例、风格、思想，以及史法、文法等丰富内容，成了一门传统的比较学，在中国学术史上几乎是独一无二的"；"从清人以来，论者在主观上尽量避免厚此薄彼，而最后结论仍是马优于班，这是全面比较所得出的公允结论，不当以厚此薄彼论"。③

张大可多年从事《史记》研究且成果颇丰，笔者在本课题的写作中对他的著作多有借鉴，对这一结论是基本赞同的，但仍提出一点异议：如果仅将"马班异同"视为《史记》研究课题中的一项专门学问，将不免流于狭隘。事实上，这也是《汉书》研究乃至中国传统史学研究的一个重要范畴。如仅将其视为《史记》研究的一个部分，将很难在研究中避免预设命题、厚此薄

---

① 邵静：《司马迁、班固经济思想比较研究综述及理论思考》，《黑河学院学报》2013 年第 6 期。
② 冯帆：《新时期〈汉书〉游侠研究》，《重庆文理学院学报》（社会科学版）2017 年第 3 期。
③ 张大可：《略论马班异同的内容与发展历史》，《渭南师专学报（社科科学版）》1994 年第 1 期。

彼，更无法得出全面、公正、客观的结论。笔者认同孟易醇的观点：应从比较史学的角度开展《史记》、《汉书》的比较研究，因为随着时代的发展，比较的标准和人们的认识都在不断地改变和深化。从这个意义上审视《史》、《汉》比较，那么这个古老的课题现在才刚刚起步。① 当前我们应致力于在传统的"马班异同论"基础上构建现代学科体系中的"史汉比较学"，推动此项古老而又年轻的课题不断深入发展。

上述成果对 20 世纪后期至今有代表性的史家及其论著进行了评述，对本书写作不无裨益。其中存在的问题与笔者所见到的大量论著相似：作者的专业多为古代文学而非历史学，因此更倾向于将二者作文学性的比较。无论《史记》、《汉书》的编撰体现出多么高的文学性，但必须承认，它们始终是历史著作，如果不能以历史学的理论方法对其进行全面系统的考察，将很难得出令人信服的结论，推进此项研究深入、持续的发展。

第三节　本课题研究意义与研究方法

一、课题意义

（一）全面概括、总结 20 世纪以来《汉书》研究的状况与成就，为推进当代"汉书学"研究进行有益的探索

对中国古代经典史籍进行研究并形成专门之学，是现代历史学研究的一项重要任务。中外学界长盛不衰的《史记》研究活动和层出不穷的《史记》研究论著，构成了时下繁荣发展、蔚为大观的"史记学"。此外，"尚书学"、"春秋学"、"左传学"、"通鉴学"也是成果丰硕，令人瞩目。然而，就笔者所见，目前尚未有人就"汉书学"进行专项研究。事实上，作为中国封建社会的第一个高峰——汉代所出现的两部经典巨著，《史记》和《汉书》共同代表了传统史学的最高成就。然而，20 世纪以来的研究者大多只将《史记》视为中国传统史学发展成熟的标志和最高成就的代表，对《汉书》的关注与

---

① 孟易醇：《比较史学史的〈史记〉和〈汉书〉》，载孟易醇：《雕虫集》，湖南人民出版社 2006年版。

重视程度远远不够。从探索古今《汉书》研究的发展历程入手，全面回顾、梳理《汉书》研究成果，探讨、总结其理论成就，构建新世纪的"汉书学"，是一项极富理论价值和现实意义的工作。

（二）多角度解读《汉书》的思想内容，深化史学史、秦汉史等领域的研究

20世纪以来的《汉书》研究，从学科而言，属于史学史和秦汉史研究范畴；从内容而言，涵盖历史编纂学、历史文献学、历史地理学、考古学等多学科。《汉书》中的许多篇章涉及领域极为广泛，例如，对于《楚元王传》、《河间献王传》、《郦陆朱刘叔孙传》、《董仲舒传》、《司马迁传》、《司马相如传》、《东方朔传》、《匡张孔马传》、《眭两夏侯京翼李传》、《扬雄传》、《儒林传》等篇章的研究，属于儒学史和学术史的范畴；对于《李广苏建传》、《卫青霍去病传》、《张骞李广利传》、《赵充国传》、《陈汤传》、《冯奉世传》、《匈奴传》、《西域传》、《西南夷两粤朝鲜传》等篇章的研究，跨越中外关系史、民族史、边疆史和历史地理学的范畴；对于《高后纪》、《外戚传》和《元后传》的研究，涉及女性史和社会史的范畴；对《汉书》"十志"的研究，则涉及古代科技史、艺术史、军事史、法制史、经济史、社会史、文化史和学术史等多个领域，这些都需要研究者具有高远、广博的研究视野和精深、丰富的专业知识，以及精准、独到的问题意识。通过对古今《汉书》研究成果的梳理，有助于我们多方位、多角度地发掘《汉书》的思想内容和理论价值，不仅对"汉书学"自身研究的深化具有重要意义，也必将对史学史和秦汉史学科的建设产生积极的作用。

（三）扩大《汉书》的传播与普及，深化对史学与中国文化传统的认识

在当前国学和中华传统文化复兴的社会思潮推动下，公众对于汉代历史文化的关注日趋升温，以汉代历史人物、事件为题材的文艺作品成为当前创作的一个热点，包括影视、戏曲、小说、随笔等，种类繁多、形式多样。在专业学术机构和民间团体的推动下，《汉书》研究的范围从专注于文本解读和史实考证，扩展到对班固的生平、学术、思想、著述的考察，以及班氏家族的发展历程，其重要成员的活动、贡献等。此为21世纪的《汉书》研究开辟了一个新的方向，即将专业的学术研究与面向公众的传播、普及活动相结合，进一步扩大了《汉书》的影响。这将有助于我们更为深入地发掘这部经典著作的历史智慧，更有效地发挥学术的社会功能，凸显史学——这一源远流长的人文学科在数千年中国文化传统的形成与发展过程中所发挥的巨大功用。

二、创新点与重点

（一）创新点

1. 研究理念的更新

学界"尊古卑今"、"崇古贱今"的观念由来已久，诚如东汉思想家王充所言："俗好高古而称所闻，前人之业，菜果甘甜；后人新造，蜜酪辛苦。"[①]就"汉书学"而言，由于古代史家、学者研治造诣深厚、著作宏富，许多名家的论述和著作，如颜师古和王先谦的《汉书》注本、刘勰的《文心雕龙·史传》、刘知幾《史通》、凌稚隆《汉书评林》、赵翼的《廿二史札记》和章学诚的《文史通义》等，都已经成为后世研读《汉书》必不可少的参考书和评价依据。因此我们在研究中总是习惯于对古代《汉书》研究成果投入更多的精力，在衡量各阶段《汉书》研究水平之时，也总是认为传统"汉书学"较现当代而言成就更大、水平更高。

事实果真如此吗？在过去数年的研究工作中，笔者尽力搜集了目前国内所能见到的古今中外的《汉书》研究成果，编成《20 世纪以来〈汉书〉研究论著索引》（详见附录）。据笔者统计，如将目前所保存下来的《汉书》研究成果全部加在一起，自《汉书》成书至 20 世纪前近两千年里也不过数百种，如分散到各个朝代，则每代多者百十种、少者仅数种；即使史学研究最为繁荣的清代，目前可考的《汉书》研究者也仅 190 人、著述 230 余种。需要说明的是，这些成果大多散见于历代研究者的著作之中，有许多仅为零星评议，真正有专门著述且成就卓著的名家，合计不过数十人而已。[②]

相较而言，20 世纪至今的 110 余年中，国内外共出版各类《汉书》注译、解读、研究文献和研究专著逾 200 种，涉及班固、《汉书》、班氏家族史，及《史》、《汉》比较研究的研究生学位论文近 300 篇，报刊及会议论文 2000

---

① （汉）王充：《论衡》卷十三《超奇》。

② 笔者所依据的古代文献有历代正史中的《经籍志》和《艺文志》，以及《汉书评林》和《四库全书·史部提要》中的《汉书》研究篇目；另有笔者所收集的 20 世纪以来学者所撰《汉书》研究综述论文和研究生学位论文等所列篇目。

余篇。① 受到自身水平和国内学术资源所限，这一数据肯定不够全面和准确，但已足够反映20世纪以来《汉书》研究的整体状况。虽然这些论著的学术价值参差不齐，低水平重复现象较为普遍，但不可否认，20世纪以来的《汉书》研究，无论是研究人员、著作数量，还是研究的深度、广度，均远远超过历史上的任何一个时期。进入21世纪之后，更是出现了令人振奋的可喜局面。十余年间所发表的论著数量，已超越了20世纪100年间所发表的成果总和，其中不乏有创见的佳作。有鉴于此，我们理应重视现当代《汉书》研究成果，对其进行系统、全面的整理与研究，总结其中的成就、经验和教训，既要吸收、继承古代《汉书》研究的精华，又要在现代学科体系框架下探索构建"汉书学"的理论方法，从而推进新世纪的《汉书》研究不断进步。

2. 研究视域的扩大

本课题在研究中注意继承、借鉴史学史与秦汉史研究领域的相关成果，而且将视野扩大到与《汉书》相关的各学科，广泛吸收借鉴政治学、民族学、哲学、文学、艺术、传媒领域的相关成果。研究对象也从单个的学者，扩展到专业学术机构的《汉书》研究情况。

20世纪中后期以来，在全国高校的历史学、文学和古文献专业领域，产生了一大批专门从事《汉书》研究的人员，其中成绩突出、人数众多并已形成规模的有西北大学文博学院（秦汉史专业）、北京师范大学历史学院（史学理论及史学史专业）、南京师范大学文学院（古典文献专业）、大连理工大学外国语学院（英语语言文学专业）等。此外还有中国秦汉史研究会、中国《史记》学会和各地的司马迁研究会等专业学术团体，隶属于陕西省扶风县政协的文史委员会等地方政府机关，以及中华班氏宗亲联谊会、陕西省神州汉

---

① 笔者依据的文献资料有：中国科学院历史研究所、北京大学历史系合编的《中国史学论文索引》（1—3编），中华书局1958年、1995年版；复旦大学历史系资料室编：《中国古代史论文资料索引（1949.10—1979.9）》，上海人民出版社1985年版；周迅等主编：《1522种学术论文集史学论文分类索引》，书目出版社1990年版；东北师范大学古籍整理研究所主编：《中国古籍整理研究论文索引》，江苏古籍出版社1990年版；张海惠等主编：《建国以来中国史学论文集篇目索引初编》，中华书局1992年版；张大可等主编：《史记研究集成》第十四卷《史记论著提要与论文索引》，华文出版社2005年版；汪受宽等主编：《20世纪中国史学论著要目》，北京师范大学出版社2007年版；曹刚华等主编：《汉书研究文献辑刊》，国家图书馆出版社2008年版；陈其泰等主编：《汉书研究》，中国大百科全书出版社2009年版。另，网络资源包括：中国国家图书馆、中国知网、读秀学术搜索、百度学术搜索、超星数字图书馆、孔夫子旧书网、新浪爱问共享资料，等。

文化保护基金会、宝鸡国学研究会等民间团体，均在《汉书》的研究与传播之中发挥着重要作用。进一步，笔者还将研究视野投向海外，对《汉书》在东亚、欧美等国家的传播、译介和研究情况进行了专门介绍与评述。

3. 研究方向的拓展

诚如有学者所言，"出土文献、考古文物以及传统史家所漠视的杂著（蒙书、类书、笔记、小说等）所重构的历史图景，正在全面改写我们的历史认识"，"文本记录（语言的和图像的）、物质媒材、历史原境、历史记忆和历史经验的'统一场'，揭示了如何从社会和精神层面看知识以书写与阅读的方式所建构的各种意义"。① 当前在传统文化复兴的大背景下，"通俗史学"（亦称公共史学、公众史学、大众史学等）凭借影视、网络、电子出版物等高科技手段，依托大众传媒迅猛发展。新世纪的《汉书》研究，亦应在专业领域不断深化的前提下，重视《汉书》在社会公众中的传播与接受。

因此，笔者在本课题研究中，一反许多专业研究者对"通俗史学"的轻视、否定，不仅注意收集各类普及性的《汉书》注译本、白话本、解读本、评议本的整理、出版情况，而且对于中央电视台《百家讲坛》推出的汉代历史、人物系列讲座，和以此为题材的数十部戏剧、小说、影视等文艺作品的创作情况，也一并视为《汉书》研究、传播的成果，给予关注。考察这些作品对于《汉书》的改编、解读和阐释，就其历史叙事特色和创作得失进行分析、评述，正是推动历史教育、普及历史知识、促进史学研究社会化、大众化的一种有益尝试。

（二）重点

1. 20 世纪以来有代表性的研究者及其研究成果

按治学路径与研究方法分，20 世纪以来有代表性的《汉书》研究者可分为传统与现代两大类。以传统方法研究《汉书》且自成一家并产生重大影响者，有梁启超、王国维、刘咸炘、李景星、陈衍、王桐龄、钱穆、吕思勉、杨树达、陈直、施之勉、吴恂、顾实、张舜徽、顾颉刚、施之勉等；以现代西方学术理念、研究方法及马克思主义唯物史观为指导并取得突出成就者，有冉昭德、郑鹤声、杨翼骧、岑仲勉、翦伯赞、范文澜、白寿彝、金少英、

---

① 余欣：《中古异相：写本时代的学术、信仰与社会》，上海古籍出版社 2011 年版，第 7 页。

周振鹤、施丁、安作璋、孟祥才、瞿林东、陈其泰、吴怀祺、仓修良、许殿才、潘定武、傅荣贤等。此外，港台学者李威熊、王明通、刘德汉、季洛生、吴福助、李广健、刘国平、李纪祥、吕世浩、苏德昌、施惠淇、潘铭基、汪春泓等人的《汉书》研究，也各有新意、值得关注。

此外，一些有影响的秦汉史和史学史专家，如陈启云、黄留珠、周天游、王子今、彭卫、辛德勇、向燕南、汪高鑫等，以及一些以治《史记》闻名的学者，如韩兆琦、张大可、张新科、俞樟华等，虽非专治《汉书》，但由于其研究涉及《汉书》，亦取得了许多有价值的成果。在近年内地和台湾高校的学位论文中，也出现了一些值得关注的佳作。笔者在写作中尽可能将上述研究者及其成果一一搜集、研读并予以介绍和评述，虽不能做到无所缺漏，但至少可以对 20 世纪以来的《汉书》研究整体状况及发展脉络做出宏观而又不失清晰的回顾与审视。

2. 海外《汉书》的传播、译介与研究情况

由于距离遥远、交流较少，且囿于语言障碍和现实条件所限，国内学者对《汉书》在海外的传播、译介和研究情况所知甚少。如不能对这方面情况有所了解，则很难描绘 20 世纪以来《汉书》研究全貌——这也是现当代“汉书学”与传统《汉书》研究的本质区别之一。笔者自投身史学研究之初，即开始注意收集《史记》、《汉书》等中国传统史学著作在海外的流传与研究情况，以及海外学者的秦汉史研究情况，尤其关注《剑桥中国秦汉史》以及一批尚未翻译、引进的日文、英文原版研究论著。经笔者多方努力，目前已搜集到英、日文《汉书》研究著作十余种，基本涵盖了 20 世纪以来日本及欧美国家有影响的秦汉史研究者的成果。

通过对这些成果的翻译、梳理和研究，不仅扩展了《汉书》研究的深度和广度，而且海外学者迥异的研究思路、方法、视角和观点，也能够为国内研究者提供更多、更新的课题，以便比较、学习、借鉴和交流——这对于促进《汉书》研究乃至中外学术交流，无疑是十分有益的。

3. 班固生平学术、班氏家族发展历程及其重要成员生平著述的研究概况

班固是成就卓著、影响深远的史学家、文学家和思想家，遗憾的是，自古以来治《汉书》者大多不太重视其生平活动、学术思想和著述情况，往往只在论述《汉书》成就时简略介绍一下，并未将其视为《汉书》研究的重要

组成部分。班氏家族作为两汉时期一个有着悠久历史与深厚学术积淀的文化世家，不仅在《汉书》的编撰、传播方面做出了巨大贡献，而且在汉代历史乃至整个中国文化史上均产生了不容忽视的影响。笔者以为，如果缺少对班固生平学术和重要著作的系统考察，则无法准确把握《汉书》的思想内容和总体成就。加之《汉书》非班固个人撰述，班氏一门三代、五人（班彪、班固、班超、班昭、班勇）均对《汉书》编撰作出了贡献；上溯至班氏家族的几位重要成员，如班伯、班婕妤、班稚、班斿等，也与《汉书》的编撰有着不可分割的联系。

为了完整展现《汉书》编撰、成书、传播和研究的全过程，笔者在 20 世纪《汉书》研究成果综述中，亦注意收集近百年来学界对于班氏家族史及其重要成员的研究情况，将此视为当代《汉书》研究不可或缺的重要组成部分，以期使新世纪的"汉书学"发展呈现出更为丰富、多元的面貌。

三、研究方法

当代学术史研究，大体可分为编年体、综述式的学科史研究，"以问题为中心"的专题研究，和对有代表性的学者及著作的个案研究。笔者在写作中，对上述三种研究方法均有所借鉴，概言之为"四个结合"：即以时间为顺序的纵向研究和以问题为中心的横向研究相结合；以概况综述为主的整体研究和以学者著作为主的个案研究相结合；以中国内地及港台地区为主的国内研究和以东亚、西方国家为主的域外研究相结合；以收集、爬梳文献资料的案头工作和实地勘查、走访的调研工作相结合。

（一）纵向研究与横向研究相结合

本课题既采用史家、史著、史料的收集、分析、归纳等史学史研究的常用方法，按照时间顺序对各阶段的《汉书》研究状况进行综述；又将 20 世纪以来的《汉书》研究成果分为总体研究、专题研究和比较研究三大类，进行横向的比较、分析、总结，以期打破一般学术史论著的樊篱，实现研究方法上的创新。

（二）整体研究与个案研究相结合

本课题既将《汉书》所取得的巨大成就视为中国传统史学的一部分，又将其作为"二十五史"中独具特色的著作——官修正史的开端及典范进行研究；既综合梳理、评述 20 世纪以来《汉书》研究的整体发展态势，又挑选其中具有代表性的研究者、著作进行深入分析，并重点介绍了一些在《汉书》研究上成果丰厚、成就突出的机构，以及《汉书》在当代的传播与接受情况。

（三）国内研究与域外研究相结合

本课题按地域版图，将 20 世纪以来中国内地及港台学者的《汉书》研究作为"中国编"，而将《汉书》在东亚国家（日本、朝鲜和越南）自古至今的传播、研究情况，《汉书》对古代东亚国家汉文史书编撰的影响，以及欧美学者（含沙俄及苏联）自 19 世纪末以来对《汉书》的译介、研究情况，作为"域外编"，进行了较为全面和系统的介绍。

（四）案头研究与实地调研相结合

本课题所涉文献资料数目庞大、来源广泛，自 2006 年以来，笔者从事此项研究已逾十年。为了准确把握史料、扩大研究视野，笔者不满足于案头的梳理、研究工作，而是走出书斋，进行实地考察、调研。

例如，鉴于班固墓和班昭墓损毁严重，笔者先后于 2008 年和 2010 年两度前往陕西省扶风县和兴平市，实地勘查、了解情况，并将班固墓勘查情况写成报告，与所拍摄的照片一道递交当地秦汉史专家，希望引起重视。此报告后经西北大学、陕西师范大学、中国社会科学院历史研究所和中国人民大学多位秦汉史专家联名向陕西省市文物部门发出呼吁，请求将班固墓的保护工作提上议事日程。此后，经地方政府协助，由陕西省神州汉文化保护基金会与中国秦汉史研究会等五家机构联合举办的"班固学术研讨会暨整修班固墓启动仪式"，于 2013 年 8 月 19 日在陕西省扶风县举行。来自各国各地的专家、学者共 40 余人参加了研讨会，以及会后举行的"整修班固墓工程启动碑"揭碑仪式。作为一名陕西籍的史学研究者，这些工作切实深化了笔者对于《汉书》和"汉书学"研究的理解，使本书的写作更富于人文关怀和现实意义。

此外，为了深入了解 1959 年西北大学历史系校点《汉书》的经过和已故西北大学冉昭德教授的《汉书》研究情况，笔者于 2008 年、2010 年和 2011 年三次前往西北大学，走访了近十位西北大学历史系已退休的领导、专家，以及冉昭德的学生、子女，先后完成两篇论文①。2012—2013 年，笔者又赴

---

① 杨倩如：《冉昭德与〈汉书〉引发的一场争论》，《史学理论研究》2009 年第 1 期；《冉昭德先生的生平与学术研究》，载黄留珠等主编：《周秦汉唐文化研究辑刊》（第八辑），三秦出版社 2011 年版。

冉先生的母校——山东大学访学一年，在此期间整理其日记、友人书信及其
家属、同事、学生的回忆录计 43 万字，辑成《冉昭德文存》（山东大学出版
社 2014 年版）；并于 2015 年 12 月，积极促成了《冉昭德文存》出版座谈会
及纪念活动在西北大学文博学院召开。上述工作使笔者真实、深刻地认识到
20 世纪中期《汉书》研究的曲折发展，对于以冉昭德、陈直、安作璋等人为
代表的前辈史家在《汉书》研究中所付出的艰辛努力和巨大贡献满怀敬意，
从而增添了笔者从事史学研究的责任心与使命感。

小　结

班固著《汉书》，继承了司马迁、刘向、班彪等人的史学成就和思想，并
进行了可贵的创新，使之成为中国传统史学确立的标志和历代正史的典范，
以及上古至东汉之前制度、文化、社会生活的重要载体。目前中外学界对
《汉书》的研究大多仍停留在史料的利用、考证之上，对其在中国文化史上的
尊崇地位以及对后世的深远影响尚缺乏足够的认识。本课题旨在更新研究理
念、转换研究视角、拓展研究方向，力图跳出单纯以史家、史著为研究对象
的固有模式，以全面、系统、深入地概括、分析、总结 20 世纪以来《汉书》
研究的成果、成就和发展全貌为目的，旨在构建新世纪"汉书学"理论体系，
为丰富、深化中国史学史与秦汉史研究进行有益的探索。

第一章 《汉书》在日韩的传播与研究

第一节 古代东亚的《汉书》研究

中国史籍传入周边国家，起于《史记》和《汉书》。在古代日本、朝鲜、越南等"中国文化圈"所涵盖的国家中①，自古就有以"'左、国、史、汉'或'孟、庄、班、马'为汉文精华"的传统，这些史籍作为中国经典史书的代表，被奉为"必读之书"②。通过对中国经典史学著作的传授和研习，古代日本、朝鲜、越南逐渐形成了各具特色的"国史学"理论体系和研究路径。在此过程中，《汉书》的编撰体例、正统史观和叙事成就，对于古代日本、朝鲜和越南的正史形成与修撰，具有典范意义，其作用和影响应予以认真总结。

一、《汉书》在古代东亚国家的传播与研究

（一）《汉书》在古代日本的传播与研究

《汉书》是第一部载录日本列岛情况和中日两国交往的中国正史。早在两汉时期两国即有往来，隋唐时期，中日文化交流空前繁盛。为了全面向中国学习，日本派遣了大批"遣隋使"和"遣唐使"，主要成员系留学生和留学僧。这些日本学生和僧人，经过在中国数年至数十年的学习，回国后积极传播中国文化，极大地促进了日本政治、经济、文化各领域的发展。吉备真备即为其中的佼佼者。吉备真备先后两次到中国留学，共计19年，学得三史、五经、名、刑、算术、阴阳、历道、天文、漏刻、汉音、书道、秘术、杂占

---

① 详见朱云影：《中国文化对于日韩越的影响》第一章"中国史学对日韩越的影响"，广西师范大学出版社2007年版。

② 详见［日］谷泽永一书评：《透过历史上的典型探讨威望的奥秘》，［日］司马辽太郎：《项羽与刘邦》，南海出版社2006年版，第367页。

等十三道学问，细觅穷搜经、史、子、集等各类文献典籍。回国后，吉备将从中国带回的文献典籍编著了专门目录，名曰《将来目录》（亦称《携来目录》），此为日本汉文目录学史上最早的著作，今虽已亡佚，但平安时代的日本文献中曾多次提及，其中尤以史部文献的收藏令人称道。天平十三年（741），作为东宫学士的吉备向皇太子阿倍内亲王（后来的孝谦天皇、称德天皇）讲授《礼记》和《汉书》。

古代日本初无教育机构，大化革新之后，由于中国先进的教育和考试制度的输入，日本效仿唐制设立了专门的教育机构——大学寮，开设明经、文章、明法、算学、音韵、书法等六科。《汉书》是古代日本实施高等教育和考试的教科书。吉备真备归国后出任大学寮之大学助（相当于唐朝的国子司业），传授五经、三史等六道学问，学生多达四五百人；至天平宝字元年（757），设置“传生”，习读“三史”。9世纪初（808年之后），在大学寮设立属于史学的“纪传科”，与儒学、文章、明法、算学并立为五科，规定“纪传科”学生必须修《史记》、《汉书》和《后汉书》。① 日本官方曾多次举行与《汉书》有关的学术活动，如天平胜宝九年（757）施行养老律令，规定要讲述《史记》、《汉书》和《后汉书》；称德天皇景云三年（769），天皇向大宰府赏赐包括《汉书》在内的五种史书；② 自醍醐天皇延喜十九年（919）起，菅源淳茂（878—926）博士主持了为期三年的《汉书》讲座。此后，“在平安时代，宫中讲书多以《史记》、两《汉书》和《晋书》为主。贵族和官员中学习中国史籍的人增多起来了”③。阅读《史》、《汉》在古代日本成为一种基本教育，“即使是不想成为学者而把‘读《史记》’或‘通《汉书》’当为一种自我修养途径的人也很多”。④ 在旧幕及德川时代的“藩校”（幕府的直辖学校），《汉书》亦是必备的教材。

不独文人学士如此，精研禅宗的僧侣亦以精通史学为荣。中国禅宗的传入促进了中日古代文化的交流，形成了日本汉文学史上的第二次高峰——五

---

① ［日］大庭修、王勇：《中日文化交流史大系·历史卷》，浙江人民出版社1996年版，第124页。

② 《续日本纪》卷30《称德纪》。

③ ［日］坂本太郎著，沈仁安、林铁森译：《日本的修史和史学》，北京大学出版社1991年版，第11页。

④ ［日］坂本太郎著，沈仁安、林铁森译：《日本的修史和史学》，北京大学出版社1991年版，第11页。

山文学，其中佼佼者如镰仓时代被称为"五山文学始祖"的禅僧虎关师炼（1278—1346）①，著有《元亨释书》30卷，这是一部仿照中国正史而作的纪传体佛教史，本纪、世家、列传、表、志五体俱全。其汉诗文集《济北集》，有多篇论述中国史实的文章，如《李斯论》、《萧何论》、《文帝论》等。在其仿汉代辞赋所作的六篇赋中，多有对汉代史实的引用，其中卷19《通衡之四》引述《晋书·张辅传》中的"班马优劣论"，论及《史记》与《汉书》，认为二者的叙述方法不同是缘于作为叙述对象的时代即"时势"的不同，而非文章有优劣高下之分②，此说颇有见地。

　　由于中国文献典籍的大量传入，日本人开始抄写汉籍。飞鸟奈良时代（6—8世纪末），出现了大规模的抄书活动。政府设有专门抄写汉籍的机构，称为"写经所"，抄录汉籍的人称为"写经生"。在当时存放各类由中国传入的珍贵物品的仓库——"正仓院"文书中，有许多"写经生"抄写《汉书》和《晋书》的记录。③平安时代（8—12世纪末）传入日本的唐人写本中，亦有《汉书》一卷。④此外，如同宋版书籍在中国的珍稀价值一样，传入日本的宋刊本中国典籍也至为贵重，其中即有宋刊本《汉书》。这些珍贵的《汉书》抄本和刻本，如今都被认定为"日本国宝"和国家"重要文化财"。在室町时代（14—16世纪），以京都五山禅寺为中心，到处都有关于汉籍的讲座，这些讲座的记录叫作"抄物"。关于史书的"抄物"，留传最多的是由僧

---

　　①　在另一位僧侣中岩圆月给虎关师炼的信中，称赞其"强记精知，且善昔述"，"以至子思、孟轲、荀卿、扬雄、王通之编，旁入老、列、庄、骚、班固、范晔、太史纪传，入三国及南北八代之史，陈唐以降五代，赵宋之纪传"，"可谓座下于斯文，不羞古矣"。严绍璗：《汉籍在日本的流布研究》，江苏古籍出版社1992年版，第40页。

　　②　朱志鹏：《虎关师炼与〈济北集〉赋篇研究》，浙江工商大学2013年硕士学位论文。

　　③　奈良时代写经生抄写《汉书》的记录，目前可考的有：滋贺石山寺藏《汉书》卷1《高帝纪下》，卷34《韩彭英卢吴传》；名古屋大须观音宝生院藏《汉书》卷24《食货志》；高野山大明王院藏《汉书》卷40《周勃传》残卷。引自［日］大庭修、王勇：《中日文化交流史大系·典籍卷》第一章"中国典籍在日本的传播和影响"，浙江人民出版社1996年版，第29页。

　　④　此卷为《汉书》卷87《扬雄传上》，卷末标记年代为948年，现为藏兵库芦屋市上野精一所有。引自严绍璗：《汉籍在日本的流布研究》，江苏古籍出版社1992年版，第31页。

人抄录的《史记》与《汉书》。①从这些《汉书》的讲授和流传情况，可以感知室町时代五山禅僧们研读《史》、《汉》等中国史籍的热忱。

　　在读史热潮的带动下，形成了日本学界所谓的"国史"，《汉书》研究专著亦开始出现。天平宝字元年（757），孝谦天皇下令研究"三史"，《史记》、《汉书》和《后汉书》遂成为藤原佐世（847—898）所编《本朝见在书目录》的最重要部分②。江户时代（1600—1867）以降，日本学者对秦汉史产生了浓厚兴趣，出现了多位有成就的学者。被德川家康聘为学术顾问的林罗山（583—1657），自幼爱读经史，其家藏有三部"二十一史"，22岁时已阅读了日本、中国的儒学、佛教等方面的440多部典籍，其研读的中国史书包括《春秋》三传、《史记》、《汉书》等，故文集中多有史论，尝曰："读《史》、《汉》，宜监君臣得失，治乱兴亡，又宜学文法。《通鉴》之类亦然。"③此后，相继出现了猪饲敬（1760—1845）的《汉书长历考》、户崎淡园的《汉书解》、恩田维周的《汉书考》和《汉书质疑》，以及土冢田大峰的《史汉补解》等专著。学者之外，尚有江户时代的大名、陆奥国白河藩第三代藩主松平定信（1758—1829）著有《汉书论说》，是一部系统研究西汉历史的评论性著作，史料和观点完全取自《汉书》。

　　清代兴起的考证学风流传到日本后，推动了日本"古学"与"国学"的诞生。"古文辞派"的创始者、古学派代表人物荻生徂徕（1666—1728），创办"萱园塾"，广收生徒，教授汉文学，提倡经史考证，推动了社会上对《史记》、《汉书》等中国史籍的研读和学习，在学术界和教育界产生了很大的影响。然而，荻生徂徕的学生太宰春台（1680—1747），治学观点与其师相反，对于当时广泛流传于日本、朝鲜，广受士人推崇的《史记评林》，他认为有价值的评论只有十分之一二，其余应全部删去，进而提出《汉书评林》是明儒

---

　　①　抄录《汉书》者始于僧人太岳周崇（1345—1423），他著有《前汉书抄》，但亡佚不传。连曾渡明以研究《汉书》闻名，在当时的禅林中有"《汉书》连"之美誉。另有竺云等连（1390—1471）、景徐周麟（1440—1519）、月舟寿桂（1460—1533）、绵谷周麭、桃源瑞仙，等。受业于周麟的月舟寿桂，著有《汉水余波》。他收藏的宋版"三史"现珍藏于日本米泽市立图书馆。此外，根据学者清原宣贤（1475—1550）及其子清原业贤完成的《汉书抄》（现藏于京都大学）后记，可知该"抄物"系应仁元年（1467）至文明十四年（1482）绵谷周麭、桃源瑞仙、景徐周麟三人轮换讲学并相互交换听课的记录。

　　②　［日］大庭修、王勇：《中日文化交流大系·典籍卷》，浙江人民出版社1996年版。

　　③　［日］林罗山：《林罗山文集》卷70"随笔六"。

盲目尚古不加选择的思想的反映，比《史记评林》更加无用。① 这一主张虽有偏颇，但此说推动了白文本《史记》（即无注释和评点）的刊行。日本考证学派早期的重要学者狩谷掖斋（1775—1835），精通汉学，自号"六汉老人"②。清代考据学传入日本后，他专攻考证，将收藏中国文献的藏书楼命名为"求古楼"。他受《汉书·河间献王传》中"实事求是"一词的启发，将自己的书斋命名为"实事求是书屋"。有"解读汉书籍第一人"美誉的岛田重礼（1838—1898），自小浸润于汉学氛围浓重的家庭环境之中，长期担任东京大学支那哲学科第一主任教授，日后一批卓有成就的汉学家如《史记》研究专家泷川龟太郎、《楚辞》研究家西村时彦、先秦经史学家安井小太郎，以及日本汉学史上卓有成就的林泰辅、市村瓒次郎、白鸟库吉、服部宇之吉、冈田正之、狩野直喜等名家，均出其门下。岛田治学以继承、发扬古代日本汉学研究传统为旨趣，告诫学生曰："未读《史》、《汉》而读《五代史》，即为蹭等。"③ 由此可见其严谨的学风，以及对《汉书》的重视。

明治时代，出现了多位精研《汉书》的学者。冈本况斋（1796—1878）对《汉书》进行了全面校对，著有《汉书考文》、《续汉书考文》、《汉书律历志图志解》、《汉书笔记》和《汉书注引用书目》等，以及《十八史略答问》、《十八史略校本》等，取得了较高的成就。近藤守重（1771—1829）的著作《正斋书籍考》是有关中国文献在日本传播和研究情况的重要史料，其中卷三"史部"著录了《史记》、《汉书》的版本以及在日本的流传情况，是治中国文献学史和日本汉学史者的必读著作。

明治时代至19世纪末，许多精通汉学的日本学者，对《史书》、《汉书》等18种中国正史进行了深入研究，以"十八史略"研究为题的史学著作大量出现。有学者统计，此类著作计有八大类、六十余种。④ 相似的著作还有《十九史略》、《二十一史略》、《二十二史略》等，均涉及对《汉书》文本的训释、译注、校点、解读和摘抄。这一时期还出版了《汉史一斑》（1878）、

---

① ［日］太宰春台《书〈史记评林〉后》，《春台先生紫芝园后稿》卷之10，江户小林新兵卫宝历二年（1752）刊本。

② 所谓"六汉"是指狩谷掖斋所收藏的五件"汉宝"：汉镜、汉钱、王莽威斗、中平双鱼、洗三耳壶，以及精通"汉学"的狩谷掖斋本人。引自权宇：《试论江户时代"锁国"体制下的华夷观与西洋观的变迁——以东亚三国文化互动为中心》，《东疆学刊》2012年第1期。

③ 引自李庆主编：《日本汉学史》第一卷，上海外语教育出版社2004年版，第282—283页。

④ 详见李庆主编：《日本汉学史》第一卷，上海外语教育出版社2004年版，第205—209页。

《汉书指南》（1881）、《汉书王注字引》（1890）等《汉书》研究著作，惜未见到原著，仅列书名于此，以备查考。①

（二）《汉书》在古代朝鲜的传播与研究

由于历史和地缘因素，《汉书》传播到朝鲜半岛的时间早于日本。在朝鲜历史上的三国时代，372 年（东晋咸安二年），《北史·高句丽传》载高句丽王朝小兽林王（371—384 年在位）仿中国设立"太学"，对学生"授以九经、三史"，李朝学者徐滢修释曰："三史者，司马迁之《史记》、班固之《汉书》、刘珍等之《东观汉记》是也。"② 高丽王朝仿唐制开科举，自太祖王建起即非常重视儒家的经史教育，强调要"博观经史，鉴古借今"，并选拔优秀生徒送到中国学习。李朝时期，中朝关系更为密切，包括《汉书》在内的中国史籍受到朝鲜王室和知识分子的重视，是经筵侍讲、科举应试、士人研读的必备。为了学习中国的典章制度，朝鲜多次派使臣向明朝请求赐书，明太祖朱元璋"赐王六经、四书、《通鉴》、《汉书》"③。李朝科举设讲经和讲史两科，其内容除"四书五经"之外，还包括《史记》、《汉书》在内的数种中国正史，历代朝鲜国王颁赐《史》、《汉》等中国史籍给臣下的记载不绝于史。④有鉴于此，官方多次刊行以《史》、《汉》为代表的经典史籍。⑤

《史记英选》八卷（含《汉书列传选》二卷）是李氏朝鲜第 22 代国王正祖李祘（1776—1800 在位）在位时期敕令编定的中国正史选本。正祖是朝鲜王朝后期颇有作为的君主，也是朝鲜王朝最为勤勉好学的国王之一。他自幼酷爱读书、笔耕不辍，《史记》、《汉书》是其最喜爱的史书，其著作《两京

---

① 详见李庆主编：《日本汉学史》第一卷，上海外语教育出版社 2004 年版，第 211 页。

② ［朝鲜·李朝］徐滢修《明皋全集》卷十二《载籍对》，《影印标点韩国文集丛刊》第 261 册，民族文化出版社 2000 年版，第 264 页。

③ 引自吴晗：《朝鲜李朝实录中的中国史料》，中华书局 1980 年版。

④ 例如，《朝鲜世宗实录》卷三十、卷三十三载世宗（1418—1450）认为诸臣对于"《左传》、《史记》、《汉书》、《纲目》、《宋鉴》所记古事"，不太了解，特意下令在经筵侍讲中"择可读史学者以闻"，并要求大臣精通儒家经典和中国史书，以备随时顾问，成均馆（朝鲜王朝最高学府，相当于中国的国子监和太学）亦设专人讲解《春秋》、《左传》、《史记》和《前汉书》。此外，世宗还命人铸字刊印《史记》以颁赠臣下（1425）。

⑤ 例如，太宗三年（1403），刊行元代胡一桂著《十七史纂古今通要》；世宗时期，刊行《史记》、《汉书》和《资治通鉴》；宣祖时期，刊行《后汉书》、《十九史略通考》和《史纂》；英祖四十八年（1722），刊行了《十九史略谚解》；正祖二十年（1796），刊行了正祖御定的《史记英选》和《汉书列传选》；纯祖十九年（1819），再次刊行《十九史略通考》；等。

手圈》即是研读"前三史"的读书笔记。他将此视为帝王之学的必修课，"盖圣帝明王治法政谟，名臣硕辅鸿功伟烈，不可不于幼冲之时习而知之"①。即位当年（1776），正祖即以《史记评林》作为经筵讲读的重要内容。正祖二十年（1796），他下令朝臣编纂《史记英选》八卷，指令群臣朗读背诵，并用于臣民学习汉文之范本。《史记英选》八卷，前六卷为《史记》摘选本，包括本纪、世家、列传共27篇；后二卷为《汉书》摘选本，包括列传9篇，二书内容、文字相同者计有24篇。这些篇目均出自正祖御定。正祖常以《史》、《汉》联系朝鲜政局，以此作为治国理政的借鉴，从而更好地维系王权。② 他视《史记英选》为政治宣教的典籍，是故对于所选文章思想内容和叙事特色的严格要求，该书刊行后，他经常与臣下谈论研读心得、教授阅读方法，并令群臣熟读背诵，将此作为考核文臣的教材，以及颁赐、奖赏新中进士和诸臣的礼物。正祖研读研读《史》、《汉》可谓精细、深入，对于二书的编撰理念和文章特色多有论述。③ 参与编选《史记英选》的，都是正祖朝精通汉文、学识渊博的重臣，如有"实学巨匠"之称的丁若镛（1762—1836），正祖的老师蔡济恭（1720—1799）、北学领袖朴齐家（1750—1805）、李晚秀（1752—1820）、李在学（1745—1806）、李翼晋（1747—1819）等。在正祖君臣的提倡和推动下，朝鲜儒林逐渐熟悉和掌握了《史》、《汉》的"史法"与"笔法"，成为古代朝鲜君主推行政治宣教的经典范本。④《史记英选》的编撰、刊行和推广，提高了以《史记》、《汉书》为代表的中国史书在

---

① 朝鲜王朝正祖：《弘斋全书》卷一百六十五《日得录·文学》（五），《影印标点韩国文集丛刊》第267册，韩国民族文化推进会编刊，2001年，第229页。

② 按，在幼年和即位之初，正祖曾屡遭敌对势力的威胁，敌对成员中不乏王室宗亲和朝廷重臣。为此正祖在《史记英选》重点选取了《萧相国世家》、《留侯世家》、《淮阴侯列传》、《吴王濞列传》等，以西汉初年复杂的政局和君臣关系暗示自己遭遇的诸多反叛势力的威胁。又选取《魏其武安列传》和《霍光传》，体现出对于权臣外戚的警惕。

③ 例如，《史记英选》未录入《汉书·外戚传》中汉成帝皇后赵飞燕的传记，"筵臣以不录《赵皇后传》为可惜言者"，但正祖认为："此传尽是绝作，而中间事实，多有不好处。文体艳冶纤巧，启后来小说家程路，此传之特为删拨，亦寓好恶取舍之义。"对于"史汉优劣"，正祖也有自己的见解。在与重臣蔡济恭讨论《史记》、《汉书》时，正祖对于《汉书》改变《史记》的文章风格提出了批评："《史记》则多用不紧字，班固之为《汉书》者，欲变马史之不紧字句，而后世之文，皆源于《汉书》，是可欠也。"对于班固将孟子列入《汉书·古今人表》的第二等，正祖也不赞同："班固之为九等年表，敢为容喙论断，而置孟子于第二等者，渠欲免罪于后来之人故也。"详见朝鲜王朝正祖：《弘斋全书》卷一百六十五《日得录·文学》，《影印标点韩国文集丛刊》第267册，韩国民族文化推进会编刊，2001年。

④ 据《承政院日记》记载，正祖之后的纯祖、宪宗、高宗朝均有向臣下颁赐《史记英选》的事例。

古代朝鲜的政治影响和学术地位，成为古代中朝文化、学术交流的一个生动事例。

在官方的大力推动下，朝鲜半岛的私学教育亦蓬勃发展。《旧唐书·高丽传》称"俗爱书籍，至于衡门厮养之家，各于街衢造大屋，谓之扃堂，子弟未婚之前，昼夜于此读书习射。其书有《五经》及《史记》、《汉书》、范晔《后汉书》、《三国志》、孙盛《晋春秋》、《玉篇》、《字统》、《字林》"。文宗时期（1046—1083），崔冲首倡私学，在家乡分九斋教授九经三史、训诂、词章等，学者云集，为一时之盛，被誉为"海东孔子"。对于古代朝鲜的王室子弟和文人士大夫而言，中国的史学典籍是他们从政、治学、著述不可或缺的知识源泉，由此出现了许多精研《史》、《汉》的学者。如南鹏路喜读《史记》、《汉书》，以致废寝忘食、不理生计①。到了 16 世纪末 17 世纪初，出现了一些借鉴、效仿"史汉笔法"，由朝鲜文人摘抄、选录和编著的著作，如安璋编纂的《汉书传抄》，崔岦编纂的《汉史列传抄》，车天辂删定的《史纂抄选》和《史纂全选》，姜沆编著的《纲鉴会要》等。

对于"马班异同"，古代朝鲜学者多有论述，观点与中国学者相似，大都认为二书各有千秋、俱为传世之作，但《史记》总体成就更高。例如，朝鲜明宗、仁祖时期的实学派大师李睟光（1563—1628）曾校正《史记》，认为班固是与司马迁不相上下的"史之良者"②；儒士朴承任（1517—1586）也说马、班均为"良史之才"；③ 成海应（1760—1839）认为"文之佳者，司马迁、班固、欧阳修为之首"；④ 黄俊良（1517—1563）引用《汉书·司马迁传

---

① ［朝鲜·李朝］洪良浩《耳溪集》卷三十一《处士南公墓碣铭·并序》：（南鹏路）公幼而聪秀嗜书。尤喜《史记》、《汉书》，至忘寝食，不问家生业。《影印标点韩国文集丛刊》第 241 册，1999 年版，第 579 页。

② ［朝鲜·李朝］李睟光《芝峰类说》卷六《经书部二·诸史》："若迁者，可为史氏之良者也。班固《前汉史》，与迁不相上下。其大原则出于迁，而书少加密矣。"汉城朝鲜古书刊行会 1915 年版，第 179—181 页。

③ ［朝鲜·李朝］朴承任《啸皋先生文集》卷四续集《策·史记》："司马氏、班氏之所撰修《史记》与《汉书》云者，其学识宏深，辞气雄浑，称其有良史之才，固当也。"《影印标点韩国文集丛刊》第 36 册，1993 年版，第 367 页。

④ ［朝鲜·李朝］成海应：《研经斋全集》续集第 12 册《读书式》，《影印标点韩国文集丛刊》第 279 册，2000 年版，第 265 页。

赞》，称颂司马迁"善叙事理，质而不俚"，非后世史家所能及。① 在朝鲜儒士文集中，经常有讨论"三史"、"四史"、"十七史"、"二十三史"等问题的文章，古代朝鲜的史学编撰和研究，正是在对古代中国史学著作的学习中所形成的。在朝鲜儒士文集中，经常有讨论"三史"、"四史"、"十七史"、"二十三史"等问题的文章。此外，朝鲜官员和士人不乏来中国读书甚至入仕者。在求学的同时，他们大量购买中国典籍，举凡四书五经、历代正史、野史笔记、诗文选集等，无所不包，这些都成为古代朝鲜学习中华文明的媒介。

二、《汉书》对古代东亚国家历史编撰的影响

《史记》、《汉书》和《资治通鉴》等中国史籍，在古代东亚地区产生了深远影响，主要体现在两个方面：首先，通过对中国历史和史籍的学习与研究，古代日本、朝鲜和越南确立了各自的"国史学"；其次，在充分学习、吸取中国古代儒家历史观和史书编撰方法的基础上，这些国家结合自己的社会历史进程和民族文化特点，形成了本国、本民族的历史著作，催生了诸如《日本书纪》、《大日本史》、《三国史记》、《三国遗事》、《高丽史》、《大越史记》、《大越史记全书》、《越史略》、《钦定越史通鉴纲目》等史书。总体而言，《汉书》对于古代日本和朝鲜史书编撰的影响，主要体现在正史体例、正统史观和历史叙事三个方面。

（一）《汉书》正史体例的影响

1. 《汉书》的正史体例对古代日本史书编撰的影响

在中国传统史学的强烈影响下，古代日本的历史编撰取得了很大成就，其中被合称为日本史学史上的"六国史"② 和《大日本史》，是继承、发展以《史记》、《汉书》为代表的中国古代官修正史的编撰体例、撰述宗旨和主导思想所完成的，是古代日本正史的典范之作。③ 居于"六国史"之首的《日本书纪》成书于公元 720 年，共 30 卷，记述了神话时代至持统天皇时代的历

---

① ［朝鲜·李朝］黄俊良《锦溪先生文集》卷八外集《对策·问史才得失纯驳》："若夫子长之《史记》，自轩辕迄秦汉，而善叙事理，质而不俚，比如天马行空，步骤不凡。而岂后世诸家之可及哉！"《影印标点韩国文集丛刊》第 37 册，1992 年版，第 196 页。

② 日本史学史上的"六国史"指奈良朝完成的《日本书纪》和平安时代所修的五部正史，即《续日本纪》、《日本后纪》、《续日本后纪》、《日本文德天皇实录》、《日本三代实录》。

③ ［日］清原贞雄：《日本史学史》，1929 年版，第 12 页。

史。有学者统计,《日本书纪》30卷中,直接引用《汉书》者计14卷,间接
引用计4卷,常以"剽窃《史》、《汉》纪事加以渲染而成"。① 试举两例。
《神功皇后纪》、《雄略天皇纪》中记述日军进攻朝鲜半岛新罗的历史,与《汉书
·高帝纪》所载汉王入关中及楚汉相争文字如出一辙(按,着重号为笔者所加):

  例1:《汉书·高帝纪》:秦王子婴,素车白马系颈以组封皇帝玺符
节,人已服降,杀之不祥,乃以属吏,遂西入咸阳……乃封秦重宝财物
府库……萧何尽收秦丞相府图籍文书。

  《日本书纪·神功皇后·摄政前纪》:素旌而自服。素组以面缚。封
图籍……人自降服。杀之不祥,乃解其缚为饲部。遂入其图中,封重宝
府库,收图籍文书。

  例2:《汉书·高帝纪》:入楚地……并行属城父……羽夜闻汉军四
面皆楚歌,知尽得楚地,羽与数百骑走,是以兵大败,灌婴追斩羽城东,
楚地悉定,独鲁不下。

  《日本书纪·雄略天皇·九年条》:入新罗,行屠傍郡,新罗王夜闻
官军四面鼓声,知尽得录地,与数百骑乱走,是以大败,小弓宿弥追斩
乱将阵中,录地悉定,遗众不下。

  有学者指出,《日本书纪》作者采用《汉书·高帝纪》描写有为君主的
精彩之笔来记述日本天皇对外扩张的历史,可谓用心良苦:它不仅歪曲了侵
略的性质,而且还尽力将入侵新罗的日军描写成仁义之师。通过上述这种对
比和反衬的记叙方法,既满足了史书编撰的政治需要,又提高了《日本书纪》
的文化层次。②
  关于《日本书纪》的编撰者为什么偏爱《汉书》,而不重视与《汉书》
内容大幅度相同的《史记》,日本学者以为是出于作者的个人偏爱或写作习
惯,但中国学者徐晓风却认为《汉书》在封建纲常伦理思想的严重束缚下,
叙事"其文赡,其事详,不激诡、不抑抗",已失掉了《史记》的批判精神,
成为"维护封建统治制度史书的典型"。"《日本书纪》的编撰目的是要维护
天皇万世一系的绝对统治。所以,对变革思想极为丰富,敢于抨击时弊的

① 姚继中:《论〈日本书纪〉的产生及其文史价值》,《外国语言》1995年第4期。
② 徐晓风:《〈日本书纪〉与中国古代典籍》,吉林大学出版社1996年版,第41页。

《史记》是不会喜爱的。"① 然而，笔者以为更重要的原因在于：其一，《汉书》是古代中国最早对日本有确切记载的正史，具有重要的史料价值。《汉书·地理志》"燕地"条称日本列岛为"倭"，公元前后，倭人分为百余国，来汉朝贡；《后汉书·东夷传》载建武中元二年（57），光武帝赐印绶"汉倭奴国王"金印；《三国志·魏书·东夷传》载曹魏时期，倭国曾于九年内五次至洛阳朝贡，魏明帝赐号倭国女王卑弥呼为"亲魏倭王"；此后晋、宋、齐、梁等朝的史书，均有倭国朝贡的记载。其二，《汉书》"大汉当可独立一史"的"宣汉"思想，启发了古代日本通过编撰史书对内安邦定国，强化中央集权，证明世袭王权统治的正统性和必要性；对外表明日本作为独立国家，不再隶属于别国的理念。一个突出的表现，即该书题名原仿两《汉纪》称《日本纪》，后仿《汉书》加一"书"字，改称《日本书纪》；且在《日本书纪》出现之前的日本国王，尚未建立"天皇"称号，故仅称《帝纪》；至《日本书纪》成书时，才将国号由"倭"改为"日本"，将王号也统一改为"天皇"，由此出现了《天皇记》这一名称。《日本书纪》仿《汉书》、《汉纪》命名，且多处引录《汉书》，采用汉语记述、引用汉籍典故，以突出皇室、皇族的权威与尊严，其出发点是要与中国的史书典籍为伍，成就作为文化国家的一项伟业，获得与中国及古代朝鲜半岛政权平等交往的地位。② 其三，《汉书》的叙事特色与成就，促使《日本书纪》的编撰者将日本史料与汉语有机结合在一起，形成了独特的叙事风格。《日本书纪》文采华丽、注重修辞，颇得《汉书》叙事"赅富弘丽，儒雅彬彬"之余味。然而，需要注意的是，古代日本政权不满于"倭奴"之古国名，且基于狭隘的"国家意识"，在《日本书纪》篡改中国正史中三国及南北朝时期倭国向中国进贡的事实，改为中

---

① 徐晓风：《〈日本书纪〉与中国古代典籍》，第40页。
② 有学者指出："在模仿中国修史原则的同时，八世纪的日本自我意识高涨，诸如改国名'倭'为'日本'，改君号'王'为'天皇'所示，另一方面也在宣扬日本的历史悠久，以提高自己在东亚的自信心。"韩昇：《日本古代修史与〈古事记〉、〈日本书纪〉》，《史林》2001年第6期，第154页。

国向日本朝贡①，对此中国学者应予以理性、客观的辨析和纠正。

《大日本史》是古代日本的第一部纪传体史书，作者德川光国"效马班遗风"，打破了日本史书编修延续近千年的编年体传统，前后历时五十年，完成了这部 397 卷的巨著。全书采用汉语写作，语言晓畅通达，成为古代日本史学发展的一个飞跃。全书本纪、列传、表、志四体具备，并针对日本现实，在中国纪传体史书的基础上进行补充、修订。例如，编撰者仿《汉书》"十志"，设立神祇、氏族、职官、国郡、食货、礼乐、兵、刑法、阴阳、佛事等"十志"。在"列传"设置方面，由于将军在日本政治中的特殊地位，该书特设将军列传、将军家族列传、将军家臣列传，另在"文学列传"之外设"歌人列传"，承认歌者的地位。值得肯定的是，德川光国为编纂《大日本史》，曾十三次亲自或派人到全国各地搜集史料，并对史料进行了细致的考证。

笔者尤为关注的是，《汉书》开启了"大一统"皇朝史的编撰格局，突出了"汉承尧运，德祚已盛，断蛇著符，旗帜上赤，协于火德，自然之应，得天统矣"（《高帝纪·赞》）的主题，这种以史书编撰来宣扬统治合法性的理念，对于《大日本史》的影响亦相当深远。德川光国是一位具有强烈民族情绪和国家意识的政治人物，其所处的江户时代（又称德川时代）前期，正值中国明清鼎革之际，此系古代中国史及东亚史上的重大事件。受到儒家华夷思想影响的日本思想界以此为华夷位置颠覆的重要转折时期。德川光国奉明末遗民学者朱舜水为师，于永历二十六年（1672），在江户设彰考馆（取"彰往考来"之意），聘任朱舜水的门生和友人编撰《大日本史》。在朱舜水秉持的"尊王一统"、"圣教兴盛"可"使夷变为夏"的思想影响下，《大日本史》确立了"对内以皇室为中心，对外以日本为中心"的编撰宗旨。有学者将其体例特色和思想内容总结为以下三点：一，以日本为"中国"，构建以日本为中心的、等级制的国际体系；二，将中国历代王朝隋、唐、宋、元、

---

① 关于两《汉书》何以称古代日本为"倭"？中国学者有不同的解释。一种说法是认为东汉时期，日本国遣使入朝，汉天子以其人矮，遂赐名"倭国"，即"倭"与"矮"同意。另一种说法是根据光武帝所赐金印字样为"汉委奴国印"，古时"委"与"倭"相通。亦有人认为"委"字作"委任"解，即汉朝委任的国王。无论何种解释，"倭奴"之字形、字意在汉语中确有贬义，由此引发了古代日本国君臣的不满，是可想而知的。有学者指出，"不难想象，隶属于别国、被称为'倭奴'的屈辱心理与企求独立统治的王权政治，使得日本的统治者千方百计地提高自己的地位，使日本与中国之间不再是君臣关系，而是两个平等的国家……并各自拥有完整的史籍"。姚继中：《论〈日本书纪〉的产生及其文史价值》，《外国语言》1995 年第 4 期，第 159 页。

明等与新罗、高句丽、百济等一同置于《诸蕃传》，且置于列传最后部分；三，强化"神国"意识，强调"神授皇统"是整个日本民族产生、发展的根本动力，竭力消除日本历史早期发展过程中的中国影响。①

进一步，《大日本史》的编撰者更对以《史记》、《汉书》为代表的中国正史提出批评，强调日本天皇是"天日之嗣、传之不穷"，自古不遭受易姓革命，强调了"万世一系"的"神国日本"之优越性。② 然而，《大日本史》中所体现的"日本中心主义"，其局限性和负面影响亦十分明显。有学者指出，《大日本史》所构建的以日本为中心的"国际体系"，为日后的"大东亚共荣圈"思想埋下了伏笔，"万世一系"的"神国观"造就了近代日本的"国体"观念，这也是战时《大日本史》成为日本政府、军部宣扬"国体"、"皇道"之工具的原因之一："与中国争夺代表'国际正统'地位的'中华'名分思想，决定了当日本终于拥有足以打败中国的政治制度、经济实力、军事优势和价值优越感时，必然发动侵华战争。"③ 对此，中国学者应保持高度的警醒与批判意识。

2.《汉书》的正史体例对古代朝鲜史书编撰的影响

古代朝鲜的官修正史以《汉书》为范本，最有代表性的是高丽史官撰写的《三国史记》和李朝史官撰写的《高丽史》。《三国史记》是朝鲜第一部纪传体断代史，亦是现存最古老的朝鲜史书。作者金富轼（1075—1151）是高丽时期著名的政治家和学者，古代朝鲜史学的奠基人。《三国史记》共50卷，计《新罗本纪》12卷，《高句丽本纪》10卷，《百济本纪》6卷，《年表》3卷，《志》9卷，《列传》10卷。编撰者慨叹中国"秦汉历代之史，或有淹通详说之者，至于吾邦之事，却茫然不知其始末"，是以《三国史记》之名直接

---

① 《大日本史》只承认中国秦汉时期东渡的移民曾"归化"日本，对于中国史书有关上古时期日本遣使中国的记载均加以批驳，就连《日本书纪》引用中国正史关于日本遣使中国的记载，仅以一句"我史策所不载，故不取"，而加以否定。

② 例如，水户藩学者藤田幽谷（1774—1826）认为，中国由于易姓革命而导致改朝换代，史书也以历代国号命名，而日本自古以来天皇一姓相承，故而主张史书不应以国号冠名，以免玷污万世一系的皇统。高桥广备则认为一姓相承的日本不同于易姓革命的中国，而中国史书论赞随意评判历代君主及朝臣的是非，有失体统，主张削除论赞。引自［日］冈崎正忠：《修史复古纪略》，《义公三百年纪念会·大日本史后附及其索引》，东京大日本雄辩会1931年版，第14—15页。

③ 陈俊达：《试论〈大日本史〉中的"日本中心主义"》，《通化师范学院学报》2015年第1期，第110页。

取自于《史记》，同时亦深受《汉书》的影响，后世学者誉之曰"迁、固之遗，故俱收并蓄"①。

《汉书》对《三国史记》的影响，集中体现在以金富轼为首的高丽史官在撰修过程中，遵循了《汉书》"包举一代"的纪传体断代史格局和"纪传书表四体配合"的编撰体例，同时注重将儒家伦理、道德观念贯彻到史书编撰之中，具体表现在以下四点：其一，《三国史记》的"本纪"由王系、内政、外交、天象、异象、灾害、祥瑞和史论构成，体现了记录国家政治大事与天意相印证的撰述原则。其中尤以内政、外交记录占据了本纪内容的大多数，反映出"君后之善恶、臣子之忠邪、邦业之安危、人民之理乱"，以及作者"发露以垂劝戒"，用儒家观念解释本国历史发展规律的目的。其二，《三国本纪》有"杂志"九卷，其名称多源于两《汉书》，如《祭祀》、《色服·车骑·器用·屋舍》、《地理》、《职官》等。虽然与"博洽"、"赅富"的《汉书》"十志"相比，《三国史记》的"杂志"由于受到史料限制，只是罗列了相关信息，未能写成汇总古今的典章制度史，但其所记录的朝鲜半岛早期制度和风俗依然具有重要的史料价值。其三，列传方面，除个人专传外，最后三卷专为孝子、隐逸和奸臣逆乱设立了类传。虽然《三国史记》的大部分列传只包含传说性质的轶闻逸事，人物形象单薄、叙事不够连贯，不像中国有着完善的官僚体制和修史制度，也不像《史》、《汉》列传能够详细记录传主的生平故事、仕宦经历和诗文著述等，但仍体现出史家努力学习中国的正史编撰传统，构建本民族—国家历史的探索。其四，在史料引用方面，除了以已失传的朝鲜古史《旧三国史记》和《花郎世记》为依据，《三国史记》引用了近 40 种中国典籍。② 在《三国史记》的"本纪"中，保留了许多国王的诏、表、诗、文，其中有些是从中国史书上摘抄的，也有一些是其他古籍中看不到的珍稀材料，此亦与"《汉书》多载有用之文"的编撰

---

① 金富轼善于利用《史记》、两《汉书》等作为论政、撰史的依据。例如，仁宗时期，国丈李资谦专权僭礼，金富轼引《汉书·高帝纪》中高祖为父刘太公上尊号之例，劝谏仁宗不可轻易赐予外戚殊礼。为此金氏特意在《三国史记》中强调国王不应封父为王，以示王权的尊崇。在与中国的关系方面，金氏采纳《史记》和两《汉书》中《朝鲜列传》中的观点，认为新罗、百济、高句丽之祖先皆源于中华民族："玄菟、乐浪本朝鲜之地，箕子所封。"并从臣属角度出发，对于中原王朝和中国文化表现出由衷的景仰。

② 引自［韩］郑求福：《〈三国史记〉解题》，《译注〈三国史记〉·原文篇》，韩国精神文化研究院 1996 年版。

手法相似。

　　然而，《三国史记》在引用、借鉴中国正史时，也存在缺载、篡改史料的现象，其中最明显的错误就是关于高句丽史的记载。高句丽，中国史书记作"高句骊"、"句丽"或"句骊"，《汉书》是最早记载高句丽政权的中国正史，此后历代史不绝书，均沿用《汉书》记载。① 然而在《三国史记·高句丽本纪》中，却出现了与中国正史相矛盾的记载，由此引发了中、朝、韩学者的争议，和今人对于高句丽族源、政权性质、与古代中国的关系等问题认知的分歧，至今仍未平息。对此中国学者应予以明辨。②

　　《高丽史》是古代朝鲜最完整的一部官修正史，翔实载录了918—1392年高丽诸王事迹及王朝史事，成为研究高丽王朝历史的基本文献。同时，该书有大量关于高丽与蒙古、元朝关系的记载，对于了解元朝政治、经济、农民战争等提供了有价值的史料。《高丽史》共139卷，分为"世家"、"志"、"传"三大类，其中"世家"共46卷，记载了高丽王朝34代国王之事。"志"39卷，题名与记述均直接取法于《汉书》"十志"，内容较《三国史记》更为丰富、详审，是了解高丽王朝政治、经济、文化、教育、军事、典章制度、社会生活的重要文献。"表"2卷，将高丽年号与中国各朝代并列，

----

　　① 按，据《汉书·西南夷两粤朝鲜传》载，汉武帝灭卫氏朝鲜，在今吉林南部和朝鲜半岛北部设置辽东、玄菟、乐浪、带方四郡，公元前37年（汉元帝建昭二年），夫余领袖朱蒙（亦作邹牟、众解、中牟、仲牟或都慕），在玄菟郡高句丽县辖区内建立政权，成为中原王朝的藩属政权。又据《王莽传》载，王莽代汉自立后，对周边民族政权推行歧视政策，贬高句丽王为"侯"，将高句丽国名改称"下句丽"，遭到高句丽君民的反抗，王莽遂派大将严尤将高句丽侯驺诱杀，并传首长安，此举遭到了边疆部族民众更激烈的抵抗。至光武帝刘秀建国后，高句丽复称臣进贡。但《三国史记》对此事记载的时间和严尤诱杀的对象均与《汉书》不同。中国学者认为被诱杀者即为高句丽开国始祖朱蒙，而韩国和朝鲜学者则持否定意见。笔者以为《汉书》的记载是可信的，一个确凿证据在于继之而起的中国正史，如《三国志·魏书·东夷传》、《后汉书·东夷传》、《北史·高丽传》和《资治通鉴·汉纪二十九》等，均袭用此段记载。比《汉书》成书晚了一千年的《三国史记·高句丽本纪》，则是在抄录上述中国史书而成的。二者相较，显然应以《汉书》记载为准。
　　② 按，笔者赞同李大龙的观点。就新莽时期中原王朝与高句丽的关系来看，《三国史记》有明显的回避和篡改中国史书的问题。究其原因，在于《三国史记》为高丽朝官撰写。建国于公元前37年的夫余族政权高句丽，与建国于公元918年的高丽没有任何继承关系。但高丽太祖王建为了抬高自己的地位，对宋朝伪托是高句丽的继承者，金富轼等为此目的而撰写《三国史记》，对于高句丽国王被王莽诛杀的史实，自然要本着"为君者讳"的态度加以隐瞒，所以才出现了篡改《汉书》等中国史籍的举动。然而，《三国史记》却被现代韩国和朝鲜学者奉为圭臬，并据此否定或重新解读《汉书》等中国史书的记载，从而导致今人在历史认知上的歧义。详见李大龙的两篇论文：《关于高句丽侯驺的几个问题》，《学习与探索》2003年第5期；《〈三国史记·高句丽本纪〉史料价值辨析——以高句丽和中原王朝关系的记载为中心》，《东北史地》2008年第2期。

便于阅读。"列传"50卷，采用《史》、《汉》纪传中正传、附传、合传、类传等手法，共记950余人。在史料方面，《高丽史》大量收录诏书、奏议以及外交文书，且大量引用《春秋》、《左传》、《史记》、《汉书》、《资治通鉴》、《通鉴纲目》、《元史》等中国史籍，保存了大量原始资料，有些甚至是中国史籍中缺失的珍贵史料。① 尤其值得重视的是，该书"以中华传统史学观念为准绳，从编纂体例到修史原则，处处呈现与中华传统史学之关联"，在继承、融合的基础上又有发扬和创造，是故有学者称《高丽史》的纂修"是十四、十五世纪中朝两国文化交流的典范"②。

参与修撰《高丽史》的史官均为精通经史的饱学之士。如李朝开国名臣郑道传（1342—1298），系著名的儒学大家。他撰修的《高丽史》得到了太祖李成桂的赏赐，太祖称此书"事该其本末而不至于繁，文贵乎简质而不至于俚"，谓其"蔚有班、马之风"，"可谓有良史之才"。③ 世祖时代的郑麟趾（1396—1478），亦系当世知名文臣和学者，不仅参与编撰《高丽史》，且在朝鲜史学、文字、语文等方面做出突出贡献。尤为可贵的是，古代朝鲜的史官学者们"喜读中国史书，但更感到本国史书的重要性；他们喜好史汉笔法，但更欣赏本国史笔的可贵"④，孜孜致力于探索本国史学的发展道路。⑤ 凭借高超的编撰成就和重要的历史价值，《高丽史》与《三国史记》共同构建起古代朝鲜的正史体系，成书之后在东亚地区流传甚广，深受历代学人重视。

3. 《汉书》的正史体例对古代越南史书编撰的影响

越南在五代以前为中国郡县，至后晋时独立，继以丁、黎、李、阮诸朝，在中国文化影响下，自古便是"通诗书，习礼乐，为文献之邦"。古代越南学者用汉文撰述的史书相当丰富，主要有《安南志略》、《大越史记》、《大越史记全书》、《钦定越史通鉴纲目》等，这些史书的编撰与《史记》、《汉书》、

---

① 详见于梦衍：《中国学术界关于〈高丽史〉的研究：成果与展望》，中国朝鲜史研究会主编：《朝鲜韩国历史研究》（第十一辑），延边大学出版社2011年版，第88页。

② 崔岩：《朝鲜王朝官修〈高丽史〉与中华传统史学》，《西北师大学报》（社会科学版）2012年第4期，第46页。

③ 《朝鲜王朝太祖实录》卷7"太祖四年元月庚申"条。

④ 卢南升：《高丽史编纂的史学基础和它所反映的中朝人民友好关系》，《文史哲》1958年第11期，第35页。

⑤ 被誉为"朝鲜理学之祖"的学者郑梦周（1337—1392）尝言："今人知中国故事，而不知本朝之事，可乎?"《高丽史》卷117《郑梦周传》。

《资治通鉴》和《通鉴纲目》等中国史籍均有密切的关系。

　　《安南志略》是越南陈朝学者黎崱于 14 世纪初叶在中国撰著的一部越南史志。黎崱长期生活在中国，有深厚的中国史学素养。《安南志略》原有 20 卷、近 10 万字，较为系统、全面地介绍了越南自远古至元朝的历史、地理、物产、风俗、制度及其同中国的关系，堪称一部远古至元代的越南简史。该书作为越南史家在中国撰成的第一部史书，被当世学者誉为有补于《史》、《汉》的传世之作①，后被收入元代《经世大典》和清代《四库全书》。

　　分析《安南志略》的珍贵史料价值和突出成就，最重要的原因在于黎崱长期受中国文化熏陶，阅读了大量在本国无法看到的典籍文献，他考订史事颇为严谨，著书时多征引《史记》、《汉书》等公认的信史，因而所成之书自然更为真实可靠。例如，有关古代越南的民族渊源和建国史，《大越史记》、《大越史记全书》均将传说中泾阳王和雄王的建国历程视为越南历史的开端②，此后历代越南史家在著述时往往不加分析地照录这一传说。现当代越南学者又从狭隘的民族主义出发，对这些神话传说任意加工。然而，黎崱根据《史》、《汉》有关赵佗在南越立国称王的记载，认定赵佗是越南的开国者，其所建立的南越国是越南历史上第一个国家。③ 由此黎崱认为中越两国在种族、文化上具有共同渊源，一方面是基于在元代越南为中国直属郡县的历史事实，另一方面是出于对司马迁、班固等"良史之材"的推崇，以及对于古代中国发达的史官制度和修史传统的深刻认知。值得重视的是，《安南志略》虽为私撰，但由于黎崱本人亲身经历了蒙元与安南之间的战事，强烈希望双方和平相处，故而对于中越两国悠久的历史联系极为重视。《安南志略》中有

---

　　① ［越］黎崱著，武尚清点校：《安南志略》卷首"察罕序"，中华书局 2000 年版，第 1 页。

　　② ［越］黎文休：《大越史记》外记一："我越之先，相传始居泾阳，先帝神农氏之裔。……泾阳王生貉龙君，……貉龙君娶妪姬生男……五十子从父归海，五十子从母归山，推其长子为嗣君，位号雄王。雄王即立，建国号文郎国，都峰州，分国中为十五部。"《大越史记全书》在录此说时，只是文字表述与《大越史记》略有不同而已。

　　③《安南志略》卷 19 载赵佗建立南越国曰：赵佗，真定人，秦时为龙川令。秦初并天下，略取越地，置桂林、南海、象郡，以谪民与越杂处，南海尉任嚣病且死，仍以佗行南海尉事。秦既灭，佗即并桂林、象郡、自立为王。又，《安南志略》卷 1 叙越南建国及历史沿革曰：古南交，周号越裳，秦名象郡。秦末，南海尉赵佗击并之，自立为国，僭号。西汉初，高帝封为南越王。历数世，其相吕嘉叛，杀其王及汉使者。孝武遣伏波将军路博德平越，灭其国，置九郡，设官守任。今安南居九郡之内，曰交趾、九真、日南是也。［越］黎崱著，武尚清点校：《安南志略》，中华书局 2000 年版，第 12、17 页。

大量篇幅记录了古代中越两国的交往史实，事实证明这些记载是较为真实、可靠的；相形之下，《大越史记》和《大越史记全书》等官修史书却因在史料中掺入神话传说和辑录讹误而黯然失色，这也从反面证明了黎崱对史书编撰的严谨态度和精湛史识。

《大越史记》是古代越南的第一部正史，编撰者为陈朝学者黎文休（1230—1322）。《大越史记》采用编年体，"旁搜遗史，会辑成书"，此为越南编撰官修正史的开始，亦开启了越南史官仿效《史记》、《汉书》等中国史书编撰本国历史的端绪。此书后失传，后黎朝黎仁宗时期，史官潘孚先于延宁二年（1455）撰成《大越史记续编》，共 10 卷，记述了自陈太宗（1225—1258）至中国明朝北返（明宣宗宣德二年，1427 年）共 200 余年的历史。由于潘氏续编足与黎氏原编媲美，是故越南《四字经》赞美其史才堪拟"汉之班固"①。

《大越史记全书》是一部由吴士连私撰的史书。吴士连，生卒年无考，出身贵族世家，自幼便博览群书，刻苦攻读中国典籍，成年后不仅善于中国书法、精于辞令，且学有专长，尤其致力于史学。他经常研读《史记》和两《汉书》，推崇《南北史》、《唐史》和《宋史》，以精深的史学造诣供职于国史馆。《大越史记全书》共 15 卷，主要记载越南李、陈两朝 400 余年的历史，是越南后黎朝全盛时期出现的一部史学名著，在越南史学史上占有重要地位，被誉为越南史学的"瑰宝"。

总结古代越南史书的编撰成就，及其与《史》、《汉》等中国史籍的联系，主要体现在以下两点：其一，古代越南史家参考和采用了大量中国史籍的内容，辅以丰富的神话、野史和民间传说，在编撰上表现为官方史书和私人撰述相互影响并促进的特点；其二，古代越南史家均受到了中国文化的全面熏陶，具有较深的汉学造诣。他们广泛吸收中国史学的精华，借鉴司马迁、班固、司马光、朱熹等人的治史方法，无论是引喻、用典的取材，还是是非褒贬的准则，均显示出中国文化的强烈影响，由此保证了古代越南史书编撰的较高水准。

（二）《汉书》正统史观的影响

自《春秋》讲求"大义"、"名分"以来，精通儒学的班氏父子通过《汉

---

① 引自清人徐廷旭《越南辑略》卷 2 "文学类"。梧州郡署刊，清光绪三年（1877）。

书》编撰正式确立了"正统史观"。《汉书》虽是在司马迁的《史记》基础上编撰而成，但班氏父子不满意司马迁仅将汉代历史"编于百代之末、厕于秦项之列"，遂著成"包举一代，撰成一书"的纪传体断代史《汉书》，以宣扬"膺当天之正统，受克让之归运。蓄炎上之烈精，蕴孔佐之弘陈"的"汉德"（班固《典引篇》）①。后世无论是官修正史还是私人著作，大多在"正统史观"统摄下，将史书编撰视为"别正朔"的手段，从而开始了旷日持久的"正统"之争。这种笔法被后世史书当作一种成例而继承下来，其影响亦波及海外。

1. 《汉书》的"正统史观"对古代日本史书编撰的影响

"正统"一词的含义在古代日本与中国有所不同，在中国是指"天命"之正统，在日本则是指皇系之正统。古代日本历史上并无王朝更迭，但皇室内部的斗争却非常激烈，有时甚至激烈到公开分立的程度，随之便产生了正统之争。班固正统史观对《大日本史》的影响，集中体现在《大日本史》"本纪"中的"三大特笔"，即编撰者在三件历史事实的处理上打破了当时通行的观点，提出了自己的独特见解。"特笔"之一是将历来被尊为天皇的神功皇后列入后妃列传。《大日本史》在《仲哀天皇纪》后立《应神天皇纪》，把神功皇后摄政的时代作为应神天皇即位"前纪"处理。这种处理方式，与班固在《汉书》中立《惠帝纪》和《高后纪》，列出吕后称制期间的大事，而将吕后生平史事列入《外戚传》，以突出汉室为刘姓正统的做法如出一辙。"特笔"之二是增加了《大友天皇纪》。671 年，天智天皇死后，其子大友皇子曾登基继位，称弘文天皇。但此后发生了"壬申之乱"，曾被正式定为东宫的大海人皇子在地方贵族支持下，战胜大友皇子的支持者，迫使大友皇子自杀，大海人皇子随之继位为天武天皇。由于《日本书纪》的编者舍人亲王是天武天皇之子，或许是出于为亲者讳的目的，他在《日本书记》中未立《大友天皇纪》。而《大日本史》的编撰者却不以成败论正闰，认为既然大友皇子已正式即位，便应尊重其名分，故为其立"本纪"而归入"正统"。"特笔"之三是主张南朝正统论。日本史上南北朝孰为正统的争论由来已久，南、北

---

① （南朝梁）萧统编，（唐）李善注：《昭明文选》卷四十八《符命》，上海古籍出版社 1986 年版，第 2158 页。

朝合一后，北朝继承了天皇之皇统，此后虽有二者孰为正统的论争，但"北朝正统论"却明显居于优势（例如《本朝通鉴》便以北朝为正统）。然而《大日本史》的编撰者，以《日本书纪》所载"天照大神"创造的、象征天皇权威的三种神器（玉、镜、剑）之所归为基准，认定南、北朝对立时三种神器掌握在南朝手中，故应以南朝为正统，而将北朝视为闰统。① 笔者以为，此与班彪《王命论》"审神器之有授"的思想有着共同的理论基础。② 是故《大日本史》为南朝天皇立"本纪"，将北朝五天皇降入"列传"，此亦与《汉书·王莽传》不为王莽立纪、而将其降为"列传"的做法相仿。以今观之，以"神器"所在为"正统"之依据，显然是缺乏说服力的，但从中却可看出《大日本史》编撰者对于"正统论"的执着。

　　不独正史强调正统，以历史为题材创作的日本文学作品也是如此。镰仓时代（1192—1333）的古典文学名著《平家物语》，开篇"祇园精舍"即强调："远查异国实事，秦之赵高，汉之王莽，梁之朱异，唐之安禄山，都因守不住先王法度，穷极奢华，不听诤谏，不悟天下将乱的征兆，不恤民间的疾苦，所以不久就亡了"③，为平氏家族的兴衰作出了预言性的评价。

　　2. 《汉书》的"正统史观"对古代朝鲜史书编撰的影响

　　"正统史观"贯穿于整个古代朝鲜史书编撰的过程之中。《三国史记》中的三国与中国的三国时代不同，它不是由一个国家分裂而成，而是各自形成的，最终也未统一为一个国家。高丽王朝自开国以来，由于地处高句丽故地，且先后吞并了新罗和百济，故以高句丽继承者自居。但金富轼在史书中，却将新罗、百济和高丽并列，并有意识地尊新罗为正统。其中原因除了金富轼深受中国文化熏陶之外，还在于新罗比高句丽更为积极地学习汉文化，且与隋、唐王朝保持了友好关系。金富轼的"事大"思想，在当下以"民族自尊"为主导的韩国学者眼里，成为《三国史记》的"污点"，由此影响到对这部著作的评价。但笔者以为，金氏是在汉文化教育下成长的，深受儒家思想熏陶，其"正统史观"和"事大思想"是从政治角度考虑，以国家强盛、稳定为首要目标，自有其合理性的一面，不应以现当代民族国家的立场作此

---

① ［日］虎关师炼：《元亨释书》卷17，明天启四年和刻本。
② 《汉书·叙传》引刘德注曰："神器，玺也。"李奇曰："帝王赏罚之柄也。"
③ 周启明、申非译：《平家物语》，人民文学出版社1984年版，第1页。

片面、偏颇之论。

再看《高丽史》和《东国通鉴》中的"正统史观"。受高丽末代恭让王"禅让"的朝鲜王朝始祖李成桂即位后，将第 32、33 代高丽君主王禑、王昌父子指斥为伪王族，是以郑麟趾等李朝史官在编撰《高丽史》时，依《王莽传》的做法而将禑、昌父子视为篡逆，且在传内贬称其为"辛禑"和"辛昌"。① 此后世宗时期，徐居正（1420—1488）等奉命编撰编年体史书《东国通鉴》，亦在凡例中明言"辛禑依王莽例，止书甲子，书其年于注"。

古代朝鲜史官亦如中国史官视女主为祸水，体现出浓重的"男尊女卑"的保守思想。如《三国史记》和《高丽史》将新罗王朝的善德、真德、真善三位女王视同中国的吕后、武后。② 在纪年方式上，古代朝鲜对于使用年号非常敏感，其纪年方式也颇受《汉书》等中国史书的启发。虽然大多数历史时期他们都被迫臣服于别国而采用别国年号，但在本国史书中仍坚持使用国王纪年，这种"纪年方法内外有别的处理方式，也是朝鲜国家努力争取民族尊严的体现"③。

3. 《汉书》的"正统史观"对古代越南史书编撰的影响

在中国古代正统史观熏陶下，古代越南史家亦致力于正闰之辨。在越南古史上的南北朝时期，黎朝先后有权臣胡氏（季牦）和莫氏（登庸）之篡夺，越人皆奉黎氏为正统，而以莫氏为僭伪。例如，吴士连撰《大越史记全书》，即以"尊正统，黜僭伪"为指导原则，"杨三哥前后胡，皆以王莽篡例，书名者，沮僭窃也"。④《大越史记续编》的作者范公著精通汉文，尤工史学，自称治史之法源于北朝（中国）史学大师，至于其著作纪年、凡例和参考书目皆按越南与中国史籍。《钦定越史通鉴纲目》对于"正统"更为重

---

① 在《高丽史》编撰过程中，有人提出将禑、昌父子以"王"立传，但春秋馆（即史馆）上书力争，认为"禑以贼肫余孽，窃据神器，父子相传，穷凶极恶，罪浮于莽，安可称王，以乱名分乎？"主张"禑、昌父子悉依《汉书》王莽例，以正名分，以惩乱贼，以严万世之法"。《世宗实录》卷 124 "己巳三十一年四月乙卯"条。

② 《三国史记》卷 5《善德十六·论》：古有女娲氏，非正是天子，佐伏羲理九州耳。至若吕雉、武曌，值幼弱之主，临朝称制，史书不得公然称王，但书高皇后吕氏，则天皇后武氏者。以天言之，则男尊而女卑。岂可许姥妪出闺房，断国家之政事乎？新罗扶起女子出之王位，诚乱世之事，国之不亡，幸也。《书》云："牝鸡之晨。"《易》云："羸豕孚蹢躅。"岂可不为之戒哉！

③ 徐晓风：《〈日本书纪〉与中国古代典籍》，博士学位论文，东北师范大学，1993 年，第 133 页。

④ 按，杨三哥、前后胡：系指古代越南吴朝外戚杨绍洪、陈朝外戚胡季犛及其子胡汉苍。杨、胡均以外戚身份篡夺皇位，因此在正史中未得到承认。

视，强调"修史之事，莫大于明正统"，对于"虽一统而君非正系或女主"，均分书之；对于"乘乱篡位"、"弑逆淫虐"者，更以其"得国同莽操之事"而"究僭国例"纪年分注书之。

概言之，越南史官师法中国的史学传统和"正统史观"，通过史书编撰追求与维护政权的合法性，自有其历史的合理性。然而，由于越南历史的特殊复杂性，"国土虽小而群雄并起，甫告统一又倏忽兴灭"，所谓"正统"之争，不免流于狭隘、偏颇。一个突出的例证，即如何处理秦汉之际赵佗所建立的南越国在古代越南历史上的地位问题。在中国古代正史、地方志中，南越国被视为南部边疆的一个地方割据政权。但由于历史上的南越国领土延伸到了今天的越南北部，因此古代越南的大多数史官、学者，亦将南越国视为越南历史的一部分，此即"赵朝"。如前所述黎崱的《安南志略》、陈朝的《大越史记》、佚名作者的《越史略》，后黎朝的《大越史记全书》等，均将"赵朝"列为古代越南的早期王朝来表述。至后黎朝末年，吴时仕第一次对赵朝之正统性提出了质疑，认为赵佗是来自中国的侵略者，而不是越南的贤明帝王。

18 世纪中期，阮朝建立后，承袭了越南独立建国以来的自主意识，要求与中国平等对话。其国王除请赐"南越"国号之外，在阮朝初期编撰的《邦交录》中，史官黎统还奉命搜集了自赵佗至明命时期中越交往的文书和诗文。这说明阮朝将自身及历代越南王朝与中国的关系，视为平等、无级差的邦交关系，而这种邦交关系的起源，被定于南越武帝赵佗时期。① 此后，阮朝嗣德帝组织史官编纂《钦定越史通鉴纲目》，即回避赵朝历史归属的问题，但仍旧将赵朝当作越南历史的一部分，且宣称越南在历史上曾经统治过两广一带。值得注意的是，该书编成后，嗣德帝朱批曰："统观前后，则我越地之沦入中国已几太半。惜乎历代明君良臣亦多有不世出者，然终不能收回寸土，大是憾事。非特于今复宇为难，悲夫！"流露出重构中越宗藩名分和统治秩序的迫

---

① 按，18 世纪中期，阮朝建立，其国君阮福映遣使请求清廷册封，赐予"南越"为国号。但协办大学士保宁奏称："广东、广西皆南越之旧地，自汉以来久为中国，若该国复越南之古，名实既不相符，体制尤为未协。"嘉庆帝遂将"南越"二字颠倒，改称"越南"——此即今日"越南"国名之由来。诚如中国学者所指出的，阮福映这一举动，意在从赵佗的"南越国"寻求历史依据，所看重的正是其国号的象征意义。韩周敬、王永伟：《阮福映请赐"南越"国号之事考论》，《地方文化研究》2014 年第 1 期。

切意图。至 20 世纪初，越南历史学家陈仲金编写《越南史略》时，不再正面讨论赵朝是否为越南历史上的正统王朝，只承认赵佗是一个中国人，以中国的政治、法律来统治南越之地。此后的越南史学界不再将赵朝当作越南的历史开端，而是将其视为中国入侵者建立的政权，将赵朝灭亡的公元前 111 年当作越南历史上第一次"北属"时期。以马克思主义史学家著称的陶维英（1904—1988）在其著作《越南古代史》中，将赵佗视为古代越南的侵略者，将杀死主张归汉的南越王赵兴及太后的越人首领——丞相吕嘉视为越南历史中上的第一位"民族英雄"，宣称"只有唯物历史观才是人民和民族的锋利斗争武器，才能清晰地指出了赵佗是我们民族的侵略者，南越国赵朝的历史不能载入越南历史的范围之内"。① 笔者以为，考虑到上述史家的身份和立场，这些分歧是可以理解的；但这种将历史问题现实化、学术问题政治化的做法，欲以"唯物史观"概括之，则既无事实根据、亦缺乏足够的说服力。这一问题，尚有待于中越历史学者的深入研究和客观评价。

　　凡此种种，均可看出古代日本、朝鲜、越南将《史记》、《汉书》视为中国古代官修正史的典范而学习、仿效，尤其效仿《汉书》之《高后纪》、《王莽传》体例，在史书编撰过程中突出"正统史观"；且在"春秋大义"的思想和民族主义思潮的影响下，与曾向其输出制度文明的中国滋生"华夷之辨"，其所产生的影响长久而深远，正面、积极意义与负面、消极作用并存。公平论之，这更多是出于后人的因袭与误读，不能完全视为班固撰写《汉书》之初衷。

（三）《汉书》历史叙事的影响

　　班氏父子评议《史记》叙事，首倡"文直事核"、"不虚美，不隐恶"的"实录"原则，在编撰《汉书》时继承了《史记》的历史叙事成就，文赡事详，体现出"不激诡、不抑抗"的典雅宗正特色，成为后世史家效仿的经典。古代日本、朝鲜和越南史家学习《汉书》的叙事特色，主要体现在"直书实录"原则的实践、祥瑞灾异叙述与阐释，以及和史传文学的成就三个方面。

1. "直书实录"原则的实践

　　古代日本"六国史"的编者都明确地接受中国传统的鉴戒史观，模仿

---

① ［越］陶维英著，刘统文等译：《越南古代史》，商务印书馆 1976 年版，第 295—297 页。

《春秋》笔法，于记事中寓褒贬，臧否褒贬的标准也纯是儒家式的。从《日本书纪》描绘的以中国儒家推崇的圣贤尧、舜、禹、周文王、周武王为典范的"圣王"形象，到《续日本书纪》之后的国史中所赞誉的"良吏"形象，均是以《史记》、两《汉书》及其他中国正史中"圣王"与"循吏"为榜样的。在《日本后纪》到《日本三代实录》的四部国史中，共收录了41名"良吏"。从对他们的赞词中，不难看出作者们深受《史》、《汉》"循吏传"论赞的影响——评价这41人为"良吏"，是因为他们的政绩符合中国儒学的"仁政"思想。此外，"六国史"作者在修史时不同程度地学习中国史家"直书实录"的精神，对前代君王进行针砭。《日本书纪》将武烈天皇描绘为暴君，并用其后无继、由旁系皇统继位的结局以示惩戒，与《汉书》中班固对西汉自成帝以后由于皇帝荒淫庸懦导致"国统三绝"，最终导致外戚王莽篡位这段历史的叙述颇为相似。

在《三国史记》中，金富轼亦强调史书编撰的原则为"不隐恶"，且注重在史论中彰显抨击乱臣贼子、讲求君臣之道，使"君后之善恶、臣子之忠邪、邦业之安危、人民之理乱"能够"发露以垂劝诫"，以求巩固王权。如高丽建国之前，曾经割据一方的弓裔，是古代朝鲜历史上著名的暴君，《三国史记·弓裔传》详细记叙了他滥杀无辜、残暴不仁的诸多史事。再如对高句丽的评价。高句丽是公元前1世纪至7世纪在中国东北地区和朝鲜半岛存在的一个民族割据政权，其鼎盛时期，曾挫败过隋炀帝和唐太宗的征伐。但金富轼引用孟子"天时地利不如人和"及《左传》"国之兴也以福，其亡也以祸。国之兴也，视民如伤，是其福也。其亡也，以民为土芥，是其祸也"的观点，记述了高句丽因独裁者渊盖苏文的残暴黩武，及其身后三子自相残杀，招致败亡的史实。

《大越史记全书》的作者吴士连认为历史编撰的功用在于记人事、训后事，为后世之鉴，因此对历史叙述的真实性极为重视。为了达到"善者知可以为法，恶者知可以为戒"的目的，书中仿《史记》和两《汉书》的"循吏传"，记载那些在地方治理中有突出贡献的官员。东汉时期，越南北部尚处于落后的氏族社会阶段，既不知牛耕、又无农具，民众以渔猎为业，既无学校教育，又不知嫁娶礼法。在九真太守任延（5—67）、交趾太守锡光任职期间，二人将中国的典章制度、生产经验和文明礼俗传播到越南，对当地的建设做出重大贡献，受到了越南民众的尊重和爱戴，为他们立庙纪念。《大越史记全书》纪其事迹，赞曰"岭南文风始二守焉"。① 此外，史家还在史书中揭露了一些残暴昏庸之君的暴行。如前黎朝末代君主黎龙铤，吴士连将他与中国古代的夏桀、商纣相比，斥其"昏暴，多行不义，天厌其德，弗克终寿"，认为"其促亡也岂无所自哉"，表达了鲜明的批判之意。②

2. 祥瑞灾异的叙述与阐释

《汉书》始创"五行志"，并将《史记》的《天官书》改为《天文志》，开中国正史记载祥瑞灾异的先河。班固在此二志中记载大量谶纬符瑞和灾异之事，目的并非单纯记述史事或宣扬神意迷信思想，而是出于儒家"天辅有德"、"授命于天"的观念，认为这些自然现象与帝王的行为和朝廷的政策有关，可视为对国家前途命运的预兆。这一叙事模式为后世所继承，笔者名之为"灾异叙事"。

《日本书纪》中有大量祥瑞灾异的记载，虽然未设独立篇章，而是分散在各天皇的年代纪之中，对于灾异所预兆的事件却多与《汉书》相似。试看两例。一是持统天皇六年九月出现的"白蛾"，《汉书·元帝纪》中也曾出现相似的异兆；③ 二是《日本书纪》中多次记载老鼠成群大规模移动，预示迁都之兆；《汉书》的《五行志》、《霍光传》亦记载鼠灾，预示着燕刺王刘旦、赵飞燕姐妹和霍光家族败亡之前的"凶兆"。④ 然而，《日本书纪》中的灾异叙事并非全然照搬《汉书》等中国正史，而是赋予其新的内涵。例如，持统天皇时期出现了"蛇犬相交，俄而俱死"的异兆，而中国史书的《五行志》中的一般记载猪、狗"相交"，如《汉书·五行志》："景帝三年二月，邯郸

---

① 《大越史记全书·外纪全书》卷1纪其事迹曰：当时，汉光武建德五年己丑也。锡光汉中人，在交趾教民以礼仪。复以任延为九真太守。延宛人，九真俗以渔猎为业，不事耕种。延乃教民垦辟，岁岁耕作，百姓充给。……岭南文风始二守焉。

② 《大越史记全书》卷19《黎纪十》。

③ 《日本书纪》卷3"持统天皇六年九月"条："前国司献白蛾。戊午，诏曰，获白蛾于角鹿郡浦上之浜。故增封笥饭神廿户，通前。"又，《汉书·元帝纪》中关于"白蛾"的记载："秋八月，有白蛾群飞蔽日，从东都门至枳道。冬，河间王元有罪，废迁房陵。罢孝文太后、孝昭太后寝园。"颜师古注："蛾，若今之蚕蛾类也。"白蛾成群飞舞遮住太阳，飞越长安东都门至枳道。这是一种不祥之兆，此后接连发生了河间王刘元被废除王爵、迁徙至房陵，孝文太后、孝昭太后寝园被拆除等事件。

④ 《日本书纪》卷25、卷27关于老鼠异兆的记载共计六条：孝德天皇大化元年十二月乙未癸卯……自春自夏鼠向难波，迁之兆也；孝德天皇大化二年九月，是岁，越国之鼠，昼夜相连，向东移去；孝德天皇大化三年……数年鼠向东行，此造栅之兆乎；孝德天皇白雉五年正月五年春正月戊申，朔夜，鼠向倭都而迁；孝德天皇白雉五年十二月壬寅朔己酉……鼠向倭都，迁都之兆也；天智天皇五年十月是冬，京都之鼠向近江移。以百济男女二千余人居于东国。

狗与彘交。悖乱之气，近犬豕之祸也"；"（成帝）鸿嘉中，狗与彘交"，等。班固对于这种异常现象的解释是"国有兵革"、"悖乱失众"，意谓预示国家将有战乱。有学者指出，《日本书纪》将源自中国史书《五行志》的"犬豕之祸"改为"蛇犬相交"，说明这一说法发生了变形。其中原因在于蛇的形象较猪更为邪恶、丑陋。日本正史弃猪取蛇，反映了作者价值取向的改变。"与汉籍祥瑞灾异记录相比，《日本书纪》不仅在内容表达上，而且在记述形式上也表现出较大的差异性"，具有"独特性与创新性"。①

古代朝鲜史书自《高丽史》始有"五行志"，其编撰体例与记载内容也与《汉书》等中国正史的《五行志》相似。《三国史记》虽未设这一体例，却效仿《汉书》将各种灾害、异象记在"本纪"中。有学者指出《三国史记》的天象记录全部来自中国史书，此前朝鲜半岛各民族的历史"古记"中缺乏这方面的内容，这应是金富轼未设"五行志"的原因。② 但他仍然尽其所能把异象记录整理了出来，并将这些记录与重大政治事件相对应。经笔者粗略梳理，《三国史记》中的灾异包括星象、天灾、赤雪、血河、双头女婴、巨型女尸、獐、狼、狗、虎，甚至鬼怪。这些异兆多指相对应的政权和君王失去天命和人心，如高句丽末代君主宝藏王（？—682）、百济末代君主义慈王（559—660）、新罗末代敬顺王（？—979）等，是故其败亡的命运也就有了合理的依据。这说明这些记录是史家有意识的选择，此种"则《乾》、《坤》之阴阳，效《洪范》之咎征，天人之道粲然著矣"的历史叙述手法与阐释模式，正源于《汉书·五行志》。

3. 史传文学的成就

《汉书》继承了《史记》辉煌的史传文学成就，并自觉形成了更严谨的史学规范，标志着中国古代文、史体裁的正式分途。由于班固既是杰出的史学家，又是优秀的文学家，因此《汉书》中有许多史文俱佳、文质并美的篇章，成为后世史传文学创作的源泉。

古代日本取材于《史》、《汉》人物故事、改编而成的作品有《今昔物语集》、《唐物语》、《太平记》等，其中最有代表性的是 11 世纪之后出现的、

---

① 马骏：《书证〈日本书纪〉祥瑞灾异记载内容的变异性》，《日本文学研究》2010 年第 1 期。
② 李春祥：《论三国史记的编撰方法、历史观及史学思想》，《中国边疆史地研究》2005 年第 4 期。

以假名写成的纪传体"历史物语"。这是一种以历史事件为基础、但又不拘泥于历史细节真实，比史书更富于叙事性与文采的文学体裁，其中最引人注目的就是以武士和战争为主题的汉文题材文学作品——"军记物语"，如《太平记》和《平家物语》，被誉为日本"历史物语"的"双峰"。"军记物语"的作者们从《史记》、《汉书》所载英雄故事中精心挑选，目的在于寻找足以宣扬武士忠勇献身精神的材料，如李陵和苏武的故事被一再改编，故事情节、人物形象被赋予了不同的含义。① 以《平家物语》为例，其苏武故事与《汉书》所载史实大多不符，但突出了苏武忠勇、坚贞的优秀品质，并将其与日本武士平清盛、平重盛、康赖、兼康、木曾义仲、源赖朝等人进行比较，意在突出中世纪日本武士所崇尚的忠孝勇武、风雅俭素，重名节、讲廉耻的武士道精神，在日本文学史上产生了很大影响。②

　　《三国史记》注意从《汉书》等中国史籍中汲取营养，增强了叙事的感染力。以全书篇幅最长、内容最为详尽充实的《金庚信传》为例，史书叙述其出生过程时，显然受到了《史记》、《汉书》中有关汉高祖刘邦出生时其母"梦与神遇"、"有蛟龙于其上"的神异传说的影响。讲述金庚信早年遇一老人传授秘法的故事，亦明显是参照《史》、《汉》张良遇圮上老人的故事编撰而成。此外，《汉书》中的诗文、典故、成语、谣谚等，也不时见于《三国史记》之中。例如，《新罗本纪》中记载了新罗人王巨仁的传说。王巨仁被人诬告"讥谤时政"，残暴荒淫的真圣女王下令将其治罪，王巨仁悲愤之余在狱中墙壁上作诗曰："于公恸哭三年旱，邹衍含悲五月霜。今我幽愁还似古，皇天无语但苍苍。"③ 史载王巨仁题诗时，天空中忽然乌云密布、雷声震耳、冰雹纷降，令女王十分恐惧，遂下令释放王巨仁。诗中"于公恸哭三年旱"，正是

---

① 记载苏、李故事的古代日本文学作品计有：《今昔物语集》卷十有《汉武帝苏武遣胡塞语》；《源平盛衰记》卷八有"汉朝苏武事"；《平家物语》中有苏武故事；《太平记》中有《李广陷阵中之女》的故事，但主人公错将李陵误作李广。这些故事演绎成分较多，与《汉书》记载大多不符。

② 丁瑜：《从〈平家物语〉苏武故事看日本中世纪的武士道精神》，《湖南农业大学学报》（社会科学版）2007年第3期。

③ 《三国史记》卷11《新罗本纪》"真圣王二年"。另，该诗题名为《愤怨诗》，被收入《全唐诗》卷732。

源于《汉书·于定国传》中的"东海孝妇"故事。① 从古代朝鲜史书对于中国的典故、成语的熟练引用，可见《史》、《汉》等经典史著的影响。

第二节 20 世纪以来日本的《汉书》研究

20 世纪以来，中国史籍在日韩的传播不复古代的盛况，但《史记》、《汉书》仍是现当代日韩学者研究中国古代史的基础文献，且成为各大学和研究机构讲授中国历史的基本教材。随着不断出现的新材料、新问题、新方法，在中日、中韩学术文化交流日益频繁的背景下，《汉书》研究呈现出与以往不同的新面貌。

一、《汉书》在日本的译介和传播

（一）《汉书》在日本的译介情况

20 世纪之初，日本仍然延续着学者为天皇讲习《汉书》的传统，《汉书》的政治功用与学术价值仍然得到日本官方和学界的重视。1917—1922 年，东京帝国大学教授、东方文化学院院长、帝国学士院会员服部宇之郎（1867—1939）曾六次给天皇进讲《汉书》；服部的弟子高田真治（1893—1975），亦曾于 1939 年为天皇讲解《汉书》。

目前所见 20 世纪以来日本出版的《汉书》译介本，包括：林秀一翻译《十八史略：〈史记〉〈汉书〉》（东京学灯社 1954 年版）；本田济翻译《〈汉书〉〈后汉〉〈三国志〉列传选》（《中国古典文学大系》第 13 卷，平凡社 1968 年版）；小川环树和三木克己翻译《史记·汉书集》（收入《世界文学全集》第 4 卷，东京筑摩书房 1970 年版）；福岛古彦翻译《汉书》（《中国诗文选》第 8 卷，东京筑摩书房 1976 年版）；诸桥辙次编辑《中国古典名言集》第 8 卷，包括《史记》、《汉书》等四部正史（东京讲谈社 1976 年版）；长泽

---

① 《汉书》卷 71《于定国传》：汉时，东海孝妇，养姑甚勤。姑曰："妇养我勤苦。我已老，何惜徐年，久累年少？"遂自经死。其女告官云："妇杀我母。"官收系之，拷掠毒治。孝妇不堪苦楚，自诬服之。时于公为狱吏，曰："此妇养姑十徐年，以孝闻彻，必不杀也。"太守不听。于公争不得理，抱其狱词，哭于府而去。自后郡中枯旱，三年不雨。后太守至，于公曰："孝妇不当死，前太守枉杀之，咎当在此。"太守即时身祭孝妇家，因表其墓。天立雨，岁大熟。

规矩也题解《汉书：和刻本正史》（影印本，东京古典研究会 1977 年版）；福岛正翻译《史记·汉书》（东京角川书店 1989 年版）；三木克己翻译《汉书列传选》（东京筑摩书房 1992 年版）；等。

在现当代日本学者的中国古代史著述中，有关秦汉史的内容均取材于《史记》和两《汉书》，目前可见有以下数种：大庭修《秦汉帝国的威容》（《图说中国历史》第 2 卷，东京讲谈社 1977 年版）；福元史石《古代—秦汉》（《物语：中国的历史》第 1 卷，东京讲谈社 1983 年版）；栗原朋信《秦汉史研究》（吉川弘文馆 1986 年版）；西嵨定生《白话秦汉史》（日文版由东京讲谈社 1997 年版，再版改为《西嵨定生史论集》第 2 卷《秦汉帝国的时代》，东京岩波书店 2002 年版；中译本有台湾文史哲出版社 1983 年版，后改名为《秦汉帝国：中国古代帝国之兴亡》，社会科学文献出版社 2017 年版）；鹤间和幸《秦汉帝国》（东京山川出版社 1996 年版、东京讲谈社 2004 年再版；中译本《秦汉帝国：始皇帝的遗产》，广西师范大学出版社 2014 年版）；刘炜编著、伊藤晋太郎翻译《秦汉：雄伟的文明》（香港商务印书馆 2001 年版，后收入稻畑耕一郎主编《图说中国文明史》第 4 卷，大阪创元社 2005 年版）；藤田胜久《项羽与刘邦的时代：秦汉帝国兴亡史》（东京讲谈社 2006 年版）。此外，还有日籍华裔作家陈舜臣的两部著作：《陈舜臣十八史略》卷 2《大汉起兮·西汉—东汉》（广西师范大学出版社 2013 年版）和《中国的历史：大统一时代》卷 2《汉王朝的光和影》（福建人民出版社 2013 年版）等。

上述著作虽然不是专门研究《史记》、《汉书》的文本，但诚如战后日本权威的中国史专家西嵨定生（1919—1988）在写作《秦汉帝国》时，对这些古代史书的丰富史实以及精妙文笔所发出的惊叹："司马迁的《史记》、班固的《汉书》和范晔的《后汉书》三部史书为我们研究这一时期提供了基本史料。……虽然这早已是人们有目共睹、称颂不休的事实了。解读这些史书之际，笔者无时不羞愧于自身文笔的拙陋与鄙浅，甚至还时常纠结于如此拙劣的尝试是否从最初就该放弃，以至于中途几度置笔"，甚至在书稿完成后，他仍然感觉自己无法从"这些史书投来的轻蔑中解脱出来。'螳臂当车'这个词再一次袭上胸口"。① 现当代日本学者对于《史记》、《汉书》的推崇，由此可

---

① ［日］西嵨定生著，顾姗姗译：《秦汉帝国：中国古代帝国之兴亡》，社会科学文献出版社 2016 年版，第 521—522 页。

见一斑。

（二）日本历史文学中的汉代故事

近现代《汉书》在日本的传播，主要体现在以汉代人物、事件为题材的历史文学创作之中。以秦汉史为背景的历史小说在古代即深受读者欢迎，在近现代日本作家的笔下更呈现出不同以往的面貌。此类作品通过对《史记》、《汉书》等中国史书进行文学化、通俗化的改编，使读者得以在娱乐中学习中国历史和文化。据笔者所收集的资料，近现代以西汉人物、故事为题材创作的日本文学作品计有数十部，涉及人物贯穿了整个西汉皇朝的历史，包括汉高祖刘邦、项羽、秦王子婴、张良、萧何、韩信、纪信、周勃、樊哙、朱虚侯刘章、淮南王刘长、汉文帝刘恒、袁盎、周亚夫、汉武帝刘彻、司马迁、司马相如、李广、卫青、霍去病、张骞、李陵、苏武、季布、郭解、剧孟、霍光、汉宣帝刘病已、赵充国、郑吉、陈汤、朱云、原涉、王莽等；至于秦汉时期的女性，则有吕后、王陵母、李夫人、王昭君、班婕妤、赵飞燕等。

1. 项羽和刘邦

上述秦汉人物故事中，流传最广、最深入人心的即是刘邦和项羽的故事。以楚汉战争为题材的日本历史文学作品，最有代表性的在古代有吉田三郎兵卫创作的历史小说《通俗汉楚军谈》（和刻本全20册，1685年），近现代则有长与善郎的历史剧《项羽和刘邦》（1916）、海音寺潮五郎的短篇小说集《中国英杰传》（文艺春秋，1978年）、司马辽太郎的长篇小说《项羽与刘邦》（初名《汉风楚雨》）、塚本青史（1949—　）的小说《项羽》（集英社2000年版）、宫城谷昌光（1945—　）的小说《楚汉名臣列传》（《文艺春秋》，2010年）等。其中影响最大的是司马辽太郎的长篇小说《项羽与刘邦》。

司马辽太郎（1923—1996），原名福田定一，因推崇司马迁《史记》而取此笔名。《项羽与刘邦》写于1977年，初名《汉风楚雨》，在日本销量高达230多万册。司马辽太郎在《史记》和《汉书》的基础上，重构了两千多年前楚汉争霸的历史风云，体现出较前人更为高明的史识。他对原著极为重视，常常直接引用《史》、《汉》原文来叙述事件，有学者曾就将此书对照《史》、《汉》有关刘邦、项羽的记载，发现"全权忠实于史书的原著情节"。司马辽太郎在写作中时时、处处表现出一种尊重历史、以事实为依据的"唯物主义的史观"，即超脱伦理道德的评价，从政治结构、文化性格、思想史等专业技术角度，生动细致地再现楚汉战争波澜壮阔的历史画面。《史记》、《汉书》中有关楚汉战争的记载仅有数万字，但却被他改编、演绎成为一部五十余万字的长篇小说，"从文学和文化的角度出发，在严格尊重历史史实的基础上，对历史的发展演变作出深刻的剖析，并形成自己独到的见解"，这种历史观点以其独创性与新颖性而被世人誉为"司马史观"。比起前文所提及的古代日本以《史记》、《汉书》为题材的"军记物语"和现当代许多同类作品，司马辽太郎对于中国历史文化的理解显然是更为深入的。无怪乎有人认为，与其说《项羽和刘邦》是一部小说，不如说它是一部用现代观点重新阐释《史记》、《汉书》的史书。①

2. 汉武帝

汉武帝及其同时代的人物、故事，亦是日本的中国史研究者和作家笔下经常出现的主题。有"汉学泰斗"之称的日本东方学学会长吉川幸次郎（1904—1980）的专著《汉武帝》（岩波书店1949年版，中文译本三秦出版社2013年版），以汉武帝为主线，围绕武帝时期的重大历史事件，展现了汉武帝及其身边的皇室家眷、大臣们的面貌，是一部史料价值很高的通俗历史读本。冈本好古的《汉武帝》（PHP文库2002年版），亦是以汉武帝生平史事为题材的长篇小说。

福岛吉彦（1935—　）是在中国古典文学和历史学方面颇有建树的日本学者，他的著作《汉武帝：雄才大略的封建帝王》（集英社1987年版），是集英社推出的以知识性、通俗性为主的历史读物系列"中国英杰传"（《中国の英傑》）之一。全书分七章叙述了汉武帝刘彻从"幸运的太子"到"晚年的悲剧"的一生，并在篇末附录"汉武帝年谱"。在史料方面，作者遗憾地指出《汉书·武帝纪》只记载了当时的政治和行政事务，而《史记·孝武本纪》又已散佚，因此无法更多了解武帝的性格、心理，但又同时也意识到，"我们不能奢望二千多年前的史籍会像现代那样细致地描写人物心理"。②该书出版后，被选入三秦出版社"风云人物丛书"，译介到中国，编者称福岛的著作"以史实为依据，采撷传说故事，文笔流畅，形象生动"，"叙事析疑不乏灼

① 王志宇：《试论司马辽太郎的历史观》，东北师范大学2008年硕士学位论文，第10页。
② ［日］福岛吉彦著，韩昇译：《汉武帝：雄才大略的封建帝王》，"后记"，三秦出版社1988年版，第159—160页。

见"，是"值得一读"的佳作。

精研中国历史和文化的作家伴野朗（1936—2004），在其小说集《明镜古事·中国人物列传》（亦作《中国历史人物小说集》，讲谈社 1993 年版）中，所写的第一个人物也是汉武帝，题目为《汉武帝——雄才大略丝绸之路之盟主》。此后伴野朗出版了小说《太阳王·武帝》（讲谈社 1997 年版），这是在他参观汉武帝茂陵之后产生灵感所创作的。整部小说以《史记》、《汉书》为基本依据，基本没有虚构的人物，在塑造汉武帝形象的同时，还刻画出一系列汉武帝时代著名的历史人物，如骠骑将军霍去病、出使西域的张骞，出使匈奴的苏武，以及李陵、李广利、司马迁等人的群像。同时，作者引用班固在《汉书·司马迁传赞》中对《史记》的批评，认为班固无论在学术思想和史书编撰上都是"一位过分严格的人"，相较《汉书》，《史记》无疑更有意思，其中的"游侠列传"和"货殖列传"格外出色，是"其他史书难以逾越的高峰，活画出栩栩如生的人间众生像"。①

3. 李陵、苏武和司马迁

李陵、苏武与司马迁也是日本文学史上反复出现的历史人物。除前文所述古代日本史传文学作品外，现当代最具代表性的当属中岛敦的中篇小说《李陵》和武田泰淳的《司马迁评传》。此外，有关李陵和苏武的故事，还有伴野朗的小说《雁书——苏武》（收入伴野朗短篇集《中国反骨列传》，集英社 1997 年版），以及富谷至的专著《戈壁中英气勃发的大丈夫：李陵和苏武》（白帝社 1994 年版）等。

出身于汉学世家的中岛敦（1909—1942），自幼通读"左国史汉"，具有深厚的汉学修养。由于英年早逝，中篇小说《李陵》作为他的遗作，自面世以来，即以作者对于《史记》、《汉书》的深入解读，对人物命运的独到把握，和简洁遒劲的文风而备受好评。小说主要取材于《史记》、《汉书》，描述了三位主人公——李陵、苏武和司马迁的人生际遇，但却不是对史料的简单再现，而是按照作者的创作意图经过再创造。真实历史中的李陵、司马迁和苏武从未出现在同一场合中，但在小说里作者却让他们同时登场，直面不同的境遇，展现他们各自所做出的不同的人生选择。具体而言，苏武是一个

---

① ［日］伴野朗著，张哲译：《太阳王·汉武帝》，长江文艺出版社 2001 年版，第 196—197 页。

追求自我理想、与命运抗争的义士，他怀着"对汉朝清冽而纯洁的忠诚"，其言行与内心追求的理想、正义的规范，是一以贯之的。虽然在肉体和精神上上忍受着常人难以想象的折磨和孤独，但他的内心却有着崇高的理想作后盾。与之相反，李陵既不能作为汉朝的义士；也无法成为单于的勇士，因此作者对苏武的心理刻画正好从反面折射出李陵内心所缺少的一面。对李陵来说，苏武的存在是"崇高的训诫，恍惚不安的噩梦"，不断加剧他"对自我存在的怀疑"。

与李陵形成对照的另一位形象是司马迁。基于对史家由衷的崇敬之情，作者深入发掘了司马迁的精神世界，他详细描述了司马迁内心所经历的挣扎——突如其来的灾难几乎摧毁了他活下去的勇气。遭受宫刑后的他痛定思痛，反省自己遭难的原因，结果只能默默地承受这种"疾风暴雨，晴天霹雳的天灾"。于是他选择了另一种自我救赎的方式——发愤著书，用鲜活的笔触赋予那些沉寂在历史长河中的人物以灵魂，重塑他们的生命。当一个个的历史人物重获生机，鲜活地在历史的舞台上活动着，史家被摧残的生命力也重新获得了再生的可能。诚如有学者的评论，"小说《李陵》选自《汉书》，但它并非是对资料的简单整理，而是按照作者的创作意图，将实有的素材化为作品的血肉，由作品的各个细节承担主题；反之，浓淡相宜的主题又铸造了作品细节。也即中岛文学是从《汉书》的一般性记述中，选择最适合自己创作意图的人物和事件，经过再创造挖掘《汉书》中典型人物的生和死，勘探人类存在本质的哲学思考"①。

诚如有学者所归纳的，以中岛敦为代表的日本作家创作历史小说创作的方法和特点是"借鉴中国典籍、史料中的事件、情节，挖掘深埋在历史深处的中国人的人格、精神风貌，以便揭示人物的命运"②，但其中不可避免地带有作家身处的时代背景、个人的思想感情以及日本民族文化的独有色彩。以司马迁的形象为例，班氏父子继承《史记》的巨大成就撰成《汉书》，他们盛赞司马迁的"良史之材"，"服其善序事理，辨而不华，质而不俚，其文直，其事核，不虚美，不隐恶"的"实录"精神（《汉书·司马迁赞》）。班固在

① 姜天喜：《中岛敦文学的命运意识——试析中岛敦的集大成作品〈李陵〉》，《国外理论动态》2008 年第 10 期。

② 王新新：《谫论中岛敦对中国题材的撷取和演绎》，《社会科学战线》1999 年第 1 期。

《汉书·叙传》中，怀着"惺惺相惜"的崇敬与悲悯，说明自己为司马迁立传的宗旨曰："乌呼史迁，薰胥以刑！幽而发愤，乃思乃精，错综群言，古今是经，勒成一家，大略孔明。"是以他在《李陵传》中详述李陵兵败被俘始末，以及司马迁以公正无私之心为其辩白却无辜受刑的遭遇；在《司马迁传》中以《太史公自序》详述司马迁生平史事，在《报任安书》中代司马迁传达出"已著此书，藏之名山，传之其人，通邑大都，则仆偿前辱之责，虽万被戮，岂有悔哉"的大无畏之声，显示出一种不屈抗争、视死如归的崇高与悲壮之美。然而，中岛敦却认为司马迁当初发愤著书是出于对命运的抗争，但完成《史记》之后的司马迁并未因此而获得新生，他内心深处"屈辱的记忆"并没有得到治愈，他对命运的抗争也没有因为《史记》的完成而获得成功，"就好像附体的神灵离去之后的巫者一样，身体和内心一下子变得空空荡荡"。[1]

与中岛敦所塑造的忍辱负重地走向人生终点的司马迁相似，武田泰淳的《司马迁评传》也突出了他作为一个"活着受辱的男人"，"明明委屈至极，遗憾至极，悲惨至极，进退维谷……日夜抑郁寡欢，但却活了下来"的境遇。这些作者基于自身经验以及一系列作品所呈现的"羞耻感"的内容，以及从"负面"出发而企图克服羞耻感的动机，所体现的正是日本民族独有的"耻感文化"。[2] 联系作者身处的时代背景，武田泰淳和中岛敦均是在日本进入帝国主义阶段成长起来的知识分子，他们都具有良好的汉文化修养，却又因身处日本军国主义侵略、扩张的时代背景下，而无法主宰自身的命运。武田泰淳曾作为军人参加过侵华战争，中岛敦亦在中国生活过。因此他们笔下的李陵和司马迁，与《史记》、《汉书》中所传达出的悲剧英雄的崇高、壮美色彩及西汉人物奔扬、驰骛的精神风貌，有着本质区别。对于同一段历史和人物故事的不同解读，体现出中日文化的迥异特色与价值追求，值得中国学者认真研究、总结。

4. 张骞和班超

张骞是中国历史上家喻户晓的英雄，其事迹见于《汉书》的《张骞传》、《匈奴传》和《西域传》。张骞通西域自古以来就是中国史书和文学作品中受

---

[1] ［日］中岛敦著，韩冰、孙志勇译：《山月记》，中华书局2013年版。
[2] 引自黄翠娥：《武田泰淳〈司马迁〉论：日本文化探讨》，《中外文学》2005年第11期。

欢迎的主题，在日本也不例外。陈舜臣是在日本作家中以中国历史题材创作小说的先行者，基于西域在中国历史上的重要战略地位，陈舜臣也将注意力集中在这个领域，写下了大量的散文、游记和小说。陈舜臣极其崇敬张骞，将其与马其顿国王亚历山大并称为"丝绸之路上最早最重要的两个人"。小说《张骞》取材于《史记·大宛列传》和《汉书·张骞传》，虽与真实历史中的张骞形象不甚符合，却从文学化和人性化的角度，丰富了这一人物的内心和性格："日本作家对我国历史的特殊解读，不但丰富了历史小说创作的领域，也给我们提供了思考历史的新方向。"[①]

此外，班氏家族的另一位重要成员——班超的故事也在日本历史上广为流传，有多部文史著作描写其建功西域的英雄传奇，如历史学家贝塚茂树（1904—1987）的《中国英雄传·班超》等，作家田中芳树（1952— ）的小说《中国武将列传·班超》（中译本，时代文艺出版社 2002 年版），均取材于《后汉书·班超传》。井上靖（1907—1991）被日本评论家誉为"置座于文坛顶峰的大师"，他自称"在学生时代，曾经有一个时期被匈奴给迷住了。……我读了《史记》、《汉书》、《后汉书》中出现的有关匈奴的记述之后，的确对匈奴这个古代亚洲北方的游牧民族的思想和生活发生了近似于共鸣的关心和兴趣"，由此对西域史产生了一种执着的追求与憧憬，创作了一系列西域历史题材的作品。井上靖的短篇小说《异域之人》（被编入《井上靖西域小说选》，新疆人民出版社 1984 年版），依据《后汉书》所载班超史实展开，描写了班超征战西域的事迹，基本按照史书改写，被誉为"后汉人班超的传记"。

在伴野朗的小说《大远征》（集英社 1990 年版）中，班超被塑造成为一个充满热情与活力、勇于开拓的英雄人物。小说围绕班超出使西域、担任西域都护，在西域各地施展文韬武略，使西域各国归附汉朝而展开，作者一面将班超塑造成一位汉民族的征服者，一面将他作为汉民族与西域各民族的友好使者来描写，较为准确地把握了班超的历史定位和功绩。尤其值得一提的是，在伴野朗的小说中，班氏家族的重要成员悉数登场，作者刻意描写了班超不凡的出身及赋予其良好教养的家庭：在这个家族中，有矢志不渝、续写

---

① 钟响：《"张骞"形象在日本历史小说中的新视角——以陈舜臣〈张骞〉为例》，《湖北函授大学学报》2016 年第 24 期。

《史记》的父亲班彪，有继承父亲事业撰修《汉书》、并最终因文笔之祸被诛杀的哥哥班固，有才貌双全的文学家妹妹班昭。为了突出中日两国源远流长的友好往来，作者还虚构了一位名叫倭麻吕的日本人（笔者注：此名可能来源于中日交流史上著名的"遣唐使"阿倍仲麻吕），而班超则成为这位日本人的汉语老师。作者通过这一虚构的情节和人物，将一水之隔的岛国日本，与中国广袤的内陆和西域联系起来，充分展现了汉帝国的文化吸引力与大国气度，也强化了小说中民族交流与融合的主题。该书与太佐顺的小说《后汉勇将班超：西域攻略》（东京 PHP 研究所 2004 年版）并列，被视为日本当代文学中班超故事的"双璧"。

诚如日本著名评论家谷泽永一所言："一流的中国史书本身，就代表了日本广义的文学概念……以'左国史汉'为代表的史书，长久以来，成为日本人总结人生哲学的源泉，引以为鉴。其影响之深，范围之广，无法估量。"①《史记》、《汉书》等中国史籍在日本广泛传播，对于促进两国之间的文化、学术交流无疑是具有重大意义的。值得重视的是，日本学术界、文化界以其独有的价值观和审美旨趣，在改造、加工中国史籍的基础上形成了独具特色的历史文学作品，使其成为既富知识性、又富趣味性的畅销读物，使读者通过这些作品了解中国的历史文化，从而产生出积极的社会效应。

二、《汉书》在日本的研究情况

日本的秦汉史研究向为学界所推重，其中有不少专注于《汉书》的研究者。20 世纪以来，在数量众多的日本秦汉史研究成果之中，《汉书》研究的进展大体分为以下四个方面。

（一）班固生平著述和《汉书》编撰成就研究

1. 关于班固生平事迹和班氏家族史的研究

田村实造的论文《班家诸人》（《龙谷史坛》1974 年第 68、69 合并号），对班氏家族的历史及主要成员的生平史事进行了考察。早稻田大学教授福井重雅（1935—?）对班氏家族和《汉书》有深入的研究。他译注的《中国古

---

① ［日］谷泽永一：《透过历史上的典型探讨威望的奥秘》，引自司马辽太郎：《项羽与刘邦》，南海出版社 2006 年版，第 367 页。

代的历史家：司马迁·班固·范晔·陈寿列传》（东京早稻田大学出版部2006年版），取材于《后汉书·班固传》，对班固的生平进行了介绍。在他的另一篇论文《班彪〈后传〉浅议》（盐入良道先生追悼论文集刊行会编：《天台思想和东亚文化的研究》，山喜房佛书林1991年版）中，则以班彪《史记后传》在《汉书》中的位置为切入点，认为作为《史记》的后传，班彪的撰述是一部完整的作品。后世之所以认为班固剽窃其父的成果，是因为班固将《后传》视为从属于《史记》的编纂物，而《汉书》则是独立于《史记》的创造物，二者最大的不同在于《史记》为通史，而《汉书》的历史叙述形式是断代史。

此外，福井重雅还发表了多篇论文探讨班固的学术思想。在论文《班固的思想——续论》（《史摘》21，1999）一文中，他认为班固支持《春秋左氏传》和纬书，这种思想信条在《汉书》中也有所反映。而田中麻纱已的论文《关于〈汉书〉的"春秋之义"》（《东方学》88，1994），则认为《汉书》中的"春秋之义"大体依据的是公羊学说的意义和内容。

2. 对《汉书》编撰、传播及史学成就的研究

重浑俊郎的《班固的史学》（《东洋文化问题》1949年第1号），是较早对班固著史特色与成就进行探讨的一篇论文，惜因年代久远、无从查考。柏森山岩的论文《班固及其〈汉书〉》，对班氏一门三人编撰《汉书》的情况，以及《汉书》的体例、内容和叙事特色进行了简要介绍。作者认为《汉书》为纪传体断代史的典范，其文章受辞赋影响，注重整齐铺张，讲究藻饰华丽，渐开魏晋六朝骈文的先河，读之令人感到文辞渊雅，叙事详赡。[①] 稻叶一郎《〈汉书〉的创作过程》，在与《史记》进行对比研究的同时，作者对班固的历史观、《汉书》的编撰特色、成书过程和史家慎重的史料批判方法等进行了探讨。作者考察了班氏父子在维护汉室统治的立场之下对于历史的叙述，认为班氏与司马氏父子立场之不同，正在于班氏家族与刘汉皇室之间是一种姻戚关系。[②] 塚本刚的论文《围绕班固的"国史改作"和〈汉书〉成书的问题》，认为构成《汉书》框架的学说与汉代公认的正统观相一致，班固是将刘

---

① ［日］柏森山岩：《班固及其〈汉书〉》，《图书与情报》1984年第4期。
② 引自［日］藤田胜久著，孙文阁译：《近年来日本的〈史记〉研究》，《古籍整理研究学刊》1995年第5期。

歆《汉书》重新编辑为以汉为正统的史书。①

小林春树发表了多篇论文，探讨《汉书》的编撰目的和政治倾向。在《〈汉书〉帝纪的著述目的》（《东洋研究》176，2010）一文中，小林批评了板野长八关于汉王朝为了建立神话而著述的观点，主张《汉书》具有东汉王朝建立前史的性质。小林关注《汉书》的"正统史观"问题，他以《汉书》和《三国志》做比较，认为班固为了维护汉代的正统性，拼命强调汉是一个永不衰落的神圣王朝，但陈寿经历过汉代的衰落，他知道魏也好，蜀、吴也好，必定与汉一样，有兴就有衰，不可能不朽（《三国时代的正统理论》，《东洋研究》139，2001）。在《〈汉书〉的正统观、汉王朝观》（《东洋研究》，2011）一文中，他进一步批评了板野长八关于《汉书》是西汉王朝颂歌的说法，认为它是揭示西汉灭亡必然性、表明东汉正统性的著作。在另一篇论文《班彪和班固的汉王朝观及诸帝观》（三国志学会编：《林田慎之助博士伞寿纪念三国志论集》，汲古书院，2012）中，他再次强调《汉书》的编撰目的是证明东汉政权和光武帝的正统性。

中西大辅从历史编纂学的角度，对于《史记》、《汉书》的成书过程进行了探讨。他的论文《关于〈史记〉的私撰说、官撰说》（《国学院杂志》108—3，2007），论证《史记》是司马迁的"私撰"之书。《关于西汉后期至东汉史书编纂事情的变化》（《学习院史学》45，2007）一文，以《汉书》编纂为例，说明东汉明帝时期史书的私撰受到了限制。他的另一篇论文《新末—东汉初期的〈史记〉及其续补者》（《学习院史学》47，2009），指出《史记》的续补者多为三辅出身的古文派人士，他们利用班家的赐书完成了续补工作，这使班固的《汉书》成为集大成者。柴田昇的《〈汉书〉初探》（《〈汉书〉及其周边》，昆仑书房，2008），从班彪《略论》等分析班氏父子对《汉书》的构想，关注其通史性质，比较了将刘邦作为唐尧后裔的《汉书》与《史记》之汉王朝观的不同。

此外，石冈浩的论文《关于宋版〈汉书〉文字的异同》（《中国古代的历史家们》，2006），就宋版《汉书》的文字异同进行了校勘。另一篇论文《北宋景祐刊〈汉书〉覆刻本概观》《亚洲文化研究所研究年报》，2011）认真检

---

① 引自杨振红：《2013 年日本的战国秦汉史研究》，《中国史研究动态》2015 年第 3 期。

查了版本所见文字增加的痕迹，探索了文本复原方法。长谷川清贵的论文《荀悦〈汉纪〉的"春秋之笔法"》（《国学院杂志》110—10，2009），比较了《汉书》和《汉纪》在昌邑王废位一事上的记述异同。柿沼阳平的论文《围绕〈汉书〉的读书行为与读者共同体》（《帝京史学》29，2014），则全面搜集了颜师古注之前的注释，指出在内容方面人们对《汉书》的评价比《史记》更高，但很难读，当时流行在地方私学解读，为此各地都出现了《汉书》读书班。此为目前仅见的研究《汉书》早期传播的专论。

3. 关于班固的文学作品及成就的研究

在一些日本学者出版的中国古代文学研究专著中，涉及对班固诗赋的介绍。古城贞吉（1866—1949）的专著《支那文学史》（又名《中国五千年文学史》，1897），是日本学术史上的第一部文学史。在第三篇"汉代的文学"第五章"叙事体文"中，他从正史和传记两方面，介绍了司马迁、班固、韩婴、刘向等人的著述及成就。"京都支那学"开创者狩野直喜（1868—1947）的专著《两汉学术考》（岩波书店1964年版），分三个部分："两汉学术考"、"两汉文学考"和《汉书补注补》，对王先谦《汉书补注》进行了补正。铃木虎雄（1878—1963）被誉为日本近代"中国文学研究的第一人"，其著作《支那诗论史》（弘文堂书房1925年版）第一篇"周汉诸家诗的思想"第七章"汉代"部分，对贾谊、扬雄、班固和"三家诗"进行了介绍。铃木的另一部专著《赋史大要》（日文版富山房1936年版，中文版正中书局1942年版、山西人民出版社2015年版）第三篇"辞赋"，介绍了枚乘、司马迁、班固、扬雄、王褒等赋家的作品。

吉川幸次郎的《论班固的咏史诗》（陈鸿森译，《中外文学月刊》1984年第6期），与大多数中国学者的观点不同，认为班固《咏史》诗并非只有吟诵孝女缇萦上书救父的一首，而是包括歌咏延陵季子、秋胡妻、霍去病等其他历史人物的多篇作品，《咏史》实际是若干首连作的五言组诗。作者不同意大多数中国古代文学史研究者将五言诗的成熟期认作东汉末期，而是认为班固生活的时代——东汉前期即已成熟，是以他提出班固实为咏史诗之祖。对于这个问题，中国历代学者亦进行了充分而深入的研究，普遍认定班固《咏史》诗应只有咏缇萦一首。

笔者以为，吉川将班固视为咏史诗之祖的观点与中国学者相同，但他将

《咏史》视为东汉文人五言诗已经成熟的标志，则缺乏说服力。笔者亦曾对班固《咏史》一诗进行过专门分析。从创作特征上讲，全诗以叙事为主，细致描述了缇萦救父的过程，"不过美其事而咏叹之，具括本传，不加藻饰"；末二句转为感慨，赞美汉文帝的仁德，赞扬缇萦之孝行远胜须眉男儿，意含劝讽，收束全篇。此实为一种韵体的史传叙述，歌咏的主体情感并不突出，抒情色彩相对后世此类题材的诗作而言也显得薄弱，且末句说教色彩较浓，与史传前叙后议的叙事模式颇为相似，是以钟嵘《诗品》中批评该诗"质木无文"，是有道理的。虽然吉川的观点由于缺乏足够的证据没有得到中国学界的认同，但作为一名日本学者，对于中国古代史家的作品有如此深入、细致的解析，仍是难能可贵的。

（二）《汉书》专题研究

对《汉书》的专题研究，主要集中在对《汉书》"十志"、"八表"和《匈奴传》、《西域传》等"民族传"等篇章的研究。据笔者的不完全统计，关于《汉书》的"志"、"表"大多出版了专门的译注与研究成果，具体包括：加藤繁《史记平准书、汉书食货志译注》（东京岩波书店 1942 年版）；内田智雄译注《汉书刑法志》（京都燕京同志社东方文化讲座委员会 1958 年版）；铃木由次郎译注《汉书艺文志》（明德出版社 1968 年版）；黑羽英男《汉书食货志志译注》（东京明治书院 1980 年版）；狩野直祯、西胁常记译注《汉书郊祀志》（东京平凡社 1987 年版）；永田英正、梅原郁译注《汉书食货·地理·沟洫志》（东京平凡社 1988 年版）；等等。

1. 《律历志》研究

饭岛忠夫（1874—1954）的代表作《支那历法起源考》（复州古旧书店 1986 年版），共有十八章。其中第六章"《史记》的历书和《汉书》的律历志"、第七章"汉代所传的古历"，涉及《汉书》的《律历志》、《五行志》和《天文志》的研究。作者将《汉书》所载春秋时代的 29 次日食和西汉的 53 次日食，与当时的朔日进行了对照，旨在用现代天文学知识对古代天文学进行分析和批判，以此判定中国古史记载的真实性。此外，还有能田忠亮、数内清合著的《汉书律历志的研究》（京都临川书店 1979 年版）。

2. 《刑法志》研究

针对同文书院教授成宫嘉造的论文《汉书刑法志の法思想 1—3》（《东海

大学论丛》15—17 号，1968），日原利国曾撰写评论（《法制史回顾》，1968）。《汉书·刑法志》的一项重要内容，是汉文帝十三年废除肉刑以及因之推动的刑制改革。滨口重国《汉代的笞刑》（《东洋学报》24—2，1936）和赖川敬也《秦汉时代的肉刑和劳役刑》（《中国出土资料研究》7，2003）两篇论文对此有专门论述。东京大学教授滋贺秀三（1921—2008）是著名中国法律史研究专家，编著、出版了《中国法制史——基本资料の研究》（东京大学出版会 1993 年版）和《中国家族法原理》（法律出版社 2003 年版）等重要文献、专著。他的论文《前汉文帝的刑制改革》（《东方学》79，1990）和《西汉文帝的刑法改革和曹魏新律十八篇篇目考》（刘俊文主编：《日本学者研究中国史论著选译》第 8 卷，中华书局 1992 年版），对《汉书·刑法志》记载汉文帝刑制改革的脱漏部分进行了补充。奥村郁三对此撰写了评论。① 石冈浩的论文《北宋景祐刊〈汉书·刑法志〉第十四叶的复原》（《东方学》111，2006），还考证出《汉书·刑法志》所载文帝十三年刑法改革诏书中的错误。此外，广漱薰雄的著作《秦汉律令研究》（汲古书院出版社 2010 年版），其中第二部《秦汉律令の研究》第 6 章《汉代の故事》，亦涉及《汉书·刑法志》的研究。

3. 《食货志》研究

历代正史《食货志》，是进行中国古代经济史研究的基础文献。1923 年，冈崎文夫发表论文《汉书·食货志》（《支那学》3—1，1923）。此后，加藤繁（1880—1946）与和田清（1890—1963）先后完成了《史记·平准书》《汉书食货志》以及《旧唐书》、《旧五代史》的《食货志》译注工作，在此基础上，加藤繁出版了专著《支那经济史考证》（《东洋文库论丛》，1952），其中上册包括自上古到唐五代的田地制度和金融货币的研究。

4. 《五行志》和《郊祀志》研究

20 世纪 80—90 年代，日本学者对于《汉书·五行志》的研究，有多贺浪砂、阪本具、高木理久夫、釜田启市等人的论文，惜未见到原作，仅将篇

---

① ［日］奥村郁三：《书评：滋贺秀三著〈前汉文帝の刑制改革をめぐって—汉书刑法志脱文の疑い〉》，《东方学》79，2009。

目列于此①。新世纪以来，致力于黄河水害史研究的滨川荣发表论文《五行志与沟洫志》（《东方学》110，2005），通过《汉书》中有关河灾的记载，探讨了东汉明帝时期大规模治理黄河的活动。小林春树的论文《〈汉书·五行志〉的述作目的》（《福井论集》，2007），则认为班固的意图是在于用灾异思想证明西汉的灭亡是运命使然。

《汉书·郊祀志》的研究成果，目前所见有目黑杏子的数篇论文。她根据《史记·封禅书》和《汉书·郊祀志》，对秦汉时期的国家祭祀进行了系统研究。在《前汉武帝时期郊祀体制的形成》（《史林》86—6，2003）一文中，目黑杏子指出置于甘泉泰之顶的"太一"是前汉郊祀体制的明显特征。在《汉代国家祭祀制度研究的现状与课题》（《中国史学》15，2004）一文中，她从社会史视角，认为弄清维持并使国家祭祀发挥作用的社会共有观念是很有必要的。在《西汉武帝的封禅》（《东洋史研究》69—4，2011）一文中，她阐述了文帝时开始规划封禅，而武帝封禅是完成汉制和汉代皇帝建立的天下一元体制的形象化。在《西汉武帝的巡幸》（《史林》94—4，2011）一文中，目黑还指出，武帝时巡幸东西方是通过举行体现东西统一的祭祀仪式来展示"功德"。在《西汉时期上帝、山川祭祀的体系与发展》（《日本秦汉史研究》14，2014）一文中，她认为在秦及汉初，各种祭祀的排序是在二分为关中、关外的世界观下构建起来的，但宣帝以后开始引入了中岳中心的新世界观。据此作者提出，在这一过程中，儒学未必起着主导作用。

5. 《地理志》和《沟洫志》研究

1932年，藤田丰八出版论文集《东西交涉史的研究——南海篇》（中文版题名《中国南海古代交通丛考》，商务印书馆1936年版、山西人民出版社2015年版），从世界史角度探讨中国史和南海史。他通过研究《汉书·地理志》有关粤地的记载，认为秦国统一中原是依靠了由南海而来的大量资源。而在统一中原以后，秦人的势力到达了现在的印度支那半岛，与南海的贸易也发展起来。从汉代和南方的交流情况可以看出，当时中国进口的产品多是

---

① ［日］多贺浪砂：《干宝〈搜神记〉与〈汉书〉·〈晋书〉五行志》，《九州中国学会报》第23卷，1981年；［日］版本具：《〈汉书〉五行志的灾异说：董仲舒说与刘向说的资料分析》，《日本中国学会报》第40集，1988年；［日］高木理久夫：《正史五行志の基础的研究》，《早稻田大学大学院文学研究科纪要别册》第17集（哲学·史学编），1991年；［日］釜田启市：《〈汉书·五行志〉灾异理论の再检讨》，《中国研究集刊》寒号，1996年。

奢侈品，可见贸易的繁荣情况。此外，还有五井直弘的论文《汉书·地理志的一点考察》（《中国古代史研究》，1960）、日比野丈夫的论文《关于汉书地理志的秦郡》（《东方学报》京都36，1964）等。

《汉书·沟洫志》的研究成果，目前所见，有今村城太郎的论文《汉书沟洫志考古代中国的黄河对策及有关问题》（《日本大学文理学部人文科学研究所研究纪要》9，1967）。

6. 《汉书》"八表"研究

主要包括《汉书》的《诸侯王表》、《百官公卿表》等。仲山茂的论文《〈汉书〉与列侯有关诸表所见地名注释的特点》（《〈汉书〉及其周边》，2008），探讨了侯表的地名注释和地理志记载的矛盾。作者认为注释中的郡名指侯国国除时所属郡，而侯表的注释，是被废绝的侯国重新绍封或重新设置时为了方便而采用的实际记录。秋川光彦的论文《试论〈汉书〉诸侯王表的构成》（《鸭台史学》8，2008），认为编撰者将这样实用的信息采用统一的形态、夸张的顺序收录在《汉书》中的意图，是希望可以将其与《史记》诸表的关系联系起来进行比较。此外，有学者参与了《百官公卿表》的译注工作（《汉书百官公卿表译注稿（三、四、五）》，《大阪产业大学论集》人文社会科学篇14、15、16篇，2012）。

7. 《匈奴传》和《西域传》研究

1900年，"东洋史学"的开拓者白鸟库吉发表《匈奴、东胡语言考》；1902年发表《乌孙考》（《史学杂志》11期12卷）和《戎狄对汉民族的影响》（《东洋哲学》8卷1号）；此后又发表一系列论文，对《汉书·西域传》所述大宛、粟特、康居等国的位置和疆域提出了与西方汉学界不同的见解。[①]这些成果最终汇聚于他的专著《西域史研究》（上下卷，岩波书店1941年、1944年版）之中，开拓了西域史研究的新领域，提升了日本汉学的整体水平。关于古代西域月支和乌孙的考证，藤田丰八先后发表论文《大宛的贵山城和月支的王庭》（《东洋学报》6—2，1916）和《西域研究月支和乌孙的故地》（《史学杂志》38—4，1927）。1918年，羽溪了缔发表论文《关于休屠王的金

---

① 1911—1919年，白鸟库吉先后在《东洋学报》上发表了《西域史上的新研究》、《康居考》、《大月氏考》、《大宛国考》、《罽宾国考》、《塞外民族考》、《粟特国考》、《条支国考》、《大秦传中所见的支那思想》、《大秦传中所见的西域地理》等论文。

人》(《史林》3—4，1918)，对《史记·匈奴列传》和《汉书·霍去病传》所载休屠王的金人进行了探讨，认为这既不是佛教造像，也不是匈奴神像，而是从西域传入的天神像："因为匈奴本为游牧人种，过着非常野蛮的生活，不可能会制作被当时有着最高文明的汉族人所珍视的美术品的能力。"1934年，松田寿男（1903—1983）发表论文《匈奴的僮仆都尉和西域三十六国》（《历史教育》9—5，1934），对于匈奴民族国家的形成及匈奴与西域的关系进行了探讨。1956年，松田寿男的博士论文《关于汉魏史书所传诸国的论证》出版（1956年），此书后更名为《古代天山历史地理学研究》于1970年再版（中译本由中央民族学院出版社1985年出版）。全著分五部分，对《汉书》、《魏书》及隋唐史籍中的天山诸国历史地理，进行了详细的考证。对于中西交通史上的一些传统问题，松田寿男提出了新的看法。如《汉书·西域传》中所说的"乌弋山离"究竟指什么地区，史家历史有争论。他认同西方学者将此视为"Alexandria"的音译，但白鸟库吉和藤田丰八对此有不同看法。此外，他还根据中国早期文献中"禺氏之玉"记载，研究了《汉书·张骞传》所载中原地区和西方的交往，提出"东西文化交流的早期说"。此外，通过考证从长安到皮山的路程，他认定《汉书·西域传》记载有误。这些有独创性的观点，丰富了日本学者对于汉代对外关系史和东西交通史的研究。

1983年，榎一雄介绍了《汉书·西域传》的编撰过程、古今学者的研究，以及西方学者对《西域传》的译介情况。作者将中国学者岑仲勉的《汉书西域传道里校释》与荷兰汉学家何四维（文中译名为呼斯威尔）《中国在中亚》的研究成果进行了比较、评述，认为"这两本书的出现，给《汉书·西域传》今后新的研究提供了出发点，是非常值得高兴的事"。但是，榎一雄不同意何四维有关《史记·大宛列传》原文已佚，现存文本是袭录《汉书·张骞李广利传》的说法，而是持相反意见，即《史记·大宛列传》中的内容被分作三个部分，分别录入了《汉书》的《张骞传》、《李广利传》和《西域传》。[1] 笔者以为此说有一定依据。《史记》成书在先，《汉书》的编撰没有理由不参考《史记》的相关内容。至于文字上的异同，很有可能是《史记》在

---

① ［荷］何四维著，［日］榎一雄译：《〈史记大宛传〉与〈汉书张骞李广利传〉的关系》，《东方学》卷64，1983年；［日］榎一雄著，袁林译：《〈汉书·西域传〉的研究——以呼斯威尔和岑仲勉两人最近成果为中心》，《西北史地》1983年第3期。

流传初期并未像《汉书》那样受到官方和学者的普遍推崇，以致部分文字亡佚，后人再根据《汉书》的相关内容予以补充完整，由此便出现了何四维所说的《汉书·张骞李广利传》袭录《史记·大宛列传》的情况。

（三）《汉书》人物研究

1. 董仲舒研究

日本学者对董仲舒的研究，滥觞于1941年平井正士发表的《关于董仲舒的贤良对策的年次》一文（《史潮》11—2，1941）。该文从《天人三策》第二策着手质疑，进而暗示此系班固捏造。这篇论文发表之初，因为观点过于奇特，没有得到日本学界的任何反应。直到1967年，福井重雅发表《儒教成立史上二三问题——有关五经博士设置和董仲舒事迹的疑义》（《史学杂志》76—1，1967），将平井的第二策怀疑论发展为第二策全盘否定论。通过对《史记》、《汉书》两部著作的史料批判，福井认定《史》、《汉》有关董仲舒事迹的记载与汉代设置五经博士的时间不一致，据此否定汉武帝时期因董仲舒献策而提出"儒教官学化"（即"独尊儒术"）一说的传统观点，进而否定整个西汉时期的"儒教国教化"。在此后发表的一系列论文中，福井对于董仲舒和汉代儒学史进行了更为深入的研究。在《六经、六艺和五经》（《中国史学》4，1994）一文中，通过对六经、六艺和五经等术语的确立和沿革进行专门探讨，福井认为前汉称"六经"、"六艺"，后汉称"五经"，此均为泛称，由此他认定《汉书》所记武帝建元元年设置"五经博士"一事为班固的假托附会。在《班固与董仲舒》（《中国——社会与文化》16，2001）一文中，他提出《汉书·董仲舒传》是班固刻意的创作，完全是"捏造"出来的，把董仲舒抬出来是为了将两汉之际的思想正统化、名分化，据此他提出应从对《汉书》的评价开始，很多问题都得重新考虑。在《董仲舒与法家思想》（《史摘》36，2014）一文中，他认为董仲舒是参与审理淮南王刘安案的法吏之一，并补充论证了自己此前提出的对武帝时期儒学已经体制化的质疑。上述成果汇集于其专著《汉代儒教史研究——对儒教官学化固有说法的再检讨》（汲古书院，2005）中，该著作第二篇《董仲舒研究》和第三篇《班固〈汉书〉研究》，再次重申不仅《天人三策》为班固捏造，甚至整个汉代的"儒学官学化"都系班固捏造之惊人论点。

福井的观点引发了日本学者的争议。其论文发表的当年，佐川修即发表论文《武帝的五经博士和董仲舒的天人三策——对福井重雅氏〈儒教成立史上的二三问题〉一文的质疑》（《集刊东洋学》，1967），对其观点提出商榷。近年来，深川真树的论文《董仲舒"贤良对策"的可信性》（《东洋学报》95—1，2013），亦不同意福井的观点，认为《汉书·董仲舒传》中的对策确为董仲舒本人所作。此外，亦有赞成者如小林春树。其论文《〈汉书·董仲舒传〉中的董仲舒形象》，认为在《汉书》中被描绘为儒教国家化功勋的董仲舒形象，与《史记》中的董仲舒形象可谓同工异曲。《汉书·董仲舒传》有目的地引用了《史记》中没有的长文，详述其思想，是因为班固认为成帝是"亡国之君"，对董仲舒形象的塑造是为了起到支撑《五行志》主张的作用。他的另一篇论文《〈汉书·五行志〉中董仲舒的作用》（《东洋研究》187，2013），亦持相同观点。

对于日本学者的"董仲舒否定论"，中国亦有响应者①，对此邓红曾撰文予以批判。通过分析日本学者论证中的"硬伤"和"软伤"，邓红提出，持"董仲舒否定论"的学者们的共同特点，就是带着先入为主之见，用"鸡蛋里找骨头似的方式"，从历史资料中找出一些有关董仲舒的史料性错误，拿来作为否定董仲舒、整个《天人三策》乃至儒教国教化的证据；然而，这种"根据推理的考证"决非慎重、科学的历史研究方法。究其原因，在于福井于其著作中曾要求学者们研究董仲舒时，必须在《史记》和《汉书》之间"两者择一"，并提供了选择方法：即《史记》和《汉书》一个是善，一个是恶，必然分出善恶，《史记》是"好的史书"（离董仲舒近），《汉书》是"恶的史书"（班固捏造）。由于五经博士的设置和董仲舒"天人三策"等史事，只在《汉书》中出现，没有在《史记》出现，是故他认定有关董仲舒的记载均系班固捏造。对此，邓红反驳曰："难道司马迁死后的历史书都不可信用吗？""不见《史记》的历史太多了，难道那些都不是事实吗？这是最基本的常识。……且不说《汉书》和《史记》的重复度大约只有1/3，那么其他的2/3

---

① 中国学者中持此论者有孙景坛，先后发表了一系列的论文，提出"天人三策为班固捏造"之说：《汉武帝"罢黜百家，独尊儒术"子虚乌有》，《南京社会科学》1993年第6期；《董仲舒非儒家论》，《江海学刊》1995年第4期；《再论董仲舒非儒家》，《当代中国改革与发展的思考》，河海大学出版社1999年版；《董仲舒的〈天人三策〉是班固的伪作》，《南京社会科学》2000年第10期；《班固董子观献疑》，《岭南学刊》2002年第1期；《汉史研究中的几个重要问题新探》，《南京社会科学》2005年第6期；等。

都是班固的捏造吗？"由此作者提出结论，"董仲舒否定论者"们从出发点和着眼点上就开始犯错误了。① 这一结论，对于反思中日学者的《史》、《汉》比较研究，是颇有启示意义的。

2. 霍光研究

富田健之先后发表了两篇论文：《大司马大将军霍光》（《人文社会科学》35—2，1994）和《前汉中期政治结构和"霍氏政权"》（《新潟史学》5，1995）。他以霍光执政时期的尚书制度为题，叙述了武帝之后的政治局势，认为尚书一职在武、昭时期尚未充分制度化、组织化，其作用机能尚趋于过渡性质。进一步，他强调了霍氏政权在强化尚书体制上的作用。

3. 王莽研究

日本的《汉书》人物研究，与中国情况相似，以王莽研究为最多。在专著方面，松丸道雄主编的《世界历史大系·中国史》第一册《史前—后汉》（株式会社1999年版），其中"新莽—后汉"部分由鹤间和幸撰写，此后还有东晋次的专著《王莽》（白帝社2000年版）。

在论文方面，好并隆司的论文《新朝的形成》（别府大学大学院《纪要》4，2002）从政治体制的变化过程中，探讨王莽执政和建立新王朝的过程。饭田祥子的《王莽的战争》（《名古屋大学东洋史研究报告》38，2010）一文，对王莽发动的大规模战争进行了详细分析，认为其目的是要逼迫汉臣对其政权的支持。小林春树的两篇论文《〈汉书·外戚传〉的构成》（《东洋研究》168，2008）和《〈汉书·元后传〉、〈王莽传〉的构成和述作目的》（《大东文化大东洋研究》172，2009），分别论述了《汉书》中与王莽相关的三篇列传的述作目的，旨在说明班固撰写《汉书》的意图是将光武帝和东汉王朝的统治正统化。

与中国学者相似，日本学者的王莽研究也大多围绕王莽所推行的改革措施及其施行结果。在王莽的政治改革方面，西嶋定生的著作《中国古代国家与东亚世界》（东京大学出版会1983年版）第一篇第二章《皇帝支配的成立》，认为"儒教国教化"出现在西汉末期，新莽政权以此为背景出现，并且完成了"儒教国教化"。此外，他十分重视谶纬和儒学相结合对王莽改制的影

① 邓红：《日本的董仲舒否定论之批判》，《衡水学院学报》2014年第2期。

响。吉野贤一的论文《论西汉末期三公制的形成》（九大《东洋史论集》33，2005），认为王莽时期的三公制改革，旨在模仿舜的禅让，从而代汉称帝。这一逆时代潮流之举，加速了西汉的灭亡。纸屋正和的论文《王莽时期的地方行政》（《福冈大学人文论丛》38—4，2007），认为王莽时期的官制改革虽然改变了地方长官的官名，但是郡县组织自身却没有变化，地方行政因中央政治的混乱而陷入职能不全的处境。

在新莽时期的经济改革方面，影山刚的论文《王莽关于酒的专卖制和六筦制》（《先秦、秦汉史》（报刊复印资料）1993 年第 4 期），对新莽时期施行的针对工商业和市场管理的经济改革——"五均六筦"制中的"六筦"制度的措施和施行，进行了专门论述。山田胜芳的《王莽时代货币史》（《东洋史论集〈东北大〉》6，1995），分析了《汉书·食货志》同《王莽传》记事的分歧，认为王莽的一系列货币政策核心在于黄金的国有化和铜钱的完全名义货币化，以求恢复货币经济和增加财政收入；与之相反，影山刚认为王莽的改革恰恰偏离了这一原则。藤川和俊的论文《吕母之乱和六筦制》（《青川史学》27，2009），也认为王莽统治时期爆发的吕母之乱，原因在于六筦制在运用中缺乏变通性。

渡边义浩对王莽进行了专门研究，发表了一系列论著。他的论文《王莽的革命与古文学》（《东洋研究》179，2011），论述了王莽如何利用今古文的儒学经典使其居摄和篡位正统化。《王莽的官制与统治政策》（《东洋研究》，2012）一文，讨论了王莽对于异姓大臣的分封。《王莽的经济政策和〈周礼〉》（《大东文化大学汉学会志》，2012）一文，认为王莽的六筦制是根据包含有国家介入经济思想的《周礼》而被正当化的。这些研究均汇集在他的专著《王莽——改革者的孤独》（大修馆书店 2012 年版）之中。作者论述了王莽改制的背景、过程以及对古代中国产生的影响，从《周礼》的角度来分析王莽托古改制，并从理念和现实的角度分析王莽托古改制的结局。

此外，尚有森鹿三发表的论文《居延出土的王莽简》（《东方学报》京都33，1963）；平势隆郎的论文《王莽时期有关木星位置学说的复原及其相关问题》（《日本秦汉史学会会报》5，2004），论述了在武帝、王莽以及东汉时期，王权正统观念对相关木星位置理论的影响；目黑杏子的论文《王莽"元始仪"的构造》（《洛北史学》8，2006）探讨了从以降神为主的"甘泉泰畴"，向王莽所创儒家郊祀"元始仪"转变的过程及其意义。

王莽的形象不只出现在史学论著中，也成为历史小说中的主人公。古代中国和日本对于王莽的评价，均以《汉书·王莽传》为依据，此种情况直到20世纪之后才发生变化。塚本青史的小说《王莽》（东京讲谈社2000年版），一反历史上王莽的负面形象，给予其正面的充分肯定，既否定了中国历史上对王莽的通行评价，也颠覆了古代日本史书中的王莽形象。在作者看来，王莽登基具有坚实的社会基础和民意支持，认为在历史上"几个著名的谋反者当中，受到庶民狂热支持的，以信念和理想治国并推出改革体制的人，只有王莽一人而已"，"王莽就任皇位，合乎民意。王莽的名字成为满足渴望的、实现梦寐以求之理想的代名词"。对于王莽改革，作者在总体持肯定态度，但也描写了其必然失败的命运。不难看出，作者受到了20世纪以来中国学术界为王莽翻案的思潮影响，对此笔者曾撰专文进行过分析。① 严肃、客观的文学创作，离不开对历史公正、全面、深刻的认识，否则，所谓的"翻案"、"颠覆"、"创新"之作，无非是歪曲、误读甚至哗众取宠而已。

4. 其他人物研究

关于《汉书》其他人物的研究，还有司马相如、谷永、翟方进、刘歆、扬雄等人。吉川幸次郎的专著《中国诗史》中，有《论司马相如》一文，对于司马相如其人、其文及其时代背景，进行了较为详尽而深入的论述。此外，还有小林春树的论文《〈汉书〉的谷永形象》（《东洋研究》167，2008）；田中良明的论文《翟方进之死》（《大东文化大学汉学会志》，2011）。佐川茧子的论文《刘歆〈世经〉中的王朝更替》（《国学院杂志》114—9），通过对刘歆思想的梳理，提出刘歆和王莽的关系值得关注。渡边义浩的论文《扬雄的"剧秦美新"与赋的正统化》（《大东文化大学汉学会志》52）则提出，"剧秦美新"作为赞美国家正统性的"文学"，赋予其权威，另一方面也反映儒教也被吸收到"文学"中。

（四）《史记》、《汉书》比较研究

"史汉比较"历来是中国史学研究的重要课题，在日本也不例外。早在20世纪30年代，冈崎文夫就发表了论文《司马迁和班固》（《史林》17—3，1932）；

---

① 杨倩如：《20世纪以来的王莽研究：综述及理论思考》，《中国史研究动态》2011年第1期。

1936 年，藤田至善发表了两篇《史》、《汉》比较的论文：《〈史记〉〈汉书〉的考察——汉代年号制定的时期》，《〈史记〉〈汉书〉货殖传》（《东洋史研究》2—2，1963）；此外，还有板野长八的论文《史记封禅书和汉书郊祀志》（《岩井博士古稀纪念典籍论集》，岩井博士古稀纪念事业会，1963 年）。近年来相关论著的数量逐年增加，除了研究班氏父子的写作背景对《汉书》编撰特色的影响外，多是将《史》、《汉》各篇中的相关部分进行比较研究。爱媛大学法文学部教授藤田胜久 1991 年在北京师范大学举办的第三届中国《史记》学术讨论会上，曾对日本的《史记》研究动向作了简单介绍，并发表论文《近年来日本的〈史记〉研究》（附《史记》研究文献目录稿·日本篇）。此后他又追加了《汉书》研究文献目录，完成了专著《史记汉书研究文献目录（日本篇）》（日本爱媛大学教育学部 1994 年版），使后来的研究者颇为受益。

总体而言，日本学界对《汉书》的研究涉及面相当广泛，得出了许多值得关注的成果。由于这些论著大多未被介绍进国内，且囿于语言限制，笔者只能将所收集到的论著目录附录于后，以供学界同人参考，期待日后进行更深入的研究（详见"附录"《20 世纪以来〈汉书〉古籍文献和研究论著目录索引》中的"班马异同论与史汉比较研究"部分）。

三、代表学者及成果

与欧美和东亚其他国家相比，20 世纪以来日本的《汉书》研究走在了前列。在研究机构方面，产生了像关西大学和东都大学等具有雄厚实力和专业队伍的研究机构。东都大学人文科学研究所设有日本、东方、西洋三部，其中尤以东方研究部的中国研究最为著名。所内藏有研究汉学的珍贵中国文献 41 万册，其中有些在中国国内也是很难找到的。该所在《汉书·律历志》的研究上远胜于日本其他大学，在世界上也居领先地位。在研究人员方面，出现了以内藤湖南、大庭修、冈村繁等人为代表的一批精通中国历史、文化的专家，取得了许多有价值的《汉书》研究成果，这些都有待于中国学者进一步研究、借鉴。

（一）内藤湖南的《汉书》研究

内藤湖南（1866—1934），原名内藤虎次郎，号湖南，生于秋田县鹿角市的儒学世家，东都大学东洋史系教授，被誉为日本的"中国史学史祖"。他倾一生精力编著的《支那史学史》（中译本名为《中国史学史》），对中国古代的史学著作和史家著史义例进行了较为详尽、全面的论述。[①] 书中第六章对班固和《汉书》进行了专门论述。内藤回顾了《汉书》成书的过程，认为《汉书》与《史记》虽同为家学开始编纂，但由于班固后来得到了皇命，《汉书》的性质变成了按照朝廷敕令所撰的著作；《汉书》成书经过了多人之手，但大体上都是依照班固所定方针写作的，因此仍可以认定是班固的著作。此外，内藤还从《史记》、《汉书》的优劣比较入手，回顾了历代史家如刘知幾、郑樵、方苞、章学诚、赵翼等人的相关评价，认为赵翼的《廿二史劄记》对于理解《汉书》的成就是非常重要的。

内藤认为《史记》是"空前绝后的作品"，而《汉书》"也为后代著史提供了典范"，这两部著作于"书籍部类中开创出一个史部，且在今日也堪称为中国文化的代表巨作"。这一评价是准确、客观的，但其中仍存在着强烈的"重史轻汉"倾向。出于对《史记》巨大成就的尊敬和对通史体例的推崇，内藤对司马迁予以极高评价，认为"自从《史记》问世以后，在中国几乎再没有出现超越其上的史书了"，评论《史记》"几乎与评论全部中国史书具有着同样的价值"。[②]

相对而言，内藤对《汉书》的论述和评价则显得不足。首先，以文本篇幅和所占全书的分量来说，他仅以不到论述《史记》四分之一的篇幅论述《汉书》，并明言班固的成就远不及司马迁。其次，以具体问题的分析来说，作者对《史记》基本都是褒扬，而对《汉书》则无一赞语，显得不够公允。例如，在记事的取舍方法与直书事实之间自然地流露善恶的做法，作者认为班固远不如司马迁，却无一例证，缺乏说服力。再如，在两书的篇章比较方面，他认为《汉书》"十志"出于《史记》"八书"，但二者的写作意义不同。虽然二者都记载了汉代的礼乐刑政，但《史记》"八书"并不写制定仪式、典礼方面的具体事情，因为那些在官府中是有记录的，而是重在写出这些制度典礼在实际中得以实行的精神背景，而《汉书》"十志"记载汉代制度时虽然追溯记入了汉以前的起源，但没能写出其中变迁的精神，以致成了类似罗列官府记录那样的体例。这样的评价，对于《汉书》"十志"的巨大成就，

---

① ［日］内藤湖南：《支那史学史》，东京弘文堂 1949 年版；后经中国学者马彪翻译，改名为《中国史学史》，上海古籍出版社 2008 年版。

② ［日］内藤湖南著，马彪译：《中国史学史》，上海古籍出版社 2008 年版，第 77—78 页。

显然有失公正、客观。

内藤对《史记》、《汉书》评价的强烈倾向性，除了受传统的"甲马乙班"思想的影响之外，深层原因可能在于其深受东都大学朴学之风的影响，强调学术与政治必须分离，且对于史书编纂的体例、思想有着严格的要求。在《中国史学史》中，内藤专辟一章，对《史记》、《汉书》以后史书的发展进行了阐述。在论述正史编纂法的变迁时，他认为史官职务由一家著述转为分纂的变迁，是历史著作堕落的开始。其弊端有二：一是由于政治因素的介入，即天子指示历史编纂，会导致中国史书传统历史注重的"春秋义法"荡然无存；二是因为一部史书由多人分纂，会导致撰述方针无法贯彻，须建立机械性之义例，因此历史将全失成为一家之言的精神。此说是否为内藤所独创，尚难辨明。不可否认，内藤反对政治因素介入史书编撰和多人分纂历史著作的主张，自有维护史学自身发展之求真、独立的积极一面；但是，他将此种要求体现在对班固和《汉书》的评述中，则有失客观和公允。《汉书》虽经班氏父子、班昭及马融之手，以及张衡、蔡邕等人的校订才最终完成，但其撰述宗旨与成就仍可视为班固的"别识心裁"，是其学术品格和精神实质的体现。即便是在天子诏令之下修成，也是班固承继家学、私自修史在先。虽为"宣汉"而作，不免有正宗思想，但他却能秉承"文直事核"、"据事直书"的"实录"精神，与后来正史墨守成例、多人分述、草率成书，且编撰者不免逢迎权势、曲笔附会之弊端相比，自有天壤之别。

虽然内藤对《汉书》的认识存在一定的局限和偏颇，但毋庸置疑，其所著《中国史学史》中的相关论述，至今仍是 20 世纪以来日本学者研究《汉书》最有代表性的成果之一。

(二) 大庭修的《汉书》研究

大庭修（1927—2006），关西大学文学部教授，皇学馆大学教授、校长，大阪府立近飞鸟博物馆馆长；中国社会科学院历史研究所客座研究员、北京大学历史系兼职教授、甘肃省文物考古研究所客座研究员。治学领域涉及中日交流史、秦汉法制史、秦汉简牍研究，著述宏富，影响深远。大庭修并未专门从事《汉书》研究，但在他所从事的两项最重要且成就卓著的工作——汉简和秦汉法制史的研究中，《汉书》却是其最为精熟的基本文献之一。在他的代表作《秦汉法制史研究》、《江户时代中国典籍流播日本之研究》和《汉简研究》中，有许多内容都涉及《汉书》。在考察古代日本《汉书》的传播和研究情况时，他与中国学者王勇合作主编的九卷本《中日文化交流史大系》是笔者参考的重要文献之一。①

　　总结大庭修对秦汉史和简牍的研究，有三个显著的特点：一是对于地上、地下材料的高度重视，同时注意把握传世文献的内在规律。在中国学者中，他最为敬佩的就是以《汉书》研究闻名的秦汉史专家陈直。他曾亲口说："年轻的时候——如果那时的中日关系和今天一样正常化，并有可能到中国来留学的话，我一定会到西北大学来投到陈直教授的门下。"② 这不仅仅反映出他对陈直的肯定与景仰，更说明他在治学旨趣上与陈直有着共同的取向。据他的中国学生赵刚回忆，大庭修在讲课时反复强调要重视史料，在评论两《汉书》时，他指出："虽然《后汉书》在措辞及文章的整理方面比《前汉书》要来得完美，但是就资料的价值判断而言，《前汉书》则更高一些。做学问时就应该从原始资料着手，这也是每一个做学问的人必须跨出的第一步。"③

　　二是注重实证。既注意考察简牍材料的源流，又注重其历史形态的考据，并且对文本本身的探究也十分深入。大庭修认为历史是要揭示本来面目的，反对用一己之意念随意揣测历史。例如，他对日本学者在汉律研究中盛行的以唐代以后律法来硬套，用想象中的图景来解释一切的做法极为反对，所以在《秦汉法制史研究》中大量引用两《汉书》的《百官公卿表》和《百官志》，以大气力进行汉律的复原、考证工作。这些考据工作看起来很烦琐，但却能以小见大，并由此探讨历史的特有规律，带动新的研究。《秦汉法制史》中有一章《爰书考》，大庭修以《汉书·张汤传》中所载张汤幼时"劾鼠掠治，传爰书，讯鞫论报"，其父"视文辞如老狱吏"的故事为例，以汉简中的相关内容为依据，探讨"爰书"的概念和含义。在比较了古今学者对于"爰书"的解释之后，他认为苏林和颜师古的解释最为稳妥，即"爰书"是代为口辞的文书，其文体原则上以"某自言"为开头，并由官府按照法定的程序

　　① 大庭修的代表作主要包括：大庭修著、林剑鸣等译：《秦汉法制史研究》，上海人民出版社1991年版；大庭修著、戚印平等译：《江户时代中国典籍流播日本之研究》，杭州大学出版社1998年版；大庭修著、徐世虹译：《汉简研究》，广西师范大学出版社2001年版；大庭修著、王勇等译：《中日文化交流史大系》九卷本，浙江人民出版社1996年版。

　　② ［日］大庭修：《秦汉法制史研究》，"中译版序"，上海人民出版社1991年版。

　　③ 赵刚：《悼念大庭修先生》，《中国社会科学院院报》2008年4月14日。

进行处理。这一结论建立在扎实的物证和精辟的分析之上，自然令人信服。

三是在研究中注重科学的方法。例如，在通过汉简对于汉代诏书进行复原的工作中，他认为："从原则上掌握了汉代制诏的形式，根据这个原则进一步研究《史记》、《汉书》中的记事，就会发现相同的诏书而分载几处的现象；了解其立法程序，就可证实某些记载就是法律条文，从而增加了新的资料。"由于最平常的事情不可能全部载入史书，通过诏书复原可以看到不能见于史书的日常行政命令的传达方式，因此他以为这对于"了解汉代的通常事情的意义是很大的"。这已不仅是单纯的历史考据本有内容所能容纳的，而是有着极为重要的历史方法论的意义和强烈的问题意识。正因如此，大庭修才能够在日本的秦汉史研究中独树一帜，并对《汉书》研究的深化做出贡献。

（三）冈村繁的《汉书》研究

在当代日本汉学家中，冈村繁（1922—　）的中国古典文学研究可谓造诣精深、成果卓著。作为"京都学派"的后继者之一，他早年师从著名汉学家斯波六郎（按，此人系 20 世纪初日本研究中国学术文化的"京都学派"代表人物——狩野直喜和铃木虎雄的学生），其学术风格继承了日本的中国学研究传统。在他的代表作《周汉文学史考》第九、十章中，对班固与《汉书》进行了专门论述。① 他从"当时的史书编撰背景与《汉书》的特异性"、"班固的早年经历与《汉书》的编撰特点"、"班固的文学创作与《汉书》编撰之相通"、"班固其人及其编撰《汉书》的意图"、"班固《两都赋》的创作态度"、"张衡《二京赋》与班固《两都赋》的对照"、"张衡的史书评论与班固著史态度之对照"等方面，对班固的史学和文学创作，以及《汉书》的编撰特色进行了全面的考察。

与内藤湖南强烈的"甲马乙班"思想倾向不同，冈村称班固写成的《汉书》"可谓是一部破格之史书"，采用的是一种全然改变了的断代史体裁，将司马迁的撰述部分"大量地包容在内"，"覆盖了前汉王朝二百年的整个历史时期"。至于《汉书》为"宣汉"而作，冈村认为班固因私撰国史被人告发下狱、又幸蒙汉明帝的赏识与拔擢之后，怀着"身陷地狱而幸遇菩萨般的痛

----

① 此两章原为冈村繁于 20 世纪 70 年代发表的论文：《从〈史记〉到〈汉书〉》，《国语》第 155 号，东京书籍 1976 年刊；《班固与张衡——论二者创作态度的异质性》，见《中国文学论集——小尾博士退休纪念》，第一学习社 1976 年版。

切之感"，"为了对汉室的厚待表示感恩，也为了避免再度受妒遭谗，他需要尽可能颂扬汉王朝，由此他才亲自对史书的编制进行重大改革。而且，他还可以借这一新的编史态度最适切地表明自己对当时以汉室为中心的国家主义的衷心拥戴"。由此，冈村认定，正是这样的动机导致班固产生了新的编史观念，而这一新观念恰与当时的汉室中心主义思潮一致，这说明"班固是从他自己的独特经历和处境去迎合当时这一思潮的"，"所有这一切都是出于班固的自觉意图，从中我们也可明显看到他对汉室的献媚之态"。

除了对《汉书》进行分析，冈村还考察了班固重要的文学作品《两都赋》和《幽通赋》。他认为班固在《两都赋》中全然不顾自己也是长安出身，甚至敢冒背弃故土父老乡亲之不韪，刻意菲薄西都、礼赞东都，其目的"显然是为全面迎合赞美当时后汉王室在洛阳大举营建新都的意图"，这种创作态度"与其编述《汉书》的目的如出一辙，真实地反映出他对后汉王朝的效忠尽力"。在阐述班固之死的始末后，冈村以为，出仕宫廷后的班固无论是编述《汉书》或是创作赋、颂，乃至在生活的各种场面，都使人感到他是一个为迎合权势而不惜混淆视听的人，致使他以这种生活态度终其生涯的原因应是其在《离骚序》中所强调的"明哲保身"的处世哲学；但是另一方面，其内在素质上的优柔胆怯也是原因之一。

与对班固著史态度和性格弱点持批评态度相反，冈村对东汉另一位杰出的史学家、文学家张衡予以极高的评价。在比较了班、张二人的辞赋创作和著史态度之后，冈村以为，张衡一生不阿权势，不随世俗，始终恪守清廉，执着追求自己的信念，这种骨气与节操与班固的优柔佞媚恰好形成鲜明对照。尽管班、张二人在生活态度上完全是对立的两极，但他们的文学作品在题材上却有多方面的类似。冈村对这种似乎十分矛盾的现象的解释是：张衡绝不仅仅是为了使自己的作品更加精练充实而去模仿班固，他的真正意图是要将班固这位在当时被视为第一的文豪置于自己眼前的创作目标中，并从自己不同的立场出发，批判性地超越他。

至于张衡对《史》、《汉》著史不合体例的批评，冈村以为，张衡之所以不避汉室之嫌忌，敢屡次上书，訾议记载前汉的史书，是因为他的言行和处世态度并不像世俗所为那样以窥探朝廷的意向为转移；相反，他一贯地坚持自己的合理主义精神，这个合理主义与他信奉并热爱的理想主义血肉相连，迥别于班固苟合求安的生活态度。①

　　总体而言，由于《周汉文学史》中有关《汉书》的两章为先后发表的论文，在内容、观点上多有重复，冈村在编入书中时未能从全书的整体性和连贯性考虑重新组织文字，因此显得不够精练；但冈村对于班固和《汉书》的考察和评述相当深入，他对班固著史态度和《汉书》思想倾向的判断，以及他在班固与张衡之间所进行的学术思想、精神风范和性格特点的比较与分析，也颇有见地。因冈村的研究领域偏重于中国古典文学，其研究方法与考察视角自然与专以史学研究为业的内藤湖南、大庭修等人不同，是以其结论亦能深化日本学界对于《汉书》的认识。不足之处在于：冈村仅将班固"断汉为史"的行为视为因明哲保身、畏惧避祸而对汉朝皇室迎合、献媚，忽略了其"大汉当可独立为一史"的创新精神和完善纪传史断代史体例的理论贡献，不免流于片面。如果说冈村认为《汉书》的编撰"可明显看到他（班固）对汉室的献媚之态"，尚有一定合理之处，但将班固的所有作品均视为献媚、阿谀之作，则有以偏概全、过分苛责之失。对此，中国学者邓桂姣进行了辨析：其一，汉代犹依上古之风，把歌颂朝廷、君主的功德祥瑞视为崇高而必需的大事，故两汉颂汉、颂君的作家、作品的数量都极其庞大，绝不限于班固一人；其二，班固一生绝大部分时间在兰台令史、校书郎任上，其职责本来就是为汉廷、汉皇记功颂德，使传之后世。且汉代文人常有以歌颂汉德、君德、盛事为己任的自觉意识；其三，讨论班固文学的"媚世"形象，还应充分考虑其所受到来自皇帝和权臣窦宪方面的巨大压力："大一统下汉皇的干预、权臣窦氏的飞扬跋扈，使得明哲自保的班固的不少'媚世'作品含有无奈的妥协；班固的人生带有一定程度的附会权宠、求媚自通的色彩，使其部分作品具有一定程度的'媚世'成分；然而，对于班固其人、其文的批评，不能罔顾其身份、职务、环境以及所处的时代背景，而使批评走向泛滥。"② 笔者以为，这一论断，不仅道出了现当代日本学者评价班固与《汉书》存在的偏见，也是许多中国研究者普遍存在的认识误区，对此应进行理性、客观的反思。

---

　　①　上述内容均引自［日］冈村繁著，陆晓光译：《周汉文学史考》，上海古籍出版社 2002 年版，第 207—237 页。

　　②　邓桂姣：《汉代扶风班氏家族文化与文学研究》，扬州大学 2014 年博士学位论文。

第三节　20世纪以来韩国的《汉书》研究

一、概述

20世纪以来韩国的《汉书》研究成果虽无法与日本相比，但基于古代朝鲜悠久的文化传统与丰富的史学遗产，韩国一些高校仍然讲授汉语和中国文学史等课程，其中涉及《史记》、《汉书》的部分列传，以及《垓下歌》、《佳人歌》、《上林赋》等《汉书》中载录的诗赋作品。《汉书》在韩国的翻译与研究，较《史记》而言较为薄弱，但韩国学者对中国史学典籍和史家的研究仍然相当重视，取得了一些值得关注的学术成果，尤其在《史记》、《汉书》的比较研究方面取得了较大进展。

《汉书》在韩国的译本有以下数种。1973年，第一部《汉书》韩文译本由圆光大学历史系教授洪大杓完成，由文友出版社（首尔）出版发行。此译本有助于克服《汉书》原文阅读理解上的障碍，为广大韩国读者提供了极大方便；1982年，此译本由韩国出版社（首尔）再版；1997年，此书"列传"部分由凡友出版社（首尔）出版发行。同年，另一部由成均馆大学汉文系教授安大会翻译的《汉书列传》亦由南喜鹊出版社（首尔）出版发行。该译本以具有中等以上文化程度的读者和大学生为对象，在强调可读性的同时，对传播和普及中国古代历史知识也起到了有益的作用。自20世纪90年代以降，《汉书》"十志"中的《艺文志》、《食货志》、《地理志》和《沟洫志》及《外国传》等韩文译本亦陆续出版。①

目前所见韩国学者的《汉书》研究论文有以下数篇：李章佑《汉书司马迁传考释》（《檀国大学中国文学报》第1辑，1974）；郑起焞《〈史记〉与〈两汉书〉的对外观——〈东夷传〉、〈朝鲜传〉的检讨》（《忠南史学》第2辑，1987）；尹周弼《"二十六史"所表现的方外人传之展开样态——〈史记〉

---

① 目前所见《汉书》志、传韩文译本如下：李世烈解译《汉书·艺文志》，首尔自由文库1995年版；朴基注注注《汉书·食货志》，首尔青出于蓝出版社2005年版；李容远解译《汉书·地理志》和《汉书·沟洫志》，首尔自由文库2007年版；金浩东等译注《汉书·外国传》（二册），东北亚历史财团2009年出版发行。

与〈汉书〉的先例》（《中国语文学论集》第 11 号，1999）；洪承铉《由〈史记·乐书〉与〈汉书·礼乐志〉看汉代制乐的实际状况——兼谈司马迁与班固的制乐观》（《东方学志》，2007）；等。此外，白承锡的专著《汉赋之本源的思考》（《东国大学庆州分校论文集》第 4 辑，1985），亦涉及班固的辞赋研究。

二、诸海星的《汉书》研究

韩国启明大学中国语文学系教授诸海星，在《史记》、《汉书》研究和中国古典文学领域均取得了令人关注的成果。他曾撰文专门介绍《史记》、《汉书》在韩国的传播、翻译和研究情况，对韩国学者所取得的成果与不足进行了检讨与评价，颇具参考价值。诸氏高度评价《汉书》的成就与地位，认为《汉书》在编纂形式上开创了纪传体断代史的先河，其思想倾向和写作技巧虽不如《史记》，但历代学者都承认它有不可低估的成就。《史记》与《汉书》不但是纪传体史书的开创和继承者，而且对于后世中国史学与文学的发展都产生了深远的影响，在汉文学圈国家亦有不少的影响。[1]

诸氏高度评价《汉书》"十志"的贡献，认为"十志"通过对政治、经济制度和社会文化的详尽记载，为后人留下了丰富的汉代典章制度史料，扩大了历史研究的范围。他尤其重视《汉书·艺文志》在韩国的翻译、研究情况，对李世烈解译的《汉书·艺文志》有较高评价，认为此"有助于理解中国传统目录学和中国古代学术思想的源流派别以及各派的是非得失等专业知识"。[2] 在论文《〈汉书·艺文志〉的体例及学术价值》（《天中学刊》1997 年第 3 期）中，诸氏将《汉志》的学术价值总结为三项：一是保存了《别录》、《七略》的基本内容；二是开创了正史《艺文志》的先例，又保存了汉以前全部重要典籍的目录，其叙录是西汉以前珍贵的文化史纲；三是现存最古老的图书目录，在叙录、分类、著录及理论和方法等方面都为中国古典目录学奠定了良好基础。尤其是图书分类中体现了文学观念的进步和文体分类意识，

① ［韩］诸海星：《韩国〈史记〉、〈汉书〉翻译现状的概括与评价》，滕文生主编：《国际儒学研究通讯》，生活·读书·新知三联书店 2015 年版。
② ［韩］诸海星：《韩国〈史记〉、〈汉书〉翻译现状的概括与评价》，滕文生主编：《国际儒学研究通讯》，第 108—109 页。

班固把诗赋与六艺、诸子分开，独成一略，说明他注意到诗赋作为文学作品具有与学术著作不同的特点。作者由此认为，由于这些客观价值的存在，使《汉志》成为了解和认识东汉以前文化学术发展和汉代文学创作不可或缺的重要参考书，在中国古代学术史上的影响可谓巨大而深远。

三、朴宰雨的《汉书》研究

朴宰雨（1954— ），韩国外国语大学教授、中文系主任，长期从事中韩现代文学关系的比较研究，在中国古典文学和现代文学研究领域均颇有造诣，是韩国重要的汉学家之一。1990 年，当时就读于台湾大学中国文学研究所的朴宰雨完成了博士论文《〈史记〉、〈汉书〉传记文学比较研究》；1991 年，他发表论文《简论〈史记〉、〈汉书〉著述精神之分歧》（《中国语文学研究论丛》）；1992 年，又发表论文《史汉异同研究史略》（《中国文化月刊》1992 年总 150 期）。这些研究成果汇辑为《〈史记〉〈汉书〉比较研究》（中国文学出版社 1994 年版），作为"中外学者学术丛书"之一种在中国内地出版；1997 年，他又发表中文论文《〈史记〉与〈汉书〉异同研究史略》（《当代海外汉学研究》，江苏人民出版社 1997 年版）。

《〈史记〉〈汉书〉比较研究》是迄今为止国内出版的唯一一部由海外汉学家撰写的《史》、《汉》比较研究专著。在这部著作中，朴宰雨从"史汉总体比较"、"史汉传记文的编纂体例、形式、人物比较"、"史汉传记文之写作技巧比较"三方面，将《史记》、《汉书》的相关内容条分缕析地一一进行了详细勘比，得出了不少颇有创见的结论。例如，他将司马迁和班固的思想倾向的区别概括为："《史记》通变古今与《汉书》尊显汉室"、"《史记》兼尊儒道与《汉书》独尊儒术"、"《史记》兼顾民间与《汉书》倾向上层"、"《史记》感情移人与《汉书》不失客观"；将《史记》、《汉书》中的人物列传归结为"世系中心型集体传记文"、"国史中心型个别传记文"、"人物中心型个别传记文"、"人物中心型合体传记文"、"事类中心型集体传记文"、"中外关系中心型族别传记文"，加之"叙传"和"附传"共八类，将《史记》、《汉书》中所有写人叙事的篇章包揽无遗，概括明确、切合实际，确为在前人研究基础上的发挥与创造。

该书的一大特色，是在汇集前人研究成果的基础上，进行了许多勘核统计，特别是对表格的运用。例如，作者以表格形式逐篇梳理了《汉书》袭用《史记》的 67 篇的情况，将其分为全面袭用、部分袭用材料而实际上重写、基本袭用但有删、增、续、改、移等情形，并进行了具体分析，从而得出结论：《汉书》各篇虽基本上袭用《史记》，但并非照抄其原文，而是依照一贯的原则与方法，进行了加工整理与修改补充，形式直观、新颖，结论也令人信服。

对于《史》、《汉》纪传所载人物，朴氏进行了详细统计：《史记》所载人物共计 4044 人，《汉书》所载人物共计 7022 人，其中《史记》各篇主角人物达 908 人，附传人物有 499 人，而《汉书》各篇主角人物为 409 人，附传人物则为 809 人，《史记》中"因事附传"者多，而《汉书》中"附传祖先、兄弟、子孙"者多。由于朴氏的专业为中国古代文学，故他对《史》、《汉》传记文学的写作技巧尤为关注，从结构布局、人物刻画、事件描写、语言运用和主题呈现五个方面，对比了《史记》、《汉书》的成就与特征，认为二者的传记文学都具有非凡的艺术感染力，并且由于马、班之人生体验与意识世界、所选对象人物之性格和艺术匠心之不同，而呈现出不同的风貌。但从成功创制人物形象、巧妙运用布局以及善用各种叙事技巧以增加美感等方面来看，《史记》显然是较《汉书》高出一筹的。

基于朴宰雨所取得的成就，《史记》研究专家韩兆琦在为此书所作的序言中称赞说："中国从晋代开始便有人对《史记》《汉书》进行比较研究，以后便代不乏人，但是像朴宰雨先生这样既有宏观，又有微观；既有理论概括，又有具体资料的偏重于文学方面的研究著作，似乎还没有见过"；"这本著作在今后韩国与中国的文化交流上也定能显现出其不可忽视的作用"。诚然，对于一个外国学者而言，朴氏能获得这样的成绩，是令人敬佩的；但由于他对中国历史文化的理解尚有待深化，且仅是从文学角度来比较《史记》、《汉书》传记部分的异同，其不足之处也是较为明显的。例如，在比较马班的写作背景之时，他认为司马迁的时代要求知识分子洞察"古今之变"并回答"思来者"的问题，而班固的时代皇室与知识层主要关心尊显汉室以维持目前稳定的局面，因此在"实录"的客观性方面，班固之洞察力往往不如司马迁深刻，且或多或少属于"倾向上层"的精神，故而《汉书》中的客观往往流于形式上、表面上之客观——这些论述不免显得偏狭。笔者以为，作为史官，马、班均是以"直书实录"作为著史的基本原则。与其说班固的思想"倾向上层"，不如说《汉书》作为一部记述当代史的著作，其首要任务在于维护"大一统"政权的稳定，故而在《史》、《汉》思想内容的比较中，有学者提出《史记》中文化史的意味更浓厚，而《汉书》则更像一部政治史。从这个角度来理解马、班撰史的不同倾向，或许能更为准确地把握史家的意图。此外，由于朴氏是在台湾取得博士学位，其相关论述多是参考20世纪前期和港台学者的《汉书》研究成果，对于20世纪中后期中国内地的《汉书》研究成果利用不足，此不能不说是一个遗憾。

相对于成果颇丰的《史记》研究，当代韩国的《汉书》研究有更大的发展空间。诚如朴宰雨在《韩国〈史记〉文学研究的回顾与前瞻》（《文学遗产》1998年第1期）一文中所指出的，当前韩国还没有把古代《史记》研究成果充分发掘加以精细总结，这是今后韩国《史记》学界的主要课题之一。笔者以为，将这一结论用之于韩国日后的《汉书》研究，也是非常适用的。

小　结

作为传统史学的典范，《汉书》不仅深刻影响了此后中国的正史编撰，而且声誉波及海外、影响深远，在中国文化向东亚邻国日本、朝鲜、越南输出的过程中发挥了重要作用。古代日本、朝鲜和越南的史家学者对于以《史记》、《汉书》为代表的中国史籍的传播和研习，态度是真诚的、研究是深入的，留下了优良的治学传统和丰富的文化遗产，为20世纪以来日本和韩国的《汉书》研究奠定了基础。虽然由于地域、语言、时代背景和学术旨趣等诸多原因，现当代日韩学者的《汉书》研究成果，在内容、观点和总体水平上与中国学界尚有差距，却为海外《汉书》的传播与研究提供了许多新的视角和学术增长点。近年来，随着日韩学者对《汉书》研究的深入和中日、中韩之间学术交流的深化，《汉书》的传播与研究必将取得更为丰硕的成果。

第二章 《汉书》在欧美的译介与研究

《汉书》是海外学者研究中国古代史和史学史的重要文献。西方学者针对《汉书》的译介和研究始于 19 世纪后半叶，大体而言可划分为欧洲与美国两大版图。关于《汉书》在欧美国家的译介和研究情况，捷克汉学家鲍格洛（Timoteus Pokora，1928—1985）曾以《班固及近期的〈汉书〉翻译》为题给予专门介绍。① 英国剑桥大学教授鲁惟一（Michael Loewe，1922— ）主编《古代中国典籍导读》（辽宁教育出版社 1997 年版），其中《汉书》导读部分由荷兰莱顿大学教授何四维（Anthony Frangois Paulus Hulsewé，1910—1993）撰写，罗列了西方、日本和中国的主要《汉书》研究成果。

中国学者对于海外《汉书》研究的成果介绍不多，仅在一些介绍海外汉学的著作中有所涉及，除笔者之前发表的论文《〈汉书〉在欧美的译介与研究》（《中国史研究动态》2010 年第 5 期）之外，目前所见专门介绍西方《汉书》研究成果的论文，仅有李秀英、温柔新合撰的《〈汉书〉在西方：译介与研究》，介绍了《汉书》的主要英文译本和西方对班固与《汉书》的研究情况，具有较高的参考价值。② 本章拟对一个多世纪以来《汉书》在欧美的传播、译介与研究情况进行全面梳理，重点介绍和评述其中具有代表性的学者及其成果。

---

① ［捷克］鲍格洛：《班固及近期的〈汉书〉翻译》（*Pan Ku and Recent Translations from the Han Shu*），《美国东方学会会刊》第 98 卷第 4 期，1978 年。
② 李秀英、温柔新：《〈汉书〉在西方：译介与研究》，《外语教学与研究》2007 年第 6 期。

第一节　《汉书》在欧美的译介与早期传播

一、概述

西方对汉代历史的记述始于 16 世纪下半叶来中国的传教士。1585 年出版的西班牙传教士胡安·冈萨雷斯·德·门多萨（Juan Gonzalez de Mendoza）的著作《大中华帝国史》（*The Historie of the Mightic Kindome of China*，《哈克卢伊特丛书》第 14、15 卷，伦敦 1853 年、1854 年；中译本由孙家堃译，译林出版社 2013 年版），根据葡萄牙人克路士、西班牙人拉达，以及一些出使中国的传教士和军人的记载编撰而成，是西方世界第一部详细介绍中国历史文化的巨著。他列出了 22 位汉代帝王的姓名及在位时间。他认为汉高祖刘邦是一位"大智大勇"的皇帝，吕后也是一位治国有术的统治者。当然，由于门多萨本人并未到过亚洲，他的著作主要是转载他人记述，是以对汉代帝王世系的记载多有错误：例如将吕后误记为惠帝之妻，将汉文帝记成惠帝之子，将宣帝记为昭帝之子，阙载元帝，却将成帝认作宣帝之子，将哀帝视为成帝之子，将平帝视为哀帝之子；更荒谬的是，将西汉政权的篡夺者王莽记作平帝的兄弟，将其在位时间由 15 年误记为 6 年，却又将推翻新莽政权的光武帝刘秀记作王莽的儿子。此外，书中还将汉献帝描述成一个懦弱的、遭到人民憎恨的昏君，把匡扶汉室的刘备描述为汉政权的反叛者……虽然存在相当多的错误，但不容承认，这部著作对于欧洲学者研究中国历史起到了先驱作用。

17 世纪中叶，意大利传教士卫匡国（Martino Martini，1614—1661）的著作《中国历史初编十卷》（亦名《中国上古史》、《中国历史概要》，1658），记载了自远古伏羲时代至西汉哀帝统治时期的中国历史。其中第七卷至第十卷叙述西汉一代历史：第七卷讲述高祖一朝，第八卷自惠帝至武帝，第九卷自昭帝至宣帝（卷末附昌邑王一节），第十卷自元帝至哀帝。这是欧洲汉学史上第一部详细介绍中国上古史的著作，不仅具有较高的史学价值，且对于当时欧洲盛行的"《圣经》史学观"造成了冲击，在欧洲产生了巨大影响①。

18 世纪前期，耶稣会传教士杜赫德（Jean Baptiste Du Halde，1674—1743）的著作《中华帝国全志》4 卷（1735），集中了半个多世纪欧洲中国研究的成果，被誉为"划时代的不朽之作"，其中第 1 卷《中华君主史纲》囊括了从夏代至清朝 23 个朝代的大事记。杜赫德肯定自《史记》以来的中国史书记载是确凿可靠的，"关于各朝代的时期划分以及重大事件的记载都无须重新评说"，他认为保证中国史书记载真实性的原因在于自上古以来的典籍文献被精心保护和传承，即使经过秦始皇时代大规模的焚毁和破坏，仍有大量的文人义士以保存书籍来反抗暴政，因此在汉文帝时代这些珍贵的历史文献又开始流传于世，"这些书籍就是这样得以保存，没有因为某个帝王出于错误政策或愚蠢的虚荣心而被消灭殆尽"。由此他盛赞中国传统史学的辉煌成就在于"中国史家诚实，只注重事实。……相信国家荣耀是靠悠久历史来维系的。……他们对邻国并没有出于利害关系或嫉妒心来篡改或编造他们的历史，而只是单纯列举主要事件，用作对后代进行教化的范例"。② 这些论述与评价在今天看来仍有着积极的启示。

法国传教士冯秉正（Joseph Francois Marie Anne de Moyriac de Mailla，1667—1748）的著作《中国通史》12 卷（1777—1785），是奉康熙皇帝之命，参考朱熹主编的《资治通鉴纲目》编译而成，时限自上古传说时代直至满族入关之后。冯秉正"精通满、汉语言，而又熟习中国古籍暨其见习、宗教、历史，由是善于考据，此他人之所难而彼人之优为者也"，因此相较之前数种关于中国历史的传教士著作而言，该书叙述详尽、生动、充实，被誉为"西方唯一最全的以中国史料为基础的通史"③。然而，与卫匡国、杜赫德的著作所产生的巨大影响相比，这部出版于欧洲启蒙时代的著作，在当时并没有引起足够的重视和肯定，反而招致了诸多批评。进入 19 世纪之后，"随着欧洲

---

① 卫匡国所列的中国历史年表认为中华文明有五千年之久，早于《圣经》所记载的历史。根据卫匡国的记载，中国第一个王朝皇帝伏羲在公元前 2952 年即位，较《圣经》所记载的大洪水年代早 600 余年，而卫匡国记载的中国的洪水期是在尧帝时期，与《圣经》所载时间不符。这使《圣经》的地位仍受到挑战，从而引发了欧洲教廷的不满。详见吴孟雪：《卫匡国两部汉学著作述评》，《中国文化研究》1997 年夏之卷。

② ［法］杜赫德著，杨葆筠、刘雪红译：《杜赫德〈中华帝国全志〉的编撰缘由和原则》，《国际汉学》2015 年第 3 期。

③ ［法］费赖之著，冯承钧译：《在华耶稣会士列传及书目》（下），中华书局 1995 年版，第 608 页。

殖民化的发展，中国不再是被敬仰的对象，而成了落后的象征"，德国哲学家赫尔德、黑格尔和马克斯·韦伯在全面细致地研究这部著作之后，几乎全盘否定了中国的历史和文化。"东方不再是富庶、美德或进步的象征。相反，它成了落后、封建和停滞的同义词，而中国的历史就是最好的证据。"① 这种偏激、狭隘的"欧洲中心论"宣扬欧洲文明的优越性和殖民征服的正当性，相较而言，冯秉正利用中国古代文献对中国上古以来的历史、文化、地理、科技等领域进行的研究，则更富于理性、公正的科学精神。在他给友人法国学者弗雷来的书信中，以《尚书》的《胤征》、《禹贡》篇为例，充分肯定中国历史纪年的古老性和中国历史记载的权威性："仅《书经》中的胤征和禹贡这两章就足够证明中国史纪年的古老性，甚至不必论及我在这封信中所提及的其他古老证据。司马迁、司马光、班固的权威，孔子、左丘明和孟子的支持，已足够对抗您记忆中那些梦幻式的小说家和宗派分子之言。"② 诚如有学者所言，《中国通史》对欧洲汉学历史方面的奠基意义基本"极其正面和丰富的，其影响更是不可估量"，冯秉正的研究对欧洲汉学的影响"是深刻的和意味深长的，这一建立于中国材料之上的方法对欧洲传统来说是一股清新的风。……是抵制欧洲价值规范僵死的重要力量"。③

　　基于迥然相异的历史、文化背景和学术理念，欧洲传教士对于中国古代历史和传统史学的研究，虽然不可避免地存在着误读与偏见，但不可否认，自 16 世纪后期至 19 世纪末的三百年间，他们的贡献对于以《史记》、《汉书》、《资治通鉴》等为代表的中国经典史籍在欧洲的传播，起到了积极的推动作用。

二、《汉书》的主要译本

（一）《汉书》的德语译本

　　1873 年，大英博物馆汉文藏书部专家道格拉斯（R. K. Douglas，1838—1913）做了关于《汉书》的演讲，此后相关研究逐渐开展，成果日益丰富。

---

① 李婷：《冯秉正中国通史在欧洲思想史上的影响述评》，《国际汉学》2016 年第 4 期。
② 引自李婷：《论冯秉正神父在上古史论争中所使用的学术方法》，《北京行政学院学报》2016 年第 6 期。
③ 李婷：《论冯秉正神父在上古史论争中所使用的学术方法》，《北京行政学院学报》2016 年第 6 期。

早期的《汉书》单篇译作大多散见于报纸杂志。1860—1862 年，德国的皮菲麦尔博士先后将《汉书》的《匈奴传》（*Die Gewaltnerschaft HiangYu's*）和《董仲舒传》（*Die Antworten Tung Tschung Schus*）翻译成德语出版。英国传教士艾约瑟（Edkins Joseph，1823—1905）亦发文介绍《汉书》所载《圣经》诸国。① 荷兰汉学家哥罗特（J. de Groot，1854—1921）是欧洲较早研究中国民族史的学者。1921—1926 年，在他的德文版著作《中国文献中的亚洲史》中，第一卷《公元前的匈奴人》（*Die Hunnen der vorchristlichen Zeit*）和第二卷《公元前的西域诸国》（*Die Westlande Chinas in der vorchristlichen Zeit*）分别译自《汉书》卷 94《匈奴传》和卷 96《西域传》②，惜未见到原作。

（二）《汉书》的俄语译本

目前所见《汉书》的俄语译本出自沙俄时代和苏联时期的汉学研究者。拥有中国典籍是汉学研究的基础和前提，自彼得一世时代起，沙俄即重视中国图书的收藏。目前所见圣彼得堡皇家科学院的汉籍图书目录，包括 59 种历史、地理类图书，其中即有《史记》、《汉书评林》、《资治通鉴》和《资治通鉴纲目》等。③ 此后，18 世纪中期，克罗地亚人叶拉契奇作为俄国商队的随队医生，曾三次来华，搜集了大量图书，其中包括《史记》、《汉书》、《南史》、《北史》、《资治通鉴》、《资治通鉴纲目》和《大明一统志》。另，成立于 1819 年的沙俄外交部亚洲司（原名亚洲事务处），亦多次派遣传教团来华，购置大量图书典籍，其中亦包括"十三经"、"廿二史"、《资治通鉴纲目》和《大清一通志》等。

目前所见翻译《汉书》的俄国学者有三位。第一位是有"俄国汉学之父"之称的沙俄学者雅琴夫·比丘林（И. Я. Бичурин，亦译为俾丘林、毕乔林，1770—1853），曾于 1809 年率东正教传教团来华，先后发表了七十余种有关中国学术的论著。比丘林专门钻研过"二十四史"，是第一个将《史记》、《汉书》介绍到俄国的汉学家，此外他还将"四书"等多种汉文典籍翻译成俄语。比丘林的《汉书》译作着眼于"民族传"部分，他根据《汉书·

---

① ［英］艾·约瑟：《圣经所载诸国见于〈汉书〉考》，《万国公报》1882 年 7 月 8 日。
② ［荷］哥罗特：《中国文献中的亚洲史》（*Chinesische Urkunden zur Geschichte Asiens*），柏林沃尔特格律特公司（Walter de Gruyter）1921 年、1926 年版。
③ 出自德国学者布塞（И·Г·Бусce，1763—1835）编制的目录，引自阎国栋：《俄国汉学史》，人民出版社 2006 年版，第 150 页。

西域传》翻译的《前汉书选》（经伊茨校订），介绍了张骞出使中亚各国以及古代中国同邻国交往的情况。他还依据《汉书·西域传》、《西域闻见录》、《西域同文志》等文献撰写了《准噶尔和东土耳其斯坦的远古和现状记述》（1829）。1950 年，苏联出版了《古代中亚各民族历史资料集》，其中第 1 卷收录了比丘林所写的介绍《汉书》的论文，以及他翻译的《汉书·匈奴传》；第 2 卷收录了他翻译的《汉书·朝鲜传》。

《汉书》俄译选本还有另外两种，译者是苏联的两位女性学者。1936 年出版的《东方古代史文选》第 1 卷，收录了斯捷普金娜等选译的《高帝纪》、《食货志》、《贾谊传》、《董仲舒传》、《张骞传》、《李广传》和《王莽传》。1950 年出版的《世界古代史文选》第 1 卷，收录了波兹德涅耶娜选译的《成帝纪》、《贾谊传》、《董仲舒传》、《张骞传》、《货殖传》和《王莽传》。遗憾的是，这些译著均未见到原作。

（三）《汉书》的英语译本

1. 卫礼对《汉书》的翻译

《汉书》最早的英译本出自英国传教士卫礼（Alexander Wylie，亦译为伟烈亚力，1815—1887）。出于对汉代民族政策和对外关系的关注，卫礼的翻译主要集中在《汉书》的民族传，包括《匈奴传》、《西南夷传》、《朝鲜传》和《西域传》。[①] 1874—1875 年，他根据两《汉书》中有关匈奴的章节发表了第一篇论文《汉匈关系史：〈前汉书〉卷 94 英译》。在此基础上，他编译了《〈汉书〉中的民族信息》一书并出版。[②] 1878 年，在佛罗伦萨举行的第四届东方学家大会上，卫礼代表皇家亚洲文会理事会宣读了论文《朝鲜的征服：〈汉书〉卷 95 英译》。[③] 1880—1882 年，他又分四篇，在《皇家人类学院院

---

① ［英］卫礼：《汉匈关系史：〈前汉书〉卷 94 英译》（*Courier History of the Heung—Noo in their relations with China：Translated from the Tseen Han Shoo，Book 94*），连载于 1873 年 5—9 月的《上海晚邮》（1873 年 5 月 21 日，6 月 10 日，7 月 31 日，8 月 12、15、25、29、9 月 4、13、14 日）和同年出版《上海汇编》（*Shanghai Budget*）上；后又发表于《皇家人类学院院刊》（*Journal of the Anthropological Institute of Great Britain and Ireland*）1874 年第 3 卷。

② ［英］卫礼：《〈汉书〉中的民族信息》（*Ethnological Data from the Annals of the Elder Han*），伦敦人类学会（Anthropological Society of London）1874 年版。

③ ［英］卫礼：《朝鲜的征服：〈汉书〉卷 95 英译》（*The Subjugation of Chaou—Seen：Translated from the 95th Book of the Tseen Han Shoo*），该论文后收录于《第四届国际东方学家大会集刊》第二卷，1881 年，并于次年转载于《中国研究录》（*Chinese Researches*）第二部分"历史卷"。

刊》上发表了《汉书·西南夷传》和《西域传》的译文。①此外，卫礼还完成了《后汉书》的《东夷列传》、《南蛮西南蛮列传》和《西羌传》的翻译，发表在《大英人类学会会刊》和《远东杂志》上。②

卫礼是西方最早对《汉书》进行研究并取得重要成果的汉学家之一，清末翻译家沈毓桂赞其"仁爱谦和迥出群，情深古道重斯文"，对其翻译中国经典的工作给予高度评价，"樗材不意蒙陶铸，攻玉他山重赖君"③。由于语言限制和文化差异，他对《汉书》的研究尚停留在初步译介上，范围也仅局限于西汉时期中央王朝与周边地区和少数民族政权之间的关系，以及这些地区和民族自身的历史，且他的研究存在明显的偏差。例如，将中国少数民族与汉族的关系视为境外部落与中国人的关系，将中国边疆地区与内地的关系视为国家之间的关系；但不可否认，作为一名自学成才且建树颇丰的传教士，卫礼的研究引起了西方学界的关注，推进了欧美《汉书》研究的深入发展。

2. 德效骞对《汉书》的翻译和研究

(1)《前汉书》译注特色与贡献

美国汉学家德效骞（Homer Hasenpflug Dubs，1892—1969）的《前汉书注译》（*The History of the Former Han Dynasty：A Critical Translation with Annotations*），是西方汉学家治秦汉史必读的经典之作和基本参考书。德效骞从事《汉书》的翻译和研究始于 1934 年，他应纽约美国学术团体理事会（American Council of Learned Societies，成立于 1919 年）之邀，出任中国研究委员会中国断代史翻译主任，负责《汉书》的翻译。此后，他开始从事西汉史的研究，陆续发表了一系列文章，内容涉及汉高祖、项羽、王莽、西汉的日食、西汉的儒学发展、古代中国与罗马的关系等。1946 年，德效骞发表《中国史

---

① ［英］卫礼：《西南夷与朝鲜的历史：〈汉书〉卷 95 英译》（*History of the South—Western Barbarians and Chaou—Sen：Translated from the Tseen Han Shoo，Book 95'*），《严助传：〈汉书〉卷 64 英译》（*Memoir of Yen Tsoo：Translated from the Tseen Han Shoo，Book LXIV*），《皇家人类学院院刊》1980 年第 9 卷；《西域传：〈汉书〉卷 96 英译》（*Notes on the Western regions：Translated from the Tseen Han Shoo，Book 96*），第 10 卷（1881 年）、第 11 卷（1882 年）。

② ［英］卫礼：*History of the Eastern Barbarians*（《后汉书》卷八十五《东夷列传》）；*History of the Southern and South—Western Barbarians*（《后汉书》卷八十六《南蛮西南蛮列传》）；*History of the Western Keang*（《后汉书》卷八十七《西羌传》），译作刊登在郝沃斯主编的《大英人类学会会刊》（*Journal of the Anthropological Institute of Great Britain and Ireland*），后收入高迪爱主编的《远东杂志》（*Revue Extreme - Orient*），北京出版社寺街文殿阁书庄，民国七年（1918）影印本。

③ 引自卫礼归国时沈毓桂所作四首赠别诗之一，《申报》1877 年 6 月 30 日。

著的可靠性》一文，以班固的《汉书》为例，探讨中国史学的可靠性问题。[①]
1947年，德效骞出任英国牛津大学汉学讲座教授，在题为《中国，一片人文
学科的土地》的就职演讲中，他谈到了中国的"二十五史"，对《史记》、
《汉书》、《后汉书》、《资治通鉴》的编撰背景、体例、内容、产生的影响进
行了概要介绍。在牛津大学执教期间，德氏继续致力于《汉书》的翻译，至
1955年完成了三卷《前汉书注译》。遗憾的是，到他去世时，最后两卷尚未
出版。

　　《前汉书注译》是由美国卡耐基基金会（Carnegie Corporation）资助的翻
译工程，也是目前所见欧美汉学界选译《汉书》篇目最多的英文译本，由美
国马里兰州巴尔的摩韦弗利出版社历时近20年才全部出版。第1卷《帝王本
纪：〈汉书〉卷1—5》（The Imperial Annals, Chapter 1—5, Vol. 1），包括《汉
书》第1卷至第5卷的译文，即《高帝纪》、《惠帝纪》、《高后纪》、《文帝
纪》、《景帝纪》，并附有中文原文及一张地图，1938年出版。第2卷《帝王
本纪：〈汉书〉卷6—10》（The Imperial Annals, Chapter 6—10, Vol. 2），包括
《汉书》第6卷至第10卷的译文，包括《武帝纪》、《昭帝纪》、《宣帝纪》、
《元帝纪》、《成帝纪》，1944年出版。第3卷《帝王本纪：〈汉书〉卷11—12
及〈王莽传〉》　（Imperial Annals 11 and 12 and the Memoir of Wang Mang,
Vol. 3），包括《汉书》卷11《哀帝纪》、卷12《平帝纪》及卷99《王莽传》
的译文，1955年出版。第4卷包括班固生平、《汉书》文本及其注释等问题；
第5卷为专有名称词汇表。第4、5卷均已完成，遗憾的是，尚未出版德效骞
就已去世了。

　　德氏的《汉书》注译继承了西方汉学注重译注基本汉籍的传统，采用王
先谦的《汉书补注》为底本，大量参考中外学者的相关著作，由两位中国学
者任泰、潘乐知协助翻译[②]，并请两位荷兰汉史专家戴闻达（J. J. L.

①　Homer H. Dubs, *The Reliability of Chinese Histories*, *The Far Eastern Quarterly*, Vol. 6, No. 1
(Nov. 1946).

②　在《前汉书注释》第一卷前言中，德效骞对两位中国同事的工作给予了高度肯定："感谢我
的两位伙伴，……他们挽救了我许多重大的错误，并且给了我一些非常好的建议去发现一些附属的材
料。没有他们的学识和耐心的工作，这项翻译工作将会是很难进行的。Homer H. Dubs, *The History of
the Former Han Dynasty/by Pan Ku, A Critical Translation with Annotations*, Vol. 1, Baltimore Waverley
Press, 1938.

Duyvendak，1889—1954）和龙彼得（P. Van Der Loon，1920—2002）予以校正。[①] 德氏遵从中国古代纪传体史书的编纂法则，以本纪为主，按照西汉十二朝帝王的顺序，完整翻译了十二帝纪和《王莽传》。在正文部分，他采用中英文对照的方式，逐字逐句翻译；他以中国传统注疏的方式，以"年代"为主干，加入相关史实，再辅以"书志"作为背景材料。各章下分数十节，每节中逐日、逐月、逐年纪事。德氏尤其注重对所译、所注史事的精研与综合讨论，并将心得作为"导论"列于每章之首，对西汉诸帝之朝政大事及史料中应特别予以注意的地方加以分析；又于每章之末列有"附论"，对该朝若干重要事项进行专题分析。这种独特的编纂方式，打破了班固《汉书》原有的格局，对于不了解中国传统史书编撰体例的西方读者而言，却是比较合理的。译著采取"本纪"、"书志"和"列传"相结合的方式，使读者既能概要了解西汉一代的总体进程，又能把握各个时期的发展大势。例如，在《高帝纪》一章中，他首先就历来学界所谓班固抄袭司马迁《史记》的观点发表了自己的看法，接着以较大篇幅介绍了关中地区的地理状况和秦末农民起义的情况，包括对于陈胜、吴广生平史事的介绍；之后详细介绍了刘邦崛起和楚汉战争的进程，对项羽其人进行了较为全面的介绍和分析；最后，对刘邦的成功及其之于中国政治的影响阐述了自己的观点，同时还对韩信、萧何、吕后等高祖时期的重要人物进行了介绍。这些列传中的内容与《高帝纪》相互补充，读后使人对于秦亡汉兴及西汉开国这一段中国古代史上影响深远的重大历史进程，有了较为全面而清晰的认知。

由此可知，德效骞虽未能翻译全部《汉书》，但他的译本却将《汉书》的精华部分俱囊括在内。虽然有学者认为，德氏过分注重直译，使得整体文风显得不够流畅、自然，但全书建立在其多年研究《汉书》的基础上，译风严谨，注释与考证力求精当、详细，语言准确、典雅而不失厚重，堪称学术研究型的典范译本。因此，该书前两卷出版后，德效骞于1947年荣获法国法兰西学院下设金石文艺院颁发的"儒莲奖"（Prix Stanislas Julien），该奖号称"西方汉学之诺贝尔奖"，足见该书在西方汉学界地位之尊崇。

德效骞的贡献，还体现在通过对《汉书》的翻译和研究，从史料批判和

---

① 详见王娟：《德效骞〈汉书〉译介之研究》，华东师范大学2013年硕士学位论文，第14页。

历史叙事的角度深化了西方学界对于以《汉书》为代表的中国传统史学的认同。在德氏之前，以卫礼为代表的来华传教士普遍习惯以西方史学标准来批判中国史学，无视中国历史、政治和社会发展迥异于西方的独特性，及其中所蕴含的思想、文化价值。例如，著有《中国的历史和编年学》、《中国史著的特点》等论文的德国传教士郭士立（Karl Friedlich Gutzlaff，1803—1851），认为绝大多数的中国史学家都是好奉承之人，尽管在他们中间还是能够找到因其思想的独创性和精妙用语而引人注目的几本著作，但是不能指望从他们的著作中获取详细而相互联系的史实，因为中国史学家不进行这样的研究。美国传教士卫三畏（Samuel Wells Williams，1812—1884）批评道，"中国的史书一般都是这样写的：皇帝及其大臣塞满了整个历史的视野，极少记载人民的状况、习惯、工艺或行业，人民仅仅被当作帝王的随从"。另一位美国传教士丁韪良（William Alexander Parsons Martin，1827—1916）也认为，"（在中国）历史的概念是一种简单的记录，而非一项艺术的工作"，"中国完备的历史记录体系虽成就了卷帙浩繁的历史文学，但历史材料并不能得以消化"，"死的过去是被埋葬而不是被解释了"。[1] 德效骞则指出，"如果我们所说的历史仅仅是历史学家收集、分析资料，并从他所挑选的论题中发现一种情形或趋向，然后运用资料对其展开以探寻结果的话，《汉书》当然不是历史；但我们也将被迫宣告希罗多德——这位历史之父也不是历史学家，李维也不是。事实上，在现代以前，没有任何地方的任何历史学家实际上是如此著述的"。由此德氏认定对于"《汉书》及整个正史系列被攻击为不是历史是具有根本性的偏见"，因为中国传统史学从其开创者孔子开始，"对于历史准确性的理想使中国史家在可靠性方面达到了相当高的高度"。[2]

　　与德氏观点相似，美国汉学家嘉德纳（Charles S. Gardner）亦在其著作《中国传统史学》（Chinese Traditional Historiography）中肯定了中国古代史书在历史叙述上的真实性与客观性。在他看来，中国传统史学具有不少值得西方肯定之处，如"学术的客观性被证明是中国史家最普遍也是最具鼓舞人心

---

　　① 引自吴原元：《中国史学在美国述论》，《历史教学问题》2012 年第 6 期。
　　② Homer H. Dubs，*The Reliability of Chinese Histories*，*The Far Eastern Quarterly*，Vol. 6，No. 1，1946.

的"，"中国史家长期以来一直坚持着知识分子的正直性"。① 应该说，20 世纪前中期美国学界之所以不再以西方史学标准来评判中国史学，转而对中国史学报以理解与认同的态度，与以德效骞为代表的杰出汉学家的贡献是分不开的。

（2）德效骞的汉史研究概述

有关汉代儒学的研究。德效骞将西汉儒学的发展分为六个阶段：第一阶段是汉高祖时期，是西汉时期儒学走向中央政权的初始阶段；第二阶段是惠帝吕后时期，儒学暂时受到了打击；第三阶段在汉文帝、景帝时期，儒学走出吕后时期困境，开始得到皇帝重视；第四阶段为汉武帝时期，是儒学发展的关键时期，儒学终于成为统治阶级的主流思想；第五阶段是汉宣帝时期，儒学发展继续保持良好势头，但有波折；第六阶段是汉元帝时期，是儒学的完全胜利时期，王莽与后来的东汉都把儒家思想作为官方的指导思想。德氏通过对儒学在一个朝代的发展史来探视其影响和地位，此为外国学者对于中国儒学的一项重要研究。尤为重要的是，他是在翻译《汉书》的过程中来从事此项研究的。换言之，"这是他试图把握汉代历史和《汉书》精髓的一种重要尝试，由此也可见其对《汉书》用心的功力"②。美籍华裔史学家陈启云曾坦承自己的研究深受德氏影响，自己对西汉儒学的研著，正是建立在德氏研究的基础之上③。

有关日食记载的研究。除了注译《汉书》十二"帝纪"和《王莽传》之外，德效骞还在各篇译作之下附录关于这一时期重大专题的论文。全书附论35 篇，内容涉及西汉时期的日食、月食记载，天文历法、度量衡、刑法、土地制度、儒学等，均是德氏对于汉代历史和学术思想的研究成果。具体篇目如下：

第一章《高帝纪》，附论一《五星聚东井考》，附论二《西汉初年的历法》，附论三《检测日食记录正确与否的方法》，附论四《汉高祖时期的日食记录》；

---

① Charles S. Gardner, *Chinese Traditional Historiography*, Cambridge, MA: Harvard University Press, 1961.

② 王娟：《德效骞〈汉书〉译介之研究》，华东师范大学 2013 年硕士学位论文，第 42 页。

③ 陈启云：《汉儒与王莽：评述西方汉学界的几项研究》，《史学集刊》2007 年第 1 期。

第二章《惠帝纪》，附论《惠帝时期的日食记录》；

第三章《高后纪》，附论《高后时期的日食记录》；

第四章《文帝纪》，附论一《西汉的度量衡》，附论二《籍田》，附论三《文帝时期的日食记录》，附论四《西汉前年的日食记录》；

第五章《景帝纪》，附论一《官员的特权》，附论二《景帝时期的日食记录》，另附《西汉初期的地图》；

第六章《武帝纪》，附论一《年号的建立》，附论二《象刑》，附论三《酎酒》，附论四《角抵戏》，附论五《汗血宝马》，附论六《武帝时期的日食记录》；

第七章《昭帝纪》，附论一《更赋》，附论二《昭帝时期的日食记录》；

第八章《宣帝纪》，附论一《关于避讳的问题》，附论二《石阁渠儒家经学会议》，附论三《宣帝时期的日食记录》；

第九章《元帝纪》，附论一《史书的本质》，附论二《汉代儒学的胜利》，附论三《元帝时期的日食记录》；

第十章《成帝纪》，附论《成帝时期的日食记录》，另附《卷一的勘误表》；

第十一章《哀帝纪》，附论一《公元年以前的悼念习俗》，附论二《哀帝时期的日食记录》；

第十二章《平帝纪》，附论《平帝时期的日食记录》；

第十三章《王莽传》，附论一《食货志》，附论二《王莽的经济改革》，附论三《刚卯护身符》，附论四《王莽时期的日食记录》，附论五《西汉一朝的日食记录》。

在翻译《汉书》过程中，德效骞首先探讨了西汉日食记录的史料来源、可靠性问题。西汉时期记载日食现象的史书主要有三部——《史记》、《汉书》、《汉纪》，其中尤以《汉书》"帝纪"和《王莽传》中的记录最多，《五行志》又对这些记载进行了详细的梳理和补充，因此德氏视《汉书》为第一手资料，将《史记》和《汉纪》视为补充。通过对西汉一朝日食的研究，德氏发现超过三分之二的记录是正确的，由此他认定《汉书》所记载的日食记录基本上是可信的。至于一些错误记载，考虑到《汉书》成书的年代和环境，他认为很可能是班固引用之前本身就不正确的记录而造成的。还有一些则可能是因为成书年代久远、字迹模糊，班固因误读以致造成错误。或者一些史书的记录本身是正确的，但在抄写过程中出现了错误。进一步，德氏认为中国古代史书对日食的整体记录是可靠的，这也再次证明了班固治学的严谨和《汉书》记载的真实性。虽然对于日食的研究属于古代天文史、而非《汉书》研究的领域，但一位外国学者能够对中国史书的日食记载作如此精细的研究，仍然是令人惊讶的，"这说明德效骞对于《汉书》的翻译绝对不是为翻译而翻译，他要在翻译中去验证这部史书的确切的可靠性，验证它的真实的史料价值。同样，他也希望通过对这样的史书中的日食的记载，去理解中国古代的观察日食的科技手段、观察的区域面、观察中是否有主观随意性的介入等诸如此类的问题"①。对此，笔者以为，"天人合一"是中国传统思想的核心特征，对于日食和月食的记载则是这种思想在史书编撰中的体现。德效骞正是认识到中国传统史学的这一本质特征，才会在翻译中强化对自然天文现象记载的研究，此举实属难能可贵。相较而言，中国学者在这一领域的研究，尚有许多提升的空间。

古代中国与罗马关系研究与"骊靬罗马城"假说。1941—1942 年，德效骞先后发表两篇论文《古代中国一座罗马人的城市》(*A Roman City in Ancient China*) 和《公元前 35 年中国与罗马的军事接触》(*A Military Contact between Chinese and Romans in 35 B. C.*)。② 这是德效骞根据古罗马史和《汉书》之《地理志》、《陈汤传》的研究，所得出的结论，此即"骊靬罗马城"假说之由来。德氏认为：公元前 53 年，古罗马军事首领克拉苏率领 7 个军团、4 万多人的军队进攻安息（今伊朗东北），第二年在卡尔莱（今叙利亚帕提亚）与波斯人的一次大战中失败，克拉苏被杀，只有部分军团士兵突围逃脱，这就是历史上著名的卡尔莱战役。这些逃出突围的罗马人后来流落到西域的乌孙、康居等国做雇佣军，公元前 36 年，汉西域都护甘延寿、副校尉陈汤联合康居、乌孙等西域 15 国军队讨伐北匈奴郅支单于，在郅支城发现了一支奇特的部队，"步兵百余人，夹门鱼鳞阵，讲习用兵"，且"土城外有重木城"。这些士兵就是克拉苏兵败后逃亡西域一带，后来依附匈奴郅支做雇佣兵的一

① 王娟：《德效骞〈汉书〉译介之研究》，华东师范大学 2013 年硕士学位论文，第 42 页。

② 德效骞：《公元前 35 年中国与罗马的军事接触》，先后发表于《美国哲学期刊》第 42 期（1941 年）、《通报》第 36 期（1942 年）；《古代中国一座罗马人的城市》经屈直敏翻译，发表于《敦煌学辑刊》2001 年第 2 期。

批罗马士兵。此次战役汉朝军队获胜，郅支单于被诛杀，西汉政府还专设骊轩县来安置这批罗马战俘。

德氏之假说在欧美学界引起了相当大的反响，得到了一些知名汉学家的支持：如英国学者李约瑟，法国学者安田朴、布瓦努尔，美国历史学家罗兹·墨菲等，但欧美学界对其观点持否定意见者也不在少数。[①] 多位中国的秦汉史、西域史及中外关系史学者，经过大量文献梳理、考古发掘和遗传学研究，全面否定了德氏"骊轩罗马城"之假说；[②] 然而，仍有少数学者坚持这一观点，争议至今仍未平息。[③] 通过对诸家观点的梳理与考察，笔者认同多数中外学者的论证和结论，即德效骞有关中国境内有"罗马城"，以及罗马失踪军团最终定居中国之说，就历史文献和考古成果而言，缺乏合乎学术规范的论证和充分有力的论据。然而，半个多世纪以来，中外学者就这一问题所展开的研究和论争，对于深化汉代中外关系史、丝绸之路历史沿革和古代罗马史的研究，仍有重要的意义："系统梳理古今中外历史资料，参照古今学者对相关问题的研究成果，进行细致考证，探寻历史的真谛，弄清古罗马军团人员及骊轩县问题的曲曲折折，辨析真真假假的各种说法，做出符合科学要求的研究结论，恢复历史的真实面貌，

---

① 在德氏发文当年，斯齐尼亚西发表评论，认为骊轩城的设置与克拉苏的军团无关；次年，欧文·赖德懋发文批评德氏的研究像一部演绎的侦探小说；萨缪尔·利伯尔指出德氏研究中所用的全是不可靠的间接证据；荷兰莱登大学教授何四维也认为德效骞的观点是不确定的假设，需要进一步的考古发现来证明。1962 年，斯凯勒·坎曼发文指出，"骊轩"一词并非古代中国对罗马的专称，汉朝不可能为为数不多的投降老兵建县，德氏的假设不仅论据不充分，结论也站不住脚。另，意大利汉学家白佐良在《捕风捉影：中国惊现克拉苏罗马军团后裔》（《华人世界》1999 年第 1 期）一文中指出，那些论述"郅支城的 100 多位罗马降卒"的文章，只是把"想当然的假设作为前提，从而成了一种命题作文式的论证"。另一位古代历史学家和罗马学专家的专家拉斐尔·可迪诺菲的论文《在中国的克拉苏士兵和蒙古、印度与锡兰的坎帕尼亚商人》，也认为此类成果"不属于严格的学术论文，且观点和资料来源庞杂"，"只有当历史学家和考古学家发表正式的相关学术报告和与骊轩有关的科学资料及数据，才能对古代罗马与中国在公元前 1 世纪下半叶的关系勾画出一幅完整而又值得信赖的画面"。

② 中国学者如余英时、杨希枚、邢义田、余太山、葛剑雄、杨共乐、刘光华等，均对此德氏假说持否定观点。这方面成果数量众多，可以汪受宽的专著《骊轩梦断——古罗马军团东归伪史辨析》（兰州大学出版社 2012 年版）为代表。他认为，无论从历史学还是人类学的角度，都拿不出令人信服的证据支持骊轩村居民就是罗马军团后裔的说法，这是毫无历史根据、彻头彻尾的伪历史。另，兰州大学谢小冬等承担"河西走廊骊轩人群体遗传研究"，所取得的成果亦不支持骊轩人为古罗马军团后裔的假说。

③ 此类著作有：陈正义：《骊轩绝唱：最后的古罗马人之谜》，江苏古籍出版社 2002 年版；宋国荣等主编：《骊轩探丛》，陕西旅游出版社 2005 年版，甘肃省人民政府新闻办公室主编：《消失的罗马军团：千年的历史回响》，五洲传播出版社 2007 年版；等。

已经成为学术发展和社会大众的迫切要求"①。由此可见，德氏假说在20世纪以来的《汉书》研究史上，仍具有值得肯定的问题意识和学术价值。

3. 华兹生及其《汉书》翻译

著名翻译家华兹生（Burton Watson，1925—2014）著有《古代中国的朝臣与庶民：班固〈汉书〉选译》（*Courtier and Commoner in Ancient China：Selections from the History of the Former Han by Pan Ku*，哥伦比亚大学出版社1974年版），是《汉书》在西方译介的又一经典之作。

华兹生对于《汉书》的研究源于1950年秋在哥伦比亚大学攻读汉学硕士期间。出于对"游侠"这一术语的兴趣，他认真研读了《史记》和《汉书》的《游侠传》及相关内容，完成了硕士学位论文《游侠及其在汉代社会的作用》。1952年，哥伦比亚大学狄百瑞（William Theodore de Bary）教授写信给在日本工作的华兹生，提到他正在编著《中国传统之本源》（*Sources of Chinese Tradition*）一书，询问华兹生是否可以为该书撰写关于汉朝思想方面的章节，同时还寄去了一份为撰写该章节要阅读的书目，其中包括《史记》和《汉书》的部分章节。华兹生承担了这份工作，并借此契机开始了《史记》、《汉书》的翻译工作。1958年，华兹生的博士学位论文《司马迁：中国伟大的历史学家》（*Ssu－ma Chʻien：Grand Historian of China*）由哥伦比亚大学出版社出版；1961年，哥伦比亚大学出版社又出版了华氏翻译的《史记》（*Records of the Grand Historian of China：Translated from the Shih chi of Ssu－ma Chʻien*）。1971年，哥伦比亚大学出版社出版了华氏翻译的《汉魏六朝赋选》（*Chinese Rhym Prose：Poems in the Fu Form from the Han and Six Dynasty Periods*），其中包括贾谊的《鹏鸟赋》，司马相如的《子虚赋》与《上林赋》，以及班固的《两都赋序》。1974年，华氏的《汉书》选译本在哥伦比亚大学东方研究院的资助下出版。

由于此前华兹生的《史记》译本选译了《史记》130卷中的80卷，是以《汉书》选译本中未选择《史》、《汉》重叠部分的篇章，其所选译的《汉书》列传基本为首译，所选章节主要涉及武帝统治前后的史实，具体包括：卷54《李广苏建传》、卷63《武五子传》、卷65《东方朔传》、卷67《杨胡梅云

---

① 汪受宽：《古罗马军团东归伪史案的终结》，《西北民族研究》2013年第1期，第21页。

传》、卷68《霍光金日传》、卷71《隽疏于薛平彭传》、卷74《魏相丙吉传》、卷78《萧望之传》、卷92《游侠传》、卷97《外戚传》等10篇。华氏采用王先谦的《汉书补注》为底本，同时参考日本学者的译著和1962年中华书局出版的《汉书》，以及北京大学中文系中国文学史教研室编选的《两汉文学史参考资料》中有关《汉书》的注释。

与德效骞的三卷本《前汉书译注》带有典型学术特征的风格不同，华氏译本的显著特点在于重视译作的内涵与可读性。他不满意德氏生硬、晦涩的翻译风格，认为此种风格明显与班固作品中的高贵气质格格不入，也使英语的精华消失殆尽。因此，华兹生特意打乱原著体例，对于《汉书》中专业化性质较为突出的"书"和"表"，均未涉猎，并且将介绍性部分和注释减少到最低限度。他选取书中最富文学性的传记，突出表现最有代表性的人物与事件，并按照叙事文学重新编排人物出场的顺序，使得人物塑造呈现出小说中人物推进情节的轨迹，从而使译本呈现出一种"史诗般的叙事特质"①。

为了展示班固特有的史料采撷和编辑方式，突出其叙述风格及讽刺手法的多样性，并以此显示《汉书》对中国文化所产生的深远影响，华氏译本除对部分章节进行删减外，多数章节较为完整，每章开头均以《汉书·叙传》中的相关论述为序言。总体而言，华兹生始终坚持面向普通英语读者，注重译文的文学性及可读性，因此并未采用直译方式，而是注重文字的简洁、平易、优美和流畅，且很少加注。在翻译时，他尽量避免使用中文称谓术语，以免造成读者的费解和歧义，且尽可能采用一个英译名对应一个人物并贯穿始终。这种译文风格使得华氏所译注的中国传统典籍逐渐被西方普通读者所了解和欣赏，成为英语国家汉学研习者的必备教材。

不可避免地，华氏的译本也存在着一些缺陷。正如他批评德效骞的翻译因过于学术化而不够流畅，德效骞亦针锋相对地批评道："华兹生对原文作自由性翻译，这通常能呈现其意义但并非总能准确表达中文的意思"，"读者需要警惕的是，华兹生的翻译太过于望文生义"②。另一位汉学家顾传习（C. S. Goodrich）亦认为，"尽可能避免注释"的方法并不可取，华兹生的翻

---

① 李秀英：《华兹生英译〈史记〉的叙事结构特征》，《外语与外语教学》2006年第9期。

② Homer H. Dubs., *Reviewed work（s）: Records of the Grand Historian of China, Translated from the Shih Chi of Ssu—ma Chien, The Journal of Asian Studies*, Vol. 22, No. 2, 1963, pp. 205—207.

译"没有严谨充分利用汉学学识,也没有对其做出贡献;在风格和用语措辞方面,翻译似乎与原文背道而驰;偶尔有所注释,却极少传达真正有价值的东西。基于所有这些方面,这项工作可被认为是一种倒退,而不是前进"。①笔者以为,德效骞与华兹生的译著可谓各有千秋,均为《史记》、《汉书》等中国经典史著在西方的普及做出了贡献。在中国史学史上,《史》、《汉》俱为兼具史学价值与文学成就的典范之作,是以文本的专业性、学术性与文学性、可读性并不是截然对立、不可兼得的目标。比较上述两种译著的真实性和艺术性,正可以取长补短,深化我们对这一问题的认识。

此外,美籍华裔汉学家刘若愚(James J. Y. Liu, 1926—1986)在其著作《中国之侠》中节译了《汉书·游侠传》②,对《史记》、《汉书》所载之游侠进行了系统研究,书中第一章"游侠的历史",介绍了西汉一代游侠朱家、季布、剧孟、郭解、禹章的生平史事和汉朝皇帝对游侠的压制和迫害,被誉为"观点鲜明正确、材料翔实可靠",是"继司马迁《史记·游侠列传》之后第一部综合研究中国历史和文学上的游侠的专著"③。

值得一提的还有以撰写书评见长的美籍华裔史学家杨联陞(Lien - Sheng Yang, 1914—1990)。他始终关注《史记》、《汉书》的译注和研究,在 20 世纪 50—60 年代,先后发表多篇书评,就翻译内容的准确性及概念内涵,与孙念礼(Nancy Lee Swann)④、华兹生⑤、德效骞⑥、刘若愚⑦等翻译家和学者提

---

① C. S. Goodrich. , *A New Translation of the Shih Chi.* , *Journal of the American Oriental Society* , Vol. 82 , No. 2 , 1962 , pp. 191—192.

② [美] 刘若愚:《中国之侠》(*The Chinese Knight Errant*),1967;中译本由周清霖、唐发铙翻译,上海三联书店 1991 年版。

③ 周清霖:《侠与侠义精神》,见 [美] 刘若愚:《中国之侠》,第 4 页。

④ 详见杨联陞英语论文:《孙念礼博士中国古代食货志译注札记》(*Notes on Dr. Swann's Food and Money in Ancient China*)《哈佛亚洲学报》(*Harvard Journal of Asiatic Studies*)1950 年总第 13 卷。

⑤ *Reviewed work:Ssu—ma Chíen, Grand Historian of China. by Burton Watson*, *Harvard Journal of Asiatic Studies*, Vol. 21, (Dec. , 1958), pp. 220—223. 《评华兹生译〈史记〉》(*Review Records of the Grand Historian of China. by Burton Watson*),《哈佛亚洲学报》(*Harvard Journal of Asiatic Studies*)总第 23 卷,1960—1961。

⑥ 详见杨联陞英文书评:《与德效骞教授商榷》(*A Rejoinder to Professor Dubs*),《哈佛亚洲学报》(*Harvard Journal of Asiatic Studies*)1957 年总第 20 卷;英文书评《评德效骞译班固前汉书》(*The History of the Former Han Dynasty by Pan Ku by Homer H. Dubs;Pan Ku;P'an Lo—chi*),《哈佛亚洲学报》(*Harvard Journal of Asiatic Studies*)1956 年总第 19 卷。

⑦ 杨联陞:《书评——刘若愚:中国文史中之侠》(*James J. Y. Liu:the Chinese Knight—Errant*),《清华学报》1968 年第 1 期。

出商榷意见。杨联陞的学术书评在国际汉学界有着广泛影响，在矫正西方汉学界误解误译汉文献的流弊、推进汉学专门领域内的知识发展，以及将中国学术引进西方汉学方面发挥了重要作用。

第二节　20 世纪以来欧美学者的《汉书》研究

上述西文译本为欧美汉学界进行《汉书》和秦汉史研究奠定了良好基础。20 世纪以来，欧美国家的《汉书》研究在深度与广度上不断发展，取得了许多引人注目的成果。就发展阶段而言，20 世纪上半期的西方《汉书》研究以文本译注为主，至20 世纪后半期，考证《汉书》版本、研究《汉书》编撰成就以及班固生平学术的论著不断问世，在《史记》、《汉书》的比较研究方面也出现了一些值得关注的成果，并出现了何四维、鲁惟一、萨金特、毕汉思等一批有影响力的研究者。

一、对《汉书》及班固的研究

（一）对《汉书》编撰成就的研究

20 世纪以来，在一些欧美汉学家和华裔学者介绍中国史学史的通史性论著中，均涉及《汉书》，如美国学者嘉德纳（Charles Gardner）的《中国传统史学》（1938）、洛杉矶加州大学历史系教授韩玉珊的《中国史学纲要》（1955），杨联陞的论文《中国传统的编史工作》（1938）、《二十四史称呼之理论》（1947）和《古代中国历史研究之发展》（1952）等。伦敦大学华斯利教授（W. G. Beasley）与剑桥大学蒲立本教授（Edwin George Pulleyblank，1922—2013）主编的论文集《中国和日本的历史学家》（*Historians of China and Japan*，牛津大学出版社 1961 年版），为西方学者治中国史的必备文献，其中收录了英国汉学家崔瑞德（Denis Twitchett，1925—2006）、格雷（B. Gray）与荷兰汉学家何四维（Anthony Frangois Paulus Hulsewé，1910—1993）的三篇论文——《中国的传记》、《中国 20 世纪前的史学著作》和《汉代历史编纂学简论》，均对《汉书》进行了专门论述。此后，蒲立本撰写了一篇长文《中国史学传统》，被收入英国学者雷蒙·道森主编的论文集《中国之遗产》，该书出版于 1964 年。这一时期值得注意的著作还有唐纳德·莱斯利、科林·马克拉斯和王赓武（1930—　　）共同主编的《中国历史资料论文集》（1975），其中论及中国传统史学的某些问题。这些论著多从探讨班固史学观的角度研究了《汉书》的编纂方法，就其继承《史记》体例、完善纪传体断代史的成就予以肯定。

　　针对一些西方学者认为中国正史中的对话罕有史料价值和史学意义，执教于美国密西西比州立大学的吴淑惠教授（Shu-hui Wu）认为，这样的观点反映了西方学者对中国史学的隔膜和对中国史学传统缺少应有的了解。在论文《"前四史"中的隐形史家》中，她指出，中国的传记体史书包括史家抄载的原始史料、对历史史实的钩稽排比、传主与其他人物的对话，这三部分有机联系，缺一不可。她以"前四史"的纪传为例，提出"隐性史家"一说，即史家隐藏在他们所撰述的各种不同背景的历史人物背后，在特殊历史事件与历史转捩处透露自己的思想而不直接挑明自己的存在。史家扮演幕后者的角色，一来借以推动所述史的进展，二来强调传主的形象，三来发挥史家的议论。她列举《汉书》的《戾太子刘据传》、《燕刺王刘旦传》和《昌邑王刘贺传》，通过文本解读，揭示班固是如何继承《史记》之"互见法"，真实而生动地再现了西汉中期巫蛊事件戾太子反叛、昭帝即位刘旦叛变、上官桀与霍光争权、昌邑王刘贺即位与被废、宣帝即位等惊心动魄的重大事件。作者认为，班固具有严整的撰史态度。或许是因为身为兰台令史、后迁典校秘书郎，这一工作不但使他能够完成大部分书稿，而且在书稿中记载了很多搜集来的第一手史料。因此当他叙述历史事件的时候，他会引用史料，如上奏、策书、诏书、书信等，作为支持其叙述内容的佐证，这同时也体现出他叙史的客观性。作者由此得出结论：中国传统史学的伟大之处，不光是它抄载原始史料与叙述历史，它还要传达史家的精神、学识与期待。历史人物对话是史家构建历史过程、表达历史见解的重要手法，但这些对话并非凭空虚构，而是建立在史料搜集、史实构建的基础上的。研究史学家们的思想与撰史技巧，应该是探讨中国传统史学理论的一个重要方向。因此，对中国正史传记中的对话部分绝不可小觑。①

　　上述论著虽不是专门针对《汉书》研究的专著，但笔者以为，海外华人

---

① 吴淑惠：《"前四史"中的隐形史家》（上），《史学理论与史学史学刊》2016 年（下）；《"前四史"中的隐形史家》（下），《史学理论与史学史学刊》2017 年（上）。

学者对中国传统史书编撰成就、理论价值和审美意蕴的发掘，以及对中西史学理论、方法的比较研究，均可视为对中国传统史学和古代官修正史编撰成就的总结与肯定，对于本章的写作具有重要的启示。

（二）对班固生平及其家族的研究

1944 年，美国汉学家克莱德·萨金特（Clyde B. Sargent）撰成《资治史学：班固和前汉的历史记录》（《远东学术季刊》1944 年第 2 期）一文，对《汉书》的组织结构、编撰体例、记载范围、史料来源以及班固撰史的指导思想进行了分析。1988 年，美国学者蒂罗斯（Pantelis Ellis. Tinios）出版了他的博士论文《班固、匈奴及〈汉书〉卷 94〈匈奴传〉》。他以《匈奴传》为例，研究了班固的撰史方法及宗旨。[1] 安东尼·E·克拉克（Anthony E. Clark）是当代美国汉学界在《汉书》研究方面颇有造诣的学者。他的博士学位论文《兰台中的历史学家：班固〈汉书〉中的辩论术》，分析了班固的史学编撰方法，对许多学者将《汉书》编撰所取得的成就仅视为其在史书结构、体例和历史记录方面的贡献提出异议，指出班固以"宣汉"和"断汉为史"为理论指导，对东汉统治正统性与合法性进行歌颂，为其在朝廷政治斗争中的自我保护和在学术辩论中坚持自己的观点发挥了有益作用。[2] 这一论述有其合理性，但他认为班固著述中的儒家正宗思想是为了取悦皇室和保全自身，以及著史工作的顺利进行，则有失偏颇，显示出他对汉代历史文化背景、班固的撰史宗旨和学术旨趣以及中国古代史学传统的隔膜乃至误读。

此后，克拉克完成了他的另一部著作《班固有关中国早期的历史》，这是近年来西方学界关于班固和《汉书》研究的一部有分量的专著。作者首先介绍了班固及其家族的生平活动，揭示其生活时代的政治背景，以及这一背景对其历史书写的形成所发挥的作用。在回顾了中外学者有关《汉书》的研究和评议之后，作者对于《汉书》的基本内容、体例结构、从司马迁到班固史书编撰的发展、班氏家族的历史、《汉书》对王莽及新朝史的记述等进行了较

---

① ［美］蒂罗斯（Pantelis Ellis. Tinios）：《班固、匈奴及〈汉书〉卷 94〈匈奴传〉》（*Pan Ku, the Hsiung－nu and Han Shu.* 94），安阿伯（Ann Arbor）出版社 1991 年版。

② ［美］克拉克：《兰台中的历史学家：班固〈汉书〉中的辩论术》（*Historian of the Orchid Terrace：Partisan Polemics in Ban Gu's Han Shu*），安阿伯密歇根大学出版社 2006 年版。

为详尽的介绍与评述，认为班固对于中国早期历史的撰述，使得儒家以"天命观"支配政权的政治思想进入一个新的发展阶段。[①]

1931 年，法国华裔汉学家罗振英（Lo Tchen-ying）撰成博士论文《中国史学的程序和方法：一个史学世家及其著作》，从班氏家族的史学编撰方法入手，分析了中国传统史学的撰史方式。[②] 1964 年，荷兰汉学家斯普里克（Otto B. Van der Sprenkel, 1906— ）在《班彪、班固和汉代史学》一书中，介绍了班氏家族、班彪、班固的生活经历和《汉书》编撰的几个阶段，考证了《汉书》的版本。通过对纪传体通史与纪传体断代史的比较，斯普里克分析了司马迁与班固从个人学识素养到历史编撰方法的异同，指出班固堪称中国最伟大的史学家之一。[③]

对班超和班勇的研究，大多见于汉代边疆、民族史和西域、中亚史的研究论著中，专门研究较为少见。目前所知有法国汉学家沙畹的论文《东汉三将军——班超、班勇和梁懂》（1906），惜未见到原文。目前所见班婕妤的传记，仅见于华兹生选译的《汉书·外戚传》。[④]此外，还有一些关于班昭的研究成果。1900 年，美国学者鲍德温（Baldwin, S. L.）曾于 1900 年出版译作《班昭〈女诫〉：〈曹大家文征〉导言》。[⑤] 1932 年，美国学者孙念礼（N. Lee Swann，亦译为李斯万）完成了博士论文《班昭：公元 1 世纪中国最著名的女学者、女作家：其背景、祖先、生平及作品》，是美国学者介绍中国古代知识女性的早期著作之一，也是迄今为止为数不多的西方学者介绍、研究班昭的

① ［美］克拉克：《班固有关中国早期的历史》（*Ban Gu's History of Early China*），坎布里出版社（Cambria Press）2008 年版。

② ［法］罗振英：《中国史学的程序和方法：一个史学世家及其著作》（*Les Formes et les méthodes historiques en Chine，Une famille d historiens et son oeuvre*），里昂大学法汉研究所出版的研究论著第 9 号（*Bibliotheca Franco—sinicalugdunensis，tudes et document /Institut Franco—Chinois de Lyon*），巴黎保尔·古特纳（Paul Geuthner）出版社 1931 年版。

③ ［荷］斯普里克：《班彪、班固和汉代史学》（*Pan Piao，Pan Ku，and the Han History*），澳大利亚国立大学东方研究中心不定期论文 1964 年第 3 号（*The Australian National University，Centre of Oriental Studies，Occasional Paper No. 3*），由澳大利亚国立大学出版社出版。

④ Burton Waston, *Courtier and Commoner in Ancient China：Selections from the History of the Former Han by Pan Ku*，New York：Columbia University Press，1974，pp. 262—265.

⑤ ［美］鲍德温：《班昭〈女诫〉：〈曹大家文征〉导言》（*The Chinese Book of Etiquette and Conduct for Women and Girls，Pan Chao，ca. 49—ca. 120 CE，Entitled，Instruction For Chinese Women And Girls，By Lady Tsao*）纽约 Eaton & Mains 出版社 1900 年版。

代表作之一。①

二、《汉书》专题研究

欧美学者对《汉书》专题的研究，主要集中在"十志"上，其中尤以《食货志》、《刑法志》和《五行志》为最多，对《礼乐志》、《艺文志》、《天文志》和《地理志》亦有所涉猎。此外，还有对于《汉书·古今人表》的研究。

（一）《汉书》志、表研究

1.《刑法志》和《礼乐志》研究

在德国汉学界元老福兰阁（O. Franke, 1863—1946）的专著《儒道与中国国教史研究：〈春秋〉问题与董仲舒的〈春秋繁露〉》中，有对《汉书》卷23《刑法志》的节译。② 荷兰莱顿大学何四维教授自20世纪50年代即开始从事汉简研究，先后发表相关论文十余篇。在他撰写的《汉律拾零·〈汉书〉卷22、23注译与研究》中，节译了《汉书》卷22《礼乐志》和卷23《刑法志》。③ 与《汉书》早期简略、粗糙的译文相比，何氏大量参考中国古代对《汉书》的注释，以及现代（主要是日本）的文献研究成果，对其中晦涩难懂的段落大多进行了成功解读，其注释内容是译文的两倍，集中体现了西方汉学界过去数十年在《汉书》研究领域所取得的成就。

2.《食货志》研究

20世纪30年代，在美国洛克菲勒基金会支持下，中美学者开展了一项名

---

① ［美］孙念礼：《班昭：公元1世纪中国最著名的女学者、女作家：其背景、祖先、生平及作品》（*Pan Chao*, *Foremost Woman Scholar of China*, *First Century A. D.*: *Background*, *Ancestry*, *Life*, *and Writings of the Most Celebrated Chinese Woman of Letters*）。该书1932年被列入密歇根中国研究论丛之五（*Michigan Classics in Chinese Studies No. 5*），由纽约世纪出版公司（*The Century Company*）出版，后于1968年和2001年再版。

② ［德］福兰阁：《儒道与中国国教史研究：〈春秋〉问题与董仲舒的〈春秋繁露〉》（*Studien zur Geschichte des konfuzianis—chen Dogmas und der Chinesischen Staatsreligion*: *DasProblem des Tschun—tsiu und Tung Tschung—schus Tschun—Tsiu Fan Lu*），汉堡福里德里希父子出版公司1920年版。

③ ［荷］何四维：《汉律拾零·〈汉书〉卷22、23注译与研究》（*Remnants of Han Law*, *Vol. I*: *Introductory Studies and an Anno—tated Translation of Chapters 22 and 23 of the History of the Former Han Dynasty*），该书被列入"莱顿汉学丛书"第九卷（*Sinica Leidensia Series*, *Vol. 9*），莱顿布雷尔出版社1955年版。

为"中国历史研究计划"的庞大项目，致力于从《史记》、两《汉书》等正史中摘录古代中国的社会经济史料，翻译成英文。1948 年，伯儒（Rhea C. Blue，亦译为布露）发表论文《汉、魏、隋史：食货志的争辩》，其中第二部分对《汉书》卷24《食货志》及卷91《货殖传》进行了节译。① 1950 年，孙念礼出版专著《古代中国的食货：公元 25 年前中国最早的经济史——〈汉书〉卷 24 以及相关卷 91 和〈史记〉卷 129》，包括《汉书》的《食货志》、《货殖传》和《史记·货殖列传》的翻译。② 1967 年，学者泰（CN. Tay）发表《钱币学与历史：关于〈汉书〉中一些汉字的研究》一文，分析了汉代钱币发行与当时社会经济发展的关系。③

3. 《五行志》研究

瑞典籍汉学家、美国哥伦比亚大学教授毕汉思（Hans. Bielenstein, 1920—2015）是第一个对汉代历史进行细致研究的欧洲学者。他于 20 世纪 40 年代末开始研究汉代历史，1950 年发表了研究论文《〈前汉书〉关于灾异的解释》。④ 与德效骞关注《汉书》灾异记载与历史编撰的关系相似，毕氏将《汉书》十二篇"帝纪"和《五行志》中所记录的前汉时期发生的反常的自然现象，如日食、月食、彗星、两个日晕、地震、雪崩、大水、淫雨、奇冷、蝗灾等进行了统计和对比，并对这些现象产生的种种预兆进行了专门考察。毕氏发现，在"帝纪"当中，史家纯粹是为了写史的需要而记录此类现象，其记载与历史事实本身并不一定吻合，特别是牵涉帝王的生平或政治更替方面，牵强附会的地方更多。毕氏注意到，在中国早期的历史著作中，此类记录的出现并不是为了批评官方，在更大的程度上只是为了客观反映大自然的活动规律；但在《汉书·五行志》中，大自然的反常现象却常常被史家写成

---

① ［美］伯儒：《汉、魏、隋史：食货志的争辩》（The Argumentation of the Shih—Huo Chih：Chapters of the Han, Wei, and Sui Dynastic Histories），《哈佛亚洲研究》1948 年第 1—2 期。

② ［美］孙念礼：《古代中国的食货：公元 25 年前中国最早的经济史——〈汉书〉卷 24 以及相关卷 91 和〈史记〉卷 129》（Food and Money in Ancient China：The Earliest Economic History of China to A. D. 25：Han shu 24, with Related Texts, Han shu 91 and Shih—chi 129），普林斯顿大学出版社 1950 年版。

③ ［美］泰：《钱币学与历史：关于〈汉书〉中一些汉字的研究》（Numismatics and History：A Study of Some Characters in the Han shu），《华裔学志》（Monumenta Serica）第 26 卷，1967 年。

④ ［瑞典］毕汉思：《〈前汉书〉关于灾异的解释》（An Iinterpretation of the Portents in the Tsien Han Shu），斯德哥尔摩《远东古文物博物馆通报》第 22 卷（Bulletin of the Museum of Far Eastern Antiquities Vol. 22），1950 年。

上天对昏君的警策。他根据自己的统计数据绘制了两张曲线表，一是怪异的
自然现象发生频律表，一是社会政治形势动荡曲线表。两相对比，显示出以
下五个调查结果：

　　　　一，《汉书》第二十七章中各种怪异现象征兆的出现，都受到一种原
　　动力的影响，即意图构成对当权者的间接批评；

　　　　二，两条曲线的对比，表明史家批评的力量远在统治者的威力之下；

　　　　三，间接批评始于班固的说法是错的，实际上他如实地记录各种征
　　兆，目的是以春秋笔法秉笔直书，而非批评朝政；

　　　　四，对当权者的婉转批评，并非来自民众而是来自官员；

　　　　五，质询反常的自然现象，以便引起对政治、经济、文化、吏治或
　　某种社会问题的重视，并非统计学上的解释，而是史书中自然存在之物。

　　《汉书》是最早以正史方式详细记录各种怪异现象和事件的官方文件之
一，对《汉书》所记载的各种预兆及反常的自然现象进行综合分析，使得毕
汉思得出了自己对中国传统史学的独到见解。他认为中国与西方史学最大的
不同之处在于：西方的历史书籍完全是学者个人所写的，而中国则是官修史
书，官方的历史家完成了历朝历代史籍的编修任务。中国的史书是世界上材
料最丰富的典籍，但这些材料不能仅简单地搬用，因为官方史籍是以帝王家
族的事迹为中心写成的，为了王室的利益，史家对史料的选择和使用态度往
往偏颇，因此只能为研究工作提供参考材料。毕氏特别指出，在中国早期史
籍——《汉书》中，已经明显地显示出这种趋向。

　　对毕汉思的汉史研究，中国学者陈启云、刘正曾撰文予以评述①，对笔者
颇有启发。作为西方汉学界汉史研究的代表学者之一，毕氏在分析灾异学说
在汉代阴阳五行思想中的意义时，肯定了中国传统史学理论与当时哲学思想
的一致化倾向，这是有创见的。但他由此质疑中国古代史书、特别是官修正
史编撰的真实性，以及以班固为代表的官方史家在史料剪裁、叙事原则上的
公正、客观，则不免流于偏颇。这种偏见在他之后的研究中体现得更为明显，
对此下文有进一步的阐述。

---

　　①　陈启云：《汉儒与王莽：评述西方汉学界的几项研究》，《史学集刊》2007年第1期；刘正：
《海外汉学研究——汉学在20世纪东西方各国研究和发展的历史》，武汉大学出版社2002年版。

　　对《五行志》进行专门研究的还有德国汉学家、美国普林斯顿大学东亚研究系教授柯马丁（Martin Kern）。在他的论文《西汉时代征兆阐释中的宗教忧虑和政治利益——以汉武帝时期（公元前141—前87年）为例》（《中国史学》2000年第10卷）中，以汉武帝统治时期的对于各种异兆的阐释中所体现出的"宗教忧虑和政治利益"，说明《五行志》的记载并不局限于西汉，当这些篇章最终作为《汉书》哲学体系中的有机组成部分之时，它所反映的内容便延续到了东汉时代。

　　4.《天文志》和《地理志》研究

　　德裔美籍汉学家艾博华（W. Eberhard，1909—1989）是研究汉代天文学、尤其是汉代宇宙观的重要学者，在他的论文集《古代中国的星相学和宇宙论》中，收录了他早年撰写的《汉代中国人宇宙观思辨》一文，节译了《汉书》卷26《天文志》，对古代中国的星相学和宇宙论进行了阐述。此后，他又发表了论文《中国汉代天文学和天文学家的政治功能》，亦涉及《汉书·天文志》的研究。①

　　欧美学者有关《汉书·地理志》的研究成果较少，目前可见的仅有美国学者萨金特编著的《〈汉书·地理志〉索引》。根据王先谦《汉书补注》的版本，由前汉末年所认可的郡县名称一览表组成，作者按照韦氏拼音系统字母的排列顺序将《地理志》中的地名编成索引，是颇具参考价值的研究成果。②萨金特是20世纪前期知名的汉史专家，曾长期在中国从事研究工作。他在齐鲁大学工作期间，与顾颉刚等中国学者交往甚密。萨金特在进行此项研究时，获悉顾颉刚也正在编纂《汉书·地理志》的辞典和索引，认为"这些著作对于研究汉代历史的人来说，将会有难以估计的重要价值"，顾颉刚亦盛赞萨金特"到华多载，力学逾人"，治学"毫芒剖析"。

　　对于《汉书》"八表"，目前尚未见到专门的研究成果。仅在美国汉学家

---

　　①　［德］艾博华：《汉代中国人宇宙观思辨》（*Beitrage zur kosmologischen Spekulationder Chinesen der Han—Zeit*）该文上篇收入柏林《巴塞勒档案》（*Bassler Archiv*）总第16卷1933年第1—2期，下篇于1933年收入柏林《普鲁士科学院会议文集》（*Sitzungberichten der Preussischen Akademie der Wis—senschaften*），后收入《古代中国的星相学和宇宙论》，台北中国资料与研究辅助服务中心1970年版；《中国汉代天文学和天文学家的政治功能》，［美］费正清：《中国的思想和制度》，芝加哥大学出版社1957年版。

　　②　［美］克莱德·萨金特：《〈汉书·地理志〉索引》，袁金泉、李昭和译，《四川文物》1997年第2期；《〈汉书·地理志〉索引》（续），《四川文物》1997年第3期。

卜德（D. Bodde，1909—2003）的论文《中国范畴思想的类型》（*Types of Chinese Categorical Thinking*，《美国东方学会会刊》1939 年第 2 期）中，以班固在《汉书·古今人表》中用九类标准将古人划分为"圣人"、"仁人"、"智人"、"中人"、"愚人"为例，作者说明了中国传统思想中存在范畴分类的特点，并由此论证了中国人崇尚秩序与平衡的思想渊源。

（二）对班固文学成就与《汉书》载录诗赋的研究

英国翻译家阿瑟·韦利（Arthur David Waley，1889—1996）致力于中国古典文学的译介。1916 年，他在伦敦出版了第一部中国古典诗歌翻译集《中国古诗选译》①，其中包括汉武帝《秋风辞》和《落叶哀蝉曲》、李陵《别苏武歌》、苏武《留别妻》等汉代诗歌。该书在英国文学界引起了巨大反响，被誉为"一颗新卫星"。此外，他还曾节译了司马相如的《子虚赋》②。

剑桥大学汉学教授翟理斯（Herbert Allen Giles，1845—1935）于 1923 年出版《古文选珍》，按照中国历史朝代进行划分，分两卷节译了中国古典散文与诗歌，其中散文卷包括司马迁、汉文帝、晁错和汉武帝的作品，均选自《史记》和《汉书》。

英国汉学家修中诚（Hughes Ernest Richard，1883—1956）在著作《两位中国诗人：汉代社会生活与思潮简述》（*Two Chinese Poets：Vignettes of Han Life and Thought*，普林斯顿大学出版社 1960 年版）中，对班固和张衡的代表作《两都赋》和《二京赋》所描述的汉代东西两都的生活场景与社会思潮进行了分析比较。

美国汉学家康达维（David R. Knechtges，1943—　）是西方辞赋与汉魏六朝文学研究的权威学者，在中国古代辞赋的译介、研究和传播方面，成果丰硕、贡献突出。他的汉赋研究始于 20 世纪 60 年代，先后出版了三部汉赋研究专著和近 20 篇相关论文。此外，在他翻译的《昭明文选》中，包括班固《两都赋》和相当数量《汉书》所载诗赋、散文。上述成果集中体现在他的著作《康达维自选集：汉代宫廷文学与文化之探微》（苏瑞隆译，上海译文出

---

① 该著作亦译为《中国诗歌 170 首》（*A Hundred and Seventy Chinese Poem*），London Constable and Company Ltd.，1920 年。

② ［英］阿瑟·韦利：《司马相如〈子虚赋〉绪言节译》［*Tsu – hsu Fu（Introduction Only）*］，1923 年。

版社 2013 年版）之中，书中收录了他对司马相如、汉武帝、扬雄、刘歆、班婕妤、班彪、班固、班昭、张衡、蔡邕、鲍照等人辞赋作品的研究。在《皇帝与文学：汉武帝》一文中，康达维以《汉书》所载武帝时期出现的诗赋作品为基本史料，对汉武帝时期的宫廷文学活动进行了系统研究。① 在《汉颂——论班固〈东都赋〉和同时代的京都赋》（此文曾被翻译刊登于《文史哲》1990 年第 5 期）一文中，康氏介绍了班固创作《东都赋》的思想背景、艺术特色及其在文学史上的影响。② 在《汉赋中的纪行之赋》一文中，他将班彪的《北征赋》与屈原的《涉江》、刘歆的《遂初赋》进行了比较。③

美国汉学家宇文所安（Stephen Owen，1946——　）从事中国古典文学研究长达 50 年，在中美学界均产生了广泛的影响。在《中国早期古典诗歌的生成》（生活·读书·新知三联书店 2012 年版）一书中，他对班固《咏史》诗、班婕妤《团扇诗》，以及《汉书》中载录的戚夫人《春歌》、李陵《别苏武歌》等作品进行了深入而细致的解读。宇文所安着重强调回到诗歌生成的"过去"，除了从诗赋文本的内容层面探讨诗歌的主题，还从"作者"和"叙述者"的角度展开研究，由此探讨所研究作品如何继承前代，并被改造、流传至后世的不断"生成"的过程。此外，宇文所安还针对《汉书·李夫人传》进行了细致的解读。他通过分析李延年《佳人歌》和汉武帝《李夫人赋》的抒情手法及内涵，解读汉武帝与李夫人之间恋情的实质，即好色、纵欲且愚蠢、迷信的君王，与以色事人、鸡犬升天的宠妃及其家族之间的利欲纠葛，以此显示兼具儒家史官和道德导师双重身份的班固，对于刻薄寡恩的汉武帝和危害汉朝统治的外戚政治的讽刺。④ 这种将诗歌流传过程中的"价值"之获得纳入研究之中，是一种富有启发性的方法，但或许是出于中美语言文字、审美价值与文化阐释方面的差异，宇文所安的研究亦有论证不甚严密、不合逻辑，甚至过度阐释之处，例如，他认定《咏史》诗是班固作于狱中，甚至可能不是班固所作，显然缺乏有力的证据；但不可否认，这种用西

---

① ［美］康达维著，苏瑞隆译：《康达维自选集：汉代宫廷文学与文化之探微》，上海译文出版社 2013 年版。

② ［美］康达维：《汉颂——论班固〈东都赋〉和同时代的京都赋》，《康达维自选集：汉代宫廷文学与文化之探微》。

③ ［美］康达维：《汉赋中的纪行之赋》，《康达维自选集：汉代宫廷文学与文化之探微》。

④ ［美］宇文所安：《"一见"：读〈汉书·李夫人传〉》，田晓菲译：《他山的石头记：宇文所安自选集》，江苏人民出版社 2003 年版。

方文艺美学理论来阐释中国古典诗文的做法，是值得中国学者关注和借鉴的。

在《班婕妤诗和赋的考辨》一文中，康达维回顾了"被忽略的女诗人"班婕妤的生平史事，认真考察了班婕妤的传世之作，认为《怨歌行》（亦称《团扇诗》）非班婕妤所作、应为东汉时期的作品。对于班婕妤的两篇赋作《捣素赋》和《自悼赋》，康氏亦进行了细致的赏析。他认为"班婕妤的赋中表现出的直率与强烈的感情……带有一种近乎自传以静制动的个人色彩"，班婕妤通过赋作"抒发她的绝望、孤寂及被遗弃的感受，文中充满强烈的情感色彩，代表了西汉辞赋中极少见的真正个人化的作品"，由此认定汉朝第一位女诗人的称号非班婕妤莫属。① 与康达维的观点相近，宇文所安亦认为《怨歌行》并非班婕妤所作，其中包含的"权力机制"——即扇子的主人（皇帝）拥有抛弃扇子（受宠宫人）的权力，皇权拥有者可以随意使用和丢弃将军、其他朝臣和嫔妃，而这首诗正是在权力上属于劣势者对拥有权力者的反抗。这一解读显然包含了更多对现实和历史的考量，为从事《汉书》及古典诗歌研究的中国学者提供了一个全新、独到的视角。

（三）《汉书》版本研究

欧美学者在《汉书》版本考证和注本研究上，也取得了有价值的成果。鲁惟一是较早对《汉书》版本进行考证的学者，1963 年，他发表论文《前汉书的几个近期版本》，分析了《汉书》各种版本及其中的脉络关系，指出它们之间的渊源和差异。② 在他的专著《汉代的行政记录》中，记录了《汉书》收录诏令的木简抄本残片的信息。③ 此外，他还出版了大量有关汉代历史的专著和论文，均涉及《汉书》研究。④ 正是由于他在秦汉史研究方面多有建树，才会成为《剑桥中国秦汉史》的主编之一。

瑞典汉学家艾吉仁（Sören Edgren）的《南宋时期杭州的印刷技术》，是一

---

① ［美］康达维：《班婕妤诗和赋的考辨》，《文选学新论》，中州古籍出版社 1997 年版。

② ［英］鲁惟一：《前汉书的几个近期版本》（*Some Recent Editions of the Chien Han Shu*），《亚洲专刊/泰东》（*Asia Major*）总第 10 卷，1963 年。

③ ［英］鲁惟一：《汉代的行政记录》（*Records of Han Administration*），该书第一、二卷分别于 1967 年、1975 年由剑桥大学出版社出版。

④ 鲁惟一有关汉代历史研究的专著有：《汉代的危机与冲突》，1975 年；《汉代的信仰、神话和理性》，1982 年；《汉代的占卜、神话和君主制》，1994 年；《中国古代典籍导读》，李学勤等译，辽宁教育出版社 1997 年版；《秦、汉、新朝历代人物传记辞典》，2000 年；《汉代人口管理》，2004 年；《汉代行政记录》，于振波、车今花译，广西师范大学出版社 2005 年版；等。

部关于中国早期印刷史的著作。作者重点论述了南宋时期杭州印刷业的发展情况，对于当时的一些珍贵刻本，如《春秋经传集解》、《论语》、《汉书》、《后汉书》等的产生、来源和去向进行了认真调查，"这些图书有的在中国已失传，作者从日本、朝鲜等国的出版材料中寻找端倪，得出了有价值的成果"①。

三、《汉书》人物研究

（一）对王莽和新朝史的研究

对《汉书》人物进行研究，也是欧美《汉书》研究的一项重要成果。其中尤以王莽研究为最多。德国汉学家斯坦杰（H. Stange）在 20 世纪 30 年代，先后发表了两篇有关王莽的论文。② 1941 年，美国学者萨金特的译作《王莽》出版。该书并非《汉书·王莽传》的完整译本，仅翻译了上卷，介绍了王莽早年身世、逐步发迹直至代汉自立的过程。在附录中萨金特完整翻译了班固为《王莽传》所作的"赞"，并以图表再现了王氏自汉初至王莽代汉时的家世渊源及主要社会关系。这是西方汉学界在王莽研究方面的第一部专著，顾颉刚为之作序，称萨氏译著"以流畅之笔译古奥之文，复作为详明之注解与此同时图表以说明其事，而以公正之观察著为引论以说明其意义，有功史学，所不待言"③。

至 20 世纪 80 年代，丹麦学者汤姆逊（R. Thomsen）出版了专著《野心与儒教：王莽传》，较萨金特的研究更为深入。作者不仅介绍了王莽的生平及攫取最高权力、代汉自立的过程，还论及新朝建立后的各项改制措施，如经济改革、儒学建设、对外政策等，及其最终败亡的过程。④ 与其他从事王莽研究的西方学者相同，作者并不认同班固在《汉书·王莽传》中对于王莽的描述与评价，认为王莽的失败只是因为他不切实际地希望以儒家经典改革社会。

---

①　张静河：《瑞典汉学史》，安徽文艺出版社 1995 年版，第 284 页。

②　斯坦杰的两篇论文："*Persnlichkeitund Werk Wang Mangs：Dargestelltnach dem 99 Kapitel der Han Annalen*"，柏林克拉尔出版社 1934 年；"*Die Monographieüber Wang Mang：Tsien—Han—shu Kap. 99*"，收入《东方文化论丛》第 23 号（*Abhandlungenfur die Kunde des Morgenlandes. Bd. 23. No. 3*），由莱比锡布罗克豪斯出版社（F. A. Brockhaus）1939 年出版（1966 年再版）。

③　［美］萨金特：《王莽》（*Wang Mang：A Translation of the Official Account of His Rise to Power as Given in the History of the Former Han Dynasty*），上海绘画艺术图书公司 1950 年版。

④　［丹麦］汤姆逊：《野心与儒教：王莽传》（*Ambition and Confucianism：A Biography of Wang Mang*），丹麦奥胡斯大学出版社 1988 年版。

有关王莽研究的成果，还有鲁惟一根据《史记》、《汉书》编制的秦、汉至新朝的人物传记辞典。①

毕汉思是西方史学界公认的王莽研究专家。1954 年，他以《东汉的复兴》为题成功通过了博士学位论文答辩，此后，他对于王莽和两汉之际的历史进行了深入、细致的研究，陆续出版了三卷本专著《汉室复兴》②。基于其突出的成就，毕氏承担了《剑桥中国秦汉史》第三章"王莽，汉之中兴，后汉"部分的撰写③。他以《汉书》所载新莽史事为基础，大量参考古籍，对王莽发迹、执政至后汉建国的史料进行了详尽的梳理与论述。

在《汉室复兴》第一卷中，作者介绍了王莽新政的内容、性质以及这个政权在农民起义力量的打击下土崩瓦解的过程，探讨了新莽政权迅速垮台、东汉政权得以复兴的原因。他坚持以持平公允的态度评价王莽新政所推行的各项政策，认为王莽本质上是个野心勃勃的封建统治者，但就其对社会发展的态度来说，他又是个无意识的革命者，他的革新从来没有在民众当中生过根，因此很快遭到了彻底覆灭的命运。同时，在史料批判和研究方法上，毕氏也有令人称道之处。通过对比、考察包括《东观汉纪》、两《汉书》在内的唐代之前成书的二十余种相关史籍，毕氏认为，汉代以前的史家只是记录历史大事，至汉代史家才开始综合地编修历史，但这些历史家在材料的选择上往往部分地或基本上带有儒家的忠君与等级观念。这些观点至今仍是有说服力的。

然而，毕汉思的王莽研究也存在较大的偏差甚至错误。首先，在对班固《汉书》的史料依据和编撰方法进行分析之后，毕氏对《王莽传》叙事的可信度提出质疑，将王莽视为中国传统"历史编纂学的受害者"。④ 他断言：

　　受命于天的信仰深深地影响着中国的历史编纂学。古代的历史学家

① ［英］鲁惟一：《秦汉至新朝的人物传记辞典》（*A Biographical Dictionary of the Qin, Han and Xin Dynasties*），2000 年。

② ［瑞典］毕汉思：《汉室复兴》（*The Restoration of the Han Dynasty*，Ⅰ—Ⅲ），先后于1954 年、1959 年和1967 年载于瑞典斯德哥尔摩《远东古文物博物馆通报》第26、31、39 卷。

③ ［英］崔瑞德、鲁惟一主编：《剑桥中国秦汉史》，剑桥大学出版社1986 年版；中译本由杨品泉等翻译，由中国社会科学出版社1992 年出版。

④ 此节所引毕汉思论述，如无标注，均见［英］崔瑞德、鲁惟一主编：《剑桥中国秦汉史》第三章"王莽，汉之中兴，后汉"，中国社会科学出版社1992 年版。

引用、隐瞒、歪曲甚至伪造证据，以证明为什么王朝的创建者值得上天的赐福，对于这种尊贵的资格，他个人是毫不怀疑的。他重视正统性。那些反对天命的人是明显的小人。他们之缺乏道德资质可以从他们的下场中得到证明。古代历史学家在这方面持否定的态度：他给最重要的造反者和皇位觊觎者撰写有偏见的传记，这些人由于他们的行动，已把自己置于有秩序的社会以外。此外，古代的历史学家就没有进一步行动了；对那些反正统王朝的人的主要助手概不写传。……这就是历史编纂学的状况。它对公正地评价像推翻前汉皇室而试图另立自己王朝的王莽这样的人来说是一个主要障碍。因为如果他能如愿以偿，他就会说是沐受了上天的恩泽，古代历史学家就会把他比作以往伟大的王朝创建者。但是随着他政府的垮台和汉朝的复兴，王莽自然而然地成了历史编纂学的受害者。（按，着重号为笔者所加）

毕氏认定王莽被班固"从天子之尊贬为篡位者"，理由之一是班固在《王莽传》中对王莽的相貌进行了刻意的丑化：

汉代的中国人都深信相面术。他们认为面貌反映了性格，并试图根据一个人的相貌来推断他的未来。这就引出了一种假设，即王朝创建者必定有某些共同的外表，于是历史家们就杜撰他们多须、高鼻和有突出的前额。相反，这种伪科学的相面术还需要把皇位觊觎者或篡位者道德的堕落表现在他们的外貌上。因此，王莽被描述为一个巨口短颌、露眼赤睛和声音大而嘶哑的人。（按，着重号为笔者所加）

笔者以为此说并无根据。《汉书》是公认的信史，《王莽传》是研究王莽最权威的第一手材料。班氏家族在西汉时期即与王莽颇有渊源：班固的伯祖父班伯是汉成帝的侍读，曾因直言进谏获得了汉成帝的信任和成帝之母、王莽之姑——元后王政君的赏识；其祖父班稚与王莽是少年时代的好友，后因不肯阿附王莽、进献祥瑞而自请辞官，远离政治中心；班固之祖姑班婕妤因才貌双全成为汉成帝的宠妃，后因赵飞燕姐妹荼毒后宫、残害皇嗣，为避祸而自请供养太后。由于班氏和王莽家族的特殊关系，班氏家族在新莽时代"不显莽朝，亦不罹咎"，包括班固之父班彪在内的一些班氏家族成员，及与班氏交往密切的知名学者如扬雄、桓谭等，都是新莽代汉和汉室中兴这一历史进程的见证者和参与者。可想而知，班固作为距离王莽所处时代最近的史家，对于当时宫廷内外的情形，王氏家族及王莽其人的所作所为必然是相当了解的。加之班氏父子撰写《汉书》时，许多亲身经历了两汉之间大动乱、大变革的人尚存于世，他们的记述和回忆无疑是可靠而有力的旁证。因此，我们有理由相信，在没有新的、令人信服的史料被发现以前，没有人能够提出充分证据证明班固的撰述和评价存在如毕氏所言的"明显的偏见的问题"。

至于毕汉思提出班固恶意丑化王莽的相貌，更是缺乏说服力。王莽的时代距今已过去了两千年，迄今为止并无任何直接证据（如当时流传下来的画像）或间接证据（如其他见过王莽的人对其面貌的描述）来显示其相貌是美是丑，何以见得班固的描述就一定是丑化呢？相较司马迁在《史记·秦始皇本纪》中对秦始皇外貌的描述——"蜂准，长目，挚膺，豺声，少恩而虎狼心"，班固之言并未见多少存心丑化的色彩。为什么就没人置疑司马迁作为汉朝的史官，对于秦始皇的容貌存在恶意丑化之嫌呢？事实上，班固在《王莽传》中只是借用当时宫中一名侍奉王莽的内侍——待诏黄门之言，对王莽的相貌进行了描述[①]，正如司马迁在《史记·秦始皇本纪》中借尉缭之口描述始皇容貌一样。既非史家亲见，何来故意丑化之说呢？

毕氏批评《王莽传》的理由之二是班固的叙述与评价缺乏足够的史料：

当班固编《汉书》，即《前汉书》时，他是以兴复汉室的斗士的观点来写书的。虽然王莽当了15年皇帝，却没有他应有的历史。他占有的篇幅只是《汉书》之末（卷99上、中、下）的一篇传记，文中对他的为人和他的统治进行了连续的批判。《汉书》的其他地方很少提到他和他的支持者；《后汉书》对他的垮台的细节补充得很少。对王莽只能在这样贫困的材料基础上进行评价。（按，着重号为笔者所加）

毕氏这一说法也没有道理。如前所述，《汉书》全书100篇，计80余万字，而《王莽传》一篇即有45000余字，占了全书篇幅的二十分之一，被誉为"全书中第一巨篇，亦为全书中第一变体"；加上其他与新莽历史相关的记

---

① 《汉书》卷99《王莽传中》：莽为人侈口蹙颔，露眼赤睛，大声而嘶。长七尺五寸，好厚履高冠，以氂装衣，反膺高视，瞰临左右。是时，有用方技待诏黄门者，或问以莽形貌，待诏曰："莽所谓鸱目虎吻豺狼之声者也，故能食人，亦当为人所食。"问者告之，莽诛灭待诏，而封告者。后常翳云母屏面，非亲近莫得见也。

载，共占了《汉书》篇幅的约十分之一强。至于书中所记载的内容，也非"连续的批判"，而是详细记述了王莽一生从发迹到败亡的全过程。毕氏认为评价王莽的材料"贫困"，对其支持者论述很少，显然与事实不符。

毕氏的第三个理由是班固"出于政治和哲学的原因"，对王莽的性格行事和改革措施进行了"缺乏根据"的指责和歪曲：

> 王莽不是一个标新立异者。除了土地改革和限制奴隶制的短命的尝试外，他的重大政策是前汉实践的直接继续。这意味着班固对王莽的指责缺乏根据。这些指责是歪曲一个人的手法，出于政治和哲学的原因，他必须被描述为无能的和道德低下的人。……班固的记载中关于王莽对待国境内外非汉族民族的政策也同样有偏见，需要正一正视听。……概括地说，王莽不是班固所述的那个无能、狡猾、伪善和妄自尊大的蠢人。这些都是老一套的和不公正的指责。从积极的一面衡量，王莽是机智而能干。他无疑受自己经历的影响，不愿把自己帝王的权力下放给他人，并且严密地注视着他的官员的表现。他严厉得竟迫使他的三个儿子、一个孙子和一个侄子因犯法而自尽。这与汉代诸帝纵容其亲族相比，应受到称赞。（按，着重号为笔者所加）

细读《汉书·王莽传》，可知班固对于王莽性格、心理的刻画，以及对其言行、处事的评价，并不是一味地丑化和"妖魔化"，而是在事件推进过程中逐步展现其性格，以求完整、全面地再现其精神面貌和心理轨迹。事实上，即便毕氏自己也不得不承认，班固《汉书》成于东汉刘氏复国初期的盛世，按照国史传统，王莽于刘氏汉室是"篡位逆臣"，应受口诛笔伐；加以王莽是"亡国之君"，更应受到严苛的贬斥；但出人意料的是，《王莽传》对王莽的记述并非如此，而是毁誉参半，甚至是誉多于毁，显示了早期中国正史笔法的公允平实，并不由于政治上的考虑而把敌人全面"魔鬼化"，这说明毕氏对中国古代"实录直书"的修史传统是有所理解并认同的。然而，他将原因归结于东汉刘氏虽然重建汉室朝廷，一般人尤其是很多儒士们可能仍然同情、惋惜，甚或继续在内心支持和效忠王莽，因而班固在撰写时不能对王莽过于贬斥，则缺乏说服力。尤其需要说明的是，毕氏将王莽独断专权、猜忌大臣，界定为"机智而能干"的表现，甚至认为王莽为权力斗争而诛杀三子、一孙、一俣的残暴行为，较西汉诸帝而言更值得称赞，则完全背离了基本史实和道德底线。

王莽改制是西方学者关注的一个重点，一些学者认定王莽的改革措施不当是其失败的主要原因，如德效骞和萨金特，但毕汉思却认为王莽未能全面执行其改革措施，其措施在当时并未产生重大实际效应，故而不能被视为新莽政权成败的关键原因。进而，毕氏对新莽政权的败亡和东汉中兴的原因进行了探讨。在重建新莽史实之后，毕氏以倒叙追索的方式，将王莽败亡、汉室重建的过程和因素绘制出这样一条因果链：

黄河水患→流民为盗→地方大姓武装自保→南阳刘氏脱颖而出→新莽政权经过一连串不幸事故（水患、灾民、盗寇、反叛）终于灭亡[1]

针对这一论断，余英时和陈启云都曾撰文指出他的错误。余英时说明王莽时代并没有黄河泛滥造成灾害的事实，东汉时由北到南的移民，也只是毕氏的推测，没有任何证据。[2] 陈启云认为他在分析新莽败亡的问题上，没有将刘姓宗室、儒士文人、地方大姓与农民起义的因素予以充分考虑。[3] 在笔者看来，无论是起兵反莽的平民和地方大姓集团，还是起初拥立王莽后来又叛离的儒生士人，他们反对王莽的动机、目的与策略、方式虽各有不同，但一个不争的事实是：王莽登基后在政治、经济、文化、军事和外交方面的一系列错误政策，导致空前严重的社会危机，致使天灾人祸频仍，百姓流离失所，甚至到了"害遍生民，辜及朽骨"、"中外愤怨，远近俱发"的程度，最终才导致其"城池不守，支体分裂"（《汉书·王莽传赞》）的下场。总体而言，毕汉思对于新莽史事的叙述和对王莽的评价，颠覆了自《汉书》成书两千年以来中国传统史书对于王莽的评述，与现当代许多中国学者对王莽所持的观点也相去甚远。

综观西方学者在王莽研究方面的成果，数量虽不少，但真正有价值、有创见者却不多见，由此可见，西方学界对于中国历史和史学传统的认知与理解，尚存在较大不足与偏颇。许多研究者在缺乏文献和考古成果支持的前提

---

① 参见［美］毕汉思：《汉室复辟》1—3卷（*The Restoration of the Han Dynasty* Ⅰ—Ⅲ），*The Bulletin of the Museum of Far Eastern Antiquity*，1954，1959，1967。

② 余英时：《毕汉思"王莽亡于黄河改道说"质疑》，余英时：《中国知识阶层史论（古代篇）》，台北联经出版事业公司1980年版。

③ 参见陈启云：《汉儒与王莽：评述西方汉学界的几项研究》，《史学集刊》2007年第1期。

下，无视《汉书》是记述新莽历史最早、最全面的第一手文献的事实，一味美化、拔高王莽的性格、行事，将其"托古改制"的原因、性质和措施赋予许多西方意识形态推崇的"民主改革"色彩；完全无视在王莽执政的 23 年中，"民涕泣于道……众庶各不安生"，"及莽未诛，天下户口减半"（《汉书·食货志》）的残酷事实，以及"民皆讴吟思汉，乡（向）仰刘氏"（班彪语）之大势所趋，将新莽政权的败亡原因归于"历史的悲剧"甚至"倒退"——笔者以为，这样的研究不符合历史研究的基本规范和科学精神。在这一问题上，西方学界如不能在研究方法和指导思想上有所改进，这种状况恐难有大的改观。

（二）对《汉书》其他人物的研究

关于《汉书》中的其他人物，还有美国汉学家德范克（John de Francis）对韩信的研究[1]；德国汉学家坎德尔（B. Kandel）对刘安的研究[2]；法国汉学家吴德明（Yves Hervouet）对司马相如的研究[3]；瑞典汉学家琼塞尔（A. Jongchell）和丹麦北欧亚洲研究所学者华道安（D. Wagner）对霍光的研究[4]；等。德国汉学家鲍吾刚（Bauer. Wolfgang，1930—1997）的博士学位论文是《张良与陈平——汉代开国时期的两位政治家》（慕尼黑大学，1953）。在他的专著《中国人的自我画像——古今中国自传体文学、文献综述》中，按时间顺序选取了中国古代文史典籍中 390 人的自传来描绘中国人的性格，第一篇就是出自《汉书·司马迁传》的《报任安书》。

此外，亦有关于扬雄的研究成果。美国学者康达维在译注《汉书·扬雄传》的基础上，出版了专著《汉代辞赋：扬雄赋研究》。[5] 另有巴内特（Bar-

①　［德］德范克：《淮阴侯传》（*Biography of the Marquis of Huaiyin*），《哈佛亚洲研究杂志》第 10 卷，1947 年。

②　［德］坎德尔：*Der Versuch Einerpolitischen Restauration—Liu An，der Knig von Huai-nan*，《东亚自然和民族学协会通讯》第 113 卷。

③　［法］吴德明：《汉朝宫廷诗人：司马相如》，巴黎，1964 年；《史记·司马相如传，编辑并译注》，1972 年。

④　［瑞典］琼塞尔：《〈汉书·霍光传〉译注》（*A Classical Chinese Reader：The Han Shu Biography of Huo Guang，with Notes and Glosses for Student*），瑞典哥德堡爱兰德出版社 1930 年版；华道安：*Huo Kuang och Hans Tid：Taxter ur Pan Ku s Chien Han Shu*，英国柯曾出版社 1998 年版。

⑤　［美］康达维：《汉书·扬雄传》（*The Han Shu biography of Yang Xiong 53 B. C.—A. D. 18*），亚利桑那州立大学亚洲研究中心不定期论文第 14 号（*Center for Asian Studies，Arizona State University，Occasional Paper No.* 14）；《汉代辞赋：扬雄赋研究》，英国剑桥大学出版社 1976 年版，后收入《康达维自选集：汉代宫廷文学与文化之探微》。

nett，M. K.）的论文《乖戾时代对和谐的吁求：汉代哲学家扬雄》（1983），
等。由于条件所限，笔者未能见到这部分成果的原文，无法进行评述，只能
将作者与篇目暂列于此，以备查考。

四、《汉书》与《史记》的比较研究

（一）《史》、《汉》民族传的比较研究

《史记》和《汉书》的比较研究，历来为中外学者关注。1879 年，英国
汉学家金斯密（Thomas William，1837—1910）发表论文《公元前 2 世纪中国
与亚洲中西部的交往》①，即是取材于《史记》、《汉书》所载相关史实。1979
年，何四维出版了著作《中国在中亚：早期，公元前 125 至公元 23 年——
〈汉书〉卷61、卷96 译注》。② 他翻译了《汉书》的《张骞李广利传》、《西
域传》和《史记·大宛列传》，并对其中史料提出了质疑。鲁惟一为该书作
序，论及著作中相关史料的真实性问题，以及何氏所译章节的历史背景，分
析了汉时的中亚历史及汉朝对外关系。鲁惟一的论述在西方汉学界引起了关
注与争议。1981 年，浦立本发表论文《汉朝在中亚》，论述了《汉书》与
《史记》的关系，就《史记》、《汉书》记载西域问题孰先孰后，对何四维和
鲁惟一提出异议。③ 同年，美国汉学家鲍则岳（W. Boltz）发表书评，认为在
二者孰先孰后的问题上，何四维只是提出了一个观点，而非证据。④ 次年，达
费纳（P. Daffinà）也发表论文，就这一问题阐述了不同意见。⑤

此后，上述学者对于这一问题的争论更为深入，集中在两部著作的版本

---

① Thomas William, *The Intercourse of China with Central and Western Asia in the 2nd Century B. C*,
Journal of the North China Branch of the Royal Asiatic Society, 1879, NS. Vol. XIV: pp. 1—29. 该论文后出
版单行本，Shanghai：Printed at the Celestial Empire Office, 1880。

② ［荷］何四维：《中国在中亚：早期，公元前 125 至公元 23 年——〈汉书〉卷 61、卷 96 译
注》（*China in Central Asia：The Early Stage，125 B. C. A. D. 23：An Annotated Translation of Chapters 61 and
96 of The History of the Former Han Dynasty*），《莱顿汉学丛书》第 14 卷（*Sinica Leidensia Series, Vol.
14*），莱顿布雷尔出版社 1979 年版。

③ ［加］浦立本：《汉朝在中亚》（*Han China in Central Asia*），《国际史评论》（*The International
History Review*）1981 年第 3 期。

④ 鲍则岳的书评发表于《亚非学院院刊》（*Bulletin of the School of Oriental and African Studies, U-
niversity of London*）1981 年第 2 期。

⑤ 达费纳：《〈汉书·西域传〉重译述评》（*The Han Shu Hsi Yü Chuan Retranslated. A Review Arti-
cle*），《通报》第 68 卷，1982 年。

和记载何种更为真实、可靠的问题上。1989 年，何四维发表《被遗忘的立国元雄：〈史记〉〈汉书〉贵族年表再考察》一文，将《史记》卷18 与《汉书》卷16 进行了比较。次年，他又发表论文《〈史记〉与〈汉书〉间的惊人差异》，指出《史记·建元以来侯者年表》与《汉书·王子侯表》有明显矛盾之处，二者年限相差竟有 6 年之久，并认定《汉书》中的记载更为可信。① 此后，美国杨百翰大学人文科学院教授韩大伟（David B. Honey）发表论文，通过对《史记》与《汉书》中关于匈奴列传的文本分析，借助信息传播理论中文本与版本间的差异区分，指出《史记》中各章节的版本可能是单独流传的，并以《匈奴列传》为例比较了《史记》与《汉书》中的相关记录，认为《汉书》中有关匈奴的叙述比《史记》中的叙述保存得更为原始，从而得出《汉书》中关于匈奴的记录比《史记》现存版本的记录更为可靠的结论。②

（二）《史》、《汉》历史编撰的比较研究

德国慕尼黑大学汉学研究所教授叶瀚（Hans Van Ess）在"史汉比较"方面亦有建树。在一篇有关马班黄老思想的论文中，他认为司马迁、班固在《史记》、《汉书》中所提及的"黄老"既非哲学思想，也不是宗教思想，而是对于当时具有不同政治主张的重臣的一种分类标准。③ 2008 年，在台湾佛光大学举行的第一届世界汉学中的"《史记》学国际学术研讨会"上，叶瀚提交了论文《〈史记〉篇章中次序的连贯性》（*On the relevance of the sequence of some chapters in the SHIJI*），对《史记》与《汉书》的篇章次序进行比较并区分异同之后，指出《司马相如传》在《史记》中列第 117 篇，而在《汉书》中则列于第 57 篇，两个篇数都有"七"这个数字，而列在《汉书》第 87 篇的《扬雄传》，笔法亦与此相同。司马相如与扬雄同是蜀籍诗人，司马相如与司马谈父子同姓，扬雄也是班家的知心好友，其间应有所关联。此外，《史》、《汉》中的另一个数字"十二"也饶富神奇色彩。叶文以此推论《史》、《汉》篇次的模型，用以钩沉编者的作意，是否合乎史家撰史本意，有待探讨，但

---

① ［荷］何四维：《被遗忘的立国元雄：〈史记〉〈汉书〉贵族年表再考察》（*Founding Fathers And Yet Forgotten Men：A Closer Look at the Tables of the Nobility in the Shih Chiand the Han Shu*），《通报》第 75 期，1989 年；《〈史记〉与〈汉书〉间的惊人差异》，1990 年。

② ［美］韩大伟：《〈汉书〉、原稿证据以及〈史记〉校勘：以匈奴列传为例》，《中国文学》，1999 年。

③ ［德］叶瀚：《在〈史记〉〈汉书〉中的"黄老"之意》，《中国研究》1993 年。

不失为一个独特的视角。

　　柯马丁长期从事先秦两汉的文学研究。在论文《汉史之诗：〈史记〉〈汉书〉叙事中的诗歌含义》（《中国典籍与文化》2007 年第 3 期）中，他以《史记》、《汉书》中所引用的诗歌、谣谚，以及《汉书·艺文志》、《礼乐志》中保存的诗歌目录为对象，探讨了汉代诗学的基本思维对历史编纂学的影响，并就汉代乐府采诗制度进行了专门研究，从而得出结论：《史记》行文恣肆、疏荡而有奇气，《汉书》结构宏伟、叙事庄严信美，二者均可称为兼有诗之意蕴与史之深邃的"咏歌之史"，显示出作者对中国古代诗歌传统及史学编撰的深刻理解与把握。

　　韩大伟先后完成的两篇论文《〈史记·儒林列传〉叙事学初探》（《中国经学》第 12 辑，广西师范大学 2014 年版）和《〈汉书·儒林传〉叙事法初探》两篇论文，借叙事学理论之"四分说"，即情节、人物、观点、意义，以钩稽其叙事之义，比较班固与司马迁编纂二传之异同：司马氏《儒林列传》开篇曰"余读功令，至于广厉学官之路，未尝不废书而叹也"，态度消极；班氏《儒林传》开篇曰"古之儒者，博学乎《六艺》之文"，态度积极；司马氏重私学、轻官学，班氏却重官学、不贬私学；司马氏力成一家之言，班氏乃力成一王之法，五经"皆因近圣之事，以立先王之教"。由此作者得出结论："经学之事多或少各有其义法之用。身为汉廷史臣之后，班氏兼顾巩固其家业之位，如同汉受天之命而统天下，班族受天命以纪其德。总而言之，班固撰《儒林传》旨在倡官学以助其纂《汉书》之大纲，乃不在继司马氏称颂救世治民之诸德，贬责逆行天道之君臣，而在明汉室受天命之大义也。在王新亡后不久，此论尤为切要矣。"[①]

　　美国威斯康星大学东亚语言文学系教授倪豪士（William H. Nienhauser, Jr）在其主持的译著《史记·汉本纪》序言中，对"一小撮西方学者尝试证明《史记》有部分遗失，其遗失部分是复制于《汉书》"的观点进行驳斥。通过对《史记》卷 8《汉高祖本纪》与《汉书》中相同部分的文本比较分析，他的结论是《史记》中的《高祖本纪》是比《汉书》更早的文本。倪氏在总结了西方一个世纪以来的《史记》研究概况后认为，西方的《史记》研究还

---

　　① ［美］韩大伟：《〈汉书·儒林传〉叙事法初探》，《历史文献研究》2015 年第 1 期，第 127 页。

存在三个亟待解决的问题：一是彻底研究《史记》与《汉书》之间的关系；二是更为广泛地考察《史记》文本和其他众多版本的历史；三是出版完整的英译本。① 过去十多年里，美国汉学界关于《史记》的研究正是朝着这三个方向迈进的。依笔者之见，这也是《汉书》研究应努力的方向。

五、《汉书》研究的代表学者与成果

（一）鲁惟一与《剑桥中国秦汉史》

1. 鲁惟一的秦汉史研究

《剑桥中国秦汉史》的主编、英国著名汉学家鲁惟一从 20 世纪 40 年代开始研究中国历史文化，1951 年凭借对中国汉代历史的杰出研究获得伦敦大学亚非研究学院的最高荣誉奖；20 世纪 50 年代末，鲁惟一从居延汉简着手开始研究简牍，成为西方著名的秦汉史研究专家和简牍研究学家。其代表作有：《中华帝国：当代中国的历史背景》（ *Imperial China：The Historical Background to the Modern Age*，1966）、《汉代行政记录》（*Records of Han Administration*，1967）、《汉代中华帝国初期的日常生活》（*Everyday Life in Early Imperial China during the Han Period*，1968）、《汉代中国的危机与冲突》（*Crisis and Conflict in Han China*，1974）、《中国人的生死观：汉代的信仰、神话和理性》（*Chinese Ideas of Life and Death：Faith，Myth and Reason in the Han Period*，1982 ）、《中国古代典籍导读》（ *Early Chinese Texts：a Bibliographical Guide*，1993 ）、《汉代的谶纬、神话与君主政治》（ *Divination，Mythology and Monarchy in Han China*，1994）、《秦朝、西汉和新朝文献辞典》（ *A Biographical Dictionary of the Qin，Former Han & Xin Dynasties*，2000 ）等。

鲁惟一的汉史研究，有以下几个突出特点：一是对于正史地位和史料价值的认识。他以《史记》、《汉书》和《后汉书》为中心，探讨了作为史料的正史的利弊得失。一方面，他指出"研究这个时期的历史学家必须几乎只能依靠中国正史特有形式的史料，只有在特殊情况下才可能求助于其他的文字材料，以确定这些正史的编纂者所依赖的文献，检验它们的叙事是否准确，考察它们的可靠性的问题，或者权衡他们的意见和判断"；另一方面，他也注

---

① 吴原元：《域外近 10 多年来美国的〈史记〉研究》，《中国社会科学报》2009 年 12 月 8 日。

意到了其缺陷，如"缺乏一般某些类别的报道"、"计量的材料只是偶尔散见于各处"，以及"缺乏外部材料的制约"，等。这些观点对初入秦汉史乃至中国古代史研究门径的西方学者来说，有很强的学术指导意义。更为难能可贵的是，鲁惟一注意到了"在某种程度上，《史记》、《汉书》和《后汉书》的历史记录可以被当时或稍后的其他文学作品所修正或补充"，对文学作品的史料意义和价值的关注，是西方学者近代以来的一贯传统，但对中国学者而言却是较新的方法。将文学作品，包括诗歌、小说、戏曲、笔记等用来史料来研究历史，是 20 世纪之后才被中国学界逐渐采用的方法，对于中国社会史、文化史、风俗史的研究的推动作用尤大。①

　　二是关于地下出土材料的史料价值问题。鲁惟一非常重视地下出土材料，很早就注意到了地下出土材料尤其是简牍材料对秦汉史研究的价值和意义。在《剑桥中国秦汉史》中，他高度肯定简牍文书的价值和意义："这些文书作为确定帝国政府法令实际贯彻程度（特别在下级政府）的一种手段，具有巨大的价值。此外，这些档案材料的发现也许可以用来证实过去历史学家的正式记载或者一部公认的历史文书的精确性，就像在墓葬中发现的文学作品的版本可以惊人地证实我们公认的版本的可靠性和检验其精确性一样。"有学者指出，20 世纪 70 年代以来，以睡虎地秦简、张家山汉简、里耶秦简为代表的大量秦汉简牍的出土，让部分长期浸淫在秦汉简牍研究中的中国大陆学者失却了长远的眼光、整体的视野和发展的观点，在大量的细枝末节和碎片化考证中失去了对秦汉社会，尤其是秦汉历史规律性的清晰判断和认知。相较而言，鲁惟一对简牍、简帛材料的重视，显示了作为秦汉史专业研究者的良好素养，但在实际研究的过程中，他并没有被这些文书材料冲昏头脑而轻易否定正史基本判断，而是更多地将文书材料定在补充、完善、修正正史的层次上。②

　　三是对于秦汉史的整体理解问题。鲁惟一认为，从秦到东汉的四个半世纪中，"中国历史几乎在各个方面都经历了进化性的重大变化。在这个时期的

---

① 本节引文，如无特别标注，均出自崔瑞德、鲁惟一主编，杨品泉等译：《剑桥中国秦汉史》，"序言"，中国社会科学出版社 1992 年版。
② 周群：《世界历史进程中的西方汉学研究——以鲁惟一为个案的考察》，《东岳论丛》2016 年第 7 期，第 46 页。

开始，尚不能肯定一个中央集权国家会被认为是统治人民的理想的典范；到了汉末，保存中央集权国家成为每个有野心的政治家的自然的和公认的目标，受过教育的官员可以指望为它效忠和效劳"，"汉代把一个长达两千年基本上保持原状的帝国理想和概念传给了中国。在汉之前，帝国政府是试验性的，并且名声不佳；在汉以后，它已被接受为组织人的正统的规范形式"。鲁惟一的这种观点是带有长远眼光的，并且抓住了秦汉相对于先秦的一个本质差别，而他认为"帝制理想之被人们接受这一成就的取得，部分地是由于汉王朝事业的成功，部分的是由于有意识提倡的各种新的政治观念"，更可谓深入了中国政治思想史的内核。

四是在专业研究和史学普及方面的探索。早在 1967 年出版自己的博士学位论文《汉代行政记录》时，鲁惟一就将该书分成了上、下两卷，以此区分"研究中国历史的一般学者"和"对两汉时期有专业兴趣的学者和历史学家"。此后，他主编了《中国古代典籍导读》，强调"本书不是为汉学研究的新手设计的，而主要是面向那些完成了三四年的基本训练课程，因而熟悉中国文学与历史传统的基本进程的研究者"。该书中译本的译者李学勤对此评价说："虽然是为英语读者指点门径，由于书中比较详尽地论述中国古代各种典籍，并介绍西方及日本研究这些典籍的成果，对于中国读者也会有很大裨益。"① 在《中国人的生死观：汉代的信仰、神话和理性》一书，他在英文版序言中说明"本书试图结合近年的考古发现，为非专业的读者们描述秦汉时期的文化氛围，从而弥补这方面的不足"；而在中文版序言中，则强调此书的写作目的是"在为大学生授课的过程中，在出席有关中国文明的多种学科的学者和研究者所举办的研讨会时，为了让他们获得简便的信息资源，并给西方读者提供便利"。② 对于鲁惟一的贡献，有学者指出："中国大陆的许多学者，往往不屑于进行史料的整理和译介，更不愿意做史学的社会普及工作。这当然与当前的科研评价体系、学术导向密切相关，但改革开放以来学者或者学界的整体功利化倾向，或者说学者自我贬损的学术担当，才是产生这一问题的根本原因。与中国大陆不同，西方学者在这方面往往有着更好的学术

---

① ［英］鲁惟一主编，李学勤译：《中国古代典籍导读》，"序言"，辽宁教育出版社 1997 年版。
② ［英］鲁惟一主编，王浩译：《汉代的信仰、神话和理性》，"序言"，北京大学出版社 2009 年版。

自觉。鲁惟一就是西方学者，或者说至少是西方汉学家的代表。"① 笔者亦深
以为是。

2.《剑桥中国秦汉史》对于班固和《汉书》的评述

《剑桥中国秦汉史》集中了许多西方秦汉史研究领域卓有建树的学者，是
西方研究中国秦汉史最权威、最经典的著作之一。鲁惟一作为主编，亲自撰
写了第二章"前汉"部分。以下笔者拟对其中有关班固和《汉书》的论述，
总结其成就与不足。

在"导言"中，编者充分肯定了《汉书》的史料价值和成就。一是历史
编撰成就。编者认为，《汉书》的编撰可谓纵横兼顾、叙事与分析并重，并且
包括一些生动的、甚至是戏剧性的段落（如项羽的最后一战和死亡，以及李
陵英勇地深入中亚的记载），从而对中国的历史写作产生重大影响："这不但
是因为它为以后的历史树立了结构形式，而且也由于它们的优美的文笔成为
鲜明有力的文章的样板，一直被人们所钦佩和模仿。"编者特别强调了班固所
作"论赞"的价值，认为班固在每卷卷末加进了自己的议论和评价，说明问
题的政治理论和对现行制度或政治实践的批评，"为中国以后的历史编纂学树
立了一个先例"。

二是语言风格。编者认为，《史记》反映的是当时使用的语言，而不是一
心去模仿陈旧的文风；而《汉书》作者则喜爱古文学，有时还使用一些古词。
在论述同一题目的相应的卷中，《史记》与《汉书》的文字往往相同，只是
偶尔有一些语言上的微妙差异，因此对于两部正史中完全一样或几乎一样的
文字，编者就会提供两部著作中的信息，任读者去参考。更重要的是，编者
往往优先采用《汉书》，这样做是出于两个原因：首先，《汉书》中卷的安排
和结尾有时比《史记》中相应的卷更加完整和明确（例如，《汉书》的卷61
和卷96 比《史记》的卷123 用起来更顺手）；其次，由于《史记》的记述结
束于公元前100 年以后不久，集中使用《汉书》似乎是可取的，因为一个贯
穿于整个前汉的题目就可以根据同一种史料进行研究（如《汉书》卷13 至卷
19 的世系表）。这些说明编者对《汉书》在继承《史记》编撰成就的基础上

---

① 周群：《世界历史进程中的西方汉学研究——以鲁惟一为个案的考察》，《东岳论丛》2016 年
第 7 期。

有所发展、创新，体例更完整、结构更严密、记载更完备详尽，且文体风格更受古文影响从而显得博雅弘丽等特点，是有着充分认识的。

然而，由于对《汉书》的成书背景、编撰宗旨、叙事成就和中国历史文化的认知与把握尚存在较大不足，鲁惟一等西方汉学家对于《汉书》史料来源的可靠性、历史叙事的真实性与历史评价的客观性提出了多方质疑乃至否定，具体体现在以下三个方面：首先是史料拣择。编者认为研究这个时期历史的学者几乎只能依靠《史记》、《汉书》、《后汉书》这些中国正史特有形式的史料，只有在特殊情况下才可能求助于其他文字材料，以确定这些正史编纂者所依赖的文献，检验它们的叙事是否准确，考察它们的可靠性，或者权衡它们的意见和判断，因此在批判性地处理材料时要求持谨慎的态度。

其次是历史叙述。编者以为，像《史》、《汉》这一类正史，在西方人眼中，往往都缺乏因果意识，且不够完整。具体表现在：

> 皇帝、诸王和显贵人物等家族的家谱中所收妇女的参考材料没有男人们那样完整；对京师政治事务的报道占绝对大的比重，而对地方性事件的叙述则比较少；计量材料只是偶尔散见于各处，但却大量收录了来自官方或皇帝决定的枯燥的声明或严肃的公告，以及国家文献的提要；正史一个特有缺点是缺乏外部材料的制约。在对外关系方面的论述材料都是用中国人的观点写成的，并且被中国官员的态度、偏见和记录所歪曲。而当时与帝国官员打交道的民族没有留下他们自己叙述这些关系以及谈论对中国的看法的任何文字记录。① （按，着重号为笔者所加）

这些论述显然没有考虑到官修纪传体史书的编撰性质、目的，以及古代史家撰述史书所受到的物质条件的限制。如果说，批评中国古代官修正史缺乏对女性或地方性事件的叙述，尚有一定的道理；但批评正史缺乏对少数民族的记载，显然不符合事实。自《史记》开始记载与汉朝相邻的民族和政权，至《汉书》将这一体例发扬光大，创立《地理志》，增设《西域传》，补充《匈奴传》、《西南夷传》等大量史实，为后世了解汉代军事外交、民族交流和边疆史地等提供了宝贵的史料，并使正史民族传的撰述形成定制。如果

---

① 本节引文，均出自［英］崔瑞德、鲁惟一主编，杨品泉等译：《剑桥中国秦汉史》，"导言"，第4—5页。

没有这些记载，我们今天对于这些区域的情况和各民族的发展历程将无从了解。试想，当时汉朝的文化水平远远高于周边地区，在这些区域生活的民族，许多可能连文字都还没有，更不要说像中央王朝那样设立史官、编撰史书，又怎么可能像《剑桥中国秦汉史》的编者所说的"留下他们自己叙述这些关系以及谈论对中国的看法的任何文字记录"呢？这样的批评显然是脱离实际的。

归纳毕汉思、鲁惟一等西方学者对于以《史记》、《汉书》为代表的中国正史的批评，主要是针对史料的真实性和叙事的意识形态化倾向。究其原因，在于"西方古代没有以撰史为职业的史官，仅有掌管历法的官吏做的记录和一些商业方面的档案和文件，这类原始史料直到史学接受现代科学的影响以后才成为受过专业史籍的训练的史学家的读物。史学成为现代科学以前或极不受人重视，或被当作和论述哲学终极观念的资料，而人们常认为这样的论述是为某种激情或某种野心服务的"。① 上述问题说明西方学者在通过文本解读《汉书》这样的中国传统史学著作时，往往存在着较大的偏见和误区——此为 20 世纪以来海外《汉书》研究存在的最突出的问题之一。

（二）《世鉴：中国传统史学》对于班固和《汉书》的评述

诚如有中国学者对于西方中国史研究者的批评："在通过文本解读中国传统史学的内涵时，在缺乏对第一手资料全面把握和深入研究的情况下，往往先入为主，预设前提，在微观上可能有所成果，但从整体上来看，由于对中国传统史学认识的浅显，没有真正理解中国史学的真面目，以至于出现了诸多偏见和误解，从而做出了未经细察的综述和结论。"② 两位海外华人学者——美国宾夕法尼亚大学历史学教授伍安祖（On - cho Ng）和美国新泽西州罗文大学历史系教授王晴佳（Q. Edward Wang）合著的《世鉴：中国传统史学》③，是英文世界出版的最新而系统论述中国传统史学史的著作，其中对于班固和《汉书》的评述，有力地驳斥了数百年来，西方学界对于以《汉书》为代表的官修正史、乃至整个中国传统史学的片面认识与研究误区。

---

① 杜维运：《中西古代史学比较》，东大图书公司 1988 年版，第 37 页。
② 李蓉：《论美国的〈史记〉研究》，华东师范大学 2006 年硕士学位论文，第 39 页。
③ 伍安祖、王晴佳：《世鉴：中国传统史学》（*Mirroring the Past：The Writing and Use of History in Imperial China*）由夏威夷大学出版社（University of Hawaii Press）2005 年版；中文版由孙卫国、秦丽翻译，中国人民大学出版社 2014 年出版。

全书论述了从先秦到 19 世纪中叶中国传统史学的发展状况与主要特征。在序言中，作者指出，中华文明的史书编撰传统，悠久而绵长，举世闻名。自先秦时代开始，史书编撰就成为中国人阐述和形塑文化的典型方式。从公元前 3 世纪开始，编撰前朝史就已成为惯例。新朝编修前朝历史，成为一项责无旁贷的任务。正史是新朝统治正统性的文字表述，通过帝国诏令重塑过去，成为新朝权威的象征，而开启这一传统的，正是《汉书》。全书第二章"从战国到两汉时期的史学"中，以"班固和断代史的出现"为题，论述了班固编撰《汉书》的政治理念及其对后世历史书写传统的影响。作者指出，汉代两位备受推崇的史学家司马迁和班固，在开创史学写作的新方向上扮演了重要角色。他们的创新形成了史书编撰的纪传体新传统，拓展了史学写作的视野，纪传体成为中国史家记录史实的主要叙述方式。通过"司马迁与班固对历史的教化立场"，作者认为历史不仅具有道德教化功能，同时它还被认为能够提供可靠的社会经济和政治经验教训。因此，历史成为指导当下人们治国安邦最可靠的指导。由此作者得出结论："中国史学家以特定的方式创作历史，因为他们假定历史将会也应该以某种方式进行解读。正如书写历史旨在教育百姓、国家、社会，那么阅读历史也是学习如何达到实用目标的有意行为。"

进而，作者引用杨联陞的观点，即历史之服务于正统，乃是以确认权力转换的正统性来呈现事实。除去治国之道与道德教化功用之外，历史还有其论证政治合法性与政治宣传的作用。在中华帝制时代，断代史的编修，乃是为了证明新政权合法性的政治目的，因此"正统"观念也就是权力的正统和系统性延续的观念。这一传统的确立，正是源自官修正史的典范——《汉书》，最早在史书中提出"正统论"的史家，也正是《汉书》的班固。然而，作者也指出，《汉书》这种不加掩饰地公开将历史视作意识形态、政治正统性及道德教化工具的观念，尽管被视作中国人重视历史的一种明显迹象，但却被许多西方评论者视作中国人记录史实与诠释过去的彻底反历史性的典型力证。西方评论家时常以现代西方史学标准来论断中国传统史学，常常忽视中国传统史家的丰硕成果，其结论往往过于简单化且有失公允。

有鉴于此，西方评论者经常将传统中国皇权对历史写作的干预与控制，视作如实反映历史的障碍。认为由于大多数王朝史都是由任职于官方机构的史官完成的（例如班固的《汉书》），致使史学的批判力与创造精神日渐迟滞。但本书作者却从两个方面对这一观点提出不同意见：一方面，中国历史上对"如实直书"有着一以贯之的坚持，中国史学家历来受到一种精神的激励，这就是被柳诒徵称为"史权"的理想，这一理想的特有力量与说服力，正是来自于其对过去发生之事的如实记载。另一方面，中国人自身十分清楚在朝廷的主导与监督下官修史书中所存在的潜在缺陷。由此，历史编撰的制度化同样意味着史官必须具备捍卫历史真相的本领，以防止腐败与妥协。综览整个中国官修史学"二十四史"的编撰过程，"全面收集史料、公正叙述过去的原则，已经成为官方史学领域的标准。这其中包括广泛收集材料，精心审核史料，编修者之间严密的分工合作，记录规则严格、标准，坚决记录史实真相，评价公允，编修过程中史官的耐心与勤勉，以及文字的简洁明了"。

　　这部著作的另一令人称道之处，在于作者对中国传统史学的本质与研究方法的深刻见解。

　　西方观察者与评论家尽管折服于中国史学丰富而从未间断的记录，但是他们依然乐于借用柯林伍德的话，将中国传统史著概括为"剪刀加糨糊"式的作品，认为其缺少对历史本质与意义的思考，这种批评主要针对的是绝大多数王朝正史所采用的纪传体。但本书作者却指出，在以《史记》、《汉书》为代表的纪传体正史中，传记性文章构成了史学书写的核心部分，因为典范人物被视为古典著作中所包含的永恒原则与价值的直观体现。王朝的兴衰与历史的复杂演变，直接渗透在重要历史人物的生命之中，而通过他们，我们能够对过去时代加以深刻洞察，"帝王本纪和显要人物的列传，通过揭橥历史上个人行为的优劣，来阐明那些久经考验而又值得遵循的原则。这些典范人物与楷模成为后世子孙日常行为及伦理道德的生动向导"。同时，作者注意到，早在司马迁、班固时代，他们就已意识到了纪传本身的不足。因此在此种复合体例之内，同时对某些特定主题兼之以"表"与"书"、"志"体裁。"表"乃历史大事记，"书"、"志"体裁，则对超出传记之外的问题略作补充，涵盖了诸如地理、天文、动植物等主题，范围相当广泛。此外，史官经常以"赞"的形式对传记材料与叙述进行补充说明，并有意识地突出所述人物的重要性。这样的探索，有效地弥补了纪传体史书在体例、编撰和历史叙事方面的不足，笔者以为，此正是纪传体成为贯穿中国古代历史进程的历代王朝正史编撰的典范体例的关键原因，而这正得益于《史记》、《汉书》所取得的巨大成就。

有鉴于此，作者批评了英语世界对中国史学的研究从未真正繁荣过，关注者甚少，持之以恒地研究中国史学的学者更少之又少的现象，认为"对中国传统史学研究的相对贫乏，不仅暴露出西方中国研究领域的学术空白，同时也不利于我们对中华文明全面而深入的理解，因为史学是中华文明不可或缺的部分，史书作为载录道德教训和政治经验的宝库，是中国文人的良师益友，忽视了中国史学传统的研究，就意味着对中国文化观察视野的狭隘化"。[①]笔者以为，这一结论，深刻揭示了欧美学界在《汉书》研究领域所存在的问题及原因，对于当前中国学者的研究亦提出了有益的建言。

小　结

《汉书》是中国古代官修正史的典范，对于中国传统史学的创立和发展有着重大贡献。自 19 世纪下半叶以来，欧美学者对《汉书》的译介与研究日渐深入，出现了一些卓有建树的专家和值得重视的成果。在充分肯定西方《汉书》研究总体成就的基础上，也必须看到，欧美学者对于班固和《汉书》的论述与评价仍存在相当程度的偏颇与误读。究其原因，在于他们对中国传统史学的研究和把握不够准确、深入，诸如史官制度、官修史书的性质、历史编纂理论、彰善瘅恶的叙事传统、"直书实录"的编撰原则和史料的选择、剪裁方法等。诚如有学者所言，"对中国史籍的史料价值加以根本的维护显然十分必要，但西方学者对中国史籍的批评仍有重要的参考价值"。[②] 随着中外史学界对《汉书》及中国古代史研究的深入，我们应更加全面系统地总结和评价这一领域取得的成果，推进中外学界的合作，从而使当代《汉书》研究获得更大的发展。

---

① 本节引文，均出自伍安祖、王晴佳：《世鉴：中国传统史学》"序言"。
② 胡志宏：《西方中国古代史研究导论》，大象出版社 2002 年版，第 72 页。

第三章 20 世纪前期中国的《汉书》 研究（1900—1949）

20 世纪之初，中国学术进入了近代化转型时期，史学研究无论在历史观、方法论和研究视野方面，都有了明显的提升与转变，"那个时代也是近代历史上最大规模的中西古今之学术调适、创新的时期，学术方法上的交互渗透和事例、创新亦可谓'于斯为盛'"①。虽然这一时期出现的成果数量无法与名家辈出、成就卓然的古代相比，但仍出现了一些颇富价值的创新之作。一方面，梁启超、王国维、金毓黻、钱穆、范文澜等均对《汉书》研究有所建树，刘咸炘、李景星、李澄宇、陈衍等人的评议之作延续了传统学术理念与方法研治《汉书》的成就；另一方面，在新的理论方法推动下，现代学科意义上的《汉书》研究逐步建立，出现了诸如《班固年谱》、《班固的史材》、《汉书考索》、《汉书古今人表通检》等专门研究《汉书》的专著和论文。顾实、叶长青、张舜徽等人对《汉书·艺文志》的研究，也在前代基础之上有新的进展。

第一节 近代学术转型之下的《汉书》研究

一、《汉书》研究理论方法的进步

代表中国传统学术最高成就之一的史学，在 18、19 世纪以精湛的方法、丰富的内涵和丰硕的成果达到了高峰。当学术史演进至 20 世纪初，西方学术思潮的大规模引进和近代学科体系的逐步形成，给史学研究带来了重大进步，具体表现在内容的拓展、视野的开阔和理论方法的创新。在《汉书》研究方

---

① 许嘉璐：《近代名家散佚学术著作丛刊》，山西人民出版社 2014 年版，"总序"，第 2 页。

面，梁启超、王国维和顾颉刚的贡献尤为显著。

（一）梁启超的"新史学"与《汉书》研究

自《汉书》成书至19世纪末的近两千年里，学者对《汉书》的研究无论是对文字、史实的考订训释，还是对体例、叙事的评议，抑或是对版本的校勘，大多围绕《汉书》文本而展开。这种情况在20世纪初开始发生改变，研究者"已开始重视对《汉书》在著史体裁上的创造性、班固在历史观上的基本倾向等问题，作了一些带有理论色彩的分析"①，其中最有代表性的就是梁启超。

梁启超（1873—1929），字卓如，号任公，广东新会人。梁启超"生性聪颖"，"自幼嗜读《史记》、《汉书》"，"能成诵者八九"②，他一生著述逾千万字，在文化、学术领域广有建树，史学成就尤为突出。诚如有学者所言："20世纪伊始，梁启超发表《新史学》，倡导'史界革命'，对历史学的变革和走向近代产生了重要的积极影响。"③梁启超的"新史学"理论，对于传统史学研究所带来的重大突破在于：冲破了以"二十四史"为代表的封建史学藩篱和传统的"经史子集"知识体系框架，不再将研究视角局限于文献本身，而是以"包括全部中国文化"的广博视野，从专门史的角度，在政治、经济、文化、宗教、学术思想、文学艺术、社会科学和自然科学等领域对古代典籍进行全新的解读与阐释。他从史学史的角度评价班固著《汉书》的功绩，认为《汉书》具有创造性，班固是断代纪传体史书的开山祖，"司马迁以后，带了创作性的史家是班固。他作的《汉书》，内容比作《史记》还好，体裁半是创作。……到底历史应否断代还有辩论的余地，但断代体创自班固自不可诬。从此以后，断代的纪传体，历代不绝，竟留下了二十余部。称中国历史，必曰二十四史，二十四史除《史记》外，都是断代的纪传体，谈起这体的开山祖，必曰班固。所以班固须占史学史的一段"，"而今者官书二十四部，威

---

① 陈其泰、张爱芳主编：《汉书研究》（论文集），中国大百科全书出版社2009年版，"前言"，第2页。

② 伍庄：《梁任公先生行状》，见夏晓虹主编：《追忆梁启超》，生活·读书·新知三联书店2009年版，第2页。

③ 瞿林东：《20世纪二十四史研究丛书》，中国大百科全书出版社2009年版，"总序"，第2页。

率循而莫敢立异，则班固作俑之力，其亦伟矣"。①

　　然而，由于梁氏亦持有较为明显的"重《史》轻《汉》"倾向，对于《汉书》也存在一些不尽公允的评述。例如，他认为"二十四史非史也，二十四姓之家谱而已"，主要就是针对以《汉书》为代表的纪传体断代史："迁、固二体之区别，在历史观念上尤有绝大之意义焉：《史记》是以社会全体为史的中枢，故不失为国民的历史；《汉书》以下，则以帝室为史的中枢，自是而史乃变为帝王家谱矣。……史名而冠以朝代，是明告人以我之此书为某朝代之主人而作也。……断代史之根本谬误在此。"② 这一看法在 20 世纪前期产生了广泛的影响，其消极作用亦相当明显，至今仍有人以此作为否定传统史学价值的依据。再如，他认为"《汉书》全本于歆之续《史记》，其中多伪古文家言"，也不准确。《史记》成书之后，继之而起出现了众多续补之作，《汉书》是在刘向、刘歆、扬雄等众家《史记》续作的基础上编撰而成，不仅限于刘歆一人，梁氏的观点有明显的偏差。但不可否认，20 世纪以来从史学史角度研究班固和《汉书》者，梁启超实为第一人。

　　对于中国传统学术史的研究，亦为梁启超所取得的最重要的研究成果之一。"盖中国学术之大势，先秦为诸子百家争鸣。西汉之际，伴随着政权的统一，中国的文化学术创造也经历了由诸子自立学说到经生借助于注解儒家经书而立说的转变。汉初的陆贾、贾谊、刘安等人可以看作是此种转变的过渡人物。嗣后二千年学术基本是围绕儒家经典展开的，虽则时有佛、道二氏介入，但本质是儒学"③，至晚清"先秦诸子学"之复活，"实为思想解放一大关键"。梁启超作为"开风气之先"的人物，对诸子学更为究心。在 1926 年完成的《中国图书大辞典·籍录之部·官录及史志》中，他指出："簿录学创自刘氏父子，班固因之成《艺文志》，著录万三千二百六十九卷，实西汉末官书总簿，亦先秦以来典册之一大潴汇也。"通过对《汉志》进行严谨而扎实的研究，梁启超撰写了《中国古代学术流变研究》（中华书局 1936 年版），包括《司马谈论六家要旨书后》、《史记中所述诸子及诸子书录考释》、《汉书艺

---

　　① 梁启超：《中国历史研究法补编》，《饮冰室合集》专集之九十九，中华书局 1989 年版，第 157—158 页。
　　② 梁启超：《中国历史研究法》，河北教育出版社 2000 年版，第 25—26 页。
　　③ 傅荣贤：《汉书艺文志研究源流考》，黄山书社 2007 年版，第 391 页。

文志诸子略考释》、《汉志诸子各书存佚真伪表》等九篇论文。

梁启超重视《史》、《汉》之《儒林传》及《汉书·艺文志》，他提倡"史学书应先读《史记·儒林传》，次《汉书·儒林传》，次《汉书·艺文志》"。① 对于中国上古至两汉的学术史，梁氏以为"孔子之后，诸子并起，欲悉其源流，知其家数，宜读《史记·太史公自序》中论六家要指一段，《汉书·艺文志》中九流一门，《庄子·天下篇》，《荀子·非十二子篇》，然后以次读诸子"，其中尤以《汉志》是"现存书目之最古者。欲考先秦学术渊源流别及古代书籍存佚真伪，必以此《志》为基本。后世书目之编制方法及分类，皆根据或损益此《志》"。② 有鉴于此，他将《汉志》作为研究先秦诸子学术的权威文献及其治学的根基。

《汉书艺文志诸子略考释》认为《汉志》在"治古学稽旧籍"中地位崇高，对于颜师古、王应麟、郑樵、胡应麟、章学诚等人的《汉志》研究进行了评述。与古代学者研治学术史重在"辨章学术，考镜源流"不同，梁氏认为：

> 研究《汉志》，最要注意者在其书目而已。其每家之结论——"某家者流盖出于某某之官"以下，殊不必重视。盖其分类本非有合理的标准，已如前述。其批评各家长短得失，率多浮光掠影语，……其述各派渊源所自，尤属穿凿附会，吾侪虽承认古代学术皆在官府，虽承认春秋战国间思想家学术渊源多少总蒙古代官府学派之影响，但断不容武断某派为必出于某官，……故今作考释，对于此部分不复更词费。③

他系统分析了司马谈《论六家要旨》中的"六家"和《汉志》中的"九流十家"的关系，认为"六家"更为准确地表达了学术分类，"九流十家"是书目分类上的权宜之计：

> 分诸子为九家十家，不过目录学一种利便，后之学者，推挹太过，或以为中垒洞悉学术渊源，其所分类，悉含妙谛而衷于伦脊，此目论也。

---

① 梁启超：《读书分月课程》，《梁启超全集》，北京出版社 1991 年版，385—386 页。

② 梁启超：《汉书艺文志诸子略考释》，引自梁启超：《清代学术概论》，东方出版社 1996 年版，第 184—185 页。

③ 梁启超：《汉书艺文志诸子略考释》，引自梁启超：《清代学术概论》，第 183—184 页。

反动者又或讥其卤莽灭裂，全不识流别，则又未免太苛。夫书籍分类，古今中外皆以为难，杜威之十进分类法，现代风靡于全世界之图书馆，绳以理论，掊之可以无完肤矣。故读《汉志》者但以中国最古之图书馆目录视之，信之不太过，而责之不太严，庶能得其价值也。①

这是他从《诸子略》得出的关于《汉志》、乃至目录学的一般见解。梁启超认为"著书足以备学者顾问，实目录学家最重要之职务也"，无疑是受到了以情报检索为取向的西方目录学思想的影响。这种重视目录在文献检索中的现实效用的观点，对近现代学术产生了深远的影响。

此外，梁氏的《汉志》研究极其重视文献的辨伪，为此专门撰写了《汉志诸子各书存佚真伪表》。他认为"研究《汉志》之主要工作，在考证各书真伪"，他的《考释》体例是："每书之下，首注其存佚，其存而篇卷有异同者必注之，其佚之时代可考见者必注之；其伪书必详加考证，或伪自刘班以前，或非本《志》原书而后人伪补，或伪中出伪，俱一一分别论列；其分类失当，编次失序者，亦间以意绳纠焉，虽不能尽，庶自附于深宁、夹漈私淑之列云尔。"② 梁启超的《汉志》研究，可视为清代朴学思潮的延续，具有承前启后的开创性意义。

（二）王国维的"二重证据法"与《汉书》研究

王国维（1877—1927），字伯隅、静安，号观堂、永观，浙江海宁人。王国维自幼受到严格的传统文化教育，不喜"时文绳墨"，偏好金石文史，在历史、考古、文学、戏曲、音韵、古文字和西北地理等多学科均作出了重要贡献。王国维自称"十六岁见友人读《汉书》而悦之，乃以幼时所储蓄之钱，购前四史于杭州，是为平生读书之始"③，是故有学者认为《史》、《汉》研究是王氏治学的发轫。王国维曾作七绝《读史二十首》，分咏中国全史，其中五首咏汉代故事，字里行间充满了对两汉全盛时期开疆辟土的追慕和向往，试举三首如下：

　　　　汉作昆池始见煤，当年赀力信雄哉。

---

① 梁启超：《汉书艺文志诸子略考释》，引自梁启超：《清代学术概论》，第183—184 页。
② 梁启超：《汉书艺文志诸子略考释》，引自梁启超：《清代学术概论》，第183 页。
③ 王国维：《三十自序》，《王国维文集》第三卷，中国文史出版社 1997 年版，第 470 页。

于今莫笑胡僧妄，本是洪荒劫后灰。

挥戈大启汉山河，武帝雄材世讵多。
轻骑今朝绝大漠，楼船明日下牂牁。

西域纵横近百城，张、陈远略逊甘英。
千秋壮观君知否？黑海西头望大秦。①

这些诗句气势豪壮，"议论新奇而正大"（《学衡》编者按语），得到了罗振玉等名家的称赞。

对于《史记》、《汉书》的研究，贯穿了王国维的整个学术生涯。以其代表作《观堂集林》为例，与《史记》、《汉书》相关的篇章有《汉魏博士考》、《〈汉书〉所谓古文说》、《汉时古文本诸经传考》、《汉时古文诸经有辑写本考》、《两汉古文学家多小学家说》、《太史公行年考》、《汉郡考》（上、下）、《汉会稽东部都尉治所考》、《西域井渠考》、《记新莽四虎符》、《新莽嘉量跋》，等。诚如有学者所指出的"必须对他在《史》、《汉》研究上的成就以及他是怎样把《史》、《汉》方面的研究所得运用到其他学术领域中去获致新成果的"②，才能对王氏之学有深入的把握。

王国维对史学的最大贡献在于将考古学与历史学相结合所进行的开创性研究，他提出的"二重证据法"，以地下实物和历史文献资料互相印证，对近代史学产生了重要的推动作用。其代表作《流沙坠简》，就是运用这种研究方法所得到的成果之一："作者在书中不仅考校文字，诠释词语，疏通文意，还对与之有关的汉晋历史制度进行考证，其中对遗址性质、汉长城走向及郵燧布局、屯戍组织、西域史地、中外交通的研究……至今仍具有很高的学术价值和参考意义。"③ 在为该书撰写的长篇序文中，王国维备述了木简的出土地点以及这些地方在古时的情况，涉及古代文献 20 余种，包括《史记·大宛列

---

① 王国维：《咏史二十首》，《王国维文集》第一卷，第 303 页。
② 萧艾：《王国维与〈史〉〈汉〉研究》，见萧艾：《一代大师——王国维研究论丛》，湖南人民出版社 1988 年版，第 1 页。
③ 王国维：《流沙坠简》，中华书局 1993 年版，"出版说明"，第 1 页。

传》、《汉书·地理志》和《汉书·西域传》等。① 根据这些文献的记载，王氏将考古发现与文献史料相互参证，进一步印证了《史记》、《汉书》等史籍为信史。例如，他根据《史》、《汉》"民族传"和《地理志》中的材料，考证了古长城旧址、汉敦煌郡所置三都尉治所、玉门关的迁徙和古楼兰所在方位，为我国古代西北地理的研究开拓了一条新路。

王国维对《史》、《汉》的精深造诣，还体现在他的另一部力作《齐鲁封泥集存》（《观堂集林》卷一八）之中，这是一部研究古代封泥档案的重要著作。1913 年，王国维随罗振玉寓居日本，考证编次罗氏所藏四百余枚封泥。王氏运用"二重证据法"，以齐鲁封泥档案为依据，取得了令人瞩目的成果。首先是对于古代官制卓有成效的考证。试举几例：一，他证明《汉书》的《诸侯王表》和《百官公卿表》中所载汉诸侯王官属与中央无异。齐鲁封泥中载齐国属官"大匠"、"长秋"等，即相当于汉廷的"将作大匠"、"大长秋"等官职。二，据齐鲁封泥档案补充史志中缺载的汉代朝官与王侯属官。朝官如"洛阳宫丞"、"宫司空"、"私官丞"、"中私官丞"等，王侯属官如"齐武士"、"齐昌守丞"、"齐中右马"、"齐中左马"等。三，据齐鲁封泥档案辨正典籍中未详分别的官职。如王氏考证桐马五丞中之有农丞，乐府之有钟官（此乐府铸钟镈之官、非水衡掌傅钱之官也），钟官之有火丞，但班《表》仅列官府之目，未详分职之名。可想而知，"假如他对《史》、《汉》二书不读得烂熟，面对出土土简，也将徒唤奈何"②。

其次是对古代地理的考证功效尤著，以下亦举几例：一，考证建置，补阙纠错。如齐鲁封泥中有"临菑"、"济北"二郡郡守封泥，有"河间"、"即墨"二郡太守封泥，有"城阳"郡都尉封泥，《汉书·地理志》均未收录，可据此补入。此外王氏还据"临菑守"一印封泥，证明班固以齐郡为秦置是错误的。二，考证地理称号。《汉书》表称列侯所食县曰国，皇太后、皇后、公主所食曰邑，王氏据封泥考得邑丞封泥 28 枚，其中除琅琊为鲁元公主的食邑外，余皆为列侯食邑，此又补正了《汉书》之误。三，校正《史》、《汉》地名之误。如封泥中有"菅侯相印"，据此知《史》、《汉》作"管侯"误；封泥中有"请郭邑丞"、"请郭丞"，据此知《史》、《汉》作"清郭"、"靖

---

① 王国维：《流沙坠简》，"出版说明"，第 1 页。
② 萧艾：《王国维与〈史〉〈汉〉研究》，见萧艾：《一代大师——王国维研究论丛》，第 5 页。

郭"、"清都"等皆误；封泥中有"绛陵邑丞"，据此知《史》、《汉》作"绛阳"、"终陵"均误。四，考辨《史》、《汉》违异。如《汉书》中的"浟夷侯周舍"，在《史记》中"佼"作"郊"；《汉书》中的"郁根侯骄"，《史记》中"郁根"作"郁狼"，如此等等，令后人无所适从。王氏据封泥中有"郊侯邑丞"和"郁狼乡"印，考知《史记》所载为确，而《汉书》为非。凡此种种，不一而足。王国维应用齐鲁封泥档案与《史》、《汉》互证，不仅创获甚多，而且示来者以榜样，被誉为"发千载之覆，诀聚讼之疑，正沿袭之误"①。这些成果，"充分说明王国维为班、马之功臣与诤友。对后学而言，在新的历史条件下，当如何治《史》、《汉》，使古为今用，也带来一些启示"②。

王国维晚年针对法国汉学家伯希和的错误所撰写的《西域井渠考》一文，也是成功运用"二重证据法"的典范篇章。伯氏称我国新疆境内凿井取水，并使地下水道相通，此法很可能来自波斯。王国维引《史》、《汉》证明事实正好相反，波斯此法盖传自中国。全文仅470字，将伯氏主观臆测之说粉碎无遗。有学者以为，这篇力作"在平静温和的笔端流露着深沉的民族自尊感、自豪感。这种深沉的民族自尊感、自豪感与科学的论证凝结在一起，比起热情奔腾的诗歌来，更为动人，更教人认识'知识就是力量'"③。笔者深以为是。

王国维对《汉书·艺文志》也颇有研究。1917年，孙德谦作《汉书艺文志举例》一书，向王国维索序跋。王氏遂作《〈汉书艺文志举例〉跋》，提出："顾曩读《汉志》，有未达者数事，因感君书而辄陈之，以起疑发问，愿君及读是书者共解之。"④ 一是《汉志》全用《七略》，"即以中秘书目为国史书目，但中秘之书亦有不入《汉志》者，如六艺类"；二是班固《汉志》本刘向、刘歆父子的《别录》、《七略》而来，但著录篇目却不尽相同，如《别录》称《礼记》有49篇，古文记204篇，但《汉志》却著录《礼记》131篇；三是班《志》与刘《略》稍有增损，即有"新入"之例，却没有将应该

---

① 姚淦铭、朱瑞芬：《王国维与齐鲁封泥档案》，《山东档案》1994年第1期。
② 萧艾：《王国维与〈史〉〈汉〉研究》，见萧艾：《一代大师——王国维研究论丛》，第5页。
③ 萧艾：《王国维与〈史〉〈汉〉研究》，见萧艾：《一代大师——王国维研究论丛》，第16页。
④ 王国维：《〈汉书艺文志举例〉跋》，引自孙德谦：《汉书艺文志举例》，民国6年（1917）四益宦刊本。

收录的全部收录进去，如《律历志》之刘歆《钟律书》及《三统历》，《天文志》之《甘氏经》、《石氏经》、《夏氏日月传》、《星传》，《五行志》之刘向《洪范五行传》、叔孙通《汉仪》11篇等，均未收入。针对王氏的观点，有学者认为《汉志》与《七略》著录篇目的差异，主要原因在于刘向父子对经书进行了校理、著录、缮写，保留了古文经和今文经的不同篇目，从而使得古文经的文献和学术基础得以确立；至于诸子、诗赋、兵书、术数、方技，包括六艺中的一些五经、传记之外的书，因版本众多、驳杂不齐，故刘氏父子经过取舍之后，合校众多版本为一定本，班固《汉志》即据此采录而成。①

综上可知，《史记》、《汉书》不独为王国维奠定了治学基础，使他终生取之不尽、用之不竭；由此所形成、构建、完善的"二重证据法"，探索古代历史文化真实面貌，"形成了一种公认科学可靠的学术正流"，对于此后的史学研究产生了极重要的影响，"20世纪历史文献研究所取得的学术进步，也都与王国维所开创的学风有关"。②

（三）顾颉刚的"古史辨"与《汉书》研究

在20世纪前期的中国学术史上，顾颉刚、钱玄同等人倡导的"古史辨"运动影响巨大。这是中国新文化运动以后出现的一种以"疑古辨伪"为特征的史学、经学研究的学术思潮，主张用历史演进的观念和大胆疑古的精神，吸收西方近代社会学、考古学等方法，研究中国古代的历史和典籍。由于"汉代学者是第一批整理中国历史资料的人，凡是研究中国古代历史和先秦各家学说的人们一定要先从汉人的基础上着手，然后可以沿源数流，得着一个比较适当的解释，所以汉代学术享有极崇高的地位，人们对于那时候的权威学说只有低头膜拜，就是有一二人不肯服从，驳斥它的不合理的地方，也会遭受到千万倍的压力把他压了下去，它的神圣不可侵犯的地位永远靠了模糊的面貌来维持"③，是以顾颉刚的研究就从系统研究先秦两汉史籍和秦汉学术史入手，由此提出了著名的"层累地造成的中国古史"的观点。在他的著作和读书笔记中，多涉及对《史记》、《汉书》的研究，以及对班固学术思想及

---

① 徐兴无：《王国维〈汉书艺文志举例〉跋"未达者"之一试解——兼及刘向歆父子校书和汉代今古文经问题》，南京大学古典文献研究所主编：《古典文献研究》总第9辑，凤凰出版社2006年版，第152—163页。

② 王子今：《20世纪中国历史文献研究》，清华大学出版社2002年版，第387页。

③ 顾颉刚：《秦汉的方士与儒生》，上海古籍出版社2005年版，"序"，第1页。

成就的评价。

1929 年，顾颉刚任燕京大学国学研究所研究员兼历史系教授，兼在北大上课，主编《燕京学报》。这一时期，顾颉刚决定对旧系统的古史作出清理，先后撰写了一系列重要论文。其中《五德终始说下的政治和历史》一文发表了颠覆性意见，指出刘歆在"五德相生"的理论基础上，通过设置闰统和加入少昊，创作了使该谱同时符合"汉为尧后"与"汉为火德"两个命题，以为王莽篡权服务。为了弥缝这一学说与其他文献的矛盾，刘歆不惜"遍伪群经"。① 这一观点在当时引发了学界的关注与争议。

1935 年，顾颉刚在燕京大学开设秦汉史课程，其讲义初名《汉代史讲义》，后改名为《汉代学术史略》，由上海亚细亚书局出版。该著作为顾颉刚的代表作之一，新中国成立后又经修订，更名为《秦汉的方士与儒生》（上海群联出版社 1955 年版、上海古籍出版社 2005 年再版）。从《汉书》研究的视角出发，笔者以为，顾颉刚的秦汉学术史研究最富理论价值和现实意义之处在于深刻地揭示出：秦汉方士与儒生为了适应于当时统治者的不同阶段的需要，用"五德终始说"来编排的古史系统，在王莽篡政时期定型下来，这些都"暴露了汉代思想的黑暗面"。王莽在政治上虽然失败了，但是这个按照五德相生说杜撰出来的伪古史系统却成为正统的古史而流传下来，至今仍在欺骗着人们。这一论断，与班氏父子著《汉书》之宗旨有契合之处。班氏父子亲身经历两汉之际的历史变局，故而在《汉书》中揭露王莽为篡汉自立命刘歆等人伪造古史经典，"晏然自以黄、虞复出"，大批媚事新莽政权的儒生学者"诵《六艺》以文奸言"，从而对于两汉之际泛滥成灾的谶纬符命之说进行了尖锐的批判。

顾颉刚向来认为汉史很重要，对《史记》和两《汉书》极为重视。他对《汉书》的评议，大多附于其对《史记》的研究之下。他采取康有为《新学伪经考》的方法，"将《汉书》对照《史记》读之……则《汉书》详言古事，与《史记》大反"，例如《汉书》载汉武帝时期，河间献王、鲁共王有"献书开壁"事，"而《史记》无之，则为刘歆之伪窜无疑也"，由此总结出了一个辨别"班马异同的办法"，即"以《史记》为主，遍考《汉书》而辨之。

---

① 顾颉刚：《五德终始说下的政治和历史》，《清华大学学报》（自然科学版）1930 年第 1 期。

以今文为主，遍考古文而辨之。遍考周秦西汉诸书，无不合者。虽间有窜乱，或儒学以外杂书有之，则刘歆采撷之所自出也"①。顾氏比较《史》、《汉》对历史人物的取舍，提出了一个大胆的假设，"使班固为《史记》，则《古今人表》中许多神话人物悉当收入矣"②。

在 20 世纪 30 年代，顾颉刚与徐文珊等人合力标点《史记》，并出版了《史记白文》三册。新中国成立后，他又受命主持"二十四史校点工程"中的《史记》标点工作（中华书局 1959 年版），对于《史》、《汉》的研究更趋深入。"文革"结束后，有人将他于 1965—1966 年在北京香山疗养期间的讲史笔记加以整理，出版了《中国史学入门》一书③，其中包括对《史记》、《汉书》的评议。顾氏在比较《史》、《汉》时指出，《汉书》"改正和充实了司马迁粗疏的地方"，"增加了很多政治、经济、军事的材料，史料价值极高。所以说，读《史记》，不可以不读《汉书》"。他认为"班固不如司马迁聪明，他只能规规矩矩地写，无自己独到见解，只是史料更丰富了"，但同时也肯定了《汉书》"十志"对于中国史学的重要贡献。④

对于《史》、《汉》的研究贯穿了顾颉刚的一生。1993 年，其遗作《班固窃父书》发表。顾氏延续了自应劭、范晔以来有关"班固盗窃父书"的观点，认为《汉书》中的《元帝纪》、《成帝纪》、《韦贤传》、《翟方进传》、《元后传》等篇章应为班彪所作。此外，顾氏还援引魏文帝《典论·论文》中"文人相轻"的观点，"特举班固之鄙薄傅毅为喻"，对于班固的人格缺陷提出批评："其胸怀窄隘，即此可见，无怪乎傲而且狠，有如是也!"⑤ 此说确有道理。至于班固是否"盗窃父书"，在顾颉刚身后有学者提出异议，笔者亦以为有商榷之处。然而，对于《史记》、《汉书》的研究，充分体现了顾氏在"疑古辨伪"的指导思想之下，重视史书真伪和史料来源的严谨态度，其贡献是不容低估的。

① 顾颉刚：《五德终始说下的政治和历史》，《清华大学学报》（自然科学版）1930 年第 1 期。
② 顾颉刚：《〈史记〉〈汉书〉取舍之异》，引自顾洪编：《顾颉刚学术文化随笔》，中国青年出版社 1998 年版，第 219 页。
③ 郑一奇：《顾颉刚讲史笔记的两次重新发现》，《世纪》1994 年第 6 期。
④ 顾颉刚著，何启君整理：《中国史学入门》，北京出版社 2002 年版，第 76—78 页。
⑤ 顾颉刚：《班固窃父书》，《史学史研究》1993 年第 2 期，第 3 页。

二、20 世纪前期的《汉志》研究

20 世纪前期的《汉志》研究，在前人丰硕成果的基础上又取得了新的进展，出现了许多继承与延续传统治学路数的专著，包括瞿润缗《汉书艺文志疏证》、姚明辉《汉书艺文志注解》、顾实《汉书艺文志讲疏》、李笠《汉书艺文志汇注笺释》、李赓芸《汉书艺文志考误》、余嘉锡《汉书艺文志索引》、张骥《汉书艺文志方技补注》、许本裕《汉书艺文志笺》、孙德谦《汉书艺文志举例》、叶长青《汉书艺文志问答》等。其中尤以顾实的《汉书艺文志讲疏》成就最高、影响最大。

（一）顾实《汉书艺文志讲疏》

顾实（1878—1956），字惕生，江苏武进（今江苏常州）人，古文字学家。顾实喜研先秦史籍，具有深厚的国学功底，著述兼涉史、子、集三部；又精通多国语言和西方学术，"究心于古今地理沿革，其后习东西洋史，又探究西北地理"，其代表作有《汉书艺文志讲疏》、《穆天子传西征讲疏》、《重订古今伪书考》、《中国文学史大纲》等。

《汉书艺文志讲疏》（以下简称《讲疏》）撰成于 1921 年顾氏在南京高等师范学校任教之际，由商务印书馆于 1924 年初版（1933 年再版）。顾氏在前人基础上对《汉志》作进一步"搜罗剔刮"，重视文献、文化的梳理，对其中所涉作者生平、著录文献、学派渊源等均进行了精详的考证，是故章太炎谓之"前修未密，后出转精"，成为超越以往考证诸作的《汉志》研究成果。

顾实的《汉志》研究，一个突出特点是注重从学术史的角度来审视先秦典籍，将其中所涉著述放在当时学术史的大背景下予以宏观把握。他从三皇五帝开始述起，将中国上古至先秦的学术之源流发展叙述清楚，凸显《汉志》在学术史上的重要性。这说明，顾氏不仅将《汉志》看成是一部目录学著作，更重要的是将其视作一部较早的学术史著作。在《讲疏》中，顾氏对各序的讲疏条分缕析，材料广博，内容翔实，对每一古书的讲疏分别标明存、残、亡等，讲明其传本源流，列出其主要版本，而后可知某门之发展源流，甚得家法。在具体的讲疏中，通过对文字、音韵等知识的具体运用实现对典籍的宏观把握。在对每一条目梳理时，皆有理有据，广征博引，综合前人说法，予以断语。古人对同一问题的见解一一列出，并提出己见，体现出作者驾驭材料、把握宏观问题的素养，故而富于说服力。

此外，顾实亦十分注重对目录的应用。他对《汉志》进行疏解是希望以目录书的讲疏实现对中国学术源头的把握，从而对某种学术思想予以准确定位，益于读书治学。在对每一书的讲解时，顾实将其在《隋书·经籍志》、《旧唐书·经籍志》、《新唐书·艺文志》、《四库总目提要》中的分类部居及发展源流递相叙明，将每书的著录一一详明，使人了然于胸，同时详细考证其著录年代、篇数。通过这种图书目录探寻的方式，顾实将《汉志》著录书籍亡、存、残等情况一一展现，脉络清楚。这种将目录学作为学术史来看待，充分发挥其"辨章学术，考镜源流"功用的做法，使《讲疏》成为"《汉志》研究史上里程碑式的著作"，"此后关于《汉志》研究的成果，都或多或少地受到《讲疏》的影响"。[①] 该书自 1924 年初版后曾屡次在大陆和台湾重印，1987 年再版时还附有《汉书艺文志书名作者索引》（商务印书馆 1987 年版），此后上海古籍出版社亦于 2009 年再版此书，至今仍是研究《汉志》者首选的参考著作。

（二）叶长青《汉书艺文志问答》

《汉书艺文志问答》（以下称《问答》）为叶长青所作，是一部颇有特色的《汉志》研究著作。叶长青（1902—1942），原名俊生，字长青，又字长清，号长卿，福建闽县人。他师从陈衍，曾在厦门大学国文系和金陵大学国文系任教，曾创办《国学专刊》，建立中国国学研究会并自任会长。叶氏勤于著作，出版著作 10 种，《汉书艺文志问答》是其代表作之一。

叶长青曾于 1926 年发表《汉书艺文志四论》（《学术世界》第 2 卷第 1期），《问答》于 1940 年由正中书局出版（1969 年再版），此后被收入《汉书研究文献辑刊》（国家图书馆出版社 2008 年版），又经华东师范大学出版社2015 年再版。他将《汉志》内容梳理成近 300 个问题，用问答方式予以简明扼要的回答，"以开示始学，而发正拾补王（应麟）、姚（振宗）所不及者数十事"[②]。全书依《汉志》分序与六略七部分，对《汉志》著录体例之"出、入、省"之说，多有阐发。同时以图表形式列出诸家学说的渊源、流派和

① 傅荣贤：《〈汉书·艺文志〉研究源流考》，黄山书社 2007 年版，第 406 页。
② 叶长青：《汉书艺文志问答》，华东师范大学出版社 2015 年版，"曾克耑序"，第 1 页。

《汉志》所涉人物、书目等，令人一目了然，在《汉志》研究著作中可谓独树一帜。

叶长青的《汉志》研究，首在阐明学术源流，他认为"《汉志》各略皆出于史"，此处的"史"即指史官。史官先掌文字，后司记载，继而司征藏，是以叶氏以为后世学术皆源于史官。[1] 学术亦有源、流之分，《汉志》"六略"源于刘向、刘歆父子所作《七略》，叶氏从"六略"的先后顺序推断，当以《六艺略》为源，其余诸略为流。

对于儒家与诸子之学的关系，儒学世家出身的班固承袭刘向、刘歆之说，认为诸子为六经之支与流裔，叶长青却提出了批评。他认为"《庄子·天下》、《荀子·非十二子》、《韩非·显学》、司马谈《论六家要旨》及《淮南·要略》，泛论诸家，要为允当。《七略》首《六艺》而后诸家，此重儒之过，而后世学术不公不明之所由，宜重为厘定者也"；进一步，他结合时代背景进行分析："庄、荀诸家，当汉武尚未崇儒之前，故得平论诸家，犁然有当。向、歆值崇儒之后，身为宗室，又为儒者，不崇儒是反功令而自小其道也。故《七略》之先《六艺》而后诸家，固为后世学术不公不明之由，在今日议之则可，在当日议之则不可。所谓立言各有攸当也。"[2] 这样的观点，堪称知人论世的公允之说。

叶长青坚持传统治学路径，《汉书艺文志问答》一名，取自孔子与弟子问答的形式，探讨道德学术之意。对于年代久远的古书和前人著述，叶氏不轻易怀疑，故视班固《汉书》为信史，不作勉强解读，"班氏之时已不知何世，吾辈后班氏二千年，何必强作解人乎？"对于著述存疑之处，他提出了"约求则得，实指则凿，知所要矣"的审慎态度。[3] 总体而言，《问答》一书在阐释《汉书·艺文志》著述体裁、探究学术源流方面时有创见，对前人误解有所质正，在20世纪的《汉志》研究中有不容忽视的价值。

（三）顾实与叶长青有关《汉志》的争议

顾实与叶长青均为20世纪前期的《汉志》研究名家，但二人在治学方法

---

① 叶长青：《汉书艺文志问答·六艺略》，吴平等主编：《汉书研究文献辑刊》第十册，第323—324页。

② 叶长青：《汉书艺文志问答·诸子略》，第409—410页。

③ 叶长青：《汉书艺文志问答·总序》，第315页。

与观点方面皆然相反。试举一例。叶长青接受章学诚"六经皆史"的观点，"六经之文，皆周公之旧典，以其出于官守，而皆为宪章"，认为六艺本出于三代王官之学，汉世复立五经于官学，也有意于此：《七略》首《六艺》而后《诸子》，《汉志》沿袭，后世演为四部，源流已然明晰。① 但顾实却以为"此排摈百家之言也"，又云"故六艺不言真伪，而诸子往往言依托，非古矣"，认为《汉书》是汉朝官修史书，自然只是"汉氏一政府之说"，有意贬刘向、刘歆和班固，而抬升诸子。② 此正体现出当时在新的理论、方法兴起之时，对传统学术进行研究时出现的分歧。③

概观二书，叶长青的《问答》虽没有顾实的《讲疏》影响大，但其编撰手法和学术思想自有独到之处，对于初学者尤有助益。如果说顾实的《讲疏》是《汉志》的专门之学，那么叶长青的《答问》则可视为《汉志》的普及之作，二者可谓各有千秋。笔者更为赞同的是，叶长青早年在《国学专刊》发表《宣言》曰："疋音不作，国闻陵夷"，认为学者有开来、继往、救亡三大责，故于《问答》中批评先秦诸子的门户之争，"诸子之分，由于道术之裂，往而不返，亦足悲矣。"④ 这一观点在"诸子学"兴起为显学的 20 世纪前期，颇有新意，以此审视顾、叶二人就《汉志》研究所引发的争论，叶氏的态度和观点，无论于学理、还是于情理而言，显然更令人信服。

三、对《汉书》体例叙事的评议

20 世纪前期，传统史学研究受到了近代以来新思潮、新方法的冲击，不再拥有以往的尊崇地位。但是，由于中国古代史学渊源深厚、成果丰硕，仍有相当数量的学者在研究《史记》、《汉书》等经典史籍时，坚持采用考订、注释、评点等传统方法。其中最有代表性的是刘咸炘的《汉书知意》、李景星

---

① 叶长青：《汉书艺文志问答·六艺略》，第 323 页。

② 顾实：《汉书艺文志讲疏·序》，商务印书馆 1924 年版，第 10—11 页。

③ 按，关于顾、叶二人，尚有一段学术趣闻。20 世纪 30 年代顾实被聘为无锡国专教授，顾氏治经向来崇汉学而鄙宋学，但校长唐文治却对宋明理学颇有研究且极为崇尚，顾实对此极为反感，时常在课堂上大骂宋明理学。其时唐文治倚重叶长青，叶在《国专月刊》连载《汉书艺文志问答》，顾氏认为叶文是针对自己的《疏证》而作，便有些情绪。当时该校正在出版由本校教师撰写的著作无锡国立师专丛书，顾氏将自己的新作《中庸郑注讲疏》交予编辑部，公开说明其中部分观点与校长不同。编辑不敢做主，向唐文治请示，唐氏当即指示原稿照登。顾实得知此事后大为感动，认为"唐老雅量不可及"。

④ 叶长青：《汉书艺文志问答》，华东师范大学出版社 2015 年版，"整理弁言"，第 6 页。

的《汉书评议》、李澄宇的《读汉书蠡述》等。这些著作虽然仍采用传统的逐篇评点方式，但却各有特色：刘咸炘注重对史法、史意的推求；李景星注重叙事结构、技巧和风格的探讨；李澄宇注重联系现实，对人物、事件进行评议。这些著作的共同之处在于作者能够跳出传统"重史轻汉"的局限，对《汉书》史法、史意、史事有许多精彩的评述，至今仍是治《汉书》者的重要参考文献。

（一）刘咸炘的《汉书知意》

刘咸炘（1896—1932），字鉴泉，号宥斋，四川双流人。刘咸炘的研究遍及经、史、子、集各领域，被誉为"天才学者"、"一代之雄"，其著述主要收录于遗著《推十书》（成都古籍出版社1996年版）中。刘咸炘之祖父、父亲均为蜀中知名学者，可谓家学渊源。18岁时其父去世，乃就从兄刘咸煃受业，"从兄问文醇肆，即受班书"，从此开始研究《汉书》；随后又研读章学诚《文史通义》，"略窥大体"，对于著述体例的了解更为精深。在22岁时，"旁览旧说，益资析发"，著成《汉书知意》四卷。是书于发明《汉书》义例方面甚有创见，此后他又按照此书体例著成《太史公书知意》、《后汉书知意》和《三国志知意》，合成《四史知意》。

《汉书知意》是刘氏系统研治"前四史"的第一部成果，也是他系统研究《汉书》的理论结晶。全书按照《汉书》篇目次序排列，每篇先予以总述再分论之，或引用他人之论，或直接阐述本人观点。凡前人观点予以赞成者则称引之，意见相异者则辨驳之。总体而言，刘咸炘的《汉书》研究有以下几个特点：一是针对历来《汉书》研究的偏颇和唐代之后"扬马抑班"的倾向，为班固和《汉书》正名。在"序论"中，他开宗明义地宣称：

　　史家并称迁、固，以其创纪传之格，通古、断代，义法皆精也。六朝《汉书》之学盛于《太史公书》，然徒传诂训，不及大义。宋人好读《汉书》，则又以其载事详赡，资策论引据及多词章华藻而已。马书众知其断制，《货殖》《游侠》，论议恢奇，《封禅》《平准》，刺讥显著，故学者多知求其旨意。独治马书者，徒知摘词论事，考据家考订详密，亦只古事古言，鲜推义法，一言体例，则群持后人褒贬之论以概之，马迁所谓"好学深思，心知其意"者竟罕其人。夫班氏自谓"纬六经，缀道纲"，岂徒大言以欺后世？华、谢而成，断代为书，悉遵其规度，列于正

史，十有余家，而开山作祖之书，顾无人深探义例，且致谤焉。史法之
蠹，讵不由此？①

刘咸炘认为"班氏遭后世诋谤，甚于史公，前人辨雪之语，今具录之"，
明言自己作《汉书知意》的目的是"讥班之语，必详载而驳之，非敢甘为佞
臣，诚欲得其本旨，正赖攻错，启发愚蒙，益觉前贤未可轻议"②。在这样的
理念之下，刘氏针对以郑樵为代表的史家学者对班固的严厉批评，以及以韩
愈、归有光、方苞、姚鼐等为代表的文章家重《史》视《汉》的倾向，就历
代史家学者对《汉书》的误解、偏见一一考校、订正，澄清了很多蒙在《汉
书》上的尘垢。例如，以项羽为例，论者多以《史记》将项羽立于本纪、而
《汉书》将其"降"为列传，是班固史识不如司马迁。但刘咸炘却认为班固
并没有矫改司马迁的著史意图，只是通史、断代体例的不同要求使然："马为
二人立本纪、世家，自有义旨，班氏断代为书，定于一尊，不能不降为列传，
非矫马也"，"史迁列羽纪也，班氏列羽传也，各有当焉。迁通史前代，虽秦、
楚弗容贬也；班独史当代，虽唐、虞不能详也"。③

《汉书知意》的另一个特点是注重从历史编撰的角度探讨《汉书》的得
失。刘咸炘继承了章学诚"宏识探源"的治学旨趣和"史家综计学术，不能
以私意弃取"的理念，在研究方法上"明统通类"，注重从宏观视角上把握探
析《汉书》编撰中的相关问题。他对以"唐宋八大家"为代表的古文运动、
以归有光为代表的"唐宋派"，以及清代盛行的桐城派注重文字评点与文章技
法提出了批评，明确宣称自己的《汉书》研究"但论义例，不及文词。旨本
会稽，体异桐城，章句虽多未详，大义庶几粗周"④；因此他并未将注意力置
于《汉书》的辞藻修饰和文字考订之上，而是从"义法"、"史法"着眼，论
究班固治《汉书》之"旨意"。针对《汉书》"断汉为史"的体例得失、班固
是否盗窃父书、有无抄袭《史记》，及其"好采文章"、创立"十志"、不为
项羽立纪、将王莽降入列传之末等许多有争议的问题，刘氏将前人的相关论

① 刘咸炘：《汉书知意·自序》，黄曙辉编校：《刘咸炘学术论集·史学编》，广西师范大学出版
社 2007 年版，第 171 页。
② 刘咸炘：《汉书知意·自序》，黄曙辉编校：《刘咸炘学术论集·史学编》，第 171 页。
③ 刘咸炘：《汉书知意·陈胜项籍传》，黄曙辉编校：《刘咸炘学术论集·史学编》，第 196 页。
④ 刘咸炘：《汉书知意·自序》，黄曙辉编校：《刘咸炘学术论集·史学编》，第 171 页。

述一一列出，进行比较、分析。以《王莽传》为例，王莽代汉立"新"，执政 15 年，但班固却将王莽载入"列传"而未列入"帝纪"之中，历来学者多认为这是班固出于维护汉室"正统"地位的角度出发，违背了"直书实录"的原则。刘咸炘却从史书编撰的角度出发，阐述了"纪"、"传"各自不同的体例特色和撰述要求，说明班固此举更多是考虑符合断代史体例编撰的技术要求，而非以此区别正闰。他引用清人何焯的论述："本纪，史之纲；列传，史之目。记事之体例如此。据事直书，正统、篡窃自见。……盖班、范以后，皆视本纪二字如后世所谓正统然者，故不轻予人，而不知其非史法也。"由此他得出结论："班书断代，称为《汉书》，岂可为莽立纪？……若使班续迁书作通史，必立莽纪矣。当中兴之时，作一代之书，自不得立莽纪，然莽固据位十五年，十五年事不可无纲纪，故其文仍兼用纪体，牵连外戚，置之于末，使居东西二京之间，明其为一代事当为纪，而书体不可纪，乃纪其实而传其名，此正孟坚斟酌精惬之处。"① 刘氏在此不仅驳斥了前人关于《王莽传》体例的错误观点，而且独具慧眼地指出《王莽传》"纪其名而传其实"的体例特点和"牵连外戚，置之与末，使居东西二京之间"的编次意义，说明班固是将王莽的生平史事作为连接两汉历史的一段特殊历史时期来精心安排、撰写的。对此有学者评价："（刘氏）对《汉书》逐篇评说，时时匡正旧议，另立新解。对《汉书》旨意的阐释，往往使人有剔垢除尘之感。"②

此外，刘氏以章学诚私淑弟子自居，在其影响下，将校雠作为读书治学之基础。他强调"明统知类"，以《七略》为校雠之统，故特别重视《汉书·艺文志》。其著作《续校雠通义》中，有《汉志馀义》专门讨论《汉志》分类义例。综括刘咸炘的《汉书》研究，可以看出他强调著史应从如何更准确、客观地表述历史事实的角度去把握，读史则应从"辨章学术，考镜源流"的角度出发，分析前人的得失利弊。在刘咸炘的另一部阐述史学思想的著作《史学述林》中，也对《汉书》编撰的史体、史目、记注、考信等方面进行了论述。概言之，刘氏对《汉书》各篇宗旨及微言大义揣摩得有深度，"他不墨守成规，对相关论述予以批判，以宏观视角论《史》、《汉》之异同，并强

---

① 刘咸炘：《汉书知意·陈胜项籍传》，黄曙辉编校：《刘咸炘学术论集·史学编》，第 229 页。
② 许殿才：《〈汉书〉研究的回顾》，《史学史研究》1991 年第 2 期。

调研读《汉书》应注重源流，具有较强的史学史意识"①，这使得《汉书知意》具有较之前评点之作更高的理论价值。

（二）李景星的《汉书评议》

李景星（1876—1934），字紫垣、晓草，山东费县人。他知识渊博，不但谙熟经史，而且对诗词、歌赋、戏曲、小说均有造诣，对天文、地理、掌故、轶闻也无不探源竟委，新见独出。他一生著作颇丰，计20余种，其中最受关注者为《四史评议》。

《四史评议》包括《史记评议》、《汉书评议》、《后汉书评议》和《三国志评议》，系李景星系统研究"前四史"的专著。李氏治学严谨、细致，持论公允、平实，他自述著述宗旨为"评者，谓持理之平；议者，谓定事之宜"，"虽以文史为主，而亦不废考据……正可为读史之助"②。对于初读"前四史"者，该书的确甚有助益。遗憾的是此书系作者自费印刷，当时仅印了3000册，刊行后还未引起学界重视即爆发了抗日战争，作者未刊之手稿大多亡佚，《四史评议》原书存世者亦极少，因此在很长一段时间内学者对其人、其书所知甚少。至20世纪80年代，经陆永品、韩兆琦、俞樟华等重新点校整理出版，学界才逐渐认识到其价值。近年来，有学者开始对李景星的《史记评议》进行研究，得出了一些值得关注的成果，但对于《汉书评议》尚缺乏足够的重视。

李景星在《汉书评议》"凡例"中说明自己评议《汉书》有四个特点：一是"注重文史各法"，致力于探究史意，以新的思想、观念来解释历史。《汉书》文字古奥、艰深，总有一些内涵、意韵是著史者和读史者"含而未伸"的，李氏读书细致，对每篇的写作意图、篇章主旨都推求得深、发掘得透、表述得简明扼要，得出了不少出人意料又发人深省的结论。例如，《汉书·礼乐志》"通篇详于论乐，略于论礼"，且对汉初叔孙通制定朝仪这件在当时及后世有重大影响的事件并未详细记载，李景星认为是班固不满汉朝礼制，作此志的大旨是"欲修明王制，兴复雅乐，施行贾、董、王、刘诸人之论疏而已"，以此表达自己"六经之道同归，礼乐之用为急"的治国理念。

----

① 张霞、朱志先：《刘咸炘〈汉书知意〉探微》，《宜宾学院学报》2010年第11期。
② 李景星：《史记评议·凡例》，《四史评议》，岳麓书社1986年版，第3—4页。

　　二是于文法、史意之外，"凡政治之得失，人品之贤否，亦必按当日实在情形以衡论而判断之"。例如，班固崇敬司马迁的杰出史才，对其无辜受刑的遭遇深表同情，在《汉书》中为其立传，此系中国古代史书中的第一篇史官传记。但《汉书·司马迁传》通篇6766字，除赞语386个字以外，其余皆为司马迁本人的《太史公自序》和《报任安书》。"或者颇以为讥"，认为此传"非班氏经意之作也"，李景星却认为此"传中之变体也"："盖班氏倾倒司马氏深矣，以为司马氏传非他传可比也，以他人之文传司马氏，不如即以司马氏之文传司马氏也。"① 后人多以班氏父子在《司马迁传·赞》中提出了"史公三失"，认为他们对于司马迁的批评多于褒扬，但李景星却能领会到班固为司马迁立传的深意，这是极有见地的。与此同时，李景星也注意到，司马迁因李陵之祸受刑，故在《史记》中着意叙述李广、李陵祖孙二人所遭受的不公正待遇，且对李陵投降匈奴的举动多有回护，以此曲折地表达自己内心的悲愤与不平；而《汉书》则将李陵和苏武并传，"其传神处，并不在太史公下"，旨在突出"陵之降虏与武之守节又以反正相形也"，"其不满陵之意，于言外见之"，② 由此证明班固对于李陵的评价较司马迁更为公正、客观。这些论断，有助于纠正长期以来学界对《史》、《汉》评价方面的偏颇与失误。

　　三是注重文字对勘。"本书考订，于异同处特详。"李氏着重将《汉书》与《史记》进行比较研究，对两书篇章结构、文字表述及思想观点之异同阐发甚多。《汉书》于武帝之前的史事大多是在《史记》原文基础上重新组织和加工而成的，由此彰显出班固独特的编撰宗旨与叙事特色。例如，《汉书·高帝纪》在叙述刘邦早年史事至登基即位之前，基本沿用《史记·高祖本纪》原文；在叙述楚汉对峙、与项羽的斗争时，则只叙大事，将细节置于项羽、张良、萧何、韩信、王陵等人的传记中，脉络更为清晰、主题更为突出。更重要的是，《汉书·高帝纪》在刘邦称帝后，增补了西汉建国之初的一些重大史事和诏令，涉及西汉开国奖励生产、稳定秩序、安定边疆、选拔人才等重大政策方针。这样的改造使人们更为清晰地认识刘邦其人及其在创业、施政上所采取的方针大略，为后世考察西汉政治、经济发展和民族、边疆事务，以及制度演变、社会习俗提供了珍贵史料。对此李景星一言以蔽之："《史

---

　　① 李景星：《汉书评议·司马迁传》，《四史评议》，第215页。
　　② 李景星：《汉书评议·李广苏建传》，《四史评议》，第206页。

记·高帝纪》以奇肆胜，《汉书·高帝纪》以庄严胜，虽同叙一人之事，而其命意谋篇大不同也。"①

四是注重《汉书》各篇"论赞"，"皆指明其用意，其文辞之佳处，亦力为阐明"。李氏对文章写作技巧非常重视，对每篇纪传都进行了精心的分析评点，并以极富文学性的语言加以描述。例如，《王莽传》为《汉书》"列传"中最长、最有特色的一篇，历来史家学者研读《王莽传》，多注重王莽生平史事的考订、评议，唯独李景星注意到了《王莽传》叙事的高超技巧，赞之为全书"第一巨篇"、"第一变体"："每叙一事，前必有提纲，后必有收结，绝无平铺直叙之弊。更步步照应，处处点醒，如常山之蛇，击首则尾应，击尾则首应，击中间则首尾俱应。是以篇幅虽长，读之不厌其繁。"② 这样生动形象的评议文字，读之令人印象深刻。对于班固精心撰写的《王莽传·赞》，李景星更是赞赏有加，誉之为"汉赞绝唱"。

总之，《汉书评议》是一部经得住历史考验的史学评论著作。李景星从文法史意、篇章结构、叙事手法、语言艺术、人物评价等各方面，对《汉书》进行了极富价值的评议和研究，诚如韩兆琦所言："它可以帮助我们深入地理解作品，可以开阔我们的思路，而且在如何研究历史、如何欣赏文章、如何品评历史人物等方面也都能给我们许多启发与借鉴。"③

（三）其他著作

李澄宇（1882—1950），原名李寰，别号瀛北，字瀛业，笔名洞庭，湖南岳阳人。李澄宇以诗文名噪当世，他极为推崇班固的史才与文采，盛赞班固之辞赋"趋步《离骚》"，赞美《汉书》各卷叙目"典重华贵，信孟坚杰作，后世鲜能效者"。④ 李氏著有《读史蟸言》27 种 77 卷，其中《读汉书蟸述》三卷（湘鄂公司 1933 年版），对《汉书》史事、人物进行简要的评议。这些文字鉴古知今，注重联系现实，颇有新意。

例如，"书《惠纪》"一条曰："我以农立国，故古者天子必知稼穑，及其制禄，代耕为率。汉兴，禄以石计，尚知此意，进则助理，退复明农，士

---

① 李景星：《汉书评议·高帝纪》，《四史评议》，第 131 页。
② 李景星：《汉书评议·王莽传》，《四史评议》，第 259 页。
③ 韩兆琦：《四史评议·前言》，《四史评议》，第 4 页。
④ 李澄宇：《读汉书蟸述》卷三"书《叙传下》"条，吴平等主编：《〈汉书〉研究文献辑刊》第九册，国家图书馆出版社 2008 年版，第 135—136 页。

农相去固未远也。后世士与农离，纵令来自田间，穷骄极侈，恶言粟麦，甚者初入塾门，已等荐绅，既登仕籍，厌父母，一食罄中人之产，一岁黩百万之货，国以此患贫，人以此思乱，可胜痛哉！"① 李澄宇认为汉代官吏秩禄以粮食的计量单位"石"计，缘于古代中国以农业立国的传统。此后随着专制制度的建立和社会经济的发展，由知识精英组成的官僚队伍逐渐脱离农业，成为特权阶层，成为导致国家贫困的根源。此论以古讽今，颇有深意。再如，李氏对于《汉书》"帝纪"所载帝王发迹的神异之兆颇不以为然，认为汉宣帝未登基之前的"异兆"明显是照抄汉高祖微时故事："高祖每酤留饮，酒雠数倍，而宣帝每买饼，所从买家辄大雠，亦可谓克绳祖武，一笑。"② 笔者对此说亦深表赞同。

对于"马班异同"，李氏也有自己的独到心得：

> 凡作史者，论赞而外，以类纂部割为能，不知者谓《汉书》录《史记》，不知《史记》录自他书，他书司马氏可录，班氏岂遂不可录？顾史识何如耳！史料从所同，史识则我所独也。"贯穿经传，驰骋古今，不虚美，不隐恶"，无史识而能之乎？③

这样的见解，体现出作者对于传统历史编纂学理论、方法的深刻理解，以及务实、平允的治史态度。

这一时期值得关注的，尚有中华书局刊行的两种作为教材和普及读物的《汉书》选本——《汉书精华》。一是作为"教科自修适用"的八册本《汉书精华》（1919 年版），一是作为"中国文学精华"的四册本《汉书精华》（1941 年版）。这两种《汉书精华》均采取明代凌稚隆编辑《汉书评林》的体例，节选《汉书》的重要篇章及经典文献、诗赋、辞令，加以标点，并将圈点和前人精彩评语穿插于正文之中，颇有可观之处。

---

① 李澄宇：《读汉书蠡述》卷一"书《惠纪》"条，第 37 页。
② 李澄宇：《读汉书蠡述》卷一"书《宣纪》"条，第 42 页。
③ 李澄宇：《读汉书蠡述》卷二"书《司马迁传》"条，第 91 页。

第二节　现代历史学科的构建与《汉书》研究的新进展

一、史学史专著中的相关评述

20 世纪前期，以历史分期和章节体为主要标志的西文著作模式开始成为中国史书编撰的主流体例。自梁启超提出"史学史的做法"，一些学者开始致力于从史学史角度对《汉书》进行研究。[①] 此外，在通史、秦汉史、文化史专著和一些介绍、评述国学经典的著作中，也涉及班固和《汉书》，以及对西汉历史的研究。在此就其中有代表性的成果予以介绍。

（一）罗元鲲论《汉书》

罗元鲲（1882—1953），字翰溟，湖南新化人。罗元鲲毕生从事教育事业，是毛泽东在湖南第一师范学校读书时的历史老师。他专注于史学研究，编撰过多种专著和教科书。其著作《史学研究》（开明书店 1935 年版）是 20 世纪前期较早出版的史学史著作，下编第二十三章"两汉之史学"中对《汉书》有专门论述。罗氏以为"班固《汉书》，劣于《史记》，古今来已有定论"，但原因却应具体分析。罗氏不同意晋代张辅以言之多寡来论史汉优劣，认为"盖迁喜叙事，至于经述之文，干济之策，多不收入，故其文简。固则于文字之有关于学术，有系于政务者必一一载之，此其所以卷帙多也"，可谓持平之论。罗氏进一步指出《汉书》"所增载者，皆系经世有用之文，不得以烦冗议之也"。由此他得出结论："马班各有短长，未可轻议。迁采诸书，自成为迁之史。固袭龙门，亦自成为固之书。文质繁简，通史断代，随时迁流，二者固各有不可及也。"[②] 这样的见解，较前人是更为深刻、公正的。

（二）魏应麒论《汉书》

魏应麒（1904—1978），字湉甫，福建福州人，曾任中山大学讲师。其著

---

① 梁启超是最早明确提出中国史学史应作为一门专史的学者，他指明了史学史的学科性质和研究范畴，认为至少应该包括以下几个部分：一、史官；二、史家；三、史学的成立及发展；四、最近史学的趋势，奠定了史学史学科的基本理论框架。20 世纪 30—40 年代，一些学者致力于中国史学史的研究，在一些大学相继开设了中国史学史课程；与此同时，出版了多部中国史学史的讲义和专著，此为中国史学史学科初步形成的标志。

② 罗元鲲：《史学研究》，开明书店 1935 年版，第 20 页。

作《中国史学史》（商务印书馆1941年版），是20世纪第一部正式出版的中国史学史专著。其中第二章"两汉之史学"，以"史汉与纪传体"和"司马迁与班固"两节论述了《史记》与《汉书》的史学成就。魏氏首先论述了《史》、《汉》的编撰与纪传体正史产生之渊源，接着又分析了通史与断代两种体例的关系："平心论之，《史记》、《汉书》体制相同，惟断限有异，此则时代使然，非关学力。《史记》之前无断代完备之史，故《史记》不能不上起于黄帝；《汉书》既有《史记》，自无妨就一代之始终而加以纂辑。二书皆负有时代之使命，有莫之为而为之者，通史断代之体裁云云，马班殊无意屑屑于此也。《汉书》以后，代有述作，无不以《汉书》之断限为法，则其故益可知矣。"① 虽然魏氏对通史、断代两种体例并无偏见，但对马、班二人的史学成就有自己的判断。他认为"班固父子对于史实之观察见解，与司马迁显有不同。司马迁虽戚伤身世，语多愤郁，然颇能认识时代之特征，班固父子则不然"，二书在《货殖》、《游侠》等传中的不同思想倾向，作者以为是班固未能体察其中深刻的社会原因而对司马迁妄加评议，却未能使自己幸免于祸，"其尤谬陋"。

值得一提的是，除了重视对中国史学的总体把握，作者还注重分析中国史学不同阶段所呈现的不同特点。如第二章"两汉之史学"专设"五德三统说下之历史观及其影响"一节，考察学术思潮对于史家思想和史书编撰的影响。又在"疑古风气之初开"一节中，论述两汉史学家、思想家对于上古传说、前人著述的批判、怀疑精神，认为"唐代以后，史评之盛，推其根因，则出于阙疑辨妄之态度，而两汉初开之疑古风气，实为其胚胎"。魏氏"将史评作为中国史学发展的内在脉络之一，在中国史学史撰述过程中，以纵向贯通的手法考察中国古代史评的发展大势，并注意到史评在不同阶段所呈现的不同特点以及不同阶段之间存在的因果联系"②，这一点是值得肯定的。此外，作者还专门考察了中国史书体裁的演变过程，突出了以《史记》、《汉书》为代表的纪传体史书的首创、完善之功，对于中国古代史书体裁发展的重要影响。虽然有学者批评魏著存在"宜简略而未能简略"的问题，如第一章"两

---

① 魏应麒：《中国史学史》，商务印书馆1941年版，第96页。
② 杨俊光：《魏应麒〈中国史学史〉的编撰特点》，《廊坊师范学院学报》（社会科学版）2012年第3期。

汉之史学"既设第一节"《史》、《汉》与纪传体"，又在第三节"司马迁与班固"中，专门讲述两位史家的生平事迹和学术贡献，给人一种重复的印象①。但笔者以为，作者的目的应是强调《史记》、《汉书》在中国史学史上的重要作用，以及司马迁和班固对于中国传统史学发展的突出贡献，因此给予较其他史家和著作更多的篇幅来论述，不应只以内容重复、裁剪不当而论。

（三）金毓黻论《汉书》

金毓黻（1887—1962），原名毓玺，字静庵，号千华山民，辽宁辽阳人，著名历史学家和东北史研究的奠基者。其代表作《中国史学史》（商务印书馆1944年版）被誉为"第一部比较完备的中国史学史的著述"。在撰写此书之初，作者就中国史学史的分期问题提出了初步设想，把中国史学分六个发展阶段，即萌芽期、成立期、发展期、中衰期、复兴期和革新期，《史记》、《汉书》诞生于第二个阶段即成立期，两汉之世，"史家以司马迁、班固两家为冠，而史籍则《史记》、《汉书》是也"；第三个阶段即发展期，是为魏晋南北朝期间所出现的史书，如《后汉书》七家、《晋书》十八家、《十六国春秋》、《南史》、《北史》等，俱为"胥汲马、班之流而结灿烂之果者也"。②

金氏断言，"吾国史学，萌芽于孔子、左丘明，而大成于司马迁、班固"③，是以他在《中国史学史》第三章以"司马迁与班固之史学"为题，从"史汉比较"的角度论述了《汉书》的体例、叙事与成就。在体例方面，金氏认为"盖创始者难免疏略，继起者易于该密，《汉书》之优于《史记》，其势然也，自来为《史》、《汉》优劣之论者，烦不胜理"。④金氏以为"《史记》为通史之开山，而《汉书》为断代之初祖"；"范、陈而后诸正史，以断代为主者，皆仰汲班氏之流"；而以会通为主者，如杜佑、司马光、郑樵等，则以司马迁为典范。至于马、班二人之史学，金氏以为"有可得而言者"。一曰史意：马班二氏作史之旨，不期而与孔子暗合，此即章学诚所谓史意也；二曰史法：《史记》、《汉书》未明言有例，然《史记》有《自序》，《汉书》有《叙传》，而例即寓于自序、叙传之中；三曰史例：惜后人无仿杜预成式为

---

①　聂崇岐：《评魏应麒〈中国史学史〉》，《汉学》1944年第1期。
②　金毓黻：《静晤室日记》第六册，"1938年3月4日"条，辽沈书社1993年版。
③　金毓黻：《中国史学史》，商务印书馆1999年版，第49页。
④　金毓黻：《中国史学史》，第58页。

《史记》、《汉书》作释例者，遂致古良史之美意，湮没而不彰，可慨也夫。是则史意也，史法也，史例也，皆二氏史学之可考见者也。① 作为中国史学史在开创时期的代表性著作，金毓黻的《中国史学史》在出版后，曾被民国政府教育部指定为大学教材，此后在中国内地和港台地区翻刻、重印不下十余种，并于21世纪初被收入"二十世纪中国史学名著"丛书（河北教育出版社2002年版）之中。诚如有学者所言，此书"不仅未因历年久远而被淡忘，而且随着岁月的推移反使它的'草创'越发显示出自身的价值"②。

　　另，在朱希祖、王玉璋、蒙文通的中国史学史专著中，也有对班固和《汉书》的评议。朱希祖将史学研究分为词章、考据、义理三个层次："词章属于才，考据属于学，义理属于识"，"故决定今后治史，第一宜致力于文章，以司马迁、班固、陈寿、范晔、韩愈、章太炎为则，而以蔡邕、司马光辅之。第二宜专治一代历史，而考据其全体，庶不流为烦琐之考证。第三宜治社会科学及哲学论理学，则义理不至于偏颇寡陋"③。王玉璋称赞《汉书》是班固"潜精积思，二十余载"的"豪杰之作"，"未能终篇，良可慨也"④。蒙文通推崇《汉书》十志，认为"以《史记》八书衡之班《书》十志，则马迁为有愧也"；又引班固在《汉书·叙传》之语，赞美"班氏比类事物，骋博详核，蔚宗以下，叹为不及。当非史家独擅之长，凡汉人著述，皆主于包罗万有"⑤。这些论断，都从不同角度丰富了人们对于《汉书》的认识。

二、有代表性的学者及《汉书》研究成果

　　在上述史学著作的基础上，20世纪前期出现了一些值得重视的《汉书》研究成果，其中有代表性者有杨翼骧、朱东润和郑鹤声。以下简要介绍之。

（一）杨翼骧的《汉书》研究

　　杨翼骧（1918—2003），山东金乡人，著名史学家。杨翼骧早年在西南联

---

　　① 金毓黻：《中国史学史》，第59页。

　　② 瞿林东：《史家怎样寻找自己——重读金毓黻著〈中国史学史〉》，《社会科学战线》1998年第3期。

　　③ 朱元曙、朱乐川：《先君逖先先生年谱》，浙江省海盐县政协文史委主编：《文史大家朱希祖》，学林出版社2002年版，第193页。

　　④ 王玉璋：《中国史学史概论》第二章"史籍名著评述"，商务印书馆1944年版。

　　⑤ 蒙文通：《中国史学史》，上海人民出版社2005年版，第40页。

大历史系攻读，开始系统学习中国史学史，并大量阅读有关书籍资料。① 20
世纪40年代，他先后完成了《司马迁记事求真的方法与精神》、《班固的史
才》等论文。

在《班固的史才》开篇，杨翼骧指明"在我国史学史上，班固是常常与
司马迁并称的。班固的史才虽然不及司马迁，但他学养很深，又富于综合的
能力，所以他所著的《汉书》，组织完密，叙事详备，足以比美《史记》"。②
他引用刘知幾和郑樵对班固的评价，以表明自己对《汉书》创立纪传体断代
史巨大贡献的推崇。在进行《史》、《汉》比较时，杨氏以为班固"虽依据旧
史，而能别具剪裁之才"，《汉书》"虽然仿效《史记》的体例，取资《史记》
的材料，但并非一味因袭而不知变通改革。如改《书》为《志》，取消《世
家》，增加《刑法》、《地理》、《艺文》诸志；叙述汉朝武帝以前的史事，也
重新费过排比、整理、增补、删节的功夫，比《史记》的原文详细正确"。

对于郑樵贬斥班固的观点，杨翼骧持反对态度，认为郑氏显然是"意气
用事，厚诬古人"："班固因循《史记》的规模而有所改进，并不是他的史才
高于司马迁，并不足以特别值得赞美炫耀；但他确有深厚的功力，独到的才
能，绝不像郑樵所说的那么低能，是不待烦言的"；"对于体例方面的批评，
各人的见解虽有不同，而其（班固）潜精积思二十年，撰成一部巨大的史书，
在史学上的功绩是不可抹煞的。更不能因其著作的体例不合己意，就连他的
为人与学力也一概骂为一文不值了。所以郑樵这篇议论，确乎失掉了史学批
评家的公正态度与客观精神，是不能令人赞同的"。

此外，杨氏指出，《汉书》以详赡完备见称，所以卷帙繁复，并不像晋人
张辅所言是个弱点，事实上，《汉书》记载前汉一代的事迹，因为史料丰富，
叙述详备，卷帙自然增多。史才的优劣，绝不能以文字的多寡来决判。所以
张辅的见解实在浅陋，不明了记事的原则。所谓叙事的烦简，要从史文的内
容来看，不能只从篇卷字数的多寡上评其得失。综上所言，杨氏得出结论：

> 班固的创作天才虽然不及司马迁，而以综合整理的能力见长，再加
> 以高博的学养，优美的文辞与深厚的功力，所以他所著的《汉书》能与

---

① 宁泊：《史学史研究的今与昔——访杨翼骧先生》，《史学史研究》1994年第4期。
② 此节引文，均出自杨翼骧：《班固的史才》，《经世日报·读书周刊》第70期，1947年12月
17日。另，此文亦见于陈其泰、张爱芳主编：《汉书研究》，中国大百科全书出版社2009年版。

《史记》并传并重，而他在史学史上的地位，也与司马迁相提并论了。①

新中国成立后，杨翼骧长期从事史学史研究和教学，先后编撰、出版了《秦汉史纲要》（上海新知识出版社 1956 年版）、《中国历史大辞典·史学史卷》（与吴泽合编，上海辞书出版社 1983 年版）、《中国史学史资料编年》四册（南开大学出版社 1987 年版、商务印书馆 2013 年版）。在《中国史学史讲义》（天津古籍出版社 2006 年版）第三章"古代史学奠立基础的时期"，他在"班固的史学"一节中，进一步将《汉书》的价值归纳为三条：其一，《汉书》是中国第一部纪传体的断代史，因为断代史适合中国历史王朝兴亡变化的特点，且断代史收集资料方便。其二，《汉书》内容较《史记》丰富。以"列传"为例，《史记》已有的汉朝人的列传，《汉书》不仅有而且比《史记》详细；《史记》没有的，《汉书》也新增了。其三，文字精练，叙述有条理。《汉书》是《史记》以后第一部很有价值的书，后来没有能及之者。《汉书》的史料经后人考证是基本可信的。在班固的史学思想方面，作者以为其最可贵之处是编写历史力求详备，可谓上至天文，下至地理，无所不包。再者，班固对史料的鉴别也是认真的，所以《汉书》是既丰富又真实的。

同时杨翼骧也指出，班固在历史编纂学上成就很大，但历史观却不可取，远不及司马迁，对于历史人物的评价也多有不合理之处。然而作者也承认，班固虽在历史观上不及司马迁，但他的历史观并未影响《汉书》的史料价值。即使班固不推崇的人物也照样记载其事实，他虽不重经济的作用，但也撰写经济材料。虽然班固写《汉书》的目的是宣扬汉朝在历史上的地位，但一般并不因歌颂而歪曲事实。换言之，《汉书》的史料并没有受到班固史观的影响。由此作者总结班固在中国史学史上的地位与影响，认为班固是断代史的创始人，尊其为断代史之祖。认为《汉书》对前人有继承是理所当然的事，且并未割断历史，因为"写断代史不见得就割断了历史"。② 作为一位著述宏富、跨越世纪的前辈史家，杨翼骧在 20 世纪《汉书》研究史上的贡献，值得重视并认真总结。

---

① 杨翼骧：《班固的史才》，陈其泰、张爱芳主编：《汉书研究》，中国大百科全书出版社 2009 年版。

② 杨翼骧：《中国史学史讲义》，天津古籍出版社 2006 年版，第 46—51 页。

（二）朱东润的《汉书》研究

朱东润（1896—1988），原名世溁，江苏泰兴人，著名传记文学家、文艺理论家。朱东润读书精细、体会深入、勤于笔耕，1939 年在武汉大学开授《史记》课程时，在讲义基础上撰成《史记考索》，此后又撰成《汉书考索》和《后汉书考索》，均成为高水准的学术著作。

《汉书考索》作于《史记考索》之后，作者在评议《汉书》时注重与《史记》进行比较。在论述《史》、《汉》所用史料之关系时，朱氏提出了四点《汉书》长于《史记》之处：一，班固见到司马迁所未见的史料；二，班固见到司马迁所用的史料以外之别本；三，班固能补司马迁所略的史料；四，班固能补司马迁所讳的史料。① 在史料运用上，朱氏以为《汉书》与《史记》有以下几种关系：一是与《史记》全同者，一是合两篇为一者，一是提出附见另行立传者，一是因子孙贵显另成一篇者，一是挪移史料藉资增补者，总体而言是各有千秋："其间有得有失，不可一概论矣"；据此他总结出"《班书》和《史记》的关系，可以认为都是因袭，但是模仿之中还有创造"。②

有鉴于此，朱氏将《汉书》的特点归纳为以下几个方面：一是保存文献。"《班书》对于文献之保存，其意似较《史记》为亟。《史记》所载之文献，往往不尽备史学之价值，《班书》则于此尤为注意。"二是采文原则。"班固对于有关国家大政的文献，看得非常重要，所以在传、赞里常常透出这个意义"；"在《史记》的论赞里，我们时常看到激昂慷慨的言论，但是司马迁的时代离他所写的人物太近了，因此免不了一些私人底感慨。班固的时代不同了，他和西汉时代的人物完全截断，没有丝毫的恩怨，所有的只有从国家大局着想的言论"。三是互见法的运用。"《史记》写作的特点，在于运用互见之例，常能使读者对于当前的人物，从不同的方面，加以认识。这一特点，在《汉书》里是保留下来的，有时在运用上使人感觉到比《史记》更大胆，更灵活，因为班固所触及的人物，常常是几乎已经论定的，但是他提出其他的事实，我们不能不重加考虑。"③ 四是人物评价方面。朱东润对张辅和范晔

① 朱东润：《汉书考索·〈史记〉〈汉书〉所用史料之关系》，《史记考索》（外二种），华东师范大学出版社 1996 年版，第 287 页。
② 朱东润：《汉书考索·马班异同》，《史记考索》（外二种），第 312—313 页。
③ 朱东润：《汉书考索·〈汉书〉的特点》，《史记考索》（外二种），第 279—286 页。

讥议班固"不叙杀身成仁之为美，轻仁义而贱守节"持有异议，他以《汉书·晁错传》为例，认为其中所载疏奏"皆有关经国大计"；复以《史》、《汉》二书《晁错传赞》比较，认为"伤忠臣之道者，在迁而不在固"。①

对于《汉书》"十志"，朱东润极为赞誉，认为《史记》八书、《汉书》十志，"实在是中国史家底特色"；"《史》、《汉》之表、志，直为西洋古代史家所不及。表之所及，除繁去滥，简要明洁，其价值已不小，至于书志所及，骏骏有将当时文化全盘载入之意念，此则西方古代史家所未梦见。《班书》十志，与《史记》八书相关，而不沿袭《史记》，尤见卓识"。朱氏以为，《班书》十志，创意不袭古者有四："《刑法志》、《五行志》、《地理志》、《艺文志》，皆卓然特立，可以自见"；"最值得夸耀的是《汉书·艺文志》。中国古代文化底产物，在这里得到一个总结。我们环视其他各国的史家，竟没有注意到这一点，这才见到班固底识力"。②

此外，作为杰出的文学理论家，朱东润亦推崇班固的文学成就："东汉一代，文学论者，首推桓谭、班固，其后则有王充"，朱氏指出班固之论大抵本于扬雄，且以司马迁和班固对屈原《离骚》的不同评价，说明两汉时代思潮和文风的转变。他十分重视史传的写作方法，他比较《史》、《汉》所写的项羽、刘邦，认为班固继承了司马迁的观点，将二人塑造为"少有大志"的英雄形象，《三国志》亦沿用这种手法；但在"研读《范书》"时，我们看到光武只是一个逐渐发展而不是少有天授的人物"。③ 这些观点说明他对史传叙事、写人手法的准确把握。

当然，朱氏也不讳言对《汉书》的批评，尤其认为《古今人表》的编撰是"作者底失策"。这一观点虽值得商榷，但不可否认，《汉书考索》是 20 世纪前期出现的有价值的《汉书》研究专论。

（三）郑鹤声的《汉书》研究

郑鹤声（1901—1989），字萼荪，浙江诸暨人，著名历史学家、文献学家。郑氏一生著述丰厚，尤以中国近代史、中西交通史和中国史学史成就最大。他在大学时代就有志于中国史学史的撰述，而且成就突出，被誉为"20 世

---

① 朱东润：《汉书考索·〈汉书〉的特点》，《史记考索》（外二种），第 277 页。
② 此段引文，均出自朱东润：《汉书考索·马班异同》，《史记考索》（外二种），第 302—314 页。
③ 朱东润：《中国文学批评史大纲》，上海古籍出版社 2001 年版，第 18—19 页。

纪 30 年代中国史学史研究的佼佼者"。他的毕业论文以《汉隋间之史学》为题，写成十余万言的专著，以"钻研古书，运以新法"得到了导师柳诒徵的赞赏，获得了"一时无两"的评语，并推荐到《学衡》连载，后柳诒徵还推荐这部论著在上海中华书局出版。1925 年大学毕业后，郑鹤声执教于云南高等师范和东陆大学等高校，据其自述："余昔讲学滇南，劝学者必读正史。因取自《史记》迄《明史》，每史各撮其旨要，折中昔贤议论，详其本末，号为《正史研究》，凡二十余册。"① 这一时期，他先后完成了《史汉研究》、《正史汇目》、《司马迁年谱》、《班固年谱》、《中国史学史》和《正史研究》等著作。

《史汉研究》（商务印书馆 1930 年版）分为三部分，前两部分扼要介绍了《史记》、《汉书》的作者生平、成书过程、体例结构和思想内容，在第三部分"史汉比较"中，就二书源流、史实增删、叙事烦省、文字异同等方面分别进行了评述，尤其对于《汉书》所增篇目、文字和史事进行了梳理。《班固年谱》（商务印书馆 1931 年版）包括班氏家族谱系、主要成员传略、班固生平事迹、著述目录和班氏关中故迹等。尤其值得关注的是，作者自制了四个附表——《太学学友表》、《兰台史友表》、《白虎观讲友表》、《窦宪僚友表》，以图表形式将班固一生主要从事的学术活动和交游情况悉数囊括。这两部著作虽仍采用汇编正史、方志相关史料和综述、辨析前人评议的传统形式，却是郑氏将传统史家、史著评议与现代史学史理论方法相结合而成的《史》、《汉》研究成果，至今仍具有重要的参考价值。

郑鹤声研究最显著的特色之一，是第一次从史学史角度提出了"史汉之学"的概念："史汉之作，为史书冠冕。"② "班马并称，自昔已然，其史学之贡献，则曰史汉"，"史汉之学，自汉魏之后即为专门传习，而《汉书》尤盛"。③ 与传统史家学者片面议论"马班优劣"不同，郑氏注重以客观、公正的态度，不仅将《史记》、《汉书》共同视为中国传统史学的最高成就，并与西方史学做横向比较。在《班固年谱》"自序"中，他将司马迁和班固并称为"史宗"，认为"子长孟坚，汉之良史……足以冠冕群伦，景仰万世矣"，"中国之有司马迁、班固，犹欧西之有希罗多德、苏锡德第（修昔底德），其

---

① 郑鹤声：《史汉研究·绪言》，山西人民出版社 2014 年版，第 17 页。
② 郑鹤声：《班固年谱》，商务印书馆 1931 年版，第 96 页。
③ 郑鹤声：《史汉研究·绪言》，第 3 页。

际位旨趣，若合符节"。他将司马迁、班固与希罗多德、修昔底德并称为"中西史学界父祖之辈"，这一论断，对于从事中西史学比较研究，至今仍有重要的启示意义。

在充分肯定《汉书》记载详赡、史料剪裁得当和文学技术之长的同时，他也指出了《汉书》叙事的四点缺陷：一曰浮滥。如《汉书·地理志》全文载录《尚书·禹贡》，作者以为是"以水济水，床上施床，徒有其烦，竟无其用"。二曰矛盾。如《汉书·成帝纪赞》称赞成帝"善修容仪，升车正立，不内顾，不疾言，不亲指，临朝渊嘿，尊严若神，可谓穆穆天子之容者矣"，却又在《五行志》里历数汉成帝与富平侯张放微服私访、沉湎酒色的恶行，作者认为"纪志所言，前后自相矛盾"。三曰颠倒。如江充、息夫躬诸人，谗语惑上、诬陷皇储、毒及忠良，作者认为班固应将他们置于《汉书·佞幸传》。而杨王孙除了裸葬以外，别无其他突出事迹，却与朱云同传。四曰暗惑。《史记·陈涉世家》称陈胜子孙至今血食，《汉书·陈胜项籍传》亦照搬此说。作者指出，《史记》所言时代为汉武帝中期，其时陈胜子孙尚有血食是可信的；但《汉书》却不加辨别地照抄此说，"岂陈氏苗裔，祚流东京者乎？""此则误于因习，所谓暗惑者也。"[1]

对于郑氏所列《汉书》叙事的这些缺陷是否成立，笔者以为，可作仔细辨析。例如，作者批评《汉书》对于成帝的记载和评价前后矛盾，此说显然没有考虑到《汉书·成帝纪赞》为班彪所作，班固采录其父赞语，是由于班彪之姑班婕妤为成帝后宫，对于汉成帝之容貌、言行、才艺极为熟悉，其言可信度极高。班彪的赞语一方面说明汉成帝容貌出众、才艺不凡；另一方面揭露其"湛于酒色"，致使"赵氏乱内，外家擅朝"，导致国嗣断绝、王氏外戚篡权，此与《五行志》中对于成帝"鱼服嫚游，乌集无度，虽外饰威重，而内肆轻薄"的记载，不仅不相矛盾，反而更衬托出汉成帝金玉其外、败絮其中的真实面目。当然，郑氏所列《汉书》四点缺陷，主要是引用刘知幾《史通》对《汉书》的批评，未必都能代表他本人的观点。

总体而言，郑鹤声的《史》、《汉》研究，系统整理、吸取了前人的相关论述并独具特识。例如，在评述二书成就之时，郑氏称"史汉之文同，天地

---

[1]　郑鹤声：《史汉研究》，第 127—130 页。

之奇文章也"，他引用王维桢之言"太史公之文以愤而奇，孟坚之文以整而奇，盖各自能成家者也"，认为"即以史而论，亦以千古所罕觏"，由此得出"史汉各自成家"的论断。① 他一方面批评郑樵对《汉书》的过激贬斥，另一方面也承认《汉书》承袭《史记》的体例、内容，总体成就不如《史记》。班固的史才、史学逊色于司马迁，但仍是后世史家学者难以超越的高峰，"史汉并称，虽欲废一，不可得也"。尤为值得称道的是，他在充分肯定班固学术贡献和《汉书》编撰成就的前提下，对班固的人品气节提出了批评。他引用荀悦、范晔、郑樵等人对于班固的批评，指出"盖固之为人，文采有余，而节操不足以副之也"②。这些客观、公允的评述，既是 20 世纪"史汉研究"领域有代表性的成果，又成为郑鹤声史学成就的重要组成部分，"作为一份丰厚的史学遗产，值得我们去加以发掘和继承"。③

三、《史记》、《汉书》比较研究的新进展

20 世纪前期，《史记》、《汉书》的比较研究有了新的进展。既有林纾、刘永济等人从文学角度论述"马班异同"，又有陈衍、黄云眉、姚尹钟等史家以"史汉比较"为题将二书作系统比较，以下分别予以介绍。

（一）文学研究者论"马班优劣"

林纾（1852—1924），字琴南，号畏庐，别署冷红生，福建闽县人，著名古文家、翻译家。林纾少孤，喜欢读书，由于家贫，只能搜罗旧书苦读，曾搜得《史记》、《汉书》残本，潜心研读。④ 林纾以《左传》、《史记》、《汉书》和韩愈、柳宗元的文章为"天下文章之祖庭"，犹以《史》、《汉》为著述圭臬。1917 年，《新青年》相继发表胡适的《文学改良刍议》和陈独秀的《文学革命论》，提倡白话文和新文学，反对载封建之道的文言文和旧文学。林纾当即作《论古文之不当废》一文，对胡、陈之文加以严词反驳，认为"马班韩柳亦有其不宜废者"。他在著述与翻译事业上所获得的巨大成就，得力于其传统史传文学的深厚修养。

---

① 郑鹤声：《史汉研究》，第 132—133 页。
② 郑鹤声：《班固年谱》，第 96 页。
③ 郑鹤声：《史汉研究·前言》，第 11 页。按，郑氏著作是作为"近代名家散佚学术著作丛刊"之一，由山西人民出版社 2014 年出版，"前言"由编委会成员汪高鑫撰写。
④ 林纾：《畏庐三集》，上海商务印书馆 1924 年版，第 30 页。

总体来说，林纾的观点是"扬马抑班"。他比较《史》、《汉》之《魏其武安侯列传》，认为"《史记》者，史公之创局，虽不及《左传》之千门万户，光怪陆离，然班氏望尘已不之及，但以魏其、灌夫，武安三传言之，蝉联而下，断而不断，如松际欲尽不尽之云，一经班氏窜改，便索然无味矣。"① 但是，林氏对《汉书》之长并未一笔抹杀，认为"《汉书》叙事，较《史记》稍见繁细，然其风趣之妙，悉本天然"。他以《汉书·陈遵传》为例，认为叙事"以简语出之为尤难"，但"孟坚只闲闲写来，若殊不觉其为游戏者，不期成为奇语"，"班孟坚名传中作趣语，而又不碍于文体，此所以独成为孟坚也"。②

作为一名成就卓著的翻译家，林纾还有意识地将《汉书》与外国文学名著进行比较。例如，他以《汉书》和英国作家司各特的作品相比，认为二者在某些方面不相上下："《汉书·东方曼倩传》叙曼倩对侏儒语及拔剑割肉事，孟坚文章，火色浓于史公，在余守旧人眼中观之，似西文必无是恢诡矣。顾司氏述弄儿汪霸，往往以简语泄天趣，令人捧腹。文心之幻，不亚孟坚，此又一妙也。"③ 20 世纪以来，林氏是最早将《汉书》与外国文学作品进行比较的作家。

刘永济（1887—1966），字弘度，号诵帚，湖南新宁人，古典文学专家，代表作有《十四朝文学要略》、《文心雕龙校释》等。在《十四朝文学要略》中，刘氏对马班优劣发表了自己的见解：

> 叔皮斟酌前史，首著慎核整齐之论；孟坚缀集遗文，复标文赡事详之美。观固自序，亦将以纬六经，缀道纲，总百氏，赞篇章，诚足以媲美子长矣。后之论者，或甲班而乙马，或劣固而优迁，或谓班书体密为优，或许史迁文朴可喜。抑扬任意，高下在心，要未可为定论也。千古而下，惟实斋章氏圆神方智之说独能得二家之精髓，识两京之风尚。后世史家，所以多撷兰台之余芬，鲜及龙门之高躅者，岂非体方者易循，神圆者难学乎？故仲豫删略班书，尚称典要；而褚生补苴马史，徒见鄙辞也。④

---

① 林纾：《春觉斋论文·应知八则·风趣》，都门印书局 1916 年版，1921 年易名为《畏庐论文》。
② 林纾：《论文》，《文学讲义》重订本第 1 期，上海中华编译社 1918 年版。
③ ［英］司各特著，林纾译：《撒克逊劫后英雄略·序》，商务印书馆 1924 年版。
④ 刘永济：《十四朝文学要略》卷二"史体之大成及马班之同异"，黑龙江人民出版社 1984 年版。

刘永济认为历代评论"班马异同"者，只有章学诚在《文史通义》中以"圆而神"和"方以智"概括马、班二人撰述特色最为精辟。他认为后世修史多仿《汉书》体例，而不是学习《史记》，是因为班书整齐、规范，易于学习，而《史记》的风格与特色，却是可望而不即的。这些论述都是言之有据的。

（二）《史》、《汉》研究的新动向与代表成果

20 世纪前期，受西方学术的影响，《史》、《汉》研究出现了显著变化。具体表现在：20 世纪之前的"史汉异同"论，很少进行整体性的综合比较；20 世纪之后，开始倾向于整体性、综合性或专题性的研究，学者开始对史家史著、思想倾向、编撰成就、艺术特色等方面进行比较。其中有代表性的学者与成果，除前文所述郑鹤声《史汉研究》之外，尚有陈衍《史汉文学研究法》、黄云眉《史汉异同》和姚尹忠《史汉论略》等。

陈衍（1856—1937），字伯伊、叔伊，号石遗老人，福建侯官人，清末民国著名诗人、学者。陈氏自幼喜读《汉书》，其夫人萧道安以他名字中的"衍"字，戏称其"喜《汉书》，似杜衍"。在厦门大学执教期间，陈衍给学生开课，讲授《诗品》和《汉书》，教材均为陈氏个人所编。据其学生陈梦韶回忆，当时陈衍已年近古稀，在课堂上讲授《汉书》，眼不看讲义却能琅琅成诵，侃侃而谈如数家珍。他曾以同乡林纾熟读《汉书》为例，对学生说："林纾能背诵全部《史记》，我陈衍能背诵半部《汉书》"，可见其造诣之深。《史汉文学研究法》作于 1934 年他出任无锡国学专修学校教授之时，出版后随即被编入该校丛书中。与其他"班马异同"论者不同，陈氏不注意比较两书的文字、版本之异同或"班马优劣"，而是着意于"两书线索之安排，描写层次之曲折、提振、抑扬、叠句、倒句、倒叙、连锁以及提纲挈领，剖析精微"，"意在使学生领会史汉文学之造诣而不涉史汉之伪误异同"。例如《史记·高祖本纪》和《汉书·高帝纪》，二者记事不同，作者以为："《史记》长者，《汉书》短之；《史记》短者，《汉书》长之。不但避熟之法，使不相犯，而事情之详略，亦自不同矣"；"《汉书》并《史记·陈涉世家》、《项羽本纪》为《陈胜项籍传》，赞即用褚先生所补，引用《过秦论》者，与太史公项羽赞合为一篇"，"可谓工巧"。再如，"鸿门宴"一节，《史》、《汉》详略不同，作者不似此前许多人以为这是司马迁较班固叙事的高明之处，而是

认为"此马班用意命笔异同处。大略马欲恣肆，班欲严谨"。① 从这些论述中可以看出，陈衍的"史汉比较"，能够跳出传统"甲马乙班"的习见，至今仍颇有参考价值。除"《史》、《汉》比较"之外，他与《汉书》相关的研究还包括对于传世的李陵、班婕妤诗的考辨。

黄云眉（1898—1977），字子亭，号半坡，浙江余姚人，在学术上擅长考证，治学主张"言必有据，史论结合"，对音韵训诂、版本目录、史学、经学、文学和书法艺术等均有深入的研究。1926 年，黄云眉在《史地学报》第1 期发表论文《史汉异同》，对《史》、《汉》与《春秋》的关系，两书的成书过程，《汉书》对《史记》的增改，以及与《后汉书》的关系等进行了考察。作者从"新史学"的角度，认为《史记》、《汉书》改变了《春秋》记载历史的体例、模式，推动了历史编撰的革命性进步，成为中国古代官修史书的代表；而当前"政体既变，史体亦当随之而变。《史》、《汉》革《春秋》的命，尚未彻底地成功，我们却要革《史》、《汉》的命了"。在 20 世纪前期，黄氏此文可谓开现代史学意义上"史汉研究"的先河。

姚尹忠，生平无考，目前所见传世文字唯有发表于《民钟季刊》1935 年第 1 期的《史汉论略》。作者提出研究《史》、《汉》应遵循三个原则：一，当有研究之态度；二，当观其会通；三，当有归纳之考察。在对比二书的体例、结构之后，作者以"史汉性质论"、"史汉文学观"、"史汉优劣说"为题进行了阐述，并得出结论："马班固同一良史之才也。然其所以得成此良史者，迁有三因：一曰游历，二曰全孝，三曰孤愤是也。固则受家学之影响及弟妹之助力，亦不少也。此为迁固二人著述与其环境之关系耳。"② 上述论著均能打破陈见、各抒新意，至今仍是有价值的成果。

小　结

20 世纪前期的《汉书》研究，在新旧、中西理论体系、思想方法的交融下呈现出与以往不同的面貌。以刘咸炘、李景星、林纾、陈衍等人为代表的传统治学路径下，《汉书》研究延续了古代"汉书学"的成就并取得了不俗

① 陈衍：《史汉文学研究法》，无锡国学专修学校 1934 年版，第 104—105 页。
② 姚尹忠：《史汉论略》，《民钟季刊》1935 年第 1 期。

的成绩；在西学东渐和学术转型的大背景下，以梁启超、王国维、顾颉刚、顾实、陈衍、郑鹤声、杨翼骧、朱东润等为代表的一批兼具传统文化素养和现代学术理念的学者，取得了令人瞩目的成绩，将《汉书》研究推进到一个新的发展阶段。总体而言，这一时期的《汉书》研究清晰地体现出两种研究思路与方法的形成、碰撞与交融：一是在梁启超所倡导的史学史体系框架内，将《汉书》作为古代官修正史的代表作，深入考察其编撰思想、特色、成就及体例、叙事的得失；二是以王国维所倡导的"二重证据法"为基础，将传统的《汉书》文本研究与考古发掘成果相结合，将"死"的文献、史料赋予"活"的、有质感的生命力。两种理论、方法并非截然分立，而是彼此交融、互有借鉴。一个重要原因是，20 世纪前期从事《汉书》研究者大多具有深厚的学术素养和宽广的文化视野。正是这些学贯中西、造诣精深、勇于创新的前辈学者，为古代"汉书学"的近代转型和现代构建做出了突出贡献。然而，一个不容忽视的现象是：这一时期《史记》在史学史和文学史上的崇高地位得到了确立，司马迁被尊为"史界太祖"（梁启超语），《史记》被誉为"我国二千年来第一绝作"（罗元鲲语）；相较而言，学界对班固和《汉书》的研究虽有进展，但却渐趋冷落，学界"扬马抑班"的倾向日趋严重，这成为 20 世纪中期《汉书》研究曲折发展、直至跌入低谷的前奏。①

---

① 翦伯赞的观点在当时颇具代表性。他认为"司马迁的学生，从班固算起，没有一个能望其肩背的。中国的学者往往以《史记》、《汉书》相提并论，我认为这未免太恭维班固了。班固，充其量，也不过是司马迁的学生比较高明的一个。他用司马迁的方法，写成了一部西汉的历史，而且关于武帝前的历史，连文章都是照抄《史记》的原文"。翦伯赞：《论司马迁历史学》，《中山文化季刊》1945年 6 月第 2 卷 1 期。

第四章　20世纪中期中国的《汉书》研究（1950—1979）

　　新中国成立至"文革"结束的30年间，是《汉书》研究进入全新时期、又经历严峻考验的曲折发展阶段。这一时期，马克思主义唯物史观成为历史学研究的指导思想，《汉书》的整理考订、专题研究和传播普及取得了较大进展。20世纪50年代中期，杨树达的《汉书窥管》和陈直的《汉书新证》相继出版，被誉为《汉书》文献整理的两大巅峰之作；岑仲勉的《汉书西域传地里考释》，至今仍是《汉书·西域传》最有代表性的研究成果。在中华书局主持进行的"二十四史"校点工程中，《汉书》点校本由西北大学历史系师生合作完成，成为这一时期《汉书》研究最重要的成果。

　　20世纪50年代后期，由于极"左"思潮的干扰，《汉书》中"纬六经缀道纲"的观点，被当作班固的"庸俗思想"和"封建正统史观"的代表而遭到批判。侯外庐主持编写的《中国思想通史》，将班固的思想定位为"折衷主义"，为此后相当长时间里学界评价《汉书》定下了基调。自60年代初至"文革"结束，《汉书》研究受到极"左"政治路线和错误理论方法的冲击而跌入低谷，围绕班固的历史观和对《汉书》的评价问题，学界展开了一场论争。冉昭德先后发表了一系列为班固和《汉书》正名的论文，因而受到批判，并在"文革"中被迫害致死，此成为20世纪《汉书》研究史上有重大影响的事件。

第一节　《汉书》点校市和普及读物的出版

一、中华书局点校本《汉书》的出版

　　在中国历史上，对于《汉书》有过两次集大成式的整理：一是唐初颜师

古作《汉书》注，一是清末王先谦作《汉书补注》。至于《汉书》之有句读，始于明人凌稚隆《汉书评林》，然而句读并不等于标点，古代学者只进行过《汉书》的校勘、集注、考释，却从未进行过标点。新中国成立后，一项古籍整理的浩大工程——二十四史点校工作被提到议事日程。1956 年，郑振铎在《人民日报》上撰文，提出整理出版"面貌全新、校勘精良的中华人民共和国版'二十四史'"的提议。1958 年，毛泽东指示吴晗组织标点"前四史"，作为向国庆十周年献礼的工程。吴晗、范文澜随即于 9 月 13 日主持会议，研究具体方案，由中华书局订出规划。1959 年 9 月国庆前夕，点校本《史记》出版，《三国志》亦在当年年底问世，而两《汉书》一直到 1965 年才陆续完成。

中华书局版《汉书》的点校工作，由西北大学历史系师生承担。诚如历史学家张孟伦对于此项工作的评价，"校勘工作，既如庭院之扫落叶，随扫随有；而标点又是和校勘相辅相成，而且更是具体而不可稍事疏忽的工作"[1]。为圆满完成此项工作，1959 年，西北大学历史系调配了 12 位教师和 18 位同学成立《汉书》标点组。校点工作的总负责人郭绳武（？—1987），毕业于燕京大学国文系，20 世纪 30 年代即参加革命，曾任西北大学历史系主任兼总支书记、西北大学副教务长、副校长等职，主编《沙俄侵略中国西北边疆史》、《旧民主主义革命时期陕西大使记述》等。在校点工作进行过程中，郭绳武既是政治领导，又亲自为学生上课，讲授有关古籍标点的知识。各小组的负责教师主要来自中国古代史教研室，有冉昭德、黄晖、陈登原、马长寿、陈直、楼公凯、李之勤、贾正中等，其中陈登原、陈直、黄晖、马长寿均为史学界有影响的学者，冉昭德和陈直更是秦汉史及《汉书》研究领域的专家。至于学生，则基本来自 1955 年入学的历史班（时称乙班）。

《汉书》标点本选用中华书局提供的清代乾隆武英殿本为底本，以百衲本（即宋景祐本）相校，标点符号则根据国务院出版总署颁布的《标点符号使用法》。点校组师生非常重视吸取前人成果，新本《汉书》的许多校勘意见是根据王先谦的《汉书补注》和杨树达的《汉书窥管》，经过分析、研究撰写而成的。整个工作过程分试办、正式校点和复查三段，要求在三个月内全部完成。1959 年 1 月 10 日试办阶段开始。全体成员首先对标点《汉书》的意义、

---

① 张孟伦：《点校本〈汉书〉管见》，《社会科学》1979 年第 4 期，第 56 页。

计划、校勘、分段方面的问题，进行了报告与讨论，制定出《汉书》标点、校勘和分段体例的具体办法。两周后进行总结，纠正了粗枝大叶、体例不一、版面不清等缺点，解决了师生关系、劳力组合等问题。至 3 月 17 日，全部标点工作基本完成。此后，全组师生重新组合、分工，组成了标号、点号、校勘、分段、引书、抄写六个小组，进行复查。4 月 18 日，复查工作基本完成。

据当事人回忆，当时参加者工作热情都很高、干劲也很大，几乎天天都苦战到半夜一两点钟，可谓日夜兼程、奋力拼搏，因此正式校点实际只用了 28 天，加上复查，前后仅用了 3 个月零 8 天便完成了全部任务，在当时特定的政治氛围中，体现出一种"大跃进"式的速度。之后，历史系专门开会进行分析、总结，将校点《汉书》工作快速、圆满完成的原因归结为"在党的领导下，师生结合，在科学研究工作中贯彻群众路线，力求多快好省地完成任务，同时通过边干边学，迅速培养和锻炼新的科学队伍"，是"坚持党的领导，坚持群众路线，坚持政治挂帅"的胜利成果。①

然而，在当时"点号组"负责人冉昭德 1959 年 3 月至 6 月的数篇日记中，我们发现真实情况并非如总结中所说的那样简单（着重号为笔者所加）：

3 月 1 日　今日为结束《司马相如传》在小组的标点工作，从上午到下午五时才作完。明日要转到复校组工作。晚郭总支（绳武）向全系师生做报告：师生关系问题、学习与实践问题，针对当前系内思想情况而发。既尊重专家作用，又执行群众路线。

3 月 4 日　复校工作进行得颇慢，由于人多事繁，彼此多有关联，是其主要原因之一。

3 月 6 日　复校"本纪"。工作进行得慢些，主要是因为人多太乱，而工作需要幽静的环境也。

3 月 7 日　下午开各小组长联席会议，由余主持。各组初步标点工作，20 日之前可以完结，四、六小组可能提前些。现在除继续提高质量外，而矛盾的主要方面转为复校组与小组之间的矛盾。

3 月 9 日　复校工作进行得较慢，15 日前完成五本似不成问题。

---

① 西北大学历史系《汉书》标点组：《标点〈汉书〉工作总结》，《西北大学学报》（哲学社会科学版）1959 年第 1—2 期合刊，第 45—49 页。

3 月 17 日　间隔今日商谈复校组的组织问题，结果分了六组：点、标、分段、引书、校勘、抄写。余任点号组负责人，工作相当繁重。

3 月 19 日　晚与郭总支谈话，得悉系内三年中的研究计划，大振奋人心事也。余提出早作庆祝党的 40 周年纪念的献礼。我系所整理的《汉书》是中华书局今年在国度节十大献礼之一。

3 月 20 日　今日我们点号组正式开始工作。……晚上去加班两小时。唯工作组进行得太慢了。

3 月 23 日　上午小组长开联席（会议），讨论复校事宜。有的同志怕我们点 [号] 组的复校工作不统一，应定些大家遵守的凡例。下午我们开会，晚又与同学商谈，订出了关于"，；：「 」、"等号的使用法。但工作进行得稍慢，应设法快一点。

3 月 24 日　近来复校工作，我组仍进行得慢些。

3 月 27 日　抄写组的同学把点 [号] 组复校后的成品，吹出了许多毛 [病]。大都属于粗枝大叶方面的，明日改 [开] 会应讨论此问题，但应多从积极意义方面着手。

3 月 28 日　上午开小组长联席会议，由余主持。会上检查有三处不周之处，也可以说是缺点：①对姚（学敏）复校后，由钞 [抄] 写组所吹之毛 [病]，应由余代为担起来。所谓功则归于群众及组织领导，过则自己负担之。②要想发言，而先让姚发 [言]，二也。③没报告本组所进行工作的情况，三也。

3 月 29 日　《艺文志》再校毕，《郊祀志》校了一卷，发现了陈（直）公断句错误数处，标号组复校后之错误多。

3 月 30 日　《郊祀志》于夜间校完。本周计划完成"十志"的校刊工作。下午郭总支召集谈话，知上星期六下午同学会议上有人提出复校工作之所以慢，[是] 由于教师想搞点事业、同学想学习点东西。姑妄言之，姑妄听之而已。

3 月 31 日　复校《天文志》，进行得很慢，主要的是由于不懂。下午开组长会议，讨论补充体例。

4 月 1 日　上午复校《天文志》，因不懂，进行甚慢。……晚间复作校刊。

4月3日　《光明（日）报》记者又来访，主要的由贾正中和（李）之勤回答，我略作补充而已。该报要写一篇关于我系整理《汉书》的报导（以上事在星期六，非今日也）。今日复校《地理志》，进行得不快，因外事稍多，而非本小组之事也。

4月6日　下午与之勤、中正等碰了一次头，发现复校工作中的一些问题，姚先生因病住院。人力须要调整，结果总支指示要用革命的办法，必须于本月15日前全部完成工作。明日开会，由我作报告。

4月7日　今天开会布置工作。点组重新划分了7个工作单位，决意于15日前点完。点号由余负责，真是责任重大，诚惶诚恐。自己担任的点号工作几乎没有进行。

4月8日　今日开始进入苦战阶段，下星期三全部完成任务。余今日对待同志的态度不好。……晚间对校勘组的工作批评及当同学的面提出问题比较多，都不合适。（以）后要说人，注意场合、条件、时间等而后言。

4月11日　今日整日在系内办公，作复校事，但因理事太多，收效不大。下午党课讨论，亦未参加。15日前，如将《外戚传》解决，则可全部完成矣。

4月13日　白天在系上办公，仍因杂事太多，效果不好。上、下午又开会两小时多，晚间工作亦不多。由小组长联席会决定：14、15日小组工作结束后，同学全部转入钞书组，老师以流水作业法于三日内完成定稿工作，三人师生作总结，并与同学评定成绩。

4月14日　我小组复校工作，明日基本上可以完成。唯黄（晖）公完成一半。个别同学须延长一天。

4月15日　上午郭总支向校刊《汉书》全体同志作报告。对《刑法志》的点号提出许多批评意见，绝大多数是正确的，由于我们的工作做得不够精密而科学。

4月16日　今日定稿工作第一天，"本纪"基本上完成。明天需要改变工作方式。

4月17日　今日分五组进行定稿工作。进行得较慢。

4月21日　写《汉书》点校说明大纲未就。下午开组长会议，除个别外，明日复核定稿工作可以完成，星期四就进入总结阶段。下星期可以结束"泰山压顶"之势，从事研究工作。

4月23日　下午郭总支作了总结《汉书》点校工作的报告。因上午师生分别举行了座谈，总支指出总结内容凡五点：①对工作质量的正确估计。②对学习收获的正确估计。③在工作态度、工作方法中的经验教训。④对师生结合的认识和体会。⑤对党的领导的意见。下午同学们作了鉴定和分数的评定。

4月25日　上午全组举行座谈。点校《汉书》工作全部结束，下午寄出"本纪"和"志"，星期一寄完，给中华书局已发出。略事休息，写点校说明。

5月2日　一天没下楼，《汉书》点校说明的初稿基本上完成。……工作迟缓是一个大缺点。

5月3日　今日将说明初稿交郭总支。工作至此，可谓结束矣。其他未完事项，由专人负责了。

5月8日　上午讨论点校《汉书》说明，仍需作大力的修改。

6月1日　午间到系上，《汉书》点校说明今日始寄去。下午系上召集理论学习小组长会。①

有关《汉书》点校工作，除了参考《冉昭德日记》之外，笔者还曾采访西北大学历史系（现称文博学院）几位参与过此项工作的人员。② 从这些宝贵的第一手材料中，了解到历史系师生参与《汉书》校点工作的真实情况。在"大跃进"浪潮席卷全国的政治形势下，《汉书》的标点工作也不可避免地受到了一些干扰。据当事人回忆，当时几乎全体参与者，"从领导到组员大多怀着完成任务向建国十周年庆典献礼的良好意愿，主观冒进的倾向相当普遍"。此外，"人多事繁，彼此多有关联"，一些负责的教师之间意见不统一，师生关系不甚融洽，也是工作进展不顺利的原因之一。更重要的是，由于任务重、时间紧，参与者水平参差不齐，对此项任务缺乏科学的认识、充分的

---

① 杨倩如整理：《冉昭德日记》，《历史学家茶座》2012年第27、28辑。
② 笔者采访过当年参与或了解校点《汉书》工作的西北大学历史系教师和领导包括：李之勤、刘清扬、刘士鑫、彭树智、文暖根、王志祯，具体情况详见杨倩如编著：《冉昭德文存》"下编：亲友书信及回忆录"，山东大学出版社2014年版。

准备和细致的复查，由此造成了总体质量的不尽如人意。据冉昭德日记显示，当时中华书局对于西北大学标点《汉书》的工作质量不甚满意，认为出版说明需要"加工、整理"，又组织傅东华等人进行了复核、补订工作。对此冉昭德等历史系教师均有意见，认为应该与中华书局编辑部沟通意见，进行修改。但由于未得到系领导的支持，只能作罢。

尽管当时存在种种困难，但不可否认，点校《汉书》的工作是富有成效且令人尊敬的，其中凝结着西大历史系师生的心血和汗水。1962 年，中华书局版新本《汉书》正式出版，因其底本选择精当，体例谨严、点校准确，版式清晰便览，一经问世便替代了以往各种旧版本，成为当时最权威、最通行的标准本，以及海内外公认最好的版本，至今仍为治《汉书》者所必备。

二、注释、选译《汉书》著作的出版

这一时期，出现了数种《汉书》选本及普及读物，如顾廷龙、王煦华合编的《汉书选》，冉昭德、陈直合编的《汉书选》，以及瞿宣颖撰写的《汉书故事选》，傅元恺主编的《两汉书故事选译》等。

（一）顾廷龙《汉书选》

顾廷龙（1904—1998），字起潜，江苏苏州人，顾颉刚之族叔，古典文献学和版本目录学专家。《汉书》是顾廷龙一生最爱好的著作之一，他不仅精研此书，且时有创见，至其以 94 岁高龄逝世后，其子将家中藏书送予上海图书馆，其中就有一部跟随顾氏长达半个世纪的《汉书》。从书中字里行间深浅色彩不一的圈圈点点中，可见其读书之勤、用功之深。[①] 王煦华（1929—　），江苏江阴人，古籍整理专家。曾作为顾颉刚的助手，整理其一生的积稿。

1957 年，顾廷龙与王煦华主编的《汉书选》由上海古典文学出版社出版，这是新中国成立后出版的第一部《汉书》选本。该选本是针对一般文艺爱好者的参考书，根据《汉书》纪传的思想性和艺术性，同时兼顾各阶层、各类型的人物，选取了 10 篇：包括帝纪 1 篇（《高帝纪》）、列传 9 篇（《晁错传》、《苏武传》、《朱买臣传》、《司马迁传》、《东方朔传》、《张禹传》、《龚遂传》、《严延年传》、《原涉传》）。编者以景祐本为依据，注释重点参考

---

① 顾廷龙：《识书、熟书与藏书》，《图书馆与阅读》2007 年 12 月 17 日。

王先谦《汉书补注》，兼以杨树达《汉书窥管》和日本学者狩野直喜《汉书补注补》，具有一定的参考价值。

编者认为《汉书》"是一部历史和文学的名著"，是班固怀着"伟大的理想"著成的杰作。他"忠实于可信的材料，实事求是照着实录……从而反映了真实的历史，暴露出西汉二百余年的政治、经济、社会的复杂矛盾"，且"班固是继司马迁之后的一个传记文学的杰出作家"，《汉书》中的许多篇章成为传记文学的典范，《汉书》中的文章在中国文学史上占据重要地位，"两千年来散文的发展受到了它一定的影响"。至于《史》、《汉》重叠部分，编者认为不能单纯以"抄袭"论之，而是认为"对这个问题，我们应该有很好的认识。我们知道客观的历史事实不容许我们随便更改；同时，我们也知道《史记》是一部'实录'的史书。这样班固就不可能凭着主观的想象而任意删改。因而《汉书》的前半部分就不得不大量引用《史记》的文字，但也不是原封不动保留下来的。我们如果仔细比较两书，可以看到不少相异之处……因此，《史记》和《汉书》有可以互相补充和互相印证的地方"，《汉书》是与《史记》齐名的杰作。①

（二）瞿宣颖《汉书故事选》

瞿宣颖（1894—1973），字兑之，号蜕园，湖南长沙人，著名诗人、文史学家。瞿宣颖出身显赫，其父为清末重臣瞿鸿禨。瞿鸿禨撰有《汉书笺识》，瞿蜕园本人亦曾师从王先谦，致力于《汉书》和汉史研究。良好的家学与师承造就了瞿氏精深的文史造诣，他在秦汉史领域著述颇多，计有《两汉县政考》、《秦汉史纂》、《汉代风俗制度史》、《古史选译》、《史记故事选》、《汉书故事选》和《后汉书故事选》等，后人概括其成就曰"班马志业，王谢风流"。

《汉书故事选》采用白话文体，精选了陆贾、朱买臣、苏武、李陵、霍光、金日磾、李夫人等20余人的故事。在"前言"中，作者对班固和《汉书》进行了简要的介绍。他认为《汉书》与《史记》一样，都善于刻画人物，细节描写生动逼真、酣畅淋漓，对话描写和人物塑造也极富特色。值得一提的是，编者具有良好的文字功底，选取《汉书》中具有故事性的人物和

---

① 顾廷龙、王煦华主编：《汉书选》，古典文学出版社1957年版，"前言"，第1—10页。

情节，精心编排，加以联贯补充，文笔流畅、生动，使得读者既可集中了解故事情节，又能把握时代环境及事件的前因后果，是颇具可读性的《汉书》普及读物。

《秦汉史纂》为瞿宣颖根据《史记》和两《汉书》纂辑的秦汉两朝史料。此书为瞿氏教学所用的历史教材，分为秦史、西汉史和东汉史三部分。其中西汉史部分主要抄自《汉书》，集中阐述了汉武帝之政绩，如武帝之政事、开边、儒法并行之史事等方面。瞿氏还注意搜集周边游牧民族如匈奴、西羌方面的史料，足补史阙。该书将"秦楚之际"和"两汉之际"单独拈出作为专章论述，因为这两个阶段，充满着动乱和苦难，其间群雄并起、新旧更迭，为统一的新王朝铺平了道路。笔者以为，作者此举，颇得《汉书》"昔秦燔诗书以立私议，莽诵六艺以文奸言，同归殊途，俱用灭亡，皆炕龙绝气，非命之运，紫色蛙声，余分闰位，圣王之驱除云尔"（《汉书·王莽传赞》）之深意。是以有学者称赞此书"对秦汉史作一全面俯瞰，挥手间即将各朝之得失精到而准确地总结出来，读之可得观史之法"①。

（三）傅元恺《两汉书故事选译》

傅元恺（1921—2012），原名枝才，四川简阳人，著名语言学家和古文字专家。笔名阳舒，取自东汉张衡《西京赋》"夫人在阳时则舒，在阴时则惨"之义。傅元恺自1955年起历任上海文化出版社、中华书局上海编辑所编辑，曾出版《两汉书故事选译》（中华书局1964年版）和《史记纪传选译》（上海古籍出版社1984年版）等著作，并主编《汉语大辞典》等工具书。

《两汉书故事选译》从《前汉书》和《后汉书》中各自选取了五个有代表性的人物故事译成白话文，其中从《前汉书》中选取的是"周勃诛诸吕"、"张释之执法"、"苏武牧羊"、"霍光辅政"、"龚遂治渤海"五个故事。在"前言"中，编者对这两部著作及其作者进行了简要介绍，并加以比较。他认为，《汉书》文章结构谨严，语言精练，描写细致，用词、叙事都很精密，是断代史的典范。班固的封建正统立场虽然十分鲜明，历史观也较司马迁落后，但《汉书》在人物描写方面继承了《史记》的成就，对于坚持民族气节、坚

---

① 尹娟：《班马志业，王谢风流——论瞿宣颖的文献学成就》，湖南师范大学2012年硕士学位论文，第46页。

强果敢、关心国家命运的一些正直人物，均能加以歌颂；对于那些残害人民或只求保持个人权位的钻营奔走之徒，也给予了不同程度的揭露和讽刺。相比之下，由于范晔撰述《后汉书》时正处于抑郁不得志之时，他的思想倾向较《前汉书》进步，全书贯注着较多的批判精神。《后汉书》虽然在人物描写和故事性方面不如《前汉书》细致生动，但由于作者博采众家之长，编次周密，文笔简洁有力，从而超过诸家同名之作，成为与《前汉书》齐名的著作流传下来。此书虽非学术著作，但却是新中国成立之后较早将两《汉书》结合起来，进行比较、编译的读物，具有一定的参考价值。

第二节　《汉书》文献研究的重要进展

一、杨树达《汉书窥管》

（一）生平活动与《汉书》研究概述

杨树达（1885—1956），字遇夫，号积微，湖南长沙人，著名历史、语言、文字学家。杨树达幼承家学，尤喜读《汉书》，自述"家大人喜读史。……余兄弟幼承训诲，故亦好史籍，而余尤嗜班书"，"每读一篇，不忍释手"，以至于"不复持本而倒背如流"①。《汉志》名家余嘉锡赞曰："杨诵班孟坚书，不复持本，终卷不失一字。古所谓汉圣者，无以远过。"② 在杨氏诗文中，有数篇以西汉历史人物为题的。例如咏韩信三首：

> 一纸封书徧天下，刊印犹传不予名。
> 却笑汉王称大度，固陵不会许韩彭。
>
> 宝尽刘王婴作相，不堪辱詈丧成皋。
> 分明楚汉皆英主，各有庸臣总姓曹。

---

① 引自萧德铣：《〈汉书窥管〉管窥》，《怀化师专社会科学学报》1989 年第 1 期。
② 余嘉锡：《积微居小学金石论丛·序》，湖南师范大学学报编：《杨树达诞辰百周年纪念集》，湖南教育出版社 1985 年版，第 19 页。

> 陈狶已死当入贺，一诳竟成钟室诛。
>
> 南郑追亡真好事，淮阴终老幸何如。①

又有咏汉高祖刘邦诗：

> 丰沛归来日，居然昼锦行。
>
> 高歌思猛士，应悔杀韩彭。②

再如咏"商山四皓"之作：

> 闻说汉室初，商山隐四皓。
>
> 辞荣逃谩骂，采芝可终老。
>
> 忽与人家国，饵弊来远道。
>
> 坐令雄翼张，曈戚酖王赵。
>
> 屏帝复何益，醇酒徒自夭。
>
> 向微平与勃，刘器几丧宝。③

从这些诗作中，可以窥见杨氏对汉史的熟悉和喜好程度。

清代朴学兴盛、大师迭出，其间治《汉书》成就最高者，前有高邮王念孙、后有长沙王先谦。杨氏对这两位先贤景仰备至，民国初年，他曾晋谒王先谦，并在其九十冥诞时作诗纪念。④ 但是，他绝非皓守穷经、墨守成说者，且不盲从于权威，对于"二王"之学心有未洽，而思有所补辑："大抵清儒治此书者推高邮王氏为最富，亦最精，然已不免疵。汉末荀悦据班书撰《汉纪》，往往以不了班义而妄改，故顾亭林云：荀纪小异《汉书》，必荀非而班是，此有得之言也。高邮王氏识不逮此，往往据仲悦之妄窜，改不误之班书，此其大蔽也。盖高邮虽好学而不肯深思，故所校时有不能心知其意者。"杨树达具有精深的文字、音韵、训诂、文法、修辞、校勘的修养，他自述"时居乡里，设教中学，文卷猥集，改窜需时，意欲精究而不果。嗣后北游，校课

---

① 杨树达：《读汉书觉韩信论项羽印刓敝不忍予之说非实有作》，杨树达：《积微居诗文钞》，上海古籍出版社2006年版，第2页。

② 杨树达：《汉高祖》，杨树达：《积微居诗文钞》，第9页。

③ 杨树达：《四皓》，杨树达：《积微居诗文钞》，第5页。

④ 杨树达：《王葵园先生九十生日公祭诗以志感》：不废江河吸万流，一灯孤照费冥搜。凉塘谒后成千古，我亦星星白上头。杨树达：《积微居诗文钞》，第2页。

清简，于《补注》研读数通，颇能了其得失。时时泛滥文籍，凡与班书有涉，辄加纂述，岁月稍久，记述遂多"①，相继完成了一系列《汉书》研究著作。20 世纪 20 年代，杨树达在北京师范大学任教时，出版了专著《汉书补注补证》（商务印书馆 1924 年版）。该书是杨氏多年研治《汉书》的心得，一出版即广受欢迎，从 1925 年 3 月出版到 9 月，半年时间即销售 34000 余册，杨氏由此享誉学界。该书纠正了王先谦《汉书补注》600 余事，国学大师黄侃认为其学养已超越王先谦："遇夫于《汉书》有发疑证读之功，文章不及葵园（王先谦字），而学问则过之矣。《汉书补注》若成于遇夫之手，必当突过葵园也。"② 杨树达深谙《汉书》行文风格和体例，1928 年，他发表论文《汉书释例》（《燕京学报》1928 年第 2 期），归纳、总结了 10 种《汉书》注释的体例：较量例、附记例、互文相足例、微词例、记始例、自注例、终言例、一人再见例、阙文例、说明作意例。历代注《汉书》者众多，大多围绕着字音字义、关涉人物和事件始末的训释、考证，似杨氏者从体例、方法上对《汉书》注释进行专门研究者极少，《汉书释例》确为一篇极富创见的佳作。

1932 年，吴宓主持的《大公报·文学副刊》为纪念班固诞辰 1900 周年，向杨树达约稿。③ 杨氏作《〈汉书〉所据史料考》，从 9 个方面阐述《汉书》的史料来源。此文说明班固博采前人著录以成书，"取精用宏成千秋伟著"，功劳不小，驳斥了郑樵等人指责班固盗袭父书、《汉书》剽窃《史记》的错误观点。作者指出，"叙述史事，岂能凭空结撰？若以此罪班氏，则史迁之采掇《尚书》、《左传》、《国语》、《国策》、《世本》及《楚汉春秋》，不亦同为抄袭乎？而郑氏不讥，抑又何也？"他称赞"班氏广泛采撷，材料丰富，不惟不当为罪，而其书之所以杰出，正在于此"，感叹"创业之难工，古今同然，非独一人一事矣"。④ 全篇文字简洁、观点精辟，是杨树达《汉书》研究的重要成果之一。

1940 年，杨树达作《汉书提要》，当时他执教于湖南大学。"敌机炸湖南

① 此段引文，均出自杨树达：《汉书窥管·自序》，科学出版社 1955 年版。
② 详见杨树达 1932 年 5 月 26 日的日记，杨树达：《积微翁回忆录》，上海古籍出版社 2007 年版，第 63 页。
③ 杨树达 1932 年 4 月 7 日的日记：吴宇僧主办《大公报文学副刊》，以班固二千年纪念，嘱作文字纪念。因应其请，撰《〈汉书〉所据史料考》。杨树达：《积微翁回忆录》，第 62 页。
④ 杨树达：《汉书所据史料考》，杨树达：《积微居小学金石论丛》，上海古籍出版社 2013 年版，第 295—299 页。

大学，毁屋多间，幸无死伤耳。余寓瓦多飞去，模板多歪斜"，因此手稿只能写在讲义纸的背面。全文5000余字，后与《后汉书提要》一并装订成册。《汉书提要》为未刊手稿，与杨氏其他《汉书》研究著作注重训诂、考据不同，本篇注重从整体和宏观角度，考察班氏父子著《汉书》的过程，《汉书》编撰的优缺点，《史记》、《汉书》的比较等。作者认为，《汉书》之作，"撰述成书者为班固，而创始者为固父彪"，对于班彪在《汉书》编撰体例和写作规模方面的贡献予以肯定；认为班固应在《汉书》中提及承继父业，"与史迁屡称先人者迥不相同，故后世有窃据父书之谤"，此说有一定道理。对于《史》、《汉》比较，杨氏肯定《汉书》对于《史记》体例、内容的继承和改造，且有完善之功。同样，杨氏也反对张辅以文字多寡论《史》、《汉》优劣的观点，认为《汉书》在叙述同一段史实时，较《史记》增添了许多细节，且多增有用之文，故不得以烦冗视之。他也指出了《汉书》的缺陷，认为《汉书》在袭用《史记》时，将不是汉代人物的事迹也一并照录，未予删除，是"沿而不改"、"失于裁断"，所以有时在体例上显得混乱。① 《汉书提要》手稿提出了很多创见，反映了杨氏严谨的治学风范，至今仍很有参考价值。

（二）《汉书窥管》概述

在上述研究基础上，杨树达著成《汉书窥管》（以下简称《窥管》）一书，他自谦"见闻苦陋，管窥蠡测"，因以为名。该书系《汉书补注补正》的增补之作，约70万言，"全书各卷，虽全是由一些零散短语连缀而成，却是著者三十年间，呕心沥血，坚持钝血累功的总结，实在是一部很不寻常的读书札记"②。《窥管》依照裴骃集解《史记》的方式，博采群书、折中诸说，以品评《汉书》诸注的得失。不同之处在于，裴氏重在释音，杨氏则采用训诂与校勘并行的方法，重在释义、兼述古音，借此纠正历来旧注的种种错误。杨氏将传统治学功力与新的史学方法结合起来，注重利用古物进行研究，尤其重视考古新收获。《窥管》选择版本达20余种，包括罗振玉排印的敦煌残卷子本和敦煌出土木简，在前人校勘、考订的基础上取得了新突破。

具体而言，《窥管》的突出贡献体现在文字的校勘、训诂和制度、风俗的

---

① 本段引文，均引自陈松长、李婧嵘：《杨树达手稿〈汉书提要〉浅说》，《文献季刊》2010年第2期。

② 杨树达：《汉书窥管·出版说明》，上海古籍出版社1984年版，第843—844页。

考证、研究上。历来学者校订、训释文献，均以许慎《说文》为据，参以《尔雅》及众说。《汉书》多古字，历来学者训释《汉书》音义，最易犯穿凿附会之病。杨氏对于《汉书》的讹字、脱文、衍文、异文、颠倒错乱之文等问题极为重视，凡遇有疑似字训，必穷究其形声、明辨通假，使许多若明若暗、似是而非的问题能够豁然开朗。例如《成帝纪》："上始为微行出。"《汉书补注》引张晏曰："于后门出，从期门郎及私奴客十余人，白衣组帻，单骑出入市里，不复警跸，若微贱之所为，故曰微行。"纯属望文生义。杨氏引《说文》："微，隐匿行也。"并指出："隐匿而行，故曰微行，非谓若微贱之所为也。"再如《外戚传上》采录戚夫人为吕后迫害所作《舂歌》（亦作《戚夫人歌》）："子为王，母为虏。终日舂薄暮，常与死为伍。"颜师古释曰："与死罪者为伍也。"杨树达却指出"常与死为伍"，意谓随时可死，非谓与死罪者为伍也。[①] 杨氏之书，纠正了许多前代学者的错误。

　　杨氏善于综合比较、辨析前代诸多学者的观点，利用其精深的史学、金石、文字学造诣，结合时代背景与制度、风俗、文化，深入发掘、疏通文本原意。例如，《昭帝纪》："二年春正月，大将军光、左将军桀皆以前捕反虏重合侯马通功封，光为博望侯，桀为安汤侯。"王念孙据荀悦《汉纪》误校，认为"重合侯马通"之上当况"侍中仆射莽何罗"七字。杨树达指出王念孙之误："《金日磾传》详记日磾捕何罗事，又云：武帝遗诏以讨莽何罗功封日磾为秺侯，云不及马通。此文叙封光、桀，则但云马通而不及何罗。参观互证，知此役诛莽何罗之功属日磾，诛马通之功属光、桀，而《武纪》则总合言之。"又，此句王先谦《汉书补注》于"功"字断句，亦是不熟《汉书》行文规律。杨树达指出："文当一于封字断句，封谓见封也。"并举相同句例：

　　《王商传》：商父武，武兄无故，皆以先帝舅封。无故为平昌侯，武为乐昌侯。

　　《史丹传》：曾玄皆以外属旧恩封。曾为将陵侯，玄平台侯。

　　《霍光传》：遗诏封金日磾为秺侯，上官桀为安阳侯，光为博望侯，皆以前捕反者功封。[②]

① 杨树达：《汉书窥管·成帝纪》，第82—89页。
② 杨树达：《汉书窥管·昭帝纪》，第62—63页。

正因杨氏深研《汉书》，对词语的解释准确贴切，所以才能在这一领域，得出诸多不可移易的结论。

《窥管》问世后，学界反响热烈。著名学者张尔田为该书作序，在回顾古代《汉书》研究发展的同时，高度赞扬该书在《汉书》研究方面的贡献，认为杨氏的贡献超过北宋《汉书》名家"三刘"（刘敞、刘攽、刘奉世）。[①] 与杨树达齐名的另一位《汉书》专家陈直，亦肯定该书"对于训诂校勘，很有参考之价值，在古物方面，亦间有征引"，并认为其价值高于清代沈钦韩《汉书疏证》。[②] 文史专家马宗霍称赞此书"截断众流，直探本始，先儒积疑为之一扫，盖可视为定论"。[③] 此外，秦汉史专家王子今指出，《窥管》中有一个值得注意的现象，就是每当杨氏使用《史记》、《汉书》共有的资料时，往往多引用《汉书》，这说明他在研究中惯常使用《汉书》以收集材料。[④] 总之，作为20世纪的"汉书学"大师，杨树达是实至名归的。

二、陈直《汉书新证》

（一）生平活动与《史》、《汉》研究概述

陈直（1901—1980），原名邦直，字进宦（宜），号摹庐，江苏镇江人，著名考古学家、秦汉史专家。陈直的祖父、父亲、伯父、兄长均有深厚的传统学术造诣和坚实的古文字功底。陈直幼治小学，习古文字，5岁即以《汉书》为课本，少年时代"尤喜治秦汉史"，从13岁起即系统研读《史记》、《汉书》，以后每两年必通读一次，相沿为习，不仅能流利背诵《史》、《汉》名篇，而且连《汉书》的每条注释都记得通熟。陈直24岁时即撰成《史汉问

---

① 张尔田为《汉书窥管序》作序云："自来言史籍之要始《汉书》，而《汉书》与他史不同，治之者亦与他史不同。《汉书》最近古，多古言古字，所谓函雅故、正文字者，非通小学不能治《汉书》。班氏湛思古学，根柢子骏，旁贯五经，上下洽通。及其属辞也，温润赡雅，其尤美者有典诰之风，非通经亦不能治《汉书》。……是故治他史易，而治《汉书》也难。……长沙杨君遇夫从其乡先生治经治小学，数年皆起，蔚然通矣。居旧京，以《汉书》教授，久之成《窥管》数十万言，胡身之渭小颜释史史，弹射数十家无完肤，而三刘所以正小颜者，正复不少。近王益吾祭酒为补注，征引参稽，亦不下四十余家。而君子之于祭酒也，匡之赞之，所以弥前贤之隙者，又倍蓰焉。呜呼！若君者谓非今之三刘而又过之者欤！"湖南师范大学学报主编：《杨树达诞辰百周年纪念集》，第15页。

② 陈直：《汉书新证·自序》，天津人民出版社1959年版，第4页。

③ 详见1948年3月1日马宗霍致杨树达书信，引自杨逸彬：《马宗霍先生素描——由一通书札说开去》，《嘉德通讯》2014年第5期。

④ 王子今：《20世纪中国历史文献研究》，清华大学出版社2002年版，第315页。

答》二卷，其著作《汉晋木简考略》、《汉封泥考略》、《列国印制》、《周秦诸子述略》、《摹庐金石录》等，受到了国内外学界的好评。

抗战期间，陈直拒受伪职，辗转抵达西北，在兰州、西安等地工作。他充分利用关中为秦汉故都的客观条件和优势，致力于搜罗秦汉瓦当、货币、玺印、陶器等文物，将之与烂熟于己心的秦汉文献相结合，使自己的研究进入了一个全新的阶段。有学者总结陈直的秦汉砖陶研究的贡献，主要体现在以下几个方面：一是通过秦汉瓦当砖陶资料进一步了解秦汉宫苑陵寝的情况，以订正史籍之误传，补充文献之不足。如《汉书·郊祀志》载汉武帝时于甘泉建有益寿延寿馆，颜师古注以为是益寿、延寿两馆之名。然而《史记》则作"益延寿馆"，孰是孰非，历来都有争论。陈直根据翁方纲《两汉金石记》、吴大徵《意斋砖瓦录》、罗振玉《秦汉瓦当文字》的著录，和他本人于1948年春所见的一件同类残瓦，以及"益延寿宫"瓦和一块"益延寿"大方砖，断定《史记》记载正确，而《汉书》则衍"寿"字，此后这一错误为颜师古所沿袭用。这一论断了结了一段学术悬案。二是将秦汉瓦当砖陶资料运用于典制研究。陈氏搜集了大量汉咸里私人作坊的陶器，这批陶文中可分咸阳县名类（包括咸阳亭）、咸里里名类和咸亭兼里名类等三大类。汉承秦制，县下有乡，乡下有亭，亭下有里，《汉书》、《汉旧仪》、《汉官仪》里本有明确记载，然而《汉书》本传在记述户籍时，常常只写县名与里名，如高祖为沛丰邑中阳里人，路温舒为巨鹿东里人，于是有人提出"亭"在西汉县制组织中，不属于乡，是为另一行政系统，但是咸亭兼称里名的众多陶器证明，它们本属同一行政系统无疑，文献记载不记亭名，实为删繁就简之意。三是以瓦当砖陶资料研究汉代经济史，特别是产业史。《西汉陶钱范纪年著录表》是目前唯一系统考证西汉陶钱范纪年的文章。陈直积十余年研究，得出三点结论：其一，西汉五铢钱范有纪年题字的皆在陶范，铜范绝无一见；其二，未曾发现武帝年号，最早的纪年是昭帝元凤五年，最迟的纪年为成帝永始三年。哀、平二帝年号则未见；其三，宣帝时铸币量最大，是当时农业、手工业、商业发达的反映，应引起研究汉代经济史者注意。此外，从汉咸里诸器中所刻的19个陶工的姓氏，可以了解汉初宗族迁徙情况；从"延年"、"益寿"、"长乐"、"未央"等瓦当上的吉语，可以了解汉朝前期的时尚；从"常安鹿氏"瓦和"常生无极"瓦，可以了解王莽时期改"长安"为"常安"等避讳问题。总之，"无论是建筑史还是艺术史，无论是经济史还是文化史，无论是社会史还是风俗史，研究者均可从陶文中汲取有益的营养，揭示尘封的历史的本貌"。①

此后，经著名学者、教育部长马叙伦推荐，由西北大学校长侯外庐邀请，自 1950 年起，陈直开始执教于西北大学历史系。自此至"文革"爆发前的十余年间，是他学术的鼎盛期，共计完成了 200 余万字的学术著作和 100 余篇学术论文。1956—1957 年，陈直相继发表《太史公书名考》② 和《汉晋人对〈史记〉的传播及其评价》③ 两篇论文，其中涉及《史记》在东汉的传播和班氏父子的贡献。陈氏引王充《论衡·述作篇》和班彪所作《史记略论》，说明在东汉和帝永元以前，司马迁的著作均以《太史公书》为名。他由此推测，东汉初年洛阳书店可能已有《史记》出售，此为民间流通《史记》之始。通过分析《论衡》中《太史公书》的引文，陈氏认为王充所读到的《太史公书》，一部分可能是从洛阳店中看来的，一部分可能是从班彪家中借读的。至于《太史公史》改为《史记》，则应始于东汉桓、灵之际。

有关《汉书》的篇目，陈直以《论衡·超奇篇》"班叔皮续太史公书百篇以上"和《后汉书·班彪传》称班彪续书有数十篇的说法，认定"班固所作，未必全是父书，如有百篇，则班固可以不作"，他推测《汉书》中的《韦贤传》、《翟方进传》保留的班彪赞语，有可能全篇均为班彪所作。此外，班彪《史记后传》批评司马迁对于人的名字，及所举郡县，体例参差不齐，是疏于检点之处，陈氏却以为班彪所说的缺点，正是《史记》的优点。理由在于"太史公本仿《春秋》而作《史记》，以为《公羊》长于例，《左氏》长于事，故各纪传中，寓褒贬的地方，则用《公羊》之例，记事实的地方，则用《左氏》之事，一则博采众长，二则消灭门户之见"，"《史记》标题，皆是用这种体例"，"分析来看，以称子为最尊，称字次之，正符合于《公羊》'人不若名，名不若字，字不若子'的意义"。遗憾的是，汉晋以来的人们对太史公的这一"别识心裁"不再注意领会和沿用。进一步，陈氏指出，

　　① 周天游：《陈直与秦汉砖陶研究》，《中国史研究动态》1994 年第 12 期，第 2—6 页。
　　② 陈直：《太史公书名考》，《文史哲》1956 年第 3 期。
　　③ 陈直：《汉晋人对〈史记〉的传播及其评价》，《四川大学学报》（哲学社会科学版）1957 年第 3 期。

"《汉书》标题，一律称名，表面上看整齐划一，是用他父亲的方法，与《史记》的史才，距离很远。后代修史，皆采取《汉书》形式，相沿既久，以为应当如此，将太史公的春秋笔法，漠无闻见，甚或反唇相讥，是则班彪作俑之始。"①

尤为难能可贵的是，陈直师承清代朴学的传统，秉持"使考古为历史服务的"学术主张，大力倡导"搞人民史"、"搞手工业史"，其著作《两汉经济史料论丛》对于两汉的手工业、工人类别、盐铁及其他采矿业、米谷价及内郡边郡物价情况等进行专门研究。是以他不同意班氏父子批评司马迁"述货殖则崇势利而羞贱贫"的观点，而是高度称赞"太史公叙货殖传纪盐铁的发展，纪手工的发达，纪商业货品及中心城市，正是千古的卓识"。相反，班固一边"指摘其短"，一边又在撰写《汉书》的《游侠》、《货殖》两传时大量袭用《史记》原书，陈氏以为这是"以子之矛，陷子之盾"，正体现出班固在史才与史识方面与司马迁的差距。② 再如武帝、昭帝时代著名的政治家和理财专家桑弘羊，在汉武帝大力支持下，先后推行算缗、告缗、盐铁官营、均输、平准、币制改革、酒榷等经济政策，同时组织六十万人屯田戍边，防御匈奴。这些措施大幅度增加了政府的财政收入，为武帝时代的文治武功奠定了雄厚的物质基础。由于司马迁去世在桑弘羊之先，故未能在《史记》中为其立传，但在《史记·平准书》以大量篇幅叙述桑弘羊制定的经济政策及实施成效。"因盐铁均输诸大经济政策，皆自弘羊发之。乃班固撰《汉书》时，漫不省察，不为弘羊立传，此班马识鉴之优劣也。"③ 以上力作，不仅澄清了《史记》传播史上的一些重要问题，且将班氏父子的编撰宗旨和学术思想与司马迁进行了有价值的比较研究。

1959 年，陈直出版了他的代表作《汉书新证》和《史记新证》（天津人民出版社）。此后他参与了中华书局委托西北大学历史系标点《汉书》的工作，负责其中难度最大的志、表的校点。此项工作完成后，他又与同事兼好友冉昭德共同主编了《汉书选》（中华书局 1962 年版），作为全国高校历史专业"史学名著选读"课程的教材。"文革"期间，陈直的研究被斥为"四旧"

① 陈直：《汉晋人对〈史记〉的传播及其评价》，第 50—57 页。
② 陈直：《汉书新证·自序》，天津人民出版社 1979 年版，第 1 页。
③ 陈直：《史记新证·自序》，中华书局 2006 年版，第 1 页。

而遭受批判。在险峻的政治形势和艰难的生活压力下，他以惊人的毅力，在极其困难的条件下坚持修订旧稿、继续工作。"文革"结束后，《汉书新证》和《史记新证》经续补后再版，一系列涉及秦汉史、考古学和简牍学的力作如《三辅黄图校正》（陕西人民出版社1980年版）、《居延汉简研究》（天津古籍出版社1986年版）、《关中秦汉陶录》（天津古籍出版社1994年版）等相继出版，为陈直赢得了更为广泛而崇高的声誉。出于对其学问的钦佩与崇敬，其身后有学者提出了建立"陈直学"的构想。[1]

（二）《汉书新证》概述

1957年，陈直在96天的时间里，写出了13万字的《汉书新证》（以下简称《新证》）；次年，完成了14万字的《史记新证》。据陈氏自述书名来源，"新证云者，取别于旧注家之方式，所引用之材料，为居延、敦煌两木简，汉铜器、漆器、陶器，以及封泥、汉印、货币、石刻各种。其体例有时仿裴注，系证闻式，旁搜远绍，故不偏重于音义"。[2] 这是陈直运用文献与文物考古相结合的方法，进行《史》、《汉》研究的新成果，是其自认为可以传世的著作。当时出版社评价此书的学术价值曰：

> 《汉书》成书后，注者甚多，唐之颜师古以前，注者已有二十余家，颜师古以后，注者复有数十家。但这些注《汉书》的人，都以书面材料为主，转相引证，问题滋多。本书著者是国内治《汉书》的专家，它所引用的材料，主要是出土的汉铜器、木简、封泥等物，所以与前此《汉书》诸注，迥然不同。其中《百官表》考证，尤有精湛独到之处，可以认为是研究《汉书》的重要著作。[3]

《汉书新证》一经出版，被学界誉为《汉书》研究的空前突破。1979年，经过续证、订补的《汉书新证》再版，其字数增至35万。同年，《史记新证》亦由天津人民出版社出版。此后该书一再重印、广受好评，台湾学者陈文豪曾对前后两个版本进行比较，认为"陈氏为学勤勉，并不以已有的成就而自

---

① 有学者提出，以陈直治学思想为主线而形成的研究秦汉史的科学方向，是为"陈直学"。黄留珠：《陈直先生与秦汉史研究——纪念陈直先生逝世20周年暨诞辰100周年》，《西北大学学报》（哲学社会科学版）2002年第2期。
② 陈直：《汉书新证·自序》，第1页。
③ 陈直：《汉书新证·出版说明》，中华书局2008年版，第1页。

满，在教学及研究之余，仍随时吸收新知，增订旧作，方有《汉书新证》增订本的出版。这种为学的精神，值得后学学习效法"，称赞《新证》"在民国以来的《汉书》研究中，别树一帜，值得我们注意和探讨"。①

陈直自称《汉书新证》体例完全仿杨树达《汉书窥管》，赞其"对于训诂校勘，很有参考之价值，在古物方面，亦问有征引"。比较而言，二书体例基本一致，但《新证》所采用的文物材料却远远多于《窥管》，全书"约计有证文二千余条"，"有百分之八十，取证于古器物"。陈直历来主张"使考古为历史服务，既非为考古而考古，亦非单独停滞于文献方面"，故而《新证》"以本文为经，以出土古物资料证明为纬"，系统利用了居延和敦煌汉简、汉碑及古器物等进行考证。如武帝"征和"年号，陈氏证之居延、敦煌两木简，及"延和元年"板瓦题字，确定为"延和"。并由此断定应劭乃谓"言征伐四夷而天下和平"，"是因文生训，应氏之疏也。"又如《成帝纪》，"罢水衡都尉之技巧令，服虔注技巧谓倡技之巧，证之齐鲁所出封泥，有'技巧钱丞'。西安汉城出土五铢钱范，又有'巧二'题字，知技巧掌握钱范之技术，决为上林三官之一。"②《新证》为取材于古器物而治《汉书》者开辟了一条新道路，对推进《汉书》研究作出了创造性的贡献。

《新证》就《汉书》对《史记》及汉代其他文献史料的采集，也进行了仔细的梳理，认为"班固《汉书》之材料，前半皆直用《史记》原文，《张汤传》赞，则引冯商之案语，《封禅书》后段，则似用扬雄之补作，更名《郊祀志》。（见《论衡·须颂篇》）韦贤、翟方进、元后等传，则直用班彪之《后传》。其余多采用刘氏父子之书，如《艺文志》本于刘歆《七略》，《律历志》、《五行志》皆本于向、歆父子"。同时，陈直还列出了自己在研究中所发现的《汉书》史料对于刘向《说苑》和《新序》的习用。如"《说苑》卷六载丙吉事。袁盎侍儿事。卷七载枚乘谏吴王书。卷十一载吾丘寿王谏宝鼎事。卷十三载茂陵徐生上书事。卷二十载杨王孙事。《新序》卷七载苏武事。卷十载沛公从项籍俱受令怀王事。郦食其事。封张良事。刘敬说都关中事。齐悼惠王事。王恢论马邑事。主父偃事。以上各条，纵然刘向原文，有采用《史记》之处。然丙吉、茂陵徐生、杨王孙、苏武等传事，则皆在《史记》

----

① 陈文豪：《〈汉书新证〉版本述略》，《华冈文科学报》1999 年第 23 期，第 98 页。
② 陈直：《汉书新证·自序》，第 4—5 页。

之后，决为班固采用之根源。尤其《杨王孙传》，与《汉书》本传，大同小异，犹存有蜕化之痕迹。"① 陈直研读文献之细致、精熟，由此可见一斑。

此外，在许多问题上，诸如确定《汉书·百官公卿表》未载之官名，考证州郡县属吏名称、地理名称之误字，考证姓氏、订正人名、印证宫殿名称，确定汉代物价、疏证典制，揭示《汉书》古字奥秘，考证习俗语和军事设置，考订避讳义例等方面，陈直亦能言前人所未言。例如，他提出了辨别汉印的六项标准，以及《汉书》注释的十七种体例（杨树达《汉书释例》归纳为十项）。值得一提的是，《新证》还指出了颜师古和王先谦——这两位"汉书学"史上最重要的研究者注释的多处错误。例如，颜师古为颜之推之孙、颜游秦之侄。颜之推、颜游秦均为治《汉书》名家，颜师古注《汉书》即大量吸取了他们的成果，但"不但不引其名，反窃取其说，攘为己有"。对此，陈直在《新证》中逐一列出，说明"师古之博学，我辈不能不加以承认，师古之欺世盗名，我辈亦不能不加以揭发"。对于王先谦《汉书补注》，陈直指出："王先生之优点，自己创见不多，排比校雠之役，且多假手于他人。但以本书引证本书，予初学以极大便利。王先生之缺点，是各注家之精华，如钱大昭、周寿昌诸人，采摭均有未备。且剪裁截合，往往与作者本义相违背。"② 这种实事求是、严谨细致的治学态度，值得后人学习、借鉴。

要之，《汉书新证》和《史记新证》一经出版，即在国内外学术界引起极大反响。目录学家杨家骆认为此书足与清人周寿昌《汉书注校补》并传③，以研究中国古典文学闻名的著名学者程千帆热情地赞美《汉书新证》："西北大学的陈直先生是一个典范，《史记》、《汉书》前人的考据注释研究够多够细了，而陈直却把文献资料与考古资料综合研究，拓展领域取得显著成果，难能可贵啊！"④ 考古学家李学勤认为陈直"把王国维提倡的二重证据法作了进一步的发挥，从而取得丰富的成果"；西北大学校长张岂之盛赞其"独辟新径，为学术界提供出许多独创见解，推动了《史记》、《汉书》的研究"。更

---

① 陈直：《汉书新证·自序》，第6—7页。

② 陈直：《汉书新证·自序》，第2—4页。

③ 杨家骆在《周陈二氏汉书补证合刊识语》中说："陈直就汉简及出土之汉印瓦当碑版等撰《汉书新证》，为前人致力所未及。……宜其突过前修，为《汉书》信注，足与寿昌之并传也。"台北鼎文书局1977年版。

④ 引自周天游：《注释与辩证的杰作——陈直的〈汉书新证〉》，马宝珠主编：《20世纪中国史学名著提要》，北京师范大学出版社2007年版，第259页。

有学者称赞陈直为当代最后一位朴学家，认为他"虽然不以理论相标榜，但他一字一句的考证和研究，却深化和丰富了理论的内容"，在现当代《汉书》研究史上，《汉书新证》毋庸置疑的是一部"注释与辩证的杰作"。

三、岑仲勉的《汉书》研究

岑仲勉（1885—1961），广东顺德人，著名史地学家。岑仲勉幼承家训，习经史训诂之学，受乾嘉考证学派的影响颇深，于高邮王念孙父子之学尤为服膺。自 1921 年起，岑仲勉先后发表一系列隋唐史和中外史地考证论文。辅仁大学校长陈垣赏识其史学造诣，遂请他替《辅仁学志》撰稿，先后发表了他的论文《汉书西域传康居校释》、《汉书西域传奄蔡校释》（《辅仁学志》第4 卷第 2 期，1934 年）、（《辅仁学志》第 5 卷第 1、2 合期，1936 年）和《汉书西域传校释》（《辅仁学志》第 6 卷第 1、2 合期，1937 年），引起了学界的重视。执教于清华大学的陈寅恪曾致信陈垣说："岑君文读讫，极佩。此君想是粤人，中国将来恐只有南学，江淮已无足言，更不论黄河流域矣。"[①] 1937年，经陈垣介绍，岑仲勉进入中央历史语言研究所任研究员，益致力于隋唐史及中外交通史研究。顾颉刚将他的工作与清代著名学者劳格、徐松并列；傅斯年亦对其著作"叹服之至"，将他与司马光、钱大昕并举，认为"如是读书，方可谓善读书，方不负所读书"[②]。1948 年，岑仲勉转入中山大学任教，直至 1961 年逝世。岑氏非学术世家出身，其考史、校史、证史的深厚学养，也非学院式教育所得，因此他经常戏称自己"半路出家"。但事实上，他在隋唐史、先秦史、古代文献学、中西交通和民族关系史、史地考证等方面均卓有建树，已出版的著作达 24 种，发表论文近 200 篇，凡 1000 万字，得到了国内外学者的推重。

岑仲勉的家乡顺德是清代著名西北史地学家李文田的故乡，故其治学深受清代西北史地学派的影响，他将《西域水道记》、《汉书西域传补注》、《登科记考》的作者徐松奉为先驱，一生致力于西北史地和中西交通史研究。他早年留心洋务，又喜治史地之学，且精通中外文字，进行中外交通史或西域、南海史地的研究，能充分利用这些特长，因此做出了显著的成绩。《汉书西域

① 陈智超主编：《陈垣来往书信集》，上海古籍出版社 1990 年版，第 377 页。
② 孟彦弘：《岑仲勉进出史语所始末》，《南方周末》2016 年 12 月 26 日。

传地里考释》（以下简称《考释》）一书是岑仲勉穷年累月、苦心孤诣的研究成果。此书于 1930 年勒成初稿；抗战期间，岑氏在重庆对此书进行了整理和充实，完成了第二稿；抗战胜利后，在广州作进一步修改；1956 年又重新复核材料，稍有补充，至 1957 年全部完成，费时二十余年。遗憾的是，岑仲勉生前未看到这部著作面世，至 1981 年方始由其同乡后学、中外关系史专家朱杰勤等组织校订，由中华书局出版（2004 年再版）。

《考释》全书计 100 余万字，均为考释《汉书·西域传》而作。岑氏研究西域史地，一方面是继承前辈学者经世致用、发愤图强，另一方面则是在充分吸收中外学者成果的基础上，对存在的错误和歧异之处进行批评和修订。全书分为三大部分，首先是《西域传》所载诸国的考释；其次是《西域传》所载“三十六国”，以及天山南北两道，玉门关、阳关、昌蒲海的位置，西汉所设河西四郡以及天山以北六国的位置、人口、兵力等问题的考释；最后是附录部分，除详细列出西域各国及都城名称，距长安及距都护里距表和所涉地名、人名外，还有一篇《托烈美所述丝路考略》①，对公元 1、2 世纪之交的西方学者托烈美的著作《地理学》中有关丝路的记载与《汉书》进行了比较，综合中外史料进行了考证。

《考释》的一个突出特征，在于注意地名的考证与道里的复核。《西域传》的“里”可为考地的根据，其计里一为各国去长安之数，一为各国去都护之数，如果计里准确，就可以定各国的地理位置。但《西域传》所称“道里”，并不完全准确，或从边界起算，或从都城起算，有可以直道而行的，也有必须绕道而行的，计算起来就会有出入。由于古代缺乏可靠的测量仪器，只能用估计方法，而对西域道里的估计又主要依靠当时使者的传言，缺乏确切依据。因此同一书中，已有不尽合之处：有出于误算的，有出于传写错误的，难以为据。清人徐松的《汉书西域传补注》对于各国道里已有所修正，岑氏在徐书基础上精心订正，对于《汉书》原文合理者予以保留，不合理者指出其错误之处而加以审正，力求考订合理、疏证明通。②

---

① 托烈美，古埃及天文学家史罗狄斯·托勒密（Claudius Ptolemaeus，约 90—168）。托勒密精通天文学、地理学、占星术和光学，有《天文学大成》、《地理学》、《天文集》和《光学》等著作传世。

② 例如，《汉书西域传·无雷》云无雷国“西与大月氏接”，经岑氏考证，汉无雷之国境“西接难兜”（二国均在今新疆帕米尔高原一带），而非大月氏。

　　岑仲勉对于古典语言、音韵之学有相当高的造诣，又精通数种外语——这是史地研究不可或缺的知识储备。岑氏能够运用英、法、日文的材料，又熟悉中外史地学家的主要著作，能够进行批判的研究。此外，他对于一些西域古文字如突厥语、吐火罗语，亦能间接通过各种工具书籍，找出其所欲知的语源和语意，由此在西域史地研究领域做出了重大贡献。例如，《汉书西域传康居传校释》廓清了前人对于"康居"与"康国"的混同，提出"康居"非后来的"康国"之说。他指出，混同起于汉末及三国之时，其原因不仅在于二者均冠一"康"字，亦因为西汉时期康居疆域原本包括康国在内。岑氏的研究有力地清除了旧史中的错误。

　　此外，岑氏的考证方法亦相当谨严。他在研究中力求第一手材料，引用材料必先加以考证，在丰富的材料基础上加以分析考证，再得出结论，凡有争议之外均在书内标明，待与中外学者商榷。例如，楼兰古国系古丝绸之路上中西贸易的重镇，《汉书·西域传》云"鄯善国，本名楼兰，王治扜泥城，去阳关千六百里，去长安六千一百里"，19世纪后期，英、美、日、俄等国均遣学者以探险为名，进入中国西北地区，大肆劫掠文物、进行地理勘探。1900年3月，瑞典探险家斯文赫定于罗布泊旧址北岸发现楼兰古国遗址，但王国维《流沙坠简序》却认定此地绝非古楼兰。岑仲勉遍考《史记》、《汉书》、《后汉书》、《后汉纪》、《魏略》、《魏书》、《水经注》、《北史》、《新唐书》、《通典》、《元和郡县志》、《新五代史》、《太平御览》、《读史方舆纪要》、《凉州异物志》、《西域图志》、《西域考古录》、《汉书西域传补注》、《新疆图志》等中国古史典籍，以及西方学者琼斯密、约翰逊、悦金斯、李希霍芬、赫尔曼、斯坦因、伯希和、斯文赫定、卫礼、沙畹、普尔热瓦斯基、翟理斯等人的著作，认为上述诸家之论均有缺点，相较之下，仍以中国古代史地著作《水经注》、《凉州异物志》和一些唐代文献，如《新唐书·贾耽传》、贾耽《海内华夷图》的记载更为准确。岑氏以为在西汉之前尚有楼兰古城，而汉代至唐的楼兰遗址应有五处，现时只得四处，并据此对一些学者提出了批评："汉里与今里无大差异……汉时通路较北而偏短，后世偏南而较长……今考地者惟求地名相配合，便算成功，从未注意到里距之不能牵合。"①

---

　　① 岑仲勉：《汉书西域传地里考释》，中华书局1981年版，第20页。

岑氏西域史地研究为后人提供了大量珍贵的材料和线索，其贡献诚如边疆史地专家吴丰培所言：“《汉书西域传地里校释》确实超越前人，总结了中外学者研究成果，对于‘地’、‘里’、‘传’都纠正前人之误别申已说，有特殊见解，……对于《汉书·西域传》的研究，确实推进一步。”[①]

需要指出的是，岑仲勉平生从未亲至西域，《考释》一书也并非毫无瑕疵。诚如朱杰勤所言，岑氏以南人远谈西北绝域史地，仅凭书本上的知识，能获得如此显著的成就，其学识之深自不待言。但他为了力求证据充分，有时不免引用过滥；且由于晚年精力不继，对于国外西域研究的新成果未能充分利用，一些西方著名的学报如法国的《亚洲学报》，英国的《中亚学会会刊》等发表的相关成果亦未能广泛参考，这不能不说是个遗憾。[②] 但是，岑氏的理论、方法，对于研究西域史地和汉代对外关系史者，均产生了重大的启示作用。

古代历史文献上所记载的“南海”，是指从南中国海到印度洋的广阔海域。岑仲勉立足于唐人海程，上溯秦汉、下及明清，对南海史地作出了系统的研究。1957年，韩振华在《厦门大学学报》上发表论文《公元前二世纪至公元一世纪间中国与印度东南亚的海上交通——汉书地理志粤地条末段考释》一文。韩文发表后，岑氏撰写了［《西汉对南洋的海道交通》一文（《中山大学学报》（社会科学版）1959年第4期）］，就韩文所提及的都元、邑卢没、谌离、夫甘都卢、已程不国等南海诸国的考订错误，提出了自己的意见。[③] 进一步，针对英国学者哈威（G. E. Harvey）的著作《缅甸史》（姚楠译，商务印书馆1943年版）中“自纪元前2世纪以来，中国已以缅甸为商业通道”和“中国史籍中未尝提及13世纪以前对缅有任何直接关系”的说法，岑仲勉指出了其英文原著和中文译本的矛盾；同时说明哈威所谓商业通道专指陆路是不准确的，据《汉书·地理志》记载，纪元前2世纪后半，中国与缅甸已有海道交通，以此证明“《汉志》这一段是缅甸古史中有确年可考而极为重要之部分”。

---

① 马大正整理：《吴丰培边事题跋集》，新疆人民出版社1998年版，第326页。

② 朱杰勤：《岑仲勉先生对西域史地的研究——岑著〈汉书西域传地里考释〉校后记》，《史学史资料》1979年第5期。

③ 周连宽：《汉使航程问题——评岑韩二氏的论文》，《中山大学学报》（社会科学版）1964年第3期。

综上，诚如为岑仲勉所称许的唐人贾耽所言："中国以《禹贡》为首，外夷以《班史》（即班固《汉书·地理志》）发源"，岑氏总结自己的治学旨趣，曾谓"读愈古之史，愈须通晓世界史"，因为"世界上无绝对孤立之国家或民族，对于其他民族或国家，彼此总会发生多少相互的关系"，所以他关于"对外事件"，尤"郑重视之"。笔者以为，此正是他以《汉书》为基础文献从事边疆史地和中外关系史研究，能够获得重要突破的原因。

第三节　20 世纪中期围绕《汉书》进行的论争

一、20 世纪中期对于班固思想和《汉书》的批判

新中国建立后，以马克思主义唯物史观为指导的史学研究，从理论思想到研究方法均取得了长足进步，《汉书》研究也不例外。遗憾的是，由于"左"倾错误路线的干扰和意识形态因素的影响，当时学术界对于马克思主义的理解与运用尚存在一定的偏颇，在研究中往往片面强调史家的政治立场和历史人物的阶级出身，将历史著作是否具有"人民性"或"斗争性"，能否反映出"阶级斗争的普遍性"和"人民群众对封建统治阶级的反抗性"等视为历史研究的指导思想乃至唯一的衡量标准。在此形势下，班固因"诬蔑和仇视农民起义"，被指斥为"正宗封建史学家"、"封建皇帝的忠实奴才"和"统治阶级的御用学者"[①]；《汉书》中"汉绍尧运"、"五德相生"、"纬六经缀道纲"等思想，被定义为"封建史学的典型标本"而遭到批判与贬抑。

20 世纪 50 年代，在侯外庐主编的《中国思想通史》第二卷中，论及两汉之际的思想家，将刘向、刘歆父子，扬雄及班氏父子的思想定调为"折衷主义"，尤其将班固其人、其学斥为"二重人格的"、"庸俗的"、"正宗史学"，"其思想的支离贫乏而无创见"。编者认为，两汉的班氏，自始即赋有边疆豪强的传统及正宗的家学渊源，《汉书》的编撰过程，即是其"正宗史学的

---

　　① 中华书局编辑部撰写的《汉书》"出版说明"："西汉末年和王莽当政时期的农民起义，是当时阶级矛盾尖锐化的表现，它动摇了封建政权的基础，冲击了儒家的伦理纲常，推动历史向前发展。研究它的产生和发展的过程，指出它的历史作用，歌颂劳动人民创造历史发展的功绩，是我们今天研究历史的一个重要方面。班固的儒家思想使他不可能为我们提供这方面真实和系统的资料。他在《汉书》中，诬蔑和仇视农民起义。"中华书局 1962 年版，第 7 页。

家传"，是"两汉儒学宗教化，学校寺院化，帝王教皇化，学者神父化演进程序上的产物。理解了这些情况，然后始可以理解班固的思想"。编者以班固编撰的《白虎通义》和《汉书·艺文志》为例，认为前者代表班固的神学思想，后者代表其人文思想，"思想属性上判然两撅的两种文献，皆假班固之手传于后世，其为折衷主义观点，似无可疑。而且此两大文献。所影响于后世学术思想者至深且巨"。[①]（按，着重号为笔者所加）这一结论在当时是具有代表性的，为这一时期对于班固和《汉书》的评价定下了基调。

值得注意的是，在 20 世纪 50 年代出版的顾廷龙、王煦华主编《汉书选·前言》中，还肯定了班固"在历史观点上有一定的人民性"[②]；然而，在1962 年中华书局出版的标点本《汉书》的"出版说明"中，编者除了承认《汉书》"从研究西汉一代历史的角度来说"，"比《史记》的史料自然要丰富得多，是我们运用马克思主义立场、观点、方法研究西汉历史的一部有参考价值的历史著作"外，对于班固的历史观和《汉书》的总体成就基本持否定态度。[③]

此后，学界对于班固和《汉书》均以负面评价和否定意见为主流。1963年，白寿彝发表论文《司马迁和班固》，阐述了《汉书》利用《史记》在体例、史料、写作艺术上的成就，肯定了《汉书》"博洽"的特点。但其结论与侯外庐的观点一致，认为《汉书》在历史资料和历史知识上的"博洽"，不能解救和掩盖班固在历史思想上的贫困，反而助长了《汉书》的驳杂，成为折中主义的工具；《汉书》在史学史上的成就，是在思想性和技术性矛盾下的成就，是技术性远远超过思想性的成就。史学史上一向把《史》、《汉》并举，是一种很不相称的并举。因为它们在体例上虽各有创造性，但就史学的

---

①　详见侯外庐《中国思想通史》第二卷第六章"两汉之际的思想"，人民出版社 1957 年版，第117—135 页。另，其中第四节"班固的庸俗思想及其人文思想"，被收录于陈其泰、张爱芳主编：《汉书研究》（论文集），中国大百科全书出版社 2009 年版，第 39—46 页。

②　编者认为："具体地说，就是他（班固）重视客观历史事实和同情被压迫人民。这表明在他所描写的历史人物上是爱憎分明的……因此我们认为，班固写作《汉书》在一定程度上是同情被压迫人民的，这就是它的人民性的所在。"顾廷龙、王煦华主编：《汉书选·前言》，古典文学出版社 1957 年版，第 6—7 页。

③　编者批评班氏父子"根据孔丘反动的天命观，继承了董仲舒'天人感应'说的衣钵，形成了自己的唯心主义和形而上学的历史观"，"在这样的历史观指导下，《汉书》被写成西汉一代帝王将相史，真正推动历史前进的劳动人民却排斥在历史舞台之外"。详见中华书局编辑部撰写的"《汉书》出版说明"，中华书局 1962 年版。

全部成就而言，则是属于不同性质和类型的。① 这种观点在当时的史学界是占据着统治地位的，与这一阶段对于司马迁和《史记》的推崇形成了鲜明对照。②

当时对于司马迁《史记》的赞誉，主要是针对其思想的"进步性"、"人民性"，以及对于封建统治者的"批判精神"和"斗争精神"，用今人的思想去改铸司马迁的形象。例如，高亨认为"司马迁的《史记》是具有多方面进步意义的、现实主义的伟大作品，其中爱国主义思想和人民性最值得我们珍视"③；杨增华指出司马迁敢于指责帝王，贬抑权贵，歌颂叛逆，其同情贫弱的批判精神，在黑暗的封建社会里，真是非常可贵的，"在一定程度上反映了当时广大人民的思想和愿望，表达了他们的希冀和心声"，"《史记》也就具有了浓厚的现实主义精神和丰富的人民性"。④ 有人评价《史记·游侠列传》，认为"游侠是受压迫的下层人物，他们代表人民的利益来反对封建势力，司马迁给他们作传记，具有着人民性"；⑤ 有人认为"司马迁同情广大被压迫人民，热情歌颂了秦末农民起义"，"并肯定了他们推动历史前进的不朽功绩"⑥。有人甚至对司马迁冠以"人民历史的开创者"和"人民的歌手"等"崇高荣誉"。⑦

值得注意的，学界对于司马迁的无限赞美和拔高，往往是与对班固的批判同时进行的。例如，廖秉真高度赞美司马迁"生平伟大的斗争精神和艺术上的高度成就"，其作品富于"人民性和现实主义精神"，同时引用《汉书·司马迁传赞》中"是非颇缪于圣人"的评价，指责"班固是汉王朝的一位正宗史学家，他的批评足以说明司马迁的立场及其反抗精神"。⑧ 郭双成认为司马迁有着封建时代一般思想家和历史家所没有的生活经历和遭遇，他的爱憎

① 白寿彝：《司马迁和班固》，《北京师范大学学报》（社会科学版）1963 年第 4 期。
② 1964 年，北京师范大学历史系中国史学史组专门开会，就"司马迁究竟是代表哪个阶段的史家"进行讨论。与会者大多同意司马迁的史学思想是同封建统治阶级完全对立的，他代表着中小地主阶级的利益，也反映了当时人民群众的要求，因此其史作具有历史进步性。
③ 高亨：《〈史记〉的思想性与艺术性》，《文史哲》1956 年第 2 期，第 23 页。
④ 杨增华：《论司马迁的世界观与创作的关系问题》，《西北师大学报》1960 年第 1 期，第 49—56 页。
⑤ 唐赞功：《司马迁的〈游侠列传〉有人民性吗?》，《文史哲》1965 年第 5 期，第 76 页。
⑥ 王启兴：《应该全面正确地评价司马迁的思想》，《文史哲》1965 年第 3 期，第 78—79 页。
⑦ 详见肖黎：《建国以来〈史记〉研究情况述评》，《社会科学研究》1983 年第 5 期，第 77—80 页。
⑧ 廖秉真：《司马迁的斗争精神及其艺术成就》，《华南师范学院学报》1956 年刊，第 156—170 页。

在一定程度上是与人民的爱憎相通的。而统治阶级的御用学者（此指班氏父子）对司马迁的批评，正反映出司马迁的伟大。[①] 在这种"一边倒"式的学术氛围之下，对于班固和《汉书》的评价降到了自《汉书》问世两千年以来的历史最低点。

二、冉昭德的《汉书》研究

虽然当时的政治氛围不利于学术研究的正常开展，仍有一些富有远见卓识的优秀学者致力于排除极左。思潮的干预和习惯思维模式的限制，坚持为班固和《汉书》正名。1961年3月24日，《陕西日报》发表了《怎样评价班固与汉书》一文，认为班固写作态度谨严，有唯物主义观点，反映了历史的真实，并对《汉书》的文学成就给予肯定（作者和原文惜已无考）。[②] 同年，卢南乔撰文从史学和史料方面论述了《汉书》的编纂特点，认为《汉书》改造了《史记》创立的纪传体史书的体例和组织结构，使之更加完备；盛赞班固不同于前人只对《史记》进行修修补补的续作，而是另起炉灶、自成一家的努力，是"创立了断代为书的汉书家"[③]，这是新中国成立以来发表的关于《汉书》历史编纂成就的一篇颇有价值的论文。次年，冉昭德先后发表了一系列论文，高度赞扬班固的进步思想及其在史学史上的首创精神。

冉昭德（1906—1969），字晋叔，山东成武人。20世纪30年代起即开始从事学术研究，1941年进入西北大学历史系（时称西北联大）执教，是20世纪中期颇有成就的秦汉史专家，于《汉书》研究方面贡献尤巨。

（一）点校、编选《汉书》

1959年，冉昭德参与了点校《汉书》工作，并担任点号组组长（详见上文所引《冉昭德日记》），由于出色地完成了任务，遂与陈直一起成为《汉书选》教材的主编。

20世纪50年代，极左思潮抬头，以论代史、教条主义、简单化、绝对化、非历史主义和轻视史料的倾向愈来愈严重，正常的研究工作出现停滞甚

---

① 郭双成：《关于研究司马迁思想的一些浅见》，《郑州大学学报》1979年第3期，第73—80页。

② 据冉昭德的学生兼同事李之勤提供的目录，此文为冉昭德所作，发表于1961年3月24日的《光明日报》。经笔者核对，该文作者为陕西省社科院某位学者，刊载于《陕西日报》。

③ 卢南乔：《从史学和史料来论述〈汉书〉的编纂特点》，《山东大学学报》1961年第4期。

至倒退，许多史学工作者都不敢或不愿强调历史研究的规范性、科学性、公正性和客观性。针对这种不良倾向，一些学者知难而进，试图挽回危局。1961 年 3—4 月，在翦伯赞、郑天挺、周一良等史学家的倡导和发起下，全国文科教材会议在北京召开，许多知名学者参会。① 冉昭德与马长寿作为西北大学的代表，与来自全国各地的史学工作者一起就当时的文风与学风进行了深入讨论。② 会议决定编选《中国通史参考资料》一册至八册，以及《中国史学名著选读》六册（包括《左传选》、《史记选》、《汉书选》、《后汉书选》、《三国志选》和《资治通鉴选》），由西北大学历史系负责编写《汉书选》。接受任务后，西北大学历史系随即成立了由冉昭德、陈直、陈登原、李之勤、李家翰、蔡尔轨（蔡葵）6 位教师组成的编写组，委任冉昭德、陈直担任主编，以标点本《汉书》为底本，编写《汉书选》。

《汉书选》的版式为竖版繁体，使用现代标点，并按现代文章观念分段，选录《汉书》中重要篇章 31 篇（其中存目 5 篇）。"序言"阐明了编选标准，"首先注意在西汉经济文化的发展方面，其次是反映班固的史学思想，再次是各阶层代表人物的较好的纪传"；"所选文章尽量避免与《史记》中的材料相同，但也并不强求其异"。该书对所选篇章所涉古代地名、人名、器物、典故及难懂字词作了简要的注释，注中重要引文均注明出处，以备查验。该书于 1962 年 12 月由中华书局出版，受到了学界的广泛好评，主编郑天挺曾专门致信冉、陈表示祝贺。③ 由于其"选篇典型精要，注释翔实准当，成为大学本科'历史文选'课的重要参考资料之一"④，至今仍被广泛用作高校历史专业的教材。

（二）考证《汉书》"八表"和《天文志》的作者

关于《汉书》"表"、"志"的作者，历代学者均有不同看法，或认为由班固自撰，或认为《天文志》乃马续所作，或认为"七表"及《天文志》均为马续所撰，或认为"十志"乃班昭所著，更多学者则认为《八表》及《天

---

① 参见郑克晟：《郑天挺与中华书局》，见《郑天挺先生学行录》，中华书局 2009 年版，第 57—58 页。

② 详见傅同钦、郑克晟：《记 1961 年文科教材会议》，封越建主编：《郑天挺先生学行录》，第 100 页。

③ 参见郑克晟：《郑天挺与中华书局》，见《郑天挺先生学行录》，第 60 页。

④ 彭树智主编：《陕西历史学年鉴》，西北大学出版社 1992 年版，第 124 页。

《文志》为班昭、马续补作，冉昭德却认为此为班固原作。他提出两点理由：第一，《汉书·天文志》基本上沿袭《史记·天官书》，不过增补甘氏、石氏之说及武帝时期的天象变化而已，工程并非如后世所称的那般"浩大"，以班固"潜精积思二十余年"之功，是可以完成这项任务的。第二，"八表"中的《古今人表》和《百官公卿表》，已被前人指明为班固原著，非后人补作。

另外，冉昭德还指出《百官公卿表》亦出于班固。证据如下：其一，司马彪《续汉书·百官志》云："惟班固著《百官公卿表》，记汉承秦官本末，讫于王莽，差有条贯"；其二，沈约《梁书·百官志》中引用《表》文，亦定为班固所作。至于其余六表，除《外戚恩泽侯表》为《汉书》创例外，大都取材于《史记》，不过加以调整、补充而已。以班固撰述《汉书》的条件、时间、地点而论，这六表也可能是他的原作，非后人所补。此外，冉昭德还根据班固《汉书·叙传》，范晔《后汉书》之《班固传》、《列女传·班昭》的记载矛盾处，将"八表"和《天文志》的序文与《汉书》"序"、"赞"之文体、语法进行比较，指出《汉书》流传200年而没有注家对"八表"、《天文志》表示怀疑，由此可以认定"八表"、《天文志》实为班固自著。[①] 作为一名《汉书》研究者，笔者以为，虽然古今学者持此论者较少，但冉文的论证是合乎逻辑和情理的，其结论也是富有创见的。

（三）客观评价班固的历史观和《汉书》的成就

1961年，《陕西日报》上发表了《怎样评价班固与汉书》一文，介绍了陕西学术界就如何评价班固与《汉书》开展的讨论。有人指出班固的世界观是唯心的，班固是有神论者，其历史观带有浓厚的迷信色彩；亦有人认为班固的历史观本质上是唯心的，但有进步的一面，其世界观有不少唯物主义因素，冉昭德当即提出要以历史唯物主义观点对其作出正确评价。随后，他发表《班固和〈汉书〉》一文，指出《汉书》"是一部伟大的历史著作"，"实不失为断代史的典范"。

冉昭德不满足于只对《汉书》的历史编纂或某一专题进行局部研究，也不同意把对班固与《汉书》的研究作为对司马迁和《史记》研究的陪衬甚至

---

① 此段引文，均出自冉昭德：《班昭、马续补作〈汉书〉八表及〈天文志〉志疑》，《光明日报》1963年2月24日。

对立面，扬此抑彼；而是坚持实事求是的原则和历史唯物主义的精神，对班固的历史思想、《汉书》的史学成就与历史地位作出公正评价。在《班固与〈汉书〉》一文中，他将《汉书》的史学成就总结为四个方面：一，班固编写《汉书》掌握了比较丰富的资料，并重视审查资料，辨别真伪，基本保证了《汉书》的真实性。二，班固善于利用前人研究的成果——他以父亲班彪的《后传》为蓝本，综合各家续《史记》并加以创造。例如，《汉书》中武帝以前的记载虽大多袭用《史记》，但不是照抄原文，而是进行了加工整理和创造补充，所以《汉书》尽管采用《史记》，但没有一篇是与《史记》完全相同的。特别是班固自创的那些纪、表、志、传，增载了许多重要史料与珍贵文献，都是在继承《史记》基础之上的发展与创造。三，在编纂形式方面，《汉书》整齐了纪传体例，"这种以帝王将相为中心的断代史，最符合封建统治者的要求，所以后来各个朝代的正史，基本上都是沿袭《汉书》的编纂方法"。四，《汉书》对政治经济制度和社会文化的详尽记载，扩大了历史研究的领域。例如，《汉书》"十志"取法于《史记》"八书"，规模宏大、记事丰富、记载完备，成为研究西汉政治经济、法律制度、社会文化、风俗地理、自然科学和学术思想的重要文献，并使"书志体"成为中国古代史学著作中的一种重要体裁，对我国古代典章制度的记录与科学文化的传播起到了继往开来的作用；《西域传》、《匈奴传》以及西南夷、朝鲜、南越、东越等列传，详细记述了中国边疆各民族的历史，成为研究古代东亚、东南亚、中亚各国历史及其与古代中国关系的珍贵史料。除了阐发《汉书》在史学上的巨大贡献，冉昭德还特别强调了《汉书》在文学上的重要地位：班固依据实际材料，描写西汉一代不同社会阶层的各类型人物，运用巧妙的手法、精辟的对话和生动的人物形象，刻画出众多人物多姿多彩的性格面貌，表达出作者对人物的感情与评价，使读者如见其人，确为一部优秀的文学传记，是后世文学家学习的榜样。

通过以上论述，冉昭德指出班固著史具有首创精神，其历史观富有进步性，并将其进步的历史观概括为：其一，对事物的看法不偏执一端，注重全面性，评价历史人物时有褒有贬，而不绝对化；其二，能从人民的利害关系来衡量政治得失，不时流露出关怀人民的思想，对人民疾苦抱有同情心；其三，能从经济关系来论述历史，阐述历史的客观进程。与此同时，他也指出了《汉书》落后的一面：班固著《汉书》是为当时统治阶级的政权服务，因此过分强调客观规律——"天时"的不可违抗性，否定了人的主观作用，而坠入了宿命论的深渊；班固无法摆脱其父班彪的"王命论"以及阴阳五行学说的消极影响，使《汉书》中出现了一系列五德循环论和王权天授、天人相感等神秘主义的说教。

冉昭德坚持以马克思主义唯物史观和历史主义的态度进行分析，认为班固撰写《汉书》时光武帝已"宣布图纬于天下"，谶纬思想成为官方意识形态与社会主流思潮，因此他思想中存在矛盾、《汉书》中有关于阴阳五行与谶纬迷信的记载是在所难免的。难能可贵的是班固并不为汉讳，而是继承了司马迁"不虚美，不隐恶"的写史态度，揭露了"文景之治"的弊政，讽刺了统治阶级的"骄淫失道"和官僚儒生追逐"禄利"的丑行。即使历来被批评最多的《五行志》，虽然充满了灾异迷信的记载，但也保存了大量自然灾害、地震、日食和月食的记录，仍不失为有用的科学史料，并不全为宣扬封建迷信思想而作。因此，冉昭德认为"《汉书》是一部伟大的历史著作，是我国人民的一份珍贵遗产，我们应当认真地学习它，批判地继承它"。①

1963年，冉昭德连续发表了两篇关于班固和《汉书》的文章，进一步论述了《汉书》的编撰成就和班固的史学思想。② 从这些论文我们可以看出，冉昭德对班固和《汉书》的研究态度鲜明、坚决，评价客观、公正，既贯彻了中国古代史学"知人论世"的优良传统，又自觉运用马列主义唯物史观的指导思想和理论方法，对班固和《汉书》的评价落入历史最低点之时，体现出最富于科学态度和创新精神的卓越史识。

三、冉昭德的《汉书》研究引发的争论

由于受到"左"倾思潮的严重干扰和"唯阶级斗争论"观点的不良影响，冉昭德这些具有重要学术价值的观点在当时不仅未被大多数人接受，反而遭到了严厉的斥责和批判。③ 1965年至1966年，围绕冉昭德的文章，以

---

① 冉昭德：《班固和〈汉书〉》，《历史教学》1962年第4期。按，此文另收录于杨倩如编著：《冉昭德文存》，山东大学出版社2014年版，第154—162页。

② 冉昭德：《班昭、马续补作〈汉书·八表〉及〈天文志〉志疑》，《光明日报》1963年2月24日；《班固的首创精神与进步思想》，《西北大学二十五年校庆学术论文集》，1963年10月。按，这两篇论文另收录于杨倩如编著：《冉昭德文存》，山东大学出版社2014年版。

③ 据詹子庆主编《中国古代史参考资料》记载，当时"大多数学者都不同意冉昭德的观点"，高等教育出版社1987年版，第68页。

《文史哲》刊物为阵地，就"历史遗产批判继承"的问题，展开了长达一年多的讨论与争鸣，焦点就是班固的历史观和阶级属性以及对《汉书》的历史评价。他们认为班固是封建时代的正宗史学家，公开站在地主的立场为地主阶级服务，为维护封建政权而不遗余力；冉文是对班固的美化和对历史的歪曲，犯了"颂扬封建统治阶级"的"根本错误"。① 因此，他们将冉昭德在"重大原则问题"上的错误归纳为"背弃了马克思主义的阶级分析法"和"模糊了马克思主义的历史观与古代史学家的历史观的界限"；② 甚至指责他"根本模糊了班固历史观的阶级实质"，是想以对班固的历史地位和《汉书》学术价值的评价问题来顶替对班固历史观的讨论和批判，从而掩盖分歧的实质。双方这场争论已不是具体问题的讨论，而是要不要用历史唯物主义去批判地继承历史遗产的问题，这场争论"已超出了班固的历史观的范围，而是要不要在历史科学领域树立马克思列宁主义批判的旗帜的问题了"③。

面对这些意见，冉昭德首先诚恳地接受批评，承认自己犯了"拔高班固的史学地位"的错误，并检讨这是由于自己没有"很好地运用马克思主义的观点和方法进行批判的研究"，用"断章取义的方法"，"就难免主观性、片面性，从而陷入形而上学"。同时他也承认，班固关怀的确实是地主阶级的统治地位，而非人民的利益；《汉书》中有关"时"、"势"、"天时"的观点，只能表明班固有历史进化论的思想，而不能说他已经意识到了客观规律的作用。然而，针对提出批评意见的一方说班固"不能把社会历史放在阶级对立的基础上去认识"，"从而也就违背了历史发展规律"等提法，以及有意识地贬低《汉书》的价值，用"一棍子打死"的做法全盘否定班固在史学上的贡献，冉昭德表示了异议。他坚持运用"一分为二"的方法评价班固和《汉书》，强调要按照具体内容全面地、客观地、科学地分析，"既要看到班固在中国史学上的贡献，又要看到他的错误和缺点，而不能绝对化"。在《怎样对待班固与〈汉书〉》一文中，他又一次旗帜鲜明地指出：班固是我国公元 1 世纪伟大的史学家、文学家，《汉书》不仅在《史记》基础上总结西汉的历史，

---

① 牛致功：《怎样认识班固的历史观——与冉昭德先生商榷》，《文史哲》1965 年第 1 期。

② 赵一民、郭文煜：《就评价班固与〈汉书〉问题与冉昭德同志商榷》，《文史哲》1966 年第 2 期。

③ 牛致功：《是批判的继承，还是全盘肯定——再与冉昭德先生商榷怎样认识班固的历史观》，《文史哲》1966 年第 2 期。

创立了纪传体断代史，成为史学名著和优秀的文学传记；更重要的是，班固表现出了首创精神，较之其先驱者司马迁作出了许多新贡献，扩大了历史研究领域，丰富了历史知识，从而把中国历史编纂学推向一个新阶段。就《汉书》中阴阳五行与谶纬迷信的记载，冉昭德强调，自董仲舒使经学阴阳五行化以来，宣扬五行迷信的著作在西汉中晚期是大量客观存在的事实。作为一部官修的、而且为统治阶级服务的《汉书》，怎能不记载当时的客观事实呢？如果把如实记载前人的言行说成是"不择手段地制造和宣传迷信思想"，显然是不尊重史实的有意歪曲。而且班固创《五行志》的初衷是为了以五行灾异来警告专制君主不可胡作乱为，他本人对谶纬迷信之说是持反对意见的。特别值得关注的是，冉昭德在文章中引用了范文澜对《汉书》的评价，并从范文所说"史官文化与以迷信为重点的宗教，在本质上是不相容的"①，推断出司马迁、班固、张衡等人都精通天文、历法、数学、音律等自然科学知识，他们对历史的记载既包括社会政治、文化艺术，也包括自然科学，所以他们都可以被视为"史官文化"派的代表学者，不能将谶纬迷信、阴阳灾异、五德循环论等神秘主义的说教视为其著作的主流。因此，冉昭德重申了先前观点，认为要求公元 1 世纪的封建史家班固用阶级矛盾和阶级斗争的观点来解释历史、评论历史人物，并且不能避开阶级矛盾、违背历史发展规律，未免过高了，实际上是将古人现代化，是非历史主义的。他郑重指出："研究吾国历史遗产，用马克思列宁主义的观点、方法给予批判和总结，是我们史学工作者的重要任务，但不能要求古代史学家是马克思主义的唯物论者。如果这样要求，势必割断历史、否定历史。"②（按，着重号为笔者所加）

　　在当时严酷、僵化的学术氛围下，这些难能可贵的真知灼见体现了冉昭德对待学术研究实事求是的科学态度与坚持真理的执着勇气。这些原则对于我们今天研究和评价历史文化遗产，仍具有重要的指导意义。但在当时，这却招致了更加"上纲上线"的指责："冉先生根本不准我们去触动班固的反动史观。而是要抬高班固并掩盖其阶级实质"，"（这）并不是偶然的……正暴露了冉先生为封建主义进行辩护的立场"；"请问冉先生，你在研究《汉书》时，

---

　　① 详见范文澜：《中国通史简编》第二编（修订版）第二章"对外扩张时代—两汉"，人民出版社 1958 年版，第 225 页。

　　② 冉昭德：《怎样对待班固与〈汉书〉》，《文史哲》1966 年第 1 期。

只是'客观'的研究呢，还是考虑到为无产阶级政治服务呢？说穿了，这是冉先生企图掩盖谶纬思想的阶级性以及班固的封建史家的本质的手法"；"既不准别人用马克思主义世界观去对待文化遗产，而且还竭力掩盖谶纬思想为封建统治服务的本质，掩盖宣扬这种思想的班固的阶级本质。这到底是为无产阶级服务呢，还是为企图复辟的反动阶级服务呢？""这样一来，我们与冉先生的争论，就不得不由关于班固的历史观而发展到要不要运用历史唯物主义去评价历史人物和批判的继承历史遗产的问题了！"① 如此种种，不一而足。

在这场持续了一年多的争论中，我们可以清楚地看到，冉昭德自觉运用历史主义和唯物史观的指导原则与方法，对班固与《汉书》进行了认真细致的研究和精辟深刻的分析。他所发表的一系列文章，均建立在令人信服的论证基础上，并且得出了许多无论在当时、还是在今天看来都别具心裁的创见。面对他人的批评和指责，他虚心接受并进行了诚恳的自我批评，耐心、冷静地逐条解释，客观、理性地阐述自己的理由，谆谆告诫那些持不同意见者和广大青年学生要尊重前代学者在整理历史资料方面所取得的丰硕成果，重视他们对历史事件和历史人物所作出的某些具有真知灼见的判断。他指出，马克思列宁主义产生以前的历史学者尽管是为封建统治阶级服务，但也有可取的地方，不能采取一概否定的态度。对于有些人指责班固没有像司马迁那样将陈胜记入"世家"、将项羽载于"本纪"，而是降到"列传"中，是贬低了陈、项作为农民起义领袖的历史地位，冉昭德不无幽默地指出：班固将《陈胜项籍传》置于《汉书》各传之首，把农民起义领袖放在西汉诸王侯将相之前，岂不是比司马迁将"开小差逃跑"的伯夷、叔齐放在《史记》列传之首还高明吗？② 由是观之，在当时学术争鸣被政治思潮、路线斗争简单化、庸俗化的特殊环境中，作为一位德高望重的学界前辈和学识精湛的史学工作者，冉昭德的言行处处体现出求真务实、谦虚谨慎的长者风范，以及令人敬佩的良知、理性与勇气，这些都是他留给后人宝贵的精神财富。

如前所述，冉昭德是标点《汉书》工作组的重要成员，之后还与陈直合作主编了《汉书选》。此为20世纪《汉书》研究史上所取得的最重要进展。据其

---

① 牛致功：《是批判的继承，还是全盘肯定——再与冉昭德先生商榷怎样认识班固的历史观》，《文史哲》1966年第2期。

② 冉昭德：《怎样对待班固与〈汉书〉》，《文史哲》1966年第1期。

日记显示，标点《汉书》的"出版说明"原本指定由他撰写，但1962年中华书局出版的《汉书》却未采用其原稿，而是进行了大幅修改，强调"只有运用辩证唯物论和历史唯物论，彻底批判《汉书》中的反动儒家思想，正确处理这些史料，才能对西汉历史作出科学的总结，为巩固无产阶级专政服务"①。对班固与《汉书》的严厉批判，带来了无法挽回的严重后果——具有悠久历史和文化价值的扶风班固墓园被拆毁，班固墓遭到严重破坏。冥冥之中，冉昭德的境遇似乎也与班固和《汉书》的学术命运联系在一起。1966年年初，在《怎样对待班固和〈汉书〉》一文刊发后，除了一篇数百字的短文外，他再也没有机会公开发表学术著作——此文可视为他学术生涯的绝响。"文革"爆发后，冉昭德被冠以"牛鬼蛇神"、"反动学术权威"等罪名迫害致死，为这场看似学术争鸣、实为路线斗争的论战画上了一个令人叹息的句号。虽然坚持为班固和《汉书》正名并非导致其死亡的直接原因，但在严酷的政治高压和思想禁锢下，他秉持一个学者的良知与信念，勇于坚持真理，这种崇高的精神和严谨的治学态度，是值得今人大力提倡和学习的。"《汉书》这样一部在中国文化史上有重要地位的优秀典籍被长久地冷落"，"班固这样一位对中国学术文化做出巨大贡献的历史人物，竟被冠以此类恶名，这是对待民族文化遗产上极其深刻的教训！"② 20世纪60年代初就班固与《汉书》的历史评价而引发的这场学术争鸣，也成为20世纪《汉书》研究史和当代中国学术史上发人深省的一页。

小　结

在新的理论方法和传统治学路径的交融之下，20世纪中期的《汉书》研究展现出较以往不同的面貌，在校点、整理和普及、传播方面取得了重要进展。在当时的政治背景与学术氛围之下，围绕着班固与《汉书》的评价与争议体现出独到的时代特色及理论价值。然而，不可否认的现实是：与《史记》相比，《汉书》研究因多方原因而跌入低谷，以至陷入长期衰微、停滞的状态。如何能够逐步恢复《汉书》应有的历史地位，扭转长期以来的低迷局面，正是新时期史学工作者亟须完成的一项任务。

---

① 详见中华书局编辑部撰写的"《汉书》出版说明"，中华书局1962年版，第1—10页。

② 陈其泰：《再建丰碑——班固和〈汉书〉》，生活·读书·新知三联书店1994年版，第279页。

第五章　20 世纪后期中国的
《汉书》研究（1980—1999）

20 世纪最后的二十年，是《汉书》研究走出低谷、迈向复兴的重要时期。自 70 年代末出现了一些有价值的论文，《汉书》的专题研究在 80 年代取得了一些成果。90 年代《汉书》的传播与普及工作逐步开展，研究领域日益广阔，出现了一些融学术性与可读性为一体、总结以往众多研究成果的力作。另一方面，在国内《汉书》研究陷入低潮之际，港台学者却取得了不小的进展，成为这一时期《汉书》研究中值得关注的现象。

第一节　走向复兴的《汉书》研究

一、概述

（一）走出低谷

"文革"结束后，《汉书》研究进入了新的发展阶段。1978 年，安作璋发表《班固与〈汉书〉评述》，这是"文革"后出现的第一篇《汉书》研究论文。[①] 此后他在《光明日报》上发表《谈谈班固在史学上的主要贡献》，称赞班固是和司马迁齐名的史学家。[②] 1979 年，白寿彝重新修订并发表了作于 60 年代的论文《司马迁与班固》，高度评价《汉书》"十志"，指出其为许多学科的建立和研究作出了开创性贡献；提出应将《汉书》放到其问世的时代背景和史学发展的总序列中加以研究，以便重新认识与评价它的成就及其历史

---

① 安作璋：《班固与〈汉书〉评述》，《齐鲁学刊》1978 年第 1 期。
② 安作璋：《谈谈班固在史学上的主要贡献》，《光明日报》1983 年 3 月 23 日。

地位。① 上述论著可视为《汉书》研究走出低谷的先声之作。

　　20 世纪 80 年代为《汉书》研究的复兴时期。这一时期发表的论著数量虽仍无法与《史记》研究论著相比，但却开始出现了一批有价值的成果。吴树平②、陈光崇③、冉德璋④、王利器⑤、冷鹏飞⑥、邵毅平⑦、刘隆有⑧、杨济东⑨等人，对班固的史学思想和著史成就进行了肯定。陈梓权⑩、韩林德⑪、郭预衡⑫、蒋凡⑬、孙亭玉⑭、赵东栓⑮等人，对班固的文学思想和《汉书》的史传叙事成就作出积极评价。在人物研究方面，出现了《论〈汉书·王莽传〉》这样文笔与史识兼具的佳作。在"志"、"表"研究方面，金少英、张舜徽、王利器等相继出版了《汉书食货志集释》、《汉书艺文志通释》、《汉书古今人表疏证》等有重要参考价值的专著，在《地理志》、《五行志》的研究方面，张孟伦、史念海、彭曦、王春光等人也都撰写了突破以往成见的创新之作。在比较研究方面，苏渊雷、徐朔方、施丁和王锦贵的论著，使《汉书》与《史记》、《后汉书》的比较更为深入。在工具书方面，大陆和台湾相继出版了《汉书人名索引》、《汉书地名索引》和《汉书索引》等，为《汉书》研究的深入提供了便利。80 年代出版的多种中国古代思想史、史学史和文学史

　　① 白寿彝：《司马迁和班固——在北京六所高校历史系联合学术讲座上的讲话》，《史学史资料》1979 年第 2 期。

　　② 吴树平：《二十四史简介·汉书》，中华书局 1979 年版；《班固》，《百科知识》1980 年第 12 期。

　　③ 陈光崇：《班固的史学》，《中国史学论丛》，辽宁人民出版社 1984 年版。

　　④ 冉德璋：《中国历史要籍介绍·汉书》，《高师函授》1984 年第 6 期。

　　⑤ 王利器：《〈汉书〉材料来源考》，中华书局编辑部编：《文史》21 辑，1985 年。

　　⑥ 冷鹏飞：《〈汉书〉的编纂及史料价值》，《自修大学》（文史哲经专业）1984 年第 2 期。

　　⑦ 邵毅平：《汉明帝诏书与班固》，《复旦学报》（社会科学版）1986 年第 6 期。

　　⑧ 刘隆有：《试论〈汉书〉的学术成就》，《天津师范大学报》1987 年第 5 期。

　　⑨ 杨济东：《班固略论》，北京师范大学 1985 年硕士学位论文；《班固的爱国思想》，《北京师范大学学报》1986 年第 1 期；《论班固主进化、重时命、反神学的进步思想》，《晋阳学刊》1986 年第 1 期。

　　⑩ 陈梓权：《〈汉书〉的文学价值》，《中山大学学报》1982 年第 3 期。

　　⑪ 韩林德：《班固美学观初探》，《思想战线》1982 年第 4 期。

　　⑫ 郭预衡：《班固的思想和文风》，《社会科学战线》1983 年第 1 期。

　　⑬ 蒋凡：《班固的文学思想》，《复旦学报》（社会科学版）1985 年第 2 期。

　　⑭ 孙亭玉：《论班固的辞赋观》，《中国文学研究》1988 年第 4 期。

　　⑮ 赵东栓：《班固的审美观和汉书人物传记》，东北师范大学 1989 年硕士学位论文；《汉儒的哲学思想体系与班固的审美观》，《东北师大学报》（哲学社会科学版）1989 年第 5 期；《班固的审美意识与〈汉书〉的艺术表现》，《牡丹江师院学报》（哲学社会科学版）1990 年第 3 期。

著作中，对《汉书》也有专门评述，评价比以往有了较大改观。① 这一时期提交的研究生学位论文中出现了以《汉书》研究为题的成果，虽然数量有限，却是《汉书》研究重新步入专业学术轨道、走向复兴的重要标志。②

总体而言，这一时期研究《汉书》文学成就的论著，在数量和质量上均超过对其史学思想和价值的探讨，这一局面至 20 世纪 80 年代末发生了改变。1988 年，陈其泰在《史学史研究》上发表《〈汉书〉历史地位再评价》一文。他首先从汉初社会思想入手，将《汉书》与同时代的《论衡》做比较，指出《汉书》思想的进步性；又通过分析《汉书》对《史记》的继承发展，揭示《汉书》在史学上的创新，以及在考察历史时体现出的实录精神、唯物主义因素、人民性等；最后从《汉书》成书后被历代学者"共行钻仰"的事实中，肯定了《汉书》在史学上的作用与地位。此文为陈氏《汉书》研究的开端之作，亦可视为新时期重振《汉书》历史地位的宣言。

（二）深化总结

20 世纪的最后十年，《汉书》研究进入全面回顾和系统总结的阶段，出现了一批集大成式的成果。这十年对《汉书》的研究具体体现在以下几个方面：一是出版了数部介绍班固生平学术的评传，如章序麟的"中国历史人物传记丛书"《班固》（中国国际广播公司出版社 1990 年版），安作璋和陈其泰的《班固评传》；二是对《汉书》的注译、校勘有了新进展，以施丁的《汉书新注》为代表；三是各类秦汉史、史学史和文学史著作中对班固和《汉书》有了更深入的评述，以《剑桥中国秦汉史》中译本和白寿彝主编的《中国通史》第四卷为代表；四是《汉书》专项研究有了重大进展，如"十志"研究，"《史》、《汉》比较"等，出现了《中国第一部经济史——汉书食货志》、《秦汉区域文化研究》、《史汉经济与地理著作研究》、《史记汉书比较研究》等有理论价值的专著。20、21 世纪之交，还出版了《汉书辞典》这样有参考价值的工具书。

---

① 例如，褚斌杰：《中国文学史纲要》（先秦、秦汉文学）第三章第五节"班固的《汉书》"，北京大学出版社 1986 年版；张志哲：《中国史籍概论》第二节"《史记》和《汉书》"，江苏古籍出版社 1988 年版；周天游：《秦汉史研究概要》第三章"秦汉史研究书目"第一节，天津教育出版社 1990 年版；等。

② 据统计，20 世纪 80 年代，内地及港台高校的研究生学位论文计 17 篇，详见"附录"。

二、有代表性的《汉书》研究成果

（一）《汉书》注本与班固著述校注

吴恂的《汉书注商》（上海古籍出版社1983年版）是继杨树达、陈直等名家之后，以传统路径研治《汉书》的又一力作。吴恂（1889—1973），字听雨，安徽歙县人。他出身于商家，晚年始致力于《汉书》研究，自1953年开始撰写此书，至1973年完稿，不久即谢世。古籍整理专家沈北宗受吴氏家属之托，从其1554条原稿中，选辑近700条，整理纂订成《汉书注商》。吴氏善于从《汉书》原文中找出错简、衍文、讹夺之处，并提出自己独到的见解，且能纠正前人句读上的讹误，使文义晓畅。此外，吴恂善于根据具体的历史背景，进行推断考证，旁征博引诸家注解，并能大胆辩驳，作更深一层的探讨而有所订正。编者称赞这部著述"对历来的《汉书》注解，钒析精义，尤其在训诂音韵方面，多所发明驳正"，"不但为研究史学有价值的参考资料，即使从文字训诂的角度上着眼，它还为研究古汉语提供很多精辟的创见"。①至今，《汉书注商》仍是研读《汉书》有价值的参考文献之一。

1991年，中州古籍出版社出版了白静生校注的《班兰台集校注》。该书以清人张溥所辑《汉魏六朝百三名家辑·班兰台集》（扫叶山房出版）为底本，参照《扶风班氏遗书·兰台集》、《文选李注义疏》等多种底本，将现有班固作品包括赋、表、奏记、书、议、符命、设难、颂、铭计41篇整理、校勘而成。编者在"前言"中，肯定了班固在《汉书》中创立断代为史的体例，为后世各代正史所取法，开拓了新的史学研究领域，与司马迁一样都对封建史学体系做出了卓越贡献。关于班固的文学思想和价值，编者总结为以下几点：其一，班固歌颂了东汉初期的繁荣昌盛、巨大声威与当时国内各民族的融合交流和祖国的大好河山，表现了深厚的爱国之情；其二，班固在作品中鞭挞了奢侈逾制的风气，赞扬了俭约合度的行为；其三，《汉书》叙事"赡而不秽，详而得体"，组织严密，语言富丽凝练，是一部优秀的传记文学；其四，班固的辞赋和散文在写作技巧上大有创新，既从前辈文学家那里汲取了养分，又具有作者自己的时代特征与个人特征，在文学史上占有承前启后

---

① 吴恂：《汉书注商》，上海古籍出版社1983年版，第2页。

的地位。编者也指出了班固作品的缺点和局限性，如浓厚的经学气息和宿命论思想，认为这与当时的时代风气和班固的思想倾向有关。该书于 2002 年再版，同年江苏古籍出版社亦出版了张溥的《汉魏六朝百三名家集·班兰台集》，也是研究班固著述和学术思想的基本文献。

施丁的《汉书新注》（四册）出版于 1994 年，是三秦出版社出版的"中国六大史学名著丛书"之一。1994 年是班固诞生一千九百六十周年和去世一千九百周年，因此编者在序言中称此书的出版是对班固"这位伟大的史学家最好的纪念"。施丁（1933—2015），江苏丹阳人，中国社会科学院历史研究所研究员、博士生导师。1962—1964 年，施丁师从白寿彝专修中国史学史，后在中国社会科学院历史研究所从事中国史学史的专项研究，代表作有《司马迁研究新论》、《中国史学简史》和《汉书新注》等。他在《司马迁研究新论》（河南人民出版社 1982 年版）中专辟《马班异同三论》一章，长达 12 万字，是一篇"史汉比较"研究的专论。施氏从历史编撰、史学思想、历史文学等方面，将《史记》与《汉书》详加比较，以为二书各有千秋，总体而言马优于班。有学者称其"始终持客观态度，所下功力最深。其议论把握分寸，往往颇为精当"，是 20 世纪 80 年代"史汉比较"研究的一篇力作，至今仍具有较高的参考价值。①

《汉书补注》综合了从颜师古到王先谦，直至杨树达、陈直、吴恂、施之勉等名家研究《汉书》的重要成果，是继王先谦《汉书补注》之后近百年来出现的一种较新、较好、搜集资料较完备的《汉书》全注本。在"前言"中，施丁肯定了《汉书》开创了断代史的先例，记事详赡得体，大一统和正统思想浓重，在中国史学史上有重要的地位和影响。值得注意的是，他没有一味批评班固的"正统思想"，而是认为应该审慎地予以分析批判，将"大一统"观念和正统思想区别对待，"一方面固然是为封建统治服务，另方面多多少少对巩固国家统一，促进传统文化起着积极的历史作用。后人读《汉书》，往往受其思想所感染，油然而生爱国爱民之心，不能不说是受了它的民主性精华的熏陶"，由此得出结论："《汉书》民主性的精华，在中华民族文化史上更有积极的意义。"这一论断，相较之前数十年学界对于班固思想严苛的批

---

① 施丁：《马班异同三论》，见施丁、陈可辛主编：《司马迁研究新论》，河南人民出版社 1982 年版，第 208—368 页。

评和贬斥，有了很大的进步。《汉书新注》采用简体、横排形式，注释简明扼要，至今仍是阅读、研究《汉书》较好的基础文献。

自《汉书新注》出版10年后，施丁又担任了《汉书选注》的主编（中国少年儿童出版社2004年版）。他从《汉书》中选择32篇重要历史人物的传记，加以注释、翻译，并作简要的分析和评论。例如，编者在解读《汉书·高帝纪》的艺术手法时指出：

> 班固写《高帝纪》和司马迁写《高祖本纪》，都肯定刘邦，给予他崇高的历史地位。不同之处在于：司马迁是写活生生的人，既写刘邦的光明面，也写他的灰暗面；而班固所写的刘邦，光明面很突出，阴暗面缩小了，还有点神化的笔墨，为后来史书写开国君主大多神圣化开了不良的先河。这是值得注意和探讨的。①

编者此语，深入浅出、提纲挈领、要言不烦地展现了《汉书》这部经典史籍的魅力，非常适合广大青少年阅读。正是在这样的理念之下，《汉书选注》成为近年来出版的一部较高质量的普及读物。

（二）《汉书》研究专著

1. 安作璋的《汉书》研究

安作璋（1927—　），山东曹县人，山东师范大学教授、博士生导师。他用力最勤、成果最丰的领域是秦汉史研究，被日本学者誉为"秦汉史之大家"。安作璋是"文革"结束后最早发表《汉书》研究论著的学者。在"文革"期间"斗、批、改"的夹缝中，在"知识越多反动"和"历史无用论"甚嚣尘上的年代里，他坚持从事《汉书》研究，其目的"是借此表示一点历史责任感，表明作为一个历史工作者的一颗良心而已"②。考察安作璋的《汉书》研究，可以发现他对班固和《汉书》的评价，体现出与时俱进的时代特色。1978年，安作璋发表论文《班固〈汉书〉评述》，提出应以"历史唯物主义观点和一分为二的方法对班固和《汉书》作一分析"；肯定班固在历史编纂学方面有重大贡献，但仍对班固的"地主阶级立场"和"儒家正宗思想"

---

① 施丁主编：《汉书选注》，中国少年儿童出版社2004年版，第1页。
② 安作璋：《班固评传：一代良史·前言》，广西教育出版社1996年版，第2页。

进行了批评。① 1979 年他出版了《班固和汉书》（山东人民出版社 1979 年版）。这是国内出版的第一部评传性质的《汉书》研究专著，作者以较大篇幅论述了《汉书》的史学和文学成就，但在批评《汉书》"尊儒宣汉"的"封建正统历史观"一节中，仍然沿袭了 20 世纪 50 年代以来的批评，将班固视为"封建正宗史学的鼻祖"②。此后安作璋应邀撰写了《中国史学家评传》中的《班固》一章，内容与观点亦全同于此前著作。③ 1996 年，他撰成《班固评传：一代良史》（广西教育出版社 1996 年版），全书分十章，对于班固的家世渊源、生平事迹，《汉书》的成书过程，史学、文学和思想成就，以及"汉书学"的发展历程进行了全面、系统的研究。值得注意的是，较之前的评价而言，作者对班固和《汉书》的认识更为深入、客观。他将班固在史学上的贡献归结为"创立著史新体例、继承前贤补遗阙、开拓史学新领域和经世致用存实录"四个方面，认为班固是"诗开别面，赋惟雅赡"的"一代文宗"，具有主张一统、礼刑治国的爱国进步思想。进一步，他简要回顾了"汉书学"的发展历程，认为古代史家学者为后人研究《汉书》提供了方便条件，"但是他们的成就，多半还是限于考据和训诂方面，要说对《汉书》进行全面地探讨和正确地评价，也还有相当大的距离。建国以后，关于班固和《汉书》的论述，虽然不是很多，但是有了马克思列宁主义和毛泽东思想作指导，在研究水平上，却是较前人前进了一大步"。在《史》、《汉》比较方面，安作璋认为班固和司马迁是我国历史上齐名的两位史学家，他们对我国史学体例的创立以及对古代史学、文学和思想史的发展都作出了卓越的贡献。过去史家扬马抑班，或扬班抑马，都失之偏颇，不足为训。上述论著有利于扭转长期以来加诸班固和《汉书》之上的偏见与误解。

安作璋对《汉书》的研究，还体现在西汉历史人物传记的写作上，包括《刘邦与吕雉》（山东人民出版社 1974 年版）、《桑弘羊传》（中华书局 1983 年版）、《后妃传》（河南人民出版社 1990 年版）、《刘邦评传》（河南人民出版社 1997 年版、中华书局 2006 年版）、《汉武帝大传》（中华书局 2005 年版）

---

① 安作璋：《班固〈汉书〉评述》，《齐鲁学刊》1978 年第 1 期。
② 安作璋：《班固与〈汉书〉》，山东人民出版社 1979 年版，第 100 页。
③ 安作璋：《班固》，陈清泉等主编：《中国史学家评传》（上），中州古籍出版社 1985 年版，第 71—97 页。

等。其中尤以《汉高祖大传》（与孟祥才合著）和《汉武帝大传》（与刘德增合著）获得好评，被誉为资料翔实，考辨精审，文笔优美，将学术性与趣味性有机结合的佳作。

2. 陈其泰的《汉书》研究

陈其泰（1939—　），广东丰顺人，北京师范大学教授、博士生导师。他的《汉书》研究始于20世纪80年代，在30余年的教学与研究中，他始终以历史唯物主义作为指导思想，以恢复班固应有的历史地位、全面推进《汉书》研究为宗旨，一方面从文化史和学术史的视角，探讨《汉书》在继承文化传统与弘扬民族精神方面的理论贡献；一方面从历史编纂学和历史叙事学的视角，考察《汉书》在完善中国古代史书编撰、开创全新著史格局方面的技术成就。自80年代后期以来，他相继发表了一系列有价值的论文，这些成果被总结为两部专著《再建丰碑——班固和〈汉书〉》和《班固评传》（与赵永春合著）出版。

《再建丰碑——班固与〈汉书〉》以故事性叙述为主，文笔通俗流畅，可读性强。全书共分六章，系统论述了班氏父子、兄妹撰写《汉书》的曲折经历以及他们卓越的才学与史识；深入探究了《汉书》"尊刘宣汉"的正统史观、"断代为史"的著史体例、"十志"中囊括的博洽恢宏的典章制度与知识体系，对于中国古代史学与文学的深远影响。具体表现在：一，在编撰体例上，班固开创了纪传体断代史的格局，为历史编纂开辟了一条新路，以后自《三国志》、《后汉书》至《明史》一直沿用，表明断代史与中国封建皇朝更迭的周期性特点相适应。二，从《汉书》产生的时代背景和思想基础出发，将班固与同时代的王充联系起来，认为《汉书》"断代为史"，用成功的史学实践回答了时代的需要，体现了历史家的高度社会责任感。三，在进步思想与史识方面，《汉书》对于确立我国文化中朴素理性的倾向有极大贡献。具体而言，诸如班固反对崇古非今的政治思想，重视改革、人才和人心向背的治国思想，重视"人事"的天人关系思想，弘扬"实录"精神，注意总结历史经验教训的史学思想，重视考究学术源流、构建学术体系的学术思想等。

此后，陈其泰与赵永春合作著成《班固评传》。全书分14章，全面介绍了班固所处的时代际遇、学术渊源和著史生涯，总结了《汉书》的构史体系和卓越史识，总结了班固在学术、经济、法制、民族、科技领域的思想，以及《汉书》的史学与文学成就。在概述《汉书》研究状况与"汉书学"发展历程之后，作者针对新中国成立以来《汉书》研究长期处于低谷的现状，以及学界在"史汉研究"上存在的偏颇提出了批评：

> 司马迁和班固的史书同是纪传体史书的代表作，都是汉代人，记载的内容又有一部分相重叠，所以研究者总喜欢加以比较，这是很自然的。但有的人习惯于用一种模式思考，要肯定司马迁的进步思想和贡献，就要找到一个反衬，不幸班固便长期被当作这样的反衬。而且每每是拿司马迁的优点来对比班固的缺点，反之，若遇到班固有对司马迁加以发展、提高的例证，即使很明显，也未能得到研究者的重视。……表彰司马迁是对的，但不能用贬低班固来陪衬，扬马不可抑班。对于这两位为中国文化史做出卓越贡献的人物，如同对李杜、韩柳、苏辛一样，都不能为了扬此而抑彼。①

有鉴于此，作者特别指出应打破思想上存在的"框框"，关注《汉书》的研究方法，注重"视角转换"，全面评价《汉书》在文化史上的贡献。这两部专著出版后，以"新见迭出、态度严谨、语言流畅"得到了学界的肯定。②

近年来，陈其泰的研究转向整理 20 世纪以来的《汉书》研究成果和总结《汉书》的历史编撰理论及成就③。他主编了论文集《汉书研究》（与张爱芳合编，中国大百科全书出版社 2008 年版），作为"20 世纪二十四史研究"系列丛书的一部。在"前言"中，编者全面回顾并总结了 20 世纪《汉书》研究的发展历程和巨大成就，并精选了 28 位学者《汉书》研究的代表作。这部论文集的出版，基本涵盖、体现了 20 世纪《汉书》研究各发展阶段的风貌与成就。

---

① 陈其泰、赵永春：《班固评传》，南京大学出版社 2002 年版，第 412—413 页。

② 张小锋、沈颂金：《评陈其泰著〈班固评传〉》，《中国史研究动态》2003 年第 1 期。

③ 陈其泰：《历史编纂学视角展现的学术新视域——以〈汉书·刑法志〉为个案的分析》，《天津社会科学》2008 年第 4 期；《〈汉书〉与历史文化认同的推进》，《学术研究》2012 年第 2 期；《〈汉书〉：中华文化传统继往开来的名著》，《人文杂志》2012 年第 4 期；《〈汉书〉对〈史记〉优良传统的继承发扬》，《史学理论与史学史辑刊》2016 年；《浓墨重彩——班固与武帝时期历史的书写》，《陕西师范大学学报》（哲学社会科学版）2016 年第 5 期；《〈汉书·王莽传〉人物传记与记述新朝大事的精致结合》，《求是学刊》2017 年第 2 期；《谣谚入史：班固〈汉书〉的功力》，《北京日报》2017 年 6 月 12 日。

三、《汉书》比较研究的进展

（一）《汉书》与《史记》的比较

20世纪后期，随着《汉书》研究的复兴，《史》、《汉》比较研究出现了较大转机，无论在文献整理、综合比较，还是《史》、《汉》研究史述评方面成果颇丰，研究方法上突破了近代以前学者注重感性评点、缺乏综合性和系统性论述的缺陷，表现出多元化的研究视角。研究者大多能够摈弃此前简单、武断的"史汉优劣论"，在进行比较时往往用词谨慎、不再轻易褒贬，而是能够比较客观地指出各自的优势与不足，出现了一些有价值的研究论著。

1. 苏渊雷《马班史汉异同论》

苏渊雷（1908—1995），浙江平阳人，华东师范大学教授，曾于20世纪60年代发表论文《四史简介》，对"前四史"的作者、内容、体例分别进行了简要介绍。① 1964年，他发表《马班异同论》（《哈尔滨师院学报》1964年第2期），后增订为《马班史汉异同论》发表，见解较以往更为深入。作者认为《史》、《汉》二书，一为纪传体中"通古为今"的创始，一为纪传体中"断代为书"的典型，"同为我国历史上最优秀的古典著作，是研究古代文史学的基本读物"。② 他从史学撰述立场、家世生平和学术思想、社会历史观、文章风格和写作方法等五个方面对《史》、《汉》进行了比较，认为我们在评价马班的史学成就上，不能过于夸大或缩小，应当实事求是地予以评价。《汉书》较《史记》相比，虽然在思想倾向和叙事成就方面存在不足，但在综述汉代政治、经济、社会、文化各方面的情况上，较之《史记》提供了更完整、更丰富的直接史料；在文章风格上，"也能于司马迁的雄深雅健流荡震动的境界外，别辟散文中严整密栗、典雅高华的一派，加上辞赋家的美学色彩和字句结构，对于后代骈文的发展，也起了开创推动的作用"。这些都是他们在史学史、文学史上不可磨灭的功绩。③ 进一步，作者从史学史的角度提出，"《史记》和《汉书》不仅仅是司马迁和班固个人努力的结果；重要的是，他们之所以能获得如许成就，是与当时社会发展和其他部门科学尤其是六七个

---

① 苏渊雷：《四史简介》（上），《历史教学问题》1957年第4期。
② 苏渊雷：《读史举要》，黑龙江人民出版社1981年版，第121页。
③ 苏渊雷：《马班史汉异同论》，《教学与研究》1979年第1期。

世纪来史学本身的发展分不开的；也和那个汉承秦后无论从政治、经济、文化都趋向于一统的时代要求相联系的"。① 以上论述超越了新中国成立后"扬马抑班"的思想禁锢，体现出作者"在处理学术和政治的关系，以及评价史籍、史家的问题上，敢于追求学术本真与客观真理的可贵精神"②。

2. 徐朔方《史汉论稿》

徐朔方（1923—2007），浙江东阳人，著名古典文学专家。徐朔方本以研究戏曲、小说为主，在"文革"期间学术工作被迫中断，苦于无书可读，故而在极为艰难困苦的情况下开始从事《史记》、《汉书》研究，并撰成《史汉论稿》一书。全书分为上下两编，上编着重论述二书的史料价值和史实考证，下编着重比较篇章文字异同。针对新中国成立以来"一边倒"式的"扬马抑班"的评价，《史汉论稿》的独到之处在于作者对班固与司马迁之间的思想联结与学术传承关系有精辟见解：其一，《汉书》是班固毕生精力的结晶，不仅承袭《史记》的体制，全书至少有三分之一的篇幅公开沿用《史记》的原文，极少改动。如果班固对司马迁相当不满的话，他是无论如何不屑这样做的。其二，班固曾因私撰《汉书》而一度下狱，对于司马迁的遭遇有一定程度的同感。其三，《汉书》承袭《史记》这一事实生动地表明班固对司马迁的敬仰与崇拜。他没有超越《史记》的雄心，而满足于以断代史的开创者自居。另一方面，他又不甘示弱，决心为他的历史著作争取到足以和《史记》分庭抗礼的地位。世界上没有人愿意和自己所轻视的人争长竞短。"《汉书》作者的心目中时时刻刻有《史记》作者在，恰好说明班固对司马迁推崇备至。"③

徐氏声称自己的《史》、《汉》研究，"只是把小学生的加减法运算及与此类似的一些方法引入文史研究领域中来，把《史记》、《汉书》内容重叠或其他宜于对比的部分，一无遗漏地进行逐字逐句的比较，详细地列出它们的异同，分析探究其具体原因。不以个别篇章代替全体，以避免取样有偏而引起差错；不凭记忆、感想，而是从全部事实出发"④。这种研究方法的实质，

---

① 苏渊雷：《读史举要》，黑龙江人民出版社 1981 年版，第 126 页。
② 何昱杰：《苏渊雷史学研究》，扬州大学 2016 年硕士学位论文，第 111 页。
③ 徐朔方：《史汉论稿》，江苏古籍出版社 1984 年版，"自序"，第 1 页。
④ 徐朔方：《史汉论稿》，第 1 页。

就是细致地比勘推求，言必有据，实事求是。《史汉论稿》为20世纪中国内地学者首次使用校勘学的方法对"史汉异同"进行研究的专著，虽然在二书对校内容方面显得单薄，但仍为《史》、《汉》研究开辟了新的道路。作者将《史记》、《汉书》所记述的主要历史事件进行对照，客观分析了司马迁、班固所处两汉时期不同时代的哲学思潮、政治条件以及经济、军事等因素，对两书的成就和不足之处作出了恰如其分的评价。有学者评价："这在侈为空论以至不惜歪曲历史事实的恶劣学风文风盛行的当时，尤其显得难能可贵。"①

通过详尽缜密的比较，作者认为，《史记》在文学之美和历史之真不能兼顾时，往往舍真而求美，然后采用年表等手段以弥补真实性之不足，《汉书》与此相反；两书相同部分，凡有关年代或数字等需要计算查对才能辨别正误之处，《汉书》往往以《史记》之讹而传讹，这只能以班固实际上十分尊重以致过于信赖司马迁来解释。《史记》所缺部分，则《汉书》的真实性往往提高。《汉书》纠正了《史记》偏重故事性和传奇色彩、包含个人立场和主观情绪等倾向，有利于历史科学的健康发展。由此作者得出结论：从文学的角度看，《汉书》不及《史记》，从史学的角度看，《汉书》曾对《史记》作出有益的校正和补充，"在这个意义上不妨给《汉书》加上后来居上的好评"。② 在《汉书》研究陷入低谷的时期，《史汉论稿》的出版被学界誉为做了一件"有益于人"好事。

3. 李剑林、董力三《史汉经济与地理著作研究》

李剑林、董力三合著的《史汉经济与地理著作研究》，分论述、注译两部分，选取《史记·货殖列传》与《汉书·货殖传》、《史记·平准书》与《汉书·食货志》、《史记·河渠书》与《汉书·沟洫志》，以及《汉书·地理志》加以注译。作者并未袭用固有从文章学的角度评析思想内容和艺术风格的模式，而是注重运用马克思主义观点，从社会经济发展史和经济思想学的角度，对司马迁、班固的经济著作和经济思想的异同进行分析比较，是此类著作中不多见的一部。

作者认为，《史记》、《汉书》中的经济与地理著作，体现出司马迁和班

---

① 景行之：《独立不倚精益求精——徐朔方的学术道路》，《文教资料》1996年第6期。
② 徐朔方：《史汉论稿》，"自序"，第1页。

固这两位史学家"在特定的历史条件下对社会经济问题的深刻理解，对国计民生的深切关注"。马、班二人在经济思想上的共识主要表现在三个方面：第一，从人类生存需要得以满足对社会和历史发展具有重要作用这一角度，提出了发展和繁荣社会经济的主张；第二，主张农、工、商诸业分工协作；第三，主张爱惜民力，反对奢侈。二人观点的分野则体现在七个方面：第一，在发展社会经济方面，两人虽主张农商并举，但各有偏向，司马迁偏向于发展工商业，班固则偏向于发展农业。第二，在民利与国利上，两人反其道，司马迁认为国不可与民争利，班固则认为奸商不可与国争利。如面对桑弘羊的财政政策，司马迁对桑弘羊的国家调控财政措施颇有微词，班固则肯定其均输平准、盐铁官营等政策。第三，在民生问题上，司马迁提倡发家致富，班固则认为只需满足人们起码的生存需要，所以司马迁鼓励人们尽情去追求财富，班固则告诫人们"欲寡而事节，财足而不争"。第四，在财富分配上，司马迁承认贫富存在的客观性与必然性，主张贫富现象应听其自然，没有必要削富益穷，加以平均；班固则决然相反，以"不患寡而患不均，不患贫而患不安"的传统思想来审视和思考社会经济现象，主张取多益少，平均土地。第五，在社会职业分工上，司马迁持"各劝其业，乐其事"的开放态度，鼓励人们因欲求利，不囿于狭小的职业分工；班固则提倡士、农、工、商"四民"各安职守，"不得杂处"、"不见异物而迁"的正统思想。第六，在致富手段上，司马迁将富人划为"本富"、"末富"、"奸富"上中下三等，未给予过多非议；班固则是非分明，认为掘冢赌博等"奸富"是"伤化败俗，大乱之道也"。第七，在义利观上，司马迁重货殖而倡生财求利，班固崇礼义倡贱财轻利。[①]

作者指出，上述异同，源于马、班二人迥异的文化观和时代背景，司马迁主张商品经济自由发展和开放竞争的思想，具有超越时代的科学性与前瞻性，此正是司马迁的伟大之处；然而，班固的见识亦有超越司马迁之处，即对于土地兼并与农民起义的关系问题的认识。班固认识到商业资本与土地结合，是中国社会土地兼并的重要原因，而土地兼并严重又是导致农民起义的直接推手。二人的义利观看似水火不容，其实对社会发展和进步都起着巨大

---

① 详见李剑林、董力三：《司马迁、班固与其经济著作及经济思想之异同》，《史汉经济与地理著作研究》，湖南地图出版社1996年版，第3—11页。

的推动作用。如能遵循"取其精华，弃其糟粕"的原则，将司马迁的"求利"与班固的"贵义"两相结合地继承，社会必将走向富裕且文明。这一结论，超越了"扬马抑班"的狭隘定式，是运用辩证唯物主义的理论方法进行《史》、《汉》比较研究的有价值的著作。

总体而言，上述论著大多是从某一侧面或专题比较《史记》、《汉书》的异同得失，尚未形成"史汉比较"系统、全面的研究，但对于扭转学界长期以来"重史轻汉"的不平衡现象，促进《汉书》研究的复兴，起到了积极的促进作用。

（二）《汉书》与《后汉书》的比较

王锦贵（1946—　　），河南开封人，北京大学教授、博士生导师，其专著《汉书和后汉书》（人民出版社 1987 年版）和《中国纪传体文献研究》（北京大学出版社 1996 年版），对两《汉书》的思想内容和编撰成就进行了简要介绍。作者肯定了《汉书》的编纂特点和卓越成就，认为它的内容丰富、包罗万象，以独特的风格保存了汉代的许多语言、文字、制度、名物，对于后人学习和研究古代文化，无疑有很大裨益。与《史记》和《汉书》相比，《后汉书》的体例设置、思想倾向和叙事风格都体现出鲜明的时代特色。但如果仅从详略得体、剪裁适当来衡量，则范晔《后汉书》无愧为"四史"之冠。范晔的思想、性格与班固相比有明显不同：班固几乎是一介书生，对历史上的政治变动，往往缺乏深刻敏锐的观察；而范晔则不然，他是一个具有一定政治头脑的史学家。范晔的可贵之处在于，他不仅对社会各阶层人物有比较清醒的认识，同时还具有向上进取的斗争精神。这部著作系 20 世纪"两《汉书》"比较研究为数不多的专著之一，具有一定的开创性与相当的可读性，出版后获得了"北京大学首届光华青年科研成果奖"。

周洪才（1957—　　）的《两汉书研究书录》（河南省图书馆学刊 1989 年版）是一部填补"汉书学史"空白的目录学著作。该书的特点在于：一，收录范围广泛，著录作品众多，共收录了两《汉书》著作 400 余种，其中仅《汉书》方面的单行著作就多达 250 种。作者还注意从古代史家、学者的论著中选取一些有较高价值的著作，如王鸣盛的《十七史商榷》、王念孙的《读书杂志》、倪思的《班马异同》、吴仁杰的《两汉刊误补遗》，甚至一些较为罕见的文献，如徐中行的《徐天目汉书评抄》、许应元的《许茗山汉书评抄》

等。二，简明的考释文字，丰富的内容提要。编者对于所存书目的作者、内容予以简介，并详述各家异同，辨明正误，且注意利用今〔近〕人的研究成果，充实文字内容，提供佐证材料，并注明版本之优劣并秘籍之藏所。三，书目索引配合，提高使用价值。该书的编撰出版，是对书目与索引、报刊论文篇目与文集文章篇目等有机结合的一个有益尝试。有学者称赞此书"为已往的两《汉书》研究进行了一次全面总结，为将来的两《汉书》研究提供了一把钥匙"。①

　　此外，这一时期还出版了仓阳卿编著的《两汉书人物故事》（浙江教育出版社 1985 年版），和民国学者秦同培注译的《两汉书精华》（宋晶如增订，中州古籍出版社 1991 年版）。另有数篇值得关注的论文，如《两汉书几处地理名称标点献疑——读史札记》（《中南民族学院学报》1986 年第 1 期）、《清代校订两〈汉书〉的空前硕果——〈钱警石先生两汉书校本〉》（《图书情报论坛》1998 年第 3 期）等。

　　我国正史中最早记载倭人事迹的是《汉书》和《后汉书》，两书的倭人记事不足百字，但提供了公元前后、尤其是公元 1、2 世纪倭人社会和历史的重要信息。近代以来，日本学者发表了大量论著，对两书的倭人记事，从史料鉴定、文字订正、字义训释、内容分析、考古佐证、文献比较等进行了多方面、多角度的研究，而我国则仅在一些通史著作中泛泛而论。日本史专家沈仁安的《〈汉书〉〈后汉书〉倭人记事考释》[《北京大学学报》（哲学社会科学版）1987 年第 4 期]，以精审的考证与翔实的论述，填补了这一空白。

四、《汉书》专题研究的进展

（一）《汉书》研究工具书的出版

　　20 世纪前中期，关于《汉书》研究的工具书，仅有 1937 年出版的哈佛燕京学社引得编纂处编纂的《汉书及补注引得》（上海古籍出版社 1986 年再版）。20 世纪 80 年代，《汉书》研究工具书陆续出版，诸如魏连科主编《汉书人名索引》（中华书局 1979 年版），王天良主编《汉书地名索引》（中华书局 1988 年版），陈家麟、王仁康主编《汉书地名索引》（中华书局 1990 年版）

---

① 刘一良：《目录奇葩——评〈两汉书研究书录〉》，《河南图书馆学刊》1990 年第 2 期。

等。这些工具书的出版为研究者提供了便利，其中价值最高的是仓修良主编的《汉书辞典》。

仓修良（1933—　　），江苏泗阳人，浙江大学历史学院教授。仓修良长期致力于中国史学史、方志学、历史文献学和谱牒学的研究，代表作有《中国古代史学史简编》、《中国史学名著评介》、《史记辞典》、《汉书辞典》和《中国古代史学史》等。仓修良的《汉书》研究始于 20 世纪 80 年代，在他与魏得良合编的《中国古代史学史简编》（黑龙江人民出版社 1983 年版）和他本人主编的三卷本《中国史学名著评介》（山东教育出版社 1990 年版，其中《汉书》一章为杨燕起撰写）中，对《汉书》有专门的评介与论述。他肯定了班固在编撰体例上的创举和史传文学方面的成就，认为"班固以良史闻名是当之无愧的"，同时也对班固思想中落后的一面予以批判。

《汉书辞典》（山东教育出版社 1996 年版）系国家重点出版项目"二十五史专书辞典丛书"的一种，该书共收录《汉书》中出现的人名、地名、民族、职官、著作、天文、历算、音乐、科技、动植物、矿产、器物典制、历史事件、成语典故等方面的专用名词和术语，以及难懂的字、词等，达 23800 余条之多。在收词全的基础上，该书释义堪称精确、科学，原因在于编者队伍均由各领域的专家组成：如有关天文历法方面的词条专门约请紫金山天文台的权威人士撰写，地理方面的词条专门由历史地理学家撰写，学术文献方面的词条专门由历史文献学家撰写，语词方面的词条专门由古汉语专家撰写——这些措施有力地保证了辞书内容的科学性和较高的学术价值。

《汉书辞典》的编撰，不仅充分吸收了学术界各方面的研究成果，而且更多反映了作者最新的研究结果，从而使得大量前人从未作出解释的内容以及长期解决不了的疑难问题，第一次得到科学的解释。例如，大量科技知识和历史典故，在辞典中收录、解释得均相当详尽；许多学术界长期以来以为失传的文献典籍，亦从《汉书》中找出并重新作出解释；有的则根据考古发掘的最新成果，纠正了许多以讹传讹的错误。以人物部分来说，《汉书辞典》所收秦汉以前的历史人物大大超过了《中国人名大辞典》，特别是它对《汉书·古今人表》中所列的人名都以专条作出解释，成为收录上古至汉代历史人物最详尽的辞典。是故有学者称其为"研究《汉书》的集大成之作"，"不仅是解释《汉书》这部古代史学经典巨著的工具书，而且也是研究上古至汉代祖国历史文化的大型百科辞书，具有独创性与开拓性的意义"①。

（二）对《汉书》志、表的研究

这一时期对《汉书》的"志"、"表"研究也有了新的进展，范围包括《刑法》、《食货》、《五行》、《地理》、《艺文》诸志和《古今人表》。除了一些单行的译注本之外，报刊论文中也多有涉及。

1. "十志"研究

《食货志》研究方面，除在一些历代《食货志》的注译、汇编文献中选注《汉书·食货志》外②，金少英、李庆善和黄绍筠的《食货志》研究值得关注。金少英（1898—1979），字公亮，浙江绍兴人，西北师范大学历史系教授兼主任。《汉书·食货志》涉及汉代经济史的很多方面，问题最多，最称难读。金氏一生从事历史教学和历史文献的整理和研究，学识渊博，治学谨严，长于校勘，精于考据，对于汉代经济史的造诣尤深。他曾对王先谦《汉书补注·食货志》进行修订，发表论文《〈汉书补注〉补正〈食货志〉》③。在他去世后，李庆善遵照其遗嘱整理遗稿，出版了《汉书食货志集释》（中华书局1986 年版）。该书以王先谦《汉书补注》为底本，"荟萃各家，断以已见，考订精审，多有创新之见，洵为王先谦《汉书补注》以来对《汉书食货志》又一次总结性整理"④，于研究《汉书》和中国古代经济史者大有裨益。

李庆善（1919—1997），河北辛集人，西北师范大学历史系教授兼古籍整理研究所副所长，曾发表《史记平准书校勘数则述疑》（《古籍整理研究通讯》1984 年第 5 期）、《汉书食货志辨疑》（《中国历史文献研究辑刊》第五辑，1984）等论文。李氏精于校勘、考据之学，试举二例。《汉书·食货志》引贾谊《论积贮云》"可以为富安则为此廪廪也，窃为陛下惜之"，"廪廪"之意，颜师古注引李奇曰："廪廪，危也。"胡三省亦云："廪廪，危惧之意

---

① 叶品：《一部开拓创新的专书辞典——评〈汉书辞典〉》，《浙江社会科学》1997 年第 5 期。

② 此类文献有：王鸣雷主编：《历代食货志注释》，农业出版社 1984 年版；王子英等主编：《中国历代食货志汇编简注》，中国财政经济出版社 1985 年版；刘莹等主编：《历代食货志今译》，江西人民出版社 1986 年版；等。

③ 金少英：《〈汉书补注〉补正〈食货志〉》，《甘肃师大学报（哲学社会科学版）》1979 年第 1期、1980 年第 4 期。

④ 李庆善：《汉书食货志集释·整理说明》，金少英、李庆善：《汉书食货志集释》，中华书局1986 年版，第 1 页。

也。"李氏却辨之曰："危，阽危也，非危惧之谓。细按上下文，作危惧解则语意难以贯通。……此句正与上文'安有业下阽危者若是而上不惊者'相呼应。"又，"政治未毕通也"一句，李氏释之曰："此盖指文帝时诸侯尾大不掉，皇权不巩固之情势。"并引贾谊《治安策》中"天下之势方病大疾。一胫之大几如要，一指之大几如股。平民不可屈信（伸），一、二指搐，身虑无聊"可证明。① 此类精审的考证，堪称发前人所未道、补前人所遗阙。

黄绍筠的著作《中国第一部经济史——〈汉书食货志〉》（中国经济出版社1991年版），以"提出新观点，为当代经济建设提供历史借鉴"为宗旨，采取整理疏解、注释今译的方式，介绍了《汉书·食货志》的主要内容和编撰特点，对于西汉的重农贵粟、国家专卖政策，以及货币政策和王莽改制失败的教训等进行了阐述。在将《汉书·食货志》与《史记·平准书》相比较的基础上，作者阐发了班固对于汉代经济活动的思考及其进步的经济思想，并将散见于《汉书》其他篇章的经济史料，编制成《西汉经济活动大事年表》作为附录，以提供检索方便，使这部著作"兼顾到既保持古籍文献的原貌，又便利于现代读者的使用"②。

《艺文志》研究文面，除王恩涛③、倪晓建④等人分别论证了《汉志》的编撰特点和学术价值外，值得关注的尚有陈国庆和张舜徽对《汉志》的注释、汇编著作。陈国庆主编《汉书艺文志注释汇编》（中华书局1983年版），对《汉志》全文加以注释，博采诸家成说，反覆寻绎；对于诸家解说存疑之处，亦能阐发编者的独到见解。值得注意的是，编者在"附录"中载录了清代以来学者对于《汉志》研究的重要论述，以及《汉志》研究有代表性的文献和作者姓名、爵里等，还在"后记"中特别提醒研究者应注意近年来学术界发现的有价值的古代文献。

① 李庆善：《〈汉书·食货志〉辨疑》，中国历史文献研究会主编：《中国历史文献研究集刊》第五辑，岳麓书社1984年版。
② 黄绍筠：《中国第一部经济史——〈汉书食货志〉》，"后记"，中国经济出版社1991年版，第226页。
③ 王恩涛：《〈汉书艺文志〉的学术价值》，《辽宁大学学报》（哲学社会科学版）1982年第2期。
④ 倪晓建：《试谈〈汉书·艺文志〉的学术史内容》，《图书馆建设》1980年第4期；《〈汉书·艺文志〉的编撰及其特点》，《武汉大学学报》（人文科学版）1982年第2期；《谈谈〈汉书·艺文志〉中的篇和卷》，《图书馆学刊》1982年第2期；《试论〈汉书·艺文志〉对我国书目编撰的影响》，《青海图书馆》1983年第2期。

　　张舜徽的《汉书艺文志通释》（湖北教育出版社 1990 年版）是继顾实《汉书艺文志讲疏》之后的又一权威之作。张舜徽（1911—1992），湖南沅江人，著名历史学家、文献学家。张舜徽向来重视对《汉志》的研究，认为此系"治学之纲领，群书之要删"，治学者精熟此篇可"溯学术之流派，明簿录之体例"，然后方能"博涉广营，汇为通学"①。早在 1946 年于兰州大学讲学时，他即以《汉志》教授诸生，并撰写《汉书艺文志释例》，从甄审、著录、叙次、标题、注记五个方面分析《七略》与《汉志》的异同，总结《汉志》义例。后经数十年潜研，在充分吸收、借鉴前人研究的基础上，至晚年张氏又将自己平生习读《汉志》所得，撰成《汉书艺文志通释》。此书采用传统集注方式，对前人的《汉志》研究进行了系统的甄采、订正、续补、评断，被誉为"通释古书的又一典范"②。

　　《刑法志》研究方面，徐世虹、赵增祥、辛子牛等编注的《汉书·刑法志》注释本，虽非研究专著，但编者在"序言"中对汉代法制形成、发展的历史背景，班固的法制思想，以及《汉书》创立《刑法志》的重要意义，进行了简要介绍和评述③。另外，李明德、何东义、刘笃才、王健、何勤华等人的论文，也就此进行了专门论述④。

　　《五行志》研究方面，彭曦⑤和王春光⑥一反学界长期以来对班固"神意史观"的批评，从科技史的角度肯定了《五行志》珍贵的史料价值。陈其泰从历史编纂学的角度，分析"志"的作用，认为既然阴阳五行说在汉代成为社会思潮和学术文化的一种特殊现象，那么，作为广泛反映社会生活的"志"就理当记载，故从典志体的性质、作用说，《五行志》的设立是符合情理的，

---

　　① 张舜徽：《汉书艺文志通释·自序》，湖北教育出版社 1990 年版，第 1 页。

　　② 王余光：《通释古书的又一典范——读张舜徽〈汉书艺文志通释〉》，《文教资料》1995 年第 3 期。

　　③ 赵增祥、徐世虹：《汉书刑法志注释》，法律出版社 1983 年版；辛子牛：《汉书刑法志注释》，群众出版社 1984 年版。

　　④ 李明德：《〈汉书·刑法志〉简介》，《自修大学（政法专业）》1985 年第 5 期；何东义：《略论〈汉书·刑法志〉》，《法学杂志》1985 年第 5 期；刘笃才：《读〈汉书·刑法志〉札记两则》，《辽宁大学学报》（哲学社会科学版）1987 年 第 5 期；王健：《〈汉书·刑法志〉中的法本源思想》，《研究生法学》1997 年第 2 期；何勤华：《中国古代第一部法律史著作：〈汉书·刑法志〉评析》，《法学》1998 年第 12 期。

　　⑤ 彭曦：《试为〈汉书·五行志〉拭尘》，《天津师大学报》1984 年第 4 期。

　　⑥ 王春光：《〈汉书·五行志〉初探》，华中师范大学 1988 年硕士学位论文；《〈汉书·五行志〉所记自然现象初探》，《内蒙古民族大学学报》（社会科学版）1989 年第 4 期。

设立它不等于班固有意识提倡迷信思想。①

　　《地理志》研究方面，与以往从历史地理学角度对其进行考释的做法不同，张孟伦从史学史角度将《地理志》的编撰特点和成就归纳为七个方面，称赞它行文结构严密、炼词雅洁，深合"古文法度"，"实为中国史学史上最早的一部较为完美的地理专著"，"给后人写地理书的，起了一定的典范作用"。② 史念海亦高度肯定了班固对历史地理学的创建性贡献，针对《地理志》所载自先秦至西汉的郡国沿革，成就远绍《禹贡》和《周官》，且其兼重自然地理的演变，在沿革地理学方面较《史记·河渠书》更为全面。他进一步逐一回顾了东汉至魏晋时期郡国地志的撰述，并分六个阶段论述了班固之后历史地理学的发展，认为历史地理学是地理学的组成部分，自班固而后，舆地学家辈出、撰述络绎不绝，在当时的地理学中已孕育着历史地理学，其成就并非偶然突起的，渊源正是《汉书·地理志》。③ 此外，在靳生禾所著《中国历史文献著作概论》中，亦对《汉书·地理志》的内容、体裁、版本进行了概要介绍，并充分肯定了《汉书·地理志》的编撰成就："这种以一朝一代疆域为范围，以政区建制为纲分条附系山川、物产、风俗等项的体例……为两千年来封建社会所沿用，得到很大的发展"，是以作者得出结论：《汉书·地理志》不仅是正史地理志中最早的一部，也是最好的一部，"它一方面是一个保存着许多古代地理资料的宝库，一方面又是我国地理学史上一部划时代的撰述"。④

　　2. 《古今人表》研究

　　学界对"八表"的研究较少，且集中在《古今人表》（以下简称《人表》）上，数量虽不多质量却颇为可观。王利器、王贞珉合著的《汉书古今人表疏证》［齐鲁书社 1988 年版；订补本（乔仁诚索引），台湾贯雅文化事业有限公司 1990 年版］，分两部分，将《人表》作为先秦人名大词典进行了整理。王利器（1912—1998），重庆人，著名国学专家，一生致力于古典文献的整

---

　　① 陈其泰：《〈汉书·五行志〉平议》，《人文杂志》1993 年第 1 期。

　　② 张孟伦：《〈汉书地理志〉在中国史学史上的价值》，《兰州大学学报（社会科学版）》1983 年第 2 期。

　　③ 史念海：《班固对于历史地理学的创建性贡献》，《中国历史地理论丛》1989 年第 3 期；《论班固以后迄于魏晋的地理学和历史地理学》，《中国历史地理论丛》1990 年第 1 期。

　　④ 靳生禾：《中国历史文献著作概论》，山西人民出版社 1997 年版，第 59—60 页。

理、校注和研究，出版著作逾 2000 万言。《汉书古今人表疏证》搜集了自唐代颜师古到当代陈直研究《人表》的近二十种重要著作，对表列人物进行一一疏证，"是《人表》研究资料最详备的集成性专著，具有学术工具书的重要意义"。① 王氏还著有《汉书补注补》，惜已遗佚。

　　此外，还有一些值得关注的论文。针对古今学者对《人表》"画蛇添足"、"义例乖张"、"品第失当"的批评，张祥麟②、丁毅华③、崔向东④和刘泳聪⑤就《人表》的编撰特点、价值、班固评价人物的特殊方式和基本原则，及其在史学史和思想史上的意义等方面，进行了较为深入的论述。王记录的论文《〈汉书·古今人表〉撰述旨趣新探》，从班固的撰述旨趣入手，指出"如果纯粹拘泥于断代成例来衡评《汉书》，而不深入体察其中所蕴含的通古今思想，未为深知《汉书》者"⑥，这一结论是颇有见地的。

　　综观这一时期大陆地区的《汉书》研究，可以发现一个显著的特点，即史学史、秦汉史、历史文献学、历史地理学等领域中一批造诣精深的专家学者参与到《汉书》研究中来，如白寿彝、史念海、金少英、张舜徽、王利器、安作璋、高敏、施丁、张孟伦、季镇淮、陈其泰、仓修良等，因此集中出现了一系列高质量的学术成果。上述专家和学者通过对《汉书》的长期研读和探索，均在这一时期进入了学术成熟期，无论是个人撰述还是集体创作，均有许多承前启后的重要成果出现。除上面已介绍过的著作外，白寿彝主编的《中国通史》第 4 卷《中古时代·秦汉时期》（上、下册）的出版，对 20 世纪以来的《汉书》研究进行了最后、也是最重要的总结。这部通史著作虽然并非《汉书》研究的专著，但对《汉书》总体成就的评价较以往更为全面、公正、客观。编者认为《汉书》在吸取《史记》成果的基础上，纠偏补阙，增补了重要的史事与文献，具有很高的史料价值；班固于志书和史表的撰作中，多有突破，显示其博学贯通的特点；《汉书》内容丰富，叙事极具条理。尤其值得一提的是，《中国通史》第 4 卷纠正了《剑桥中国秦汉史》对班固撰

---

① 张汉东：《〈汉书古今人表疏证〉订误》，《古籍整理研究学刊》2000 年第 3 期。
② 张祥麟：《〈汉书·古今人表〉初探》，《湖北方志通讯》1985 年第 5—6 期。
③ 丁毅华：《〈汉书·古今人表〉识要》，《华中师范大学学报》1987 年第 5 期。
④ 崔向东：《〈汉书·古今人表〉浅议》，《锦州师院学报》1990 年第 2 期。
⑤ 刘泳聪：《〈汉书〉断代为史说献疑——以〈古今人表〉之撰作为例》，《文献》1988 年第 1 期。
⑥ 王记录：《〈汉书·古今人表〉撰述旨趣新探》，《山西师大学报》（社会科学版）1996 年第 2 期。

写《汉书·王莽传》真实性与客观性的不实论断，强调此传"客观翔实"，"是研究新朝史的最基本的史料"，较《东观汉记》和《后汉书》有意无意地美化刘秀和贬低王莽的做法，"愈发显得可贵"。① 上述成果的出现，标志着《汉书》研究在20世纪前中期渐趋冷落、曲折发展以至于跌入有史以来最低点的情况已得到全面改观，《汉书》研究正以全新的面貌走向新的世纪。

第二节 继承创新的港台《汉书》研究

自"文革"爆发到20世纪70年代末，在"儒法斗争"的背景下，班固"尊儒反法"的学术思想受到了严厉的批评，大陆地区的《汉书》研究陷入了"万马齐喑"的状态。与大陆情况相反，港台地区的学者对《汉书》的研究却取得了相当程度的进展。据笔者的不完全统计，这一时期港台地区发表的《汉书》研究学位论文2篇、报刊论文18篇、专著10部（详见附录）。除季洛生、李威熊、刘德汉的专著以外，在李宗侗、钱穆等人的史学史著作中，亦涉及对《汉书》的评述。1976年，台北木铎出版社出版了由陈新雄、余大成主编的《〈汉书〉论文集》，是这一时期港台学者《汉书》研究所取得的有价值的成果。进入80年代，更出现了吴福助、徐复观针对《史》、《汉》比较发表的专门论著，其理论创新、学术水准和参考价值，以今观之仍值得重视和借鉴。遗憾的是，上述成果大多未被引进到内地，以下仅就其中有代表性者予以介绍。

一、《汉书》研究专著介绍

（一）季洛生《史汉文辞异同斠释》

季洛生，生年与籍贯不详，执教"台湾中央大学"期间，出版了《史汉文辞异同斠释》（弘道文化事业有限公司1975年版）一书，此为目前所见台湾学者出版的较早的一部《史》、《汉》比较专著。季氏盛赞《史记》、《汉书》的崇高成就及深远影响曰："吾华历史悠久，上下五千余年，其彪炳卓越之事迹，发为专著者，莫先于《尚书》，莫愈于《春秋》。……自司马子长作

---

① 白寿彝主编：《中国通史》第四卷《中古时代·秦汉时期》（上），第一卷"基本史籍·《汉书》"，上海人民出版社2007年版，第5页。

《史记》，创为纪传体，班孟坚著《汉书》，独立断代史，二者遂为吾华整部二十五史之冠冕，后之作者，风起云涌，举莫能越其藩篱之外。"具体而言，作者认为《史记》贯穿二千余年，"其光价之绝伦"；《汉书》将"西京盛业，一代典献，网罗殆尽矣"，"遂与《史记》并不朽"。① 全书选取《史记》、《汉书》"帝纪"重叠篇章，"以《史记》为主，自高祖、高后、文帝、迄景帝而止"，比较其文辞异同。关于未选取《武帝纪》的原因，作者解释说由于《史记·今上本纪》为"后人所补缀，续貂之作，非史公手笔，故弗取焉"，显然是更重视《汉书·武帝纪》的史料价值。对于两书文字相异的，作者并不象其他研究者，轻易得出"甲马乙班"的结论，而是认为"《史记》用某字，则《汉书》易以他字，必有可以取代之故，班氏不尽立异，此类或古今字，或正俗字，或相转注，必先析其形构，求其本义，务循单理以得其通假之故而后已"。对于《史》、《汉》叙事详略之不同，"如《史记》有一段长达数十句者，班氏仅用二三句以记之"，作者也注意到"此必《史记》于斯事分见别篇，则指出每句之所在，于其文字不同之处，仍加以说明"。② 可见其研读之精细。对于《汉书》矫改《史记》之处，作者以为："班氏造语力求更新，务取雅洁，时或删之稍过，而使语意趋晦，尤在助字之去取，增之一字，则文情骏发，神态宛然，省之则扦格聱牙，略无生气，一字之损益，关涉至巨"，批评可谓中肯。

在仔细比较、分析二书异同的基础上，作者就马、班二人之才、学、识得出结论："迁书英气天纵，班史典雅详整，皆具良史之才，已成定论，然二公之秉赋不同，居养各异，其间又不无差别"，"然史家所谓才学识三者，二公实兼而有之，必欲品藻，则其相亦不能以寸，若强加轩轾，未为持平之论也"。此说之于当时《史》、《汉》评价呈现"一边倒"趋势的内地学界，显得尤为清醒而珍贵。

（二）李威熊《汉书导读》

李威熊，生年不详，台湾南投人。他先后在台湾静宜文理学院、政治大学中文系、彰化师范大学国文系和逢甲大学中文系执教，专研经学、思想史

---

① 本节引文，如无特别说明，均出自季洛生：《史汉文辞异同斠释》，"序言"，弘道文化事业有限公司 1975 年版。

② 季洛生：《史汉文辞异同斠释》，"凡例"，弘道文化事业有限公司 1975 年版。

和《史记》、《汉书》，代表作有《汉书导读》、《董仲舒与西汉学术》、《马融的经学》等。

《汉书导读》（台北文史哲出版社1977年版）是李威雄于20世纪70年代在台湾静宜文理学院为学生开设"《汉书》导读"课程时编写的教材，共分8章，介绍了《汉书》的成书、体制、班固的思想、对后世文学的影响、编撰得失、"史汉比较"、《汉书》注本以及有关《汉书》的重要著述，还在附录部分介绍了《汉书》各传的内容大要、研读《汉书》的主要参考书籍和杨树达的《汉书释例》。该书为《汉书》的入门之作，内容简明扼要、易于研习，作者虽主要引用前人观点，但也能将自己的论述融入其中。例如，在"对《汉书》的批评"一章中，他从五个方面对《汉书》进行了总体评价：一是就写作的精神来看，班固虽从正统观念出发叙述并评价历史人物，不像《史记》那样具有积极精神和进步观点，但作者能够尊重客观的历史事实，真实、完整地反映了西汉社会的面貌。二是就资料的蒐集来看，班固抄录前书著成《汉书》，难得之处在于网罗散失，剪裁折中，以求至当，这种整理资料的功夫实在令人敬佩。三是就体制来看，《汉书》断代为书是因为写起来较为方便。因前代已亡，记述前代史事顾忌较少，评论政治得失、臧否人物，都较当代自由客观。四是就形式来看，《汉书》句法极为整齐，多用骈偶，不如《史记》文词简洁明畅、浅易近人，但两书都是史的文学，美是文章的一大要求。就文辞而言，《汉书》是进步的。五是就内容来看，《汉书》有许多优秀的篇章，在暴露现实、反映生活、描写人物上，都有很好的成就。最难得的是，在各传中载录与学术、政务有关的文章，这就使得《汉书》具有更高的价值。此为目前所见台湾学者出版的第一部《汉书》研究专著，虽基本延续了学界对《汉书》的固有评价，新意不多，但相对于同时期大陆陷入低潮的《汉书》研究，显然弥补了20世纪中期学术史上的一段空白与缺憾。

（三）刘德汉《从汉书五行志看春秋对汉代政教的影响》

刘德汉，生年与籍贯不详。他在授课之余，从事课题《汉书五行志之特质》的研究，曾发表论文《春秋公羊传对西汉政教的影响》（《书目季刊》1977年第11期）。1979年，他的著作《从汉书五行志看春秋对汉代政教的影响》由台北华正书局出版。

《汉书·五行志》是我国第一部全面记述阴阳灾异的史志。阴阳五行学说在汉代意识形态领域中占据重要地位，对汉代社会的政治、文化和民间信仰均产生了重要影响，是以《汉书·五行志》汇集了董仲舒、刘向、刘歆等人治《春秋》，运用阴阳五行学说，将各种灾异现象比附现实政治，加以阐发的言论，是研究两汉学术史和中国古代天文史、科技史的重要资料。然而，古今史家对于《汉书·五行志》的编撰体例和思想倾向的评价却存在着较大争议。刘德汉将《汉书·五行志》所引述的 390 次灾异事例，加以细目分之，按照灾异次数和性质，以及西汉诸帝因灾异所下的罪己诏书的内容，将西汉政治演进情况分为四个历史时期分别论述，由此考察二者之间的互动情况。作者认为，"汉儒运用春秋二百四十二年之间灾异事例为准则，以之和西汉一代的灾异情形相关联，互相印证，比较解说，使之成为论证精微的学说……迹其思想见解的中心意旨，不外仁义道德，君臣相亲，和气致祥，乖气致灾"。然而，这种学说"实在有其特殊的时代性与价值观，我们不能与无法以现代人的立场和识见去评之为迷信和愚昧。因为此种似乎迷信愚昧的意念，在当时却能发生极大的作用。而大致说来，其于人事方面的效验，往往利多于弊，尤以给予身居上位的国君、大臣许多顾忌和警惧，使之修德慎刑，善政爱民，因而在施政作为方面产生许多意想不到的功效"。由此作者得出结论：

> 汉书五行志所综述的灾异见解，实是汉儒思想的特质，也是另一宏扬春秋学说的特征，西汉政教之所以宏具规模，儒家学说得以定于一尊，从而奠定我国正统思想的根基，历经久远而日新，实是五行志所标示的灾异思想与春秋所具特性结合一体产生的功效。①

此为目前所见 20 世纪中国学者专门针对《汉书·五行志》的第一部研究专著，在大陆《汉书》研究处于低谷，学界对于《五行志》和班固学术思想展开激烈批评的时期，作者能够以"知人论世"的历史主义态度，从政治体制和学术思潮的宏观背景出发，对《汉书·五行志》的思想内容、编撰体例和阐释模式进行系统深入的研究，诚属难能可贵。遗憾的是，这部著作至今未能介绍到大陆，亦未能引起大陆学者的充分重视。然而，随着 20 世纪 80 年代以降，班固和《汉书》历史地位逐步恢复，学界始对《五行志》之理论

---

① 本节引文，均出自刘德汉：《从汉书五行志看春秋对汉代政教的影响》，台北华正书局 1979 年版，"自序"，第 179 页。

价值及其后世影响重新予以审视和评估。这部著作以今视之，仍具有不容低估的创新意义和理论价值。

（四）吴福助《史汉关系》和《〈汉书〉采录西汉文章探讨》

在大陆《汉书》研究较少的情况下，台湾学者吴福助的专著《史汉关系》、《史汉文学论丛》和《〈汉书〉采录西汉文章探讨》可谓别开生面的填补空白之作。吴福助（1942—　　），台湾南投人，东海大学中文系教授，长年教授中国古典文学，开设《国学导读》和《汉书》等课程。他将《史记》、《汉书》视为"二十五史"最高成就的代表，认为马、班二人"为后世史家建立宏规，奠定基础"，"为中华民族遗留悠久辉煌之史迹，成为富厚优良之文化遗产"。难能可贵的是，吴福助推重《史记》，但并不因此而忽视《汉书》的价值，而是认为"史汉宜兼治并重"。

在《史汉关系》（台北文史哲出版社 1975 年版、1982 年版）一书中，他从史料角度逐一分析了《汉书》袭录《史记》的篇章及其与《史记》的关系。全书共分八个部分：第一部分"《汉书》孝武以前袭录史记"，从整体上概括了汉书袭录史记的情况，且将这一情况做成了图表，便于记忆。整个图表分为"《史记》"、"《汉书》"、"备注"三个部分，将《汉书》袭录《史记》的六十七篇文章的次数、卷数、篇目一一对应标出，并于"备注"处简略说明其增、删、移、改《史记》的情况，眉目清晰。这一部分最引人注目之处是作者对于《史记》已亡缺的"十篇"的考证。作者通过《太史公自序》之大旨来"审定此'十篇'之真伪"，同时又参考众家之言，所得结论令人信服。第二部分"汉书袭录史记诸篇与史记之关系"从"有今存《史记》古钞本、古刊本，及《集解》、《索隐》、《正义》三家注本，并唐、宋以前类书、古书注所征引《史记》，其间异文，多与今本《汉书》合者"、"有今本《史》、《汉》字虽歧异，而皆属古今字、通假字、同义字、义近字，足证其本无不同者"、"有虽无古本可证，然亦可据《汉书》判知《史记》之误文者"、"有据《史记》反足以证知今本《汉书》之讹者"、"有证之古本知今本《史》、《汉》并误者"等五个方面论述《汉书》袭录《史记》诸篇与《史记》之关系，并认为今本《史记》与《汉书》乃后世之人增饰和窜改而成，而昔贤自宋以来所谓之迁失或班误也多是不明二者之关系而徒增纷扰之辞。第三部分"汉书善袭史记体例"从"《汉书》易通代为断代"、"《汉书》本纪省称'纪'，改为事目体。黜'项羽'入列传，增立《惠帝纪》"、"《汉书》改表为谱牒体，增《外戚》、《百官公卿》、《古今人表》"、"《汉书》改'书'曰'志'，增《刑法》、《五行》、《地理》、《艺文》四志"、"《汉书》改世家为列传"、"《汉书》列传省称'传'，多合传，标题皆改书姓名，编次鳌然有秩，又剔弃《仓公传》不载"等六个方面进行比较，全面分析了《汉书》与《史记》体例上的异同与得失。第四至第七部分"史汉比较"则分析了《汉书》删省、改易、增益《史记》的情况以及得失，全面而具体，便于掌握。第八部分"史汉宜兼治并重"，客观、公正地评价了《汉书》删改《史记》之得失，强调治学者应《史》、《汉》并重，不可偏废：

　　案《汉书》……既直录《史记》最早之钞本，可为校勘《史记》之主要依据，而其间又探颐索隐，穿穴订补《史记》之论误缺漏，虽为数不甚多，然皆弥足珍贵者也。固诚可谓为《史记》之功臣矣。至《汉书》删削改易处，亦非漫然下笔，此可比较《史》、《汉》体例文风之不同，亦可见马、班才学识见之高下。是吾人欲研读《史记》汉初至孝武一段史文，无论就探究史实或欣赏文章言之，均宜与《汉书》兼治并重，不可偏废，始克含英咀华，竟其全功也。

要之，是书长于文献的校勘考证，兼具系统性与总结性之长，对《史》、《汉》体例，文字的异同，分析得尤为细致入微，持论亦客观公允，使我们在了解马、班学识高下的同时，更认识到《汉书》在《史记》保存、研究与传播上所做出的突出贡献。有台湾学者赞曰："本书于《史》、《汉》两书之关系，条分缕析，具见功力之勤；论断亦多中肯。参考资料，亦颇丰富。"更有人以为"评衡《史》、《汉》异同之文，自唐刘知幾《史通》、宋倪思《班马异同》以下，颇不乏人。此书后出，博涉综览，钩玄提要，撷长粟短，组织严密，见解精辟，往往发前人所未发，足征作者功力"。①

　　在20世纪80年代出版的《〈汉书〉采录西汉文章探讨》（台北文津出版社1988年版）中，吴福助对于《汉书》的研究更为深入。他认为"《汉书》囊括西汉一代之历史，举凡诏令、奏议、诗歌、书牍、辞赋等文章，其有粹美宏伟，关切世事国计，影响历史，辉映当代者，靡不冥搜极讨，裁篇

---

① 吴福助：《史汉关系·序言》，文史哲出版社1987年版。

入录"，由此他认为《汉书》于西汉文章之整理保存，"贡献靡巨，影响后世亦至深。此乃中国文学史上不朽之盛事"。为此他特意就《汉书》采录西汉文章的数量和方法进行探讨，并引用严可均《全汉文》、丁福保《全汉诗》、晚近出土西汉文章及器物铭文、墓葬遗册和汉简对其进行辨伪，又选取《汉书》中"篇幅完好，内容华赡，议论敷畅警捷，卓然足资脍炙师法，而又有俾世教者"附于书末。他将《汉书》采录文章的贡献总结为三点：确立正史采文之体式、保存西汉文章和彰显西汉诏令奏议之价值，以及为《汉书》研究开拓崭新的局面。①

此外，吴氏的另一部《史》、《汉》研究专著《史汉文学论丛》（简牍学会印行，1982 年），包括"《汉书》采录西汉文章探讨"、"《汉书》所录西汉文章选目"、"史汉项羽纪传勘异拾遗"、"史汉李广传勘异"、"《汉书》霍光笔法豹窥"等，所校勘或考证之条目，多有创获，是对历代《史》、《汉》研究的有力补充。上述著作的出版，对于当时"重史轻汉"、"扬马抑班"仍占据主流思潮的大陆学界颇有启示、补正之益，至今仍有重要的参考价值。

二、《汉书》研究论文与评议介绍

（一）钱穆的《汉书》研究

钱穆是享誉海内外的国学大师，于文、史、经学均卓有建树，其史学代表作有《汉刘向、歆父子年谱》、《国史大纲》、《两汉经学今古文平议》、《国史新论》、《秦汉史》和《中国史学名著》等，其中多有涉及《汉书》的评议与研究之处。

《汉刘向、歆父子年谱》（以下简称《年谱》）是钱穆的成名作，初撰于1926 年，经顾颉刚推荐发表在《燕京学报》1930 年第 7 期上，后收入《古史辨》第五册及《两汉经学今古文评议》。此文的编撰动机，在于纠正康有为《新学伪经考》认为刘歆伪造古文经之谬误。在这篇奠定其学术地位的长文中，钱穆根据《汉书·儒林传》及与此相关的大量史料，梳理出从西汉昭帝元凤二年（前 79）刘向出生到王莽地皇四年（23）刘歆、王莽死亡为止的经学史实，逐年排列，将各家各派师承之家法和经师论学的焦点所在以及诸经

---

① 吴福助：《〈汉书〉采录西汉文章探讨》，"序言"，文津出版社 1988 年版。

博士间的意见分歧，都原原本本地凸显出来，厘清了两汉今古文家师承家法及各经师论学旨趣，从而廓清了经学史上的迷雾，以有力的证据驳斥康有为《新学伪经考》之谬。有学者评价说该书"冲破'六经皆史'说之樊篱。因其颠倒了经史位置，逆向操作，反过来以史证经，仅用《汉书》等常见史料，即解决了经学上的大问题，最终达成以史御经的目的。这样，在经史关系上，乃至在史学研究上，一条新的道路被开辟出来。此后，遇到经学上的问题时，学者大率是追步钱穆，以史法治之，从学术史角度考察，成就愈益丰厚，一迄于今"①，笔者亦深以为是。

1969—1971年，钱穆在中国文化学院（后名中国文化大学）历史研究所为博士生开设"中国史学名著"课程，后将其授课录音整理出来，并将有关《汉书》的内容发表在《文艺复兴》刊物上（1971年第2期）。此后，钱氏将该讲义整理成为《中国史学名著》出版（台北三民书局有限公司1973年版、生活·读书·新知三联书店2000年版）。钱穆的《史》、《汉》研究，不同于前人执着于二书体例、文字、史实之异同的比较，而是将两部著作和两位史家置于中国传统学术史的发展历程中，做宏观的审视。首先是从史学发展的角度，他将《尚书》、《春秋》、《史记》这三种中国史书体裁的成熟，视为中国古代史书的三个发展阶段，而《汉书》则是在此基础上，创立了断代史体例并臻于完善。针对有人对断代史体例的批评，钱氏认为"断代史有它的必要"："班固《汉书》在清代以前确实不可否认的是开了一条写史的新路。史书开始有纪传体，是司马迁的大功。而换了朝代立刻来写一部历史，这是班固的贡献。以后正史都是学的班固《汉书》，这就无怪乎要'迁固''史汉'并称了"。②

其次，从历史编纂学的角度，钱穆肯定了《史》、《汉》体例对于历史人物和事件的处理。以项羽为例，《史记》为项羽立"本纪"，置于秦始皇和汉高祖之间；而《汉书》将其立为"列传"之首，这受到了后世的批评。钱氏从历史编纂的技术层面指出："秦是亡了，秦二世已投降，汉高祖还未即位为皇帝，中间所谓秦楚之际的一段计有五年，太史公把来放在项王身上，'本纪'本只是把来编年的，那么项王这几年也自该称本纪了。但太史公《史记》又并不称为《西楚霸王本纪》，而连姓带名直称《项羽本纪》，在这一显然不妥的题目

---

① 李帆：《从刘向歆父子年谱看钱穆的史学理念》，《史学史研究》2005年第2期，第51页。

② 钱穆：《中国史学名著》，生活·读书·新知三联书店2000年版，第80页。

下，却自见太史公有一番深远的意义"；"到了《汉书》，那就改称《项羽列传》
了。可是汉高祖元年称王，项羽已死，项羽又不是汉代人，而作《汉书》的又
不能不载有项羽"，因此班固才将其置于列传之首篇。这种如实叙述历史、且从
技术层面保持历史连续性的做法，正是《史》、《汉》体例的高明之处。

　　然而，钱氏虽承认"迁固"、"史汉"并称的事实，但却强调从思想、人格
和学识而言，班固远不能与司马迁相比。因为在"考史写史中，无不该有论史
精神之渗入"，"我们读太史公书，……往往使人在百代之下想见其人。此因太
史公能欣赏这许多人，写来一若平平凡凡，而都能跃然纸上。一部《史记》，所
以都见其为是活的，乃因书背后有一活的司马迁存在"；至于班固的《汉书》，
往往有其事无其人。如说杀身成仁，其人之死事是有的，而其人之精神则没有
传下。钱氏认同范晔《后汉书·班固传》对其"论议常排死节，否正直，不叙
杀身成仁之为美，轻仁义，贱守节"的评价，认为这些病痛"并不在行文与叙
事之技巧上，而在作者自己的见识与人格修养上"。同时，钱穆认同郑樵对班固
"浮华之士"的评价，认为班固著史"明明是继承父业，而把父业抹去了，在他
《叙传》里没有大书特书地把他父亲写出来"，此为班不如马之处。

　　钱穆将中国传统经学和史学比喻为南方生长的榕树，"一根长出很多枝
条，枝条落地再生根"，在经学这个根上生出了"六艺"，其中自《春秋》生
出了《史记》，"它再长出一棵大树，这就是我现在讲的《汉书》、《后汉书》
《三国志》"，其后在"史学里又长出很多枝条"，但"只是从大传统里生出的
小枝小节，有此传统，而无更大的创兴"。是以钱氏的《中国史学名著》只讲
《史》、《汉》，不再提及此后的二十三部"正史"。钱氏提出了一个至今仍发
人深省的重大理论命题，"今天以后的中国史学，该再来些什么？"如何能使
"今天以后，来一个大史学家，写出一部新史书，又来创造中国的新史学"，
"这责任真是大，非有一个大了不得的人"。因此钱氏寄望年青一代既要深入
的研究本国的史学，又要"深通外国史学，再从外国史学中来一个中国新的
太史公"，因为史学是"一种博深多通的学问"。因此他展望"我们将来所需
要的新史学"，应该"对国家、对民族、对整个文化传统，要有一个宽大的胸
襟，要有一番恳挚的感情"。①《中国史学名著》是20世纪中期有代表性的中

---

① 此段引文，均出自钱穆：《中国史学名著》，第108—109页。

国史学史著作，钱氏将《汉书》置于中国传统史学发展历程加以宏观考察的研究方法，至今仍有重要的启示意义。

（二）李宗侗论《汉书》

李宗侗（1895—1974），字玄伯，河北高阳人。出身于晚清世家大族，为名臣李鸿藻之孙，南皮张之万之外孙。早年留学法国，回国后执教于北京大学、中法大学，1926—1933 年任故宫博物院秘书长。1948 年随故宫文物迁台湾，后任台湾大学历史系教授，著有《中国古代社会》、《历史的剖面》、《中国史学史》、《史学概要》等。

在《中国史学史》（中华文化出版事业委员会 1955 年版）第三章"两汉的史学"第二节中，李宗侗沿袭 20 世纪前期的评议方法，对班固生平和《汉书》的成就进行了概要介绍，在《史》、《汉》比较方面观点亦称持平、公允。作者列举了二书体例、文字上的一些异同，但并未简单以优劣视之，而是认为"《史记》与《汉书》，不同之最要点，在一为通史，一为断代，由是而发生其异处"。此外，他还从史料的角度，分析《汉书》于武帝之前全采《史记》的原因，推测应是"汉初所存史料，如《楚汉春秋》等，以及后来之官书，汉武以前者当皆已采入《史记》"，班固之所以未作改动，应是当时"史料可供比较考证者，并不若后世之充沛也"。他因此断定张辅以字数多寡论定《史》、《汉》优劣，是不明白"时代愈晚，史料愈多"的事实和道理，"可不必讨论矣"。这些论断，都体现出作者精深的史识。

（三）徐复观《〈史〉〈汉〉比较研究之一例》

徐复观（1903—1982），名秉常，字佛观，后改为复观，湖北浠水人，新儒家代表学者。论文《〈史〉〈汉〉比较研究之一例》选自其著作《两汉思想史》第三卷（台湾学生书局 1979 年版、华东师范大学出版社 2004 年版），突破以往多将《史记》、《汉书》进行"平列式"比较的方法，从史学在专制政治下的演变历程入手，对两部著作的体例、篇目和史家的思想旨趣进行比较。作者以为，张辅、刘知幾、郑樵等人对《史》、《汉》字数多寡和通史、断代体例的批评均"没有意义"，未能体会断限为史书编撰的关键："史公创体，其势不得不起自黄帝；他因材料的限制，即在黄帝为断限。班固继业，其势不得不承继史公。承继史公而至死不能完业，则其势不能不设定断限以期成为首尾完具之书，甚为明显。……其意在于尊汉，而并不在标榜断代，……

他在政治上以西汉为断限，乃在古今之变中，自然所形成的一个段落。……
纪传体以朝代为断限，乃势所必然。由通断以论《史》、《汉》优劣，与由文
字多少而论《史》、《汉》优劣，同属没有意义"①。作者比较司马迁与班氏父
子的家世、思想和著书目的，认为司马迁是抱着"天下为公"的思想，与班
氏父子"天下为汉"的思想，恰成一显明的对照，"这是比较研究工作的大前
提"："史公所面对的是人类整个的历史，汉代仅为此人类整个历史之一阶段，
并无亲疏厚薄可言。他著史的目的，是'述往事，思来者'，是为了人类将来
的命运着想，历史皆在人类命运之前衡量衡定其是非得失，决非在汉代统治
者之前，衡定其是非得失"。另一方面，作者也指出，班氏父子"虽意在尊
汉，为汉代之统治者而著书"，但他们毕竟是有儒学教养的人："儒家思想，
一定会给他们对汉室之感情以制约，而使他们的史识，在许多地方得到升进。
因之在汉代范围以内的是非得失，他们与史公依然是站在共同的基础上，大
体上可以成为天下之公。若没有这一点，《汉书》的价值便很难肯定。"② 班
固"大部分承受了史公的业绩，采用了许多史公的论赞"，作者认为这是由于
《汉书》各传继承了《史记》的批判现实精神，"不仅采用了许多对当时政治
社会严厉批评的言论，并且在选择时，未尝以当时的权势为标准，而尽可能
地选择在历史中代表某种价值的，以作立传的标准。……皆照顾到历史各方
面的意义和关键，精严郑重，诚能使人读之不厌"，这是由于班固所凭借的是
《史记》的丰厚资源，"在不与帝室尊严发生直接冲突时，他仍能承儒家之绪，
以表现其史识史德。否则他便不能被推为良史之一"③。

　　徐复观充分肯定《汉书》"十志"的成就。例如《刑法志》，他指出，班
固痛感汉代刑罚之酷烈，在此志中"不知不觉地充满了痛愤之情，流露为悲
慨之笔，使此文的风格，特接近史公"；《郊祀志》继承《封禅书》的旨趣，
备述秦皇、汉武"因侈泰骄妄愚蠢所制成的妖云怪雾"，这说明"班固在这一
问题的观点上，是与史公相同的"；而《地理志》，则是"世界史学中非常突
出的成就"。对于饱受批评的《五行志》，他的观点也有独到之处，认为《五

①　徐复观：《〈史〉〈汉〉比较研究之一例》，《两汉思想史》第三卷，华东师范大学出版社 2004
年版，第 283 页。
②　徐复观：《〈史〉〈汉〉比较研究之一例》，《两汉思想史》第三卷，第 287 页。
③　徐复观：《〈史〉〈汉〉比较研究之一例》，《两汉思想史》第三卷，第 320 页。

行志》是班固"在与现实政治相勾连的学术风气积累之下"编撰而成的，"班氏在史中特立一志，以致此种非合理的学术，得到了较完整的保存，且后来修史者，都须备此一格。这站在今日研究思想史的立场来说，可谓为幸事；但站在它所及于后世思想发展的不良影响来说，实是中国学术发展的大不幸"。但作者不同意刘知幾、胡适等人对于《五行志》体例、思想的批评，认为自董仲舒以迄孟睦、京房、刘向等人的学术活动，"今天看来，在知识上是没有意义的。但在他们，也和许多伟大的宗教家、形而上学家一样，是以严肃的态度，热烈的追求，认定自己真正揭露出'天人相与之际'的秘密，是真实无误的真理。……所以他们表现在现实政治社会上的大是大非，都是符合人民生存的要求的大是大非。……他们的精神，得到了天的意志的支持，所以宁冒万死而不悔。从这一点说，他们较之西方的形而上学，有更真实的基础与真实的意义。胡适们骂他们是大骗子，只显出自己的浮薄无知而已。"①

　　虽然徐氏的研究仍是以肯定《史记》成就、揭示《汉书》不足为基调，但能跳出传统"尊《史》抑《汉》"的偏颇，以及当时内地学者过分强调史家政治立场和意识形态因素的桎梏，从思想史演进的角度，联系现实政治情势对两部著作、进行研究，不仅揭示其异同，更注重阐位两位史家在思想、精神上的关联，所得出的结论堪称公正、客观。

小　结

　　20世纪以来中国的《汉书》研究经过了曲折的发展历程，虽然不再拥有传统学术史上的尊崇地位，甚至一度跌入低谷，但20世纪后期的《汉书》研究，较以往仍然取得了重大进展，无论是研究成果的数量、质量，还是参与研究的机构、人员；无论是理论、方法的创新、改进，还是研究视野的拓展、深化，都提高到一个全新的水平。21世纪所面临的任务，一是加强史学的社会化实践，扩大《汉书》在公众中的传播与普及；二是综合利用古今中外优秀的学术成果，推动新世纪《汉书》研究的深入发展。

---

① 徐复观：《〈史〉〈汉〉比较研究之一例》，《两汉思想史》第三卷，第311—312页。

第六章　新世纪的《汉书》研究（2001 至今）

　　进入新世纪以来的 10 余年间，《汉书》研究进入了全新的发展阶段：一是从学术史的视角，对有代表性的《汉书》研究者及其成果进行系统整理和研究；一是从区域史的视角，将《汉书》研究扩展到对于班氏家族史的研究和区域文化的建设；一是从考古学、简牍学的视角，以不断发掘出土的考古成果推动《汉书》和西汉历史的研究；一是从"通俗史学"的视角，通过书籍、音像、网络等大众传媒，以影视、讲座、小说、随笔、戏剧等形式，对《汉书》进行传播和普及。这些成果无论从数量还是质量而言，较以往均有相当大的提升，并且形式更为多元、内容更为丰富。当前，《汉书》研究已步入了复兴、繁荣的全新历史阶段。

第一节　《汉书》文献整理与各项研究的新进展

一、《汉书》文献整理与研究

（一）《汉书》注释与研究文献的整理与出版

1. 施之勉《汉书集释》

　　施之勉的《汉书集释》是继颜师古、王先谦之后规模最大、释义条目收录最全的《汉书》研究文献，有"鸿篇巨制"、"微言奥义"、"庞大精深"之称。施之勉（1891—1990），名敦临，江苏无锡人，著名文史学家。施之勉的汉史研究始于抗战时期，1948 年到台湾后先后执教于台湾工学院和成功大学。施氏于教学之余勤勉著述，著有《古史撷实》、《汉史考》、《史汉疑辨》、《史记会注考证订补》、《后汉书集解补》、《汉书补注辨证》等传世。《汉书集释》

全书 12 册，包括《汉书》十二帝纪、八表、十志和列传的一部分，沿用颜师古、王先谦等前代学者注释《汉书》的体例，将古今重要《汉书》研究者的注释一一囊括在内，并附注自己的意见。该书不仅注重汇编《汉书》的音义训释和史事考订，且注重对各篇行文、修辞、叙事的探讨与史义的阐发，举凡中外学者对《汉书》的评议，如司马光、真德秀、洪迈、凌约言、凌稚隆、茅坤、赵翼、章学诚、何焯、周寿昌、刘咸炘、泷川资言、杨树达、陈直等，悉数收录，具有很高的参考价值。除史家、学者的观点外，编者还与史实相关的野史、笔记、小说附注于正文之后，如葛洪《西京杂记》、王嘉《拾遗记》、段成式《酉阳杂俎》等，增加了史书叙事的趣味性，此亦为以往各版《汉书》注本所不及者。遗憾的是，施氏未及完成这项规模宏大且意义深远的《汉书》文献整理工作即已辞世。在他身后，其弟子李正合与台湾昆山科技大学众多学者合力，积五年之功完成了这部卷帙浩繁的遗作，终由台北三民书局于 2001 年出版。《汉书集释》的出版，是新世纪《汉书》研究史上的重要成果和重大进展，为研究者提供了极大的便利。

2. 沈元《〈汉书补注〉批注》

2008 年，西泠印社出版了沈元的遗著《〈汉书补注〉批注》（以下简称《批注》）。沈元（1938—1970），上海人。1955 年他以优异成绩考入北京大学历史系，专攻秦汉史，其学术水平曾受到郭沫若、范文澜和黎澍等前辈史家的称赞，被誉为"史学奇才"。由于在 20 世纪 50 年代的政治运动中被错划为"右派"，沈元在"文革"中遭到迫害，1970 年被枪杀于北京。在 32 岁的短暂生命中，对《汉书》的研究成为沈元所取得的重要成就之一。1961—1962年，沈元在研究汉代史游所著蒙学著作《急救篇》期间，认真研读《汉书》及各家注释，颇有心得，写下诸多批注，以备日后进一步研究之用。"文革"结束后，沈元的冤案得到平反，其家属和友人将他生前所作《汉书》批注整理、出版，是为八卷本《〈汉书补注〉批注》。沈氏批注以商务印书馆出版的王先谦《汉书补注》为底本，参照杨树达的《汉书窥管》，究其同异，加以评论。沈氏治《汉书》至细、至勤，有人统计过，《汉书补注》全书共 5881页，其中有 3084 页写满了密密麻麻的批注，所注文句，无论是"杨是王非"，还是"王是杨非"，均言出有据。他的批注并未囿于王注或杨注的是非或所引史料，而是广征博引，以《汉书》为基本线索，广泛涉猎古代文献，所用典籍包括颜师古、王先谦、杨树达等名家所未见的敦煌遗书中的《汉书》残卷，各地陆续发现的汉简和甲骨文，较前人《汉书》注本有了新的进展，是以其人、其作被誉为"一个奇才和一部奇书"①，不仅有益于汉史的研究，且沈元的治史精神和严谨学风亦应予当代青年学人有所激励。

3. 点校本《汉书补注》

2008 年，上海古籍出版社出版了共 12 册、计 580 万言的点校本《汉书补注》。王先谦的《汉书补注》是传统"汉书学"的集大成之作，是治《汉书》者所必备的文献，自成书之后一再重印。此项工作由上海师范大学古籍整理研究所承担，以光绪二十六年王先谦虚受堂刊本为底本，精心校勘、细加标点，前后历时二十余载方完成，具有很高的文献价值。它的正式出版，是对《汉书》研究和古籍整理领域的一大贡献。

4. 几种《汉书》研究文献丛书

2008 年，北京图书馆出版社出版了吴平等人主编的 10 册《汉书文献研究辑刊》，是目前出版的规模最大、最完备的《汉书》研究丛书，共收录自汉至清 27 种《汉书》研究文献。其中许多文献为《二十五史补编》和《二十四史订补》所未收，具有重要的参考价值。

这一时期还出版了多种研究丛书，其中涉及《汉书》的有以下几种：罗琳主编《四库未收书辑刊》（北京出版社 2000 年版），全书共 11 册，其中第三册收录了清代学者的五种《汉书》研究著作。徐蜀选编的《两汉书订补文献汇编》（北京图书馆出版社 2004 年版），全书共 2 册，其中第一册收录了自隋至晚近的《汉书》研究文献 18 种。李万健、罗瑛编辑的《历代史志书目丛刊》（国家图书馆出版社 2009 年版），全书共 11 册，其中第一、二册收录《汉书·艺文志》研究的 13 种重要文献。《今注本二十四史》编纂委员会主编的《二十四史研究资料汇编·两汉书》（人民出版社 2014 年版），全书共 26 册，其中汇编《汉书》研究书目约 110 种，共 16 册，两《汉书》合考部分 1 册，分综考、分考两部分（"综考"系对纪、传、志、表、书的考释，"分考"系对正史某一部分的考释），基本囊括 1949 年以前学者对两《汉书》的研究成果。至于其他未刊稿及存目著作，以及 1949 年以后两《汉书》的考订

---

① 引自傅国涌：《民族的沉重记忆：青年历史学者沈元之死》，《南方都市报》2010 年 12 月 27 日。

著作，均列为"存目"，以便学者检索、考察。上述文献的整理、出版，推动了《汉书》研究的深入发展。

此外，2017 年，国家图书馆出版社出版了 24 册宋本《汉书》影印本。此本在明清时期先后由毛晋父子、季振宜、徐乾学、黄丕烈、汪士钟、瞿镛、陈澄中等名家收藏，均有印鉴为凭，又有倪瓒、黄丕烈、顾广圻三人题跋，堪称弥足珍贵。

（二）《汉书》文献学研究成果概述

21 世纪以来提交的研究生学位论文中，有关《汉书》文献学的研究成果数量和质量均有显著提升，内容包括对《汉书》音韵、文字的注释、考订，对《汉书》版本的考证、校勘，对《汉书》重要注家的研究，以及对于《汉书》文本翻译策略的研究等。《汉书》多用古音古字，语料充沛、词义丰赡，是汉代大型的代表性文献，是研究上古汉语末期语言的首选文献。历代研究成果丰硕而且保存完整，自魏晋以来，对《汉书》音义的注释、考订和语言、文字、修辞的研究就是《汉书》文献研究的一个重要领域。据笔者的不完全统计，20 世纪 90 年代以来发表在报刊文集上的此类论文计 40 余篇，其中历届研究生学位论文的数量占了一半。郭玲玲的《汉书核心词研究》（巴蜀书社2016 年版）是此类研究中唯一所见的专著。

有关《汉书》引用史料、文献的情况，目前所见有十余篇学位论文涉及此项研究，包括《汉书》对《易经》、《诗经》、《论语》、《尚书》、《春秋》等典籍的引用情况，《文心雕龙》、《文选》、《水经注》、《初学记》、《太平御览》、《五礼通考》、《艺文类聚》及《词铨》等文献注引《汉书》的情况。版本研究是《汉书》文献学研究的基础和重要内容，近年来亦取得了较大进展。目前所见成果涉及敦煌《汉书》节钞本、唐抄本《汉书残卷》、两宋刻本（含北宋景祐本为首、南宋庆元本、白鹭洲书院本）、元大德本、明汲古阁本、清武英殿本、文渊阁本等，其中数量最多的是对中华书局点校本的标点、内容进行校斠、考订，目前所见除十余篇报刊论文外，尚有一些值得关注的研究生学位论文，如谢秉洪的博士学位论文《汉书考校研究》（南京师范大学，2006 年）、倪小勇的硕士学位论文《汉书版本史研究》（西北大学，2009年）、姚军的博士学位论文《汉书采摭西汉文章研究》（西北师范大学，2010年），等。

对于《史记》、《汉书》等经典史籍的翻译，一直为学界所关注。过去学界对《史记》英译的投入远远超过《汉书》，这一状况在近年来得到了较大改善，不仅将《汉书》作为"大中华文库"的典籍之一，出版了王之光翻译的汉英对照《汉书选》（*Chronicles of the Han Dynasty*，外文出版社 2015 年版），而且出现了多篇学位论文和报刊论文，介绍《汉书》的重要译者和译本，并就《汉书》英译的翻译策略、修辞手段及相关问题进行专门研究。①

二、《汉书》专题研究的进展

（一）《汉书》的史学与文学成就研究

1. 史学成就

这一时期学界对于班固的史学、史才、史识以及《汉书》的历史编纂研究有了更大进展。许殿才（1953—　）北京师范大学史学研究所教授。他师从于白寿彝，自 20 世纪 90 年代初相继发表了多篇《汉书》研究论文，这些成果均集中于专著《秦汉史学研究》（北京师范大学出版社 2012 年版）之中。后参与撰写了郑师渠主编的十卷本《中国文化通史·秦汉卷》（北京师范大学出版社 2006 年版），和白寿彝主编的六卷本《中国史学史·秦汉时期：中国古代史学的成长》（上海人民出版社 2006 年版），等。在上述著作中，许殿才就《汉书》的史学思想、编撰特色、在历史文学上所取得的巨大成就进行了相当深入的探索，主要观点如下：一，《汉书》最重要的历史价值，是用亘古未有的历史著作记述了亘古未有的大一统皇朝；二，班固首创纪传体断代史，在历史编纂学上是一个创举；三，《汉书》中蕴藏着丰富的历史智慧，为历代统治者提供了切实可行的治国方略，并开拓了多种专史领域；四，《汉书》中阐发了一些进步的历史思想，具有珍贵的价值；五，《汉书》在历史文学方面

---

①　此类成果包括：李秀英：《华兹生的汉学研究与译介》，《国外社会科学》2008 年第 4 期；《〈史记〉与〈汉书〉中的动物隐喻英译分析》，《语言教育》2016 年第 3 期；王娟：《德效骞〈汉书〉译介之研究》，华东师范大学 2013 年硕士学位论文。另，近年来大连理工大学提交的硕士学位论文中出现了多篇有关《汉书》英译的成果，如刘晓霞：《基于语料库的〈汉书〉术语英译一致性研究》，2010 年；刘博涵：《〈史记〉与〈汉书〉中儒家术语英译的文化转移研究》，2016 年；孙杰：《〈史记〉与〈汉书〉中动植物术语英译研究》，2016 年；韩佳辰：《〈史记〉与〈汉书〉中器物术语英译的操纵研究》，2016 年；朱蕾：《〈史记〉与〈汉书〉中服饰术语的英译策略分析》，2016 年；魏丽娜：《知识传播框架下〈史记〉、〈汉书〉军事术语的语义溯源与翻译研究》，2017 年。

产生了深远影响，堪称传统史学的范本。

在这一时期出现的通史类著作中，对于班固和《汉书》在中国史学史上的地位和贡献，有了更为公正、深刻的认识。吴怀祺、汪高鑫撰写的《中国史学思想通史·秦汉卷》认为班固史学具有二重性：既以"宣汉"为撰述旨趣，以神意来解说历史；又重视秉笔直书，具有"实录"精神。[①] 白云进而将这一理论演绎为中国古代历史编纂学的二重性特征，即客观与主观、天命与人事、直书与曲笔、实录与名教并存。出于政治的需要，统治者"一方面要从历史中吸取真实的经验教训，要求历史的真实，追求实录直书的精神；又一方面，要求历史著作证明自己的政权是合乎天意的，因此，通过历史的作品宣传皇权神授，这又是在主观上要求曲解历史。真实的历史和虚幻的结合在一起，就构成了封建史学的二重性"[②]。体现在《汉书》编纂上，即皇朝意识与宣汉思想、断汉为书与"上下洽通"并存。这些论著既深入地揭示了《汉书》的史学成就，又丰富了中国传统历史编纂学的理论探索。

与内地学者认为"《汉书》在史学史上的成就，是技术性远远超过于思想性的成就"、"《汉书》的主要成就在编纂方法上，而不是在思想观念上"等观点不同，长期在港台高校执教、从事中国史学史和中西史学比较研究的杜维运，在其三卷本《中国史学史》中，对班固及《汉书》给予高度评价。他称赞《汉书》的断代史体例成就，认为"通史与断代，相辅相成；《史记》与《汉书》，成就难分轩轾"：

　　　　通史能见历史之大，断代史则显历史之细。历史洪流，自远古浩浩荡荡而来，惟通史能现出此一洪流，然其细流，则被淹没。断代史以时间所涉较短，历史细流，赖以汇集。所以凡被通史所捐弃的大量历史事实，在断代史中皆有可能保留。历史得以丰实，是断代史的大功。中国自汉以后，历代竞修断代史，遂使中国在万国丛林中，为保存史实史料最丰富的国家。比较中外史学，这是最彰明较著者之一。

杜氏以为"《汉书》的最大特色之一，亦即班固史学的深值称道处，为其叙事

① 详见吴怀祺主编、汪高鑫撰：《中国史学思想通史·秦汉卷》，第八章"班固史学的二重性特征"，商务印书馆 2007 年版。
② 吴怀祺主编、白云撰：《中国史学思想通论·历史编纂思想卷》，福建人民出版社 2011 年版，第 443 页。

详赡，措辞温雅"，"诚为史学上的一种极高艺术"。他注意到班固在进行历史解释的时候，常用一个"势"字，能从历史上的"势"、"变"、"天时"以论历史，"其卓越的史识，遂为一般史学家所不及"；其"最值注目和称道者，为其着眼于人类的文明，存留文明的精华，称美文明的景象，非文明的人间惨祸，以沉痛之笔披陈"。对于《汉书》多载诏令、奏议、书信、辞赋一类的文章，杜氏以为，这是"存留了文明的精华"："虽然在叙事之中，突然加上一段文章，中断了叙事，也不无流于文集之失，但是站在人类文明史的立场上，这是功在万世的。……所以一位文人学者，其生平事迹，平淡无奇，缕述之冗赘无味，其书信，其诗赋，其感兴之作，则词美情真，价值连城；一位牧守卿相，其功业建树，乏可称述，其奏疏，其策论，则关系国计民生，珍如球璧。去其冗赘，存此精华，史学上的盛事，孰过于此！言及此，不能不深佩班固的史识。世人不察，竞起议之，历史于是流于烦琐叙事，而缺乏文明气息，这是历史的不幸，更是人类的不幸！"[①] 笔者以为，此可视为新世纪《汉书》研究步入正途的复兴之声。

2. 文学成就

新世纪出现了几部《汉书》文学研究专著，以及多篇专门研究班固文学思想与艺术成就的学位论文，内容涉及《汉书》的创作背景、内容结构、人物形象、艺术特色等，使《汉书》的史传叙事成就研究更趋深入。[②] 这类成果的共同特点是将《汉书》置于先秦两汉学术文化发展的大背景之下，强调对班固文学思想和《汉书》文学成就的研究必须注重其历史文学的独立性，尤其要走出历来研究《汉书》总要强调其与《史记》相比之不足这一误区。

潘定武的著作《汉书文学论稿》（安徽大学出版社 2008 年版），认为班固较司马迁具有更加自觉的著史意识和著史规范，其精卓的史识与谨严的史体是形成《汉书》历史文学个性的重要基础。《汉书》在结构上"旁贯五经，

---

① 本段引文，均出自杜维运：《中国史学史》第一册，第六章第三节"东汉史学再放新异彩"，商务印书馆，第 202—229 页。

② 诸如江俐蓉：《论班固的传记家主体精神与汉书的人物传记》，浙江师范大学 2002 年硕士学位论文；张立克：《班固的文学思想》，南开大学 2005 年硕士学位论文；张旭晖：《〈汉书〉列传结构研究》，广西师范大学 2010 年硕士学位论文；尉永兵：《〈汉书〉写人艺术研究》，山东大学 2014 年硕士学位论文；王珏：《班固与汉代文学思想》，辽宁大学 2007 年博士学位论文；李艳：《〈汉书〉艺术研究》，曲阜师范大学 2012 年博士学位论文。

上下洽通"，比《史记》更加注意整体性与规范性，具有"一部如一篇"的特点，此正是班固"大一统"的通识思想在史学上的鲜明体现。班固于规范的史体中灵活处理篇章结构，既使其脉络清晰，又令其各具特色；《汉书》在叙事体例、内容和语言锤炼方面较《史记》更为精当，呈现出一种"结构于严整中见通达、叙事于平实中生姿、写人于细微处见风神、语言亦雅亦俗、情感表现内敛而丰富"的"娴雅蕴藉之美学风格"。孙亭玉的《班固文学研究》（湖南人民出版社 2008 年版），将《汉书》的创作特色归结为两点，一是文史结合，二是模仿出新，目的在于追求真实与美的水乳交融。他认为《汉书》比《史记》更翔实、更有章法、更追求简洁，谨于辞章而不及变化的史书编纂特点与叙事文学的结构严谨、条理清晰相得益彰，取得了超越其父班彪且堪与司马迁相媲美的成就。吴崇明的《班固文学思想研究》（上海古籍出版社 2010 年版），力图从班固现存的文学作品和《汉书》本身的写作，从《汉书》撰写对材料、尤其是对诗赋文章的取舍，抽象和归纳其文学思想和观念，并以之与班固的文学批评相互参证，拓展和丰富了班固和汉代文学思想研究的范围、内涵。朱家亮、李成军合著的《班固文学思想和汉书人物传记研究》（黑龙江教育出版社 2010 年版）、从解析班固文艺美学思想的角度，指出马班著史皆以巩固帝业为目的，以"切于世用"为标准，都秉承了儒家立德、立功、立言的精神。他们的思想倾向和价值取向虽然表现出相当大的差异，但这正映射出时代精神、社会思潮、文化格局等深厚而丰富的背景内容，故不能简单地以正统或异端、进步或落后来界定这种差异。《汉书》人物传记具有整体构思的完整性、谋篇布局的细密连贯和灵动变化的结构手法，在叙事艺术和语言特色上均具有独特的个性，对后世产生了深远的影响。李成林的博士学位论文《汉书文学研究》（陕西师范大学，2011 年），提出"实录精神"为班固首倡，只是论者向来习惯于将"实录"与"揭露"对等起来，进而着重阐发其批判的可贵。作者认为这实际上是个小小的偏颇，应该予以纠正。"不隐恶"而能秉笔直书，固然是实录的重要表现，甚至可以当作实录与否的试金石。但我们也应看到"不虚美"对实录精神同样重要，历代正史中，要数《史》、《汉》在这方面最具特殊性，而以《汉书》尤然。《史记》因为其中有当代人记当代事的部分，所以如何做到"不隐恶"，问题似较突出；而《汉书》站在后汉审视前汉，同是刘姓江山，加上《汉书》的写作还受到皇权意志的制约，打上了"宣汉"的标记。面对当朝统治者的列祖列宗，班固笔下"不虚美"的尺度的把握，其艰难与微妙一点也不在"不隐恶"之下。班固以一位正直史家的襟怀和品格，在《汉书》中努力做到了这一点。上述论著，深化了对于班固文学思想的认识，将《汉书》史传文学的研究提升到新的高度。

（二）《汉书》人物研究

1. 西汉帝王研究

（1）汉高祖刘邦研究

学界对西汉 12 位帝王的研究，以汉高祖刘邦和汉武帝刘彻为最多，其他以研究成果数量依次为汉文帝、汉宣帝、汉元帝、汉景帝、汉成帝、汉哀帝、汉惠帝等。据不完全统计，20 世纪以来发表的有关汉高祖刘邦的研究论文近 900 篇，介绍刘邦生平史事和西汉开国历史的专著、评传[①]，以及通俗读物数十部。王子今研究刘邦"斩蛇起义"的神话及其"斩蛇剑"作为政治文物在汉代建国历程中发挥的重要作用，指出刘邦是以"布衣"、"匹夫"身份通过武装斗争登上帝位的，"斩蛇剑"因此成为这种建国方式的象征。刘邦所谓"吾以布衣提三尺剑取天下"，提示了这种建国方式的历史个性。此后唐太宗李世民、明太祖朱元璋等开国君主亦认同刘邦建国史历程的言论，这一现象值得总结历代帝王创业方式的政治史研究者注意。[②] 王可瑞比较《史记》、《汉书》与《资治通鉴》中刘邦形象的演变，认为基于司马迁、班固和司马光三位史家编撰态度的不同，使刘邦这一历史形象经历了由血肉丰满的凡夫俗子到真龙下凡的英明之神，再到客观历史人物的演变过程。[③] 谢贵安说明，明朝开国之君朱元璋的独特身世使其对汉高祖刘邦高度认同，由此兴起了一场《汉书》经典化和刘邦神圣化的运动，《汉书》从史学意义上的典籍一跃而为政治意义上的经典，刘邦也从宋元时的无赖形象陡升至圣人和偶像的地

---

① 其中有代表性者有：安作璋、孟祥才：《刘邦评传》，齐鲁书社 1988 年版；罗庆康：《刘邦新传》，河南大学出版社 1995 年版；李开元：《汉帝国的建立与刘邦集团———军功受益阶层研究》，生活·读书·新知三联书店 2000 年版；陈忠实：《汉高祖与长陵》，三秦出版社 2015 年版；黄中业：《汉高祖刘邦传》，吉林人民出版社 2010 年版。

② 王子今：《"斩蛇剑"象征与刘邦建国史的个性》，《史学集刊》2008 年第 6 期。

③ 王可端：《从神到人——由〈史记〉到〈资治通鉴〉看刘邦形象的演变》，《重庆电子工程职业学院学报》2015 年第 3 期。

位。这一运动对明代君臣的行为取向、政策指向、史学倾向和文学转向等各个方面均产生了广泛的影响。①

　　亦有学者从《史记·高祖本纪》和《汉书·高帝纪》的文本分析入手，来解析刘邦的人物形象和《汉书·高帝纪》的编撰特色。冯鑫将《史》、《汉》两篇帝纪的文本进行逐字逐句的比较，以此作为"班马异同"的研究个案。总结了班固从六个方面对《史记·高祖本纪》的改动：一是对史料记载有误的修改；二是为史事添加确切的时间；三是调整史事记载前后相混的格局；四是添加重要诏令；五是替换相近字词；六是修饰了司马迁对于刘邦的直面描写，删除了大量涉及负面形象的语句。这体现了马、班二人不同的治史精神。② 王巧如比较二篇中对于刘邦称谓的变化，发现总述高祖称帝前事迹时，司马迁有"高祖"与"刘季"两种称谓，而班固则统一皆用"高祖"称之；而对于《史》、《汉》本纪的篇名，司马迁命名为《高祖本纪》，显现刘邦为汉代开国之祖；班固命名为《高帝纪》，则代表史家尊敬之意。以此可见马、班二人运笔的意涵和立场的异同，说明《汉书》并非简单抄袭《史记》，其删动改异部分正是呈现班固独到见解之所在。③ 李艳则认为《汉书》对《史记》的因袭之处是对《史记》的认同，亦代表了作者的创作观点；而对《史记》加工创作所表现出来的不同，则更能看出其独特的创作理念和特色。就《汉书·高帝纪》的创作特色而论，班固本着宣扬汉统的宗旨，对当时的史实加以移置剪裁，用典型化等方法在尽可能详赡、精确而典重的历史事件叙述中塑造高祖开国君主的形象，继承中有着创新，显现出独特的创作特色。④

　　针对近年来学界和公众对于刘邦的评价，多有"流氓、无赖、不务正业、游手好闲、吃喝嫖赌"之语⑤，有学者专门进行了辨析。王尧提出刘邦

---

　　① 谢贵安：《明代的〈汉书〉经典化与刘邦神圣化的现象、原因与影响》，《长江大学学报》（社会科学版）2008年第2期。

　　② 冯鑫：《〈史记·高祖本纪〉与〈汉书·高帝纪〉比较研究》，河北师范大学2010年硕士学位论文。

　　③ 王巧如：《〈史记·高祖本纪〉与〈汉书·高帝纪〉称谓比较》，《辅大中研所学刊》2007年第17期。

　　④ 李艳：《论〈汉书·高帝纪〉的创作特色》，《济宁学院学报》2010年第1期。

　　⑤ 例如易中天的论文《流氓与皇帝》（《书屋》1996年第2期）和著作《汉代风云人物》（东方出版社2006年版），称刘邦是"从小不读书，自幼不务正业，游手好闲，吃喝嫖赌，生性喜欢酒和女人"的"流氓皇帝"；吴佐夫《汉高祖刘邦》（长安出版社2009年版），亦称刘邦发迹的历史是"流氓战胜了英雄"。

是汉王朝的创业皇帝和平民出身的一代英豪，今天却令人遗憾地被个别学者羞辱，称为"流氓皇帝"，"这绝不是学术研究，也不是今人敬畏历史、还历史本来面目应有的严谨严肃的学术态度"，应对其生平功过予以公正评价。① 吴礼明分析《汉书·高帝纪》对刘邦形象的改造和史实的增订，说明班固不纠缠于那些引发阅读干扰的琐细的细节，而是以"善"为指引，其实是宽容历史人物的表示，严谨著史需要这样的情怀："将刘邦塑造成一代豪雄英杰、而不是地痞无赖，这不仅仅是个人的事情，而是一个严肃到涉及这个民族精神选择的大事。……在宏大的历史面前，我们有必要撤除人物身上那些其实微不足道的瑕疵，因而刘邦的意义也便获得了历史的意义，由此也说明作者对历史、对现实的一种强烈的信念——鉴往知来。所以，在个人进入历史，或者说个人的历史上升到人类的层面，刘邦的历史便成了汉族的历史。其责任感与使命感，就是历史家的意识。"由此文章得出结论："班固的整理，使得记时书事明晰而系统起来。……《汉书》的整理，很有助于矫正阅读时的搜奇猎异心理，而对通过阅读史传以提高其历史观和文学观则大有裨益。"② 此说是对新世纪刘邦研究和《汉书》叙事成就评价极富见地的观点。

（2）汉武帝刘彻研究

研究汉武帝的成果是西汉诸帝研究中最多的，目前所见有三十余部传记、评传③，论文逾千篇，内容涉及汉武帝的性格心理、人物形象、生平史事及其执政时期的政治、经济、民族、军事政策和社会思潮、文学创作、文化发展，与"巫蛊之祸"相关的重要人物、事件及其政策转向，汉武帝故事的历史传承和历史评价等。汉武帝刘彻是中国古代历史上一位性格特征极为鲜明的帝

---

① 王尧：《应当公正评价"平民刘邦"——评易中天先生新作"刘邦崛起之谜"》，《徐州工程学院学报》（社会科学版）2009 年第 2 期。

② 吴礼明：《班固何以要美化刘邦——〈汉书·高帝纪〉述评》，《汉书精华》，长春出版社2008 年版。

③ 其中有代表性者有：金惠：《制造历史的汉武帝》，台湾商务印书馆 1984 年版；林剑鸣：《雄材大略的汉武帝》，陕西人民出版社 1987 年版；罗义俊：《汉武帝评传》，上海人民出版社 1988 年版；杨生民：《汉武帝传》，人民出版社 2001 年版；黄留珠：《汉武帝》，西安出版社 2003 年版；荣真：《汉武帝》，中州古籍出版社 2004 年版；安作璋、刘德增：《汉武帝大传》，中华书局 2005 年版；王子今：《汉武英雄时代》，中华书局 2005 年版；何新：《雄：汉武帝评传及年谱》，中国民主法制出版社2005 年版；龙文玲：《汉武帝与西汉文学》，社会科学文献出版社 2007 年版；许结：《中国思想家评传简明读本·汉武帝》，南京大学出版社 2008 年版；等。

王，一些研究者运用心理分析的理论方法，对汉武帝复杂、矛盾的性格气质、心理特征和人格类型进行解析，揭示出其性格的形成、演变与生长经历、家庭成员关系以及社会历史背景之间的相互影响与作用。研究显示，汉武帝的性格中存在着率性而为却也颇有心计、雄才大略却也挥霍无度、纳谏如流却也刚愎自用、风流多情却也冷酷无情的矛盾性，这种矛盾性是造成其施政方针出现前后不一、成效迥异的关键因素。究其深层原因，在于专制制度之下，由于对至上皇权的追逐和统治利益的维护，作为普通人的亲情和爱情，均被作为帝王角色的自私冷酷与专横残暴所扭曲——此正是造成汉武帝及其家庭成员亲情疏离、甚至骨肉相残的人生悲剧的根源。①

关于"巫蛊之祸"爆发的原因、经过及结果，以及是否促成了汉武帝晚年的政策转向，向为学界研究的重点。古今史家、学者多以戾太子因性格、学术和政治取向与汉武帝的差异，致使父子之间的猜疑与矛盾日益加深，最终被江充、李广利、刘屈氂等人以"巫蛊"为由诬陷戾太子，致使太子含冤自杀及卫氏家族被诛。亦有学者提出汉武帝有意发动巫蛊之祸，其目的就是改换继承人，并打击卫氏外戚集团。辛德勇的论文《汉武帝晚年政治取向与司马光的重构》[《清华大学学报》（哲学社会科学版）2014 年第 6 期] 和《汉武帝太子据施行巫蛊事述说》[《华中师范大学学报》（人文社会科学版）2016 年第 3 期] 及其专著《制造汉武帝》（生活·读书·新知三联书店 2015 年版）中，运用史源学的方法，提出了新的观点。他认为史家研究汉武帝晚年所依据的《资治通鉴》，实取材于南齐王俭撰写的神怪小说《汉武故事》，而非《史记》或《汉书》等正史，司马光此举是刻意构建符合其政治需要的汉武帝形象，依此史料所得出的结论是不足信的。辛氏此说引发了公众的兴趣和学界的关注，但真正赞同者并不多，李浩、韩树峰、胡文辉等人

---

① 此类报刊论文有：徐楚桥：《论汉武帝性格与品质的成因》，《江汉论坛》1989 年第 12 期；《汉武帝品质特征论》，《江汉论坛》1993 年第 3 期；《汉武帝的性格特征浅析》，《中南民族大学学报》（人文社科版）1994 年第 1 期；高宇：《试析汉武帝的个性形成及其影响》，《辽宁师范大学学报》（社会科学版）1991 年第 1 期；孙忠家：《试论汉武帝性格对西汉历史的影响》，《求是学刊》1997 年第 3 期；徐海通：《汉武帝的多面性格解析》，《天府新论》2009 年第 6 期。另有数篇硕士学位论文：王永霞：《汉武帝亲情研究》，华中师范大学，2006 年。杨春华：《汉武帝性格特征研究》，黑龙江大学，2007 年。刘娜娜：《论汉武帝的性格特征与是非功过》，山东师范大学，2011 年，等。

相继提出了商榷意见①。上述各家之说自有其论证的依据和逻辑，从不同视角深化了学界和公众对这一问题的思考和理解。相较而言，笔者以为王子今的观点更为客观、全面：即"巫蛊之祸"发生的基本背景，是汉武帝年迈多病、政治矛盾最为复杂微妙、与卫太子之间心理裂痕会越来越明显的历史关口。江充利用汉武帝父子政治倾向不同的矛盾，制造了太子宫中埋木人行"巫蛊"的冤案，大体是符合历史真实的。然而，在震惊天下的"巫蛊之祸"发生后，即使在长安宫廷中，"巫蛊"行为依然禁断不绝。这种迷信行为作为一种社会文化现象，并没有因戾太子悲剧的发生而终止。由此作者指出，巫蛊这种以民间礼俗迷信作为观念基础而施行的加害于人的一种巫术形式，在中国古代严重侵入上层社会生活，以此揭示出研究"巫蛊之祸"以及相关的礼俗现象与政治生活的关系，对于深化社会史、文化史与政治史的认识所具有的启示意义。②

　　至于汉武帝是否因"巫蛊之祸"的悔恨与反省，颁行了被班固称为"仁圣之所悔"的《轮台诏》，由此带来了其晚年的政治转向和西汉王朝内政外交的重大战略调整，有学者认为《轮台诏》为汉武帝所下的是"罪己诏"，其中最具代表性的即为田余庆的长篇论文《论轮台诏》（《历史研究》1984 年第2 期）。他认为汉武帝刘彻在其去世前两年，大幅度转变政治取向，由横征暴敛、穷兵黩武，转向所谓"守文"，从而"澄清了纷乱局面，稳定了统治秩序，导致了所谓'昭宣中兴'，使西汉统治得以再延续近百年之久"，但"班固《汉书》忽视了汉武帝改弦易辙这一重大历史问题，只是在戾太子、江充、刘屈氂等传中散记巫蛊之狱，在《西域传》中记轮台之诏，而不著其联系"，究其原因是"班固生活在所谓汉室'中兴'之世，又受儒家思想影响，所以对汉武帝颂扬甚力，而指责则含糊其词"。③ 这一论断受到了广泛认同，在相当长时间里成为对汉武帝晚年评价的定论。然而，陈金霞、辛德勇等提出了不同意见。即当时真正让汉武帝追悔的事情，实际上只是征和三年发兵出征

　　① 李浩：《"司马光重构汉武帝晚年政治取向"说献疑——与辛德勇先生商榷》，《中南大学学报》（社会科学版）2015 年第 6 期；韩树峰：《论巫蛊之狱的性质——以卫太子行巫蛊及汉武帝更换继嗣为中心》，《社会科学战线》2015 年第 9 期；胡文辉：《是司马光"制造"汉武帝还是辛德勇"制造"司马光》，《东方早报·上海书评》2016 年 3 月 13 日。
　　② 王子今：《晚年汉武帝与"巫蛊之祸"》，《固原师专学报》（社会科学版）1998 年第 5 期。
　　③ 田余庆：《论轮台诏》，《历史研究》1984 年第 2 期。

之不合时宜，是以其改变只是军事行动的战术调整，而不是战略改变，更谈不上治国理民基本的路线更张；而其《轮台诏》，也只是否定了桑弘羊等人提出的在轮台、渠犁实行大规模屯田，以巩固汉朝在西域的战果之建议，绝非反思其一生过失的"罪己诏"。"作为一个有明确史鉴意识的历史家，班固觉得自己有义务突出汉武帝的这种悔意，从而自觉地发挥历史的警示作用。班固对武帝的悔意确实或多或少有所夸张，但是不能否认它对以后帝王的教育作用非常大。后来许多封建帝王在统治危机时颁布'罪己诏'，很难说不是受了《轮台诏》的影响"；"这样，本来是解决轮台屯垦及建立亭隧问题的《轮台诏》，经历了从'悔'到'罪'的发展过程，到今天，《轮台诏》就是'罪己诏'似乎已经成了定评。而且随着对武帝评价越来越高，几乎达到全面肯定的程度，下'轮台罪己诏'似乎也成了体现过而能改的'伟大'行为"。①此后荀悦《汉纪》、宋人王益之《西汉年纪》史书等均突出"武帝之悔"，至司马光编纂《通鉴》，"为凑成自己所期望的历史状态，只好从《汉武故事》和《赵飞燕外传》这样的小说家言中勉强择取相应的材料……经过这样一番苦心编排，司马光终于塑造出来合乎自己需要的汉武帝形象"②。对此笔者以为，应本着实事求是的态度审视之。汉武帝晚年虽然对戾太子之死和对外战争有所悔悟，但并未如后世史家学者所说的，实现了治国路线的重大转变，因此称《轮台诏》为"罪己诏"确实不符合历史的真实。对于汉武帝形象在《史记》、《汉书》和《资治通鉴》等经典史籍中所产生的差异和改变，笔者亦不认为应一概视为班固的存心贬抑或司马光的刻意重构，而是认同姜鹏的观点，即不能依据某一部史书，或某一位史学家的单一记载来讨论汉武帝和他的时代。在姜鹏的专著《汉武帝的三张面孔》中，他认为《史记》、《汉书》和《通鉴》中的汉武帝形象有很大的不同，并不是哪位史学家想欺骗读者，而是因为这些史学家是站在不同的位置、角度来观察汉武帝，得出的结论自然不同。具体而言，司马迁是在记录历史。他把自己亲眼看到、亲身经历的事都记下来了，里面夹杂着他自己的感受，所以，他的特点是鲜活生动。

---

① 陈金霞：《汉武帝轮台诏并非罪己诏》，《河南师范大学学报》（哲学社会科学版）2008年第6期。

② 辛德勇：《汉武帝晚年政治取向与司马光的重构》，《清华大学学报》（哲学社会科学版）2014年第6期。

而班固是在解释历史。班固整理汉武帝时代的历史，有一个非常明确的目的：
要确立西汉王朝的伟大性。因为东汉是继承西汉而来的，只有证明了西汉的
伟大，才能证明，东汉继承西汉是合理的。所以，汉武帝的很多行为，班固
都要他一个合理解释。这样一来，班固笔下的汉武帝这个人，不像《史记》
里的那么生动，但对于汉武帝时代种种现象的解释，班固讲得更有整体性和
系统性。司马光是在分析历史。司马光笔下的汉武帝和秦始皇一样犯了很多
错误，穷兵黩武、为求仙而劳民伤财，但为什么秦朝灭亡了而汉朝没有呢？
司马光说，那是因为汉武帝晚年深刻地认识到了自己的错误，并且做出了自
我纠正。通过这样的分析，司马光告诉后世统治者，汉武帝这个时代，什么
样的教训要吸取，什么样的经验要借鉴，要总结这些经验、教训，提高管理
国家的水平。① 这种从历史编撰的技术要求和历史阐释的现实功用来解读历史
文本和人物形象的做法，令笔者深受启发。

　　针对汉武帝的生平故事与人物形象在历史文本与文艺作品中的叙述与流
变，学界亦有较为丰富、深入的研究。陈其泰分析《汉书》中有关汉武帝的
记述，认为班固以卓越的史才、高明的史识和高尚的史德，搜集大量新史料，
运用睿思，撰成内容丰富的《武帝纪》，又围绕本纪，以列传、志中的记载与
之关联、补充，展开对武帝时期历史的全面记述，此项确是班固在历史编纂
学史上的重大贡献。深刻认识和恰当评价武帝鼎盛时期的历史，并从中获得
治国施政的启示，于今是大有裨益的。② 对于汉武帝故事在后世的流传及其形
象的演变，有学者梳理了汉魏六朝笔记小说、唐宋咏史诗词以及明清通俗文
学等作品中的相关内容，将其分为求仙、巡游、爱情和政治四类主题，揭示
出汉武帝的形象，作为中国政治思想发展演变过程的一个缩影，在不同历史
阶段的转变过程及动因：即两汉史书中雄材大略的一代雄主，民间传说中重
情好色的风流天子，道士小说中荒淫残暴、迷信长生的昏君庸主，以及通俗
文学中适合大众审美情趣、具有普通人性格特点形象。由此说明，在主流话
语系统中，汉武帝作为儒家正统地位的确立者而被赋予了一种政治符号；在

---

　　① 姜鹏：《汉武帝的三张面孔》，《文汇报》2012 年 7 月 9 日。其专著由华东师范大学出版社
2012 年出版。

　　② 陈其泰：《浓墨重彩：班固与武帝时期历史的书写》，《陕西师范大学学报》（哲学社会科学
版）2016 年第 5 期，第 57 页。

非主流话语中，汉武帝则成为消解主流话语的对象，被无情地嘲讽和戏弄。二者之间的对立关系，成为汉武帝形象演变的核心因素。① 上述成果，从史学、文学、风俗、文化等层面，拓展了《汉书》历史叙事成就和汉武帝研究的深度与广度。

对于汉武帝的历史评价，亦呈现出两极分化的趋势。总体而言，自《汉书》成书至 20 世纪前期，以否定性的负面评价居多；自 20 世纪中后期以来，肯定性的正面评价逐渐增多。对此，黄留珠称之为"汉武悖论现象"：即汉武帝作为我国历史上"雄才大略"的帝王，他有声有色地完成了时代所赋予的改进、完善新兴帝国制度的任务，把帝国历史推进到一个新阶段。但在他大功的背后，同时也存在着大过。这种大功大过集于一身的极其矛盾现象，是为"汉武悖论现象"。这一现象在许多杰出人物身上都存在，具有相当的普遍性。② 近年来，基于"新世纪的帝王认同与全球化时代的中国想象"，电视剧《大汉天子》（2001 年）、《汉武大帝》（2004 年）和纪录片《历史的拐点：汉匈之战》（2016 年）、《从秦始皇到汉武帝》（2016 年）等影视片的热播，带来"汉史热"与"汉文化热"的升温，汉武帝的形象逐渐被拔高、美化成为"一位伟大的皇帝，一个值得敬佩的祖先"，其统治时代也被誉为"中华民族两千年以前历史上一个辉煌壮丽、英雄辈出、伟大悲壮的时代"。诚如电视剧《汉武大帝》的导演胡玫所言，汉武帝"塑造了一个英雄辈出的强盛时代，他的作为，深深熔铸进了我们这个民族的历史与传统里面。与前人相比，他所建树的文治武功无人可及"，因此要"创作一部能弘扬中华民族精神，高扬爱国主义英雄主义的史诗性作品。以新古典主义浪漫、写实的手法，全景式地展现中华民族两千年以前历史上一个辉煌壮丽、英雄辈出、伟大悲壮的时

---

① 这方面有代表性的报刊论文有：黄勇：《方士小说向道士小说的嬗变——以古小说中汉武帝形象的演变为例》，《新疆大学学报》（社会科学版）2004 年第 1 期；党艺峰：《〈史记〉叙事和汉武传说系统》，《渭南师范学院学报》2005 年第 1 期；黄景春：《汉武帝：从历史人物到小说形象》，《上海大学学报》（社会科学版）2009 年第 4 期；王瑜桢：《唐代游仙诗中的秦皇与汉武》，《问学集》2009 年第 16 期；穆晓华：《〈汉武故事〉作者考辨及汉武帝故事的文献整理》，《重庆与世界》2010 年第 11 期；刘杰：《汉武帝故事研究现状与展望——以中国叙事文化学为观照背景》，《天中学刊》2016 年第 6 期；罗争鸣：《〈汉武〉唱和诗述议——兼论西昆酬唱集的缘起与特征》，《安徽大学学报》（哲学社会科学版）2013 年第 3 期；关庆涛：《隋前小说中汉武帝故事考论》，《学术交流》2016 年第 10 期。另有两篇硕士学位论文：赵蓉涛：《汉魏六朝小说中的汉武故事》，曲阜师范大学，2003 年；陈成：《众声喧哗"说"汉武——汉魏六朝汉武帝系列小说试论》，四川大学，2006 年。

② 黄留珠：《汉武悖论现象透视》，《人文杂志》2000 年第 2 期，第 103 页。

代"，"通过汉武帝时代文治武功的回顾，树立爱国主义的信心，汲取英雄主义奋发有为的斗志，增强民族文化的历史自豪感"。① 对此，历史学者和文艺评论界进行了广泛而深入的反思与批评，笔者以为，尤以秦汉史专家王子今的观点极富哲理和现实意义：

> 我们在认识汉武帝的业绩时，首先应当明确，对于其成功的肯定，不能忽略专制政治的背景。对于这种成功的历史分析应当是具体的，如果一味堆砌"伟人和天才"，"中国历史上的一位真正的太阳之皇、圣武大帝"这样的颂词，不仅无益于准确地说明历史真实，也不免回复帝制社会臣民奴性心理之嫌。汉武帝虽然史称"雄才大略"，但善政的背面多有祸民的事实。而神仙迷信和长生追求，也留下千古笑柄。……有的人说，回顾汉武帝的功业，可以振奋民族精神。我们应当明了，现今应当振奋的是鲁迅曾经热情称颂的当时那种"闳放"，"毫不拘忌"，"魄力究竟雄大"的精神，借用西汉人的表述习惯，即表现出"奋疾"、"驰骛"、"奔扬"风格的积极进取的时代精神，而必须与民族沙文意识和军事霸权主义划清界限。②

此外，关于汉武帝执政时期内政的研究，主要集中于其祭祀制度、经济政策、水利工程、法制建设、政治体制和"罢黜百家，独尊儒术"的文化政策的实施过程及效应。对于这一时期民族、军事、外交政策的研究，则集中于汉匈战争、西域经营、大宛战争、岭南统一和西南夷开发等重大史事之上。这一部分研究成果数量众多，卢元璋在其硕士学位论文《二十世纪后半期的汉武帝研究》（天津师范大学 2017 年）中进行了较为系统的梳理，在此不再赘述。

2. 西汉贵族女性研究

对《汉书》中女性人物的研究，是近年来《汉书》人物研究中成就较为突出的一部分，涉及人物包括高后吕雉、戚夫人、武帝陈皇后、李夫人、成帝赵皇后和元后王政君，等。在近年来提交的研究生学位论文中，颇有值得关注的成果。邱文颖以新颖独特的视角，从丰富的人物群像、多样化的文学

---

① 贾舒颖：《本刊记者与胡玫谈戏：〈汉武大帝〉，任人评说》，《艺术评论》2005 年第 3 期。
② 王子今：《汉武帝"冠于百王"的功业》，《光明日报》2005 年 2 月 17 日。

手法和简洁典雅的语言特色等三个方面，运用统计、归纳、比较、分析等方法，就《汉书》中西汉各朝后妃的形象进行研讨，盛赞《汉书》人物塑造的高超艺术，并试图以此还原妇女在西汉社会中的地位。① 明娟从历史和文学的角度分析《史记》、《汉书》中的后宫女性，认为从历史角度来看，《史记》、《汉书》中的后宫女性与帝王相伴，看似身份尊贵，享受着荣华，但实际上，她们生存的人事、政治环境多半阴暗而凶险。她们的性格和心理也必然受这种环境的影响及塑造，因此她们的类型在史传文学中是有代表性的；从文学角度来看，这一类女性被残酷束缚的人生，总能引起人们的感叹和思索。②

亦有学者将西汉贵族女性形象进行分类研究。冯美霞将两汉史传中的女性分为权力女性、政治附属品、母亲形象、才女形象和民间女子五大类，探讨史家塑造人物的高超艺术手法，并从宗教思想和女性地位出发，探索女性形象背后所反映的汉代社会形态和时代特征，并结合史家的女性观，揭示出汉代女性形象所蕴含的深层内涵。③ 王晓芳将两汉时代比较典型的后妃形象如吕后、元后、和熹邓皇后等，总结为三种主要类型：即政治参与者、宫廷角逐者、德才兼备者，从史学、文学、伦理三个层面上考察这些后妃形象塑造的意义，在此基础上总结班固和范晔的女性观。④ 于西兰将《汉书》中的后妃形象分为四类——幸亦不幸的皇后、保位全家的太后、骄纵善妒的宠妃、有情有义的烈妃，她认为班固运用了互见法、言行描写、诗赋引用、注入传奇色彩等方式对后妃形象进行塑造。这些后妃形象的生成有着外在和内在的原因：外在原因包括汉代的政治、伦理等，内在原因则主要是班固对儒家人格美的追求。这些后妃形象的塑造不仅有劝善惩恶、为后世提供借鉴和史料等史学方面的意义，而且对后世的文学创作如诗词、小说等产生了深远的影响。⑤

还有学者从妇女参政情况和社会地位的演变进行研究。李庆华通过《史记》、《汉书》中的女性，论述汉代妇女的家庭和社会地位的形成、演变过程

---

① 邱文颖：《文情相生，绘就汉宫深处的生死歌泣——论〈汉书〉中后妃形象的描写》，苏州大学 2004 年硕士学位论文。

② 明娟：《〈史记〉〈汉书〉中的女性形象》，华中师范大学 2010 年硕士学位论文。

③ 冯美霞：《两汉史传文学中的汉代女性形象研究》，湖南师范大学 2009 年硕士学位论文。

④ 王晓芳：《〈汉书〉〈后汉书〉中的后妃形象研究》，福建师范大学 2011 年硕士学位论文。

⑤ 于西兰：《〈汉书〉中的后妃形象》，渤海大学 2016 年硕士学位论文。

及其深层原因。她认为西汉初期妇女地位较高，这是由于当时妇女的劳动在经济生活中占有较大的比重，豁达宏大的社会风气为女性提供了自由活动的空间，以及先秦遗风的影响。然而随着儒学的广泛传播，礼教的逐渐形成以及朝廷对女性贞节的重视，至西汉中后期女性地位开始下降：社会对女性改嫁的态度趋于严厉，妇女丧失了婚姻中的主动权，而女性对朝政的参与无论是在意识、程度还是在参与方式上都有所下降。① 蒋英姿将"前四史"中的女性形象分为贵族女性和平民女性，再根据贵族女性（皇室女眷、王侯女眷和大臣女眷）参与政治的态度将其分为主动参与政治的女性、被迫卷入政治的女性和与政治无关的女性。将四位史家的女性观比较而言，司马迁更重视女性且赞赏有才情的女性，班固更看重守本分、守规矩的女性，而陈寿和范晔则高扬为时代标榜的贞节女性。以此揭示了从先秦至汉晋时期女性地位的状况：无论是社会地位还是家庭地位，较之封建社会后期，这一时期女性地位是较高的，但是与同时段的男性相比，这一阶段的女性一直处于较低的地位，而且还有降低的趋势，即便是女性中最具话语权的干政女性，其干政的范围、方式及主动意识也发生了细微的变化，而且种种变化暗示了干政女性的权力也在下降，作者以为这与男尊女卑思想的强化和当权男性防范意识的增强有关。②

上述总论性质的论著在《汉书》人物研究中较富新意，以下再以吕后和李夫人的研究成果为例，具体揭示《汉书》女性人物和叙事研究的成就。

（1）吕后研究

对于吕后的研究，主要是围绕着吕后的生平史事，及对其地位、功过的历史评价等，目前所见有传记、小说十余部，论文百余篇。20 世纪以来对于吕后的研究和评价，与《汉书》其他人物不同，经历了数次波折和前后迥异的巨大变化。在 20 世纪之前，基本是对于《史记》、《汉书》相关篇章的考证和解读，历代史家、学者的态度也都延续着司马迁和班固对吕后功过的评价，其中多以负面观点为主。20 世纪中期以降，吕后、武则天等先是作为中国封

建社会"有所作为"的女性统治者被肯定①；又在"文革"中作为"我国历史上第一个杰出的女法家"，成为"评法批儒"斗争中树立起的典型人物；"文革"结束后的一段时间内，吕后又与"文化大革命"的主要发动者之一江青相联系，成为"篡权窃国的野心家"形象被口诛笔伐。自20世纪80年代起，学界开始在科学、严肃的历史研究基础上，来还原吕后其人、其事及其时代背景和生活环境。有人从《史记》、《汉书》相关文本的解读，来概述吕后的生平史事和功过得失②；有人从政治斗争和后宫权力斗争的角度，评价吕后的人物形象和性格心理③；有人从女主和外戚政治的角度，来考察吕后的政治才能、智慧和功绩④；有人从历史评价的理论、方法入手，来探讨对于吕

---

① 例如，安作璋：《论吕后》，《山东师范学院学报》（社会科学版）1962年；刘乃仲、张妍：《女人的无字丰碑——吕后与武则天形象对比分析》，《语言学刊》2013年第12期。

② 相关论文有：毛金霞：《男权政治下的女主形象——〈史记·吕太后本纪〉》，张文立等主编：《司马迁与史记论集》（第四辑），陕西人民出版社2000年版；孙佰玲：《解读女性生命悲剧的形象展示——〈史记·吕太后本纪〉新解读》，《汕头大学学报》（人文社会科学版）2004年第5期；金泽中：《吕太后与人彘事件》，《滁州师专学报》2004年第2期；丁晓雯：《司马迁笔下吕后的政治才能》，吕培成、徐卫民主编：《司马迁与史记论集》（第七辑），陕西人民出版社2006年版；丁治刚：《〈史记〉中吕雉的形象》，《天府新论》2007年第B12期；阎爱民、马梦龙：《吕后"病犬祸而崩"新说——从医疗史的视角对吕后之死史料的解释》，《南开学报》（哲学社会科学版）2007年第2期；张倩云：《班马史学思想的同异——以吕后残杀戚夫人母子为例》，《平顶山学院学报》2015年第4期；王刚：《吕后研究发微——读史札记二则》，梁安和、徐卫民主编：《秦汉研究》（第十辑），陕西人民出版社2009年版；肖莉：《〈史记·吕太后本纪〉研究》，《淮海工学院学报》（人文社会科学版）2017年第11期；等。

③ 相关论文有：刘昌安：《吕后的个性心理特征及其形成》，《汉中师范学院学报》（社会科学版）1999年第3期；郭志刚：《对〈史记〉中吕后形象一种读解》，《湖北教育学院学报》2006年第10期；赵骞、彭忠德：《从角色理论看司马迁笔下的吕后》，《咸宁学院学报》2008年第4期；史晓蓓：《吕后个性心理的变化》，《郑州航空工业管理学院学报》（社会科学版）2008年第5期；张宏波：《吕后形象的女性主义分析》，《中国校外教育》2008年第1期；林励、林新阳：《浅析吕太后形象的多样性》，《湘潮》2008年第5期；王璐：《试从〈史记〉看吕后性格的善恶双重性》，雷依群、徐卫民主编：《秦汉研究》（第三辑），陕西人民出版社2009年版；刘月娜：《从吕太后和刘盈谈〈史记〉心态描写》，《安徽文学》2009年第2期；王晓红：《〈史记〉楚汉战争中虞姬与吕后描写的深层心理阐释》，《渭南师范学院学报》2011年第1期；褚紫玲：《浅谈吕后性格发展的合理性》，《大众文艺》2011年第17期；等。

④ 相关论文有：谭润生：《汉代吕后之心路历程及其形象风貌》，《马偕学报》1993年第4期；丁毅华：《吕后与戚姬》，《华中师范大学学报》（人文社会科学版）1999年第3期；张丽：《从吕后的性格特征看其临朝称制》，《黑龙江教育学院学报》2003年第4期；陈静：《试析西汉吕太后权力极盛之原因》，《淮海工学院学报》（社会科学版）2010年第3期；张晓彤：《吕后擅权辨析》，《菏泽学院学报》2013年第4期；等。

后的研究和评价中存在的问题①。

上述成果中有两点值得关注：一是学界开始突破传统的史实考订和文本解读，从妇女史、性别史、心态史等角度开展吕后的研究。诚如李景星之语，"班书之传元后与《史记》之纪吕后，虽为体不同，而用意则一"②。肖青云将高后吕雉与元后王政君的形象进行比较，探析班固的女性观及其成因，并发掘二者形象深层的文化内涵。女主政治在中国封建社会历史上并非个别现象，而汉代妇女广泛地涉足政治、经济、军事、外交等领域，为其他朝代所少有。中国君主专制的政体、特殊的时代条件及个人因素共同促成了汉代女主政治的兴盛，其中吕后与元后是其中的典型代表。作者认为《汉书》对二人形象的塑造，充分体现出班固重德抑色、否定女主和外戚政治的女性观，其中既有保守性、又有进步性。③秦安琪将吕后、窦太后和元后这三位先后见证了西汉王朝的建立、强盛和消亡的全过程的女性相比较，研究西汉时期妇女干政参政的现象，认为此与当时宽松的社会环境以及具体历史条件密切相关。西汉开国君臣大多出身卑微，他们在由民间进入宫廷的过程中，将平民阶层所具有的那种男女相对平等的观念带到政治上层建筑之中。故在西汉建国初，女性权力没有受到排斥，其政治才干亦能得到客观的肯定。但是伴随着儒学礼治对女性地位和活动空间的影响与限制，以及男权的日益强大，西汉时期这一特有的政治现象便慢慢消逝于历史的长河中。④

二是从吕后的评价出发，发掘新的史料文本，探索历史人物评价的理论、方法。例如，秦汉史专家彭卫针对"文革"时期盛行的"影射史学"的错误和弊端，针对吕后评价的主要问题逐一进行辨析，认为"她是西汉前期休养生息政策的一个制定者和执行者，为汉初社会经济的恢复作出了一定的贡献。她是封建地主阶级的一个出色的政治家，是一个应该基本上予以肯定的历史

①　相关论文有：邓经元：《怎样正确评价吕后》，《历史研究》1979 年第 12 期；冯惠民：《重评吕后》，《山东师院学报》（哲学社会科学版）1980 年第 2 期；鲁云华：《试论吕后的历史功过》，《和田师范专科学校学报》（汉文综合版）2005 年第 5 期；陈世：《论吕雉为稳定汉初局面做出的贡献》，《社科纵横》2007 年第 2 期，第 114—115 页；肖婧、王娴《吕后骂名驳论》，《菏泽学院学报》2010 年第 1 期；姚军：《吕后的历史功绩简论》，《陇东学院学报》2010 年第 5 期；范富：《从汉长陵的布局看吕后的历史功绩》，《温州大学学报》（社会科学版）2010 年第 5 期；杨丽：《吕后执政特色的时代价值》，《理论月刊》2014 年第 12 期。

②　李景星：《四史评议·汉书知意》，岳麓书社 1986 年版，第 257 页。

③　肖青云：《吕后、元后史书形象比较与班固的女性观》，北京语言大学 2007 年硕士学位论文。

④　秦安琪：《论妇女与西汉政治——以西汉三后为例》，青海师范大学 2013 年硕士学位论文。

人物"①。杨振红引用《史》、《汉》及张家山汉简的相关记载，认为吕后主政十五年，忠实地贯彻刘邦的"与民休息"政策，并有所发展。撇开个人品德，仅就治理国家的政策和效果来看，司马迁在《史记·吕太后本纪》中对她的执政才能与政绩的评价是十分公允的。② 王子今不赞同站在王朝正统观念的立场上评价历史人物的功过得失，认为不能因为在吕太后的时代危害刘氏帝业者就一定应当受到历史审判。他注意到《史记》、《汉书》中将高后时代和文景时代一并述说的方式，结合吕后生平史事，回顾历代史家、学者对于吕后的评价，认为就政策设计而言，吕太后专政时代可以说已经初步开启了被看作是历代政治成功典范的"文景之治"的历史③；同时他注意到，史家和政论家们所指责的吕后的罪恶或者过失，诸如诬杀彭越、韩信，迫害戚夫人以及使人持鸩饮赵王如意等事，都发生在其晚年。为合理解说这一史上罕见惨虐行为的心理背景，作者提出应考虑女性更年期烦躁、焦虑、多疑、易怒等不正常心理因素可能导致的政治史影响，这些现象在中国古代帝制时代，可能会因患者控制绝对权力，也就是吕后故事所谓"骄蹇"、"自恣"而"莫能禁"，即没有任何力量可以制约，形成极其严重的影响。在这种情况下，权力会导致危害的放大，使得某一个人的心理病症成为整个社会的全面灾祸。这种情形在晚年帝王"做到后来许多不好"的行政经历中，并不是罕见的。④ 笔者以为，这不仅为探索历史现象的真实原因提供了一种可行的思路，并且为历史人物的研究与评价提供了一个富于理论价值和现实意义的有益例证。

（2）李夫人研究

作为汉武帝的宠妃，李夫人的生平在《史记·外戚世家》中仅有寥寥数语，这不足百字的记载到了《汉书·外戚传》中，扩展成为一篇声情并茂、精彩绝伦的传记，成为中国古代后妃传记和女性题材文学的经典之作。汉武帝和李夫人的故事，亦成为后世文学、艺术创作中经久不衰的主题。

对于《汉书·李夫人传》叙事特色与成就的研究，美国汉学家宇文所安

---

① 彭卫：《应当正确评价吕后》，《人文杂志》1979 年第 2 期，第 80 页。
② 杨振红：《吕后的另一面》，《文史知识》2014 年第 4 期。
③ 王子今：《吕后对文景之治起到了引导性的作用》，《中华读书报》2010 年 3 月 24 日。
④ 王子今：《吕太后的更年期》，《读书》2010 年第 4 期。

的论文《"一见"：读〈汉书·李夫人传〉》和香港学者李思涯的论文《不见：〈汉书·李夫人传〉的另一种读法》，围绕着李夫人病重时拒绝汉武帝看见自己病容、以求托付自己的家族这一细节，细致、深入地分析了李夫人的生平、家世、性格、心理，以及班固撰写《李夫人传》的动机和态度。宇文所安认为，"在《李夫人传》里，班固显示出他作为一个道德家最尖锐、有效的一面……在这篇传记中，班固成了君王欲望的解剖师"[①]，以此显示出他作为一个儒家史官对于荒淫冷酷的君王和外戚依靠女宠攀附权贵、干预政治的批评。李思涯在宇文所安的研究基础上，认为班固作《李夫人传》，存在着"历史与文学的冲突"和"儒家史官道德的要求与重情的人格审美之间的吊诡"："他具有正统的儒家观念，每每以圣人之言和儒家道德标准作为批判人事的标准，这使他的批评常带着浓厚的官方和正统的色彩"，同时他"写《汉书》的时候就不能不考虑文学在历史撰写中的运用……在写《李夫人传》时就有意运用各种文学描述的手法，描摹形象，反复渲染，增加抒情性等，这其中就包括诗歌和辞赋的大量引用"，是故二人均认为《李夫人传》"是《汉书》中最优秀的文字之一"[②]。

关于李夫人和汉武帝的关系，原虎升通过汉武帝、李夫人皇家爱恋之"传奇邂逅的浪漫""生离死别的不幸"和"阴阳两世不了情"三部分，"论证汉武帝和李夫人皇家爱情的感人故事，力图揭示、歌颂汉武帝、李夫人皇家帝王爱情的柔美凄婉、坚贞不渝和高尚伟大"[③]。陈金花则认为李夫人清楚武帝只是爱她的美貌，不是真正爱她。基于这种思想，处于谦卑之位的李夫人为了自己和家族的利益，一定会努力用自己的美貌和柔媚去讨好拥有无限权力、至高无上的武帝，她并不是发自内心地去爱武帝，只是在尽力做好"以色事人"的事情。李夫人病危时和武帝的对话典型地体现了皇帝和妃子之间夹杂着功利的男女之情。无论是武帝的以利相劝，还是李夫人的为利而拒见，都是把功利放在感情之上，缺少普通恩爱夫妻之间那种真挚浓郁的情感。[④] 张雯迪则认为，汉武帝本性风流，这场被后人传诵的"帝妃绝恋"究

---

① ［美］宇文所安：《"一见"：读〈汉书·李夫人传〉》，田晓菲译：《他山的石头记——宇文所安自选集》，江苏人民出版社 2003 年版，第 106 页。
② 李思涯：《不见：〈汉书·李夫人传〉的另一种读法》，《中国文化》2007 年第 2 期。
③ 原虎升：《论汉武帝、李夫人的皇家恋情》，《传奇·博记》2010 年第 3 期，第 59 页。
④ 陈金花：《汉武帝和后妃的情感悲歌》，《渭南师范学院学报》2011 年第 3 期。

其本质而言却是一场致命的较量，是一份畸变的感情。李夫人从出场到谢幕，步步为营，将武帝诱入一场温柔的陷阱，两人从来不是纯挚的爱情，而是一场致命的较量。班固对李夫人是持否定态度的，他笔下的李夫人实际是一位玩弄君心的惑主之人；她费尽心机，不过是后妃无奈的自卫求生的体现，亦可见武帝的荒淫虚伪。①

　　有关李夫人的身后之事，蔡志伟分析了汉武帝在甘泉宫中悬挂李夫人图像所蕴含的"德"与"色"之意蕴。② 围绕《汉书·外戚传》"武帝崩，大将军霍光缘上雅意，以李夫人配食，追上尊号曰孝武皇后"的记载，秦汉史专家劳幹认为此说不足为信。昭帝即位后，霍光应该尊昭帝母钩弋夫人为"孝武皇后"、以钩弋夫人来"配食"武帝才符合情理；至于李夫人"配食"武帝一事，可能发生在昌邑王即位时期，后人误传为昭帝时期。③ 张小锋对于劳氏之说提出商榷，认为霍光在昭帝时期以李夫人"配食"武帝是为了稳定政局而做出的审慎抉择。事实上，霍光并未有不尊重昭帝的意图。昭帝即位后，昭帝的母亲和外家都受到了封赏，这显然是霍光的手笔。这无论是对赵婕妤而言，还是对昭帝本人而言，都有"失之东隅，收之桑田"的效果。④上述成果从不同角度，对《汉书》所载李夫人的形象和故事，以及西汉武帝、昭帝时期的朝廷政局演变进行了全新的解读。

　　3. 王莽研究

　　《王莽传》是《汉书》中篇幅最长、体例最特殊、成就最高的人物传记，对王莽的研究是《汉书》和秦汉史研究领域的一个重要部分，主要内容包括四个部分：一是对王莽生平家世、交游、经历，及其性格、心理、行为的考察与评价；二是对新莽时期重大史事的研究，诸如王莽代汉自立的行动步骤与理论基础，其推行复古改制的内容、实施与结果，新朝的民族政策和军事、外交活动，新室败亡的过程与原因；三是对考古发掘的新莽简帛、文物的整理与研究，并在此基础上考证、修订《汉书》的相关记载；四是对《汉书·王莽传》编撰特色和叙事成就的研究。对此，笔者曾专门撰文进行回顾与评

---

① 张雯迪：《孝武李夫人的心态史学分析与史事辨疑》，《德州学院学报》2015 年第 3 期。
② 蔡志伟：《德与色——甘泉宫中的李夫人像》，《南京艺术学院学报》2015 年第 5 期。
③ 劳幹：《霍光当政时的政治问题》，劳幹：《古代中国的历史与文化》（上），中华书局 2006 年版。
④ 张小锋：《李夫人"配食"武帝与昭帝初立时政局》，《中国史研究》2011 年第 1 期。

述，就 20 世纪以来王莽研究出现的"分歧巨大"、"争议不休"和"翻案成风"的情况，提出了自己的思考。①

纵览百余年来的王莽研究，笔者以为，孟祥才的论著最值得重视。孟祥才（1940—　）山东临沂人，山东大学历史文化学院教授。他长期致力于先秦史、秦汉史和中国古代思想史教学和研究，在《汉书》、特别是王莽与新朝史研究方面成果丰硕。孟祥才的王莽研究始于 20 世纪 80 年代，先后出版了两部王莽评传②，《细说王莽》（中华书局 2006 年版）则是其从事此项研究的总结性成果。与 20 世纪初兴起的否定班固的记载与评价、为王莽翻案的思潮不同，作者通过对《汉书·王莽传》及相关史料的深入发掘，介绍了王莽的生平家世和代汉立"新"的全过程，系统阐述了新朝"复古改制"的措施及实施结果，对王莽的性格思想和新朝败亡的原因进行了深入分析。他指出，作为代表豪族地主和富商大贾的外戚集团的头子，王莽性格怪异、虚伪、奸诈、阴毒、残忍，特别娴熟法家之"术"，把剥削阶级那种贪婪残暴、尔虞我诈的品性发挥到极致，成为中国封建帝王中具有独异色彩的典型。王莽的品格和手段，适逢各种条件构成的历史机遇，就使骗子扮演了英雄的角色。由此他断言，"笔者并不认同封建史家以封建伦理为准则对他所作的评判，但也无意为他做翻案文章。面对他所制造的历史灾难，史家的良知无法让我对他写出哪怕最低调的赞美辞"。③ 这一结论道出了一位富于良知和社会责任感的史学工作者的心声，亦对历史人物的研究、评价提供了值得学习、借鉴的范例。

（三）对《汉书》志、表的研究

21 世纪的《汉书》"志"、"表"研究，所囊括的篇章、涉及的广度与深度均较以往有了较大进展。在《地理志》、《五行志》、《律历志》、《艺文志》等领域均有专著出版，此外尚有相当数量的报刊论文和学位论文，其中颇有值得关注的佳作。以下予以简要介绍。

---

① 杨倩如：《20 世纪以来的王莽研究：综述及理论思考》，《中国史研究动态》2011 年第 1 期。

② 孟祥才：《王莽传》，天津人民出版社 1982 年版；《新朝旧政——新帝·王莽》，哈尔滨出版社 1997 年版。

③ 孟祥才：《论王莽的思想与性格》，《烟台大学学报》（哲学社会科学版）1999 年第 1 期。

1. 《地理志》研究

周振鹤主编的《汉书地理志汇释》（安徽教育出版社 2006 年版），继承、总结了此前《汉书》历史地理学研究的成果并加以发扬光大。周振鹤（1941—　），福建厦门人，复旦大学历史地理研究中心教授、博士生导师。他长期致力于行政地理和文化地理学的研究，代表作有《西汉政区地理》（人民出版社 1987 年版）、《汉书地理志汇释》等。周氏认为，"地理志之作始于班固，功莫大焉"，"更重要的是它开创了政区地理志这种新体裁，以后历代地理志沿着这个方向继续前进，虽然未能超过《汉志》的水平，但毕竟积累了大量的资料，使我们得以弄清二千年来政区的变迁大势，这在世界上是没有第二例的。这是《汉志》最重要的历史功绩"①。《汉书地理志汇释》汇集了历代《汉书·地理志》的研究成果，并提出了许多有创见的观点，是研究《汉书·地理志》的重要工具书。在"序言"中，周振鹤从《汉书·地理志》奠定正史地理志的规模、水平以及开创"行政地理志"等几个方面，肯定了班固在中国历史地理学方面所做出的不可磨灭的功绩；另一方面，他也指出了《汉书·地理志》编撰的缺陷和班固地理观的不足："首先是行政地理志这一体例本身的缺陷。由于将地理现象分系于有关各郡县之下，就使得这些现象显得支离破碎，失去了系统性和完整性，对水道的描述尤其如此。其次是班固本人造成的错误。……由于班固到底是专攻历史的专家，不注重地理的实践活动，未曾亲自从事考察，因此只能杂采诸记，糅合成志，因而产生一些毛病。"究其原因，在于"中国文化的主要特点之一就是重人文，轻自然，强调天人合一。班固的地理观正是这种文化精神的体现。这种精神长期延续的结果是利弊参半。利的一面是为我国保留了一大批极有价值的人文地理资料，弊的一端却是妨碍了自然地理观念的发展"②。地理学家孙关龙也认为，先秦地理学有着考察自然、研究自然的传统，而且在这方面取得了辉煌的成就，但汉代及其以后的中国古代地理学却基本上丢失了这个传统，始作俑者正是班固。这一方面是为迎合当时统治阶级的需要，同时也是汉朝实施董仲舒"罢黜百家，独尊儒术"的必然结果，不但排斥或扼杀了其他诸子百家，

---

① 周振鹤：《不妨读读历代正史地理志》，《文史知识》1995 年第 8 期。
② 周振鹤：《中国历代地理学家评传·班固》，谭其骧：《中国历代地理学家评传》第 1 卷，山东教育出版社，第 91 页。

也摧残了先秦儒家注重自然的传统。班固著《汉书·地理志》，忽视先秦时期地理学的传统，赋予"地理"以另一种含义，即以记述疆域政区的建制、沿革为主，而把山川等自然知识作为附庸，使此后的中国古代地理学走上侧重地理沿革考证、记述社会历史和社会状况之路，形成内容上以史学地理、经学地理、沿革地理为主体的中国传统地理学。"先秦地理学与秦汉地理学之间存在一个大断裂，这个大断裂影响了中国古代地理学取得的成就，并使中国古代地理学无法发展衍生出近代地理学"，此正源于《汉书·地理志》的缺陷。[①]

无论如何，诚如周振鹤所言，"班固的地理观在中国地学史上若隐若现地发挥了整整一千多年的影响，不管这一影响是利是弊，都应该引起我们的重视。"[②] 以《地理志》为依据开展区域文化和风俗地理研究，历来是正史《地理志》和《汉书》研究的重要内容。周振鹤《秦汉风俗地理区划浅议》一文，被誉为迄今为止对《汉书·地理志》风俗分区最深入的研究。他以"区域相似性与差异性互补"为原则，对《汉书·地理志》的风俗地理资料加以重新组合，将中国由北到南划分为三大风俗区域，即：塞上塞外、黄河中下游、淮汉以南风俗区域。在这三大区域里又划分出 16 个次一级的风俗区，体现出其多年从事历史文化区域研究的独到思考与实践。潘明娟分析了《汉书·地理志》辑录的朱赣《风俗》正文，认为西汉后期存在完整的风俗区划层次体系，即 5 个风俗圈、13 个风俗区和 26 个亚风俗区。作者以为，风俗具有时代性特征和风俗区域观念，自然环境、经济结构和人口因素对风俗区域具有非常重要的影响；研究《汉书·地理志》，对于我们进一步复原西汉后期的风俗区划、研究风俗区域的形成和发展具有重要意义。[③] 王海骁以《汉书·地理志》中的十二个地理分区为主线，对各区域风俗加以考证。比较《汉书·地理志》与《史记·货殖列传》之间的关系和马、班的风俗思想，对魏晋南北朝时期的地理志书进行梳理，分析从先秦两汉到魏晋南北朝时期地理志的

---

① 孙关龙：《中国地理学史上的一次大断裂——兼评〈汉书·地理志〉》，《地理信息科学》2004 年第 4 期，第 41 页。

② 周振鹤：《中国历代地理学家评传·班固》，谭其骧：《中国历代地理学家评传》第 1 卷，第 92 页。

③ 潘明娟：《〈汉书·地理志〉的风俗区划层次和风俗区域观》，《民俗研究》2009 年第 3 期。

内容变化及其中原因。① 李剑林对《汉书·地理志》的研究也侧重于区域风俗地理，前文已对其专著《史汉经济与地理著作研究》进行了介绍。近年来其研究从《汉书·地理志》在中华民族区域风俗文化形成方面的巨大贡献，扩展到对班固的人文思想进行考辨。作者论述了《汉书·地理志》中所划分的区域风俗文化的特征、成因、演变及差异，认为班固统一于"中和"的风俗文化观，在现代工业文明导致人与自然关系的冲突、人与人关系上的失衡以及人格异化的今天，仍具有现实价值。②

　　除了综论性的论文之外，还有学者对《汉书·地理志》划分的齐、鲁、赵、宋、楚等区域的风俗文化进行研究；③ 鉴于班固在《地理志》中多处引用《诗经》来论述区域风俗文化，亦有学者对于《汉书·地理志》发掘《诗经》的区域风俗文化内涵及意义，以及班固的文学地域观进行研究。④ 此外，尚有相当数量的论文涉及对《汉书·地理志》文本的考证、修订，如夏大兆的硕士学位论文《汉书地理志新证》（安徽大学，2011 年），此不再赘述。

　　这一时期值得关注的《汉书》历史地理研究成果，还有许盘清编制的《汉书地图集》（地震出版社 2016 年版）。许盘清长期致力于历史地图研究，《汉书地图集》是他运用地理信息系统（geography information system，GIS）理念编写成的"前四史"历史专书地图集中的一部（其他三部为《史记地理集》、《后汉书地图集》和《地图三国》）。全书以图文对照形式，分六章介绍了自秦末至新莽时期的历史大事和地理沿革，概述了西汉时期的疆域拓展与

---

① 王海骁：《〈汉书·地理志〉中所见风俗研究》，东北师范大学 2012 年硕士学位论文。

② 李剑林：《〈汉书·地理志〉与中华区域风俗文化》，《佛山科学技术学院学报》（社会科学版）2001 年第 4 期；从《〈汉书·地理志〉透视区域风俗文化的形成与演变》，《中国文化研究》2002年夏之卷。

③ 例如，刘德增：《〈汉书·地理志〉所记齐地民俗事象考释》，《齐鲁文化研究》2002 年第 1辑；《邹鲁礼义之邦民俗的演进——以〈史记·货殖列传〉、〈汉书·地理志〉为中心的考察》，《民俗研究》2016 年第 4 期；王晓丽：《〈汉书·地理志〉所记鲁地风俗考》，《山东省农业管理干部学院学报》2008 年第 6 期；王永：《先秦"愚宋"现象与〈汉书·地理志〉之地域文化观》，《宁夏大学学报》（人文社会科学版）2008 年第 3 期；石春平：《〈汉书·地理志〉所记赵地民风考》，《唐山师范学院学报》2014 年第 4 期；孙萱智：《〈汉书·地理志〉中的楚地地域变迁与风俗》，《荆楚学刊》2014年第 5 期；等。

④ 例如，谢祥娟：《〈汉书·地理志〉的文学地域观》，《名作欣赏》2012 年第 5 期；王红娟：《〈汉书·地理志〉与〈诗经〉的文学地理观》，《哈尔滨工业大学学报》（社会科学版）2013 年第 2期；李艳：《论班固〈汉书·地理志〉的引〈诗经〉方法及其认识价值》，《中国诗歌研究》2014 年；刘桂华：《论班固的地域文化观——读〈汉书·地理志〉》，《湖北师范学院学报》（哲学社会科学版）2016 年第 6 期；等。

风俗文化区域。针对今人阅读古史地图时的地名、时空与史实障碍，该书具有以下三个特色：一是采用最新的电子地图作为底本，为读者提供准确的空间信息；二是利用计算机综合校正了原书作者在记述时间方面造成的各种误差，让读者得到更确切的时间数据；三是通过引用原文和利用各种直观的符号，清晰而有系统地表述人物、事件、动态、时势、交通路线、名人遗迹、自然灾变等各种历史因素，务求每张地图都能忠实地反映出原著的内容。全书地图印刷精细，每图均配以鲜明的主题和简要的解读文字，无论对于专业研究者还是普通读者，均具有较强的知识性与可读性。

2.《五行志》和《天文志》研究

新世纪对《汉书·五行志》的研究，无论从成果数量还是质量，都较以往有了新的视野和收获。陈业新从灾害历史文献学的角度，肯定了两《汉书》之《五行志》在保存灾害史料和思想方面的价值①。在其博士论文基础上完成的专著《灾害与两汉社会研究》（上海人民出版社 2004 年版），使《五行志》的研究更为深入。作者将《史记》、《汉书》和《后汉书》中的灾害文献加以勘比、考辨、排列，与两汉时期的社会文化思潮相结合，系统介绍了两汉时期灾害发生的基本情况并分析其中原因，深入解析了两汉时期的灾害思想及其对当时的君主专制政治、经济、文化的影响，"对读者了解两汉社会，明晰两汉社会的灾害文化大有裨益"。此外，对于《五行志》所载两汉时期的自然灾害的成因、特征、救灾情况②，《汉书》所载录的董仲舒、刘向、刘歆、京房等西汉思想家的灾异思想③，以及因灾异、祥瑞等现象引发的政治秩

---

① 陈业新：《两汉书五行志关于自然灾害的记载与认识》，《史学史研究》2002 年第 3 期。
② 此类学位论文包括：张文华：《汉代自然灾害的初步研究》，陕西师范大学 2001 年硕士学位论文；王静：《汉代"妖"现象研究——以两汉书〈五行志〉为中心》，福建师范大学 2016 年硕士学位论文。期刊论文有：邬积意：《释〈汉书·五行志〉中的〈左氏〉日食说》，《中国史研究》2009 年第 2 期；李勇：《两汉〈五行志〉中的日食记录研究》，《天文学报》2015 年第 5 期；董睿峰：《祸从天降——〈汉书·五行志〉中的"怪雨"现象探析》，《农业考古》2017 年第 1 期；等。
③ 此类论文包括：江新：《〈汉书·五行志〉所载董仲舒说灾异八十三事考论》，《衡水学院学报》2012 年第 4 期；宋惠如：《〈汉书·五行志〉之董仲舒春秋灾异说——以论弒为中心》，《当代儒学研究》2015 年第 19 期；黄启书：《由〈汉书·五行志〉论京房易学的另一面貌》，《台大中文学报》2013 年第 43 期；张书豪：《〈汉书·五行志〉所见刘向灾异论》，《先秦两汉学术》2008 年第 10 期；《试探刘向灾异论著的转变》，《国文学报》2015 年第 57 期；吴从祥：《从〈汉书·五行志〉看刘歆的灾异观》，《殷都学刊》2007 年第 1 期；徐建委：《刘歆援数术入六艺与其新天人关系的创建——以〈汉书·五行志〉所载汉儒灾异说为中心》，《文学遗产》2014 年第 6 期；等。

序、风俗信仰与学术思潮的演变①，学界亦有较以往进行了更为深入的研究。桂罗敏的博士学位论文，旨在还原《汉书·五行志》这部一直以来被认为"荒诞"的史志之本真的面貌，作者采用人类学中的结构分析法，将《五行志》中近 400 个灾异事件提取出来，通过对灾异的类型结构、人事的叙事结构和灾异及人事的对应机制的分析，从而理解灾异学家的思维过程。透过对《汉书·五行志》的分析，作者提出，西汉帝国儒家灾异学家群体为建构理想中的社会秩序、约束社会成员的行为规范，调用自然、文化及政治中各种因素，糅合而成的一套制约机制，其设计之精巧，不得不让后人为之感叹。其中尚有很多值得研究和探讨的话题，诸如西汉时期灾异学的发展和承继过程，古人对危险的认知、规避和管理的机制等，这些话题对于现代社会中的风险管理均具有启示意义。②

关于《五行志》的编撰体例、撰述宗旨和班固的学术思想，学界亦有更为深刻的认识和更为公正的评价。《论匡正汉主是班固撰述〈汉书·五行志〉的政治目的》是向燕南于新世纪之初发表的一篇重要论文。班固生活的东汉明帝、章帝时期虽值盛世，但是社会上下已蕴含了危机，朝廷中开始孕育外戚和宦官交替专权的局面。这些对于深受正统儒家思想浸润的班固来说不能不有所感触。是以向燕南从《五行志》选择的史事、依据的理论渊源以及当时的政治发展出发，指出"匡正汉主"应是班固撰述的政治目的："这种'以天象示儆'，'匡正其主'的做法既有迷信荒诞的成分，也有一定监督、遏制某种不正常政治现象的作用。……这也是班固撰述《五行志》政治和价值层面上的意义。"由此他认定："《五行志》决不是简单的所谓天人感应的呓语，而是寄托了班固沉重忧患意识的篇章，是班固用以展开现实批判的一种途径"，"后代浅陋的史家，既没有班固时代的思想学术背景，也不存在班固生活的政治现实，徒袭班固《五行志》的皮毛，妄谈灾异祥瑞，从而影响

---

① 此类学位论文包括：金霞：《两汉魏晋南北朝祥瑞灾异研究》，北京师范大学 2005 年博士学位论文；马悦：《两汉灾异奏疏研究》，东北师范大学 2011 年硕士学位论文；邓玲：《汉代灾异思想的人类学研究——以"罪己诏"为中心》，西南大学 2016 年硕士学位论文。另有期刊论文：陈彦良：《两汉灾害高峰期——天灾、人祸与治乱盛衰的关联性分析》，《台大历史学报》第 57 期，2016 年，等。

② 桂罗敏：《灾异与秩序——〈汉书·五行志〉研究》，上海大学 2012 年博士学位论文。

了后人对于班固撰述《五行志》真实意图的理解"。① 吴祖春亦认为，在遵天道但更重人道的理念下，《汉书·五行志》将既往的阴阳五行学说整合为以阴阳五行为内容的世界图式、以时政纲领为内容的社会图式、以君主行为准则为内容的个人图式，这种"三阶一体"且层层落实的解说体系，在解释各类灾异现象的同时，揭示了西汉时期人们独特的认知和解释世界的思维路径。②

亦有学者关注历代正史《五行志》的编撰情况。游自勇将《汉书·五行志》的创立目的视为遵循《洪范》大法、《春秋》大义，并以此彰显王道；进而以《五行志》"序"为中心，考察正史《五行志》的发展演变脉络，从灾异与征应的关系说明历代《五行志》编撰原则的变化及其中的思想实质。③台湾学者黄启书通过比较《史记》、《汉书》成书时的灾异说，分析《五行志》对前人之承袭与修订，探讨《五行志》与东汉学术、政治之关系。④ 胡祥琴针对魏晋南北朝时期的四部正史——《后汉书》、《宋书》、《南齐书》、《魏书》的《五行志》的撰述，就其思想来源、体例功能与《汉书·五行志》的关系进行了探讨。⑤

上述论著研究最为全面、分量最重者，当属台湾学者苏德昌的博士学位论文《〈汉书·五行志〉研究》。他以 850 余页的篇幅，从《五行志》的成书过程、灾异叙事体例及内容架构、灾异例说分类、灾异学意义与影响等角度，对班固的学术思想和《五行志》的编撰成就进行了系统而深入的研究。作者认为，"对于西汉灾异学大盛与《汉书·五行志》的撰述，唯有从论说者与接受者所处之宗教、学术、社会、政治等背景进行全面观照"。推究班固撰述《五行志》的初始本心，流注着关怀政治危乱的忧世精神，并符合社会期许与人民要求的大是大非，最终用意则强调将自然界不可知、难以掌控的灾害变异与失序乱象重新归因于人类行事："若统治阶层善取过去经验，从中获得有

　　① 向燕南：《论匡正汉主是班固撰述〈汉书·五行志〉的政治目的》，《河北师范大学学报》（社会科学版）2000 年第 1 期。
　　② 吴祖春：《〈汉书·五行志〉的礼学实质》，《宁夏社会科学》2010 年第 2 期；《〈汉书·五行志〉三阶一体的理论建构》，《现代哲学》2016 年第 5 期。
　　③ 游自勇：《试论正史〈五行志〉的演变——以"序"为中心的考察》，《首都师范大学学报》（社会科学版）2006 年第 2 期；《论班固创立〈汉书·五行志〉的意图》，《中国史研究》2007 年第 4 期。
　　④ 黄启书：《〈汉书·五行志〉之创制及其相关问题》，《台大中文学报》2013 年第 40 期。
　　⑤ 胡祥琴：《现当代学者评析正史〈五行志〉综合研究——以〈后汉书〉等为中心的考察》，《淮阴师范学院学报》（哲学社会科学版）2014 年第 1 期。

效学习及启发，则君行、君道若水，直可载舟为善；反之，当代帝王未能警瘳于灾异天成，部分学者又擅假解释权柄以滥说妄为，由此所生一切负面意义与影响，自然非西汉灾异学者与班固撰述《汉书·五行志》所需完全承担的责任了。"① 上述成果，有利于廓清蒙在《汉书·五行志》之上"怪力乱神"的千年迷雾，使人们更趋真实、客观、公正地认识和评价班固的学术思想和《五行志》的编撰特色与成就。

此外，近年来出现的一些研究生论文，通过对《史记·天官书》和《汉书·天文志》的解读，对两汉时期的星占学、天象学及天人、灾异思想与政治、信仰、风俗文化之间的互动关系，进行了系统的研究。刁俊总结两汉五星灾异思想的影响，促进了儒家政治思想和民间文化的发展，促进了谶纬之学和自然科学的兴起。② 张骞认为两汉是中国古代星占学发展历程中的关键时期，政治、经济发展稳定，官方不禁民间私习天文星占之学。天人感应思想的盛行，使人们相信天子受命于天，肯定君主权力的合法性，加大对民众思想的控制，两者相互交织提高了星占学在政治上的地位，这些都为星占学理论的成熟提供了条件，而星占学理论的成熟又对政治统治产生了巨大的影响。③ 一些研究者注意到，《汉书》对于天象、灾异和现实政治之间有独到的叙事手法。焦海燕认为《汉书·天文志》中天象记录、历史事件和星占占辞三者的资料保存得都非常丰富，班固可以在这三者之间进行多种选择搭配，应用不同的排比方式，选出三者配合较为合理的一种形式。这种看似顺理成章的叙述结构，其实是经过作者反复编排后得出来的，并使其看似和真实情况相符。这种选择性的叙述方式，服务于作者的写作意图，即维护汉室正统，对臣民进行道德教化，运用天象与历史事件的对应关系表明汉王室是代天授命、天命所归的合法政权。④ 陈敏学认为汉代星占学的两层用意——预言吉凶和追溯休咎，分别对应了天象解说的两种模式——预言式和回溯式，在政治中都有着广泛的应用。他认为两《汉书》之《天文志》对天象占验的记录保存了《史记·天官书》预言式解说的形式，即"天象—占辞—事验"，以预

---

① 苏德昌：《〈汉书·五行志〉研究》，台湾大学文学院 2011 年博士学位论文。
② 刁俊：《西汉五星灾异思想探析》，鲁东大学 2012 年硕士学位论文。
③ 张骞：《星占学与汉代政治研究》，河北师范大学 2016 年硕士学位论文。
④ 焦海燕：《星占学与两汉文化研究》，陕西师范大学 2010 年硕士学位论文。

言式记录为表、回溯式解说为里。基于此种情况，史籍的编纂者要想最大限度上确保回溯式解说的说服力（教化力），首先要确保预言式解说的说服力（正确性）。编纂者根据大量原始的天象记录和史实记录，精心选择，使其尽可能地匹配，不能和事件相配的天象以及相配后不符合编纂理念者，则被弃之不用。这说明在政治与天象解说的互动关系中，天象解说是实现政治目的之手段，达成政治目的方是进行天象解说的意图所在，政治始终一方居于主导地位。① 上述成果显示，研究者突破了以往只将《汉书》的《五行志》、《天文志》等视为古代科技史、天文史或自然科学研究史料的局限，亦不再囿于偏见，给班固扣上一顶"封建迷信"或"神意史观"的帽子，而是将其置于两汉的历史情境与传统学术生态视域下，发掘其中所蕴含的理性探索与人文关怀。

3. 对《刑法志》和《循吏传》、《酷吏传》的研究

新世纪对《刑法志》的研究，从以往对文本的注译、考释，转向对《汉书·刑法志》的编撰特色、成就，及其在中国古代法制史上的作用和意义，班固法制思想及其所蕴含中国传统法制精神，"循吏"、"酷吏"群体所体现的汉代法律文化等课题的多元探索。

关于《汉书·刑法志》的史料价值和编纂成就，关健瑛从法的起源和历史变革的视角，将《刑法志》视为研究汉代司法制度和司法实践的重要文献，认为其理论对后世史书《刑法志》的编撰产生了重要影响。② 李媛媛评述了《刑法志》所涉及的法律指导思想、刑罚制度、司法制度及其特点，认为《刑法志》取材精博，内容丰富系统而完整地保存了西汉一代的刑法历史资料，史料价值很高。③ 陈其泰和朱凤祥从历史编纂学视角考察《刑法志》的思想价值和编纂特色，认为这能大大推进对班固的首创精神、进步史识、高尚史德，以及组织史料和灵活运用体例的高超能力等的认识，纠正以往的偏颇看法，从而为《汉书》找到准确的历史定位。④

---

① 陈敏学：《秦汉政治视野下的天象解说》，中央民族大学 2017 年博士学位论文。

② 关健瑛：《〈汉书·刑法志〉中的德法观》，《高校理论战线》2002 年第 12 期；《从〈汉书·刑法志〉看西汉的德治与立法》，《求是学刊》2003 年第 2 期。

③ 李媛媛：《〈汉书·刑法志〉评述》，《呼兰师专学报》2003 年第 3 期。

④ 陈其泰：《历史编纂学视角展现的学术新视域——以〈汉书·刑法志〉为个案的分析》，《天津社会科学》2008 年第 4 期；朱凤祥：《〈汉书·刑法志〉的历史编纂学价值》，《兰台世界》2009 年第 6 期。

关于《汉书·刑法志》对于中国古代法律文化的形成与发展的作用和意义，高恒和邓勤华有较为系统的论述，尤其强调《刑法志》对于儒家思想的贯彻。① 姜晓敏认为"法自然"为班固法律观的核心，即法律秩序是普遍自然秩序的一个组成部分，理想的法律应效法自然而创制。班固以"法自然"观为基础的"德主刑辅"思想，是对历代统治者成功经验的总结，对社会与法学的和谐发展具有重要的借鉴价值。任汝平就此提出商榷意见，认为班固的法制观直接吸收了先秦儒家，特别是荀况的法制思想和董仲舒的"天人合一"的哲学政治法律思想。强中华亦认为班固参考了《荀子》之《王制》、《议兵》、《正论》的观点，班固对荀子思想的接受，正是汉代礼治与法治并重的社会实践在理论界的反映。② 赵永春认为班固主张立法要在刑轻律简精神的基础上，务求适宜，尤其要重视执法公正，才能真正发挥刑法治国的辅助作用。这种刑轻律简的思想，成为隋唐宋明立法的基本准则。③ 崔永东认为《汉书·刑法志》宣扬了一种"仁道"和"中道"的司法观，即要求司法官员以仁爱宽和的态度从事司法活动，努力追求司法公正，因为司法公正关系到社会的和谐、政权的稳定。④ 陈坤认为班固通过撰述《汉书》倡明汉王朝的正统地位，他在《刑法志》中则表露了法当其罪是为"正"的正统思想。通过分析《刑法志》对汉及以前之兵刑制度史的撰述，从国家政权与法同源于天、王朝嬗递与兵刑继受、国家治乱与礼刑秩序三个层面，论述蕴含于《刑法志》中的正统史观与法律观念，认为《汉书·刑法志》所见之"正统史观"相当程度地保障了传统中国政体、法制的正当性。⑤ 此外，楚士将和李易娜的硕士学位论文，在上述成果基础上，分别对班固法律思想的历史渊源、理论基础、时代价值和现实启示，以及《汉书·刑法志》中的法律起源论、

① 高恒：《汉书·刑法志的法律思想——兼论它对中国古代法律文化的继承与发展》，《儒学与法律文化》，复旦大学出版社1992年版；邓勤华：《历代刑法志与中国传统法律文化》，《河南省政法管理干部学院学报》2003年第2期。

② 姜晓敏：《班固"法自然"观初探》，《中国政法大学学报》2000年第4期；任汝平：《班固天人合一的法制观及渊源——兼与姜晓敏同志商榷》，《江西社会科学》2001年第11期；强中华：《数典而不忘祖——班固对荀子刑法思想历史地位的确认》，《沈阳大学学报》2009年第5期。

③ 赵永春、兰婷：《论班固的刑法思想》，《吉林师范大学学报》（人文社会科学版）2003年第1期。

④ 崔永东：《汉代司法思想史研究的两个侧面——〈淮南子〉与〈汉书·刑法志〉中的司法思想初探》，《暨南学报》（哲学社会科学版）2012年第8期。

⑤ 陈坤：《论〈汉书·刑法志〉所见之正统史观》，《宁夏社会科学》2014年第6期。

司法观、肉刑观、德法观等，进行了系统的论述。①

　　亦有学者以《汉书·刑法志》的编撰入手，探讨中国传统刑法志的叙事模式和法制观念。张维新从中国古代法制史学史的角度，将《汉书·刑法志》对法制史问题的研究总结为四个方面：一是吸纳先秦儒、法而论述"兵刑不分"的法律起源说；二是糅合先秦儒、法而论述"德主刑辅"的法制原则；三是考评周秦至汉代的法制演变历史；四是评点先秦以来重大法制事件，以此开展对中国历代法律方献的研究。② 陈俊强考察汉唐间正史《刑法志》的发展，认为《汉书》创其例，《魏书》变其体，《晋书》、《隋书》定其制。③ 陈应琴通过对正史中十三篇《刑法志》的研究，认为其中隐含的儒家价值情节表现于四方面：一是大量引用儒家经典和儒家学者的言论，二是儒家"德主刑辅"的德刑观贯穿始终，三是依循于儒家"亲亲尊尊"的伦理原则，四是秉持儒家价值理想以批判现实和历史。④ 张烁和虞振威认为历代刑法志本身就是一组"叙事史"。他们以《汉书·刑法志》为例，总结出中国古代法律史的三个叙事特征：一是书写有关法律史实的大都是受过良好儒家伦理教育的知识分子，他们叙史的主要目的在于利用史鉴为君主提供佐治之依据的；二是历史事件绕着君主进行简单铺陈，而作者也主要是针对皇帝活动进行评论；史实和评论之间的因果关系论证不完全，呈单线性关系。法律基本状态在这样的叙事中表现；三是在词语使用上，概念含义模糊化，分析逻辑为以类推进行直觉性论证。由此作者得出结论："历代刑法志的叙说方式有着一个比较固定的程式"，"这种由历史学家编述的叙事模式和西方法制史中由职业法学家所作的叙事模式有着根本性的不同。它更故事化些，注重的是叙事的完整性和故事性，讲究故事情节的链接而忽略了对各要素的具体论证。……叙事揭示出一种与天地相通的政治之道，它体现的是农耕社会中人们效仿天地追求天人合一的一种直观性思维"。⑤

　　① 楚士将：《班固法律思想研究》，湘潭大学 2015 年硕士学位论文；李易娜：《〈汉书·刑法志〉法律思想研究》，西南政法大学 2016 年硕士学位论文。

　　② 张维新：《中国古代法制史学史研究——以历代古籍为中心》，华东政法大学 2011 年博士学位论文。

　　③ 陈俊强：《汉唐正史〈刑法志〉的形成与变迁》，《台湾师大历史学报》2010 年第 43 期。

　　④ 陈应琴：《十三篇〈刑法志〉的儒家情节》，《重庆邮电大学学报》（社会科学版）2009 年第 1 期。

　　⑤ 张烁、虞振威：《历代〈刑法志〉中的法律叙事史》，《理论月刊》2007 年第 2 期。

　　此外，还有学者将《刑法志》、《循吏传》和《酷吏传》等篇章相结合，考察班固的刑法思想和政治理念。谢伟先认为除《刑法志》外，班固载录在《汉书》中的相关奏疏，对循吏、酷吏筛选立传的标准，以及对循吏治民方式的赞扬，均体现出班固"以刑助教"、推动礼乐教化的理想。① 与其观念相近，赵昱霖也通过对《汉书》"一志五传"——《刑法志》、《循吏传》、《酷吏传》、《隽疏于薛平彭传》、《赵尹韩张两王传》、《盖诸葛刘郑孙毋将何传》的研读，阐述班固有关法制管理和基层行政管理的理念，以及班固的刑法、吏治及理民思想。② 上述成果显示，新世纪对于《汉书·刑法志》的研究，体现出将文本分析、史实考证与制度沿革、理论探索相融合的新思路、新方法。

　　4. 对《律历志》和《礼乐志》的研究

　　对于《汉书·律历志》的研究，主要集中在班固的编撰宗旨和"五星"、"三统历"等问题。丁慧认为班固编撰《律历志》是为汉德归属问题寻找理论依据，故将《律历志》与班固纂辑的《白虎通》相比较，认为《白虎通》成书于《汉书》之前，且同为奉皇命而编撰，二书均以儒家思想为指导，密切联系谶纬之学，其目的在于确定刘氏正统汉德的归属问题。③《律历志》对"五步"（意即五大行星）运动规律的记录，体现了汉代天文历算学家对类地行星视运动的认知范式，并被后代各家新历所沿袭。李建雄和李忠林通过数学模型和方程解析，发现其计算结果显示出，全部特征、名词均得到合理解释，所有观测数据其总体也是高度自恰的。④ 夏国强在其博士论文的基础上，出版专著《〈汉书·律历志〉研究》（台湾花木兰出版社 2015 年版）。他以中华书局版《汉书》为底本，参照三宋本、两元本和清武英殿本诸版本，对其中的一些条目及有争议问题加以考订，并就《律历志》的内在体系及其中所体现的汉代宇宙认识观及其生成原因加以研讨，揭示《律历志》宇宙论的思

　　① 谢伟先：《从〈汉书·刑法志〉论班固以刑为教化基础的思想》，《辅大中研所学刊》2006 年第 16 期。
　　② 赵昱霖：《论班固刑法、吏治理民思想——以〈汉书〉中一志五传为例》，南京师范大学 2014 年硕士学位论文。
　　③ 丁慧：《〈汉书·律历志〉的研究与评价》，《湖北师范学院学报》（哲学社会科学版）2013 年第 2 期。
　　④ 李建雄、李忠林：《〈汉书·律历志〉五星"五步"研究》，《曲阜师范大学学报》2016 年第 3 期。

想来源，分析西汉思想史上重大问题"三统论"形成的客观原因，以此讨论汉代哲学思想中的自然科学内涵。

　　对于《礼乐志》的研究，集中在《汉书》的音乐美学、班固的礼乐思想，以及《礼乐志》的编撰对于后世的影响。在蔡仲德编著的《中国音乐美学史资料注释》（人民音乐出版社 2004 年版）中，节选、注译了《汉书》中有关音乐美学的史料。在杜洪泉《中国古代音乐美学概论》（大众文艺出版社 2005 年版）和方宝璋《中国音乐文献学》（福建教育出版社 2006 年版）等著作中，也对《汉书》中有关"礼乐"的文献进行了介绍。蔡仲德（1937—2004）浙江绍兴人，已故中央音乐学院教授、博士生导师。长期致力于中国传统音乐美学的研究，在其著作《中国音乐美学史》（人民音乐出版社 2003 年版）中，有章节专门分析了《白虎通》和《汉书》中的音乐美学思想。他认为《汉书》之《律历志》重在论乐律，《礼乐志》重在论礼乐，"如果说《律历志》主要反映了《汉书》对音乐与自然关系的认识，那么《礼乐志》主要反映了《汉书》对音乐与社会关系的认识"。他总结《汉书》所体现的音乐思想是"阴阳五行音乐思想与礼乐思想的融合，其律学思想具有神秘、烦琐、牵强的特征，班固对民间音乐的态度则是在否定中有所肯定"[1]。李琼认为神权、天命、阴阳五行观构成了《汉书》中音乐思想的哲学基础，《汉书》音乐思想的显著特点在于，强调音乐为"崇德"服务，"礼"与"乐"结合在一起实现"安上治民"、"移风易俗"。通过对《汉书·礼乐志》的研究，会发现东汉的儒家音乐思想对后世产生的深远意义。[2] 李波认为，班固对汉代及之前音乐历史的梳理和评价较司马迁《乐书》更为详细，班固的音乐批评是雅乐音乐史观下的儒家音乐批评思想，它将儒家音乐批评思想运用于汉代音乐批评实践，作为"乐志"范本，《礼乐志》对汉代音乐历史的批评观点基本为后代论家所接受。[3]

　　此外，还有学者从历史叙事的角度，关注《礼乐志》的编撰。詹璐从叙事学角度比较了《吕氏春秋》与《汉书·礼乐志》对中国古代音乐史的建构

[1] 蔡仲德：《〈汉书〉中的音乐美学思想》，《艺苑·音乐版》（季刊）1993 年第 1 期；后收入《中国音乐美学史》第二十章，人民音乐出版社 2003 年版。
[2] 李琼：《〈汉书〉中的音乐思想》，陕西师范大学 2014 年硕士学位论文。
[3] 李波：《班固〈汉书礼乐志〉的音乐批评思想》，《贵州大学学报》（艺术版）2016 年第 6 期。

的，认为《汉书》从儒家思想的叙述视角建构了自黄帝至西汉时期的礼乐制度的制作和发展，后世的音乐史志也都是沿用了《礼乐志》的传统。① 聂麟枭对《汉书·礼乐志》底本进行分段、校勘，将其分成四大部分加以细读，阐述了其中涉及的"古乐系统"、"雅乐"、"宗庙乐"、"乐府"、"郊祀乐"等问题，并从历史叙述学角度，揭示了《礼乐志》文本的内部关系和班固的编撰宗旨。由此得出结论，即"礼乐"是儒家（包括史家在内）的根本信仰，班固通过对礼乐史的叙述与议论，以及《礼乐志》巧妙的谋篇布局，彰显了礼乐的重要性。在篇末班固对东汉礼乐现状不甚满意，反映出其秉笔直书的写作态度和经世致用的著史目的，以此鞭策东汉乃至后世统治者要致力于"制礼作乐"，鞭策历代视礼乐为根本信仰之人为之继续奋斗。② 这些跨学科的研究成果，将历史学、数学、天文学、音乐、美学等不同领域将结合，填补了以往《汉书》专题研究的空白。

5. 对《艺文志》的研究

这一时期出版的《汉书》研究专著，最具代表性的是傅荣贤的专著《〈汉书·艺文志〉研究源流考》，前文已有介绍。李零的著作《兰台万卷——读〈汉书艺文志〉》（生活·读书·新知三联书店 2011 年版），是在其"简帛古书和学术源流"课程的讲稿基础上完成的，旨在"以简帛古书的知识为出发点，重点讨论班志的分类"，以及每一类的性质和彼此间的关系，被视为"《汉志》研究的一种新的形式，能够拉近《汉志》与出土文献之间的关系"③。尹海江在其博士学位论文的基础上出版的专著《汉书艺文志辑论》（西南交通大学 2013 年版），分论稿和辑注两个部分，以《六艺略》为中心，在资料收集和学理考辨方面对《汉志》研究有所推进。徐建委长期致力于古代文本研究，其专著《文本革命：刘向、〈汉书·艺文志〉与早期文本研究》（中国社会科学出版社 2017 年版）提出，"观察西汉以前的知识世界，刘向和《汉书·艺文志》是必要的起点，但也是特别需要超越的视点。刘向、刘歆父子所描绘的早期知识世界，被班固简化为《汉书·艺文志》中的六艺、诸子

---

① 詹璐：《音乐史与建构：〈吕氏春秋〉与〈汉书礼乐志〉的叙事研究》，华中师范大学 2016 年硕士学位论文。

② 聂麟枭：《〈汉书礼乐志〉的文本细读与历史叙述学研究》，中国音乐学院 2012 年硕士学位论文。

③ 杜志勇：《〈汉书·艺文志〉研究述略》，《燕赵学术·文献学》2013 年。

等清晰的线描图谱"；作者认为这个图谱只是一种叙事的结构，如何站在学术传统之外观察这个结构，以及如何超越它对我们的"规范"，正是其著作要解决的中心问题，"重视并明晰《汉志》的性质，并有效利用之，会在周秦汉学术、文学研究领域，促生一种新的问题方式。"①

除上述专著外，21 世纪以来所发表的《汉志》研究成果，尚有近 20 篇研究生学位论文和 230 余篇期刊、会议论文，是《汉书》研究中成果数量最多、成就最突出的领域之一。对以往《汉志》研究的总体成就和有代表性的《汉志》研究名家，进行了较为系统的梳理、总结，从学术史、文献学、语言学、历史编撰和文学观念等诸多层面推进了《汉书》的研究。

6. 其他

新世纪以来，有学者就"十志"的总体成就，以及班固的学术思想与制度批评进行综合研究②。还有一些研究涉及此前不为人所重视的志、表，以下简要介绍如下。

程曦根据《郊祀志》梳理西汉之初至王莽统治时期的天地合祭与分祭之争，认为此与阴阳五行说的流行有关，曲折反映了当时思想观念的变迁，显示出中国传统"天人合一"思想中两个系统的斗争：即关注"天—人"，或关注"天—地—人"。③还有相当数量的文学研究者，从《汉书》所载录的《郊祀歌》，探讨汉武帝时期的封禅、求仙、祭祀等活动，此不再赘述。④

徐晓川总结了《沟洫志》中反映的汉代治河思想，认为这对研究古代河流变迁有重要的参考价值；⑤温乐平、许晓云辑录了《沟洫志》中的水利文化资料，认为班固司马迁的《河渠书》改为《沟洫志》，因其视水利有三层含义：一是治理水患，二是灌溉农田，三是漕运货物。⑥

---

① 徐建委：《文本革命：刘向、〈汉书·艺文志〉与早期文本研究》，"前言"，中国社会科学出版社 2017 年版，第 1 页。

② 彭敦：《〈汉书〉十志研究》，香港浸会大学 2007 年博士学位论文。

③ 程曦：《汉代天地之祭与阴阳五行学说——读〈汉书·郊祀志〉偶得》，《史学史研究》2007 年第 2 期。

④ 参见许倩：《汉〈郊祀歌〉与汉武帝时期的郊祀》，河北师范大学 2005 年硕士学位论文；左川凤：《盛世下的虚空——从汉〈郊祀歌〉看汉武帝的精神世界》，《绍兴文理学院学报》2006 年第 2 期；许云和：《汉〈郊祀歌〉十九章考论》，《清华学报》2011 年第 3 期。

⑤ 徐晓川：《浅论〈汉书·沟洫志〉中反映的汉代治河思想》，《西昌学院学报》（自然科学版）2001 年第 4 期。

⑥ 温乐平、许晓云：《〈汉书·沟洫志〉水利文化资料辑录》，《南昌工程学院学报》2016 年第 2 期。

曾经饱受批评和争议的《汉书·古今人表》，近年来出现了几篇值得关注的研究成果。香港学者陈嘉礼针对历代学者对于《人表》"名不副实"，只列古人、没有今人的批评，认为"《古今人表》表面上是名实不乎，但综观全表，他不但经济地以表的形式，述说上古以来的人物，同时对今人的褒贬亦寄寓其中，'通于上下'是班固始终贯通的精神"。研究《人表》是研究《汉书》及班固史学思想的重要一章，其结构、内容反映出汉代社会对价值观、善恶智愚的看法，对研究汉代思想有重要价值。① 吴从祥比较刘向《列女传》与《汉书·古今人表》所列女性，分析刘向与班固女性观的异同，认为刘向重视下层女性，而班固更重贵族女性；刘向重在展示女性才智，而班固重视记录"历史女性"；刘向重视女性礼教，而班固更重视历史教训。② 汪春泓探讨《汉书·古今人表》与《艺文志》之间的渊源，分析表中人物位列表中上、中、下之理据，认为《人表》与《艺文志》一样，大致出自刘向、歆父子之手笔。③

此外，还出现了专以《人表》为题的研究生论文。朱辉峰将《古今人表》所体现的历史人物观总结为三点：一是重理性重人事；二是智愚、善恶、事功并论；三是重视人物主体性和历史价值。由此得出结论："古今"为时间空间的范畴，"表"为外在载体，"人"才是重点。《人表》其实就是一部关于"人"的历史图册，一篇"论人之道"的无文之文。读懂它，就是读懂班固的人物观、价值观和历史观。④ 王绪福重点研究了《人表》所列西周以来的历史人物，认为《人表》作为《汉书》不可或缺的一部分，是班固贯通古今、上下洽通史学观的反映，其并不局限于对西汉一朝史事的记载，是班固继承司马迁"究天人之际，通古今之变，成一家之言"史学观的集中体现。通过《古今人表》九品分等的特殊排列方式，可以使我们对班固所处时代品评人物的价值标准有一个大体的认识：传统的帝王将相观已经被打破，取而代之的是以德服人、事在人为的仁政思想；白丁黔首也不再默默无闻，取而

---

① 陈嘉礼：《〈汉书·古今人表〉考论》，"国学网·国学文库"，http://www.guoxue.com/wk/000593.htm。

② 吴从祥：《〈汉书·古今人表〉女性观探析——兼与刘向〈列女传〉比较》，《山东女子学院学报》2014 年第 5 期。

③ 汪春泓：《〈汉书·古今人表〉与〈汉书·艺文志〉渊源关系浅探》，《岭南大学饶宗颐国学院院刊》2015 年第 2 期。

④ 朱辉峰：《〈汉书·古今人表〉人物观解析》，湖北大学 2011 年硕士学位论文。

代之的是关注平民的重民思想；女性地位亦不再一味依附于男性，取而代之的是重视女性作用的进步女性观；对于孔氏儒学的推崇却一如既往，这既是对西汉形成的重视儒学思想氛围的传承，也是东汉初期维护社会稳定、巩固封建统治的必然要求。其中体现的思想是遥遥领先于其所处时代的，这是史家思想的进步，更是文人思想的进步。① 上述成果，均从史料价值、编撰特色和思想成就方面，深化了对《汉书》的研究和认识。

（四）《汉书》比较研究

新世纪有关《汉书》的比较研究，包括《汉书》与《史记》、《汉纪》、《后汉书》和国外史学典籍的比较，其中以《汉书》和《史记》的比较研究成果最多，《汉书》与《后汉书》的比较次之。近年来，《汉书》与《汉纪》的比较成果渐增，并且开始有人就《汉书》与古代日本、朝鲜和罗马的史学著作进行比较。

1. 与《史记》的比较

21 世纪以来的《史》、《汉》比较，与此前相比体现出新的特色：首先，是成果数量的大幅增加。据笔者所收集的新世纪以来，内地和港台地区出现的相关著作及研究生论文已达到 70 余部，期刊和会议论文 200 余篇，超过 20 世纪百年之总和。其次，引用材料不再局限于以往的一些经典名篇，而是择取一些之前较少涉及的内容和篇章加以比较；再次，对于历史编撰和叙事成就的关注显著提升，不再局限于过去反复论及的命题，诸如"互见法"、"通史与断代"、"寓论断于叙事"等，而是立足于文本作实事求是的分析；最后，对于马、班二人的比较更为深入，研究者往往能够就二人的身世家学、学术渊源、思想倾向，以及生平际遇、时代背景等加以分析、比较，认识也较以往更为深入和丰富。

版本、文字的比较。同一书的不同版本或不同的书记载同一事物时使用不同的文字，称之为"异文"。一些研究者考察《史》、《汉》异文中的字、词、句和两书异文产生的原因，以此比较异文在古籍校勘、词义训诂、词汇、语法、修辞研究及句读方面的运用，并就中华书局校点本《汉书》的错误进

① 王绪福：《〈汉书·古今人表〉研究——以西周以来所列人物为例》，山东大学 2012 年硕士学位论文。

行了修订。杨正玉比较《史》、《汉》在语用、语法、词汇三方面的同义修辞，认为《史记》语言以通俗为主，如行云流水，讲究语言的文学色彩；《汉书》的语言以典雅为宗，不枝不蔓，语言的史学价值高。①崔军伟系统梳理《汉书》矫改《史记》的内容，分析其得失，将《汉书》对《史记》的矫改归纳为以下三类：一是增补大量史料；二是订正《史记》舛误；三是修正《史记》中的不规范文辞，及有意识削减《史记》的文学性文字。由此得出结论：从文学的角度看，《汉书》不及《史记》；从史学的角度看，《汉书》对《史记》做出了有益的校正和补充。从这个意义上说，我们不妨给《汉书》加上后来居上的好评。②

人物、思想比较。此类论著多集中在《游侠》、《循吏》、《酷吏》、《货殖》、《儒林》各类传和民族史传，以及帝王诸侯、宗室外戚、武将使节、文士学者、女性形象，等。马、班学术思想的比较，集中在经济思想、民族思想、风俗思想、史学观、文学观，以及班氏父子对于司马迁和《史记》的评议，等。总体而言，此类成果虽然仍以"扬马抑班"为主，但值得注意的是，一些学者不再简单地将班固置于司马迁的对立面，强调《史》、《汉》之异，而是注重两位史家、史著之间的时代共性与精神联结。例如，历来《史》、《汉》比较研究的焦点多集中在班氏父子对于《史记》提出的三点批评上（即"史公三失"），大都持否定态度。有的甚至视班氏父子为司马迁的罪臣，认为他们的批评妨碍了《史记》的传播，也给后来的《史记》研究带来了很大的局限性。但张子侠却认为"班氏父子是司马氏的功臣而非罪臣，他们在《史记》学术史上的奠基作用不能低估，更不可否认"；因为班氏父子在继承司马迁遗志、宣传司马迁功业以及评价《史记》等方面作出了巨大贡献。尤其是从史料学和学术发展史的角度看，班氏父子不仅搜集、保存了大量有关司马迁及其《史记》的第一手史料，为日后《史记》学的形成奠定了文献基础，而且在评议《史记》时视野开阔，涉及面广，系统性强，富有理论深度，其中有许多见解、话题引人关注，发人深思，成为后人研究《史记》的重大课题。③汪高鑫研究"二十四史"的民族史撰述，指出两汉是中国统一多民

---

① 杨正玉：《〈史记〉与〈汉书〉的同义修辞研究》，湖南师范大学 2008 年硕士学位论文。
② 崔军伟：《〈汉书〉矫改〈史记〉研究》，郑州大学 2005 年硕士学位论文。
③ 张子侠：《班氏父子与史记的学术命运》，《史学史研究》1995 年第 4 期。

族国家的巩固时期，也是中国正史的创立时期。《史记》和《汉书》的民族
史撰述，明显体现了汉代统一多民族国家的时代特点。从历史编纂而言，两
书都重视将民族史撰述作为统一多民族国家的有机整体来加以把握，肯定少
数民族对维护大一统政治的作用，具有明显的大一统视野，有助于人们对汉
代民族关系的认识和加强对统一多民族国家的巩固。① 彭卫考察汉代史家对游
侠的评价，认为司马迁以"儒家文化和士林人格的双重批判者的姿态，把侠
者的精神提到文化价值层面的高度进行讨论，字里行间洋溢着对侠者勇敢尚
义精神的赞美"，而班固"站在皇权法统立场上，对侠者对国家力量的剥离进
行了尖锐的批评"，二者"一个站在游侠文化立场上批判儒家文化，一个站在
儒家文化立场上批判侠者文化"，"出发点虽然不同，但在吸收侠义精神上却
是同路人"，究其原因，在于"汉代主流历史观念没有将社会公正的实现完全
托付于国家，它承认民间秩序对社会公正责任的正当性，同时也强调以'善'
为准则确定国家和民间秩序对社会公正的保证"。② 这些论断，均能发前人所
未发，有力地澄清了长久以来对于班固和《汉书》的偏见。

　　历史叙事和文学成就的比较。此类成果数量最多，内容更为广泛、视角
更为多元。在人物塑造和体例结构方面，韩兆琦认为作为一部史传名著，《汉
书》的写人艺术是很高的，历代正史中，它的文学地位仅次于《史记》，而且
即使与《史记》比起来也有它自己的长处：其一，《汉书》的写人叙事不以
夸张场面见长，而是在娓娓而谈的过程中以简练准确的笔调勾画人物，使各
式各样人物的心理神情生动地闪现在读者面前；其二，《汉书》语言不像《史
记》那么感情浓烈，气势雄放，但是它简洁规范，韵味悠远，自有一种妙
处。③ 刘大杰认为《史记》是上下数千年的通史，所以规模宏伟，气魄壮大，
具有会通古今、反映社会全貌的精神。因为年代久长，史事繁杂，就难免有
疏略和抵牾的地方。《汉书》是断代史，时代不到三百年，再加以《史记》
在先，又有了班彪的《后传》作基础，其规模虽小于《史记》，但记述史事
是较为精详的。这两种体制对于后代史学界都有很大影响："《汉书》中的列
传，有许多优秀的篇章，在暴露现实、反映生活、描写人物上，都有很好的

① 汪高鑫：《两汉正史民族史撰述与统一多民族国家的巩固》，《求是学刊》2012 年第 2 期。
② 彭卫：《从评说游侠看汉代史家的社会公正观》，《史学史研究》2013 年第 3 期。
③ 韩兆琦主编：《中国文学史》（上），上海古籍出版社 1996 年版，第 324 页。

成就。"①

对于《史》、《汉》载录民谣、谚语、诗歌、辞赋等的情况，及其历史背景、文化意蕴和在史传叙事方面所发挥的作用，台湾学者施人豪有专著《史汉谣谚比较研究》（台北星星出版社 1989 年版），惜未见到原作。近年来，一些期刊论文和研究生论文以此为题进行探讨，其中颇有一些值得关注的成果。张耀元考察先秦两汉历史的六部史传著作援引谣谚的情况，认为汉代在《诗》被经典化之后，谣谚以"俗"文学的身份介入"雅"文化的史传，帮助史传文学完成了社会文化中上层与底层的沟通交融，使得史传拥有了真实生动、广泛且有时代性和代表性的面貌。② 范亚栋总结"前四史"采用诗赋歌谣的四项意义：一是丰富史书的文学性，更有利于史书理念的传达；二是深入人物内心，更鲜明生动地塑造了历史人物形象；三是更真实地交代了诗赋歌谣与历史事件的诱发关系；四是保存了大量的诗赋歌谣等文献资料。同时指出，"前四史"作为中国古代史书的翘楚，为后世的史学家树立了典范。③

"论赞"是《史》、《汉》纪传的精华，集中体现了马、班二位史家的史识与文采，古今学者向来关注《史》、《汉》论赞的比较。台湾学者陈静、高祯霙均有专著出版，惜未得见。④ 台湾学者李伟泰先后发表三篇论文，将《史》、《汉》各对应篇章的序、论、赞加以细致地比较和分析，提出以下观点：一是班固对司马迁的许多议论，袭用得不近情理，源于班固有过分"尊马"情结；二是《史》、《汉》论赞议论不同之处，往往各具匠心，提出了同样值得后人重视的见解。今人大可跳出"班马优劣"的旧思维，从异曲同工处玩味彼此的精彩议论。由此作者得出结论："马、班的叙事和议论均各自有互补之处，所以在探究他们的思想时，需要通览他们的所有著述，交相补足，才不致以偏概全。"⑤ 近年来，内地高校提交了多篇研究《史》、《汉》论赞的

---

① 刘大杰：《中国文学发展史》（上卷），复旦大学出版社 2006 年版，第 119 页。

② 张耀元：《史传文学援引谣谚之考察——以反映先秦两汉历史的史传著作为中心》，陕西师范大学硕士学位论文，2008 年。

③ 范亚栋：《前四史对诗赋歌谣的采用》，山东师范大学 2011 年硕士学位论文。

④ 陈静：《〈汉书〉论赞研究》，台湾政治大学 1980 年硕士学位论文；高祯霙：《史汉论赞之研究》，台湾花木兰文化出版社 2006 年版。

⑤ 李伟泰先后完成三篇论文：《〈史〉〈汉〉论赞比较十四则》、《〈史〉〈汉〉论赞比较十三则》、《〈史〉〈汉〉论赞比较八则》，引自《〈史〉〈汉〉论赞比较十三则》，《台大文史哲学报》2006 年第 64 期。

研究生论文。① 彭玉珊从经学、史学、文学三个层面比较《史》、《汉》论赞及马、班的思想倾向，认为受两汉经学不同风貌影响，司马迁评判史事往往不本一说，班固则基本遵从儒家尺度；从史学角度考察马、班对待西汉皇朝的态度，司马迁着重从人事角度考察西汉作为一个王朝在历史中的存在意义，班固则以西汉为本位，着力从天命角度证明刘氏具有高贵圣统；至于从文学方面探讨《史》、《汉》论赞的审美价值，两位史家的个性特征与所处时代文风的不同，则使《史》、《汉》论赞呈现出不同的文学样貌：《史记》论赞语言上富于感情色彩，行文疏落有致，富于气韵，《汉书》论赞语言偏于典雅，长于炼字，行文从容平和。② 赵彩花在其博士论文基础上出版的专著《前四史论赞研究》（中山大学出版社 2008 年版），一方面从主体——论赞本身着眼，探讨了论赞这种文体在"前四史"中发生、发展的变化及其社会文化内涵，另一方面从客体——史官来分析，考察史官这一古老的职业在历史历程中的变化，以及作史者的思想、立场在史书的体现。作者认为，班固在《汉书》论赞中虽也使用"于序事中寓论断"的方法，但使用的频率，特别是其灵活多变的组合方式及表达效果比司马迁逊色。且由于《汉书》的写作是在官方的监督和皇帝的告诫下进行，班固本人也与正统思想更为接近等原因，《汉书》在"春秋笔法"的使用上也无法追步司马迁的《史记》，其论赞中的微意多只能从其言语的反面或侧面推求得到。然而，班固将时代所追求的美文讲究声调秀美与经书的典雅立场、雍容舒徐的神韵相结合，亦形成了《汉书》论赞言辞温雅、"理多惬当"、"良可咏也"的特色。由此作者得出结论：以《史记》、《汉书》为最高成就的"前四史"论赞的产生，是"文备众体"的滥觞。此后诗歌、小说、戏曲等常糅合多种文体样式于一篇之中，用以多角度、多层次地表达思想，愉悦读者，它是我国文学魅力无穷的原因之一。同时，论赞文字激浊扬清，对塑造我民族文化精神、传承优秀传统具有不可估量的作用，其影响和意义可谓至深且巨。

有关马、班文风的区别，研究者大多能注意到《汉书》作为一部历史著

---

①　此类硕士学位论文有：邹军诚：《〈史记〉〈汉书〉论赞序比较》，湖南师范大学，2006 年；吕海茹：《唐前史书的论赞研究》，河北大学，2013 年；高鸿鹏：《〈汉书〉论赞研究》，河北大学，2014 年；王琳琳：《〈汉书〉论赞研究》，辽宁大学，2015 年；等。

②　彭玉珊：《〈史记〉〈汉书〉论赞比较研究——从经学、史学、文学三层面探讨》，北京师范大学 2007 年硕士学位论文。

作，其与《史记》在叙述视角、语体色彩和叙事风格上迥异的深层原因，正体现出历史叙事与纯文学叙事的本质区别，是以多用富于表现力的语言来描述。例如，刘跃进认为班固与历史保持相当的距离，原原本本，实实在在，从容儒雅，文质彬彬，即使有所褒贬，也不像司马迁那样外露，那样容易动情。作为一部历史著作，这也许是应有的风范，但却因为过于冷静而缺乏动人的气势，"用一个不太恰当的比喻，《史记》就像是巨幅泼墨山水，酣畅淋漓，而《汉书》有如工笔细措，于细微处见精神"；① 王洲明认为读《汉书》的感觉是，班固似站在事件之外、人物之上，以审视的眼光记述事件的过程和人物的命运，"读《汉书》虽也能进入到所叙述的事件之中，却往往缺少具体的感觉，与人物的感情沟通也远不如《史记》"，"《汉书》重在'史'的叙述，注重点在史的真实、史的线索、史识的公正，一句话在于史的严肃性，这就势必不如《史记》因为多文学性的表现，而拉近作者与读者之间的距离。"② 罗宗强认为从总体看来，《汉书》没有《史记》那样深浓的感情，行文也不像《史记》那样富于变化、挥洒自如，但是《汉书》叙事平实稳健，文章组织严谨，语言典雅又很凝练，不失为史传的典范。即使从文学角度说，《汉书》也有不少人物传记，能够摹声绘形，传达人物的神貌和性格。③ 曾小霞在其博士论文基础上发表的著作《〈史记〉〈汉书〉叙事比较研究》（世界图书出版公司 2013 年版），是迄今为止对二书的历史、文学叙事成就所进行的最为系统的比较研究。在回顾《史》、《汉》比较研究史的基础上，作者就二书的叙事体例、思想、视角、时空、结构、语言、特色等进行了多方比较，作者对二书叙事特色概括如下：《史记》叙事不受框架限制，纵横捭阖，得心应手，呈现出"圆而神"的特点，《汉书》则规矩叙事，四平八稳，趋向严谨，表现出"方以智"的特征。如果说《史记》之叙事体现出的是西汉文风不拘一格的时代特征的话，那么《汉书》代表的则是东汉儒学定于一尊、树立规范时的学术风貌。《史记》叙事不拘一格，故难以模拟，就像李白的诗歌，潇洒不羁，奇特突出，学习者往往取貌而遗神，《汉书》则更像杜甫的诗歌，有章法可循，因而易于学习，无须花巧，将基本史实如实叙来即可，这

---

① 刘跃进：《雄风振采——中华文学通览·汉代卷》，中华书局1996年版，第284页。
② 王洲明：《中国文学精神·精神卷》，山东教育出版社2003年版，第178页。
③ 罗宗强等主编：《中国古代文学发展史》，南开大学出版社2003年版，第214页。

也是《汉书》之所以成为后世官书典范的一个重要原因。进一步，作者指出，西方叙事源于神话和史诗，故"虚构"是其文学叙事的重要特质。中国古代叙事以史传为正宗，叙事几乎是史书的专利，故发展出以"实录"为基本叙事理念的叙事传统。《史》、《汉》历史叙事不仅影响了后世的各种文体，也对中国人的思维习惯产生了重要影响。中国人做学问的方式是靠历史叙事，先列举三代故事、先秦典籍、二十四史一路下来，然后续上你的当代叙事一小段，这样才能得到自己内心承认的合法性，也只有这样才能够建立起大家公认的正统性权威。这一结论，有助于理解中国古代史传叙事特征与文史关系的嬗变。

上文所述仅为近 30 年来《史记》、《汉书》比较研究成果中的一部分。总体而言，21 世纪以来的《史》《汉》比较研究形势是相当可喜的，虽然仍存在"扬马抑班"的现象，但已出现了较大改观。在众多学科、专业的研究者参与下，《史记》、《汉书》的比较研究较以往更趋多元、客观、理性，其前景是令人期待的。

2. 与《后汉书》的比较

近年来出现了多篇有关两《汉书》比较方面的研究生学位论文和专著，大体有以下三类，以下分别简述之。一是两《汉书》的版本及注释比较，内容包括宋版两《汉书》的整理与研究情况，两《汉书》征引《春秋》、《尚书》、《易经》、《诗经》的情况等①。程景牧和胡海忠，从政治形势和儒学发展的角度，注意到唐太宗时期颜师古在太子李承乾支持下为《汉书》作注，以及唐高宗时期李贤组织学者注释《后汉书》，这两次注书事件的发生均牵涉更为复杂的学术与政治背景，是唐初宫廷的夺嫡之争在学术文化上的反映。相较而言，唐太宗时期，政治环境较为安定，太子李承乾的地位在当时比较稳固，颜师古有充足时间来对《汉书》进行详细注释。是以颜注体例严整、前后统一，并无仓促成书之感，考订精详，注解通达，前后呼应，可见所用功夫极深，其注释质量堪称美备。而高宗年间政风虚浮、儒术不兴、礼制混

---

① 此类硕士学位论文包括：颜士刚：《宋人对两〈汉书〉的整理与研究》，中国人民大学，2005 年；张祖伟：《从〈史记〉、〈汉书〉、〈后汉书〉看〈论语〉在两汉的流传》，山东大学，2008 年；张倩：《两汉书引〈春秋〉研究》，河北师范大学，2009 年；刘璇：《两汉书引〈尚书〉研究》，河北师范大学，2009 年；郑彩霞：《〈汉书〉〈后汉书〉涉〈易〉问题考论》，福建师范大学，2010 年；等。

乱，又颇崇尚道教、阴阳之说，在李贤担任太子的五年零两个多月时间里，始终伴随着武则天强大的政治压力。是故自李贤被立为太子至《后汉书注》奏上，仅相隔十八个月，与颜师古注释《汉书》所用近五年时间相比，时间极为短暂。李贤将史书注释视为一份政治投资的意图是极为明显的，虽然其《后汉书》注质量较为完善，但还是存在体例不纯、前后矛盾的情况，甚至出现了一些硬伤。① 这两篇论文在两《汉书》比较方面，开创了一个较为新颖而独到的视角。

二是两《汉书》对应篇章比较，如《五行志》、《循吏传》、《酷吏传》、《皇后纪》、《外戚传》和"民族传"等。分析、比较两《汉书》的体例内容、叙事特色，由此解析班固与范晔的学术思想与著史宗旨。② 对于两汉书《五行志》和贵族女性的比较研究，前文已有述及，此外仍有值得关注者。张婷婷对比两《汉书》中的谶纬记载，认为谶纬思想在西汉开始盛行，东汉时受到统治者推崇，成为显学。谶纬思想最早以图谶或谣谶的形式流传，但未能具备成为文艺的基础，而只是作为意识形态广泛存在于民间。西汉末年到东汉，谶纬思想开始孕育美学基础，大量出现在汉乐府诗和史书典籍中，逐步发展为一种审美表达。以两《汉书》为代表的史书文学，一定程度上兼具和融合了成书时代的意识形态和所记载时代的思想倾向，是跨越时代的重构和解读，能够集中反映人们思想的审美。③ 汉代是统一多民族中国发展的一个关键时期，国家的发展与民族的发展紧密相连，王文光总结两《汉书》中关于边疆少数民族历史文化记载的三个特点，证明中国边疆民族也积极参加了统一多民族国家的缔造和建设，对其历史进行充分的记述可以丰富统一多民族中国国家形成与发展的历史。此外，作者还指出，汉族历史学家对中国边疆民族的文本书写是统一多民族中国文化建设的一个重要组成部分。④

---

① 程景牧：《两汉书之唐注论略——以政治与学术之间的互动关系为中心》，《名作欣赏》2013年第2期；胡海忠：《两汉书注中所见唐代前期儒经阐释之倾向性及其特征研究》，华东师范大学2015年硕士学位论文。

② 此类硕士学位论文包括：孙希勇：《司马迁、班固和范晔思想管窥——循、酷列传比较》，东北师范大学，2007年；冯美霞：《两汉史传文学中的汉代女性形象研究》，湖南师范大学，2009年；谢皆刚：《前三史民族传研究》，兰州大学，2009年。

③ 张婷婷：《两汉谶纬思想的审美表达与渐变——以〈汉书〉〈后汉书〉中的谶纬记载为例》，《北方工业大学学报》2017年第1期。

④ 王文光：《〈汉书〉〈后汉书〉民族列传与汉代边疆民族历史的文本书写》，《中国边疆史地研究》2013年第4期。

三是两《汉书》史学、文学成就的比较。牟发松将范晔在《后汉书·班固传》的论赞分为两部分，认为前一部分是将班固《汉书》与司马迁《史记》相提并论并予以高度评价，后一部分是就班彪父子对司马迁《史记》的批评所作的反批评，其中涉及《史记》、《汉书》和《后汉书》三部重要史著的特点，以及作者的历史观点和个人遭际，体现出范晔编纂《后汉书》的"精意深旨"及其"力矫班氏之失"的努力。① 王艳娜对比两《汉书》序、论赞的评论对象、评论视角和评论立场，认为在治史思想上，班固主要以儒家经典作为立论依据，以儒家教化作为标准来比附历史事件，论证儒家学说的经典价值，具有宗经征圣的特点，而范晔的思想则更考虑通达、变通，在征引诸家观点的同时间以己意。两《汉书》虽然都以灾异、谶纬、符瑞来比附国家兴衰，但是班固在《汉书》序论赞中表现出了对天人感应、天命决定人事的深信不疑，虽然对推演阴阳灾异的活动不以为然，却并不明其所以；而范晔在《后汉书》序论赞中则对天命、符瑞决定人事提出了怀疑，发现谶纬、方术的欺骗性，在冷静分析的基础上肯定个人努力的作用。此外，两《汉书》在情感传达、谋篇布局以及遣词造句上亦各有特色，体现出班、范二人个人性格修养、思想见解、文学追求的差异，也显示了各自所处时代文学、文化氛围对史论创作的影响。②

此外尚有一些著作涉及两《汉书》比较。侯明勋的《两汉书人物论》（台海出版社 2002 年版），收录了两汉人物 129 人，在文本译注之外，融入作者史论，文字简练、颇有新意。汪耀明的著作《挥笔传神——〈史记〉〈汉书〉〈后汉书〉〈三国志〉写人艺术谈》（学林出版社 2005 年版），结合中国历史文化背景和古代史传、散文的发展历程，系统论述了"前四史"写人、叙事、议论、抒情等方面的特色。然而遗憾的是，目前尚未见到有著作对两《汉书》进行全面、系统的比较研究专著。

3. 与《汉纪》的比较

20 世纪后期在《汉书》与《汉纪》的比较研究方面仅有一些期刊论文发表，例如，吉书时列举《汉书》、《汉纪》的互异之处，以此证明王鸣盛批评

---

① 牟发松：《〈后汉书·班固传论〉平议》，武汉大学中国三至九世纪研究所主编：《魏晋南北朝隋唐史资料第 17 辑》，武汉大学出版社 2000 年版。

② 王艳娜：《〈汉书〉〈后汉书〉序论赞研究》，湖南师范大学 2015 年硕士学位论文。

《汉纪》"专取《班书》，另加铨次论断之，而《班书》外未尝有所增益"
（《十七史商榷》卷 28）的论断是不确切的。① 李书兰举例说明《汉纪》对
《汉书》的补润，认为《汉纪》补充了《汉书》的内容，为考订、研究《汉
书》和西汉史提供了必要的资料。② 傅永聚、范学辉认为从董仲舒到《白虎
通义》所构建的正统儒学是东汉史学的指导思想，天命史观突出、强调以
"忠君"为中心的伦理纲常和灾异谴告说，是其具体的体现，而《汉书》与
《汉纪》这两部著作为代表的东汉史学，是儒学正统思想贯穿于史学领域的典
型代表。在陈启云的著作《荀悦与中古儒学》（辽宁大学出版社 2000 年版）
中，也从史家的儒学思想角度和历史编纂学的角度入手，就《汉纪》对《汉
书》的改造进行了阐述。

　　近年来，就《汉书》与《汉纪》研究出现了一些值得关注的专论。杜永
梅考察班固、荀悦所处的不同历史时期和他们各自的家世、著作，认为班固
处在东汉皇朝的上升时期，从恢复发展生产、集中皇权、加强思想统治等方
面，都有力地维护了秦和西汉以来的大一统局面；而荀悦处在东汉皇朝的衰
败时期，割据势力纷起，汉献帝已成为曹操控制下的傀儡，皇权受到严重威
胁。时代和政局的不同，决定了他们在撰述旨趣上的差异。在历史编撰思想
方面，班固和荀悦所处的不同历史时期和面对的不同政局，决定了他们"宣
汉"与"鉴汉"的不同撰述宗旨。在史书编撰上，班固首创纪传体皇朝史，
成为后世典制体的滥觞纪传体皇朝史的楷模；荀悦"约集旧书"，"通比其事，
例系年月"，将《汉书》改撰为编年体皇朝史，成为后世编年体皇朝史的开
山。作者还逐一对比了班、荀二人的政治思想、经济思想和历史思想，由此
得出结论：即班固的"宣汉"意识及正宗思想，以及政治上重视"大一统"，
经济上重视食货的思想，荀悦的以"六主"、"六臣"为核心展开的政治思想
和历史思想，都在史学上占有重要地位。而《汉书》和《汉纪》的纪传体、
编年体皇朝史撰述，对后世有很大影响，被刘知幾评价为"班、荀二体，角
力争先，后之学者，欲废其一，固亦难矣"，这个评价说明它们在史学上的重

---

① 李书兰：《〈汉纪〉补润〈汉书〉例证》，《史学史研究》1990 年第 1 期。
② 傅永聚、范学辉：《论正统儒学对东汉史学的影响——以〈汉书〉〈汉纪〉为中心》，《齐鲁
学刊》2001 年第 5 期。

要地位。① 刘腾杰通过比较两部史书的价值及关系、两位史家的史观与史论，借以厘清汉代史学发展的脉络，探索两书比较的理论指导和评判标准。② 《汉纪》是我国第一部以"抄"书而成名的史书。张建会从历史文献的有效整合与处理角度，探讨荀悦如何在删繁就简的过程中，创造性地发展了一系列文献整合与信息处理的方法，诸如"类记法"、"追记法"、"嵌入法"等，成功地将八十余万言的《汉书》"抄"成十八余万言的《汉纪》的。③ 这对于探讨中国传统史书的历史编撰理论与实践，有着积极的意义。

4. 《汉书》与外国史学著作的比较研究

20 世纪的百年间，《汉书》与外国史学著作的比较研究的成果非常少，近年来这一情况有了较大改观。有学者开始研究《汉书》的编撰与传播对于古代日本、朝鲜史籍如《日本书纪》、《大日本史》和《三国史记》的影响（详见第一章"《汉书》在日韩的传播与研究"），亦有学者将班固与古罗马史家李维、塔西佗、普鲁塔克和苏维托尼乌斯的著作相比较，以此探究中西传统史书编撰的理论与技巧，并从中寻找东西方史学在社会文化、精神旨趣和审美意蕴方面的异同，为《汉书》的比较研究开辟了又一新的领域。

古罗马历史学家提图斯·李维（Titus Livius，公元前 59—17 年）的著作《罗马自建城以来的历史》（简称《罗马史》），共 142 卷，多已亡佚，记述自传说中罗马人的祖先到达意大利起，至公元前 167 年的事件，是研究罗马早期和罗马共和国历史的重要文献。李维与班固是中西方古典时期重要的史学家，他们代表了古典时期中西方史学的一个发展的高峰，二人的史学思想相当丰富且具有很大的可比性，这种可比性源于其相似的历史条件与生活背景，以及书写历史的目的与其在历史上所占的重要地位。陈姝君的博士学位论文通过《汉书》和《罗马史》的比较，考察李维与班固的史学思想，分析二人在天人关系、历史动力、循环史观、道德史观、著史风格等方面的异同，揭示其背后所显示的时代特征与中西文化的异同。旨在通过中西方古典史学的比较启发人们的思考：历史的功用是什么、历史学是求真还是求美、求真与

① 杜永梅：《班固与荀悦的史学思想比较研究》，北京师范大学 2007 年博士学位论文。

② 刘腾杰：《〈汉书〉〈汉纪〉比较研究》，山东大学 2010 年硕士学位论文。

③ 张建会：《历史文献资料的有效整合与处理——以荀悦"抄"〈汉书〉成〈汉纪〉为例》，《商洛学院学报》2016 年第 1 期。

实用之间的关系，等。①

普布里乌斯·克奈里乌斯·塔西佗（Tacitus，约公元55—120 年?），古罗马历史学家，与李维并称为"罗马历史思想荒原上的两大纪念碑"，其著作有《演说家对话录》、《日耳曼尼亚志》、《历史》（亦译作《罗马史》）、《编年史》（亦译作《罗马编年史》），等。班固和塔西佗分别代表了中国和罗马公元1、2 世纪最高的史学成就。蒋芩从正统观、民族观、历史观、史德、史学、史才等几个方面对班固与塔西佗的史学思想进行了比较，认为这两位史家为世界留下了丰厚的史学遗产，树起古代东西方史学的两座丰碑。② 王三义从撰写史书的态度、选择史料的眼光、取舍材料的兴趣、品评人物的见识、叙述历史的文笔，对比塔西佗和班固的史学风格，认为这源于二人拥有相似的出身和社会地位，他们所处的环境——罗马帝国前期和东汉初期的社会背景与文化氛围亦有相似之处。但二人的史学成就及对后世的影响仍是不同的：班固开创了断代史的格局，有体例上的创新，塔西佗《罗马史》则无；班固《汉书》的史料来源问题很少有人怀疑，塔西佗的《编年史》、《日耳曼尼亚志》中却有些记载不准确，后世史家对此多有指责。③

普鲁塔克（Plutarchus，约公元46—120）罗马帝国时代的希腊文学家、哲学家、历史学家，以《希腊罗马名人传》（亦称《希腊罗马英豪列传》）一书闻名后世。另，盖乌斯·苏维托尼乌斯·特兰克维鲁斯（Gaius SuetoAnius Tranquillus）是罗马帝国早期的著名传记作家，其著作传世的仅有传记体史书《帝王传》（或译《十二恺撒传》）。吴晓磊、谢励斌分别将他们的作品与《汉书》进行比较，以此分析中西古典史家在天人关系、历史观、道德诉求等方面的思想异同，以及中西历史编撰所呈现出的迥异风貌。二人均不约而同地注意到了《汉书》的"实录"精神，其史料的可信度、叙事的真实性均超过了同一时期的西方经典史著。吴晓磊认为在对待史料的态度上，班固比普鲁塔克更为严肃："中国古代史家不仅很早就认识到史学需要如实记录和谨慎求真，而且在践行这一目标时无论在史料的搜集上，还是在史料的选择与鉴别

① 陈姝君：《李维与班固史学思想的比较研究——以〈罗马史〉与〈汉书〉为主的考察》，山东大学2012 年博士学位论文。
② 蒋芩：《论班固、塔西佗的史学思想》，北京师范大学1997 年博士学位论文。
③ 王三义：《塔西佗与班固史学风格比较》，《青海师专学报》（社会科学版）2002 年第6 期。

上都认真谨慎；但西方古典史家虽然在认识上很在意史学的纪实与求真，但在真正书写的过程中却做得不是很好，未经过详细考证的史料、无法考证的演说词等充斥于古典西方史家的著作里，虽然这些容易佐证自己的观点，引起读者兴趣，但却偏离了著史的纪实与求真这一基本原则。"① 谢励斌亦注意到，班固治史严谨且态度缜密，苏维托尼乌斯治史则往往是择己所需，"一般来说，他很少对所记载的东西加以鉴别，这就使后人在引用他的材料时不能像引用塔西佗的著作那么放心"。② 这些论断有助于我们深入地理解《汉书》的编撰成就和中国古典史学的优良传统。

第二节　班固与班氏家族史研究概述

一、班固研究

（一）对班固生平活动的研究

自 20 世纪 70 年代末至今，各类报刊共发表研究班固的论文近百篇。有关班固生平史事的研究主要围绕着以下几个问题展开：一是班固的籍贯，二是班固的生卒年，三是班固是否"盗窃父书"，四是班固是否"受贿著史"，五是班固的死因以及对其为人的评价。

1. 关于班固生卒年的问题

关于班固的生年，古今史家学者多依《后汉书·班固传》作东汉建武八年（32），近年来有学者提出异议，至今仍未有定论。冯一下以《后汉书·班超传》所载班超生卒年，推定班超为公元 32 年（建武八年）出生，然班固与班超兄弟俩不可能同年出生，故而认为班固出生年份存疑。③ 孙亭玉以班固在《汉书·叙传》中称自己"弱冠而孤"，认定班彪卒于建武三十年，此时班固20 岁，正值"弱冠之年"，由此认定班固生于建武十一年（35）。至于其卒

---

① 吴晓磊：《论班固与普鲁塔克的史学思想——以〈汉书〉和希腊罗马名人传为例》，山东大学 2015 年硕士学位论文，第 42 页。

② 谢励斌：《古典史学的东西方回响——班固与苏维托尼乌斯治史思想比较探析》，《文教资料》 2016 年第 18 期，第 77—82 页。

③ 冯一下：《班固生年献疑》，《史学史研究》1986 年第 2 期。

年，则应是窦宪自杀后的永元五年（93）而非永元四年（92），由此他认定班固去世时的年龄为59岁，而非《后汉书》所称的61岁。然而，此说较多出于作者臆测，如"在窦氏宾客皆逮考后，种兢才捕系班固"，"班固的死于狱中应是经过了较长时间的折磨"等，缺乏足够证据。① 方是对此提出质疑，仍坚持旧说更为可信②；高山接受孙文有关班固卒于永元五年的说法，但不同意班固生年为建武十一年，认为应是建武九年（33）。③ 笔者以为，在没有更新、更有说服力的史料被发现之前，不宜轻易否定《后汉书》之说。

2. 关于班固籍贯的问题

《后汉书·班固传》称汉代班氏家族的故乡为"扶风安陵"，据考证在今咸阳市渭城区东北汉惠帝陵园旁，然据《汉书·地理志》记载，此地在两汉时期属"右扶风郡"界内，而不是后来的扶风县所辖区域。《扶风县志》载明清时期在此地建有乡贤祠、班马祠、三班祠、四班祠、班马名区坊，以纪念班彪、班固、班超、班昭、马援、马融等古时乡贤。此地还有名为"班家台"的村落（俗称"兰台"，今名"南台村"），据清代所修《扶风县志》记载，此为班固的家乡；且班固墓亦在扶风境内（今陕西省扶风县太白乡肖家沟北浪店村）。20世纪80年代中期，《宝鸡日报》"争鸣与研究"专栏，曾就班固的籍属问题展开讨论，未能取得一致意见。2009年，扶风县政协文史委员会编纂《扶风文史资料班氏专辑》，列举五部现存《扶风县志》及毕沅《关中胜迹图》，认定班氏籍贯即方志所载班氏故居所在地，在今扶风县④。曾参与讨论的学者张润棠后来回顾众人意见，发表论文《扶风从官名到政区名的演变》，认为班固籍属和出生地应为今兴平市。⑤ 徐兴海等人数度实地考察咸阳、扶风两地后仍然认为：班固故里应在今扶风县，而不在咸阳市东北。因为扶风不仅有班固墓，而且还有很多有关班固及班氏家族的遗迹和传说，但所谓的班固故里"咸阳东北"一带却没有任何历史遗存。⑥ 至于班固墓何

① 孙亭玉：《班固生卒年新说》，《长沙电力学院社会科学学报》1997年第2期。
② 方是：《班固生卒年问题》，《史学史研究》2000年第1期。
③ 高山：《班固生卒年新论》，《辽宁工程技术大学学报》（社会科学版）2009年第5期。
④ 昝耀华等：《班固籍贯考辨》，政协扶风县文史委员会主编：《扶风文史资料班氏专辑》，中国国际文化出版社2009年版。
⑤ 张润棠：《扶风从官名到政区名的演变》，《宝鸡社会科学》2011年第1期。
⑥ 徐兴海、郭天祥：《扶风是班固的故乡》，《唐都学刊》2012年第4期。

以在今扶风县境内，扶风籍学者秦川引用民间传说，认为这是由于班固受窦氏牵连下狱致死，无法以与其生前身份相符的规格下葬所致。据传班固灵柩由洛阳运回原籍时，由于车上木闸断裂，送灵的人认为此出于天意，于是将棺椁草草埋于驿道旁。[①] 这一说法是否成立，尚待进一步考证。张润棠文中指出，此墓可能是班氏后裔为纪念班固所修建的衣冠冢。笔者曾数次实地考察班固墓，据当地百姓介绍，此墓曾被盗，是否盗掘出有价值的文物不得而知。由于班固墓园中的文物均已毁于 20 世纪 50 年代末的政治运动，有关班固的出生与埋葬地点，尚待进一步的考古发现和史料证明。

3. 关于班固"受贿修史"的问题

"受贿修史"是后世对班固史德、人品争议不休的一个疑案。刘勰、柳虬、刘允济等均认为班固著《汉书》有"征贿鬻笔之愆"，李小树就此问题进行了专门的论述，认为史书对于班固如何"受金"、"受"何人之"金"，以及《汉书》中哪些篇章是受贿而成这些极为重要的情节无片言只字，缺乏具有说服力的分析和论述，因此不足取信。如果《汉书》果真是受贿修成，则势必招致天子不宥、律令不许、士林不齿、怨家不饶，但事实上这些情况均未出现，合理的解释应是并无此事。至于为什么会出现"受金修史"的传闻，他引用张家山汉简等材料，以为当是《汉书》在广泛传抄过程中，将"受命"误写为"受金"，由此出现讹误的结果。[②] 此文前半部分分析甚为合理，作为一名《汉书》研究者，笔者亦认为班固"受贿修史"之说不能成立，但将"受金"解读为"受命"，此说源于误抄的推断，尚有待更具说服力的史料来证明。

4. 关于班固"盗窃"或"抄袭"的问题

有关班固"盗窃"或"抄袭"的非议，由来已久。魏晋以降，此说益张。傅玄、袁宏、葛洪、刘勰、颜之推、刘昭、张守节、郑樵、杨树达、顾颉刚、钱穆等人均持此说；与此相反，颜师古始为班固辩护，刘知几、王世贞、赵翼、章学诚、刘咸炘、郑鹤声等人亦从不同角度为班固"盗窃之说"进行辨析。综括上述诸家观点，一是认为班固盗窃其父班彪之作，有"遗亲

① 秦川：《汉班固墓记》，《文博》1993 年第 1 期。

② 李小树：《班固受贿写史辩疑》，《史学月刊》2005 年第 3 期。

攘美之罪"（刘勰《文心雕龙·史传》）；二是认为《汉书》抄袭《史记》，认为"班固者，浮华之士也，全无学术，专事剽窃，迁之于固，如龙之与猪"（郑樵《通志·总序》）；三是认为《汉书》出自刘向、刘歆父子之手，"试以考校班固所作，殆是全取刘书"（葛洪《抱朴子》），班固有剽窃之嫌。20 世纪后期至今，学界对这一问题的认识趋向客观、公正。葛剑雄指出，"说《汉书》抄了《史记》，只能表明对历史学的无知"①；朱钟颐和罗炳良从四个方面，即《汉书》增补了《史记》缺载史料、避免了《史记》为例不纯、纠正了《史记》褒贬失当、修改了《史记》文章疵病，证明《汉书》抄袭、剽窃《史记》的说法与史实不符。② 郭豫衡亦认为班固盗窃之说纯属"无稽之谈，可不置论"③。

　　亦有学者注意从"知人论世"的角度，探讨班固著史的时代背景与环境限制。邵毅平援引章太炎的观点，认为班固作《典引篇》乃是"避祸之作"，是汉明帝政治压力的产物。④ 朱维铮指出，《汉书》是班固奉东汉君主旨意而写作的官修史书，虽仍由班固个人署名，且其若干篇章确为袭用《后传》成稿，但却不能认为是班固剽窃班彪或司马迁的论著。《汉书》既然是史官奉诏撰写的官书，性质已变成代天子立言的著作，是故班固不能在《汉书·叙传》中突出亡父的创始功劳。因为班彪死于明帝即位之前，如此则无法彰显明帝识拔"良史"的圣知。⑤ 易宁以为班固修史于前人有取资借鉴，但并不等于抄袭旧文；且班固修史兰台，掌握大量官方文献档案和书府秘籍，断非业余续《史记》者若班彪辈所能获见。再者，班彪、褚少孙、扬雄等俱属私家续《史记》，而非史官著史。如果说班固前期续《史记》是"承父业"，那么后来奉诏修《汉书》则是官修国史，不仅体例上"自辟门户"，其性质更异于班彪《后传》，此与司马谈和司马迁"父子相续纂其职"的情况迥异。⑥ 曾小

---

　　① 葛剑雄原文刊发于《重庆晨报》2002 年 2 月 3 日第 A11 版，引自鲜于煌：《〈汉书〉果真没有抄〈史记〉吗——兼与复旦大学博导葛剑雄教授商榷，《重庆师院学报》（哲学社会科学版）2002 年第 3 期。

　　② 朱钟颐、罗炳良：《〈汉书〉多用与剽窃〈史记〉说辨正》，《北方工业大学学报》1996 年第 4 期。

　　③ 郭豫衡：《中国散文史长编》，山西教育出版社 2008 年版，第 163 页。

　　④ 邵毅平：《汉明帝诏书与班固》，《复旦学报》（社会科学版）1985 年第 6 期。

　　⑤ 朱维铮：《班固与〈汉书〉：一则知人论世的考察》，《复旦学报》（社会科学版）2004 年第 6 期。

　　⑥ 易宁、易平：《"司马谈作史"说质疑》，《北京师范大学学报》（社会科学版）2004 年第 1 期。

霞综合上述诸家之说，逐一辨析，得出结论：史书著作不同于文学创作，它可以"述而不作"，可以在前人之书的基础上进行加工。因此，《汉书》无论是因袭《史记》，还是因袭班彪书、刘歆书，一如《史记》因袭前人之书，均无可厚非，不应视为"抄袭"。① 笔者以为，此说是在知人论世的基础上，结合中国传统史书编撰理论，所做出的客观、合理的评价。

5. 关于班固的死因及其身后评价问题

班固因党附窦宪、治家不严最终下狱致死，后人对其才学成就的赞美始终是与对其人格品行的批评相伴随的，傅玄、袁宏、范晔对班固的批评常为后人所征引。当代学者对此有新的解释。白静生认为班固是一个"正直耿介之士"，他的死是一个悲剧，"由于他得罪仇家，终于被牵连挂误到窦宪谋逆案中，下狱而死"；② 吴树平和孙亭玉均以为班固之死是种兢"借机罗织罪名，捕班固入狱"，班固在狱中备受折磨，含冤而死；③ 甚至有人认为班固是因"小人的蓄意陷害"，被汉和帝赐死的。④ 孟祥才认为这些说法均不符合历史的真相，班固是"死于统治阶级的内部斗争，既带有一定的偶然性，也不无冤枉之处，但从总体看还是咎由自取"，对于功名利禄，"他希冀通过攀缘权贵的捷径去巧夺"，才导致最终因"屈辱而败亡"，他"实际上是作为一场政治斗争的牺牲品为自己的一生画上了一个凄惨的句号"。⑤ 王子今指出，史书记载班固诸子与家奴依恃窦宪集团"多不遵法度"，致使地方治安承受压力，此确为事实。⑥ 相较而言，陈其泰的评价较为公允、客观：

> 班固含冤被害，值得人们为他洒下同情之泪。然而他的悲剧结局也给人们留下了教训。他作为世家子弟，怀才不遇，不甘心家庭衰落，对功名利禄不能淡然处之，这确是他性格的弱点。作为一个史学家，他对于前代人物的遭遇得失往往能看得清楚，评论恰当，而对于身边潜伏的

---

① 曾小霞：《汉书"抄袭"说辨析》，《安康学院学报》2013 年第 1 期。

② （清）张溥辑，白静生校注：《班兰台集校注》，"前言"，中州古籍出版社 1991 年版，第 5 页。

③ 吴树平：《班固》，《中国大百科全书·中国历史》，中国大百科全书出版社 1992 年版；孙亭玉：《班固生卒年新说》，《长沙电力学院社会科学学报》1997 年第 2 期，第 104 页。

④ 孔书贤：《班固的屈辱与荣光》，《时代青年·悦读》2017 年第 4 期，第 77 页。

⑤ 孟祥才：《论班固之死》，《山东大学学报》（哲学社会科学版）1998 年第 2 期，第 5 页。

⑥ 王子今：《汉书解读》，"导言"，中国人民大学出版社 2016 年版，第 5 页。

巨大危险却不能洞察，托附于权贵势力，因此种下祸患。这不仅反映出他认识的局限，而且说明依附权贵之险！①

综合上述几种说法，笔者以为，对于班固死因的判定及对其为人行事的评价，应在已有史料基础上做合理推断：依照史书记载，并没有班固直接作为窦氏家族帮凶的证据，不应将其与窦宪等人相提并论；但同时亦不能忽略他党附窦氏，修身不谨、教子不严而自速其祸的事实，更不能排除他的儿子和家奴不遵法度所造成的恶劣影响。因此，说班固之死是"含冤被害"缺乏足够的证据，研究者不能因其在文化、学术上的巨大成就和贡献，就忽略其节操、品行上的缺陷，更不能因此认定他的下场是"无辜获罪"。归根结底，我们应将班固的德行、节操，与《汉书》的学术成就作一分为二的分析和评价。

（二）对于班固思想的研究

1. 政治思想

班固的政治思想在 20 世纪前中期多被冠以宣扬、歌颂汉朝统治的"封建正统"之名，因而遭到批判。20 世纪后期学界方始突破这一论调，认识逐渐深入。杨济东认为班固是一个较早提倡爱国主义，并且突出地把自己的爱国思想通过个人著作表现出来的历史家和文学家，此与其时代背景、个人经历和家庭教育密切相关。② 唐凯麟亦认为推动班氏父子撰著《汉书》和贯穿《汉书》始终的精神动力和精神主旨的，是"躁动于他们胸腔内的一颗对民族历史文化的钟爱之心和强烈的民族主义精神"，因此"《汉书》如同《史记》，是一部尊重和光大中华民族历史的气节之作，反映着作者浓烈的爱国主义情感和酷爱民族历史文化的民族主义精神"。③ 徐培均则将《史记》、《汉书》的爱国主义思想总结为四个方面：一，历史大一统和正统观的确立，为奠定中国的基本疆域、确立以华夏为中心的民族关系，起了不可磨灭的作用；二，《史记》、《汉书》描绘了许多面折廷争的谏君直臣，他们大都怀有爱国的热心，所考虑的是国家的安危、社稷的存亡；三，《史记》、《汉书》为许多爱国将领立传，其中充满了正义感和民族自豪感；四，《史记》和两《汉书》中，

① 陈其泰：《再建丰碑——班固与〈汉书〉》，生活·读书·新知三联书店 1994 年版，第 37 页。
② 杨济东：《班固的爱国思想》，《北京师范大学学报》1986 年第 1 期。
③ 唐凯麟主编：《中华民族爱国主义发展史》第一卷，湖北教育出版社 2001 年版，第 463 页。

记载了调整民族关系的和亲政策，比较正确地处理了战争与和平的关系。①

在"宣汉"意识方面，范红军认为班固的大一统思想不仅仅表现为强烈的宣汉意味，更有维护统一、反对分裂，认为统一乃势之必然的合理内核。②汪高鑫将班固的"宣汉"意识总结为三点：首先，班固断汉为史作《汉书》，旨在凸显汉皇朝的历史地位；其次，《汉书》重视"上下洽通"，最大限度地反映有汉一代的历史及其盛衰之变；最后，班固重视以神意史观解说汉朝统绪。同时他也指出，班固重视"宣汉"，却又能直书其事，不为汉讳；在追求史学"致用"的同时，又不失史学的"求真"本质。③ 此外，刘淑英阐述了班固不拘一格、唯才是举、为国举贤的人才思想，认为这是对春秋战国以来各派思想家"尚贤"主张的继承和发展，同时也与班固深受天人感应影响的政治哲学观点相关。④

2. 经济思想

班固的经济思想主要围绕对"食"、"货"的研究而展开。夏祖恩认为班固"重食轻货"的思想，源于中国封建社会商品经济的落后和传统农业文化思想的影响；⑤马志强将班固的经济思想归结为"以井田制为基础"的土地思想、"重农抑商基础上商以足用"的商业思想和"食为政首"的重农思想三个方面，认为研究班固的经济思想对于弘扬民族文化、丰富思想史研究具有重要意义；⑥丁毅华指出，班固对于先秦农家的学说以及先秦至西汉的重农思想进行了全面的总结，使得《汉书·食货志》成为一部从先秦到西汉的重农思想史和农业政策演变史。⑦ 针对一些研究者认为班固的经济思想主要是"贵谊而贱利，崇安贫，赞乐道"，"斥人欲，罪工商"，不如司马迁的经济思想进步的观点，赵永春和赵燕提出了异议。他们认为班固既重视农业，又重视工商业：主张优先发展农业，工商业不能伤害农业，更不能靠不正当手段

---

①　徐培均：《中华爱国文学史》，上海社会科学院出版社 2006 年版。

②　范红军：《〈汉书〉宣汉思想新探》，《北京师范大学学报》1986 年第 1 期。

③　汪高鑫：《"实录"与"宣汉"：汉代史学思潮的两种取向》，《史学史研究》2008 年第 2 期。

④　刘淑英：《试论班固及〈汉书〉中阐发的为国举贤才的用人思想》，《庆祝北京师范大学一百周年校庆历史系论文集——史学论衡下》，北京师范大学出版社 2002 年版。

⑤　夏祖恩：《班固"食货"思想刍议》，《福建师范大学学报》（哲学社会科学版）1996 年第 1 期。

⑥　马志强：《班固经济思想简论》，《经济经纬》1997 年第 6 期。

⑦　丁毅华：《班固对先秦至西汉重农思想的总结》，《文献》1999 年第 4 期。

经商致富；主张国家要发挥对农工商的调控和管理职能，为防止经济领域的不正当活动，要对人民进行"贵谊贱利"等思想教育，以便把人们引到上下有等的农工商协调发展的理想的社会秩序之中。① 李剑林亦提出，班固对经济问题的思辨集中表现在认为治国安民在于食足货通。要"食足"，重要的在于解决农民与土地的结合问题，抑制土地兼并；要"货通"，关键在于稳定货币制度，发展商品流通与市场。"食足货通"是班固经济思想精要所在，同时也是一个史学家的社会理想，无论对经济学还是史学，都应该是一个贡献，不应简单地视为封建、落后而加以批判。②

3. 民族思想

关于班固民族思想的论述相当多，多集中在《汉书》民族史撰述成就及其中反映出的民族思想。蒋苓认为班固作为史家，在对汉匈关系进行述评时能够做到不牵涉现实中的人和事，以超脱、达观的态度和冷静、深邃的目光进行衡量，因此才能提出在当时看来行之有效、在现在看来也具有合理性的观点。③ 崔明德分析班彪、班固、班超及班勇祖孙三代四人的民族思想，说明班固认为"夷狄"之人盟约不可信恃，人质不可信，武力不可动，而和亲又无益，只能采取"羁縻不绝"的策略，即"外而不内，疏而不戚"、"来则惩而御之，去则备而守之"、"其慕义而贡献，则接之以礼让"，"既有对历史上民族观的反思，也有对现实的民族关系的深入思考；既有对传统民族观的吸收，也有一定的发展"。④ 王文光和杨琼珍总结班固在《汉书·匈奴传赞》中提出的处理汉匈民族关系的策略为"贵于未战"，即在和亲的同时，也要进行积极的军事防御与进攻。⑤ 雷小虎将此总结为"夷夏一体"与"夷夏之辨"相结合的民族思想，以及武力征伐与怀柔羁縻并举的民族政策。⑥ 国际战略专家时殷弘亦称誉《汉书·匈奴传赞》是"班固做过的最精彩的政治/战略论

---

① 赵永春、赵燕：《论班固的经济思想》，《吉林师范大学学报》（人文社会科学版）2004 年第 3 期。
② 李剑林：《史学家的经济学思辨——班固经济思想解析》，《学术论坛》2005 年第 3 期。
③ 蒋苓：《班固之"汉匈"关系观点考》，《文献》1996 年第 4 期。
④ 崔明德：《两汉民族关系思想史》，人民出版社 2007 年版，第 258—267 页。
⑤ 王文光、杨琼珍：《试论汉代的边疆民族观与治边策略——以〈汉书〉为中心》，《思想战线》2016 年第 6 期。
⑥ 雷小虎：《从〈汉书〉民族传看班固的民族观》，《郑州航空工业管理学院学报》（社会科学版）2013 年第 4 期。

说"，"这一深刻理解几乎永远地意义重大，此乃古老的杰出和深刻的政治/战略智慧"。①

　　在《汉书》民族史撰述方面，研究者大多认为班固继承了《史记》民族史撰述的成就，完善了纪传体史书对少数民族历史的记载，较完整地记述了西汉时期统一的多民族国家的形成过程。但有学者指出班固按照"先京师而后诸夏，先诸夏而后夷狄"的次序，把少数民族史专传集中放在《汉书》比较靠后的位置，体现了班固"内诸夏而外夷狄"的民族史编撰思想。② 汪高鑫却以为这只是整齐编纂体例的需要，而不是为了体现夷夏有别，否则就无法理解班固将各民族传置于《外戚传》、《王莽传》和叙述班氏家族史和个人生平史的《叙传》之前了。事实上，《汉书》继承了司马迁民族同源共祖的思想，肯定夷夏民族都是古圣王的后代；他接受了董仲舒"德化四夷"的思想，主张实行"招携以礼，怀远以德"的民族政策，这都明显包含了民族一统的思想。③ 赵永春、刘春华都认为班固和司马迁一样，具有"大一统"的政治观，将少数民族看成"天下一体"中不可分割的成员，主张对待少数民族"恩威并用"，主张华夷和平相处、友好往来。这种"用夏变夷"的观点客观上有利于周边少数民族经济、文化的发展和各族人民的共同进步。④ 田文红认为，《汉书》秉持"种别域殊"之观点，强调民族间的同质性与差别性，并从地理环境、民族经济形态等诸方面做出阐释；《汉书》"以其故俗治"的民族治理原则，对我国以中原文化为主调的民族礼仪文化之形成也产生了深远影响。⑤ 但有人提出，班固从维护统治阶级既得利益的立场出发，当民族关系紧张时，强调"夷夏之辨"、"夏尊夷卑"，班固夸大民族之间的差异，过分强调歧视少数民族的消极一面，斥之为"人面兽心"、"贪财嗜利"，有其时代和阶级的局限性。笔者以为，对此应作辩证之分析。汉代统治者在历史上首次提出"以孝治天下"的治国方针，公开倡导全国以"孝"为本，使原

　　① 时殷弘：《帝国的病史、中兴和衰毁——〈汉书〉政治战略解读》，《世界经济与政治》2014年第1期。

　　② 次照辉：《汉书的民族史撰述与民族思想研究》，河北师范大学2011年硕士学位论文，第37页。

　　③ 汪高鑫：《二十四史的民族史撰述研究》，黄山书社2016年版，第133页。

　　④ 赵永春：《论班固的民族思想》，《社会科学战线》2002年第2期；刘春华：《试析班固的民族观》，《西安电子科技大学学报》（社会科学版）2005年第2期。

　　⑤ 田文红：《论〈汉书〉民族史撰述结构体系与叙史风格》，《贵州民族研究》2014年第5期。

本只属于宗法伦理的孝道走进了国家政治、社会和文化生活的方方面面，成为一种泛道德观念的社会伦理和政治伦理。而匈奴风俗却是"壮者食肥美，老者饮食其余。贵壮健，贱老弱"，以"利则进，不利则退，不羞遁走。苟利所在，不知礼义"为天性，其首领冒顿单于更以残忍的手段弑父自立，此等行为和风俗在以"孝"为社会行为规范和伦理精神基础的汉人看来，显然是难以接受的"禽兽行为"。加之匈奴虽与汉朝结盟、和亲、互市，但却屡屡侵犯汉朝边郡，对边境防御和民众生命、财产安全造成极大威胁，这种背信弃义的行为在汉代史官班固眼里，斥之为"人面兽心"、"贪而好利"，并非仅出于民族或文化的歧视，而是自有其政治、民族的立场及合乎人性、人道的合理性。

总体而言，笔者赞同崔明德的观点，即班固处理民族关系的方式比同时代的其他政治家、思想家都要高明，他所提出的处理民族关系的方式是一种积极、灵活而又稳妥的方式，是中国古代民族关系思想史的精华。至于《汉书》民族史撰述的成就，则以许殿才的总结最为全面：其一，《汉书》踵续《史记》记载少数民族历史的做法，并加以发扬光大，促进了中国史学重视记述少数民族历史优良传统的形成和发展。书中详细而又系统的少数民族历史和民族关系记载为我们了解相关历史提供了必要的材料。其二，《汉书》着力宣传大一统国家的民族统一成就，提倡并表彰维护多民族统一的行为，这对于中国统一多民族国家的发展是有积极作用的。其三，在民族史和民族关系记述中，班固注意对相关历史经验教训的总结，使其民族史撰述具有很高的实际指导价值。[①]

4. 学术思想

对于班固学术思想的研究，包括其史学、经学、哲学思想等，以下分别予以概要介绍。

有关班固史学思想和历史观的争论始于 20 世纪中期，当时除冉昭德等少数学者外，多数人都对班固史学思想冠以"封建正统史观"、"神意史观"、抑或"循环史观"、"唯心史观"等名目，认为其思想的总体倾向是保守、落后的，应予以批判和否定。20 世纪 80 年代以来，这一观点逐步得到修正，近

---

① 许殿才：《〈汉书〉中的民族史撰述》，《史学史研究》2009 年第 2 期。

年来有重大改观。杨济东认为班固具有"主进化、重时命、反神学的进步思想"，认为"一部堪称实录的《汉书》，一部疾虚妄的《论衡》，并峙为东汉前期的两座文化高峰，其联系值得做进一步的研究"。① 施丁将班固的史学思想归结为皇世一统、究政治得失、评为人为政三个方面，认为应重视其特定的时代性和一定的历史进步性，以"剔其糟粕，取其精华"的态度予以评价。② 汪涌豪强调班固史学思想中进步的一面，认为唯其处于专制统治的高压下，他那不时闪露的不虚美不隐恶的公正客观，连同重天下之公利、以社稷百姓为重的人道情怀，才更显得难能可贵。③ 郑先兴认为班固将客观史实和圣人思想作为历史认识的标准，承认历史规律是可以被人所认识的，具有进步意义。④ 朱凤祥以为《汉书》虽然充斥着浓厚的封建正统思想，但也表现出不少的积极进步性。班固继承和发扬了司马迁的"实录"精神，其历史变化观、人才观、对西汉帝王的评价以及关于社会经济问题的论述，均包含着朴素的唯物主义因素，而且体现出一定程度的人民性。⑤ 汪高鑫探讨了班固神意化史观的理论渊源，认为"班固的历史观本身包含两重的因素，其主导的方面无疑是神意的史观，但是这种神意的史观包含重视人事的思想"。⑥ 梁宗华的观点值得重视。他认为《汉书》虽然存在着援五德终始、阴阳灾异以论史的问题，但班固的历史观表现出多层面的复杂性，远非一句神秘的唯心史观所能定性。从本质处言，班固于《汉书》中始终贯彻了强调历史变化的立场，注重历史之"势"的制约与影响，强调民心向背对历史发展进程的作用，重视经济发展状况对历史进程的影响等，更多地表现出努力挣脱天命神学的倾向。⑦ 黄宛峰等人编著的《河南汉代文化研究》一书，就班固对历史学性质的认识、历史认识论、历史研究法、历史资料论及其史家论等思想进行了专

---

① 杨济东：《班固略论》，北京师范大学 1985 年硕士学位论文。

② 施丁：《班固与〈汉书〉的史学思想》，《历史研究》1992 年第 4 期。

③ 汪涌豪：《班固史学思想新探》，《思想战线》1992 年第 5 期。

④ 郑先兴：《班固的史学思想》，《周口师范高等专科学校学报》1999 年第 4 期。

⑤ 朱凤祥：《班固〈汉书〉中的唯物主义因素与人民性探析》，《商丘师范学院学报》2002 年第 3 期。

⑥ 汪高鑫：《论班固史学思想的神意化倾向——兼论班固神意化史观的理论渊源》，《学术研究》2004 年第 12 期。

⑦ 梁宗华：《挣脱天命神学的努力——班固历史观述论》，《青岛海洋大学学报》（社会科学版）2001 年第 4 期。

门论述。①

有关班固的哲学思想，研究者多总结为"经学渗透、儒道互补"。辛福民、李士彪和王晚霞分别阐述了经学对《汉书》文风、义例和思想的影响，《汉书》的经学特质，以及《汉书》中经学、史学与文学的互动关系。② 边家珍亦在专著《汉代经学与文学》中，从"班固的家世及其经学观念"、"《汉书》的依经立义及'宣汉'主旨"、"《汉书》的今文经学思想及天道观上的矛盾"几个部分，系统论述了经学对《汉书》创作的影响。③ 耿志勇考察东汉士风与班固思想、创作之间的关系，认为班固表面上虽以正统儒士示人，但在其人生观念和作品创作中无不表现出兼具儒道二家的"保身遗名"思想，从而折射出班固精神的两面性。④

在班固历史哲学思想方面，庞天佑和刘国平的研究有突破性的进展。庞天佑的专著《秦汉历史哲学思想研究》将班固的历史哲学思想归纳为五个对立统一的特点：既相信天人感应，又强调人事的作用；既相信历史循环，又注重时势考察；既有强烈的正统思想，又强调顺乎民心；既能原始察终，又能辩证考察；既强调礼治，又重视经济。概括起来就是进步与保守并存、真理与谬误同在，值得认真地加以研究和总结。⑤ 台湾学者刘国平在其博士论文的基础上出版《汉书历史哲学》（台北县花木兰文化出版社 2010 年版），此为目前所见系统阐述班固历史哲学思想之专著。他借鉴西方历史哲学理论，对《汉书》的历史观、撰述背景及理念、班固的历史选择及历史解释进行了深入剖析，认为司马迁是站在全人类的立场看历史，班固则是站在汉代帝室的立场上看历史，以一名史官的身份，秉承悠久的史学传统与司马迁的伟大事业，将汉代历史置于全体人类历史的发展长河之中去考察、叙述、阐释，"他一方面认为帝王传承与朝代更替遵循五行相生规律，西汉王朝是应运而生的正统王朝，另一方面他又能看到西汉王朝兴衰的整个过程，将西汉历史作系统考

① 黄宛峰：《河南汉代文化研究》，河南人民出版社 2000 年版，第 182—193 页。

② 辛福民：《试论经学对〈汉书〉文风的影响》，《广州师院学报》（社会科学版）1997 年第 1 期；李士彪、隋长虹：《论经学对〈汉书〉义例的影响》，《山东大学学报》（人文社科版）2002 年第 1 期；王晚霞：《论〈汉书〉的经学特质》，《上饶师范学院学报》2007 年第 2 期；《〈汉书〉中经学、史学、文学的互动》，《南都学坛》（人文社会科学报）2011 年第 1 期。

③ 边家珍：《汉代经学与文学》第三章"经学与班固《汉书》创作"，华龄出版社 2006 年版。

④ 耿志勇：《东汉前期士风与班固的思想及创作》，陕西师范大学 2007 年硕士学位论文。

⑤ 庞天佑：《秦汉历史哲学思想研究》，中国社会科学出版社 2002 年版。

察"，而这一考察的出发点又是将西汉历史作为一个统一多民族国家来把握的。这一观点，对于深入理解《汉书》"断汉为史"的历史叙述模式和历史阐释理论，提供了新的视角和思路。

还有一些学者论证了儒学观对班固创作的影响、班固的道家思想和易学思想。台湾学者施惠淇将班固的学术置于汉代学术史和中国学术史的宏观背景之下，从班固的三个身份——史学家、赋家、诗人入手，阐述了其"博通大义"、"通经之用"和"通古今、究天人"的经史学内涵，将其学术与董仲舒、司马迁、刘向、刘歆、扬雄等五位引领时代学风的西汉硕儒相比较，由此提出"典型性"和"典范型"两个概念，认为班固之学术堪为时代学风的典型和后世学风的典范，从而得出结论：班固乃学术史上的"型范"学者，在汉代学术史和中国学术史上，班固堪称一"子"，其思想学说足可独立成家。[①] 上述论著的出版，说明学界对于班固学术思想和《汉书》思想价值的认识，较以往有了重大的进步。

（三）对班固其他著作的研究

对于班固除《汉书》之外其他著作的研究，多集中在对班固的"一诗"（五言诗《咏史》）、"一序"（《离骚序》）、"一铭"和"三赋"（《幽通赋》、《答宾戏》和《两都赋》）之上，此部分内容多属文学研究范畴，在此不欲多作叙述，仅就其中与班固生平及《汉书》相关的部分作简要介绍。

1. 对班固《咏史》诗的研究

20 世纪以来，学界围绕《咏史》诗的创作背景、艺术特色和诗歌理论，进行了不同角度的考察。学者的研究主要涉及以下三个问题：一是此诗的真伪，即是否为班固所作？吴小平、孙亭玉对此发表了不同的见解。前者以为在中国诗歌史上，作为有名可署的文人五言诗，班固的《咏史》为第一首，其意义与价值不可低估；[②] 后者则以为此诗的真实性让人怀疑，因为文人五言诗不仅西汉没有，且东汉早期也没有。[③] 二是就此诗是否为汉代文人五言诗的起源，及其在诗歌史上的意义所展开的讨论。新中国成立前后出版的几部有影响的文学史，如刘大杰的《中国文学发展史》、游国恩等主编的《中国文学

---

① 施惠淇：《班固学术及其与汉代学风的交涉》，台湾大学 2004 年硕士学位论文。

② 吴小平：《论班固〈咏史〉诗的诗歌史意义》，《社会科学战线》1999 年第 3 期。

③ 孙亭玉：《班固〈咏史〉诗的真实性质疑》，《长沙水电师院社会科学学报》1996 年第 2 期。

史》和中国社科院文研所编著的《中国文学》，都认为班固的《咏史》是现存较早的文人五言诗，成熟的文人五言诗的产生应在班固之后。对此，沈海波、朱碧莲①、韦春喜②等人发表了不同意见。三是此诗的艺术特色，是否如钟嵘《诗品》所言的"质木无文"？赵敏俐分析了《咏史》一诗的音律、体裁、叙事技巧和班固的文学观念，认为班固不但对整首诗的节奏韵律有意追求，在章法安排上也做了更多的有目的的人工技巧处理。班固的《咏史》诗创作，是其文艺主张的实践。③

综合上述诸家论述，可以得出一个结论：《咏史》诗为班固所作，系中国古代咏史诗和文人五言诗的开端之作，在文学史上具有重要意义。此诗名为"咏史"，实为一种韵体的史传叙述，歌咏的主体情感并不突出，且末句说教色彩较浓，与史传前叙后议的叙事模式颇为相似，这就是钟嵘所言的"质木无文"；然而，与其说这是此诗的缺陷，不如说是文学史上任何一种新体裁、新形式在发展过程中，所必须经历的由从低到高、从粗到精的形态。依笔者管见，班固作此诗的目的在于颂述汉德——"圣汉孝文帝，恻然感至情"和崇尚孝行——"百男何愦愦，不如一缇萦"，此与《汉书·刑法志》中将缇萦上书救父书一事，叙述为推动西汉文帝时期废除肉刑——这一中国法制史上具有里程碑意义的重大历史事件的起因，有异曲同工之妙，目的在于彰显班固"以礼止刑、德主刑辅"的法制思想，具有典型的儒家伦理道德色彩——因此，此诗非具有史官、儒士、诗人等多重身份的班固所不能作。

2. 辞赋研究

20世纪以来，凡进行汉代文学和辞赋研究者，均将班固辞赋研究作为重要课题。除各类中国古代文学通史的著作和教材，尚有相当数量的汉代文学断代史和辞赋通史的专著与论文。总括这些研究成果，可以得出以下几点共识：其一，对《幽通赋》和《答宾戏》这两篇自传性质的言志之作的研究，先后写于班固的青年与中年阶段，体现了班固创作的特征，是研究班固生平

① 沈海波、朱碧莲：《秦汉文学史五十论》，甘肃人民出版社2009年版。
② 韦春喜：《略论班固的〈咏史〉诗》，《戏剧文学》2007年第12期。
③ 赵敏俐：《论班固的〈咏史〉诗与文人五言诗的发展成熟问题——兼评当代五言诗研究中流行的一种错误观点》，《北方论丛》1994年第1期。

史事和文学成就不可缺少的生动史料。① 其二，对《典引》篇的研究。汉大赋由司马相如推向兴盛、扬雄继而维持，至班固始再兴盛，他们于不同时期创作了同属"符命"文体的《封禅文》、《剧秦美新》和《典引》；但囿于各自不同的时代背景、性情际遇和文学主张，这三篇"符命"文章的写作背景和思想意识各有不同。《封禅文》是司马相如在寂寞闲居中向汉武帝表达的忠心，《剧秦美新》是扬雄在"王莽新政"热潮的冲击下既惑又惧的违心之作，而《典引》则是班固欲纠前者之谬以歌颂汉功汉德的典正纯美之作。② 其三，对《两都赋》的研究。曹金华认为班固作《两都赋》，"盛称洛邑制度之美，以折西宾淫侈之论"，其真实背景是源于关东、关西两大政治集团——亦即马、窦两大外戚集团的政治斗争，其实质是为窦氏上台和擅权制造舆论，是贬抑马氏、效忠窦氏的誓词，不过是班固为谋一己之私而作。③ 田瑞文则认为班固在《汉书》中宣称"汉承周统"，并在《两都赋》中坚持东都胜于西都，是因为他有选择地接受了刘歆五行相生的德运观念，将汉的建立看作对周的代嬗，从而形成了尊崇周室并将之看作汉室兴盛标准的"周室观"。④ 笔者以为此说较前文更为合理。这些论述对于把握《两都赋》的创作主旨和班固的政治取向，提供了一个新的角度。

3.《燕然山铭》研究

出征匈奴和刻石燕然，是班固平生所参与的重大史事。⑤ 据《后汉书·窦宪传》等史料记载，东汉永元元年（89），车骑将军窦宪率领汉军大破北匈奴，迫使其离开蒙古高原，向西迁徙。窦宪令班固在燕然山上刻石纪功，铭刻战役功勋，彰耀汉廷威德，史称《封燕然山铭》。对于《封燕然山铭》的写作年代，李炳海将《封燕然山铭》的战争叙事与《后汉书》相关记载对

---

① 孙亭玉：《论〈幽通赋〉与〈答宾戏〉》，《长沙电力学院社会科学学报》1997 年第 4 期；张鸿杰：《班固与安陵——〈幽通赋〉解析》，《咸阳师范学院学报》2007 年第 5 期；宋红霞：《班固〈答宾戏〉对设论体主题批判价值的解构》，《齐鲁学刊》2008 年第 5 期。

② 蒋文燕：《关于〈封禅文〉、〈剧秦美新〉和〈典引〉的一点思考》，《宁夏大学学报》（人文社科版）2002 年第 2 期。

③ 曹金华：《从马窦之争看班固等"反迁都"论战的实质》，《扬州大学学报》（人文社科版）1998 年第 2 期。

④ 田瑞文：《班固"周室观"的形成及其表现》，《贵州文史丛刊》2009 年第 3 期。

⑤ 徐卫民：《汉匈关系与新发现的〈封燕然山铭〉》，《文史知识》2017 年第 12 期。

读，认为《封燕然山铭》应作于永元三年。① 20 世纪以来，俄罗斯、蒙古国和中国的专家亦曾多方寻找，但却始终未找到窦宪与班固"勒石纪功"之地。2017 年 7 月 29—31 日，内蒙古大学与蒙古国成吉思汗大学学者对位于蒙古国中戈壁省杭爱山支脉的一处摩崖石刻进行联合考察，初步判断该石刻内容为班固所作《封燕然山铭》。这一发现引起了学界和公众的关注。参与考察的内蒙古大学学者齐木德道尔吉和高建国记录了考察情况，认为蒙古国新发现的《封燕然山铭》摩崖既可校正《封燕然山铭》在流传过程中形成的错讹，也可正本清源、去伪存真。② 辛德勇出版《发现燕然山铭》（中华书局 2018 年版），对于历史上《燕然山铭》的拓本、仿刻和赝品的流传、辨伪情况，《燕然山铭》原文的内容、刻石是否为班固亲为，以及围绕着《燕然山铭》的重要人物与史事等一系列引发公众热议的问题，进行了细致、详尽的考察。他指出，从总体上来说，《燕然山铭》摩崖石刻的发现，并没有给中国古代历史的研究提供前所未有的新资料，因而不宜过分夸大此次发现的学术价值，也不宜做太多非专业的渲染；但此番发现《燕然山铭》真石最直接的价值之一，即正本清源，彻底扫除赝品对相关学术研究所造成的严重干扰。③ 针对有学者认为摩崖或为班固亲手所书，汉隶镌刻，且其镌刻时间比号称"汉隶之冠"的《熹平石经》还要早八九十年的说法，辛德勇认为刻石者应是班固所称"闾里书师"者流，或是一位普通的匠人，或是地位很低的文人，而不可能是班固本人。④

　　此外，通过对班固追随窦宪征伐北匈奴相关史实的回溯，辛德勇指出，班固所作铭文，应系窦宪命人在燕然山上刻石而作，《燕然山铭》为后世沿承自古以来的习惯做法所加的题目。据班固所作《车骑将军窦北征颂》，窦宪曾在燕然山举行封禅活动，是以南朝梁昭明太子萧统在编录《文选》的时候，就另给这篇铭文加了一个题目——《封燕然山铭》。此后两个题目常被混用，但辛文通过多条例证，说明有无一个"封"字，所表征的意义完全不同。班

---

　　① 李炳海：《班固〈封燕然山铭〉所涉故实及写作年代考辨》，《文学遗产》2013 年第 2 期。
　　② 齐木德道尔吉、高建国：《蒙古国封燕然山铭摩崖调查记》，《文史知识》2017 年第 12 期。
　　③ 辛德勇：《〈燕然山铭〉的真面目》，载《发现燕然山铭》，中华书局 2018 年版，第 44 - 75 页。
　　④ 辛德勇：《〈燕然山铭〉刻石的文字出自谁人之手》，载《发现燕然山铭》，中华书局 2018 年版，第 76—86 页。

固所作铭文并非窦宪封禅时所作，故其题目应为《燕然山铭》而非《封燕然山铭》。① 进一步，针对一些学者称赞班固作《燕然山铭》是"赞美对外的正义战争"②，"勒铭燕然，是班固个人的顶点，也是东汉宫廷文学的顶点"③；辛德勇却认为《燕然山铭》只是班固谄媚窦宪所作的吹捧之词，正所谓"丹青易著，大雅难鸣"，班固因攀附、媚事窦氏外戚最终下狱致死，"是把个人的荣华富贵凌驾于天下公理之上，为一己私利而苦心钻营，所以才招致杀身之祸；而且他的悲剧，不在于下狱殒命，乃是身败名裂"，是以辛文结论称"镌刻《燕然山铭》的那块突起的山崖，就是班固的耻辱柱"。④

目前，围绕《封燕然山铭》摩崖石刻的研究仍然在继续深入。通过媒体报道，将考古发掘和学者研究成果及时传递给公众，从而进一步激发公众的兴趣和研究的深化，笔者以为，此可视为新世纪《汉书》研究史上有着重要意义与深远影响的标志性事件。

二、班氏家族研究

古代的《汉书》研究，多是针对《汉书》文本展开，并未将研究《汉书》的编撰者——班彪、班固、班昭等人的生平学术情况作为《汉书》研究的一部分。20 世纪以来的《汉书》研究，在这一方面有了重大进展，研究者开始以"知人论世"的传统视角和现代史学的理论方法相结合，将班氏家族的渊源、事迹、发展，及其重要成员的生平事迹和著作视为一个整体来进行考察。通过了解《汉书》的成书情况，及其编撰者班彪、班固、班昭等人的性格心理、思想渊源和学术旨趣，不仅有助于加深《汉书》思想、文化、史学和文学成就的理解，并且由此构成了《汉书》研究中一个不可或缺的部分。

（一）班氏家族史研究

20 世纪前中期，仅有少数论著专门研究班固的生平及学术成就，以及班超出使西域的功绩；至于班氏家族的其他成员，诸如班婕妤、班彪、班昭、

---

① 辛德勇：《〈燕然山铭〉不是封燕然山铭》，载《发现燕然山铭》，中华书局 2018 年版，第 233—258 页。

② 孙亭玉：《论班固的铭》，《文学遗产》208 年第 4 期，第 122 页。

③ 陈君：《振大汉之天声：〈封燕然山铭〉的历史文化阐释》，第 14 页。

④ 辛德勇：《〈燕然山铭〉与汉代经学以及史学家班固》，载《发现燕然山铭》，中华书局 2018 年版，第 259—282 页。

班勇等，少见专篇介绍。20世纪后期以降，始有人开始研究班氏家族重要成员的生平、著述、思想，得出了一些有价值的成果。这些成果可分为局部研究和总体研究两类，予以介绍。

在局部研究方面，主要涉及班氏家族在匈奴、西域等民族地区的活动，及其家世渊源和民族思想等。崔明德就班彪、班固、班超、班勇父子、祖孙三代的民族关系思想进行了梳理，认为班氏三代的特殊经历，既带有两汉之际民族关系思潮的影响，又呈现出家世影响和个人独有的特色。他们对现实民族关系的敏锐洞察力、对民族地区的深入了解和卓越的理想追求，将理论与实践相结合，从而产生了显著的效果。① 从"家世兴衰与社会背景"的角度，殷晴考察了班氏家族在汉代西域的活动，认为汉代统一西域，开通丝绸之路，从此掀开中西经济文化交流的热潮，班氏家族的重要成员班彪、班固、班超、班勇等，均成就了不朽的功业。② 加拿大学者陈三平考察了班氏家族在西汉时期融入匈奴血统的情况。他引用班彪的《汉书·成帝纪·赞》和应劭的注解，说明班彪的外祖父金敞是匈奴休屠王的直系曾孙，亦系汉武帝托孤的两位重臣之一——金日磾的侄孙，认为异族血统的融合与班氏家族成员具有超常才艺之间具有因果关系。③ 这一结论尚有商榷的余地，但无疑为研究班氏家族和《汉书》提供了一些新思路。

在总体研究方面，秦草肯定了班氏家族在史学领域"父子兄妹两代三人，毕其精力，垂范后世"的巨大贡献；④ 杜成辉考察了发迹于边地的班氏父子的著史活动，强调"古代的晋北地区，与中原腹地相比，文化教育事业相对落后"，"在雁门郡及北边各郡的文化发展过程中，班氏家族发挥了重要的作用"。⑤ 胡健美、王啸晨研究班氏家族的创作情况和家族特色。前者将班婕妤、班彪、班固和班昭四人的辞赋，命名为"和平中正的宫怨体"、"易代之际的文人心态"、"正统文人的盛世高歌"和"颂德修善的宫廷文学"，分别加以分析；⑥ 后者纵观班氏成员的诗、赋、文创作，从儒家思想、浪漫主义、摹拟

---

① 崔明德：《班彪祖孙三代的民族关系思想》，《烟台大学学报（哲学社会科学版）》2007年第1期。
② 殷晴：《班氏家族与汉代西域——家世兴衰与社会背景》，《西域研究》2009年第4期。
③ ［加］陈三平：《从〈汉书〉作者班氏家族的匈奴血缘谈起》，《文史知识》2009年第6期。
④ 秦草：《班门三杰著〈汉书〉——东汉史学家班彪、班固、班昭》，《西安教育学院学报》2000年第4期。
⑤ 杜成辉：《晋北班氏的史书编辑活动述略》，《大同职业技术学院学报》2001年第4期。
⑥ 胡健美：《汉代班氏家族辞赋研究》，山东大学2008年硕士学位论文。

创新和家国观念四个方面分析其共性与个性。①

近年来，出现了一些将班氏作为两汉时期一个显赫的文化世家进行研究的论著。例如，王珍通过介绍班彪、班固、班超的家学家风、历史环境、生平经历和代表著作，将他们在史学与文学上所取得的巨大成就与其维护国家统一、民族团结的思想相联系，分析了班氏家族作为一个具有强烈爱国精神并深得儒学精髓的文化世家形成、发展的原因，并以小见大，探讨了中华民族在精神传承和传统文化延续方面的动因。② 李雪莲、李云朵从时代精神和家学家风的角度，考察班氏家族的文学创作及成就。前者对班氏家族在两汉时期所形成的家学家风进行追根溯源，探讨其"外儒内道"的思想特色、文武兼备的家风和文史并重的家学形成的深层原因。③ 后者将班氏独特的家族精神归结为儒家思想、保身之道和任侠精神，认为时代的影响与家风、家学的渗透和浸染，使班氏家族的文学创作深深打下了这种精神的烙印，从而具有许多共同的风貌和特点，在中国文化史上写下了浓重的一笔。④ 夏晓红认为在汉代文学家族中，几乎找不到如班氏家族这样文武兼备的。从班氏家族中最重要的成员班婕妤、班彪、班固、班昭、班超、班勇算起，能文者，莫过于班婕妤、班彪、班固、班昭者；能武者，莫过于班超和班勇父子。班超和班勇父子用一生多次平定西域各地的动乱，调兵遣将的忠勇谋略，慷慨豪气的坚毅笃定，为国家稳定和统一做出巨大贡献。因此，作者得出结论：在汉代众多家族中，班氏家族综合素质最高、成就最大。⑤

此外，还有学者将班氏家族的创作与成就，与西汉司马谈、司马迁父子，刘向、刘歆父子，以及三国时期的"三曹"父子、北宋的"三苏"父子等文化世家一道，作为中国文化史上特有的现象加以探讨。崔荣华总结"汉代文史三大家"的成就，认为司马氏父子发凡起例，首创纪传体通史、传记文学之先河。刘氏父子考镜源流，开启了大规模校理著录图书文献的范例。班氏父子继踵前贤，包举一代汉史，成为后世正史的"不祧之宗"。三家学术思想，不仅父子相继，承变有序，又因时变迁，各显异趣，以其丰富的内涵，

---

① 王啸晨：《汉代班氏家族诗赋文创作研究》，东北师范大学 2014 年硕士学位论文。

② 王珍：《东汉班氏三杰研究》，华中师范大学 2007 年硕士学位论文。

③ 李雪莲：《两汉班氏家族文学考论》，湘潭大学 2008 年硕士学位论文。

④ 李云朵：《班氏家族文学研究》，西北大学 2009 年硕士学位论文。

⑤ 夏晓红：《汉代文学家族研究》，云南大学 2016 年硕士学位论文。

再现了两百年期间汉代政治演变、文史并进、经学转合的历史轨迹。汉代三大家的不朽成就，于中国学术文化的推进与发展，影响至深弥远。①

邓桂姣的博士学位论文《汉代扶风班氏家族文化与文学研究》（扬州大学，2014 年），是目前所见班氏家族史及其研究最为完备的一篇。作者在考订班氏代表人物生平、辑考班氏亡佚作品、制作班氏家族合谱、为班氏部分作品系年等工作的基础上，将班氏家风概括为：其追求则事功之志与文德之愿并存，性格则英豪之气与礼法之谨共存，为人则忠诚耿直与明哲自保兼具，事业则经史文艺与文武政务兼修；将班氏家学概括为：通达广博的儒学、楷模百代的史学、成绩斐然的文学。通过研究班氏文学家族的形成演变过程和班氏家风家学的情况、班氏代表人物文学的突出风貌及其思想倾向，结合社会背景，从外部因素与文学之关系的角度，探讨家族、家风、学术、文学间的互动关系。作者指出，整个班氏家族的学术，在家法师法严格、章句盛行、皓首也难穷一经的汉代可谓独具一格，显得格外通达灵活。这并非偶然，实际上与班氏家族在北方形成的重视事功、慷慨激昂的家风精神是相通的。班氏为学不纠结章句之细枝末节而广博涉猎、努力掌握大义，体现了抓大放小、着眼整体、把握关键因素的精神；抛弃门户之见、学无常师，体现了重实效的务实精神与灵活变通精神；广博涉猎、无不穷究的学术旨趣，正与慷慨激昂之气相应。至于班氏家族阖门好史、擅长于史的学术特征，则正与其家风中精通世务的精神一致。读史令人明智，"通古今之变"最主要的即是钻研古往今来的得失。因此从这个角度来说，史学即是一门关于古往今来之世务的智慧之学，班氏之好史、擅史，说明班氏家族喜欢并擅长于钻研古往今来的世务、并有这种洞悉的智慧：始祖班壹在异域他乡以神奇的速度实现家族的复兴，班况在经济领域屡立大功并由此飞黄腾达，班彪能对政治形势做精准的预测、对边疆事务提出高明的谋略，班超及其少子班勇分别平定西域数十国的奇功，这些足以说明班氏家族对世务精通的程度及其源远流长的家风。然而，另一方面，班氏家族走向衰微的一个重要因素，也在于家风。伴随着儒化、学术化进程，班氏家风由慷慨激昂而更倾向于明哲自保，乃至沦为谄媚的工具。"班固谄窦以作威"（刘勰语），其子嗣、家奴胆敢依倚窦宪势力

---

① 崔荣华：《汉代文史三大家的学术承变》，《南通大学学报》（社会科学版）2014 年第 2 期。

而横行嚣张，最终身死名裂，可见家风的堕落放纵，直接间接地促成了班氏家族文学、学术、仕途等诸方面繁荣的终结。

上述研究成果对班氏家族成员参与史学和文学活动的情况进行了梳理，在篇目整理、事迹考证、作品评析、理论方法上均有突破，有助于推动《汉书》和两汉文化史研究的深入发展。

（二）班氏家族主要成员事迹研究

目前对于班氏家族主要成员事迹的研究，主要包括班婕妤、班彪、班昭、班超、班勇等，在此仅介绍与班固和《汉书》相关的内容。

1. 班婕妤研究

德行出众、才貌双全的班婕妤，既是班氏家族杰出人物的代表，又是中国古代一位杰出的女性。对于班婕妤的研究是文学史和女性史研究的热点，包括其生平事迹的考证、作品真伪的考辨和思想内容的分析，得出了一些有价值的成果。据笔者统计，自 20 世纪 80 年代末以来，计有十余篇关于班婕妤的论文，内容大多围绕其存世作品"两赋"（《自悼赋》、《捣素赋》）、"一诗"（《怨歌行》，亦称《团扇诗》）、"一书"（《报诸侄书》）展开。

郑之洪辨析了自班昭、朱熹至现代学者有关班婕妤身世、形象和思想的歪曲与误读，认为他们的目的是刻意将班婕妤改造为以儒家设教的封建后妃典范。作者以为，从妇女史角度来看，班婕妤作为一位德才兼备的妇女，对于西汉以后文学的发展和妇女规范的建立，具有深远的影响。深入研究班婕妤，对我国妇女史的研究具有重要意义。[①] 虞蓉将班婕妤的文风阐发为"情深至淡"的文学思想和"情深委婉"的创作风格，认为班婕妤的文学思想对于班彪、王充和班固的创作均产生了重要影响。[②] 在辨析《怨歌行》是否为班婕妤所作的问题上，叶飞认为《汉书》不载《怨歌行》不能成为此诗是伪作的理由，因为班固具有浓厚的忠君思想，故多不选录怨君愤上之诗；[③] 陈传胜则指出，班固著史不可能录入一个人的所有作品，在古文献缺乏的情况下，应承认《怨歌行》为班婕妤所作。[④]

---

① 郑之洪：《班婕妤思想浅探》，《湛江师范学院学报》（哲学社会科学版）1999 年第 2 期。
② 虞蓉：《"情深至淡"：班婕妤文学思想略论》，《乐山师范学院学报》2006 年第 5 期。
③ 叶飞：《钟嵘〈诗品〉班婕妤条疏证》，《许昌学院学报》2009 年第 4 期。
④ 陈传胜：《小议"怨深文绮"的班婕妤》，《江西社会科学》2002 年第 4 期。

对于班婕妤故事及形象在后世的传播情况，罗然（译名）、郑俊蕊以汉代至唐代班婕妤主题作品的流变过程为题，通过引证《汉书·外戚传》的叙述和班婕妤的作品，将真实历史中的班婕妤故事与此后文学作品中的班婕妤形象进行对比，以此说明"通过特定主题下的文本借用和阐述形成的对文学主题的重新塑造"。① 台湾学者苏佳文和廖一瑾，则将班婕妤与西汉历史上另一位著名的女性——王昭君相比较，梳理《汉书》中的记载及后世文学作品中的演绎，认为《汉书》中的班婕妤形象是一位女性楷模，在男性垄断的古代史册中，能够收录其作品，显露其心境和观点，可见"其德行的杰出，整个西汉王朝，无人能望其项背"，"而且也获得了后世认同，与古代著名的列女贤妇并列"。② 相较而言，两《汉书》中对于王昭君的记载却相当简略，可谓一个"无面目、血肉和灵魂的人物"，然而"后世文学对王昭君、班婕妤两故事各有不同的接受，概括而言，以叙事为主的昭君故事之俗文学，要比以抒情为主的婕妤怨歌之雅文学要热闹许多"。③ 上述论著，揭示了历史人物在史书编撰和文学阐释中，从个别、特殊的具体人物转化为具有典型性、代表性的艺术形象的过程，更体现出"通俗史学"在传播、接受的过程中改造甚至重构真实历史的强大功能。

2. 班彪研究

20 世纪以来计有二十余篇论文论及班彪的生平著述情况，其中大多是对其辞赋作品的赏析，此处主要介绍与其生平事迹和学术贡献有关的论文。古今学者根据《汉书》各篇"赞语"认定，《汉书》中一部或全部为班彪所作的计六篇：在生平史事方面，《元帝纪》、《成帝纪》、《韦贤传》、《翟方进传》、《西域传》和《元后传》，但朱东润的遗作《班彪及〈汉书〉》，考订为班彪所作的篇章尚有《礼乐志》、《恩泽侯表》、《王子侯表》、《高惠高后文功臣表》、《萧何曹参传》等。④ 目前尚未见有研究者赞同此说，但笔者以为其考证自有合理之处，值得关注。王充与班彪、班固父子关系密切，对《汉书》

① 罗然、郑俊蕊：《汉代至唐代班婕妤主题演变流程》，《中国中古文学研究——中国中古（汉—唐）文学国际学术研讨会论文集》，2004 年。
② 苏佳文：《六朝诗文中的王昭君、班婕妤现象研究》，暨南国际大学 2007 年硕士学位论文。
③ 廖一瑾：《石崇〈王明君辞〉、班婕妤〈怨歌行〉的美学意象及传递》，《中国文化大学中文学报》2015 年第 30 期。
④ 朱东润：《班彪及〈汉书〉》，《文献》2014 年第 7 期。

的成书有重要的影响。据范晔《后汉书·王充传》载，王充"后到京师，受业太学，师事扶风班彪"，古今学者多认为此语意为：王充是在太学受业时师从班彪。但吴从祥却通过《论衡·自纪》及诸家《后汉书》考辨，认为王充受业太学和师事班彪是两件事。王充早年十五岁左右曾到洛阳太学受业，但从汉代太学制度和史籍记载来看，班彪从未在太学授业，因此王充应为班彪的私授弟子。且《自纪》与《论衡》文本多相抵牾之处，其记载并不完全可信，应该慎重审视。① 此说有益于纠正一直以来对于王充的片面认识。

在学术贡献方面，王和生认为班彪是东汉初期的一位承前启后的封建史学家，他为两汉时期封建专制主义史学的确立和发展，作出了自己的贡献。② 施丁对班彪的《前史略论》（亦称《史记略论》）进行了专门研究，认为此篇标帜史学，上承扬雄、下启班固，是最早的史学史论文，具有重要的历史意义。③ 两汉之际，河西地区相对平静，以班彪为代表的中原士人在王莽之乱后纷纷避难西北，在当时政治格局的变迁中发挥了特殊的作用，对于河西经济文化的繁荣发展做出了重要贡献。刘跃进从班彪在两汉之际的活动入手，肯定了他在文化学术方面的贡献。④ 姜平分析班彪的《北征赋》、《王命论》等代表作，认为贯串其班彪创作的思想主线即"宣汉"。作为两汉之际的重要人士，班彪创作中蕴含的"宣汉"思想起到了承前启后的重要作用，折射出汉朝气象、思想文化和意识形态构建。⑤

在班彪的身后评价方面，李虎称赞班彪饱读经书，精通文史，酷爱著述，成为一代名儒。他承继传统，恪守祖训，身体力行，发扬光大，诗书传家，严于教子，培育出满门人杰：班固以《汉书》垂范，班昭以才女著称，班勇以《西域记》闻名。班彪的学术生命在其子孙身上得到了延续。⑥ 孟祥才认为历史上的班彪一直处于两个儿子班固和班超的阴影中，而事实上他是了不起的史学家、思想家和颇有预见性的政治家。班彪一生虽然官小位卑、平淡无奇，但在刘秀一朝的重大决策中起过重要作用，更是《汉书》的奠基人。

① 吴从祥：《王充"师事班彪"考辨》，《荆楚理工学院学报》2011年第3期。
② 王和生：《承前启后的史学家班彪》，《辽宁师范大学学报》（社会科学版）2002年第5期。
③ 施丁：《评班彪的〈前史略论〉》，《史学史研究》2006年第4期。
④ 刘跃进：《班彪与两汉之际的河西文化》，《齐鲁学刊》2003年第1期。
⑤ 姜平：《班彪的创作及其"宣汉"思想》，东北师范大学2014年硕士学位论文。
⑥ 李虎：《班彪述评》，《咸阳师范学院学报》2002年第5期。

他甘于寂寞，安于清贫，长年沉潜于历史文化的研究，为保存和延续我国传统文化和民族精神做出了无可替代的贡献。由此他将班氏父子三人不同的命运归结为：班彪淡泊而自足，班超奇险而辉煌，班固屈辱而败亡。[①] 上述论著均成为研究班彪和《汉书》有价值的成果。

3. 班昭研究

班昭是中国古代唯一的女性史学家、最早的教育家和杰出的文学家，在史学史和文化史上享有尊崇的地位，被誉为"儒林女圣"。然而 20 世纪以来，对于班昭的研究以及对其学术思想、历史地位的评价却经历了一个先冷后热、先抑后扬的过程；近两千年封建社会笼罩在她身上的神圣光环——"大家"、"儒林女圣"、"女教圣人"等不复存在，班昭的历史地位因其特殊的身世背景、生平活动、学术思想及其代表作——《女诫》而饱受贬抑。值得注意的是，对班昭的贬抑与对班固的研究、评价一样，是 20 世纪前中期（特别是新中国成立后的 30 年）《汉书》研究陷入低谷的表现，原因在于以简单化、庸俗化的政治说教和意识形态因素统摄学术研究，由此导致了班昭的学术思想、成就及其历史地位长期以来得不到公正、客观的评价。目前所见对班昭进行研究的专著有三部、论章 140 余篇，内容大多为介绍、普及性质，有价值的成果不多。20 世纪后期、特别是 21 世纪以来，班昭研究逐渐成为汉代文学史、思想史、教育史和妇女史的热点，十余年来各类共发表报刊论文 110 余篇和研究生学位论文 6 篇，对班昭的生平、著述和学术思想进行了较为全面、深入的探讨，取得了令人瞩目的进展。

总体而言，近年来对班昭的研究可分成对其生平史事与著述的研究两部分。朱维铮以《后汉书》中有关班昭的记载为基础，考辨历代学者尤其是清代史注、史考、史补中的相关论述，作班昭生平简表，从历史编纂学、古代妇女史、家族伦理史、贵族文学史和妇女参政史五个方面论述了班昭的活动与贡献，是此类研究中高水平的著作。[②] 金璐璐的博士学位论文《班昭及其著述研究》（首都师范大学，2009 年），在东汉前中期社会的政治、经济、文化、学术和文学这一大的历史文化背景下，就班昭的家世生平、治学交游、

---

① 孟祥才：《论班彪》，《东岳论丛》2006 年第 1 期。
② 朱维铮：《班昭考》，《中华文史论丛》2006 年第 2 期。

文学思想、创作实践等进行了较为全面、客观的考证和研究，并附录《班昭大事年表》和《班昭注疏作品》，颇富参考价值。作者认为班昭是位具有浓厚正统意识的史学家。在《汉书·八表》中，她从正统思想出发，以儒家思想评判汉代的历史人物和历史事件，崇尚德治。她把汉朝看成是因应天命的正统皇权，拥护大一统，以强调西汉的历史合法地位。班昭的史学思想与汉代其他史学家相比，其正统色彩更为浓烈。班昭身兼历史学家和文学家双重身份，这两种身份影响到了班昭文学创作的方方面面。其史学家的身份对其文学创作的内容真实性、写作模式、写作目的的影响很大，同时文学家的身份也使班昭历史散文的创作形成语言典雅严谨、文体赋化、文学手法巧妙运用等特点。这是目前所见对于班昭著述研究较为全面、深入的一篇。①

　　4. 班超、班勇研究

　　有关班超、班勇父子生平事迹的介绍，20 世纪共计有 30 余种著作，多为普及性的青少年读物，大多根据《后汉书》中的记载进行介绍，学术价值不高，在此仅就其中较为重要的成果予以评述。

　　20 世纪前中期对班超的介绍与研究，是通过塑造其民族英雄的形象来进行爱国主义教育，此与中国近代以来频频遭遇外敌入侵、长期处于战乱之中的形势密切相关。20 世纪 80 年代之后，对班超的研究逐渐转向从中西经济、文化交流的角度考察其出征西域的历史功绩。莫任南针对国外古代东方史著作中，有关班超出使西域的范围和活动的错误记载进行了辨析，强调东汉时期中西频繁的经济文化交流，与班超在西域成功的政治、外交活动分不开，认为班超对人类的进步事业作出了重要贡献。② 秦卫星论述了公元 1 世纪前的西域形势和班超在西域所建立的功业，较为全面地总结了班超获得成功的原因及其通西域的意义和贡献。③ 崔永强探讨班超在东汉中期西北边疆经略中发挥的作用，以及边吏的个人行为和中央集权的政府行为之间的关系。认为东汉时期，国家的边疆政策以消极防御为主，少有进取，更多依赖有能力的边吏"自在"经营。当他们取得不错的成果时。国家就出面给予支持；稍有阻力，政府就轻言放弃，班超经营西域就清晰地反映了这一事实：班超的积极

---

　　①　金璐璐：《班昭及其著述研究》，首都师范大学 2009 年博士学位论文。
　　②　莫任南：《班超对中西交通的贡献》，《湖南师院学报》（哲学社会科学版）1980 年第 2 期。
　　③　秦卫星：《班超与西域》，《新疆大学学报》（哲学社会科学版）1983 年第 1 期。

努力一次次将不被看好的西域重新拉入政府的西北经略大局之中，但是政府的无为态度却极大地削弱了西域经略的成效。这种个人行为与国家经略之间的双向互动关系，是东汉西北边疆治理的重要特色。① 刘夏欣认为其中原因，在于班氏一门较长时间都居住在帝国西北，与少数民族有着较多的联系，且对其有着深刻认识，因此，班氏成员普遍注重帝国的边防事务，且家族成员多崇"文"尚"武"。班超作为班氏家族的典型代表，班氏一门的特质在班超身上都有所体现：他选择远赴西域建功立业便与班氏一门传承的家族记忆有很大的关系，对帝国边防事业的重视和对少数民族性情与行事方式的观察所总结的经验，在班超经略西域的过程中得到了最大发挥，其经略西域措施的正确性与有效性得到了历史的验证。②

此外，针对班固、班超同为公元 32 年出生的记载，有人提出班固与班超或为同父异母的兄弟，对此齐金鹏撰文，认为二人应为年头岁尾同年出生的亲兄弟。又有人以《后汉书·班超传》"超与母随至洛阳。家贫，常为官佣书以供养"的记载，认为班固与班超兄弟关系不睦。齐文亦以班固因"私改作国史"之罪被人告发下狱之时，班超"恐固为郡所核考，不能自明，乃驰诣阙上书，得召见，具言固所著述意"（《后汉书·班固传》），方始为班固免去牢狱之灾、且就此因祸得福，被汉明帝召见任用为例，认为此说没有史料作为依据。③

目前可见有关班勇的论文仅有数篇。柳用能认为班勇出生在西域，他的生母应为疏勒本地少数民族的女性（作者推测为疏勒王的亲属）。班勇熟悉西域的山川地理和风土人情，对西域的政治军事形势了如指掌，是捍抚西域的建策者、组织者和领导者。发掘整理班勇的史料，"关系到汉族与少数民族的血肉情谊和我国自秦汉以来就是统一的多民族国家的重大问题"，"足以证明古代的西域即今日的新疆是我国神圣领土的一部分"，有着不容忽视的现实意义。④ 张静认为班勇经营西域虽然时间很短，但仅用 4 年时间就解决了举朝棘手、公卿无策的北匈奴和天山南北问题，解除了匈奴奴隶主对西域各族人民

---

① 崔永强：《班超与东汉中期的西北边疆经略》，《南昌大学学报》2014 年第 2 期。
② 刘夏欣：《家国视野下的扶风班氏研究——以班超为研究中心》，上海师范大学 2016 年硕士学位论文。
③ 齐金鹏：《班固班超兄弟关系的探究》，《学苑教育》2012 年第 12 期。
④ 柳用能：《班勇生平考》，《新疆大学学报》（哲学社会科学版）1978 年第 2 期。

的残暴统治和对河西走廊的掠夺，使西域重新回到了祖国的怀抱。这一功勋不仅维护了西域诸国的社会稳定和经济发展，且加强了西域同祖国内地的联系与交流，对两地的发展不无裨益。① 班勇所著《西域风土记》，详细记叙了西域各地的地理、物产、风土民情和政治历史，内容大多失传。彭卫撰文对其进行了专门考察。基于中外学者对班勇著作的高度评价，彭文认为班勇对当时中亚、南亚、西亚、北非地区社会状况的记述和考订，包含着许多合理成分，这无疑是一部达到世界先进水平的杰出著作。这是目前可见关于班勇著作的唯一一篇专论，具有重要的价值。②

第三节　《汉书》的教学、传播与普及

一、专业机构在《汉书》教学与研究方面的贡献

（一）国内各高校的《汉书》教学与研究

20 世纪以来，随着现代学术转型和学科体系的建立，《汉书》成为高校中国古代史和古典文学专业教学、研究的一部分，此亦是现代"汉书学"与古代《汉书》研究的本质区别。20 世纪以来，以高校为主的专业学术机构成为主导和推动《汉书》研究的主力。笔者以"中国知网"收录的报刊文集论文和学位论文数量为依据，将 20 世纪至今国内发表论文数量最多的前 20 家学术单位表列如下（篇目、作者和提交单位详见"附录"）：

作者单位	专著、教材、论文集、通俗读物	学位论文	报刊会议论文
南京师范大学	1	24	37
北京师范大学	3	16	33
陕西师范大学	1	14	26
山东大学		11	24
华中师范大学	1	9	21
武汉大学	2	9	19
西北大学	2	6	19

---

① 张静：《略论班勇与西域的关系》，《新疆社科论坛》2001 年第 4 期。
② 彭卫：《略述班勇对古代西域的记述》，《历史教学》1987 年第 11 期。

续表

作者单位	专著、教材、论文集、通俗读物	学位论文	报刊会议论文
南京大学		3	22
河北师范大学		6	18
北京大学			24
郑州大学		2	19
四川大学		2	19
西南大学		9	11
苏州大学		8	11
安徽大学		5	13
东北师范大学		9	3
广西师范大学		8	3
大连理工大学		10	3
山东师范大学	2	6	1
湘潭大学		7	

从上列数据可以看出，20 世纪中后期以来，南京师范大学、北京师范大学、陕西师范大学、西北大学等一批高校，成为推进《汉书》教学、研究最重要的学术机构。具体而言，这些学术单位的教学与研究成果各具特色。以西北大学历史系为例，自 20 世纪前中期该校即在秦汉史研究方面具有雄厚的科研力量和丰富的学术资源，出现了冉昭德、陈直等《汉书》研究专家，20世纪 50—60 年代承担了点校《汉书》和编辑高校文科教材《汉书选》的任务。20 世纪中后期以来，西北大学历史系培养出多位有影响的秦汉史学者，如林剑鸣、黄留珠、周天游、王子今、彭卫等，他们的教学活动与科研成果均为《汉书》研究做出了有益的贡献。再如北京师范大学历史学院，其史学理论与史学史研究在国内外学界享有盛誉。在白寿彝等数代学者的心血与努力之下，北师大史学理论与史学史研究中心被教育部批准为"全国普通高等学校人文社会科学重点研究基地"。除上文介绍过的陈其泰、许殿才之外，该机构多位学者如瞿林东、吴怀祺、汪高鑫、向燕南、易宁等，也都就《汉书》发表过重要论述。近年来该单位提交的研究生学位论文，内容涉及《汉书》的史学、文学、文献学成就，与《史记》、《后汉书》、《汉纪》和西方古典史学的比较，以及"汉书学"的阶段性发展等，笔者的博士论文《汉书历史叙事研究》也是其中之一。此外，南京师范大学的古典文献专业，是教育部批准

成立的全国四家文献人才培养基地之一。该校历来重视对学生进行基础理论与专业知识的训练，开设课程除古文献基础知识外，还有《史记》、《汉书》等古代典籍的研读。近年来该校研究生相继提交了多篇学位论文，在《汉书》的版本、目录、校勘、辨伪、辑佚等方面均达到较高水平。陕西师范大学文学院的中国古典文学研究积累丰厚，在《史记》、《汉书》比较及史传文学成就研究方面，堪称成就斐然。大连理工大学外国语学院，在典籍翻译、语用语篇分析等领域具有优势，近年来提交了数篇对《史记》、《汉书》英译版本、译者的研究，提供了《史》、《汉》等经典史籍海外译介与研究的宝贵史料。

在教学方面，《汉书》是各高校中国古代史、文学史和古典文献专业教学的必修内容和基本研读文献。20 世纪中期以来，有数种作为高教文科教材的《汉书》选本出版，各类古代史、文学史教材中涉及《汉书》的内容亦不胜枚举，这些教学活动从不同层面推动了《汉书》的传播与研究。例如，在高校中国古代文学史专业的教学中，《汉书》多是作为"秦汉文学"、"两汉历史散文"或"先秦两汉史传文学"课程的一部分。近年来，一些高校致力于教学方面的探索。如西北大学文博学院开设"陈直学"选修课，其教学大纲第三章"《史》《汉》研究的新突破"，介绍了陈直《史》、《汉》研究的理论、方法及其重大贡献。[①] 笔者曾工作过的中国人民大学国学院，与大多数高校仅将《史记》列为专业课的做法不同，将《汉书研读》与《史记研读》一道列为本科专业必修课，由秦汉史专家王子今授课。课程涵盖《汉书》的基本内容、史家生平著述、经典篇章研读、西汉有代表性的历史人物和事件，以及"汉书学"的发展概况和有代表性的研究成果等，在此基础上，王子今主编《汉书解读》，作为"中国人民大学国学经典解读系列教材"之一，由中国人民大学出版社 2016 年出版。

当前，在笔者执教的河北大学历史学院，亦将《史汉研读》列为研究生专业必修课。通过《史》、《汉》经典篇章的对照、研读，讲授马、班二人的家世生平、学术思想、文化贡献，汉代的对外经略、学术思想、风俗文化以及《史》、《汉》体例结构、典型人物、叙事成就及其对后世史书编撰和史传文学的影响。在此基础上，笔者拟根据课程讲义编撰、出版《史汉研读》教

---

① 黄留珠：《陈直学述略——为纪念中国秦汉史研究会成立 20 周年而作》，《传统历史文化散论》，三秦出版社 2005 年版。

350　　　　　　　　　　　　汉书学史（现当代卷）

材，不久的将来，还计划出版《汉书学史》（古代卷）、《班氏家族研究》、《王莽研究》、《两汉书比较研究》等一系列专著。

（二）专业学术团体的《汉书》研究

20 世纪后期以来，各类专业团体举办的学术活动，在一定程度上推动了《汉书》研究。中国秦汉史研究会是国内成立较早的断代史专业学会之一，在成立至今的近四十年间，在繁荣学术、加强交流、推动合作、培养人才等方面，为秦汉史研究作出了积极贡献。他们定期举办年会和国际学术讨论会，每年编辑出版《秦汉史论丛》、《秦汉研究》等刊物，有相当部分涉及《汉书》研究。此外，"中国《史记》研究会"和"陕西省司马迁研究会"等机构，也举办各类定期和不定期的学术活动，出现了韩兆琦、张大可、张新科、俞樟华、徐兴海等《史记》研究的知名学者，他们的研究亦涉及《汉书》和《史》、《汉》比较等内容。

2014 年 4 月 12 日，在班氏故里陕西省宝鸡市成立了宝鸡国学研究会。该机构以"传承民族经典，享受品味人生，弘扬国学智慧，构建人文宝鸡"为宗旨，研究涉及儒学和中华传统文化，以及宝鸡历史上的杰出人物事迹。该机构的成立，亦将有益于《汉书》和班氏家族史的传播与研究。

二、地方政府和民间团体的活动

（一）地方政府的宣传与推动

近年来，在传统文化复兴、开发区域经济和推广爱国主义教育等思潮推动下，地方政府对于班固和《汉书》的关注日益升温，在编辑整理班氏家族文献，宣传推广班氏家族事迹及《汉书》影响力方面亦有积极贡献。

现存班氏家族的历史遗迹，主要集中在山西和陕西两地。有"三班故里"之称的楼烦现存班氏祖墓、宗祠（今山西省原平市班政铺村西），另有始建于元代的崞县（今属原平）文庙乡贤祠中祭祀的班氏先祖（班回、班况、班斿、班彪）。关中班氏遗迹，则有班婕妤墓（今陕西省咸阳市汉成帝延陵东北）、班固墓（今陕西省扶风县太白乡浪店村）、班昭墓（今陕西省兴平市大姑村东北），等。此外，还有位于河南洛阳孟津的班超墓。

近年来，在地方政府和民间文化机构的推动下，一些重要的班氏家族历史遗迹得到修复，其中最重要的就是前文所述班固墓的重修工程。有民间机构在班氏故居——扶风南台村（古称班家台）修建班固书院，展示班氏家族史事与贡献，开展包括《汉书》在内的传统文化宣传、教育活动。近年来还有人呼吁，应在班氏故里修建"汉书文化园"，以推进《汉书》和班氏家族史研究，弘扬地域文化、推动地方经济。① 此外，1994 年，为纪念班超率 36 名勇士建功西域的历史功绩，新疆喀什市政府在盘橐城遗址（古疏勒国宫城）上兴建班超纪念公园，如今已成为展示丝路文化和进行爱国主义教育的基地。2010 年 4 月 18 日，为配合国家申报丝绸之路世界文化遗产工作，中共洛阳市委、市政府举办了"班超出使西域大典"大型文化活动。

有关班氏家族的历史文献，除前人所述郑鹤声编著《班固年谱》外，尚有王云峰主编《楼烦班氏家族》（远方出版社 2007 年版），和政权扶风县文史委员会主编《扶风文史资料·班氏专辑》（中国国际文化出版社 2009 年版）。

（二）中华班氏宗亲会的活动

诚如一位班氏后人所说，"我班姓史之望族焉，先祖在中华历史上曾作出过杰出贡献，涌现出大批影响历史的举足轻重的人物，……班姓散居全国各地历时 2000 余载而生生不息，繁衍至今"②。目前有相当数量的班氏后裔生活在全国各地及海外，且保存有各地班氏族谱，为进行班氏家族史和地域文化研究提供了宝贵的史料。为"使我先祖重享香火，利我后人年年致祭"，2005 年10 月 24 日，班氏后裔曾组织专人赴陕西省扶风县祭扫班固墓并寻访班氏家族的遗迹。2009 年，"中华班氏宗亲联谊会"成立，并开设"中华班氏网"，以加强中华地区班氏后裔之间的联谊交流，弘扬先祖班固、班超的文化精神，加强班氏家族的文化发展和互动为宗旨，先后组织举办了以下数项活动：

2009 年 9 月 5 日和 2010 年 10 月 7 日，"中华班氏宗亲联谊会"筹备会议两次在北京召开；

2010 年 4 月 3 日，来自上海、贵州、河南、安徽、内蒙古等 10 省、22 市（县）的班氏后裔，赶赴山西省原平市班政铺村参加"全国班姓首届三班故里祭祖大典"；

2010 年 12 月，班氏宗亲赴河南洛阳孟津县祭拜班超墓；

① 《扶风应建汉书文化园》，《宝鸡日报》2008 年 10 月 31 日。
② 班洪武：《致全国班姓族人倡议书》，"中华班氏网·中华班氏论坛"，2008 年 4 月 10 日，http：//ban. 10000xing. cn/bbs/show. asp？id＝28。

2014 年 5 月 2 日，全国 19 省区市 110 余名班氏后裔齐聚扶风，参加第四届"中华班氏宗亲联谊会暨班固墓祭祖大典"。此后赴扶风县班家台和三班祠遗址进行实地考察，举行班固书院揭碑仪式，参观班氏家族事迹展览。

三、《汉书》的传播与普及

（一）《汉书》普及读物的大量出现

以白话文注释、翻译《汉书》的工作，始自 20 世纪前期。至 20 年代后期，随着"传统文化热"的兴起，各种形式的《汉书》普及本大量出现。据笔者的不完全统计，自 20 世纪 80 年代至今，有数十种以白话本、注译本、解读本、精华本、典藏本等为名的《汉书》全集或选集出版，此类著作数量众多，受众为普通读者，大多以直白浅显的文字对《汉书》所涉人物、事件作出介绍和评述；因参与编辑、注译的人员素质不一，质量难免良莠不齐。令人欣慰的是，一批对《汉书》有精深研究的秦汉史和史学史专家如曹相成、沈重、李孔怀、施丁、张传玺、安平秋、汪受宽等，均参与了此项工作，保证了《汉书》传播与普及的质量。以安平秋与张传玺主编的"二十四史全译"项目中的《汉书》为例（汉语大辞典出版社 2004 年版），采取全篇翻译、原文与译文逐一对照的体例，译文准确、流畅，具有较高的可读性与参考价值，在传统史学典籍学术化、普及化方面做出了可贵的努力。

2. 大众传媒对《汉书》传播与普及的推动

以《汉书》人物、故事为题材的文学、艺术作品古已有之。20 世纪后期至今，以大众传媒为载体，依托现代科技手段，各种形式的艺术作品数量大幅增加，且从形式、内容和影响上均超出了专业学术研究领域。自 20 世纪 90 年代初至今，以西汉历史和人物、事件为题材的影视、戏剧、文学作品大量出现。笔者粗略梳理，计有数十部影视作品[①]，数种歌剧、话剧、戏曲作品，

---

① 除前文介绍的反映汉武帝生平的影视作品外，尚有以楚汉战争为题材的影片《西楚霸王》(1994)、《鸿门宴传奇》(2011)、《王的盛宴》(2012)；电视剧《楚汉骄雄》(2004)、《楚汉风云》(2006)、《楚汉争雄》(2011)、《楚汉传奇》(2012)，以刘邦、吕后、韩信等人为题材的有电视剧《汉刘邦》(1998)、《吕后传奇》(1998)、《大风歌》(2010)、《大将军韩信》(2010)。以司马迁、东方朔、司马相如为题材的电视剧《司马迁》(1997)、《凤求凰》(2005)、《东方朔》(2006)；此外，尚有以西汉贵族女性和宫廷生活为背景的电视剧《汉宫飞燕》(1996)、《大汉巾帼》(2005)、《母仪天下》(2008)、《美人心计》(2010)、《大漠谣》(2012)、《云中歌》(2015)；等。

以及随笔、传记、小说等文学作品逾百种。内容主要以楚汉对峙、西汉开国和汉武帝时期的历史故事为主，表现最多的人物是汉高祖刘邦和汉武帝刘彻。另，以司马迁、张骞、苏武、李陵、王莽和汉代贵族女性为主人公的文艺作品也占据了相当数量。这些文艺作品在《汉书》的传播与普及中发挥了重要的推动作用，以下简要予以介绍。

自 20 世纪 90 年代初以来，陕西歌剧舞剧院相继推出歌剧"大汉三部曲"——《张骞》（1992）、《司马迁》（2000）和《大汉苏武》（2015）。编导总结其创作宗旨："张骞不辱使命，打开丝绸之路，为改革开放的先声"，"司马迁忍辱著述，还原历史，实事求是的精神流传千古"，"苏武宁死不屈，执节守忠，从侧面展现了中国的精神"。① 2001 年，上海昆剧团上演大型历史剧《班昭》，讲述班昭继承父兄遗志续修《汉书》的故事。该剧一出台即以精良的制作和华美的表演征服了学界和观众，荣获"第十四届中国曹禺戏剧奖"的剧本奖。有学者赞其"把严谨的历史观、细密的戏剧观和华美的文学观精到而和谐地结合在一起"，学界还专门就此剧在"史与剧"、"继承与创新"、"历史题材与现实生活"等方面进行了研讨。② 此后，《班昭》又被改编为越剧上演，受到了更多的关注与好评。③ 另，有关班超的事迹，也被改编成各种地方戏曲和舞台剧上演。④

有"小说体《汉书》"之称的历史小说《亭长小武》（东方出版社 2006年版）和《婴齐传》（新世界出版社 2006 年版），以"巫蛊之变"为背景，以张家山汉简所记载的一个案件为缘起，讲述了汉武帝统治后期的一段传奇故事。作者史杰鹏为古典文献专业博士，致力于古文字学、训诂学和出土文献方面的研究，具有较好的史学修养和文学造诣，往往能借助历史背景和细节，在不歪曲历史原貌的基础上能普及历史知识。该书出版后颇受好评，被誉为"用小说演绎的《汉书》"⑤。此后，史杰鹏又以西汉历史人物、故事为主题，创作了一系列被誉为"新历史主义"的作品，如小说《赌徒陈汤》

---

①　《三个闪光的名字成就了陕西歌剧"大汉三部曲"》，《三秦都市报》2013 年 8 月 11 日。

②　相关内容详见龚和德主编：《守望者说：昆剧〈班昭〉文集》，上海辞书出版社 2003 年版。

③　中山文、伊藤茂：《从昆剧〈班昭〉到越剧〈班昭〉》，《浙江艺术职业学院学报》2012 年第 3 期。

④　关于班超事迹的戏剧作品有：赣剧《西域行：班超与班昭》（1962）、粤剧《班超胡杨万里行》（2012）、秦腔《班超息兵》（2017）；另有舞台剧《汉侯班超》（2010）；等。

⑤　肖自强：《史杰鹏：〈亭长小武〉，小说体〈汉书〉》，《光明日报》2004 年 5 月 31 日。

（东方出版社 2007 年版）、随笔《文景之治》（重庆出版社 2007 年版）、《楚汉争霸》（华夏出版社 2012 年版）等。另，书耕、凌羽合著的长篇历史小说《班氏春秋》（上海三联书店 2007 年版），以扶风班氏一族的传奇人生为主线，描绘了两汉之际至东汉前期社会动荡、国家分裂、政权更迭的背景下，光武中兴、东汉初建、出使西域及弃守边陲等重大历史事件。本书分为四卷：《白虎啸天》、《麒麟踞地》、《大鹏逐日》和《玄龟望月》，分别描写了班彪、班固、班昭、班超、班勇等班氏一族重要成员的历史功绩。

中央电视台拍摄的 58 集长篇电视剧《汉武大帝》，与众多同类题材的作品采取"戏说"、"虚构"的手法不同，而是以《史记》、《汉书》为蓝本，展现了西汉景帝、武帝时期的历史，展现汉匈对峙、斗争和力量演变的全过程。该剧规模宏大、情节曲折，对于时代背景和人物性格心理的把握相当准确，是历史题材影视作品的一次比较成功的尝试，上映后受到了观众的好评，剧组曾专门组织秦汉史学者就剧本创作得失进行研讨。[①] 黎光容就《汉武大帝》剧情与史书实不符之处进行了考察，与《史》、《汉》原文进行对照，认为剧中所表现的主要历史人物基本依照史实来塑造，在尊重历史本来面目的前提下，出于强化主题思想的目的，对一些难以考证的情节、细节、场面和人物心态进行了合理想象和艺术虚构，既充实了文献记载的不足，也展现了时代风貌，将事件性的历史事实转化成了艺术性的故事情节，其成就值得肯定。[②]

此外，以电视、网络等大众传媒为平台的"讲史"类节目也受到观众好评，有代表性的如中央电视台《百家讲坛》栏目推出的易中天、王立群、姜鹏等学者对于西汉历史的解读[③]。中央电视剧科教频道、纪录片频道等制作的汉代历史纪录片，如《风云未央宫》（2009）、《帝国的兴衰》（2011）、《风追司马》（2012）、《西汉帝陵》（2015）、《河西走廊》（2015）、《我从汉朝来》（2015）、《秦始皇到汉武帝》（2016）、《考古进行时·海昏侯大墓考古发掘现

---

① 《历史漫谈：学者纵论历史上的汉武大帝》，《光明日报》2005 年 2 月 17 日。
② 黎光容：《从〈史记〉〈汉书〉到〈汉武大帝〉》，西南大学 2006 年硕士学位论文。
③ 易中天：《易中天品读汉代风云人物》，东方出版社 2006 年版；王立群：《王立群读〈史记〉之汉武帝》，长江文艺出版社 2007 年版；《王立群读〈史记〉之项羽》，重庆出版社 2008 年版；《王立群读〈史记〉之吕后》，上海文艺出版社 2008 年版；《大风歌·王立群讲高祖刘邦》（上、下），陕西师范大学出版社 2011 年版。

场》（2017）等，以专业学者的讲述、精美的制作技术、生动形象的叙事手法，再现了气势恢宏的历史场景和充满传奇色彩的人物故事，也使《史记》、《汉书》等经典史籍拥有了更多的传播空间与受众群体。

　　然而，上述所列只是一些学界与公众较为认可的作品。由于此类作品数量众多，创作人员素质良莠不齐，且出于市场化、功利化的需求，大量存在着戏说历史、违背常识，将宏大、严肃、真实的历史娱乐化、浅薄化、虚无化等问题，体现出当前社会思潮中拔高封建帝王、鼓吹"盛世功业"、崇尚"权谋诈术"和"武力霸道"的不良倾向。例如，电视剧《汉武大帝》将汉武帝时期宏大广阔、纷繁复杂的历史进程，简单划分为"宫廷戏"、"情感戏"、"战争戏"加以表现；更将无辜被刑、忍辱著史的"千秋史圣"司马迁，塑造成一个形容猥琐、屈服于汉武帝淫威之下的形象，有学者对此提出了严厉的批评①。再如昆曲《班昭》将班昭与马续设定为一对恋人，为了继承父兄续修《汉书》的事业，却选择了曹寿做自己的丈夫，因而与二人发生情感纠葛，这样的处理不免流于简单甚至庸俗，有相当数量的学者和评论家对此进行了批评与反思。②

　　上述以《汉书》人物、故事为题材的作品，提出了一个值得众多学者、文艺创作者和媒体工作者深思的问题：历史题材的文艺创作应如何忠实于历史？笔者以为，史学著作是通过文字表现历史人物和事件，文学手法和叙事技巧是必不可少的手段，艺术的渲染甚至虚构也是可以接受的，但应注意把握创作主旨和审美取向——此正是历史题材文艺作品必须遵循的创作原则。试举一例，吕后和虞姬是秦汉之际具有典型意义的女性，是近年出现的多部楚汉历史题材影视作品中的女主人公。笔者通过梳理历史文献中吕后和虞姬的生平史事，运用影视史学研究方法，分析二人的影视形象。认为历史题材

---

　　① 周桂钿批评电视剧《汉武大帝》中有关汉武帝与司马迁讨论《史记》修撰的情节，认为以现代人的观念，似乎史学家要按统治者的意思修改自己的著作，这是很荒唐的说法："古代史学家为了写一句真话，不惜牺牲生命。司马迁就是追求真实的史学家，不可能因为汉武帝有不同看法而有所改变的。现代人完全丧失信史的观念，撰写史书、回忆录、纪念文之类，很多人在胡编滥造，功劳揽归自己，失误推给死者。以今况古，以为古人也是这样随意编撰史书的。……历史的生命在于真实，史学的价值也在真实。以为历史可以随便改动，是对历史的无知。"周桂钿：《汉武帝与〈汉武大帝〉》，《中国社会科学院研究生院学报》2007 年第 4 期，第 122 页。

　　② 批评昆剧《班昭》的论文包括：龚和德：《略论〈班昭〉的史与剧》，《中国戏剧》2001 年第12 期；贺圣迪：《马续能成为班昭的师兄和恋人吗》，《中华读书报》2002 年 6 月 19 日；《走进新世纪的昆曲艺术——昆剧〈班昭〉学术研讨会纪要》，《中华戏曲》2003 年第 1 期；等。

影视作品中的人物分为两类：一是人物和情节均有充分历史依据的，此类人物的塑造应严格遵循史实，不能有大的篡改，以符合历史的真实；二是人物为历史上真实存在，但事迹阙载，相关故事情节多为后人虚构，此类人物的塑造虽然主要出于艺术加工，但必须符合逻辑与情理的真实——吕后和虞姬即为这两类人物的典型代表。由此笔者提出，历史题材影视创作应从史实和人性出发，以此实现历史真实、艺术真实与情理真实的完美结合。①

近年来，"影视史学"、"通俗史学"等概念逐渐成为学术界所关注的新兴课题，讲述中国悠久历史与灿烂文明、凝聚中华文化传统和民族精神的艺术作品，尤其是历史题材影视作品，已成为提升我国文化"软实力"、传播核心价值观、展现新时期大国风范的有效途径。笔者衷心期待，在历史学者和文艺工作者的精诚合作之下，在政府、学界、传媒和公众的共同努力之下，《史记》、《汉书》中的人物、故事能够以生动、感人、优美、震撼的形象与内容，被鲜活地塑造、广泛地传播，成为继承、弘扬中国文化传统和民族精神的载体。这又为 21 世纪《汉书》的传播与研究，提出了更新、更多值得探索的理论命题。

小 结

进入 21 世纪的十余年间，《汉书》研究呈现出前所未有的可喜局面，具体而言，是四方面因素的结合：一是文献整理与学术史研究相结合，二是考古成果与史实考证相结合，三是专业学术机构、民间协会团体与地方政府相结合，四是学术性的教学、研究与通俗性的传播、普及相结合。当前，《汉书》研究成果数量显著增加，研究队伍不断壮大，人员构成日益专业化、多元化、年轻化，研究视野、方法与理念呈现出较大程度的拓展与创新，出现了一批兼具学术规范与理论水平的佳作。虽然仍存在不少问题，但笔者坚信，新世纪《汉书》研究的前景，是令人期待的。

---

① 杨倩如：《试论女性形象塑造和历史评价问题——以吕后和虞姬为例》，《东方论坛》2016 年第 5 期。

余论　反思与展望

一、现当代《汉书》研究的回顾与反思

通过回顾 20 世纪以来百余年《汉书》研究的历程，梳理其中有代表性的研究者及其成果，我们可以得出以下几个基本结论：

（一）成就突出，超越前代

由于《汉书》在古代学术史上享有尊崇的地位，传统"汉书学"研究名家辈出、成就斐然，由此我们难免以"尊古卑今"的心态，对古代史家、学者的成果予以更多重视，对于现当代相关成果的考察与评价关注不够。通过本课题的研究，笔者的一个深刻体会就是：现当代的《汉书》研究成果成就突出，无论是数量还是质量都是不输于前人的，在许多领域，如版本校勘、注译解读、传播普及，以及各专业领域，如政治史、经济史、法制史、学术史、民族史、历史文献学、历史地理学、历史编纂学、考古学和简牍学方面的拓展，都是后来居上的。更重要的是，现代科技手段的发展和学术资源的更新，使我们总结、吸收前人成果和获取、利用最新成果的规模与时效有了极大提高，也为我们在今后的《汉书》研究中，将以往成就发扬光大、再创新的高峰成为可能。

笔者坚定地相信，如果说，从单个研究者和著作而言，现当代的《汉书》研究史上，尚未产生可以超越颜师古、刘和幾、刘颁、洪迈、凌稚隆、茅坤、赵翼、章学诚、王先谦等人的名家；但从研究队伍的规模，专业的深度、广度以及所取得的整体成就而言，却是足以超越前代、不愧先贤的。

（二）经历曲折，教训深刻

20 世纪以来的《汉书》研究经历了曲折的发展历程，其中有许多的宝贵的经验和深刻的教训值得总结。从梁启超的"新史学"和王国维的"二重证据法"使《汉书》研究成为现代学术史的一项专门之学，到刘咸炘、李景星、

陈衍、杨树达、吴恂、顾实、张舜徽、施之勉等人，以传统治学路径继承发扬古代"汉书学"的成就；从 20 世纪中后期以来，陈直、冉昭德、岑仲勉、白寿彝、金少英、史念海、周振鹤、安作璋、陈其泰、施丁、孟祥才、许殿才、周天游、王子今、辛德勇等人，在历史学科各领域推进《汉书》研究的发展，到一批青年学者、学生成为新世纪《汉书》研究的生力军，其中的经验就在于继承、发扬传统优势，注意吸取新知识、新理论、新方法，开拓创新，以实事求是的态度推进研究。

然而，教训也是深刻的。从 20 世纪初梁启超批判"二十四史"，到"古史辨派"否定上古历史记载；从胡适、顾颉刚、钱穆、吕思勉等否定《汉书》、为王莽翻案，至 20 世纪中期错误的政治思潮和意识形态因素对学术的严重干扰，致使《汉书》研究遭遇停滞和倒退。迄今为止，"史汉研究"的不平衡发展尚未得到彻底扭转，《汉书》研究的现状，与其重要的学术价值及班固在文化史上的重要地位仍不相称。应该说，在《汉书》研究方面，我们还有很多工作亟须改进。

（三）数量大于质量，观念有待创新

如前所述，现当代《汉书》研究成果从数量而言，大大超越了此前任何时期，也出现了许多重要成果。然而不能否认，在这些成果当中，低水平重复的现象仍普遍存在。例如，在目前发表的论文中，对于班固学术思想的研究，多是强调他的"儒家正宗思想"、"封建史学二重性"和"神意史观"、"正统史观"等；对《汉书》总体成就的研究，多是从技术性角度，强调其"断代为史"的体例结构、博洽详赡的内容叙事等；对《汉书》人物的研究主要集中在一些经典篇章，如汉高祖、吕后、汉武帝、李夫人、李陵、苏武、霍光、赵充国、王莽……这些文章观点相近、论述大同小异，有一些甚至有抄袭之嫌。

以笔者曾专门从事的王莽研究为例。大量为王莽翻案的论文，均引用胡适、顾颉刚、钱穆、吕思勉等人的观点，缺乏新意。笔者甚至曾经读到两篇题目、内容完全相同的硕士学位论文，但作者署名却不同，明显属于学术违规行为。相较而言，从笔者所收集的港台学者著作、研究生论文和期刊论文来看，虽然数量无法与内地相比，但在传统继承、学术规范、专业素养、文献积累和文字功底方面，却明显高出一筹。因此，笔者以为，当前欲扭转

"金"、"沙"俱存、"沙"多于"金"的现状，除了严格遵守学术规范、以更为严肃认真的态度投入工作之外，还须创新观念与思路、拓展研究领域和方法。

二、21 世纪《汉书》研究的展望

近十余年来，对班固和《汉书》的研究更为深入、细致。依笔者之见，当前需要加强是以下几个方面的工作：

（一）推动《汉书》注本、选本和研究文献的出版、整理

20 世纪以来，学界在《汉书》校点、训释、注译方面取得了很大进展，诚如有学者所言，存在的问题大体已得到解决，虽还会有规过补阙之作问世，但恐难有重大突破。① 今后应考虑搞三种形式的《汉书》版本：一是在颜师古、王先谦的基础上，本着去粗取精的原则，采取更完善的办法，搞《汉书》的新注本，既能把历代最重要的研究成果反映出来，又能为专业工作者提供方便。这方面最具代表性的是施之勉的 12 册《汉书集释》。该书是继颜、王注本之后，最为详尽、精当《汉书》的注释本。但由于施氏未及完成便已去世，目前出版的部分只有纪、表、志和部分列传（只出到卷 55《卫青霍去病传》），尚有相当一部分列传的集释未能完成。笔者以为，如果能够沿用施氏体例，出版《汉书集释》全集，将是一项非常有意义的工作。二是用现代白话文体注释《汉书》，程度应适合中等以上文化程度的文史爱好者阅读，为弘扬民族文化遗产做普及工作。在这方面，施丁、安平秋、张传玺等人对《汉书》的选译和全译本，张新科、周天游等人对《汉书》的导读，均做出了有益的探索。三是编写《汉书研读》教材，作为高校古代史、文学史专业和国学公共课讲授所用。如前所述，笔者参与编撰的《汉书解读》（与王子今合著，中国人民大学出版社 2016 年版），系中国人民大学国学院根据所设专业必修课《汉书研读》编写的教材。该教材兼顾了学术性与实用性，除精选《汉书》经典篇章，在全书开端撰写"导言"，于书末附录"《汉书》研究重要参考文献"之外，还于每篇之前撰写"题解"，阐释史家宗旨，介绍相关史实，将选文划分段落，逐段评议人物刻画和叙事艺术，并于每篇末附重点问

---

① 许殿才：《〈汉书〉研究的回顾》，《史学史研究》1991 年第 2 期。

题，以便学生研习、应试，是《汉书》教材编写的一次全新尝试。

（二）加强对古今《汉书》研究状况的全面总结与综合研究

20 世纪中后期以来，各种《汉书》研究文献的整理、出版，对于《汉书》研究的促进作用是无须多言的，但存在的不足也比较明显：一是这些文献大多为未经点校的影印本，不便于阅读和利用；二是多偏重于《汉书》的注释、修订、考证和版本校勘，对古今学者有关《汉书》史观、史意、史法的探讨，及其编撰成就、叙事艺术、历史人物和事件的评点、论述，关注较少；三是对于清代以来的《汉书》研究成果整理较多，对清代之前的著作则关注较少；四是几乎没有涉及《汉书》比较研究的论著。目前所见有关《史记》、《汉书》比较方面的研究文献极少，仅整理出版了宋人娄机的《班马字类》（团结出版社 1993 年版），尚有大量涉及"班马异同"和"史汉比较"的古代文献亟待整理、出版。

基于上述原因，笔者以为当前应着手挑选历代《汉书》研究中的重要论著进行点校整理，将重点放在有关《汉书》评点和"史汉比较"方面的重要文献，如明代凌稚隆的《汉书评林》、葛锡镛的《汉书汇评》以及明清学人的"史汉比较"文献等，既便于学界参阅，亦利于相关研究的深入发展。在此基础上，应考虑编写古今中外有代表性的《汉书》研究论著提要和研究者小传，对于现当代的重要研究者及其成果，如中国学者杨树达、陈直、顾实、张舜徽、岑仲勉、饶宗颐、郑鹤声、安作璋、陈其泰、李威熊、吴福助、刘德汉、李广健等，外国学者内藤湖南、大庭修、冈村繁、德效骞、史华兹、鲁惟一、何四维、萨金特、毕汉思、克拉克、康达维等，也应进行专门研究和评述。

（三）全面总结《汉书》的史书编撰与历史叙事成就，深化历史编纂学研究

《汉书》是继《史记》之后编撰成就最高的史著，截至目前，对其编撰成就的探讨多侧重于从"技术层面"肯定其编纂成就，存在简单化倾向。根据对现当代《汉书》研究成果的梳理，我们可将《汉书》的编撰成就总结为以下几点：一，第一部大一统的皇朝史，断代之中蕴含通识；二，开拓多种专史领域，博洽之中突出专精；三，注重历史发展大势，描绘一代兴衰图卷；四，传统史学确立的标志，官修正史的典范。换言之，《汉书》开启了中国古代官修正史的端绪，完善了纪传体断代史的体例结构，确立了朴素理性主义的文化传统，推动了历史叙事与文学叙事的分途。当前，我们应从历史编纂学的理论与实践出发，全面总结汉书的历史编撰艺术与叙事成就，使之成为正在进行的中国古代历史编纂学研究的一个重要组织部分。

（四）深化《汉书》专题研究，注意出土文物和考古材料的利用

迄今为止，中外学界对《汉书》的研究目前大多仍停留在史料的利用、考证之上，尚未将其视为上古至东汉之前制度、文化、社会生活的重要载体而进行深入发掘，围绕《汉书》所做的专题研究也相对缺乏。例如，对《汉书》"十志"的研究多集中在班固自创的"四志"之上，而对其他篇章如《律历志》、《天文志》等研究较少；对《汉书》"纪传"部分的研究多注重《高帝纪》、《武帝纪》、《李陵传》、《苏武传》、《霍光传》、《匈奴传》、《西域传》、《王莽传》等少数篇章，尚有大量纪传无人研究。此外，我们对《汉书》在海外的传播与研究状况了解不多，目前可见的海外《汉书》研究资料，主要是英文和日文，且多为转引，可直接利用的第一手资料较为有限，尚有大量法、德、俄、西语等资料由于语言限制，无法翻译、利用，这都是下一步我们应完成的工作。

当前我们还应注意利用出土文物和最新的考古成果，使"死"的历史"活"起来。20世纪中后期以来，依托不断创新的科技手段和相继出土的考古材料，学界在这一领域取得了重大成就。例如，长沙马王堆、满城汉墓、狮子山汉墓、南越王宫遗址的发现，汉阳陵的保护性发掘等重大考古项目，使得《史记》、《汉书》中的相关记载，鲜活地再现于世人面前。80年代中期秦始皇陵考古工作的突破性进展，证实了司马迁关于墓中以水银为"江河大海"的描述，推翻了班固所谓项羽掘墓、地宫失火之说。① 近年来，西汉张安世家族墓、海昏侯墓的考古发掘，《燕然山铭》摩崖石刻的发现，大批出土文物有力地印证了《汉书》中的相关记载为信史，在学界与公众中引发"汉史热"。大量出土的汉简、新莽简，亦成为《汉书》研究的重要佐证。例如，饶宗颐在自己多年从事新莽史的研究基础上，与李均明合作辑成编宋体史料集——《新莽简辑证》，收录各地出土之新莽简牍789例，分五辑对新莽时期的货币、职官、爵秩、郡县、屯戍组织、律令、司法以及天凤三年的西域战

---

① 《光明日报》1985年3月29日，《北京日报》、《人民日报》1985年4月1日均报道了此事。

役进行考释，对传世古籍之缺略多有补充。① 冯卓慧依据汉简，印证于《史记》、《汉书》等史籍，出版专著《汉代民事经济法律制度研究——汉简及文献所见》（商务印书馆 2014 年版），纠正了"中国古代无民事法律"的偏见。王子今研习居延汉简和敦煌汉简等出土文献，汇集自己对汉代河西地方社会史的研究成果，著成《汉简河西社会史料研究》（商务印书馆 2017 年版），等。这些虽非研究《汉书》的专项成果，但却为新世纪的《汉书》研究提供了新视角、开拓了新领域。

（五）扩大《汉书》的比较研究，从"存异"到"求同"

在比较研究方面，目前虽已出现大量《史》、《汉》比较研究论著，但大多以《史记》为出发点，即以《汉书》之短衬《史记》之长，对《史》、《汉》进行全面、系统比较且具有较高学术价值的论著仍属罕见。同样作为传统史学最高成就的代表，但《汉书》研究无论从成果数量、人员规模、传播范围等，都远远落后于《史记》。以专业学术团体为例，《史记》研究除了有"中国《史记》学会"之外，各地均设有"《史记》学分会"或"司马迁学会"，但全国范围内至今尚无一个《汉书》研究的专业学会. 再如，位于陕西省韩城市龙门山的太史公祠如今已修缮一新，成为游客如云、香火繁盛的旅游景点，而位于扶风的班固墓和位于兴平的班昭墓，却较少为人关注，另，《史记》有多种版本的外文译本，仅英文译本就有几种，而《汉书》至今尚无一种完整的英文译本，更不用说其他语种的译本。近年来，学界整理、出版了一系列《史记》研究文献，如张大可主编 14 卷本《史记研究集成》（华龄出版社 2005 年版），吴平等主编 18 册《史记研究辑刊》（国家图书出版社 2014 年版），赵望秦、张新科主编《史记文献研究集刊》五种（三秦出版社 2012 年版）等。在古今学者对于"马班异同"、"《史》《汉》优劣"已有充分论述的基础上，当前我们的研究应转换思路，将《史记》、《汉书》共同作为中国传统史学最高成就的代表加以考察。笔者衷心期待着一部《汉书》研

---

① 饶宗颐的新莽史研究始于 20 世纪前期。1941 年他在《东方学报》上发表论文《新莽职官考》，此为饶氏应顾颉刚之约，为齐鲁大学国学研究所编撰的《新莽史》的一部分。《新莽史》由于抗战爆发未能完成，此后饶氏还曾计划依《汉书》体例，撰写纪传体史书《新书》，也因故未实现。1995 年，他与李均明合作，辑成《新莽简辑证》，由新文丰出版公司出版，后被收入《饶宗颐史学论著选》（上海古籍出版社 1993 年版），和《饶宗颐二十世纪学术文集》卷 3《简帛学》（中国人民大学出版社 2009 年版）。

究的集大成之作，能够早日问世，以填补学界在这一领域的空白。

此外，除加强当前已经开展的《汉书》与《史记》、《汉纪》、《后汉书》的比较，还应扩大范围，将《汉书》与一些重要的中国传统经典进行比较，例如班固参与编撰的《东观汉纪》，托名为班固或刘歆所作、实为葛洪所著的《西京杂记》；在《汉书》和《汉纪》基础上编撰而成的《资治通鉴·汉纪》；以西汉历史、人物为题材的历史小说、戏曲、诗歌、影视等文艺作品；等。此外，我们还应将《汉书》与西方古典史学名著进行比较研究。诸如西方"史学之父"希罗多德的《历史》、修昔底德的政治史杰作《伯罗奔尼撒战争史》、吉本的《罗马帝国衰亡史》，等。进一步，开展对两汉历史与古罗马史，中西古典史学的编纂方法、理论体系，乃至中西历史发展、文化传统等课题的多方面探讨。

（六）推进"汉书学"史研究，构建现代"汉书学"的理论体系

《汉书》是中国第一部纪传体断代史，自问世起便成为传统史学的范本。历代学者研读《汉书》成为风气，出现了众多研究者和学术成果，形成了一门发达的"汉书学"，整理历代《汉书》研究成果，对有代表性的《汉书》研究者进行专门研究，是21世纪《汉书》研究的一项重要工作。通过多年的《汉书》教学与研究，笔者拟对现代"汉书学"的体系构建提出以下设想：

1. 概念

"汉书学"是针对《汉书》文本、编撰者及其相关研究成果的再研究。

2. 内容

（1）对班固生平、家世、学术、思想，及其家族重要成员的研究；

（2）《汉书》的史学、文学、思想文化成就及其对后世史书编撰和历史叙事的影响；

（3）《汉书》的传播与接受，包括中国与域外两部分；

（4）古今中外学者对《汉书》的研究，可分为总体研究、专题研究和比较研究三部分；

（5）对《汉书》版本的研究，以及对《汉书》的注释、校勘和补订；

（6）"汉书学"的源起、发展和学科建设。

　　班固是与司马迁齐名的伟大史学家，《汉书》与《史记》同为记载和传承我国历史传统与文化精神的宝贵遗产。班固继承了司马迁、刘向、班彪等人的史学成就和思想，并进行了可贵的创新，成为中国传统史学确立的标志和历代正史的典范。在此，笔者拟引用陈其泰《再建丰碑——班固和汉书》一书的结语，作为对 20 世纪以来《汉书》研究概况的总结、反思与展望：

　　　　充分吸收前人的成果而又勇于摆脱陈规旧见，是研究的出发点。实事求是，无征不信，把问题严格地提到一定的范围之内，是我们的基本态度。十分重视学术研究的"视角转换"，作纵深的开掘，是不断取得新创获的关键。社会和学术都在向前发展，随着研究的更加深入，我们对《汉书》这部优秀典籍一定能不断获得新的认识，并继续从中总结出启迪人们的哲理。①

　　作为一名史学工作者，在继承、创新中华传统文化成为历史责任和时代命题的当下，笔者坚信，《汉书》这一常读常新的经典名著，"汉书学"这一传承千年的古老学科，必将步入崭新的阶段，获得更大的进步，收获更多无愧于前人和时代的优秀成果。

　　衷心期盼 21 世纪的"汉书学"繁荣发展、迈向高峰，我辈当不懈努力！

---

① 陈其泰：《再建丰碑——班固和汉书》，生活·读书·新知三联书店 1994 年版，第 280—281 页。

参考文献^①

【文献】

（汉）司马迁．史记．中华书局，1959

（汉）班固．汉书．中华书局，1962

（汉）王充．论衡．中华书局，1979

（汉）刘珍等．东观汉记．吴树平注本．中华书局，1987

（汉）荀悦．汉纪．中华书局，2002

（南朝宋）范晔．后汉书．中华书局，1965

（南朝齐）刘勰．文心雕龙．周振甫注本．人民文学出版社，1981

（梁）萧统．昭明文选．李善注本．京华出版社，2000

（唐）刘知幾．史通．浦起龙通释本．上海古籍出版社，1978

（明）凌稚隆．史记评林．天津古籍出版社，1998

（明）凌稚隆．汉书评注．上海扫叶山房，1922

（明）茅坤：茅鹿门集．清康熙二十一年邓雪书林刻本

（清）赵翼．廿二史劄记．曹光甫注本．上海古籍出版社，2011

（清）章学诚．文史通义．叶瑛校注本．中华书局，1985

（清）张溥辑．班兰台集校注．白静生注本．中州古籍出版社，1995

【专著】

侯外庐．中国思想通史．人民出版社，1956

李宗侗．中国史学史．华冈出版有限公司，1979

陈清泉主编．中国史学家评传．中州古籍出版社，1985

梁启超．中国历史研究法补编．中华书局，1989

---

① 研究所涉及的《汉书》研究论著目录，均已列入附录的"《汉书》古籍文献和现当代研究论著目录索引"之中，此处仅列出"附录"未收录的参考文献，以及与《汉书》研究史相关的论文目录。

梁启超．中国近三百年学术史．东方出版社，1996

乔治忠．姜胜利．中国史学史研究述要．天津教育出版社，1996

［英］鲁惟一．中国古代典籍导读．辽宁教育出版社，1997

徐复观．两汉思想史．华东师范大学出版社，2001

王子今．20 世纪中国历史文献研究．清华大学出版社，2002

吴怀祺主编．汪高鑫撰．中国史学思想通史·秦汉卷．黄山书社，2002

胡宝国．汉唐间史学的发展．商务印书馆．2003

钱穆．中国史学名著．生活·读书·新知三联书店，2004

陈其泰．20 世纪中国历史考证学研究．北京师范大学出版社，2005

吴怀祺主编．白云撰．中国史学思想通论·历史编纂学卷．福建人民出版社，2006

仓修良主编．中国史学名著评介第 5 卷．山东教育出版社，2006

白寿彝主编．许殿才撰．中国史学史·秦汉时期：中国古代史学的成长．上海人民出版社，2006

汪受宽等主编．20 世纪中国史学论著要目．北京师范大学出版社，2007

［日］内藤湖南．中国史学史．上海古籍出版社，2008

李小树．中华史学三千年．中国物资出版社，2010

金毓黻．中国史学史．商务印书馆，2010

杜维运．中国史学史．商务印书馆，2010

许殿才．秦汉史学研究．北京师范大学出版社，2012

伍安祖．王晴佳．世鉴：中国传统史学．中国人民大学出版社，2014

张新科．俞樟华．史记研究史略．三秦出版社，1990

张新科．史记学概论．商务印书馆，2003

俞樟华等．唐前史记接受史．吉林人民出版社，2004

张大可等主编．史记研究集成第十四卷．史记论著提要与论文索引．华文出版社，2005

田志勇．张大可．司马迁与史记学．陕西人民教育出版社，2006

张大可等．史记学概要．商务印书馆，2015

吴晗．朝鲜李朝实录中的中国史料．中华书局，1980

赵乐甡．中日文学比较研究．吉林大学出版社，1990

［日］坂本太郎．日本的修史和史学．北京大学出版社，1991

严绍璗．汉籍在日本的流布研究．江苏古籍出版社，1992

［日］大庭修．王勇·中日文化交流史大系·历史卷．浙江人民出版社，1996

［日］大庭修．王勇：中日文化交流史大系·典籍卷．浙江人民出版社，1996

王向远．中国题材日本文学史．上海古籍出版社，2007

朱云影．中国文化对于日韩越的影响．广西师范大学出版社，2007

刘顺利．朝鲜半岛汉学史．学苑出版社，2009

李庆．日本汉学史．上海人民出版社，2015

李学勤．国际汉学著作提要．江西教育出版社，1996

何寅．许光华．国外汉学史．上海外语教育出版社，2002

胡志宏．西方中国古代史研究导论．大象出版社，2002

刘正．海外汉学研究——汉学在 20 世纪东西方各国研究和发展的历史，武汉大学出版社，2002

马祖毅．任荣珍．汉籍外译史．湖北教育出版社，2003

刘正．图说汉学史．广西师范大学出版社，2005

张静河．瑞典汉学史．安徽文艺出版社，1995

吴孟雪．曾丽雅．明代欧洲汉学史．东方出版社，2000

熊文华．英国汉学史．学苑出版社，2007

阎国栋．俄国汉学史．人民出版社，2007

李明滨．俄罗斯汉学史．大象出版社，2008

张西平．欧洲早期汉学史：中西文化交流与西方汉学的兴起．中华书局，2008

许光华．法国汉学史．学苑出版社，2009

胡优静．英国 19 世纪的汉学史研究．学苑出版社，2009

［斯洛伐克］马立安·高利克．捷克和斯洛伐克汉学研究．学苑出版社，2009

［英］傅熊．亡与忘：奥地利汉学史．华东师范大学出版社，2011

［俄］П. Е. 斯卡奇科夫．俄罗斯汉学史．社会科学文献出版社，2011

熊文华．荷兰汉学史．学苑出版社，2012

熊文华．美国汉学史．学苑出版社，2015

张永奋．白桦．意大利汉学史．学苑出版社，2016

附　录
《汉书》古籍文献和现当代研究论著目录索引

第一部分　班固与《汉书》研究

一、文献专著

（一）中国内地

Ⅰ. 古籍文献

1. 汉书补注（100 卷，32 册）［刻本］／（清）王先谦补注／长沙王先谦虚受堂／1900

2. 汉书艺文志／公教大学／1912

3. 汉书评注／（明）凌稚隆评注／上海扫叶山房／1922

4. 汉书精华（8 册）／中华书局／1923

5. 汉书评注读本／秦同培／世界书局／1925

6. 汉书匡衡张禹孔光传残卷／东方学会／1925

7. 汉书食货志／古典保存会／1928

8. 新式标点四史精华读本／张钧辑／然藜阁书局／1928

9. 广注语译两汉书精华／秦同培注译／国学整理社／1936（中州古籍出版社 1991 年重印）

10. 汉书食货志邦计汇编（补宋书食货志）／商务印书馆／1936

11. 前汉书艺文志（补续汉书艺文志）／商务印书馆／1936

12. 百衲本二十四史校勘记·汉书／张元济／商务印书馆／1936（1999 年重印）

13. 汉书食货志／王云五主编／商务印书馆／1939

14. 汉书补注（8 册）／（清）王先谦补注／商务印书馆／1941（1959 年重印）

15. 汉书艺文志/商务印书馆/1955

16. 汉书选/顾廷龙、王熙华选注/古典文学出版社/1956

17. 历代各族传记汇编·史记两汉书三国志部分/翦伯赞等汇编/中华书局/1958

18. 汉书（标点本）（100 卷，12 册）/中华书局/1962（1997 年、2008 年重印）

19. 汉书选/冉昭德、陈直选注/中华书局/1962（天津人民出版社 1979 年重印，中华书局 2009 年再版）

20. 汉书周勃传注译/四川师范学院中文系古代语文教研组/四川人民出版社/1976

21. 汉书西南夷列传/云南大学历史系民族历史研究室辑/1979

22. 汉书地理志西南诸郡/云南大学历史系民族历史研究室辑/1979

23. 汉书刑法志注释/赵增祥、徐世虹/法律出版社/1983

24. 汉书艺文志注释汇编/陈国庆/中华书局/1983（2006 年重印）

25. 汉书黄霸·朱邑·龚遂·召信臣传/凌金兰译注/中华书局/1983

26. 汉书补注（上下册）/（清）王先谦补注/中华书局/1983（广陵书社 2006 年再版）

27. 汉书刑法志注释/辛子牛/群众出版社/1984

28. 历代食货志注释第 1 册/王雷鸣编注/农业出版社/1984

29. 汉书食货志/中华书局/1985

30. 汉书食货志集释/金少英、李庆善/中华书局/1986（2017 年重印）

31. 汉书及补注综合引得/洪业/上海古籍出版社/1986

32. 汉书艺文志序译注/马晓斌/中州古籍出版社/1990

33. 班兰台集校注/白静生校注/中州古籍出版社/1991（2002 年重印）

34. 汉书新注（四册）/施丁/三秦出版社/1994

35. 汉书纪传选译/李孔怀、沈重译注/上海古籍出版社/1994

36. 汉书注译（四册）/张烈/南方出版社/1997

37. 汉魏六朝百三名家集·班兰台集/（明）张溥/江苏古籍出版社/2002

38. 两汉书订补文献汇编（二册）/徐蜀/北京图书馆出版社/2004

39. 汉书地理志汇释/周振鹤编注/安徽人民出版社/2006

40. 汉书研究文献辑刊（10 册）/吴平等主编/国家图书馆出版社/2008

41. 汉书补注（12 册）/（清）王先谦补注/上海古籍出版社/2008

42. 历代史志书目丛刊·两汉书/李万健、罗瑛辑/北京图书馆出版社/2009

43. 二十五史艺文经籍志考补萃编（1—5卷）/王承略等主编/清华大学出版社/2011

44. 二十四史西域史料维吾尔文译注·汉书/新疆大学人文学院译注/新疆人民出版社/2012

45. 二十四史全译·汉书/许嘉璐主编/同心出版社/2012

46. 二十四史研究资料汇编·两汉书/今注本二十四史编纂委员会主编/人民出版社/2015

47. 汉书选［汉英对照］/王之光译/外文出版社/2015

48. 汉书选译/张世俊、任巧珍注译/江苏古籍出版社/2017

Ⅱ. 研究专著

1. 汉书劄记［抄本］/涤群/民间时期出版

2. 汉书艺文志集说（4册）/陈朝爵/安徽省立大学/1912

3. 汉书艺文志叙录/陈垣节录/燕京大学/1912

4. 读汉书札记（4卷）/杨树达/图书馆出版社/1912

5. 读汉书随笔/磊翁/1915

6. 读汉书札记/宁调元撰、柳亚子辑/1915

7. 汉书律历志补注订误/周正权/楚风楼杂著本/1920

8. 汉书艺文志姚氏学（2册）/姚明辉/吴兴读书会/1924

9. 汉书艺文志讲疏/顾实/商务印书馆/1924，1930（上海古籍出版社1987年再版）

10. 汉书补注补正（6卷）/杨树达/商务印书馆/1925

11. 读两汉书记/马叙伦/商务印书馆/1930

12. 前汉书儒林传搜遗/秦锡田/1931

13. 班固年谱/郑鹤声/商务印书馆/1931

14. 四史知意·汉书知意/刘咸炘/成都尚友书塾推十书/1931

15. 四史评议·汉书评议/李景星/济南四史评议本/1932（岳麓书社1986年重印）

16. 读汉书蠡述（5卷）/李澄宇/湘鄂印刷公司/1933

17. 汉书刑法志讲疏/曹辛汉/古代法学文选/上海法学书局/1934

18. 汉书艺文志方技补注二卷/张骥补注/成都义生堂/1935

19. 汉书古今人表通检／孟森／国立北平研究院／1936

20. 汉书艺文志问答／叶长青／正中书局／1940（华东师范大学出版社 2015 年再版）

21. 汉书窥管／杨树达／科学出版社／1955（上海古籍出版社 1984 年、2006 年重印，湖南教育出版社 2007 年、商务印书馆 2015 年再版）

22. 汉书新证／陈直／天津人民出版社／1959（1979 年再版，中华书局 2008 年重印）

23. 汉书人名索引／魏连科／中华书局／1979

24. 班固与汉书／安作璋／山东人民出版社／1979

25. 两汉书札记［油印本］／孟素卿／1979

26. 汉书西域传地里校释／岑仲勉／中华书局／1981（2004 年重印）

27. 汉书注商／吴恂／上海古籍出版社／1983

28. 汉书古今人表疏证／王利器、王贞珉／齐鲁书社／1988

29. 两汉书研究书录／周洪才／河南省图书馆／1989

30. 韦昭汉书音义辑佚／李步嘉／武汉大学／1990

31. 汉书艺文志通释／张舜徽／湖北教育出版社／1990（岳麓书社 1994 年、华中师范大学出版社 2004 年再版）

32. 中国第一部经济史——汉书食货志／黄绍筠／中国经济出版社／1991

33. 汉书地名索引／陈家麟、王仁康／中华书局／1990

34. 再建丰碑——班固和汉书／陈其泰／生活・读书・新知三联书店／1994（华夏出版社 2018 年再版）

35. 汉书辞典／仓修良主编／山东教育出版社／1996

36. 班固评传：一代良史／安作璋／广西教育出版社／1996

37. 汉书索引／李波／中国广播电视出版社／2001

38. 两汉书人物论／侯明勋／台海出版社／2002

39. 班固评传／陈其泰、赵永春／南京大学出版社／2002

40. 汉书艺文志研究源流考／傅荣贤／黄山书社／2007

41. 汉书文学论稿／潘定武／安徽大学出版社／2008

42. 班固文学研究／孙亭玉／湖南人民出版社／2008

43. 汉书补注批注／沈元遗著／西泠印社出版社／2008

44. 20 世纪二十四史研究・汉书研究／陈其泰、张爱芳主编／中国大百科全书

出版社/2009

45. 汉书思想类说/杨萍、李德刚、马良玉/黑龙江人民出版社/2010

46. 汉书单音节形容词同义关系研究/李艳红/中国社会科学出版社/2010

47. 班固美学思想及汉书人物传记研究/朱家亮、李成军/黑龙江教育出版社/2010

48. 班固文学思想研究/吴崇明/上海古籍出版社/2010

49. 兰台万卷：读汉书艺文志/李零/生活·读书·新知三联出版社/2013

50. 汉书艺文志辑论/尹海江/西南交通大学出版社/2013

51. 病变中兴衰毁：解读汉书密码/时殷弘/中国人民大学出版社/2014

52. 何草不黄：汉书断章取义/鲁西奇/广西师范大学出版社/2015

53. 汉书核心词研究/郭玲玲/巴蜀书社/2016

54. 汉书解读/王子今、杨倩如/中国人民大学出版社/2016

55. 汉书地图集/许盘清/地震出版社/2016

56. 盛世遗响：汉书纵览新说/张昊苏/济南出版社/2017

57. 汉书人物传记研究/王园园/湖北人民出版社/2017

58. 文本革命：刘向、汉书艺文志与早期文本研究/徐建委/中国社会科学出版社/2017

59. 发现燕然山铭/辛德勇/中华书局/2018

Ⅲ. 通俗读物

1. 汉书故事选/瞿蜕园/上海文化出版社/1957

2. 两汉书故事选译/阳舒/中华书局/1964（上海古籍出版社1979年再版）

3. 两汉书人物故事/仓阳卿、张正荣编/浙江教育出版社/1985

4. 汉书与后汉书/王锦贵/人民出版社/1987

5. 汉书故事选/钟岱、肖丹编著/学苑出版社/1991

6. 班固/章序麟/中国国际广播出版社/1996

7. 风起云扬：汉书随笔/卢敦基/浙江文艺出版社/1999

8. 汉书精言妙语/陈抗生/中州古籍出版社/1999

9. 汉书成语典故/李啸东/广西民族出版社/2000

10. 汉书菁华/钱杭/上海教育出版社/2001

11. 汉书选评/汪受宽/上海古籍出版社/2003

12. 汉书故事精讲/陈立柱、陈希红/安徽文艺出版社/2005

13. 汉书解读/张新科等主编/华龄出版社/2006（云南教育出版社 2011 年再版）

14. 汉书精华注译评/吴礼明/长春出版社/2008

15. 前汉的故事：秦皇统一到王莽称帝/华夏出版社/2008

16. 中华经典藏书·汉书/张永雷、刘丛译注/中华书局/2009（2016 再版）

17. 中华文化知识读本——班固和汉书/马宏艳/吉林文史出版社/2010

18. 汉书故事简读/周成华主编/吉林大学出版社/2010

19. 汉书选译/张世俊、任巧珍译注/凤凰出版社/2011

20. 班固/肖航/云南教育出版社/2012

21. 经典诵读行动读本系列·汉书诵读本/中华书局/2013

22. 毛泽东批注二十四史·汉书/中国档案馆辑/中国文史出版社/2013

23. 国学堂·北师大名师伴我读汉书选粹/李春青等主编/明天出版社/2013

24. 纪传版二十六史·汉书人物全传/北京时代华文书局有限公司/2014

25. 汉书故事/范作乘、郑昶/人民文学出版社/2017

（二）港台地区

Ⅰ. 古籍文献

1. 前汉书选注/庄适/台湾商务印书馆/1970

2. 汉书艺文志补注/广文编译所编注/台湾广文书局有限公司/1969

3. 汉书刑法志/台北世界书局/1972

4. 两汉书精华：言文对照注解释义/秦同培注译/台南北一出版社/1973

5. 汉书补注/（清）王先谦/台湾新文丰出版社/1975

6. 新校汉书艺文志/台湾世界书局/1985（台湾五南图书 1993 年重印）

7. 汉书/台湾鼎文出版社/1997

8. 二十五史新编·汉书/李国章、赵昌平主编，李孔怀新撰/中华书局（香港）公司/1998

9. 白话二十五史故事·汉书卷/朱燕平/台湾联经出版事业公司/1999

10. 中国历代刑法志/谢瑞智、谢俐莹注译/台湾文笙书局/2002

11. 汉书集释（12 册）/施之勉/台湾三民书局/2003

12. 汉赋名家欣赏——班固·张衡/台湾中经社有限公司/2005

13. 新译汉书/吴荣曾、刘华祝等译注/台湾三民书局/2013

Ⅱ. 研究专著

1. 汉书补注辨证/施之勉/香港新亚出版社/1961

2. 汉书索引/黄福銮编/香港中文大学崇基书院远东学术研究所/1966

3. 汉书艺文志问答/正中书局编审委员会编著/台湾正中书局/1969

4. 汉书艺文志讲疏/顾实/台湾广文书局/1970

5. 二十四史索引2·汉书索引/台湾大通书局/1973

6. 汉书窥管/杨树达/台湾世界书局/1975

7. 汉书释例/杨树达/台湾世界书局/1975

8. 四史知意并附编六种·汉书知意/刘咸炘/台湾鼎文书局/1976

9. 汉书论文集/陈新雄、余大成主编/台湾木铎出版社/1976

10. 汉书略论/李威熊/台湾文史哲出版社/1976

11. 汉书导读/李威雄/台湾文史哲出版社/1977

12. 周陈二氏汉书补正合刊/杨家骆主编/台湾鼎文书局/1977

13. 汉书新证/陈直/台湾文史哲出版社/1977

14. 从汉书五行志看春秋对西汉政教的影响/刘德汉/台湾华正书局/1979

15. 汉班孟坚先生固年谱/郑鹤声/台湾商务印书馆/1980

16. 汉书著述目录考/张侯生/台湾德育书店/1980

17. 汉书导论/王明通/台湾康桥出版事务公司/1987

18. 汉书采录西汉文章探讨/吴福助/台湾文津出版社/1988

19. 汉书古今人表疏证/王利器、王贞珉/台湾贯雅文化事业公司/1990

20. 班固与汉书/安作璋/台湾学海出版社/1991

21. 汉书谋略的智慧/宋效永、袁世全/台湾汉湘文化/2003

22. 再见东汉：班固/杨佩萤等/台湾三民书局股份有限公司/2006

23. 汉书引尚书研究/周少豪/台湾花木兰文化出版社/2007

24. 汉书历史哲学（上下册）/刘国平/台湾花木兰文化出版社/2010

25. 汉书字频研究/海柳文/台湾花木兰文化出版社/2013

26. 汉书律历志研究/夏国强/台湾花木兰文化出版社/2015

（三）日本和韩国

1. 影唐写本汉书食货志/ 日本东京使署/江苏省立图书馆/1921

2. 汉书艺文志より本草衍义に至る本草书目の考察/中尾万三/ 京都药学专门学校药总会/1928

3. 汉书律历志的研究/能田忠亮、薮内清/东京全国书房/1957（京都临川书店1979年重印）

4. 汉书刑法志/内田智雄译注/京都燕京同志社东方文化讲座委员会/1958

5. 汉书艺文志/铃木由次郎/东京明德出版社/1968

6. 汉书·后汉书·三国志列传选/本田济编译/东京平凡社/1973

7. 汉书/洪大杓译/首尔文友出版社/1973（韩国出版社1982年再版）

8. 中国诗文选8·汉书/福岛古彦/东京筑摩书房/1976

9. 和刻本正史·汉书/长泽规矩也/东京古典研究会/1977

10. 汉书食货志/黑羽英男译注/东京明治书院/1980

11. 汉书郊祀志/狩野直祯、西胁常记译注/东京平凡社/1987

12. 汉书食货·地理·沟洫志/永田英正、梅原郁译注/东京平凡社/1988

13. 汉书列传/高木友之助、片山兵卫译注/东京明德出版社/1991

14. 汉书列传选/三木克己译注/东京筑摩书房/1992

15. 汉书艺文志/李世烈译/首尔自由文库/1995

16. 汉书列传/洪大杓译/首尔凡友出版社/1997

17. 汉书列传/安大会/首尔南喜鹊出版社/1997

18. 汉书食货志/朴基注/首尔青出于蓝出版社/2005

19. 汉书五行志/富谷至、吉川忠夫译注/东京平凡社/2007

20. 汉书地理志·沟洫志/李容远译/首尔自由文库/2007

21. 汉书外国传/金浩东等译/东北亚历史财团/2009

（四）欧美

1. ［英语］圣经所载诸国见于汉书考/［英］艾约瑟/上海商务印书馆/1909

2. ［德语］公元前的匈奴人（*Die Hunnen der vorchristlichen Zeit*，汉书匈奴传译注）/［荷］哥罗特（J. de Groot）/中国文献中的亚洲史第1卷/柏林沃尔特格律特公司（Walter de Gruyter）/1921

3. ［德语］公元前的西域诸国（*Die Westlande Chinas in der vorchristlichen Zeit*，汉书西域传译注）/［荷］哥罗特（J. de Groot）/中国文献中的亚洲史第2卷/柏林沃尔特格律特公司（Walter de Gruyter）/1926

4. ［英语］汉律拾零·汉书卷22、23注译与研究（*Remnants of Han Law*，Vol. I：*Introductory Studies and an Anno—tated Translation of Chapters* 22 *and* 23 *of the History of the Former Han Dynasty*）/［荷］何四维/莱顿汉学丛书第九卷（*Sinica Leidensia Series*，Vol. 9）/莱顿布雷尔出版社/1955

5. ［德语］汉书霍光传译注/Arvid Jongchell Göteborg/Elanders Boktryckeri Ak-

tiebolag 出版社/1930

6. ［德语］王莽的生平、为人和事业：汉书卷 99 译制/汉斯·施坦格/柏林克拉尔出版社/1934

7. ［俄语］前汉书选/［苏］斯捷普金娜/东方古代史文选第 1 卷/1936

8. ［俄语］前汉书选/［苏］波兹德涅耶娜/世界古代史文选第 1 卷/1936

9. ［英语］前汉书选注（*The History of the Forormer Han Deynasty*）/［英］德效骞 Homer H. Dubs/美国巴尔的摩 Waverly 出版社/1938，1944，1955（莱比锡布罗克豪斯出版社 1939 年、1966 年再版）

10. ［英语］汉书王莽传译注（*Wang Mang*）/［美］克莱德·B. 萨金特（Clyde Bailey Sargent）/美国西港 Hyperion 出版社/1947

11. ［英语］王莽：从汉书看官方对其篡权的记载（*Wang Mang*）/Clyde Bailey Sargen ［美］克莱德·B. 萨金特/上海绘画艺术图书公司/1950（美国康涅狄格州海波瑞安出版社 1977 年再版）

12. ［俄语］汉书匈奴传译注/［俄］比丘林（И. Я. Бичурин）/古代中亚各民族历史资料集第 1 卷/1950

13. ［俄语］汉书朝鲜传译注/［俄］比丘林（И. Я. Бичурин）/古代中亚各民族历史资料集第 1 卷/1950

14. ［英语］汉书食货志译注（*Food & Money in Ancient China*）/Nancy Lee Swann（孙念礼）/美国普林斯顿大学出版社（Princeton University Press）/1950

15. ［英语］汉室复辟（*The Reaestoration of the Han Dynasty with Prolegomena on the Historiography of the Hou Han Shu*）/［瑞典］毕汉思（Bielenstein）/瑞典哥德堡 Elanders Boktryckeri Aktiebolag 出版社/1954，1959，1967

16. ［英语］两位中国诗人张衡与班固：汉代生活与思想简介（*Two Chinese Poets*）/［美］Hughes（修中诚）/美国普林斯顿大学出版社/1960

17. ［英语］古代中国的朝臣与平民：前汉书选译（*Courtier and Commoner in Ancient China*）/Burton Watson 华兹生译/纽约哥伦比亚大学出版社/1974

18. ［英语］中国在中亚（前 125—23）：汉书卷 61 张骞李广利传和卷 96 西域传译注（*China in Central Asia*）/［荷］何四维、［英］鲁惟一/荷兰莱顿出版社/1979

19. ［英语］汉书扬雄传译注（*The Han shu biography of Yang Xiong*, 53 B. C. – A. D. 18）/［美］康达维（David R. Knechtges）/美国亚利桑那州立大学亚洲研究

中心/1982

20. ［英语］班固对王莽的指控：卜德有关中国自然与社会的研究/［加］白光华（Charles Le Blanc）、苏珊·布莱德（Susan Blader）/香港大学出版社/1987

21. ［英语］野心与儒学：王莽传/［丹麦］R. 汤姆逊/奥胡斯大学出版社/1988

22. ［英语］汉书卷94匈奴传译注（*Pan Ku, the Hsiung – nu and "Han Shu"* 94）/［美］蒂罗斯 Pantelis Ellis Tinios/美国 Ann Arbor 出版社/1988

23. ［英语］汉书霍光传译注/［美］华道安（Donald B. Wagner）/美国 Curzon 出版社/1998

24. ［英语］统治汉代中国的人：秦汉至新人物人名辞典/［英］鲁惟一/Brill 出版社/2004

25. ［英语］兰台令史：班固汉书中的论辩术（*Historian of the Orchid Terrace：Partisan Polemics in Ban Gu's "Hanshu"*）/［美］克拉克（Anthony E. Clark ）/美国 Ann Arbor 出版社/2005

26. ［英语］班固以及早期中国的历史（*Ban Gu's history of early China*）/［美］克拉克（Anthony E. Clark）/美国 Cambria 出版社/2008

二、论文

（一）学位论文

I．硕士学位论文

1. 汉书帝纪本字考/陈乐生/香港大学/1970

2. 班固之经学/李成文/香港私立珠海大学/1970

3. 汉书论赞研究/陈静/台湾政治大学/1980

4. 班固汉书艺文志研究/倪晓建/武汉大学/1983

5. 班固的文学思想和文学批评/张家钊/四川大学/1984

6. 汉书颜注释例/祝鸿杰/杭州大学/1985

7. 班固略论/杨济东/北京师范大学/1985

8. 汉书艺文志小说家考论/陈自力/广西师范大学/1985

9. 汉书颜注反切考/黄富成/四川大学/1986

10. 汉书并列复合词研究/吕云生/北京师范大学/1987

11. 汉书五行志初探／王春光／华中师范大学／1988

12. 汉书补注辨补／李尔钢／湖北大学／1988

13. 韦昭汉书音义辑佚／李步嘉／武汉大学／1988

14. 汉书颜注初探／孙兵／四川大学／1989

15. 班固的审美观和汉书人物传记／赵东栓／东北师范大学／1989

16. 汉书史论研究／田文红／西南师范大学／1990

17. 经学对汉书思想义例及文风的影响／李士彪／山东大学／1995

18. 班固的教育思想／郑君琪／香港私立珠海大学／1996

19. 汉书引尚书研究／周少豪／台湾政治大学／1997

20. 汉书通假字简析／朱湘蓉／陕西师范大学／1997

21. 汉书复音词研究／张延成／南京师范大学／1998

22. 汉书人物传记的文学成就／马春香／兰州大学／1999

23. 汉书艺文志至宋史艺文志易类书目研究／戴和冰／中国科学院文献情报中心／2001

24. 汉书引用书目考／闫璟／陕西师范大学／2001

25. 臣瓒汉书音义辑佚／杨仙／武汉大学／2003

26. 汉书地理志风俗研究／吴澍／山东大学／2003

27. 汉书艺文志体例研究／尹海江／广西师范大学／2004

28. 颜师古汉书注文献学成就初探／姬孟昭／安徽大学／2004

29. 汉书时间词研究／邓瑞丽／中山大学／2004

30. 历代汉书艺文志研究源流考略／傅荣贤／西南师范大学／2004

31. 苏林汉书音义辑佚／殷榕／武汉大学／2004

32. 杨守敬汉书二十三家注钞·服虔校补／孙亚华／武汉大学／2004

33. 杨守敬汉书二十三家注钞·应劭校补／闫平凡／武汉大学／2004

34. 杨守敬汉书二十三家注钞·孟康校补／徐佩／武汉大学／2004

35. 清人汉书艺文志研究初探／王志伟／河南师范大学／2004

36. 文情相生，绘就汉宫深处的生死歌泣——论汉书中后妃形象的描写／邱文颖／苏州大学／2004

37. 汉书颜注以双音词释单音词现象探析／陈侣君／北京师范大学／2004

38. 班固的经学思想与其辞赋创作／李春英／山东大学／2004

39. 班固学术及其与汉代学风的交涉／施惠淇／台湾大学／2004

40. 宋人对两汉书的整理与研究/颜士刚/中国人民大学/2005

41. 论汉书的博洽/陈海燕/北京师范大学/2005

42. 汉书艺文志专题研究/郭洪涛/广西师范大学/2005

43. 汉书艺文志与隋书经籍志的对比研究/葛莱云/安徽大学/2005

44. 汉书同义词先秦两汉演变初探/牛慧芳/陕西师范大学/2005

45. 文颖汉书注辑佚/王晓庆/武汉大学/2005

46. 颜师古汉书注研究/任国俊/宁夏大学/2005

47. 班固辞赋研究/孙妮桔子/湖南师范大学/2005

48. 班固的文学思想/张立克/南开大学/2005

49. 汉书艺文志文献学价值研究/张小芹/河北大学/2006

50. 汉书特质三层论——从经学、史学、文学三层审视汉书历史性存在/王晚霞/福建师范大学/2006

51. 汉书司法语义场研究/李娟/四川大学/2006

52. 汉书单音节动词同义词研究/李湘/湘潭大学/2006

53. 汉书同义连用研究/戚俊丽/山东师范大学/2007

54. 汉书颜师古注研究/龙小军/南昌大学/2007

55. 颜师古汉书注同源词研究/叶慧琼/湖南师范大学/2007

56. 王先谦汉书补注研究/李明/南昌大学/2007

57. 班固诗经师承考/关小彬/首都师范大学/2007

58. 帝国政治和士人心态的交汇：两都赋的多重解读/陈雷/北京师范大学/2007

59. 汉书外来词研究与汉语大词典的编纂与完善/喻萍/湘潭大学/2007

60. 汉书引易研究/黄河/华中师范大学/2007

61. 汉书的历史观/赵敏健/北京师范大学/2007

62. 颜师古汉书注古今字研究/何玉兰/暨南大学/2007

63. 曹魏律章句研究——以如淳汉书注为视角/梁健/西南政法大学/2007

64. 土地治权下的法与社会——以汉书食货志的文本分析为例/王海琴/西南政法大学/2007

65. 汉书颜注古字考/郑玲/兰州大学/2007

66. 吕后、元后史学形象比较与班固的女性观/肖青云/北京语言大学/2007

67. 傅毅班固比较研究/章映/北京语言大学/2007

127. 汉书地理志中所见风俗研究/王海骁/东北师范大学/2012

128. 颜师古汉书注词义训释体例研究/隋文娟/西南大学/2012

129. 德效骞汉书译介之研究/王娟/华东师范大学/2013

130. 汉书引诗研究/朱珍珍/华中师范大学/2013

131. 王先谦汉书补注训诂研究/翟迪/渤海大学/2013

132. 颜师古汉书注训诂方法研究/元玉杰/渤海大学/2013

133. 经学视野下的汉书文学思想/何超/哈尔滨师范大学/2013

134. 颜师古汉书注释词系统研究/张玉娟/西北大学/2013

135. 出土文献分类整理对汉书艺文志的补辑/陈艳/曲阜师范大学/2013

136. 汉书颜注引文考校/朱珠/南京师范大学/2013

137. 白鹭洲本汉书校议/李卫卫/南京师范大学/2013

138. 汉书艺文志及两汉书补志著录小说集解/揣松森/华中师范大学/2013

139. 论班固刑法吏治理民思想——以汉书中一志五传为例/赵昱霖/南京师范大学/2014

140. 武英殿本汉书校议/周敏/南京师范大学/2014

141. 以汉书为例的中古汉语自动分词/王嘉灵/南京师范大学/2014

142. 汉书引论语研究/王洁/曲阜师范大学/2014

143. 汉书窥管的训诂研究/刘敏/湖北师范学院/2014

144. 汉书论赞研究/高鸿鹏/河北大学/2014

145. 汉书写人艺术研究/尉永兵/山东大学/2014

146. 由汉书艺文志到隋书经籍志目录变化窥探学术变迁之大略/鲁东大学/2014

147. 汉书中的音乐思想/李琼/陕西师范大学/2014

148. 班固赋语词考述/董红/吉林大学/2014

149. 论汉循吏的法律实践——以两汉循吏传为视角/娄雨洋/安徽大学/2014

150. 文渊阁本汉书校读札记/申奎/南京师范大学/2015

151. 汉书地理志黄河水系汇考/蔡雨明/河北师范大学/2015

152. 汉书后汉书序论赞研究/王艳娜/湖南师范大学/2015

153. 汉书儒林传研究/刘萌/河南师范大学/2015

154. 汉书论赞研究/王琳琳/辽宁大学/2015

155. 论班固与普鲁塔克的史学思想——以汉书和希腊罗马名人传为例/吴晓

磊/山东大学/2015

156. 两汉书注中所见唐代前期儒经阐释之倾向性及其特征研究/胡海忠/华东师范大学/2015

157. 汉书艺文志的文学思想/张莉/山东师范大学/2015

158. 汉书涉字形之训诂研究/李杏/吉首大学/2015

159. 班固法律思想研究/楚士将/湘潭大学/2015

160. 论班固的离骚研究/谢天鹏/广西师范大学/2015

161. 汉书中的后妃形象研究/于西兰/渤海大学/2016

162. 汉唐间汉书流传的个案研究/阚海/华东师范大学/2016

163. 汉书艺文志数术略研究及补编/江玲/西南大学/2016

164. 初学记引汉书考/池佳静/华中师范大学/2016

165. 汉书心理动词研究/雏道静/湖南大学/2016

166. 周寿昌汉书注校补研究/高典/南京师范大学/2016

167. 班固诗歌观念研究/林思岑/四川师范大学/2016

168. 班固著述中的谶纬研究/王方钊/四川师范大学/2016

169. 论汉书艺文志与七略关系/刘薇/南昌大学/2017

170. 班固赋学思想研究/杜园/宁夏大学/2017

171. 茅坤汉书评点研究/周洁/兰州大学/2017

172. 汉书五行志探微/赵宜聪/贵州大学/2017

173. 汉书采录汉赋研究/吴娱/江苏师范大学/2018

174. 王念孙汉书札记校读札记/万楚钰/南京师范大学/2017

175. 汉书中经义决狱之考论/徐漫/西南政法大学/2017

176. 汉书列传被动句研究/李真/贵州师范大学/2017

177. 社会符号学翻译观视角下的汉书亲属称谓术语英译分析/孙媛媛/大连理工大学/2017

178. 沈钦韩汉书疏证研究/许军/南京师范大学/2017

179. 汉书所载西汉丞相群体研究/韩燚/曲阜师范大学/2018

180. 说文水部与汉书地理志异文研究/马雅琦/南京师范大学/2018

181. 颜师古汉书注音注研究/刘小红/安徽大学/2018

182. 朱一新汉书管见研究/戴敏敏/南京师范大学/2018

183. 汉书采录汉赋研究/吴娱/江苏师范大学/2018

Ⅱ. 博士学位论文

1. 汉书疑义通说/王继如/华中师范大学/1988

2. 论汉书的史学成就/许殿才/北京师范大学/1990

3. 论班固塔西佗的史学思想/蒋苓/北京师范大学/1997

4. 汉书历史哲学/刘国平/台湾师范大学/2000

5. 汉书单音节形容词同义关系研究/李艳红/四川大学/2004

6. 汉书通假研究/冯靓芸/复旦大学/2005

7. 汉书文学研究/潘定武/陕西师范大学/2006

8. 汉书考校研究：以中华书局点校本为中心/谢秉洪/南京师范大学/2006

9. 汉书颜师古注研究/潘铭基/香港中文大学/2006

10. 乾嘉时期的汉书研究/袁法周/北京师范大学/2007

11. 班固荀悦思想比较研究/杜永梅/北京师范大学/2007

12. 班固与汉代文学思想/王珏/辽宁大学/2007

13. 汉书艺文志研究：以六艺略为中心/尹海江/浙江大学/2007

14. 汉书十志研究/彭敦/香港浸会大学/2007

15. 汉书历史叙事研究/杨倩如/北京师范大学/2009

16. 汉书艺文志诗赋略文献研究/王晓庆/华中师范大学/2009

17. 班固文学思想研究/吴崇明/南京大学/2009

18. 汉书采摭西汉文章研究——兼论汉书与三部总集中西汉文章之比较/姚军/西北师范大学/2010

19. 汉书律历志研究/夏国强/苏州大学/2010

20. 汉书文学研究/李成林/陕西师范大学/2011

21. 王先谦汉书补注研究/张海峰/山东大学/2011

22. 汉书五行志研究/苏德昌/台湾大学/2011

23. 汉书艺术研究/李艳/曲阜师范大学/2012

24. 颜师古李善于汉书文选相同作品注释对比研究/王彦坤/暨南大学/2012

25. 李维与班固史学思想的比较研究：以罗马史与汉书为主的考察/陈姝君/山东大学/2012

26. 汉书与汉代诗经学——以西汉三家诗为中心/王红娟/东北师范大学/2012

27. 颜师古李善于汉书文选相同作品注释对比研究/黄方方/暨南大学/2012

28. 汉书注与资治通鉴释文比较研究/谢美连/广西师范大学/2013

29. 汉书核心词研究/郭玲玲/华中科技大学/2013

30. 灾异与秩序——汉书五行志研究/桂罗敏/上海大学/2013

31. 宋代文治背景下的汉书研究/倪小勇/西北大学/2014

（二）报刊文集论文

[1900—1910]

1. 汉书十二纪钩沉/沈昌佑/国学厄林/1 期

2. 汉书略说/骆鸿凯/湖南大学期刊/2 卷 5 期

3. 读班固艺文志书后/姚光/国学丛选/卷 8

4. 读班氏古今人表/姚光/国学丛选/卷 10

5. 诗文辞随录：读汉书游侠列传/毋暇/清议报第 82 册/1901. 6. 16

6. 国风集：读汉书盖宽饶传偶书/神州袖手人/选报/1902. 4. 8

7. 读汉书盖宽饶传偶书/神州袖手人/联勤学术研究季刊/1902（12）

8. 诗界搜罗集：读汉书盖宽饶传偶书/神州袖手人/鹭江报/1903. 5. 17

9. 论说：读汉书艺文志医经经方考证/江油饶时中/四川学报丙午/1906. 9

10. 谈丛：读汉书札记（一）/铁儿/竞业旬报/1908. 11. 24

11. 谈丛：读汉书札记（二）/铁儿/竞业旬报/1908. 12. 4

12. 文苑：读汉书七绝二十首/存公/砭群丛报/1909. 6

13. 文苑：读汉书有感/遁庵/砭群丛报/1909. 6

14. 论丛：汉书艺文志列农家于九流论/袁瀛/湖北农会报/1910. 11. 16

[1911—1920]

15. 答门人问汉书西域形势/涂儒翯/地学杂志/5 卷 8—9 期/1914

16. 汉书西域传南山形势/涂儒翯/地学杂志/5 卷 9 期/1914

17. 蓝水书塾笔记：能读汉书/何则贤/文艺杂志/1914（9）

18. 读汉书东方朔传/陈志贞/妇女杂志（商务）/1 卷 8 号/1915

19. 书汉书律历志后/曹鸿泰/学生杂志 2 卷 9 号/1915

20. 汉书霍光金日磾上官桀皆有诛莽何罗之功而汉书入日磾于功臣表入光桀于外戚恩泽侯表发微/蒋万里/国学丛选 7 集/1915

21. 光华学报发刊祝辞（并序集前汉书）/陈冠冕/光华学报/1915（1）

22. 汉书西域地理今证/章奎森/国学杂志/1915（2）

23. 慈竹居零墨：汉书/均耀/文艺杂志/1915. 12

24. 读班固艺文志书后/姚光石/国学丛选/8 集/1916

25. 读汉书地理志札记/何卓英/船山学报/1916（6）

26. 读汉书古今人表/蔡朝凤/学生杂志4卷9号/1917

27. 汉书艺文志举例跋/王国维/汉书艺文志举例/民国六国四益宦刊本/1917

28. 读班氏古今人表/姚光石/国学丛选/10集/1918

29. 读汉书/陈诗/东方杂志15卷1号/1918

30. 读汉书艺文志书后/陈益光/学生杂志5卷1号/1918

31. 汉书艺文志笺/许本裕/国故/1919（1—4）

32. 读汉书艺文志随笔/冯淑兰/北京女子高等师范文艺会刊/1919（2）

［1921—1930］

33. 汉书艺文志举例序/张尔田/亚洲学术杂志/1921（2）

34. 论汉书地理志/［日］冈崎文夫/支那学/2卷2期/1921

35. 汉书艺文志讲疏序例/顾实/国学丛刊/1923（1）

36. 汉书许注辑证/朱暗章/华国月刊/1923（3）

37. 汉书艺文志讲疏序例/顾实/国学丛刊/1卷1期/1923

38. 前汉书循吏传载太守不载令长说/钱树玉/学生文艺丛刊/1924（3）

39. 汉书西域传地理今释/章奎森/国学/1卷2期/1926

40. 汉书艺文志诸子略考释序/梁启超/清华周刊（纪念号增刊）/1926

41. 各家后汉书综述/郑鹤声/史学与地学/1926（1）

42. 书汲黯传后/张诚/民彝/1卷1期/1927

43. 再读艺文志/马其昶/民彝/1卷5期/1927

44. 汉书释例/杨树达/燕京学报/1927（3）

45. 汉书释例/杨树达/燕京学报/1928（3）

46. 汉书艺文志以小说为一家/姚恨石/北京益世报/1928.9.2—3

47. 前汉书札记/李慈铭著、王重民辑/国立北平图书馆馆刊/1卷1—2/1928

48. 读汉书笔记/复忱/天津益世报/2卷1、3、18—21期，3卷20—21期/
1929.1.2—26

49. 读汉书艺文志/钱文晋/艺林/1929（1）

50. 班孟坚年谱/郑鹤声/史学杂志/1卷1期/1929

51. 汉书五行志凡例/缪凤林/史学杂志/1卷2期/1929

52. 读汉书艺文志/钱文晋/艺林/1929（1）

53. 读汉书笔记/夏忱/北京益世报/2卷1、3、18—21期/1929

54. 读汉书艺文志拾遗/王重民/北平图书馆月刊/3 卷 3 期/1929

55. 汉书五行志凡例/缪凤林/史学杂志/1 卷 2 期/1929

56. 汉书艺文志举例/雁晴（孙德谦）/武大文哲季刊/1 卷 1 期/1930

57. 从汉书艺文依隋唐以下诸志分类法抄出关于史部图籍/朱鲁贤/中央大学半月刊/2 卷 4 期/1930

58. 汉志屈原赋二十五篇考/朱保雄/清华周刊/34 卷 6 期/1930

［1931—1940］

59. 汉书著述源流考/张侯生/女师大学术季刊/2 卷 2 期/1931

60. 汉志辞赋存目考/朱保雄/清华中国文学会月刊/1 卷 3 期/1931

61. 读汉书儒林传/杨树达/国学丛编/1 卷 2 期/1931

62. 影印北宋景祐本前汉书跋·百衲本二十四史之一/张元济/东方杂志/28 卷 21 期/1931

63. 读汉书/朱执信/南华文艺/1932（1）

64. 读王氏汉书杂志献疑/杨树达/北平图书馆馆刊/6 卷 3 期/1932

65. 班固所据古史料考/杨树达/大公报文学副刊/第 229 期/1932.5.23

66. 班固诞生一千九百年纪念/杨树达/大公报文学副刊/第 229 期/1932.5.29

67. 读汉书札记/郭昭文/历史科学/1 卷 3—4 期/1933

68. 读汉书艺文志拾遗/王重民/北平图书馆月刊/3 卷 3 期/1933

69. 汉书所见游戏考/国立中央研究院历史语言研究所集刊论文集上/1933

70. 汉书地理志庐江郡考略/杨铸秋/安徽大学月刊/1 卷 2 期/1933

71. 汉书地理志九江郡考略/杨铸秋/安徽大学月刊/1 卷 4 期/1933

72. 汉书地理志沛郡考略/杨铸秋/安徽大学月刊/1 卷 6 期/1934

73. 汉书地理志丹阳郡考略/杨铸秋/安徽大学月刊/2 卷 3 期/1934［另刊于《禹贡》1935（9）］

74. 汉书地理志中所记故国及都邑/李子魁/禹贡/1 卷 4 期/1934

75. 汉书地理志中所释之职方山川泽/侯仁之/禹贡/1 卷 5 期/1934

76. 汉志诗赋略广疏/段凌辰/河南大学学报/1 卷 1 期/1934

77. 汉书地理志水道与说文水部水道比较表/王振铎/禹贡/3 卷 4 期/1934

78. 汉书佚注叙例/彭仲铎/文史丛刊/1934（1）

79. 汉书地理志中掌物产之言/袁钟姒/禹贡半月刊/1934（1）

80. 汉书地理志水道与说文水部水道比较表/王振铎/禹贡/1934（1）

81. 汉书地理志丹阳郡考略/杨大鈜/禹贡/1934（1）

82. 汉书佚注叙例/彭仲铎/文史春秋/1934（1）

83. 汉书地理志中所释之职方山川泽寝/禹贡半月刊/1934（2）

84. 汉书札记/姚石子/国学汇编/1934（2）

85. 题记明嘉靖丁酉广东崇正书院刻本两汉书/莫伯骥/岭南学报/3 卷 4 期/1934

86. 汉书西域传奄蔡校释/岑仲勉/辅仁学志/4 卷 2 期/1934

87. 汉书西域传康居校释/岑仲勉/辅仁学志/6 卷 1—2 期/1934

88. 汉书佚注叙例/彭种铎/文史丛刊/山东大学/1934（5）

89. 汉书地理志丹阳郡考略/杨大鈜/禹贡/1934（9）

90. 汉书艺文志诗赋略首三种分类遗意考/程会昌/金大文学院季刊/2 卷 1 期/1935

91. 汉太初以来诸侯年表/李子魁/禹贡/2 卷 11 期/1935

92. 读前汉书西域传札记/高去寻/禹贡/3 卷 5 期/1935

93. 汉书艺文志诗赋略首三种分类遗意/程会昌/文学院季刊/1935（1）

94. 文先注引汉书注非袭用颜师古注本说/儒效月/1935（2—3）

95. 汉书地理志丹阳郡考略/杨大鈜/安徽大学月刊/1935（3）

96. 读前汉书西域传札记/史地社会论文摘要/1935（9）

97. 答曹偶夫问汉书艺文志/刘伟民/一师半月刊/1935（28）

98. 答曹偶夫问汉书艺文志（续）/刘伟民/一师半月刊/1935（31）

99. 汉书外戚传论/夏敬观/艺文杂志/1 卷 1 期/1936

100. 汉书窥管序/张尔田/学术世界/2 卷 1 期/1936

101. 汉书艺文志四论/叶长青/学术世界/2 卷 1 期/1936

102. 班氏一家/钟稚田/遗族校刊/2 卷 4—5 期/1936

103. 读汉焦竑汉书艺文志纠谬/吴之英/国专月刊/4 卷 2—3 期/1936

104. 汉书古今人表通检/孟森/北平研究院务汇报/7 卷 1 期/1936

105. 续古今人表考校补/黄云眉/金陵学报/6 卷 2 期/1936

106. 辨宋祁汉书校语/黄云眉/大公报图书副刊/129 期/1936.5.5［又刊于国学论衡 1936（7）］

107. 汉书艺文志诸子略考释/梁启超/中国古代学术流变研究十篇/中华书局/1936

136. 汉书地理志的诗古义/胡适/经世日报·读书周刊/6 期/1946. 9. 18

137. 臣瓒姓氏考/朱希祖［遗著］/中国史学/1946（1）

138. 李注文选中汉书诸文多足证颜注所本说/殷凌辰/河南大学学术丛刊（复刊）/1946（1）

139. 汉书颜注发覆/杨明照/中国文化研究汇刊/5 卷下/1946

140. 纪元前中国南洋交通考（汉书地理志附录考）/王新民、韩振华/海疆学报/1947（1）

141. 汉书材料来源考/王利器/龙门杂志/1 卷 1—4 期/1947

142. 班固的史材/杨翼骧/经世日报读书周刊/1947. 12. 17

143. 汉书古字论例/管雄/学原/1 卷 11 期/1948

144. 汉、魏、隋史：食货志的争辩（The Argumentation of the Shih—Huo Chih：Chapters of the Han, Wei, and Sui Dynastic Histories）/［美］伯儒（Rhea C. Blue）/哈佛亚洲研究/1948（1—2）

145. 汉书古字笺证（上）/周名辉/学原/1949（8）

［1950—1960］

146. ［英语］孙念礼博士中国古代食货志译注札记（*Notes on Dr. Swann's Food and Money in Ancient China*）/杨联陞/哈佛亚洲学报总第 13 卷/1950

147. ［英语］前汉书关于灾异的解释》（*An Iinterpretation of the Portents in the Tsien Han Shu*）/［瑞典］毕汉思（Hans. Bielenstein）/斯德哥尔摩远东古文物博物馆通报第 22 卷（*Bulletin of the Museum of Far Eastern Antiquities Vol.* 22）/1950

148. 释汉志所记秦郡与汉郡国的增置/黄彰健/"国立中央研究院"院刊/1954（1）

149. 汉书医学史料汇辑/陈邦贤/中华医史杂志/1955（1—4）

150. 论汉书地理志的读法/张舜徽/中国史论文集/1956

151. ［英语］评德效骞译班固前汉书（*The History of the Former Han Dynasty by Pan Ku by Homer H. Dubs*；*Pan Ku*；*P'an Lo—chi*），杨联陞/哈佛亚洲学报总第 19 卷/1956

152. 公元前二世纪至公元一世纪间中国与印度东南亚的海上交通——汉书地理志粤地条末段考释/韩振华/厦门大学学报（社科版）/1957（2）

153. 标点汉书工作总结/西北大学历史系汉书标点组/西北大学学报（人文社会科学版）/1959（1—2）

154. 西北大学历史系标点汉书胜利脱稿/人文杂志/1959（3）

155. 汉书食货志志疑/金少英/历史教学与研究/1959（3）

156. 汉书艺文志小学书目略说/徐善同/民主评论/11 卷 16 期/1960

157. 汉书地理志的研究/［日］五井直弘/中国古代史研究/1960

［1961—1970］

158. 怎样评价班固与汉书/陕西省社科院历史研究所/陕西日报/1961.3.24

159. 从史学和史料来论述汉书编纂特点/卢南乔山东大学学报（历史版）/1961（4）

160. 班固与汉书/冉昭德/历史教学/1962（4）

161. 读汉书后汉书札记/黄侃（遗著）/文史第 1 辑/1962

162. 读黄氏季刚读汉书札记献疑/李次篯/文史第 3 辑/1963

163. 前汉书的几个近期版本（*Some Recent Editions of the Chien Han Shu*）/［英］鲁惟一/亚洲专刊/泰东（*Asia Major*）总第 10 卷/1963

164. 班固的首创精神与进步思想/冉昭德/西北大学二十五年校庆学术论文集/1963.10

165. 试稿汉书地理志译注——燕地篇/江畑武/文化史学/1964（18）

166. 试稿汉书地理志译注——齐地篇/江畑武/文化史学/1964（20）

167. 汉书地理志的地理思想/江畑武/文化史学/1964（23）

168. 怎样认识班固的历史观——与冉昭德先生商榷/牛致功/文史哲/1965（1）

169. 读汉书艺文志举例札记/潘锦/大陆杂志/33 卷 3 期/1966

170. 怎样对待班固与汉书/冉昭德/文史哲/1966（1）

171. 是批判的继承，还是全盘肯定——再与冉昭德先生商榷怎样认识班固的历史观/牛致功/文史哲/1966（2）

172. 就评价班固与汉书问题与冉昭德同志商榷/赵一民、郭克煜/文史哲/1966（2）

173. 班固两都赋与汉代长安/何沛雄/大陆杂志/1967（4）

174. 钱币学与历史：关于汉书中一些汉字的研究（*Numismatics and History：A Study of Some Characters in the Han—shu*）/［美］泰/华裔学志（*Monumenta Serica*）第 26 卷/1967

175. 汉书刑法志の法思想 1—3/［日］成宫嘉造/东海大学论丛 15—17 号/1968）

[1971—1980]

176. 汉书与班固——名著与名人/王方曙/中央月刊/4 卷 1 期/1971

177. 汉书艺文志六艺略/方祖燊/中央月刊/4 卷 1 期/1971

178. 中国史学名著——汉书/钱穆/文艺复兴/1971（2）

179. 汉书西域传志疑/史学汇刊/1973（5）

180. 张氏汉书艺文志释例纠缪/胡楚生/新社学报/1973（5）

181. 读汉书贾谊传/经本植/成都日报/1974. 1. 19

182. 读汉书贾谊传/周九香/四川日报/1974. 7. 24

183. 读贾谊传/徐怀安/四川师院学报/1974（2）

184. 汉书贾谊传译注/四川师范大学学报（社会科学版）/1974（2）

185. 读汉书贾谊传/周九香/四川通讯/1974（6）

186. 诸好事者与汉书撰者/马先醒/华冈学报/1974（8）

187. 秦末汉初农民起义和儒法斗争讨论：阶级斗争的深刻表现——读汉书游侠列传/卢正/文汇报/1975（30）

188. 汉书著述目录考/张侯生/汉书论文集/台湾木铎出版社/1976

189. 汉书许注辑证/朱閤章/汉书论文集/台湾木铎出版社/1976

190. 巴黎伦敦所茂敦煌汉书残卷子叙录/王重民/台湾木铎出版社/1976

191. 四库提要中关于汉书古本问题之附注/萧鸣籁/台湾木铎出版社/1976

192. 汉志诸子略道家余议/封思毅/"国立中央图书馆"馆刊/9 卷 1 期/1976

193. 汉书艺文志识余/阮廷焯/"国立中央图书馆"馆刊/9 卷 2 期/1976

194. 班固与张衡——论二者创作态度的异质性/［日］见冈村繁/中国文学论集——小尾博士退休纪念/第一学习社/1976

195. 严厉打击一小撮亡命之徒——读汉书游侠传札记/商子雍/西安日报/1976. 4. 21

196. 汉书人表考通检序/黄丽姿、方玉川/图书馆学刊/1976（3）

197. 读汉书周勃传/四川师院中文系七五级二班理论组/四川师范大学学报（社会科学版）/1977（1）

198. 汉书周勃传注释/四川师院中文系古代文学组/四川师范大学学报（社会科学版）/1977（1）

199. 班固汉书评述/安作璋/齐鲁学刊/1978（1）

200. ［英语］班固和新近汉书译本的回顾/［捷克］Timoteus Pokora/美国东

方社会研究/1978（4）

201. 汉书艺文志小说家考辨/袁行霈/文史第 7 辑/中华书局/1979

202. 汉书字义札记/郭在贻/杭州大学学报（哲学社会科学版）/1979（1—2）

203. 汉书补注补正（食货志上、下）/金少英/甘肃师大学报（哲学社会科学版）/1979（1），1980（4）

204. 汉书字义札记/郭在贻/杭州大学学报（哲学社会科学版）/1979（2）

205. 点校本汉书管见/张孟伦/甘肃社会科学/1979（4）

206. 汉书论赞研究/陈静/中华学苑/24 卷 25 期/1980

207. 安息与乌弋山离（读汉书西域传札记之一）/孙毓棠/复印报刊资料（历史学）/1980（1）

208. 条支（读汉书西域传札记之二）/孙毓棠/复印报刊资料（历史学）/1980（1）

209. 汉书——中国最早的断代史/李谊/历史知识/1980（1）

210. 汉书艺文志——目录学浅谈之四/来新夏/图书馆工作与研究/1980（1）

211. 汉书艺文志中有"互著"、"别裁"法吗/谢德雄/图书馆工作/1980（1）

212. 汉书点校商榷（四则）/朱桂昌/史学史资料/1980（2）

213. 汉书赵充国传与居延汉简的关系/陈直/社会科学战线丛刊/1980（2）

214. 班固之生卒年/尹章义/食货月刊/9 卷 12 期/1980（3）

215. 试谈汉书艺文志的学术史内容/倪晓健/黑龙江图书馆/1980（4）

216. 隋唐汉书学的发展/瞿林东/历史知识/1980（5）

217. 汉书霍光传豹窥/吴福助/中国文化月刊/1980（10）

218. 班固/吴树平/百科知识/1980（12）

［1981—1990］

219. 六十年来汉书之研究/程发轫主编/六十年来之国学/第 3 辑/1981

220. 谈汉书艺文志中的出入术语——兼与黄景行同志商榷/薛新力/图书馆研究与工作/1981（1）

221. 班固汉书艺文志研究/倪晓建/图书情报知识/1981（2）

222. 汉书艺文志序及方技略/张东达/现代中医药/1981（2）

223. 从班固自注看汉书艺文志对七略的继承和创新/陈麦青/图书馆研究与工作/1981（3）

224. 汉书旧训考辨略例/董志翘/江苏师院学报（哲学社会科学版）/1981

（4）（按，此文共三部分，第一、二部分载于《江苏师院学报》1981 年第 1 期、1982 年第 4 期，第三部分载于《中国训诂学会论文集》，1984 年）

225. 关于汉书的作者/云南师范大学学报（哲学社会科学版）/1981（4）

226. 我国最早的一篇论述藏书建设的文献——汉书河间献王传/徐考宓、阳海清/广东图书馆学刊/1981（4）

227. 关于汉书的作者/昆明师院学报（哲学社会科学版）/1981（4）

228. 臧逢世抄汉书/朱志明/少年文艺/1981（12）

229. 汉书论赞研究/陈静/中华学苑/1981（24—25）

230. 从汉书看乌孙族在统一西域事业中的功绩/苏北海/新疆日报/1982.1.30

231. 从汉书艺文志到四库提要/蜕园/解放日报/1982.9.11

232. 同班固打笔墨官司的王逸/赵熙文/艺丛/1982（1）

233. 试论班固汉书艺文志所反映的西汉学术思潮及其历史特点/孙风态/鞍山师专学报（哲学社会科学版）/1982（1）

234. 汉书武帝纪故安和周阳两地名考辨/李古寅/兰州社会科学/1982（1）

235. 汉书艺文志的编撰及其特点/倪晓建/武汉大学学报（哲学社会科学版）/1982（2）

236. 颜师古和他的汉书注/祝鸿杰/语文研究/1982（2）

237. 汉书艺文志的学术价值/王恩涛/辽宁大学学报（哲学社会科学版）/1982（2）

238. 谈谈汉书艺文志中的篇和卷/倪晓建/图书馆学刊/1982（2）

239. 直译汉书艺文志序及方技略/王建公/现代中医药/1982（2）

240. 汉书地理志县目试补/周庄/历史地理/1982（2）

241. 汉书撰者质疑与试释/雷家骥/华学月刊/1982（2—3）

242. 汉书的文学价值/陈梓权/中山大学学报（哲学社会科学版）/1982（3）[另刊于中国古代、近代文学研究/1982（23）]

243. 从钱牧斋买汉书谈起/李全成/河南图书馆学刊/1982（3）

244. 汉书采录西汉文章探讨（上、下）/吴福助/东海中文学报/1982（3），1983（4）

245. 汉书字法/王明通/东海中文学报/1982（3）

246. 西汉时期西域的人口和社会经济情况——汉书西域传研究/钱伯泉/新疆社会科学/1982（3）

247. 汉书地理志侯国订补/王恢/书目季刊/1982（3）

248. 班固美学观初探/韩林德/思想战线/1982（4）

249. 王先谦汉书补注评述/李家骥/南京师大学报（社会科学版）/1982（4）

250. 王先谦汉书补注试析/吴荣政/兰州大学学报（哲学社会科学版）/1982（4）

251. 也谈汉书·艺文志中的篇和卷/黄强祺/图书馆学刊/1982（4）

252. 目录伟编，学术巨著——读汉书艺文志、隋书经籍志/王晟/河南图书馆季刊/1982（4）

253. 两汉日期的目录学——试论别录、七略和汉书艺文志/周丕显/兰州大学学报（社会科学版）/1982（4）

254. 也释汉书日有九道和月有十九道/薛理勇/历史研究/1982（6）

255. 现存两部最古的图书目录——谈汉书艺文志和隋书经籍志/诸亿明/文史知识/1982（7）

256. 汉书艺文志的学术价值/王恩涛/中国古代、近代文学研究/1982（9）

257. 苏东坡抄汉书/施梅/文化娱乐/1982（10）

258. 王先谦汉书补注质疑/李廷先/文献/1982（11）

259. 王先谦汉书补注略论/吴荣政/历史学（报刊复印资料）/1982（12）

260. 干宝搜神记と汉书晋书五行志/［日］多贺浪砂/九州中国学会报/卷23/1981

261. 汉书西域传重译述评（*The Han Shu Hsi Yü Chuan Retranslated. A Review Article*）达费纳/通报第68卷/1982

262. 目录伟编，学术巨著——读汉书艺文志隋书经籍志（上、下）/王晟/河南图书馆季刊/1982（4），1983（1）

263. 王国维先生书孙益庵汉书艺文志举例后序手稿跋/谢国桢遗著/王国维学术论文集第1册/1983

264. 汉书对文学的影响/王明通/古典文学第5集/1983

265. 谈谈班固在史学上的主要贡献/安作璋/光明日报/1983. 3. 23

266. 班固和汉书/晓东/中学历史教学参考/1983（1）

267. 班固的思想和文风/郭预衡/社会科学战线/1983（1）

268. 汉书地理志牂柯郡疏/王燕玉/中国历史文献研究集刊/1983（1）

269. 汉书食货志注释札记/高振铎/中国历史文献研究集刊/1983（1）

270. 试析汉书艺文志的编撰/卢贤中/安徽高校图书馆/1983（2）

271. 汉书地理志在中国史学史上的价值/张孟伦/兰州大学学报（哲学社会科学版）/1983（2）［中国地理（报刊复印资料）/1983（5）］

272. 试论汉书艺文志对我国书目编撰的影响/倪晓建/青海图书馆/1983（2）

273. 楚辞中提到的几个人物与班固刘勰对屈原的批评/赵逵夫/西北师大学报（社会科学版）/1983（2）

274. 颜师古注汉书艺文志对我国目录学的贡献/吴雯芳/中山大学研究生学刊（社会科学版）/1983（4）

275. 汉书赵充国传中的鲜水/王宗维/西北史地/1983（2）

276. 汉书西域传的研究——以呼尔威斯和岑仲勉两人最近成果为中心/（日）榎一雄著、袁林译/西北史地/1983（3）

277. 昌邑王被废之因（汉书读札）/徐宗文/江海学刊/1983（3）

278. 苏东坡抄汉书/陆茂清/夜读/1983（4）

279. 汉书注商/吴恂/史学情报/1983（4）

280. 班固弈旨注释/惠文恺/围棋/1983（4）

281. 颜师古注汉书艺文志对我国目录学的贡献/吴雯芳/中山大学研究生学刊（社会科学版）/1983（4）

282. 标点本汉书三统历勘误七则/刘洪涛/南开学报（哲学社会科学版）/1983（6）

283. 汉书校记二则/管吉/史学月刊/1983（6）

284. 汉书食货志注释札记/高振铎/中国历史文献研究集轩1集/1984

285. 汉书食货志辨疑/李庆善/中国历史文献研究集刊5集/1984

286. 班固思想的特色及其内在矛盾/祝瑞开/光明日报/1984.5.16

287. 汉书艺文志诸子略柬释/赵纪彬/史学月刊/1984（1）

288. 汉书的编纂及史料价值/冷鹏飞/自修大学（文史哲经专业）/1984（2）

289. 汉书高惠高后文功臣表一勘/秦进才/史学月刊/1984（2）

290. 汉书艺文志今译（一）/马晓斌/图书馆工作/1984（3）

291. 汉书人名索引错误举例/张如元/西南师范学院学报（社会科学版）/1984（3）

292. 汉书中司马意应为司马熹/冷鹏飞/中国史研究/1984（3）

293. 班固及其汉书/［日］柏森山岩/图书与情报/1984（4）

294. 试为汉书五行志拭尘/彭曦/天津师大学报/1984（4）［另载于史学情报/

1985（2）〕

295. 汉书汉纪互异举例/吉书时/史学史研究/1984（4）

296. 两汉时的目录学——试论别录七略和汉书艺文志/周丕显/兰州大学学报（社会科学版）/1984（4）

297. 略论别录七略与汉书艺文志的关系/王继祥/古籍整理研究通讯/1984（5）

298. 汉书标点失误一则/祝注先/史学月刊/1984（5）

299. 班固及其汉书苏武传/江帆/上海广播电视文科月刊/1984（5）

300. 中国历史要籍介绍——汉书/冉德璋/高师函授/1984（6）

301. 论班固的咏史诗/〔日〕吉川幸次郎、陈鸿森/中外文学/1984（6）

302. 从汉书疏广传想起的//王季思/读书杂志/1984（8）

303. 谈汉书与后汉书/顾颉刚/青年文摘/1984（9）

304. 班氏一家与汉书/全瑞/陕西教育/1984（12）

305. 汉书古今人表对论语中人物之品第/24 卷 3 期/孔孟月刊/1985

306. 秦始皇陵考古工作有新突破——探测表明这座地下宫殿并未被盗掘、焚烧，汉书记载有误/苏民生、刘海民/人民日报/1985.3.31

307. 汉书艺文志今译（续）/马晓斌/图书馆工作/1985（1）

308. 汉书词义札记/张如元/温州师专学报（社会科学版）/1985（1）〔另刊于语言文字学（报刊复印资料）/1985（10）〕

309. 汉书标点中的一些问题/张如元/重庆师院学报（社会科学版）/1985（2）

310. 班固的文学思想/蒋凡/复旦学报（社会科学版）/1985（2）

311. 汉书文颖注正误一则/袁祖亮/河南古籍整理/1985（2）

312. 班固及其汉书评价刍议/温泮亚/盐城师专学报（社会科学版）/1985（2）

313. 汉书人名索引疏误续辨/张如元/温州师专学报（社会科学版）/1985（3）

314. 汉书勘误两则/岳庆平/中国史研究/1985（3）

315. 汉书地理志及其他/王恢/书目季刊/1985（3）

316. 汉书艺文志互著质疑/龙滔滔/图书馆/1985（4）

317. 略论汉书刑法志/何东义/法学杂志/1985（5）

318. 汉书质疑一则/黄超文/史学月刊/1985（5）

319. 汉书刑法志简介/李明德/自修大学（政法专业）/1985（5）

320. 汉明帝诏书与班固/邵毅平/复旦学报（社会科学版）/1985（6）

321. 浅谈汉初货币制度的几个问题——兼释汉书食货志或用重钱，平称不

受/刘森/金融理论与实践/1985（6）

322. 汉书古今人表初探/张祥麟/湖北方志通讯/1985（5—6）

323. 班固是文抄公/魏清峰/孔孟月刊/24卷11期/1986

324. 班固的爱国思想/杨济东/北京师范大学学报/1986（1）

325. 论班固主进化、重时命、反神学的进步思想/杨济东/晋阳学刊/1986（1）

326. 读汉书苏武传/洪千/函授辅导（语文版）/1986（1）

327. 汉书中曹寿即曹时/庆平/吉林师范大学学报（人文社会科学版）/1986（1）

328. 汉书食货志载董仲舒语已复为正一岁句试解/高敏/社会科学战线/1986（1）

329. 汉书叙例在著述体例上的创造性/钟岱/史学史研究/1986（1）［另刊于历史学（报刊复印资料）/1986（4）］

330. 两汉书几处地理名称标点献疑——读史札记/吕名中/中南民族学院学报（社会科学版）/1986（1）

331. 班固生年献疑/冯一下/史学史研究/1986（2）

332. 汉书赵充国传中四望峡、落都及西部都尉府的位置/庞琳/青海民族学院学报（社会科学版）/1986（2）

333. 西汉的首都，世界的心脏——班固西都赋新探/顾绍炯/贵阳师范高等专科学校学报（社会科学版）/1986（2）

334. 论汉书王莽传/沈重、李孔怀/中国史研究/1986（3）

335. 汉书标点纠误/赵新德/史学月刊/1986（3）

336. 班固提及九章/晨晖/文教资料/1986（3）

337. 汉书沟洫志/朱更翎/中国水利/1986（3）

338. 汉代县级官吏长吏释义辨析——关于汉书中一段标点的商榷/余行迈/苏州大学学报（哲学社会科学版）/1986（3）

339. 汉书高惠高后文功臣表校证举要/秦进才/河北师院学报（哲学社会科学版）/1986（4）

340. 汉书旧注辩证/董志翘/贵州文史丛刊/1986（4）

341. 论班固的咏史诗/［日］吉川幸次郎/中国文学研究/1986（4）

342. 汉书高惠高后文功臣表校证举要/秦进才/河北师院学报/1986（4）

343. 汉书张骞传讲析/徐兴海/陕西师范大学（函授教育文科版）/1986（6）

344. 略论汉书艺文志医经经方之著录//李茂如/中医杂志/1986（9）

345. 汉书下酒/苏舜钦/沈涌泉/新闻与成才/1986（9）

学报（哲学社会科学版）/1988（2、4）

371. 汉书艺文志六大部类小序今译（连载一）/黄景行译注/云南图书馆/1988（2—3）

372. 谈班固汉书中苏武的爱国思想与民族气节/王公位/焦作教育学院学报/1988（2）

373. 汉书标点一误/张焯/史学月刊/1988（2）

374. 谈班固汉书中苏武的爱国思想与民族气节/焦作教育学院学报/王公位/1988（2）

375. 读班固的苏武传/侯毓信/中文自学指导/1988（3）

376. 浅析汉书中对诸侯王的称谓/默镝/玉林师专学报（社会科学版）/1988（3—4）

377. 汉书颜注语法注释释例/刘青松/怀化学院学报/1988（4）

378. 汉书正误一则/潘民中/史学月刊/1988（4）

379. 汉书地理志标点辨误三则/郭声波/中国历史地理论丛/1988（4）

380. 对汉书卫青传中一段文字的质疑/赵全聪/古籍整理研究学刊/1988（4）

381. 论班固辞赋观/孙亭玉/中国文学研究/1988（4）

382. 颜师古汉书注引宋均说考辨/周洪才/齐鲁学刊/1988（5）

383. 读汉书诸侯王表札记/赵生群/文教资料/1988/（6）

384. 汉书五行志の灾异说——董仲舒说と刘向说の资料分析/［日］坂本具偿/日本中国学会报/1988（40）

385. 汉书标点举误/董志翘/古籍整理出版情况简报/1988（201）

386. 汉书窥管管窥/萧德铣/怀化师专社会科学学报/1989（1）

387. 汉书博洽浅析/何方耀/华中师范大学研究生学报/1989（1）

388. 汉书及其历代研究/周洪才/河南图书馆学刊/1989（1）

389. 刘知幾汉书研究评议/钟涛/青海师范大学学报（哲学社会科学版）/1989（1）

390. 汉书五行志の灾异说：董仲舒说と刘向说の资料分析/［日］版本具/日本中国学会报第 40 集/1988

391. 汉书地理志所见塞种——兼谈有关车师的若干问题/余太山/新疆社会科学/1989（1）/［另刊于先秦、秦汉史（复印报刊资料）1989 年第 6 期］

392. 汉书艺文志管见/禹九/内蒙古图书馆工作/1989（1）

393. 汉书艺文志管见/王培聚/青海图书馆/1989（1）

394. 略谈董仲舒安民思想的意义——读汉书食货志的一点体会/朱长林、王肃/佳木斯教育学院学报/1989（1）

395. 读汉书外戚恩泽侯表札记/赵生群/古籍整理研究学刊/1989（1）

396. 汉书及其历代研究/周洪才、钟淑娥/河南图书馆学刊/1989（1）

397. 汉书艺文志序及方技略用药如用兵释译/宋宝琦/山西中医/1989（1）

398. 颜师古汉书注中的合韵音浅论/马重奇/福建师范大学学报哲会（社会科学版）/1989（1）

399. 汉书标点失误一例/祝鸿杰/中国语文/1989（1）

400. 汉书音义作者臣瓒姓氏考/刘宝和/文献/1989（2）

401. 汉书艺文志六大部类小序今译（连载三）/黄景行译注/云南图书馆/1989（2）

402. 汉书艺文志六大部类小序今译（连载四）/黄景行译注/云南图书馆/1989（3）

403. 校点本汉书标点举误/董志翘/古汉语研究/1989（3）

404. 汉书旧注辨正/董志翘/古籍整理研究学刊/1989（3）

405. 汉书疑误一例/伊洛竭/甘肃社会科学/1989（3）

406. 汉书音注的韵母系统及其语音基础/欧阳宗书/语言文字学（报刊复印资料）/1989（3）

407. 从汉书注看颜师古训诂学/孙兵/郑州大学学报（哲学社会科学版）/1989（4）

408. 班固区划赋类标准试析/万光治/四川大学学报（社会科学版）/1989（4）

409. 班固封建正统史观剖析/刘隆有/汉中师院学报（哲学社会科学版）/1989（4）

410. 汉书五行志所记自然现象试探/王春光/内蒙古民族师院学报（社会科学版）/1989（4）

411. 汉儒的哲学思想体系与班固的审美观/赵东栓/东北师大学报（哲学社会科学版）/1989（5）

412. 二十四史标点本：汉书后汉书点校质疑/车承瑞/北方论丛/1989（5）

413. 汉书天山并非祁连山/耿占军/中国历史地理论丛/1989（4）

414. 论汉书的语言风格/钟涛/青海民族学院学报/1989（4）

415. 前仆后继写成的汉书/晓华/课外学习/1989（4）

416. 从汉书注看颜师古训诂学/孙兵/郑州大学学报（哲学社会科学版）/1989（4）

417. 汉书五行志所记自然现象试探/王春光/内蒙古民族大学学报（社会科学版）/1989（4）

418. 谈谈汉书和后汉书/吕伯涛/青少年读书指南/1989（7—8）

419. 颜师古汉书注中的合韵音浅论/马重奇/语言文字学（报刊复印资料）/1989（9）

420. 安息与乌弋山离——读汉书西域传札记之一/孙毓棠/兰州大学出版社/1989

421. 条支——读汉书西域传札记之二/孙毓棠/兰州大学出版社/1989

422. 读汉书景武昭宣元成功臣表札记/赵生群/历史文献研究/燕山出版社/1990

423. 汉纪补润汉书例证/李书兰/史学史研究/1990（1）

424. 汉书地理志记载道里之特殊方法/陈世良/新疆社会科学/1990（1）

425. 汉书食货志点校一误/梁向明/固原师专学报/1990（1）

426. 汉书人名索引纠谬三则/洪沉/苏州科技学院学报（社会科学版）/1990（2）

427. 汉书校点赘议/董志翘/古籍整理研究学刊/1990（2）

428. 目录奇葩——评两汉书研究书录/刘一良/河南图书馆学刊/1990（2）

429. 汉书古今人表浅议/崔向东/锦州师院学报（哲学社会科学版）/1990（2）

430. 汉书地理志与汉书集解的地名学意义/杨纯渊/地名知识/1990（3）

431. 汉书五行志所记自然现象/王春光/史学史研究/1990（3）

432. 班固的审美意识与汉书的艺术表现/赵东栓/牡丹江师院学报（哲学社会科学版）/1990（3）

433. 颜师古汉书注反切考/马重奇/福建师范大学学报（哲学社会科学版）/1990（3）

434. 历史与现实的指南——读汉书匈奴传赞随笔/朱先春/文史知识/1990（3）

435. 汉书音注声母系统/欧阳宗书/江西大学学报（社会科学版）/1990（4）

436. 汉书的成就/许殿才/史学史研究/1990（4）

437. 汉书地理志山北诸国之道里/陈世良/新疆社会科学/1990（6）

438. 中华书局点校本汉书匈奴传漏校、误校举例/王锷/古籍整理研究学刊/

1990（3）

439. 汉书西域传记载道里之特殊方法/陈世良/先秦、秦汉史（报刊复印资料）/1990（4）

440. 读汉书方技略识/洛雨/吉林中医药杂志/1990（5）

441. 汉颂：论班固东都赋和同时代的京都赋/〔美〕康达维、彭行/文史哲/1990（5）

442. 十面埋伏文起波澜——读汉书韩信传一得/杨子才/新闻战线/1990（5）

443. 汉书/编辑之友/1990（6）

444. 汉书西域传山北诸国之道里/陈世良/新疆社会科学/1990（6）

445. 关于汉书旧注的几个问题/龚祖培/阿坝师专学报/1990（12）

446. 汉书标点质疑一则/牛贵琥/古籍整理出版情况简报/1990（224）

〔1991—2000〕

447. 汉书地志县名首书者即郡国治所辨/严耕望/严耕望史学论文选集/台湾联经出版事业公司/1991

448. 汉末魏晋时期汉书注家考略/孙钦善/历史文献研究（北京新二辑）/1991

449. 魏晋至唐时期的汉书学/张荣芳/第三届中西史学史研讨会论文集/1991

450. 汉书研究的回顾/许殿才/史学史研究/1991（2）

451. 汉书的成就/许殿才/历史学（报刊复印资料）/1991（1）

452. 汉书音注声母系统/欧阳宗书/语言文字学（报刊复印资料）/1991（2）

453. 班超略传/伍影/传记文学/1991（2）

454. 汉书遁巡校正/刘保明/晋中师范高等专科学校学报/1991（2）

455. 班固与汉书/贵图学刊/1991（2）

456. 谈汉书的体例/许殿才/辽宁大学学报/1991（3）

457. 汉书的成就及历史地位/白寿彝、许殿才/文献/1991（3）

458. 由汉书刑法志谈班固的法律思想/曾华平/高师函授学刊/1991（3）

459. 班固小说观之我见/阎增山/贵州文史丛刊/1991（3）

460. 班固撰写汉书的不朽之笔/高平/北京教育学院学报/1991（3）

461. 汉书点校正误数则/袁津琥/文献/1992（4）

462. 汉书地理志所记载的道：兼与秦五尺道新考作者商榷/李寿/云南师范大学学报（哲学社会科学版）/1991（4）

463. 汉书艺文志著录体例探微：纪念班固卒世 1900 年/杨玉麟/陕西图书馆/1991（4）

464. 汉书颜注再探/孙兵/郑州大学学报（哲学社会科学版）/1991（5）

465. 汉书艺文志的著录体例/顾建人/21 世纪图书馆/1991（5）

466. 班固的文艺生态美学思想初探/范军/华中师大学报/1991（5）

467. 汉书颜氏直音释例/谢纪锋/北京师范大学学报（社会科学版）/1991（6）

468. 犁污王与犁汗王考辨：汉书校勘之二/陈永中/青岛师专学报/1991（8）

469. 关于汉书昭帝纪中的一个句读/崔文印/古籍整理出版情况简报/1991（244）

470. 从汉书艺文志叙录看班固的学术思想/姚德彬/广西师范大学学报（哲学社会科学版）/1991（S1）

471. 正史五行志の基础的研究/高木理久夫/早稻田大学大学院文学研究科纪要别册第 17 集（哲学·史学编）/1991

472. 汉书校读札记/赵生群/历史文献研究（北京新三辑）/1992

473. 汉书下酒/于博文/中国典籍与文化/1992（1）

474. 试谈我国古典目录学中的典范——汉书艺文志自注/秦子蓉/滨州学院学报/1992（1）

475. 汉书的实录精神与正宗思想/许殿才/中国社会科学院研究生院学报/1992（1）［另刊于历史学（报刊复印资料）/1992（3）］

476. 汉书史论的评史方法——汉书史论研究之一/田文红/西南师范大学学报/1992（1）

477. 汉书人名索引订误十四则/马斗全/文献/1992（1）

478. 中华书局本汉书校议/学术研究/1992（2）

479. 汉书校勘献疑/王根林/社会科学战线/1992（2）

480. 汉书师古注的虚词研究/王宇/古籍整理研究学刊/1992（2）

481. 八十年代大陆学者汉书研究述略/李广健/新史学/1992（2）

482. 汉书颜氏音切韵母系统的特点：兼论切韵音系的综合性/谢纪锋/语言研究/1992（2）

483. 汉书音切校议/谢纪锋/内蒙古民族师院学报（哲学社会科学版）/1992（2）

484. 汉书标点一则/钟云星/古汉语研究/1992（3）

485. 汉书标点订误一则/程越/史学月刊/1992（3）

513. 汉书勘误一则/范学辉/史学月刊/1993（3）

514. 汉书艺文志著录文学文献情况简析/沈焱/四川图书馆学报/1993（3）

515. 读汉书高惠高后文功臣表札记/赵生群/历史文献研究（北京新五辑）/1994

516. 论班固的咏史诗与文人五言诗的发展成熟问题：兼评当代五言诗研究中流行的一种错误观点/赵敏俐/北方论丛/1994（1）

517. 班固撰写汉书时可能的限制/简松兴/辅仁大学中国文学研究所集刊/1994（3）

518. 汉书颜注引证说文述评/班吉庆/扬州师院学报（社会科学版）/1994（3）

519. 论汉书艺文志附注的价值/徐昕/古籍整理研究学刊/1994（4）

520. 颜师古汉书注喉音反切声类再研究/任福禄/求是学刊/1994（5）

521. 谈汉书/张传玺/文史知识/1994（5）

522. 汉书匈奴传斗入汉地考/王宗元、王传胜/丝绸之路/1994（6）

523. 关于汉书的"春秋之义"/［日］田中麻纱巳/东方学/1994（88）

524. 汉书与西汉后期游侠/韩云波/贵州师范大学学报/1995（1）

525. 说汉书苏武传中的蹈字/陈永良/文史杂志/1995（1）

526. 汉书艺文志班固自注浅析/那世平/图书馆学刊/1995（2）

527. 汉书颜注异议举例/尤炜祥/浙江大学学报/1995（2）

528. 汉书颜注商榷举例/尤炜祥/中国人民警官大学学报（哲学社会科学版）/1995（2）

529. 略论班固的法律思想/汪志强/黄冈师专学报/1995（2）

530. 汉书艺文志所载大学著作研究/陈黎明/聊城师范学院学报（哲学社会科学版）/1995（2）

531. 论汉书艺文志中自注的价值/程刚、李敏/云南图书馆/1995（3）

532. 通释古书的又一典范：读张舜徽汉书艺文志通释/王余光/文教资料/1995（3）

533. 试论中国古代辞书学的兴起：汉书艺文志所载小学著作研究/陈黎明/辞书研究/1995（4）

534. 论班固思想的道家成分/李伟泰/台湾大学中国文学系/语文、情性、义理——中国文学的多层面探讨国际学术会议论文集/1996

535. 班固的食货思想刍议/夏祖恩/福建师大学报/1996（1）

科学版）/1996（1—4）［中国语言文学资料信息/1996（5）］

559. 汉书的论赞/许殿才/社会科学辑刊/1996（6）

560. 汉书食货志上补校（上、下）/志群/首都师范大学学报（社会科学版）/1996（6），1997（1）

561. 汉书食货志上补校/郗志群/首都师范大学学报（社会科学版）/1996（6）

562. 汉书艺文志诸子略叙析论——就五四以来的相关论争入手/翁圣峰/辅大中研所学刊/1996（6）

563. 汉书下酒与苦读的悲哀/王东复/安徽教育/1996（12）

564. 汉书五行志灾异理论の再检讨/［日］釜田启市/中国研究集刊寒号/1996

565. 打开古代文献宝库的一把金钥匙——汉书艺文志/南丽华/张海、孟昭海/辉县年鉴/1997

566. 试论经学对汉书文风的影响/辛福民/广州师院学报（社会科学版）/1997（1）

567. 读汉书李陵苏武传札记/王昭/湛江师范学院学报（社会科学版）/1997（1）

568. 汉书人名索引补遗/张朝范/文献/1997（1）

569. 汉书颜注与贞观朝储位之争/李广健/新史学/1997（1）

570. 汉书地理志索引及续/克奈德·沙肯特著，袁金泉、李昭和译/四川文物/1997（2—3）

571. 汉书刑法志中的法本源思想/王健/研究生法学/1997（2）

572. 班固与汉书/曹之/图书馆论坛/1997（2）

573. 班固生卒年新说/孙亭玉/长沙电子学院学报/1997（2）

574. 汉书宣汉思想新探/范红军/河北师范大学学报（社会科学版）/1997（2）

575. 汉书艺文志评介/王燕/昭乌达蒙族师专学报（汉文哲学社会科学版）/1997（2）

576. 汉书旧注辨正二则/范天成/文献/1997（2）

577. 汉书标点疑误/袁庆述/古汉语研究/1997（3）

578. 汉书颜注研究一得/孙燕/德州师专学报/1997（3）

579. 打开古代文献宝库的一把金钥匙——汉书艺文志/南丽华/文史知识/1997（3）

580. 七略与汉书艺文志——我国古代图书分类目录的演进（之一）/陈伟/昭

乌达蒙族师专学报/1997（4）

581. 汉书颜师古注关于诗经的解释/［日］田中和夫著，周延良等译/学术论丛/1997（4）

582. 论汉书艺文志对七略的继承创新及其在我国目录学史上的地位/王筱筠/河南高校图书情报工作/1997（4）

583. 汉书艺文志的体例及学术价值/［韩］诸海星/天中学刊/1997（4）

584. 汉书所载西汉彗星的思想考察/陈全得/中华学苑/1997（4）

585. 汉书人名索引札记/王继如/文教数据/1997（5）

586. 班固经济思想简论/马志强/经济经纬/1997（6）

587. 一部开拓创新的专书辞典——评汉书辞典/叶品/浙江社会科学/1997（5）

588. 从崇拜名人联想到汉书人表/罗继祖/社会科学战线/1997（5）

589. 汉书下酒/语文世界（小学版）/1997（10）

590. 汉书新证征引新史料析论——民国以来的汉代新史料与史学研究举隅/陈文豪/陕西历史博物馆馆刊第5辑/1998

591. 汉书百官公卿表探论/徐家骥/历史文献研究（北京新九辑）/1998

592. 西汉档案两千年后公之于世：校汉书资料详备，神鸟赋情深意长/李解民/人民日报/1998.3.5

593. 班固诗经观新探/张启成/贵州大学学报（社会科学版）/1998（1）

594. 汉书循吏传校点商榷/李解民/杭州师范学院学报/1998（1）

595. 汉书律历志算释考辨/刘操南/古今谈/1998（1）

596. 汉圣刘臻与隋代汉书学/王光照/江淮论坛/1998（1）

597. 汉书五行志所记十二大人为何物/辛玉璞/西北史地/1998（1）

598. 班固的从祖父/王承略/烟台师范学院学报（哲学社会科学版）/1998（1）

599. 汉书艺文志和黄帝内经/成建军/中医文献杂志/1998（1）

600. 论班固之死/孟祥才/山东大学学报（哲学社会科学版）/1998（2）

601. 班固两都赋主旨考辨/孙亭玉/求索/1998（2）

602. 评班固的屈原研究/孙亭玉/长沙电力学院学报（社会科学版）/1998（2）

603. 汉书艺文志评介/陈方/华夏文化/1998（2）

604. 论班固的道家思想/王萍、刘保良/山东大学学报（哲学社会科学版）/1998（3）

605. 汉书艺文志的小说观及其影响/童庆松/图书馆学研究/1998（3）

606. 读书杂志误校汉书一例/李先华/安徽师大学报（哲学社会科学版）/1998（3）

607. 清代校订两汉书的空前硕果：钱警石先生两汉书校本/石洪运、张小梅/图书情报论坛/1998（3）

608. 汉书诸侯王表一误/毛西旁/文献/1998（3）

609. 略论吴卓信汉书地理志补注的地名学价值/华林甫/吴中学刊/1998（3）

610. 班固笔下的屈原/崔富章/深圳大学学报人文（人文社会科学版）/1998（4）

611. 汉书人名字三题/张新武/新疆大学学报（哲学社会科学版）/1998（4）

612. 汉书地理志标点辨误一则/史红帅/中国历史地理论丛/1998（4）

613. 从汉书看汉朝与西南民族关系及其政策/高旗/云南学术探索/1998（5）

614. 关于古籍注释说明歧义问题：谈汉书注释义一方法/孙良明/古籍整理研究学刊/1998（6）

615. 汉将霍去病出北地行军路线考：汉书涉钧耆济居延新解/陈秀实/西北师大学报（社会科学版）/1998（6）

616. 排闼非出自汉书/李明锌/语文月刊/1998（7）

617. 西汉天人思想于天文学中的体现与影响——依汉书天文志立论/卢文信/辅大中研所学刊/1998（8）

618. 中国古代第一部法律史著作——汉书刑法志评析/何勤华/法学杂志/1998（12）

619. 刘向与班固/白寿彝/中国史学史论文集/中华书局/1999

620. 应劭之汉书注/闫崇东/文献/1999（1）

621. 试论汉书艺文志诸子出于王官说（上）/黄丽丽/中国历史博物馆馆刊/1999（1）

622. 班固的文学观念与两都赋创作/张军芳/山东教育学院学报/1999（1）

623. 两汉奠定我国图书事业的基础：刘向与班固对我国图书事业的杰出贡献/文素纯/钦州师范高等专科学校学报/1999（1）

624. 汉书艺文志医经著录研究/柳长华/山东中医药大学学/1999（1—3）

625. 汉书写历史变化/许殿才/求是学刊/1999（2）

626. 试论班固汉书的资料与编纂工作之特点/刘敦玉/湘潭师院学报/1999（2）

627. 班固对先秦至西汉重农思想的总结/丁毅华/文献/1999（2）

628. 论汉书艺文志诸子出于王官说（下）/黄丽丽/中国历史博物馆馆刊/

653. 汉书古今人表疏证订误/张汉东/古籍整理研究学刊/2000（3）

654. 读汉书/江殷/文学遗产/2000（3）

655. 班固评屈在中国文学发展史上的意义/谢慧英/龙岩师专学报/2000（4）

656. 班固法自然观初探/姜晓敏/政法论坛/2000（4）

657. 由汉书艺文志隋书经籍志四库全书总目看目录学流变/刘静/聊城师范学院学报（哲学社会科学版）/2000（4）

658. 汉书中的修辞造词/张延民/语文学刊/2000（4）

659. 味知汉书/柏峰/散文/2000（5）

660. 汉书艺文志之小说与中国小说文体确立/汪祚民/安庆师范学院学报（社会科学版）/2000（6）

661. 班固论死刑/汪世荣/法制周报/2000.8.9

662. 历史写给平民看——随笔风起云扬：汉书随笔/周慕辉/读书/2000（8）

663. 董仲舒的天人三策是班固的伪作/孙景坛/南京社会科学/2000（10）

664. 浮华褪尽读汉书/肜小七/重庆日报/2000.11.13

［2001—2010］

665. 求是斋丛稿·汉书艺文志释疑/钟肇鹏/国学研究（七）/巴蜀书社/2001

666. 吕大行印可证汉书百官公卿表记载不确/崔大庸/中国文物报/2001.1.31

667. 班固窃盗父名说辨诬/易平、易宁/光明日报/2001.2.20

668. 论班固创作的个性色彩/孙玉亭/长沙电子学院学报（社会科学版）/2001（1）

669. 传统史学的范本——汉书/许殿才/光明日报/2001.5.22

670. 班固左思也是科学家/江晓原/文汇报/2001.10.20

671. 断代为史，继往开来——汉书述评/章惠康、罗光辉/衡水学院学报/2001（1）

672. 西汉时期的大司马与外戚专权——读汉书札记/田旭东/西北大学学报（哲学社会科学版）/2001（1）

673. 点校本汉书诸侯王表校正举要/王俊梅/邢台师范高专学报/2001（2）

674. 试论班固对我国历史编纂学的贡献/杨翠兰/广西社会科学/2001（3）

675. 汉易与汉书/吴怀祺/齐鲁学刊/2001（3）

676. 汉书人物传记的文章风格/马春香/石家庄师范专科学校学报/2001（3）

677. 汉书地理志应劭注零水酉水水文地理小考/朱圣钟/中国历史地理论丛/

2001（3）

678. 汉书艺文志总序笺注/李致忠/文献/2001（3）

679. 汉书孙宝传标点商榷/宋杰/文史杂志/2001（3）

680. 汉书西域传中地名引发的思考/马克章/乌鲁木齐成人教育学院学报/2001（4）

681. 由汉书东方朔传谈史家据本人文章改写本传/伏俊琏/西北成人教育学报/2001（4）

682. 浅论汉书沟洫志中反映的汉代治河思想/徐晓川/西昌学院学报（自然科学版）/2001（4）

683. 苏轼抄汉书/陈鹄/中文自修（中学版）/2001（4）

684. 汉书艺文志杂禽兽六畜昆虫赋考/伏俊琏/文献/2001（4）

685. 汉书艺文志杂行出及颂德、杂四夷及兵赋考/伏俊琏/西北师大学报（社会科学版）/2001（4）

686. 汉书地理志与中华区域风俗文化/李剑林/佛山科学技术学院学报（社会科学版）/2001（4）

687. 汉书江充传桐木人小考/李建民/中国科技史料/2001（4）

688. 论班固的文学思想/刘怀荣/青岛海洋大学学报（社会科学版）/2001（4）

689. 试析班固对屈原之批评/姚静波/中国典籍与文化/2001（4）

690. 挣脱天命神学的努力——班固历史观述论/梁宗华/青岛海洋大学学报（社会科学版）/2001（4）

691. 汉书五行志考论/王华宝/南京师大学报（社会科学版）/2001（5）

692. 论正统儒学对东汉史学的影响——以汉书汉纪为中心/傅永聚、范学辉/齐鲁学刊/2001（5）

693. 论班固的创新思想/赵永春/松辽学刊（人文社会科学版）/2001（5）

694. 论汉书艺文志小说家/王庆华/内蒙古社会科学（汉文版）/2001（6）

695. 班固文学思想述评/辛保平/呼伦贝尔学院学报/2001（6）

696. 班固天人合一的法制观及渊源——兼与姜晓敏同志商榷/任汝平/江西社会科学/2001（11）

697. 陈澧汉书地理志水道图说管窥/郭培忠/历史地理/2001（17）

698. 试论班固及汉书中阐发的为国举贤才的用人思想/刘淑英/庆祝北京师范大学百周年校庆历史系论文集：史学论衡/北京师范大学出版社/2002

699. 班固董子思想献疑/孙景坛/岭南学刊/2002（1）

700. 宋刻汉书版本考/周晨/襄樊学院学报/2002（1）

701. 汉书地理志所记齐地民俗事象考释/刘德增/山东师范大学学报（人文社会科学版）/2002（1）

702. 汉代的大市和狱市——对陈直汉书新证两则论述的商榷/李根蟠/中国社会经济史研究/2002（1）

703. 论经学对汉书义例的影响/李士彪、隋长虹/山东大学学报（人文社会科学版）/2002（1）

704. 谈汉书补注的吸收前人成果/马固钢/石家庄师范专科学校学报/2002（1）

705. 汉书十志与通古今/郭炳洁/河洛春秋/2002（2）［洛阳师范学院学报2002（6）］

706. 班固的人格审美意识与汉书的人物形象/赵东栓/长春师范学院学报（人文社会科学版）/2002（2）

707. 汉书但字考察/郑剑平/西昌师范高等专科学校学报/2002（2）

708. 从汉书地理志透视区域风俗文化的形成与演变/李剑林/中国文化研究/2002（2）

709. 简析汉书赵尹韩张二王传的艺术特色/王红霞/成都大学学报（社会科学版）/2002（2）

710. 一部由冯梦龙等名家批校评点的明嘉靖刊汉书/舒和新/皖西学院学报/2002（3）

711. 汉书艺文志——七略的再延续/黄顺荣/现代情报/2002（3）

712. 两汉书五行志关于自然灾害的记载与认识/陈业新/史学史研究/2002（3）

713. 班固汉书中的唯物主义因素与人民性探析/朱凤祥/商丘师范学院学报/2002（3）

714. 汉书应劭注双音词研究/胡继明/河南师范大学学报（哲学社会科学版）/2002（3）

715. 汉书中卫青霍去病传所附之公孙敖传讹误考/董艳秋/社会科学辑刊/2002（4）

716. 班固小说观辨正/周承芳/锦州师范学院学报（哲学社会科学版）/2002（4）

717. 汉书艺文志成相杂辞隐书说/伏俊琏/西北师大学报（社会科学版）/2002（5）

767. 论儒学对汉书艺文志编撰思想的重大影响/陈双燕/鹭江职业大学学报/2004（1）

768. 汉书地理志标点纠误一则/张永帅/中国历史地理论丛/2004（1）

769. 汉书赵尹韩张二王传舛误考/王朝源/成都大学学报（社会科学版）/2004（1）

770. 西汉的儒法治道——兼论荀子与盐铁论、汉书刑法志的传承/先秦两汉学术/2004（1）

771. 汉书艺文志见着文献数量统计/傅荣贤/图书馆理论与实践/2004（3）

772. 两汉书事/扬之水/中国典籍与文化/2004（3）

773. 汉书之不可解者/萧文/文学遗产/2004（3）

774. 汉书艺文志见著文献数量统计/傅荣贤/图书馆理论与实践/2004（3）

775. 汉书艺文志之小说的由来和观念实质/卢世华/中国社会科学院研究生院学报/2004（4）

776. 汉书地理志沁水过郡三考辨/周亚/陕西师范大学学报（哲学社会科学版）/2004（4）

777. 治粟都尉和搜粟都尉与大司农关系考——对汉书百官公卿表大司农两处空白记录的思考/王勇/唐都学刊/2004（4）

778. 从汉书的后妃描写看其语言特色/邱文颖/苏州教育学院学报/2004（4）

779. 中国地理学史上的一次大断裂——兼评汉书地理志/孙关龙/地球信息科学/2004（4）

780. 固迷世纷永矣长岑——班固、崔骃人生道路之比较/刘艳春、林伟/乐山师院学报/2004（4）

781. 班固与图书编撰/王宗科/青海师范大学学报（哲学社会科学版）/2004/（5）

782. 用小说重写汉书：70后青年学者亭长小武作者史杰鹏访谈录/肖自强/中华读书报/2004.5.26

783. 论班固的风俗观/孙关龙/南都学坛/2004（6）

784. 班固与汉书：一则知人论世的考察/朱维铮/复旦学报（社会科学版）/2004（6）

785. 汉书艺文志的文学思想/伏俊琏/文艺理论与批评/2004（6）

786. 汉书中的地理知识/天津科技/2004（6）

787. 汉书儒林传梁丘易传承祛疑/文亦武/古籍整理研究学刊/2004（6）

788. 班固之汉书/阿布/现代语文（初中读写版）/2004（6）

789. 唐人喜文选与宋人嗜汉书——谈读书与做人/张海沙/广东教育/2004（11）

790. 汉书艺文志之小说的由来和观念实质/卢世华、石昌渝/中国古代、近代文学研究（报刊复印资料）/2004（11）

791. 论班固史学思想的神意化倾向——兼论班固神意化史观的理论渊源/汪高鑫/学术研究/2004（12）

792. 汉书艺文志的方技史图象——从其学术立场与现实义涵的考察出发/金仕起/政治大学历史学报/2004（22）

793. 颜师古汉书注中的词源探讨述评/曾昭聪/第38届国际汉藏语会议/2005

794. 汉书颜注解释文字现象的方法与价值/程明安/郧阳师范高等专科学校学报/2005（1）

795. 读汉书地理志札记一则/马保春/中国历史地理论丛/2005（1）

796. 试释汉书地理志郡国排序/李新峰/北京大学学报（哲学社会科学版）/2005（1）

797. 汉书应劭注的语言学价值/胡继明/西南师范大学学报（人文社会科学版）/2005（1）

798. 汉书颜注解释文字现象的方法与价值/程明安/郧阳师范高等专科学校学报/2005（1）

799. 汉书新注通假注释商榷/冯靓芸/古籍整理研究学刊/2005/（1）

800. 读书杂志·汉书杂志训诂二则/吴蕴慧/苏州市职业大学学报/2005（1）

801. 试析班固的民族观/刘春华/西安电子科技大学学报（社会科学版）/2005（2）

802. 汉书酷吏传诏书召捕献疑/王伟/中国史研究/2005（2）

803. 汉志称诸子"亦六经之支与流裔"疏证/李威熊/人文暨社会科学季刊/2005（2）

804. 谈杨树达汉书窥管句式类比语法分析法——兼说我国古代语法学一传统分析法/孙良明/南开语言学刊/2005（2）

805. 班固受贿写史辨疑/李小树/史学月刊/2005（3）

806. 汉书艺文志著录之虞初周说探佚/王齐洲/南开学报（哲学社会科学版）/2005（3）

807. 汉代乐府采诗制度与叙事诗理论的自觉——班固汉书艺文志析论/张丽

明/承德民族师专学报/2005（3）

808. 史学家的经济学思辨——班固经济思想解析/李剑林/学术论坛/2005（3）

809. 学术之宗，明道之要——论汉书艺文志的学术史意义/何小平/图书情报知识/2005（3）

810. 汉书艺文志著录小学类文献研究/严正/图书馆界/2005（3）

811. 意味深长的汉书传记/陈兰村/中华活页文选（成人版）/2005（4）

812. 从语词小说到文类小说——解读汉书艺文志小说家序/罗宁/天津大学学报（社会科学版）/2005（4）

813. 汉代郊祀歌天马章考释/殷善培/先秦两汉学术/2005（4）

814. 汉书引诗初探/昝风华/唐都学刊/2005（5）

815. 汉书艺文志小注试析/钟伟/图书馆工作与研究/2005（5）

816. 汉书艺文志杂中贤失意赋考略/伏俊琏/新疆大学学报（哲学社会科学版）/2005（5）

817. 管窥四库总目对汉书艺文志的研究/姜汉卿、傅荣贤/图书馆论坛/2005（6）

818. 论东汉洛阳城的布局与营造思想——以班固等人的记述为中心/曹胜高/洛阳师范学院学报/2005（6）

819. 汉书文学研究的回顾与思考/潘定武/宝鸡文理学院学报（社会科学版）/2005（6）

820. 史家笔下的霍光——汉书资治通鉴之比较/游思盈/洄澜春秋/2005（2）

821. 关于别录七略和汉书艺文志两个问题的探讨/王国强/图书馆杂志/2005（8）

822. 中国小说发生期现象的理论总结——汉书艺文志中的小说标准与小说家/叶岗/文艺研究/2005（10）

823. 汉书所见之治国安民方略/杨萍/牡丹江大学学报/2005（12）

824. 汉书对偶运用之艺术成就初探/何凌风/江西社会科学/2005（12）［中央民族大学学报（哲学社会科学版）］/2006（2）

825. 关于宋版汉书文字的异同/［日］石冈浩/中国古代的历史家们/2006

826. 汉书上的患不均/琴台客聚/文汇报/2006.5.30

827. 苏轼三抄汉书/中国中学生报/2006.6.2

828. 学说之别而非文体之分——汉书艺文志小说观探源/陈卫星/天府新论/2006（1）

829. 中国古代地理学的目录学考察（一）：汉书艺文志的个案分析/潘晟/中

国历史地理论丛/2006（1）

830. 从历史角度重新审定刘安、班固对屈原的评价/董灵超/柳州师专学报/2006（1）

831. 汉书艺文志医史文献目录学价值探微/侯小宝/山西中医学院学报/2006（1）

832. 汉书地理志河流过郡数考辨四则/郝鹏展/中国历史地理论丛/2006（1）

833. 汉书十二帝纪校勘拾遗（一）/谢秉洪/中国典籍与文化/2006（1）

834. 汉书旧注商榷若例/郑贤章/求索/2006（1）

835. 颜师古汉书注中语有轻重之分析/王东/天中学刊/2006（1）

836. 点校本汉书误排举隅/谢秉洪/书品/2006（1）

837. 班固对汉赋的研究/踪凡/南京师范大学文学院学报/2006（2）

838. 汉书时间词组的前后归属问题探讨/黎路遐/宿州学院学报/2006（2）

839. 汉书整理平议/谢秉洪/南京师大学报（社会科学版）/2006（2）

840. 汉书与周易/郑万耕/史学史研究/2006（2）

841. 敦煌李陵变文与汉书李陵传之情节比较探析/黄怀宁/有凤初鸣年刊/2006（2）

842. 从汉书艺文志看古代图书散佚及保存/杜娟/兰台世界/2006（3）

843. 汉代信仰风俗与班固及其汉书/昝风华/西华师范大学学报（哲学社会科学版）/2006（3）

844. 三品论赋——汉书艺文志诗赋略前三种分类遗意新说/李士彪/鲁东大学学报（哲学社会科学版）/2006（3）

845. 论汉书艺文志的编次/尹海江/华中科技大学学报（社会科学版）/2006（3）

846. 班固对医学文化的贡献/贺圣迪/中医药文化/2006（3）

847. 汉书中所反映的天人谐调论/郑万耕/齐鲁学刊/2006（3）

848. 论汉书艺文志的编次/尹海江/华中科技大学学报（社会科学版）/2006（3）

849. 从汉书艺文志看古代图书散佚及保存/杜娟/兰台世界/2006（3）

850. 颜师古汉书注所引方言词语对汉语方言大词典的补充/王智群/泰安教育学院学报岱宗学刊/2006（3）

851. 论汉书艺文志的图书分类/尹海江/中南大学学报（社会科学版）/2006（4）

852. 黄帝子就是黄帝——读汉书札记一则/陈得媛/华中科技大学学报（社会科学版）/2006（4）

853. 张舜徽先生汉书艺文志研究的成就和不足/许刚/四川图书馆学报/2006（4）

878. 北宋景祐刊汉书刑法志第十四叶的复原／［日］石冈浩／东方学卷111／2006

879. 史部之汉书／蒋荣华／光明日报／2007.6.14

880. 我读汉书五行志／彭曦／光明日报／2007.8.16

881. 汉书讹误考三则／董艳秋／司马迁与史记学术研讨会／2007.8

882. 从汉书五行志看刘歆的灾异观／吴从祥／殷都学刊／2007（1）

883. 论汉书艺文志之不立史目／郭洪涛／内蒙古社会科学（汉文版）／2007（1）

884. 矛盾与演进：汉书艺文志赋论解读／张朝富／海南大学学报（人文社会科学版）／2007（1）

885. 汉书考校研究——以中华书局点校本为中心／谢秉洪、赵生群／中国典籍与文化／2007（1）

886. 汉书引用道家之说分析／潘定武／黄山学院学报／2007（1）

887. 颜师古汉书注同源词疏证／叶慧琼／和田师范专科学校学报／2007（1）

888. 汉书艺文志与隋书经籍志之比较——从六经的角度看两者的不同／杜延鑫／内江师范学院学报／2007（1）

889. 汉书艺文志诸子略道家类亡书考略／曹菁菁／北京大学研究生学志／2007（1）

890. 从汉书艺文志中看我国古代学者对小学的重视／张恩鹏／兰州学刊／2007（S1）

891. 中国古代汉书的传播与研究／袁法周／宁夏社会科学／2007（2）

892. 汉代天地之祭与阴阳五行学说——读汉书郊祀志偶得／程曦／史学史研究／2007（2）

893. 颜师古汉书注中的词源探讨述评／曾昭聪／古汉语研究／2007（2）

894. 从汉书看先秦两汉拘、囚、系（系）的发展演变／牛慧芳／和田师范专科学校学报／2007（2）

895. 论汉书的经学特质／王晚霞／上饶师范学院学报／2007（2）

896. 不见：汉书李夫人传的另一种读法／李思涯／中国文化／2007（2）

897. 也谈汉书艺文志赋的分类标准——与汪祚明先生商榷／郭院林／义乌工商职业技术学院学报／2007（2）

898. 班固删取七略的目录学意义／潘盼／沧桑／2007（2）

899. 汉书韦贤传中宗家与室家之辨——兼论西汉时期贵族的立嗣与妻室的紧密关系／阎爱民／中国史研究／2007（3）

900. 浅析从庄子天下到汉书艺文志思维理路——从百家到一统的学术分合反

思/栾冬静/科技资讯/2007（3）

901. 班固之实录论/施丁/中国社会科学院研究生院学报/2007（3）

902. 从汉代经学的演进看汉代辞赋的创作特征——以司马相如、班固、张衡为例/李春英/辽宁师大学报（社会科学版）/2007（3）

903. 颜游秦汉书决疑佚文与颜师古汉书注比义/王鑫义/史学月刊/2007（3）

904. 论汉书艺文志形成的历史背景/郭洪涛、伍寅/山东图书馆季刊/2007（3）

905. 颜师古汉书注×古某字作用类析/王秀丽、别敏鸽/河北科技大学学报（社会科学版）/2007（3）

906. 汉书西域传户口资料系年蠡测/袁延胜/郑州大学学报（哲学社会科学版）/2007（3）

907. 汉书五行志的历史价值/赵蒙/古籍整理研究学刊/2007（3）

908. 汉书注释正误一则/范春义/中国典籍与文化/2007（4）

909. 汉书艺文志刘歆、班固选扬雄赋考论/秦文萃/宜宾学院学报/2007（4）

910. 目录学家班固年谱/张永山/科技情报开发与经济/2007（4）

911. 王应麟汉书艺文志考证的文献学贡献/杨万兵/安庆师范学院学报（社会科学版）/2007（4）

912. 今本汉书隽不疑传之错简/富金壁/文献/2007（4）

913. 论汉书中匈奴人金日磾的身分转换/王美秀/汉学研究集刊/2007（4）

914. 略论汉书的语言艺术/潘定武/安庆师范学院学报（社会科学版）/2007（5）

915. 由汉书食货志看两汉农业问题/黄蕾/重庆教育学院学报/2007（5）

916. 班固：一部汉书传天下，两都之赋留文名/张广英/传奇故事（下半月刊）/2007（5）

917. 汉书地理志中的三条错简/孔祥军/书品/2007（5）

918. 从四库全书总目提要中看其对今古本汉书争议问题之讨论/林麟瑄/新北大史学/2007（5）

919. 隋书经籍志与汉书艺文志之比较/薛璞、景浩/鸡西大学学报（综合版）/2007（6）

920. 延笃作汉书音义质疑/李晨轩/河北自学考试/2007（6）

921. 汉书在西方：译介与研究/李秀英、温柔新/外语教学与研究/2007（6）

922. 刘向刘歆编辑思想评介——从汉书艺文志透视中国编辑史的丰碑/赵伟/辽宁师范大学学报（社会科学版）/2007（6）

923. 断代为史与通古今——论班固汉书的撰述旨趣/朱凤祥/贵州社会科学/2007（6）

924. 汉书艺文志的价值考述/马彦平/怀化学院学报/2007（7）

925. 唐前汉书旧注辑佚与研究述评/闫平凡/中国史研究动态/2007（7）

926. 读史·汉书/黄济/中国教师/2007（9）

927. 班固汉书艺文志创新目录学之功/梁萍/兰台世界/2007（10）

928. 颜师古汉书注的学术贡献/余光煜/江西社会科学/2007（11）

929. 浅论王先谦汉书补注对颜注成果的继承/李明/成功（教育版）/2007（12）

930. 文选注引汉书校勘拾零/赵玉芳/文教资料/2007（34）

931. 关于西汉后期至东汉史书编纂事情的变化/〔日〕中西大辅/学习院史学卷45/2007

932. 诗文集的形成及意义——汉书艺文志至隋书经籍志诗赋作品编订体例变化/杨庆鹏/新西部（下半月）/2007（07X）

933. 汉书初探/柴田昇/汉书及其周边/昆仑书房/2008

934. 东汉大史家——班固/吉林日报/2008.2.2

935. 汉书下酒/解放军报/2008.4.13

936. 汉书地理志盐官考/孔祥军/汉唐社会经济与海盐文化学术研讨会/2007.5.3

937. 汉书修辞艺术略说/潘定武/光明日报/2008.9.19

938. 班固墓前三鞠躬/西安晚报/2008.10.20

939. 扶风应建汉书文化园/宝鸡日报/2008.10.31

940. 前汉书/黄海晨刊/2008.11.10

941. 从汉志诗赋略赋体类分看班固的赋观念/王长华、李菲/古代文学理论研究/2008（1）

942. 试论班固与张衡赋的不同趣向/刘娟萍/山西广播电视大学学报/2008（1）

943. 一部非应时的古代目录学研究力作——评傅荣贤先生的汉书艺文志研究源流考/徐建华/大学图书馆学报/2008（1）

944. 汉书地理志道目补考/后晓荣/中国历史地理论丛/2008（1）

945. 汉书艺文志著录之小说家务成子等四家考辨/王齐洲/南京师范大学文学院学报/2008（1）

946. 汉书艺文志著录小学类文献琐议/王祎、张玉春/兰州大学学报（社会科

学版）/2008（1）

947. 汉书中的死亡替代词之文化意蕴探究/周小红/湖南医科大学学报（社会科学版）/2008（1）

948. 今本汉书与文选李善注引文互校/赵玉芳/辽宁医学院学报（社会科学版）/2008（1）

949. 汉书地理志中的三条错简商榷/周运中/书品/2008（2）

950. 汉书艺文志对七略的继承与发展/牛卫东/江西图书馆学刊/2008（2）

951. 先秦愚宋现象与汉书地理志之地域文化观/王永/宁夏大学学报（人文社会科学版）/2008（2）

952. 中国小说史略汉书艺文志所载小说辨正/王齐洲/黑龙江社会科学/2008（2）

953. 汉书研究文献汇编（全十册）/文献/2008（2）

954. 试论汉书的文学个性/潘定武/滁州学院学报/2008（2）

955. 汉书论赞与儒家思想/赵彩花/韶关学院学报/2008（2）

956. 略论汉书的整体结构/潘定武/黄山学院学报/2008（2）

957. 明代的汉书经典化与刘邦神圣化的现象、原因与影响/谢贵安/长江大学学报（社会科学版）/2008（2）

958. 汉书艺文志著录项目研究/孙玉枝/河南图书馆学刊/2008（2）

959. 一段被误传的学术往事——1959 年西北大学历史系标点汉书始末/黄留珠/西北大学学报（哲学社会科学版）/2008（3）

960. 汉书艺文志为何不录楚辞/孙保珍/辽东学院学报（社会科学版）/2008（3）

961. 论汉书自注/刘治立/咸阳师范学院学报/2008（3）

962. 汉书艺文志编纂特色述略/牛卫东/江西图书馆学刊/2008（3）

963. 五礼通考引汉书考异浅析/顾国/现代语文（语言研究）/2008（3）

964. 从兰台文人到宪府文章——班固的宦海浮沉与文学活动/陈君/古典文学知识/2008（3）

965. 论汉书艺文志目录注释体例的开创之功/王洁/铜仁学院学报/2008（3）

966. 汉书艺文志浅说/黄子房/湖北师范学院学报（哲学社科版）/2008（3）

967. 班固为何轻视小说/王承斌/牡丹江师范学院学报（哲学社会科学版）/2008（3）

968. ［英文］赵充国：中国西汉的名将/Edward L. Dreyer/军事史研究/2008（3）

969. 略析汉书王莽传中的高句丽记事/赵红梅/东北史地/2008（4）

970. 论班固的史书编纂思想/赵连稳/河北大学学报（哲学社会科学版）/2008（4）

971. 探析汉书艺文志序及方技略/陈婷/中医文献杂志/2008（4）

972. 历史编纂学视角展现的学术新视域：以汉书刑法志为个案的分析/陈其泰/天津社会科学/2008（4）

973. 从汉书帝纪中的灾异记录看西汉社会思想/杨霞/合肥学院学报（社会科学版）/2008（4）

974. 汉书艺文志的主旨及其文学影响/张朝富/海南大学学报（人文社会科学版）/2008（4）

975. 从某某也看颜师古汉书注声训/胡继明、陈秀然/东南大学学报（哲学社会科学版）/2008（4）

976. 论班固的铭/孙亭玉/文学遗产/2008（4）

977. 班固答宾戏对设论体文体艺术的解构/宋红霞/枣庄学院学报/2008（5）

978. 汉书地理志所记部分职官考略/陆北江/陇东学院学报/2008（5）

979. 诏书与西汉时期的儒学传播：以汉书帝纪为中心的考察/夏增民/南都学坛/2008（5）

980. 对汉书艺文志中小说家命名的思考/姚娟/海南大学学报（人文社会科学版）/2008（5）

981. 汉书艺文志艺文古义考/王连龙/东北师大学报（哲学社会科学版）/2008（5）

982. 汉书艺文志小说家再考辨/名作欣赏（文学研究）/2008（6）

983. 汉书艺文志中的篇、卷问题/叶岗/绍兴文理学院学报（社会科学版）/2008（6）

984. 蛮夷风与好文雅：班固视野中的文翁兴学再认识/杨民/西南民族大学学报/2008（6）

985. 汉书地理志所记鲁地风俗考/王晓丽/山东省农业管理干部学院学报/2008（6）

986. 汉书中王莽形象的三重变奏/万文兴/传承（学术理论版）/2008（7）

987. 中国古代的特殊群体——游侠：读汉书游侠传/于艳华/考试周刊/2008（7）

988. 汉书艺文志八体六技刍议/尹海江/怀化学院学报/2008（7）

989. 五礼通考引汉书考异浅析/顾国/现代语文（下旬刊）/2008（9）

会科学版）/2009（1）

1019. 汉书王莽传的历史编撰特色/杨倩如/廊坊师范学院学报（社会科学版）/2009（1）

1020. 文颖汉书注考证/王晓庆/求索/2009（1）

1021. 浅谈出土文献对汉书艺文志的补证/邵磊、蒋晓春/内蒙古农业大学学报（社会科学版）/2009（1）

1022. 从颜师古的汉书注中看中古词汇的发展/时雪敏/中国科教创新导刊/2009（1）

1023. 古籍善本书影：汉书/中国典籍与文化/2009（1）

1024. 冉昭德与汉书引发的一场争论/杨倩如/史学理论研究/2009（1）

1025. 关于汉书苏武传成篇问题之研究/汪春泓/文学遗产/2009（1）

1026. 从汉书苏武传中一窥秦汉人的精神风貌/时代文学（理论学术版）/2009（1）

1027. 班固汉书引用诗经浅析/韩莉/凯里学院学报/2009（1）

1028. 从外戚传到皇后传——历史书写所见汉魏革命的一个侧面/徐冲/早期中国史研究/2009（1）

1029. 班固以阴阳五行观念解诗初探/吴崇明/中国古代近代文学研究（报刊复印资料）/2009（1）

1030. 颜师古汉书注同源词疏考/叶慧琼/湖南城市学院学报/2009（2）

1031. 论陈直汉书新证的考证学成就/李灿/池州学院学报/2009（2）

1032. 从汉书艺文志序言看汉代多元一体的学术融合/陈莉/南都学坛/2009（2）

1033. 释汉书五行志中的左氏日食说/郜积意/中国史研究/2009（2）

1034. 汉书中的民族史撰述/许殿才/史学史研究/2009（2）

1035. 露才扬己与生态自我：论屈原的自我形象兼班固对屈原的评价/谢北方/现代语文（文学研究）/2009（2）

1036. 董仲舒的天人三策是班固的伪作新探——兼答管怀伦和南师大秦汉史专家晋文（张进）教授/孙景坛/中共南京市委党校学报/2009（2）

1037. 班固幽通赋探微/陈君/古典文学知识/2009（3）

1038. 颂述汉德，义尚光大：班固两都赋解读/王德华/古典文学知识/2009（3）

1039. 班固周室观的形成及其表现/田瑞文/贵州文史丛刊/2009（3）

1040. 汉书地理志的风俗区划层次和风俗区域观/潘明娟/民俗研究/2009（3）

1041. 试论汉书艺文志中的诗赋略/金色年华·学校教育/2009（3）

1042. 从汉书艺文志探索汉代典籍整理的特点/陈莉/图书与情报/2009（3）

1043. 汉书颜师古注引别录七略佚文笺释/李广龙/咸阳师范学院学报/2009（3）

1044. 汉书成帝纪中陵含义新考/刘瑞/考古与文物/2009（3）

1045. 浅议汉书艺文志之文献价值/罗欢/云南农业大学学报（社会科学版）/2009（3）

1046. 汉书记汉文帝举贤良事辨误/张尚谦/云南民族大学学报（哲学社会科学版）/2009（3）

1047. 萧该汉书音义音切考辨/万献初/古汉语研究/2009（3）

1048. 汉书艺文志与隋书经籍志中礼类文献目录之比较/王振华/贵州民族学院学报（哲学社会科学版）/2009（3）

1049. 论李德裕的公文创作与左传汉书之关系/曲景毅/江淮论坛/2009（4）

1050. 汉书颜注失误笺识/王赛波、郑贤章/河池学院学报/2009（4）

1051. 汉书后妃描写的选材特点/邱文颖/苏州教育学院学报/2009（4）

1052. 班固汉书艺文志中古代音乐文献考/王欣欣/新闻爱好者/2009（4）

1053. 汉书律历志标点正误一则/田天/中华文史论丛/2009（4）

1054. 先秦至西汉时期阴阳五行学说的影响：以汉书艺文志为样本的分析/李乔/寻根/2009（4）

1055. 汉书艺文志小说略论/吴忠耘、沈曙东/四川烹饪高等专科学校学报/2009（4）

1056. 汉书颜注失误例析/王赛波、郑贤章/绍兴文理学院学报（哲学社会科学版）/2009（4）

1057. 班固美学思想刍议/符根宁、包妍/安徽文学/2009（4）（下半月）

1058. 班固汉书艺文志中古代音乐文献考/王欣欣/新闻爱好者/2009（4）

1059. 露才扬己与生态自我——论屈原的自我形象兼班固对屈原的评价/谢北方/现代语文/2009（4）

1060. 崔骃、班固赋、颂作年献疑/孙宝/古籍整理研究学刊/2009（5）

1061. 班固生卒年新论/高山/辽宁工程技术大学学报（社会科学版）/2009（5）

1062. 数典而不忘祖：班固对荀子刑法思想历史地位的确认/强中华/沈阳大学学报/2009（5）

1063. 汉书王莽传中高句丽侯驺其人及其沸流部：关于高句丽早期历史文化

的若干问题之七/王绵/东北史地/2009（5）

1064. 论刘向、刘歆和汉书之关系/汪春泓/古籍整理研究学刊/2009（5）

1065. 汉书中之四川人/班固/时代教育/2009（5）

1066. 道有夷隆，学有粗密：论汉书艺文志赋之以类区分以品相别/尹海江/井冈山大学学报（自然科学版）/2009（5）

1067. 汉书扬雄传旧注超，速也质疑/苏芃/语言科学/2009（6）

1068. 法藏敦煌汉书节钞本残卷研究/易平/北京师范大学学报（社会科学版）/2009（6）

1069. 七略汉书艺文志和隋书经籍志比较探析/张彩云、王玉桂/淮南师范学院学报/2009（6）

1070. 从汉书艺文志序言看班固的学术价值取向/陈莉/史学月刊/2009（6）

1071. 汉书艺文志与隋书经籍志小说观念比较/刘代霞/飞天/2009（6）

1072. 汉书艺文志小说家考论/郭丽/东岳论丛/2009（6）

1073. 从汉书注训诂条例看颜师古对同源词的系联/叶慧琼/现代语文（语言研究）/2009（6）

1074. 从汉书艺文志序言看班固的学术价值取向/陈莉/史学月刊/2009（6）

1075. 论班固的公文批评思想/侯迎华/甘肃社会科学/2009（6）

1076. 汉书刑法志的历史编纂学价值/朱凤祥/兰台世界（上半月）/2009（6）

1077. 汉书艺文志考镜源流义例申论/张京华/中国图书评论/2009（7）

1078. 班固史学思想探微：以序、赞为中心的考察/孙关朝/青年文学家/2009（9）

1079. 班固史学思想探微/青年文学家/2009（9）

1080. 班固的厉害处/贾平凹、穆涛/美文/2009（10）（上半月）

1081. 两汉帝王诏令引诗经考察：基于两汉书记载的研究/欧阳艳玉、郝丽艺/经济与社会发展/2009（11）

1082. 成一代之新功，开治学之先路：浅谈汉书艺文志/张方甜/安徽文学（下半月）/2009（11）

1083. 汉书中疑问代词何及其何字句式研究/欧阳小英、樊花/安徽文学（下半月）/2009（11）

1084. 班固汉书艺文志中古代音乐文献考/王欣欣/新闻爱好者（理论版）/2009（12）

1085. 三刘汉书刊误略论/林英/理论界/2009（12）

1086. 论汉书五行志/程林/安徽文学（下半月）/2009（12）

1087. 汉书陈胜项籍传校勘札记/李丽/安徽文学（下半月）/2009（12）

1088. 从汉书注训诂条例看颜师古对同源词的系联/叶慧琼/现代语文/2009（18）

1089. 汉书食货志中自爰其处辨析/张晶晶/才智/2009（19）

1090. 汉书艺文志及专书研究概述/孔凡娟、孔凡秋/青年文学家/2009（19）

1091. 汉书地理志的几点认识/高小强/丝绸之路/2009（22）

1092. 从班固到左思：略述汉代至西晋咏史诗发展/语文学刊/2009（23）

1093. 汉书中的酒/徐兴海/历史文献研究/2009（28）

1094. 汉书后汉书之政论文引易考论/郑彩霞/福建论坛（人文社会科学版）/2009（z1）

1095. 新末~东汉初期的史记及其续补者/〔日〕中西大辅/学习院史学卷47/2009

1096. 书评：滋贺秀三著前汉文帝の刑制改革をめぐって—汉书刑法志脱文の疑い/〔日〕奥村郁三/东方学卷79/2009

1097. 汉书元后传王莽传的构成和述作目的/〔日〕小林春树/大东文化大东洋研究卷172/2009

1098. 汉书帝纪的著述目的/〔日〕小林春树/东洋研究卷176/2010

1099. 班固汉书曾受空前追捧/上饶晚报/2010.1.20

1100. 从汉书下酒说开去/山西日报/2010.5.7

1101. 垓下在灵璧：重要证据是汉书/邹逸麟/皖北晨刊/2010.6.29

1102. 从汉书中拼接西汉赋税图画/徐爱国/人民法院报/2010.12.10

1103. 班固汉书的编撰思想/钱荣贵/徐州师范大学学报（哲学社会科学版）/2010（1）

1104. 汉书李陵书写的深层意涵/何寄澎/文学遗产/2010（1）

1105. 汉书在东亚的传播与研究/杨倩如/中国史研究动态/2010（1）

1106. 颜师古汉书注训诂术语某，亦某字探析/韦利锋、胡继明/重庆三峡学院学报/2010（1）

1107. 汉书艺文志不著录谶纬论/李梅训/古籍整理研究学刊/2010（1）

1108. 论刘子翚汉书杂论超卓的史识与局限/杨国学、黄艺惠、蔡玉蝉/泉州师范学院学报/2010（1）

1109. 汉书艺文志歌诗考论/黄丽媛/长治学院学报/2010（1）

的知识考古（上）/戴建业/图书情报知识/2010（6）

1161. 论汉书艺文志未立史类之缘由/曾圣益/先秦两汉学术/2010（13）

1162. 论班固赋论中之体源观/朱锦雄/台北教育大学语言学刊/2010（18）

1163. 汉书王子侯表中几个王子侯的封地考证/陈玲玲/知识经济/2010（22）

1164. 汉书艺文志与隋书经籍志中小说类文献目录之比较/唐芳/黑龙江科技信息/2010（23）

1165. 汉书艺文志所载书籍载体研究/张小芹/经济研究导刊/2010（25）

1166. 汉书后汉书中的七言歌谣谚语/秦立、曲金/名作欣赏/2010（32）

1167. 汉唐正史刑法志的形成与变迁/陈俊强/台湾师大历史学报卷43/2010

［2011—2017］

1168. 汉书的正统观、汉王朝观/［日］小林春树/东洋研究/2011

1169. 北宋景祐刊汉书覆刻本概观/［日］石冈浩/亚洲文化研究所研究年报/2011

1170. 远览太史公书近用刘歆七略——汉书艺文志产生背景钩沉/王锦贵/科学发展：社会管理与社会和谐学术前沿论丛/2011

1171. 班固与班姓/付笑萍/中华中医药学会医古文分会成立30周年暨第二十次学术交流会/2011.8.5

1172. 从汉书艺文志诸子略看刘向父子的诸子思想/朱东梅/福建论坛（人文社科版）/2011（S1）

1173. 忠诚之情乎露才扬己乎——班固评价屈原矛盾之详析/毛庆/中国文化研究/2011（1）

1174. 太平御览引汉书考校/崔梅、谢秉洪/社科纵横/2011（1）

1175. 汉书中经学史学文学的互动/王晚霞/南都学坛/2011（1）

1176. 汉书艺文志视角下的杂家之学/李江峰/广西师范学院学报（哲学社会科学版）/2011（1）

1177. 论汉书的显性互见法/李艳/济宁学院学报/2011（1）

1178. 读汉书艺文志札记/施马琪、梁彦华/四川职业技术学院学报/2011（1）

1179. 中华书局标点本汉书郊祀志及后汉书礼仪志祭祀志标点商兑/姚远/合肥师范学院学报/2011（1）

1180. 汉书艺文志儒家杂说/贺灵/兴义民族师范学院学院学报/2011（2）

1181. 汉书艺文志诗赋略赋之分类研究述略/陈刚/文献/2011（2）

1207. 近代汉书艺文志目录学的研究成果/秦澜珈/重庆科技学院学报（社会科学版）/2011（11）

1208. 同一思想藩篱中的不同探索——试析班固王逸屈评相异之因/林聪/鸡西大学学报/2011（12）

1209. 论汉书艺文志的经典属性与内涵/张美娟/汉学研究集刊/2011（6）

1210. 汉书颜师古注所引易、书、诗经注析论/潘铭基/先秦两汉学术/2011（16）

1211. 由汉书爰盎晁错传试析爰盎与晁错之形象/黄世锦/逢甲人文社会学报/2011（22）

1212. 浅析汉书地理志中区域划分的依据/马晓乐/科技创新导报/2011（23）

1213. 汉书五行志と刘向洪范五行传论/［日］平泽步/中国哲学研究/2011（25）

1214. 解读班固苏武传/曹俊丽、王纬明/语文教学与研究/2011（26）

1215. 汉书艺文志与隋书经籍志比较/于兆军/兰台世界/2011（31）

1216. 班固品评诸子学派的儒学立场/梁宗华/齐鲁文化研究（总第10辑）/2011

1217. 扬雄以儒家思想论史及其对班固和汉书的影响/粟品孝/蜀学（第七辑）/2012

1218. 汉书中的王莽/张宇光/云南政协报/2012.9.7

1219. 汉书地理志汝南郡宜春非宣春之讹误/马孟龙/中国历史地理论丛/2012（1）

1220. 汉书五行志的五行观/史春香/重庆三峡学院学报/2012（1）

1221. 汉书艺文志有关墨家出于清庙之守论新考/徐华/学术界/2012（1）

1222. 汉书高惠高后文功臣表辨误四则/袁延胜/中国史研究/2012（1）

1223. 对汉书地理志中获水的探讨/王号辉/西安文理学院学报（社会科学版）/2012（1）

1224. 汉书五行志所载董仲舒说灾异八十三事考论/江新/衡水学院学报/2012（1）

1225. 汉书的两重性问题溯源/潘婷婷/淮北师范大学学报（哲学社会科学版）/2012（1）

1226. 汉书艺文志文学观念分析/张海亮、周青玲/佳木斯教育学院学报/2012（1）

1227. 班固的史学史论述与史学史意识/戴晋新/史学史研究/2012（1）

1228. 班固典引的创作时间考辨/王珏/九江学院学报/2012（1）

1229. 班固的史学史论述与史学史意识/戴晋新/史学史研究/2012（1）

1230. 从汉书看王莽的历史思想/赵文宇/佳木斯大学社会科学学报/2012（1）

1253. 论断代史汉书中的通史精神/刘家和/北京师范大学学报（社会科学版）/2012（3）

1254. 泛血缘文化中的吏民关系——以汉代循吏为考察中心/宋娜/天津师范大学学报（社会科学版）/2012（3）

1255. 从汉书艺文志看西汉阴阳家的衍化/徐奉先/河北科技大学学报（社会科学版）/2012（4）

1256. 汉书艺文志目录比例统计/桂罗敏/焦作高等师范专科学校学报/2012（4）

1257. 汉书艺文志尊儒概说/李杰、黄鹏/牡丹江师范学院学报（哲学社会科学版）/2012（4）

1258. 汉书的海洋纪事/王子今、乔松林/史学史研究/2012（4）

1259. 刘光前汉书艺文志注浅析/傅荣贤/山东图书馆学刊/2012（4）

1260. 太平路儒学刻本前汉书考论/杨居让、刘艳/山东图书馆学刊/2012（4）

1261. 汉书：中华文化传统继往开来的名著/陈其泰/人文杂志/2012（4）

1262. 汉书地理志脱漏九县补考/后晓荣/中国历史地理论丛/2012（4）

1263. 汉书纪传体的求真与求善/刘建民/湖北师范学院学报（哲学社会科学版）/2012（4）

1264. 扶风是班固的故乡/徐兴海、郭天祥/唐都学刊/2012（4）

1265. 汉书人物兴身起家模式与汉代风俗/昝风华/甘肃社会科学/2012（5）

1266. 中西古典史学中天人观的异同——以班固、李维为例/陈姝君/求索/2012（5）

1267. 汉书地理志的文学地域观/谢祥娟/名作欣赏/2012（5）

1268. 汉书英雄叙事及其审美价值/王长顺/榆林学院学报/2012（5）

1269. 汉书颜师古注引小学考/李广龙/咸阳师范学院学报/2012（5）

1270. 汉代兰台为史学名著汉书作出的伟大贡献/董鹏昭/陕西档案/2012（5）

1271. 从汉书艺文志称诗看诗在西汉的传本/王洲明/衡水学院学报/2012（5）

1272. 论何焯对汉书的接受/仇利萍/图书馆理论与实践/2012（5）

1273. 浅析班固赋学观的矛盾/余江、刘雪妮/云梦学刊/2012（5）

1274. 刘向刘歆父子目录学渊源略论——以汉书艺文志为中心/彭锋/西安文理学院学报（社会科学版）/2012（6）

1275. 汉书中神话式表述的原因及功能初探/朱珊珊/淮北职业技术学院学报/2012（6）

1276. 目录学与学术史之间——汉书艺文志价值的再思考/杨新宾/理论月刊/2012（6）

1277. 汉书中有关长安经生的叙事考说/贾学鸿/人文杂志/2012（6）

1278. 班固在居延地区活动的新证据/王海/内蒙古社会科学（汉文版）/2012（6）

1279. 叶长青及其汉书艺文志问答/彭丹华/中国图书评价/2012（8）

1280. 汉代司法思想史研究的两个侧面——淮南子与汉书刑法志中的司法思想初探/崔向东/暨南学报（哲学版）/2012（8）

1281. 论汉书艺文志诗赋略分为屈原陆贾孙卿杂赋四类的原因/于玲/安徽文学/2012（9）

1282. 浅析汉书艺文志序文中的崇儒思想倾向/孟姣姣/北方文学/2012（10）

1283. 度量衡的经典著作汉书律历志/丘光明/中国计量/2012（11）

1284. 颜师古汉书注音系韵类开合口和重纽二题/刘芹/南阳师范学院学报/2012（11）

1285. 班固班超兄弟关系的探究/齐金鹏/学苑教育/2012（12）

1286. 从汉书艺文志隋书经籍志看史部的变化/郑毅/金田/2012（12）

1287. 论班固的档案文献编纂思想/李淑敏/兰台世界/2012（15）

1288. 敦煌残卷汉书刑法志疑证/郭林/语文学刊/2012（21）

1289. ［英语］汉代的文化传播冲突与历史诠释：班固九庙与王莽十二庙/贝克定/东华人文学报/2012（21）

1290. 汉书对苏武形象的塑造及其在绘画创作中的接受/张克锋/中国文化大学中文学报/2012（25）

1291. 汉书叙传颜注引文考校/朱珠/文教资料/2012（26）

1292. 四库全书提要稿之比对研究——以汉书为例/王婷/文教资料/2012（26）

1293. 汉书刑法志与西汉法律制度管窥/王彤彤/兰台世界/2012（30）

1294. 汉书艺文志与隋书经籍志著录体例之比较/祝昊冉/文教资料/2012（31）

1295. 汉初相国丞相制度变迁述论——兼辨汉书高帝纪代相国陈豨反之误/孙晓磊/传统中国研究集刊第11辑/2013

1296. 论汉书古今人表与汉书艺文志/汪春泓/中国古代文学理论学会第十八届年会暨国际学术研讨会/2013.8.4

1297. 汉书艺文志诸子批评论略/王培峰/商洛学院学报/2013（1）

1298. 古典目录学中的小说发展变化分析——以汉书艺文志和隋书经籍志为

例/曾欢欢/剑南文学/2013（1）

1299. 词诠引汉书勘正/张颖/天水师范学院学报/2013（1）

1300. 汉书抄袭说辨析/曾小霞/安康学院学报/2013（1）

1301. 论隋书经籍志对汉书艺文志的超越/张琼/图书馆工作与研究/2013（1）

1302. 服虔汉书音训释例/孙亚华/文教资料/2013（1）

1303. 标点本汉书地理志断句商榷一则/凌瑜/中国史研究人/2013（1）

1304. 汉书对孟子思想的接受/高正伟/宜宾学院学报/2013（1）

1305. 略论汉书的以史为鉴思想/陈金海/陕西理工学院学报/2013（1）

1306. 汉书版本史考述/倪小勇/西北大学学报（哲学社会科学版）/2013（1）

1307. 先秦说体的生成、类型及文体意义——兼论汉书艺文志小说的观念与分类/夏德靠/河南师范大学学报/2013（2）

1308. 两汉书之唐注论略——以政治与学术之间的互动关系为中心/程景牧/名作欣赏/2013（2）

1309. 关于汉书西域传中为何不载佛教问题的思考/史坤/群文天地/2013（2）

1310. 德藏吐鲁番出土幽通赋注写本的性质、年代及其流传/徐畅/吐鲁番学研究/2013（2）

1311. 汉书地理志与诗经的文学地理观/王红娟/哈尔滨工业大学学报（社会科学版）/2013（2）

1312. 先秦说体的生成、类型及文体意义——兼论汉书艺文志小说的观念与分类/夏德靠/河南师范大学（哲学社会科学版）/2013（2）

1313. 汉书校正二则/侯金满/天中学刊/2013（2）

1314. 关于汉书西域传中为何不载佛教问题的思考/史坤/群文天地/2013（2）

1315. 两汉书之唐注论略——以政治与学术之间的互动关系为中心/程景牧/名作欣赏/2013（2）

1316. 汉书律历志的研究与评价/丁慧/湖北师范学院学报（哲学社会科学版）/2013（2）

1317. 汉书艺文志与隋书经籍志兵家文献比较研究/周莎/淮南师范学院学报/2013（2）

1318. 中华书局版汉书五行志点校献疑/程苏东/中国典籍与文化/2013（2）

1319. 悬泉汉简与班固汉书所引诏书文字的异同/张俊民/文献/2013（2）

1320. 班固封燕然山铭所涉故实及写作年代考辨/李炳海/文学遗产/2013（2）

楷/兰州学刊/2013（5）

　　1343. 汉书语言研究述略/施晓风/鲁东大学学报（哲学社会科学版）/2013（5）

　　1344. 西汉历史教学中湖南古今地名之异同与演变疏证——以汉书地理志所载为例/张齐政/衡阳师范学院学报/2013（5）

　　1345. 汉书艺文志小说家之百家辨疑/庞礴/四川师范大学学报/2013（6）

　　1346. 颜师古汉书注义训术语研究/胡继明/西南大学学报（社会科学版）/2013（6）

　　1347. 评述刘知幾对于汉书在体例上的批评/薛艳伟/乐山师范学院学报/2013（6）

　　1348. 汉书枚乘传中二十四郡十七诸侯考辨/王勇/河北青年管理学院学报/2013（6）

　　1349. 从班固左思赋序间的变看曹魏文学的发展/黄琼/青春岁月/2013（6）

　　1350. 班固的史志目录学考略/王新雨/兰台世界/2013（8）

　　1351. 汉书如淳注辑佚/胡俊俊、胡琼/广东技术师范学院学报/2013（8）

　　1352. 汉书艺文志篇卷问题新论/曹宁/图书馆杂志/2013（8）

　　1353. 论新世纪汉书文学研究状况及其存在问题/李艳/现代语文/2013（8）

　　1354. 谒班固墓/扶小风/延河/2013（8）

　　1355. 汉书个性化的写人叙事艺术/王园园/文学教育/2013（10）

　　1356. 目录学视角下的小说观念探析——以汉书艺文志和隋书经籍志为例/郭炳瑞/牡丹江大学学报/2013（10）

　　1357. 班固班超兄弟关系的探究/齐金鹏/学苑教育/2012（12）

　　1358. 班固两都赋的作年考辨/李艳/名作欣赏/2013（26）

　　1359. 汉书后汉书勘误二则/李都都/兰台世界/2013（29）

　　1360. 论班固自写家史不能反映其家族谱系与文化原貌/邓桂姣/兰台世界/2013（30）

　　1361. 汉书五行志之创制及其相关问题/黄启书/台大中文学报卷40/2013

　　1362. 由汉书五行志论京房易学的另一面貌/黄启书/台大中文学报卷43/2013

　　1363. 汉书五行志中董仲舒的作用/［日］小林春树/东洋研究卷187/2013

　　1364. 论班固汉书地理志的引诗经方法及其认识价值/李艳/中国诗歌研究/2014

　　1365. 围绕汉书的读书行为与读者共同体/［日］柿沼阳平/帝京史学卷29/2014

1366. 班固屈原研究创新性探析/纪晓建/2014 年楚辞与东亚文化国际学术讨论会/2014. 12. 14

1367. 汉书校释札记两则/张春雷/南阳理工学院学报/2014（1）

1368. 保身与立命——论班固的屈原批评/王珏/社会科学辑刊/2014（1）

1369. 汉书地理志中道的分布原因探析/徐慧娟/濮阳职业技术学院学报/2014（1）

1370. 从汉书看王莽用书及促进书学发展的举措/赵文元/青岛农业大学学报（社会科学版）/2014（1）

1371. 宋代汉书教育考辨/倪小勇/教育评论/2014（1）

1372. 从汉书七纪一传诏令奏议中看西汉经学之变迁/唐明亮/淮北师范大学学报（哲学社会科学版）/2014（1）

1373. 论汉书艺文志的儒学话语建构/段恺、童庆炳/山西大学学报（哲学社会科学版）/2014（2）

1374. 汉书艺文志"辑而论馔"句释说——论语二字诂/徐国明/上饶师范学院学报/2014（2）

1375. 清代五家补汉书艺文志诗类书目评议/杨华/图书馆理论与实践/2014（2）

1376. 汉书注与语音规范/蒋至群/现代语文/2014（2）

1377. 汉书艺文志著录小说书目提要二则/王齐洲、揣林森/2014（2）

1378. 从汉书看前汉帝王与尚书/赵文元/湖北职业技术学院学报/2014（2）

1379. 颜师古汉书注引说文解字考论/王秀丽/古籍整理研究学刊/2014（2）

1380. 汉书卫青传民母解/戴世君/中华文史论丛/2014（2）

1381. 汉书卫青传人奴辨/戴世君/中华文史论丛/2014（2）

1382. 汉书卜式传雅行解/戴世君/中华文史论丛/2014（2）

1383. 汉书百官公卿表为何不记共工/孙正军/中华文史论丛/2014（2）

1384. 班固学术研讨会暨整修班墓启动仪式纪实/秦客、高叶青/中国史研究动态/2014（2）

1385. 汉代文史三大家的学术承变/崔荣华/南通大学学报（社会科学版）/2014（2）

1386. 班固尚书学研究/董广伟/新疆大学学报（人文社会科学版）/2014（3）

1387. 从班固的社会背景与学术影响看汉志的继承及创新/莫燕军/青春岁月/2014（3）

1388. 以汉为书——班固笔下的一代与始末/李纪祥/文史哲/2014（3）

1389. 东汉时期的两都之争：以班固两都赋为例/河南大学学报（社会科学版）/2014（3）

1390. 顾实与姚明辉汉书艺文志研究刍议/钟云瑞/河北北方学院学报（社会科学版）/2014（4）

1391. 论汉书对各民族经济文化与交流的记载/田文红/湖北社会科学/2014（4）

1392. 再释汉书艺文志孔子纯取周诗，上采殷，下取鲁/李冰心/牡丹江师范学院学报/2014（4）

1393. 汉书颜注音切端知系声类再探/刘芹/淮北师范大学学报（哲学社会科学版）/2014（4）

1394. 论班固汉书的古字现象及其认识价值/李艳/济宁学院学报/2014（4）

1395. 汉书地理志所记赵地民风考/石春平/唐山师范学院学报/2014（4）

1396. 论汉书作者的历史人物观/王园园/广西师范大学学报（哲学社会科学版）/2014（4）

1397. 后汉书班固传诣校书部辨/张宗品/中国史研究/2014（4）

1398. 汉书今注（全五册）/古典文学知识/2014（5）

1399. 汉书艺文志首列杂家的学术意义——以吕氏春秋为考察中心/延娟芹/兰州文理学院学报（社会科学版）/2014（5）

1400. 基于文本复杂形成过程的先唐文献研究——以汉书五行志为个案/程苏东/求是学刊/2014（5）

1401. 历代汉书艺文志研究专书综述/钟云瑞/安徽文学/2014（5）

1402. 汉书古今人表女性观探析——兼与刘向列女传比较/吴从祥/山东女子学院学报/2014（5）

1403. 论汉书民族史撰述结构体系与叙史风格/田文红/贵州民族研究/2014（5）

1404. 孙德谦汉书艺文志研究得失评/傅荣贤/图书馆/2014（5）

1405. 汉书地理志洞水尾闾郑伯津地理位置考辨/王宗元/西北师大学报（社会科学版）/2014（5）

1406. 汉书入诗经考/李小成/西安文理学院学报/2014（6）

1407. 汉书艺文志小说家与子部小说著录/孙越/保定学院学报/2014（6）

1408. 论汉书刑法志所见之正统史观/陈坤/宁夏社会科学/2014（6）

1409. 读汉书艺文志札记/张忠伟/南都学坛/2014（6）

1410. 刘歆援数术入六艺与其新天人关系的创建——以汉书五行志所载汉儒

1432. 汉书地理志颜师古注引尚书禹贡研究/钟云瑞/晋城职业技术学院学报/2015（1）

1433. 颜氏家训用语与颜师古汉书注互证举隅——以颜氏家训的勉学书证篇为中心/赵睿才、张忠纲/华夏文化论坛/2015（1）

1434. 颜师古汉书注精庄系反切声类研究——兼与马重奇先生商榷/刘芹/南阳师范学院学报/2015（1）

1435. 汉书中颂系不当看作鬆系/李艳红/励耘语言学刊/2015（2）

1436. 班固儒学理念影响下的忠奸类型形象/梁宗华/海岱学刊/2015（2）

1437. 由史部目录的流变看经学与史学的互动——以汉书艺文志隋书经籍志四库全书总目为考察对象/李万营/南昌航空大学学报（社会科学版）/2015（2）

1438. 意义不同，分布也不同原理在古书疑难词句考释中的实践——以论语孟子汉书为例/杨潼彬/北京科技大学学报（社会科学版）/2015（2）

1439. 从汉书中的法律词汇看汉语大词典的书证迟后/李娟/三峡论坛/2015（2）

1440. 从汉书地理志体例看郡国沿革/赵志强/中国历史地理论丛/2015（2）

1441. 班固史学观念的转变与汉书体例/胡家骥/理论界/2015（2）

1442. 班固采诗说的风俗维度/王红娟/哈尔滨工业大学学报（社会科学版）/2015（2）

1443. 汉书古今人表与汉书艺文志渊源关系浅探/汪春泓/岭南大学饶宗颐国学院院刊/2015（2）

1444. 班固的赋颂理论及其两都赋颂汉的赋史意义/何新文、王慧/中南民族大学学报（人文社科版）/2015（2）

1445. 汉书西南夷两粤朝鲜传三传合一体例与两汉边疆民族思想/黎小龙/中国边疆史地研究/2015（2）

1446. 汉书艺文志诗赋略歌诗与赋之作品著录——论歌诗与赋之类分原则/陈韵竹/诗经研究丛刊/2015（2）

1447. 从汉书游侠传看班固游侠观的进步性/袁梅/牡丹江师范学院学报（哲学社会科学版）/2015（3）

1448. 汉书艺文志拾补捃摭先秦佚籍之得失/张海波/内蒙古师范大学学报（哲学社会科学版）/2015（3）

1449. 汉书西域传的疆土意识与民族观念/彭丰文/西域研究/2015（3）

1450. 汉书艺文志七略大序考/黄云/重庆交通大学学报（社会科学版）/2015（3）

1451. 天监初南传所谓汉书真本探讨/李广健/汉学研究/2015（3）

1452. 汉书杂志所校讹字及其启示/何和平/广播电视大学学报（哲学社会科学版）/2015（4）

1453. 汉书艺文志藏书之策中策字考释/西昌学院学报/2015（4）

1454. 诸子学术的构建：从天下篇到汉书艺文志/燕山大学学报（哲学社会科学版）/2015（4）

1455. 汉书艺文志诗赋略屈原赋之属亡书考略/李小娟/邢台学院学报/2015（4）

1456. 试析西汉的家庭养老——以汉书为中心的考察/李真真/吕梁学院学报/2015（4）

1457. 班固年表/侯文学/南京师范大学文学院学报/2015（4）

1458. 汉语大词典引用书证迟后 20 例——以汉书法律词汇为据/李娟/长江师范学院学报/2015（4）

1459. 论庄子天下篇与汉书艺文志之学术分野/黄海德/湖南大学学报（社会科学版）/2015（5）

1460. 略论汉书艺文志著录郊庙歌辞的特点/张帆/内江师范学院学报/2015（7）

1461. 探汉书艺文志对七略的承变/颜兆丽/鸭绿江/2015（7）

1462. 《汉书·艺文志》的历史建构/高思莉/开封教育学院学报/2015（7）

1463. 二十四史全译汉书商榷三则/贺璐璐/新西部（理论版）/2015（9）

1464. 论班固六书次第的历史意义/南东求/教育现代化/2015（9）

1465. 汉书二十三家注钞·如淳补苴/胡俊俊、胡琼/广东技术师范学院学报/2015（9）

1466. 读汉书艺文志/李园园/黑龙江史志/2015（9）

1467. 汉书艺文志诸子略和隋书经籍志子部的比较/刘畅/名作欣赏/2015（11）

1468. 从汉志术数略管窥班固的天人观/陈彦超/黑龙江史志/2015（11）

1469. 汉书艺文志研究三札/徐光明、孙振田/图书馆/2015（12）

1470. 汉书艺文志百三十一篇记佚文补注/李翠叶/兰台世界/2015（12）

1471. 论七略汉书艺文志中的兵书分类/王双腾/长江丛刊/2015（19）

1472. 汉书五行志之董仲舒春秋灾异说——以论弑为中心/宋惠如/当代儒学研究/2015（19）

1473. 汉书艺文志叙墨家探析/白峥勇/国文学志/2015（31）

1474. 张揖汉书注特点研究/阳欢、戴琴/唐山文学/2016.3.20

1475. 汉书艺文志方技略浅析/赵石/文教资料/2016. 5. 5

1476. 数十年课读汉书所得——汉书窥管平议/徐建委/中国社会科学报/2016. 8. 4

1477. 标点本汉书勘误两则/郭伟涛/焦作师范高等专科学校学报/2016（1）

1478. 民国以来汉书地理志研究综述/张保见、高青青/湘南学院学报/2016（1）

1479. 历史文献资料的有效整合与处理——以荀悦抄汉书成汉纪为例/张建会/商洛学院学报/2016（1）

1480. 历代汉书五行志研究评述/赵宜聪/铜仁职业技术学院学术论坛/2016（1）

1481. 汉书累黍之争新探/高振声/农业考古/2016（1）

1482. 例谈汉书个性化的写人叙事艺术/王园园/文学教育/2016（1）

1483. 汉书艺文志六艺命名考/张宏锋、高明锋/山东青年政治学院学报/2016（1）

1484. 以地图表达汉书中丝绸之路开凿的经历/许盘清、马宝纪/渭南师范学院学报/2016（1）

1485. 从汉书管窥历史周期律：读病变中兴衰毁：解读汉书密码/王志文/农家书屋/2016（1）

1486. 汉书艺文志中的形法及其在中国城乡规划设计史上的意义/武廷海/城市设计/2016（1）

1487. 班固与贾谊关于历史认识的异同/靳宝/集宁师范学院学报/2016（1）

1488. 论班固之史公三失/高一农、蒲兵/陕西理工学院学报（社会科学版）/2016（1）

1489. 空间、地域文化与文化观念——论班固的地域移动与汉书正统史观的形成/杨霞/古籍研究/2016（1）

1490. 论汉书苏武传中苏武爱国形象的塑造及其当代价值：由汉书苏武传和新序节士苏武章的异同说起/李艳/济宁学院学报/2016（1）

1491. 由集部看功用大旗下文学的发展：以汉书艺文志隋书经籍志四库全书总目为中心/李万营/华北电力大学学报（社会科学版）/2016（1）

1492. 汉书沟洫志水利文化资料辑录/温乐平、许晓云/南昌工程学院学报/2016（2）

1493. 汉书艺文志中赋之分类研究/张兴华/信阳农林学院学报/2016（2）

1494. 从出土文献探汉书五行志五行思想渊源/赵宜聪/包头职业技术学院学报/2016（2）

商丘职业技术学院学报/2016（6）

　　1517. 古代防疫：隔离最早见汉书/李阳泉/科学大观园/2016（7）

　　1518. 汉书夏侯胜传阅读训练/邱文华/读写月报/2016（7）

　　1519. 从汉书艺文志诗赋略探讨班固的赋学观/林冉/开封教育学院学报/2016（7）

　　1520. 汉书艺文志与"王官说"关系辨正/杨新宾/洛阳师范学院学报/2016（7）

　　1521. 我国土地制度与集权统治的关系初探：以汉书食货志文本为例/王慧婧/法制与社会/2016（9）

　　1522. 汉乐府研究的滥觞：班固汉书汉乐府研究述评/赵明正/兰州学刊/2016（12）

　　1523. 苏轼背汉书/张勇/高中生/2016（13）

　　1524. 古典史学的东西方回响——班固与苏维托尼乌斯治史思想比较探析/谢励斌/文教资料/2016（18）

　　1525. 谣谚入史：班固汉书的功力/陈其泰/北京日报/2017. 6. 12

　　1526. 怎样读汉书/汪桂海/中华读书报/2017. 8. 9

　　1527. 历经近 2000 年班固所撰燕然山铭摩崖石刻找到了/高平、安胜蓝/光明日报/2017. 8. 16

　　1528. 考古发现：东汉大破北匈奴所立封燕然山铭/宗鲍/团结报/2017. 8. 17

　　1529. 内蒙古大学考古确认东汉《燕然山铭》摩崖石刻"真身"郝文婷/中国教育报/2017. 8. 17

　　1530. 中蒙学者调查发现汉代封燕然山铭石刻/中国文物报/2017. 8. 18

　　1531. 燕然山铭后的匈奴迷踪："匈人"曾深刻影响欧洲历史/陈晓晨/光明日报/2017. 8. 18

　　1532. 汉书/汪桂海/中国纪检监察报/2017. 8. 21

　　1533. 彰善瘅恶：班固笔下以儒学进身而志节迥异的人物/陈其泰/经济社会史评论/2017（1）

　　1534. 祸从天降：汉书五行志中的"怪雨"现象探析/董睿峰/农业考古/2017（1）

　　1535. 汉书高惠高后文功臣表复家者初探/苑苑/咸阳师范学院学报/2017（1）

　　1536. 汉书后汉书中的死亡主题考验及其文化启示——以京房、郑玄的占断故实解析为视角/田胜利/河南科技大学学报（社会科学版）/2017（1）

　　1537. 汉书采诗叙述的生成与双重语境下的意义暗示/王志清/西南大学学报（社会科学版）/2017（1）

1538. 从论六家要旨盐铁论与汉书艺文志诸子略看法家思想在西汉的境遇/朱珊珊/文艺生活（中旬刊）/2017（1）

1539. 两汉谶纬思想的审美表达与渐变：以汉书后汉书中的谶纬记载为例/张婷婷/北方工业大学学报/2017（1）

1540. 武英殿本汉书"考证"编纂研究（二）/童恩林、汤军/四库学/2017（1）

1541. 宋代笔记中的汉书学/范宇焜/史学理论与史学史学刊/2017（2）

1542. 汉书五行志经学思想阐微/赵宜聪/常州工学院学报（社会科学版）/2017（2）

1543. 浅析汉书中项羽反面形象的绝对化/何佳康/教改创新/2017（2）

1544. 汉书艺文志注注者补考及其史料来源探考/孙振田/西华师范大学学报（哲学社会科学版）/2017（2）

1545. 关于词诠引汉书的正误问题/赵逵夫、陈茜/湖南师范大学社会科学学报/2017（2）

1546. 汉书的中古传播及其经典意义/陈君/上海大学学报（社会科学版）/2017（2）

1547. 汉书王莽传：人物传记与记述新朝大事的精致结合/陈其泰/求是学刊/2017（2）

1548. 略论汉书艺文志中的黄帝书及其思想文化史意义/夏绍熙/长安大学学报（社会科学版）/2017（2）

1549. 魏晋至隋朝地理书的演变及数量增多的原因：从汉书艺文志到隋书经籍志/顾一凡/2017（2）

1550. 中国古代国家图书馆馆藏图书目录之起源：兼论汉书艺文志/李昕/山西广播大学学报/2017（2）

1551. 班固与扶风/徐兴海、郭天祥/中国地名/2017（3）

1552. 汉书假借字间诂/鲁普平/红河学院学报/2017（3）

1553. 班固评说屈原的矛盾纠结/种园、王永/成都师范学院学报/2017（3）

1554. 读书杂志汉书第十五西域传校读札记/赵鑫桐/忻州师范学院学报/2017（3）

1555. 新时期汉书游侠研究/冯帆/重庆文理学院学报（社会科学版）/2017（3）

1556. 汉书艺文志序"每一书已……录而奏之"考辨/孙振田/图书馆研究与工作/2017（3）

1557. 从汉志诗赋略看赋之渊源/赵金平/辽东学院学报（社会科学版）/2017（3）

1558. 宣汉意识与南北朝时期本朝史撰写/卢鹏程/安徽师范学院学报（社会科学版）/2017（3）

1559. 班固的屈辱与荣光/孔书贤/时代青年·悦读/2017（4）

1560. 汉书艺文志篇卷混用及统计错误问题探析/李娜/河北北方学院学报（社会科学版）/2017（4）

1561. 汉书百官公卿表元寿二年所叙公卿官职变动考/李峰/史学史研究/2017（4）

1562. 从汉书看两汉时期西南地区民族关系的演变/张啸/广西民族大学学报（哲学社会科学版）/2017（4）

1563. 汉书艺文志所录诗类书目流变考/薛芸秀/绵阳师范学院学报/2017（4）

1564. 亦论扬雄至京、待诏、奏赋、除郎的年代问题——解读汉书扬雄传赞的新思路/纪国泰/西华大学学报（社会科学版）/2017（4）

1565. 班周的神话传说民族志书写/高有鹏/西北民族研究/（2017）（4）

1566. 清代以降汉书艺文志"拾补"研究概注/孔风秋/华中学术/2017（4）

1567. 汉书勘误札记/尉侯凯/唐都学刊/2017（5）

1568. 赋对诗经雅颂之绍续——汉书艺文志诗赋略"赋"与"歌诗"类分新论/济南大学学报（社会科学版）/2017（5）

1569. 略论出土文献对汉书地理志的校勘价值：以茌平已氏填戎亭地名考证为例/高兴宇、李建雄/档案/2017（5）

1570. 茅坤汉书钞及其评点价值/黄卓颖/新世纪图书馆/2017（6）

1571. 汉书艺文志序"每一书已……录而奏之"再考辨/孙振田、曾秋怡/大学图书情报学刊/2017（6）

1572. 汉书艺文志与隋书经籍志小说观念之比较/王齐洲/河北学刊/2017（6）

1573. 汉书"抓捕"语义场研究/李娟/三峡论坛/2017（6）

1574. 汉书艺文志与隋书经籍志之比较——以小说为例/伍微微/安顺学院学报/2017（6）

1575. 小说地位的提升：浅析汉书艺文志与隋书经籍志小说著录之传承关系/吴丹阳/大众文艺/2017（6）

1576. 汉书艺文志可观者九家包括小说家考证/刘洪强/内江师范学院学报/2017（7）

1577. 乏军兴与汉书赵广汉传/张仲胤/文教资料/2017（7）

1578. 乐府内涵流变及其成因：以汉书艺文志和文心雕龙为考察中心/张桐/

人文天下/2017（7）

1579. 浅析汉书艺文志的古文经学倾向 ——以六艺略春秋为例/张说/参花/2017（8）

1580. "诸子出于王官"说与汉家学术话语/邓骏捷/中国社会科学/2017（9）

1581. 浅析汉书宣帝纪中的宣帝形象/潘怡君/科教导刊/中旬刊/2017（11）

1582. "王者之迹熄而诗亡，诗亡然后春秋作"探微——兼论对汉书艺文志的影响/李轶婷/商丘师范学院学报/2017（11）

1583. 蒙古国封燕然山铭摩崖调查记/齐木德道尔吉、高建国/文史知识/2017（12）

1584. 振大汉之天声：封燕然山铭的历史文化阐释/陈君/文史知识/2017（12）

1585. 汉匈关系与新发现的封燕然山铭/徐卫民/文史知识/2017（12）

1586. 先秦至汉代学术发展特点探析——以汉书艺文志为文本/张玮/图书馆研究与工作/2017（12）

1587. 乐府内涵流变及其成因——以汉书艺文志和文心雕龙为考察中心/张桐/人文天下/2017（13）

1588. 浅析汉书艺文志中诸子十家排列规律/曾子珍/大众文艺/2017（18）

1589. 国学经典汉书的文化价值推广策略浅析/王园园/中国出版/2017（23）

1590. 历代燕然山铭流传版本源流略论/张清文/中国书法/2017（24）

1591. 汉书南粤传中"推锋"考/张霂/汉字文化.2017（24）

1592. 品读汉书刑法志的法律思想/张霞/法制博览/2017（36）

1593. 班固典引的文体创新与文章学思想/蔡丹君/中山大学学报（社会科学版）/2018（1）

1594. 班固赞叙作品引易典的评点意义/田胜利/贵州文史丛刊/2018（1）

1595. 班固离骚赞序与离骚经章句序为同书前后序论/谢天鹏/职大学报/2018（1）

1596. 西汉时期西北边疆的民族及其与王朝的关系——基于汉书的分析/张曙晖、王兴宇/云南大学学报（社会科学版）/2018（1）

1597. 汉书艺文志方技略中的传统生命理念/丁立维、张其成/中医杂志/2018（2）

1598. 班固阴阳五行思想论析/方坚伟/广州大学学报（社会科学版）/2018（2）

1599. 从汉代宾客之盛衰谈班固答宾戏之主旨/周兴陆/中国社会科学院研究生院学报/2018（2）

1600. 从汉唐春秋类书目的变化看春秋学的发展——以汉书艺文志和新唐书

艺文志为例/蒋桐阳/兰台世界/2018（2）

1601. 汉书地理志风俗观念探析/李轶婷/武陵学刊/2018（3）

1602. 汉书颜师古注异体字考论/王秀丽/长春理工大学学报（社会科学版）/2018（3）

1603. 酎金案后推恩令的实行——以汉书诸表为中心/丁佳伟/唐都学刊/2018（3）

1604. 贾谊奏议的文本形态与文献意义——兼论新书汉书贾谊传与贾谊集的材料来源/余建平/文学遗产/2018（3）

1605. 知识与权力：关于汉书文本形成的几个问题/陈君/文学评论/2018（3）

1606. 先秦诸子学的发端与演变——从庄子天下到汉书艺文志诸子略/刘美英/现代交际/2018（3）

1607. 汉书地理志与东汉政区地理研究/赵海龙/史学月刊/2018（4）

1608. 毛泽东与汉书/党史博采（纪实）/2018（5）

1609. 符号学视角下德式汉书译本中官称英译研究/王雅楠、王秀文/海外英语/2018（5）

1610. 论初唐汉书学及其与文学的关系/翟景运/东方论坛/2018（5）

1611. 百家及汉书艺文志小说观念考辨/张乡里/贵州民族大学文学院/中南民族大学学报（人文社会科学版）/2018（6）

1612. 刘歆五德终始说与班固史学/汪高鑫/河北学刊/2018（6）

1613. 辞人的焦虑－－从班固评屈看汉代楚辞学兴起背后的精神动因/谢天鹏/三峡大学学报（人文社会科学版）/2018（6）

1614. 谶纬视角下汉书引用谣谚摭论/吴凯旋、伏涤修/淮海工学院学报（人文社会科学版）/2018（8）

1615. 学术与政治之间：李承乾注汉书与李泰撰括地志/谢强/齐齐哈尔大学学报（哲学社会科学版）/2018（10）

第二部分　班马异同论与史汉比较研究

一、专著

（一）中文

1. 史记汉书用字考证/胡朴安/国学研究社/1925

2. 史汉研究/郑鹤声/商务印书馆/1930（山西人民出版社 2014 年再版）

3. 史汉文学研究法/陈衍/无锡国学专修修学校/1934

4. 班马字类/（宋）张有、娄机/上海书店出版社/1935（上海商务出版社 1937 年、中华书局 1985 年、团结出版社 1993 年再版）

5. 史汉选读/王邻苏/春明出版社/1956

6. 历代各族传记会编第 1 编：史记两汉书三国志部分/中央民族学院研究部主编/中华书局/1958

7. 中国通史参考数据古代部分第 2 册：史记汉书所记各地经济情况/翦伯赞、郑天挺主编/中华书局/1962

8. 史记汉书匈奴地名今释/张兴唐/台湾"国防研究院"/1963

9. 史记汉书儒林列传疏证/黄庆萱/台湾嘉兴水泥公司文化基金会/1966（台湾花木兰文化出版社 2008 年再版）

10. 史汉初学辨体/（清）潘椿/台湾文海出版社/1974

11. 史汉文辞异同斠视/季洛生/台湾弘道文化事业公司/1975

12. 史汉文学论丛/吴福助/台湾简牍学会/1982

13. 史记汉书诸表订补十种/（清）梁玉绳等/吴树平等点校/中华书局/1982

14. 班马异同（35 卷）/（宋）倪思编/台湾商务印书馆/1983（上海古籍出版社 1987 年、齐鲁书社 1996 年重印）

15. 史汉论稿/徐朔方/江苏古籍出版社/1984

16. 历代食货志今译：史记平准书货殖列传汉书食货志/刘莹、陈鼎如译/江西人民出版社/1984

17. 史记汉书故事选读/文建伟/四川少年儿童出版社/1984

18. 闽南话考证：荀子史记汉书例证/黄敬安/文史哲出版社/1985

19. 史汉关系/吴福助/台湾文史哲出版社/1987

20. 史汉谣谚比较研究/施人豪/台湾星星出版社/1989

21. 史汉初学辨体（2 卷）/（清）潘椿重订/台湾文海出版社/1990

22. 史汉骈枝/（清）成孺/中华书局/1991

23. 史记汉书比较研究/〔韩〕朴宰雨/中国文学出版社/1994

24. 史记考索（外二种：汉书/后汉书）/朱东润/华东师范大学出版社/1996

25. 史汉经济与地理著作研究/李剑林、董力三/湖南地图出版社/1996

26. 前四史职官辞典/贺旭志、贺世庆/中国文史出版社/2003

27. 挥笔传神——史记汉书后汉书三国志写人艺术谈/汪耀明/学林出版社/2005

28. 史记两汉书三史补编（4 册）/二十五史补编编委会/2005

29. 史汉论赞之研究/高祯霙/台湾花木兰文化出版社/2006

30. 秦汉历史地理与文化分区研究：以史记汉书方言为中心/雷虹霁/中国民族大学出版社/2007

31. 前四史论赞研究/赵彩花/中山大学出版社/2008

32. 从史记到汉书——转折过程与历史意义/吕世浩/台湾大学出版中心/2009

33. 读史论政——史记汉书纵横谈/薛俊华/三晋出版社/2010

34. 史记汉书叙事比较研究/曾小霞/世界图书出版公司/2013

35. 两汉魏晋南北朝正史西域传要注/余太山/商务印书馆/2013

36. 史汉研究/汪春泓/上海古籍出版社/2014

37. 史记汉书年月考异/郜积意/上海古籍出版社/2015

38. 前四史韵语研究/王中/台湾花木兰出版社/2015

（二）外文

1. 〔日语〕史记平准书汉书食货志（附史记货殖列传）/〔日〕加藤繁/东京岩波书店/1942

2. 〔英语〕中国最早的经济史：史记平准书和汉书食货志/〔美〕李斯万译注/美国普林斯顿出版社/1950

3. 〔日语〕十八史略：史记汉书/林秀一/东京学灯社/1954

4. 〔英语〕汉代地理研究：以史记、汉书和相关文献为中（A Geography of Han China（206 B. C. – A. D. 221）according to the Shih Chi，The Han Shu and Related Texts）/John Lynden Kirby/美国 Ann Arbor 出版社/1965

5.［日语］世界文学全集第 4 卷·史记汉书集/小川环树、三木克己/东京筑摩书房/1970

6.［日语］中国古典名言集第 8 卷·史记汉书/诸桥辙次/东京讲谈社/1976

7.［日语］史记汉书/福岛正/东京角川书店/1989

8.［日语］史记汉书研究文献目录（日本篇）/藤田胜久/日本爱媛大学教育学部/1994

9.［日语］中国古代的历史家：司马迁班固范晔陈寿列传译注/福井重雅/东京早稻田大学出版部/2006

10.［日语］史记与汉书/大木康/东京岩波书店/2008

二、论文

（一）学位论文

Ⅰ. 硕士学位论文

1. 由史记汉书序赞比较两汉初年之社会/邵台新/台湾大学/1968

2. 司马迁班固对先秦诸子之评价/李志文/香港私立珠海大学/1986

3. 史记汉书异文研究/王海平/暨南大学/2003

4. 班马异同所据汉书版本考/周晨/武汉大学/2003

5. 从史记汉书看汉代妇女地位及其成因/李庆华/湘潭大学/2003

6. 论史记汉书人物籍贯书法比较/辛士影/东北师范大学/2003

7. 史记汉书校读札记/丁致中/南京师范大学/2004

8. 前四史论赞文体艺术及其文化内涵/赵彩花/复旦大学/2004

9. 汉书矫改史记研究/崔军伟/郑州大学/2005

10. 西汉游侠的活动特色及其社会关系/郑宗贤/淡江大学/2005

11. 史记汉书校读札记/邓晓艳/陕西师范大学/2006

12. 史记汉书论赞序比较/邹军诚/湖南师范大学/2006

13. 从史记汉书到汉武大帝——对电视历史连续剧汉武大帝的创作研究/黎光容/西南大学/2006

14. 史蕴诗心——前三史中的诗经气脉/冯晓莉/陕西师范大学/2006

15. 文学与历史之间——从春秋笔法说起/孙峻旭/曲阜师范大学/2006

16. 史记汉书论赞比较研究——从经学、史学、文学三层面探讨/彭玉珊/北

京师范大学/2007

17. 史记汉书所见楚遗民研究/王超/武汉大学/2007

18. 史记货殖列传与汉书地理志地理分区初探/刘斌/武汉大学/2007

19. 司马迁班固和范晔思想管窥——循、酷列传比较/孙希勇/东北师范大学/2007

20. 先唐游侠文学研究/朱立/南京师范大学/2007

21. 先秦及两汉循吏与儒家文化传播/张亮/陕西师范大学/2007

22. 史记与汉书的同义修辞研究/杨正玉/湖南师范大学/2008

23. 从史记汉书后汉书看论语在两汉的流传/张祖伟/山东大学/2008

24. 司马迁与班固民族思想比较研究/王静/内蒙古大学/2008

25. 两汉史学中的风俗记述与风俗思想：以史记汉书与齐鲁地区为中心/尹丽萍/中国人民大学/2008

26. 论史记汉书人物籍贯书法比较/辛士影/东北师范大学/2008

27. 史传文学援引谣谚之考察——以反映先秦两汉历史的史传著作为中心/张耀元/陕西师范大学/2008

28. 东亚纪传体史书的叙事模式：以史记汉书和三国史记为中心/胡家骥/复旦大学/2009

29. 史记汉书文史分野研究/孙亮/哈尔滨师范大学/2009

30. 前三史民族传研究/谢皆刚/兰州大学/2009

31. 史记汉书异文考述/邹维一/上海师范大学/2010

32. 史记汉书民族史料比较研究/王鹏/西南大学/2010

33. 史记汉书中的女性形象/明娟/华中师范大学/2010

34. 史记与汉书中的复仇事象对比研究/张伶俐/华中师范大学/2010

35. 司马迁班固法制观比较研究/王明强/西南大学/2010

36. 康熙字典引前四史研究/徐慧/河北大学/2010

37. 史记纪传体在汉代的接受/葛宁宁/河南师范大学/2010

38. 循吏与两汉社会/王博/江西师范大学/2010

39. 酷吏与汉代政治/王颖/苏州大学/2010

40. 酷吏与汉代法制/张毅/西南政法大学/2011

41. 前四史引易考谕/李志阳/福建师范大学/2011

42. 前四史对诗赋歌谣的采用/范亚栋/山东师范大学/2011

72. 两汉酷吏研究/刘红/南昌大学/2016

73. 宋版史记汉书昭明文选重合赋体之用字差异研究/郭新宇/西北大学/2017

74. 秦汉文史关系嬗变——以春秋史记汉书为例/任恣娴/天津外国语大学/2017

75. 史记汉书民族传记文学研究/刘泽群/北方民族大学/2017

76. 李慈铭史记汉书札记研究/史誉退/南京师范大学/2017

77. 史记汉书中礼俗术语英译显化策略研究/李娇/大连理工大学/2017

78. 知识传播框架下史记汉书军事术语的语义溯源与翻译研究/魏丽娜/大连理工大学/2017

79. 宋版史记汉书昭明文选重合赋体之用字差异研究/郭新宇/西北大学/2017

80. 翻译普遍性视角下的史记汉书中的经济术语英译分析/付梦伊/大连理工大学/2017

81. 史通之前四史批评/张杰/华中师范大学/2017

82. 金泽本群书治要引史记汉书异文研究/侯健明/河北大学/2018

Ⅱ. 博士学位论文

1. 史记汉书传记文学比较研究/朴宰雨/台湾大学/1990

2. 史汉论赞之研究/高祯霙/中国文化大学/2001

3. 史汉比较研究/沙志利/北京大学/2005

4. 中国古代史书纪传体研究/刘建民/北京师范大学/2007

5. 从史记到汉书——转折过程与历史意义/吕世浩/台湾大学/2008

6. 基于历史典籍双语平行语料库的术语对齐研究/李秀英/大连理工大学/2010

7. 史记汉书的叙述学及其研究史/曾小霞/苏州大学/2012

8. 文化诗学视域下的前四史文学观念研究/王芳/江西师范大学/2013

9. 唐前正史史传载文研究/黄晓芳/陕西师范大学/2016

10. 文本的力量——以朝鲜汉籍所涉史记汉书资料为基础的研究/翟金明/中国社会科学院研究生院/2017

（二）报刊文集论文

Ⅰ. 中国

[1900—1949]

1. 读史札记（史记汉书）/王元崇/考文学会杂报/第 1 期

2. 略评史汉选读/赵省之/文史哲/3 期

3. 史汉研究法/陈衍/国学/1 卷 1 期/1926

4. 史汉异同/黄子亭/史地学报/4 卷 1 期/1926

5. 中国三大史家思想之异同/傅振伦/新晨报副刊/1928. 11. 2—29

6. 三史考/李光季/成大史学杂志/2 卷 2、3、4 期/1930

7. 史汉研究绪言/郑鹤声/史学杂志/2 卷 2 期/1930

8. 马班异同论/陈柱尊/学艺/13 卷 7 号/1934

9. 史汉论略/姚尹忠/民锋季刊创刊号/1935

10. 史汉西域传记互勘/赵惠人/禹贡/5 卷 8—9 期/1936

11. 班马论叙诸子流别次第各异说/苗可秀/东北丛镌/1 卷 12 期/1930

12. 马班异同论/陈柱尊/学艺 13 卷第 7 期/1934

13. 庄荀淮南马班论列诸子异同考/萧奚荧/金陵大学文学院季刊/2 卷 1 期/1935

14. 史汉论略/姚尹忠/民钟季刊/1 卷 1 期/1935

15. 我国的二大史书：史记与汉书/子/汇学杂志（乙种）/1937（8）

16. 读史汉札记/陶元甘/责善半月刊/1 卷 12、17、18 期/1940

17. 司马迁货殖列传与班固货殖列传之研究/责善半月刊/1 卷 14、15 期/1940

18. 论六家要旨与汉志诸子略之比观/聘之/北华月刊/2 卷 1 期/1941

19. 论前四史合传附传之例/俞静安/国学月刊/1 卷 1 期/1945

［1950—2000］

20. 对关于两汉社会性质问题的探讨一文中所引史记两汉书的解释的意见/李鼎芳/历史研究/1956（7）

21. 四史简介（上、下）/苏渊雷/历史教学问题/1957（4、5）

22. 史记汉书中考古匈奴的文化/周昆田/中国边政/1959（17）

23. 司马迁与班固/白寿彝/北京师范大学学报（社会科学版）/1963. 4（人民日报/1964. 1. 23）

24. 马班异同论/苏渊雷/哈尔滨师院学报/1964（2）

25. 史记与汉书/郑明俐/青溪 52 期/1971

26. 浅论史记汉书对冒顿单于求婚吕后书的取舍/曹仕邦/图书季刊/4 卷 2 期/1973

27. 史记及两汉书作者记述边疆民族史的时代与文化背景/阎沁恒/幼狮月刊/

40 卷 4 期/1974

28. 汉书袭录史记者/吴福助/东海学报/16 卷/1974（1）

29. 史汉项羽传异同汇评/王宽义/东关大学中国文学系系刊/1974

30. 史记与汉书之关系初探/吴福助/东海学报/1975（16）

31. 汉书镕裁修改史记文句之探究/王明通/国教辅导/1976（36）

32. 史汉体例比较/吴福助/中华文化复兴月刊/1977（8）

33. 史汉比较研究之一例/徐复观/大陆杂志/1978（4）

34. 史汉文学比较/吴福助/东海中文学报/1979（1）

35. 二十二史札记校正摘录——史记汉书部分/王树民/河北师院学报/1979（1）

36. 史记和汉书中虚词运用的比较/王家纯/语言研究和教学/1979（1）

37. 马班史汉异同论/苏渊雷/历史与教学/1979（1）

38. 读史汉随笔/邓绍基/古典文学论丛总 1 辑/陕西人民出版社/1980

39. 史记汉书/朱自清/经典常谈/三联书店/1980

40. 史记与汉书/贺卓君/历史教学问题/1980（6）

41. 史记汉书用字考证/胡韫玉/国学汇编（1—3）

42. 史记与前汉书/李则芬/自由谈/1980（8）

43. 识得庐山真面目——史记与汉书/孟瑶/明道文艺 173 期/1980

44. 从史记汉书儒林传比较司马迁及班固的思想/刘安立/新亚历史系刊/1980（5）

45. 汉书与史记之关系初探/吴福助/东海学报/1980（16）

46. 司马谈论六家要旨与班固汉书艺文志诸子略析较/董金裕/孔孟月刊 19 卷 1 期/1980

47. 史记汉书用字考证/胡朴安/国学周刊/1980（23）

48. 史记汉书论赞研究/陈静/中华学苑/1981（24—25）

49. 班固论司马迁是非颇谬于圣人辨/王叔岷/台湾研究院国际汉学会议论文集（历史考古组）/1981

50. 史汉写人物细节的比较研究/施丁/中国历史文献研究集刊 2 集/1981

51. 司马迁与班固史学之比较/赖明德/中国学术年刊/1982（4）

52. 史汉名词解诂/唐文/新疆大学学报/1981（1）

53. 评班氏父子对司马迁及其史记的评价/郭双成/郑州大学学报/1981（2）

54. 马班异同三论/施丁/司马迁研究新论/河南人民出版社/1982

55. 史记汉书标点琐记/章祖安/中国语文/1982（2）

56. 略论司马迁思想的基本倾向——兼驳班固的道家说/徐宗文/苏州大学学报（哲学社会科学版）/1982（2）

57. 汉书采西汉文章探讨（上、下）/吴福助/东海中文学报/1982（3）、1983（4）

58. 司马迁与班固史学之比较/赖明德/中国学术年刊1982（4）

59. 左传史记汉书点校商榷/周洪/图书馆杂志/1982（4）

60. 史记汉书传记文学二题/陈庆元/南平师专学报/1983（3）

61. 史通尊班抑马辨/杨绪敏/徐州师院学报/1983（3）

62. 史汉语言风格的比较——试析关于项羽、刘邦和苏武的描述/杨松浦/上海海运学院学报/1982（4）

63. 左传史记汉书点校商榷/周洪/图书馆杂志/1982（4）

64. 史记与汉书/贺卓君/历史教学问题/1982（6）

65. 论史记与汉书/吴匡忠/古籍整理论文集/甘肃人民出版社/1984

66. 史记乐书汉书礼乐志及其他/吉联抗/音乐艺术/1984（3）

67. 汉书后汉书三国志帝王纪传校读札记/周国林/研究生学报/1984（10）

68. 刘知幾抑马扬班辨/许凌云/江汉论坛1984（11）

69. 秦皇安眠两千载，项羽不是盗墓人——汉书有误，掘墓焚陵是讹传；史记可信，水银江河在地宫/文汇报/1985.3.30

70. 秦始皇陵考古工作又有重大突破——班固所谓项羽掘墓地宫失火之说，证实了司马迁关于墓中以水银为江河大海的描述/光明日报/1985.3.29（北京日报、人民日报/1985.4.1）

71. 史记匈奴传与汉书匈奴传及其注文新校札记/余胜椿/民族研究/1985（1）

72. 史汉句读商榷二则/马晓斌/淮北煤炭师院学报/1985（2）

73. 略论班固司马迁评价屈原屈赋的分异/刘晓梅/盐城师专学报/1985（2）

74. 史汉两货殖传对勘/赵克/古籍整理研究学刊/1985（3）

75. 刘知幾关于史汉体例的评论/许凌云/史学史研究/1985（4）

76. 史记和汉书/谷建祥/文博通讯/1985（4）

77. 史记汉书游侠传试探——兼论两汉社会风尚的变迁/宋超/学术月刊/1985（10）

78. 史汉两书艺术风格之异同/宋嗣廉/史记艺术美研究/东北师大出版社/1986

79. 从比较史记汉书游侠列传试论游侠式微的原因/高淑卿/史学会刊（师大）

32 期/1987

80. 班马论述诸子流别次第各异说/苗可秀/中国期刊汇编第 37 种/台湾成文出版社/1987

81. 标点本史记汉书辨误五则/李古寅/河南图书馆学刊/1987（1）

82. 司马迁班固经济观之歧异及其思考/归青/上海大学学报/1987（2）

83. 就史记汉书同一段历史记载之分析比较/阎崇东/内蒙古师大学报/1987（2）

84. 析史记之本纪与汉书之本纪/张晓松/上饶师专学报（社会科学版）/1987（3）

85. 史记与汉书/陈丽霞/中学历史/1987（3）

86. 史记汉书比较/瞿林东/文史知识/1987（12）

87. 司马迁和班固经济思想比较/胡显中/西北大学学报（哲学社会科学版）/1988（1）

88. 史汉繁简之我见：司马迁班固语言风格比较/万国政/承德师专学报/1988（1）

89. 史记汉书熟语歌谣的引用及比较/黄荣发/安庆师院学报/1988（1）

90. 从史记汉书的差异看两汉统治者对史学的影响/张晓华/五邑大学学报（社会科学版）/1988（1）

91. 从史记汉书看淮南子的成书年代/［日］池田知久著、刘兴邦译/湘潭大学学报（社会科学版）/1988（2）

92. 载笔敢言宗史汉：谈史记汉书笔法之异/章明寿/淮阴师专学报/1988（2）

93. 从史汉货殖传看两汉义利观的演变/宋超/求索/1988（5）

94. 王国维与史汉研究/萧艾/一代大师——王国维研究论丛/湖南人民出版社/1988

95. 史记汉书许慎注通考/李尔纲/武汉教育学院学报/1989（1）

96. 周易对司马迁班固史学的影响初探/林晓平/赣南师专学报/1989（1）

97. 史汉西南夷传比较研究/侯绍庄/贵州师大学报/1989（2）

98. 评班氏父子对司马迁的批评/赵光贤/史学史研究/1989（1）

99. 劣固而优迁抑甲班而乙马——试讲史记汉书的差异/邓韶玉/辽宁教育学院/1989（2）

100. 标点本史记汉书辨误五则/李古寅/中州学刊/1989（5）

101. 欧美学者对史记汉书之翻译/赵令扬/第三届史学史国际研讨会论文集/1990

102. 史记汉书悲剧人物形象的写作比较/徐金凤/福建大学学报/1990（1）

103. 论史汉重迭部分的思想内容和语言艺术的差异/刘一龙/湘潭大学学报/1990（3）

104. 意匠惨淡经营中——评史记汉书对鸿门宴的不同处理/谭清祥/湖南教育学院社会科学学报/1988（1）

105. 标点本史记汉书辨误五则/李古寅/中州学刊/1989（5）

106. 司马迁班固经济思想异同/朱枝富/人文杂志/1990（4）

107. 史记与汉书/俞樟华/高师函授/1990（6）

108. 史通抑马扬班再辨——与许凌云同志商榷/贾忠文/江汉论坛/1990（10）

109. 被遗忘的立国元雄：史记汉书贵族年表再考察（*Founding Fathers And Yet Forgotten Men*：*A Closer Look at the Tables of the Nobility in the Shih Chiand the Han Shu*）/［荷］何四维/通报第 75 期/1989

110. 史记与汉书间的惊人差异/［荷］何四维/1990

111. 在史记汉书中的"黄老"之意/［德］叶瀚/中国研究/1993

112. 略论史记与汉书艺术形式之异同/罗昌奎/广西民族学院学报（社会科学版）/1991（2）

113. 班固镕裁之探究——史记项羽本纪与汉书项籍传文字比较研究/王明通/台中师院学报/1991（5）

114. 史汉异同研究史略/朴宰雨/中国文化月刊/1992（150）

115. 汉书对史记的补正——以贾谊、晁错、公孙弘、董仲舒的事迹为例/李伟泰/台湾大学中文学报/1992（5）

116. 史记平准书货殖列传与汉书有关部分的对校/陈连庆/中国古代史研究/1992

117. 论班固对司马迁的批评/施丁/中国社会科学院研究生院学报/1992（4）

118. 论史记汉书写梦/傅正谷/晋阳学刊/1992（5）

119. 汉书对史记的补正/李伟泰/台大中文学报/1992（5）

120. 从史记和汉书看汉代档案史料编纂的特色/黄学军/湖南档案/1993（2）

121. 史记抄袭汉书之类的奇谈——评欧阳健脂本作伪说及续/蔡义江/红楼梦学刊/1993（3—4）

122. 从史记汉书西南夷传谈起/张新民/民族研究/1993（6）

123. 司马迁班固的民族观及史学实证精神异同论/张新民/民族研究/1993（6）

会纵横/1996（4）

149. 史记汉书游侠列传之比较研究——兼论汉代游侠兴废的历史意义/林蔚松/辅仁大学中文研究所学刊/1996（6）

150. 史记汉书中的同义词语连用/夏南强/广州大学学报（社会科学版）/1997（1）

151. 议史记文辞的某些疵病——斥班固尽用与剽窃史记原文论/朱钟颐/湖南教育学院学报/1997（2）

152. 司马迁史学理论的构成——兼驳班氏父子的妄评/朱本源/汉中师范学院学报（社会科学版）/1997（2）

153. 试析史记货殖列传与汉书地理志中的风俗地理思想/林荣琴/西北大学学报（哲学社会科学版）/1997（4）

154. "汉无礼乐"意义初探——以礼书乐书及礼乐志为主/章璨文/辅大中研所学刊/1997（7）

155. 从汉书贾谊传所载奏疏试探贾谊之政治思想——兼论其对史记之补充/李秀娟/辅仁大学中国文学研究所学刊/1997（7）

156. 史记汉书取舍之异/顾颉刚/顾颉刚学术文化随笔/中国青年出版社/1998

157. 史记汉书景帝至武帝间年表中民族史料考异与订误/朱凤相/西藏民族学院学报（社会科学版）/1998（2）

158. 从史记汉书的匈奴传看汉匈民族关系/向敏功/昆明师专学报（哲学社会科学版）/1998（4）

159. 长安城南史记汉书未载的人工渠/辛玉璞/中国历史地理论丛/1998（4）

160. 史汉货殖传较析/李美慧/辅仁大学中文研究所学刊/1998（8）

161. 汉书原稿证据以及史记校勘：以匈奴列传为例/［美］韩大伟/中国文学/1999

162. 论文心雕龙史传篇中对史记汉书的批评/黄榕/明道文艺277期/1999

163. 史记汉书后汉书注札记/力之/内蒙古大学学报/1999（1）

164. 史记汉书校勘与词义考释/黎千驹/郴州师专学报/1999（1）

165. 刘向班固所见太史公书考/易平/南昌大学学报/1999（1）

166. 史记汉书游侠列传较析/黄榕/中国语文/1999（2）

167. 关于司马迁与班固对屈原批评的思考/吴瑞霞/华中理工大学学报/1999（2）

168. 深情叹荣辱，巨笔绘兴衰——司马迁班固对家族史的研究/李炳海/社会

科学辑刊/1999（3）

169. 史记汉书所见西域里数考述/余太山/西北第二民族学院学报/1999（4）

170. 司马迁班固著史宗旨比异/王萍/山东大学学报（哲学社会科学版）/1999（4）

171. 史记汉书创作差异论析/彭松/玉溪师范高等专科学校学报/1999（5）

172. 从史汉看晁错事迹/庄树淳/辅仁大学中国文学研究所学刊/1999（9）

173. 试论赵翼对史记汉书的研究/徐家骥/内蒙古师大学报/2000（1）

174. 史记汉书中的译名秦人问题/李志敏/喀什师院学报/2000（3）

175. 史记汉书校读札记/周俊勋/古籍整理研究学刊/2000（2）

176. 史记汉书民族史的撰述及意义/郎华芳/温州师范学院学报/2000（2）

177. 班马的辞赋观与汉代赋学思想的演进/马予静/河南大学学报（社会科学版）/2000（2）

178. 关于汉书不著司马迁生卒和死因的初步探索/栾继生/黑龙江社会科学/2000（3）

179. 论班固和司马迁之孰优：史记汉书同篇目比照评述/冯家鸿/金陵职业大学学报/2000（4）

［2001—2018］

180. 走向边缘与矛盾反弹——史记汉书的梦幻话语/南生桥/陕西教育学院学报/2001（3）

181. 汉书与史记相比较在编纂体例上的创新/许正文/天水师范学院学报/2001（4）

182. 汉初百年朔闰析究：兼订史记和汉书纪日干支讹误/黄一农/中央研究院历史语言研究所集刊/2001（4）

183. 司马迁班固义利思想比较/张光全/阜阳师范学院学报（社会科学版）/2001（6）

184. 汉初百年朔闰析究——兼订史记和汉书纪日干支讹误/黄一家/台湾研究院历史语言研究所集刊/2001

185. 史记汉书袁盎晁错传较析/许淑华/辅仁大学第三届先秦两汉学术研究生论文发表会/2002

186. 从鸿门宴看汉书对史记的取材/何发苏、胡琴/江西省语言学会第五届会员大会暨2002年学术年会/2002

187. 唐代史汉古注考/张固也/淮阴师范学院学报（哲学社会科学版）/2002（2）

188. 史记汉书以事写人方法的比较/任刚/内蒙古师范大学学报（哲学社会科学版）/2002（6）

189. 史记汉书书志序列比较研究/徐日辉/陕西师范大学学报（哲学社会科学版）/2002（2）

190. 汉书果真没有抄史记吗：兼与复旦大学博导葛剑雄教授商榷/鲜于煌/重庆师院学报（哲学社会科学版）/2002（3）

191. 汉初百年朔闰析究：兼订史记和汉书纪日干支讹误/黄一农/中国社会科学文摘/2002（3）

192. 史记汉书正误六则/徐晓青/山东教育学院学报/2002（4）

193. 史记汉书校读四则/葛佳才/古籍研究/2002（4）

194. 史记汉书合传之平议/蔡信发/第四届汉代文学与思想研讨会论文集/2002.5

195. 司马迁班固文化比较研讨会在咸阳召开/田静/光明日报/2002.11.26

196. 司马迁班固生态观试比较/王子今/周口师范学院学报/2003（1）

197. 浅析史记汉书的编纂与档案利用的关系/牛耕/青年思想家/2003（1）

198. 史记汉书用字异对应分析/王海平、相宇剑/淮北煤炭师范学院学报（哲学社会科学版）/2003（1）

199. 从史记汉书透视西汉初年同姓王的政治生活/杜振虎/西安电子科技大学学报（社会科学版）/2003（1）

200. 2002年司马迁与班固文化比较学术研讨会综述/吕培成、毛金霞/陕西师范大学学报（哲学社会科学版）/2003（3）

201. 史记汉书家人解/赵彩花/语文研究/2003（3）

202. 司马迁与班固眼中的司马相如：两汉文人的价值观演化之管窥/蒋方、张忠智/湖北大学学报（哲学社会科学版）/2003（3）

203. 司马迁班固民族思想之比较/刘春华/西域研究/2003（4）

204. 从比较史学论史记和汉书/易孟醇/贵州社会科学/2003（5）

205. 司马迁班固游侠思想比较/张光全/史学月刊/2003（6）

206. 论司马迁班固的实录精神/张光全/阜阳师范学院学报（社会科学版）/2003（6）

207. 史记与汉书——吐鲁番出土文献札记之一/荣新江/新疆师范大学学报

（哲学社会科学版）/2004（1）

208. 史记汉书失载西南夷若干史实考辨/方铁/中央民族大学学报（哲学社会科学版）/2004（3）

209. 从司马迁到班固——论中国经济思想的转折/宋叙五/国史探微/2004（5）

210. 咸阳白庙村的历史地位及其与司马氏、班氏的关系/咸阳师范学院学报/2004（5）

211. 评乾嘉学者的马班异同论/王记录、王青芝/商丘师范学院学报/2004（6）

212. 河西辨与史记大宛列传汉书张骞传标点勘误/梁乃斌/陕西师范大学学报（哲学社会科学版）/2005（1）

213. 汉书矫正史记举隅/崔军伟/河南科技大学学报（人文社会科学版）/2005（2）

214. 李广：史记与汉书/金伟孝/洄澜春秋/2005（2）

215. 史记汉书疑问代词孰与谁比较/胡继明/西南民族大学学报（人文社会科学版）/2005（6）

216. 探析史记与汉书中的几个外来词/朱国祥/和田师范专科学校学报（汉文综合版）/2005（6）

217. 新中国史记汉书民族思想比较研究综述/夏民程/贵州民族研究/2006（1）

218. 史记汉书正误一则/董树利/古籍整理研究学刊/2006（3）

219. 从史记货殖列传到汉书货殖传看司马迁与班固经济思想的对立/肖波/晋阳学刊/2006（3）

220. 试从汉代乐律思想略论乐律与历法之关系/刘美枝/台湾音乐研究/2006（3）

221. 汉书误为史记/白京/咬文嚼字/2006（6）

222. 史汉论赞比较十三则/李伟泰/台大文史哲学报/2006（64）

223. 史记汉书文风考论/汪耀明/绥化学院学报/2007（2）

224. 史记汉书人物个性比较/刘德杰/河南社会科学/2007（2）

225. 论司马迁班固文学思想的同异/汪耀明/太原师范学院学报（社会科学版）/2007（3）

226. 汉史之诗：史记汉书叙事中的诗歌含义/［美］柯马丁著，林日波译/中国典籍与文化/2007（3）

227. 史记儒林列传与汉书儒林传的比较研究/张家国/怀化学院学报/2007（3）

228. 从汉书称诗论定毛诗序基本完成于史记之前——兼答张启成先生的商

榷/王洲明/河北师范大学学报（哲学社会科学版）/2007（3）

229. 李广两任上郡太守考论：兼论史记汉书互校/赵满海/中国典籍与文化/2007（4）

230. 史记高祖本纪与汉书高帝纪高祖称谓比较/王巧如/辅仁大学中国文学研究所/2007（17）

231. 点校本汉书史记中的一个句读勘误/贾丽英/中国史研究/2007（4）

232. 描写的差异：浅谈史记汉书的描写/海刚、张彤/新疆职业技术教育/2007（4）

233. 论汉书对史记吕太后本纪的承与变/郑天蕙/辅仁大学中文研究所学刊/2007（17）

234. 由史记孝景本记与汉书景帝纪之异同论景帝其人与时事/郭绣慧/辅仁大学中文研究所学刊/2007（17）

235. 读史记汉书札记六则/高敏/咸阳师范学院学报/2008（1）［另载于中华文史论丛/2008（6）］

236. 从史职的变迁解读班马优劣论/许勇强、李蕊芹/江淮论坛/2008（1）

237. 从汉书对史记材料的挪置比较马班的叙事手法/沙志利/渭南师范学院学报/2008（1）

238. 谈班固在评价屈原司马迁时的矛盾心理及原因/郭艳珠、徐新民/语言学刊/2008（2）

239. 读史记汉书札记七题/高敏/中华文史论丛/2008（4）

240. 史记小序与汉书叙目之异同比较/阎静/东岳论丛/2008（4）

241. 司马迁和班固的编辑思想比较/赵连稳/首都师范大学学报（社会科学版）/2008（4）

242. 史记汉书中的一处误写/大庆晚报/2008.8.6

243. 论司马迁与班固不同的史学风格/王者利/科教文汇（中旬刊）/2008（32）

244. 汉书卫青霍去病传与史记卫将军骠骑列传异文比较/赵征/世界华商经济年鉴（理论版）/2008（11）

245. 史记汉书校读小札/吴昱昊/文教资料/2008（35）

246. 前三史引诗喻理考/冯晓莉/陕西学前师范学院学报/2009（1）

247. 由序书到为书作序：司马迁班固等论孔子与尚书之关系/何发苏/兰州学刊/2009（1）

248. 史记汉书项羽本传对读记：以项羽自刎地点考释为中心/汪受宽/信阳师范学院学报（哲学社会科学版）/2009（1）

249. 近30年史记汉书比较研究综述/曾小霞/陕西教育学院学报/2009（1）

250. 司马迁和班固的编辑思想比较/赵连稳、高等学校文科学术文摘/2009（1）

251. 青山青史共醉吟：司马迁与班固（七、八）/萧含/学苑教育/2009（1—2）

252. 两汉诗学考——以前三史为例/冯晓莉/西安文理学院学报（社会科学版）/2009（1）

253. 点校本史记三家注称引汉书考校/赵生群、吴新江/南京师范大学文学院学报/2009（2）

254. 论司马迁与班固循吏观的异同：以史记循吏列传和汉书循吏传中为对象/杨智/大视野/2009（2）

255. 明清史记汉书比较研究综述/曾小霞/苏州大学学报（哲学社会科学版）/2009（2）

256. 试论司马迁班固的儒道思想/孙慧阳/湖南社会科学/2009（3）

257. 史记汉书在多民族历史文化认同中的地位/阎静/青海民族学院学报/2009（3）

258. 从史记汉书看史书的记言功能/何涛/时代文学（上半月）/2009（3）

259. 中华书局本史记汉书标点纠误八则/温玉春/河北师范大学学报（哲学社会科学版）/2009（3）

260. 班固误读史记原因解析/吕维洪/楚雄师范学院学报/2009（4）

261. 司马相如卒于公元前117年考：兼论史记汉书记年法与系年推算法的逻辑关系/刘南平、叶会昌/河北北方学院学报（社会科学版）/2009（5）

262. 例析汉书部分继承史记实录精神/张海锋/现代语文（文学研究）/2009（7）

263. 史记汉书循吏列传较析/刘依琪/辅大中研所学刊/2009（21）

264. 正史乐志与早期中国音乐知识传统的建构——以史记汉书乐志为例/李方元/第一届中国音乐史学国际学术研讨会/2010.6.1

265. 史记汉书中西汉长安游侠现象探赜/方蕴华/司马迁与史记国际学术研讨会/2010.8.14

266. 从史记汉书看汉初子学的发展/杨婷/司马迁与史记国际学术研讨会/2010.8.14

267. 同义复词与史记汉书校勘/王文晖/长江学术/2010（1）

286. 史记汉书诸表考订/吴昱晃/渭南师范学院学报/2011（7）

287. 史记汉书中作者精神倾向比较研究/冯馨瑶/赤峰学院学报/2011（8）

288. 宋人对史记和汉书中晁错形象的接受——兼论晁错之死因/罗昌繁/渭南师范学院学报/2011（9）

289. 透过史记汉书论赞序比较司马迁班固思想之异同/曾瑞琪/文教资料/2011（18）

290. 司马迁与班固游侠观之比较/刘秀敏、彭薇/文教资料/2011（19）

291. 司马迁与班固眼中的佞幸/潘昊昕/考试周刊/2011（47）

292. 汉代王侯受赐特点论析——以史记汉书景帝遗诏的差异为视角/尤佳/唐都学刊/2012（2）

293. 史记汉书边塞题材探析/关永利/湖南工业大学学报（社会科学版）/2012（2）

294. 汉书史记比勘正误（四则）/丁士虎/池州学院学报/2012（2）

295. 两汉正史民族史撰述与统一多民族国家的巩固/汪高鑫/求是学刊/2012（2）

296. 试析史记和汉书中的人物自作诗/曾小霞/渭南师范学院学报/2012（3）

297. 从史记和汉书看汉代文学之演变/曾小霞/山西师大学报（社会科学版）/2012（3）

298. 汉书颜师古注引史记国语考校/朱珠/现代交际/2012（3）

299. 还原批评的历史学维度——再论司马迁班固评屈原/何发甦/文艺评论/2012（4）

300. 试析前四史俗语的历史认知意义/罗维明/广州大学学报（社会科学版）/2012（4）

301. 史记酷吏列传杜周传汉书杜周传异辨/李剑清/渭南师范学院学报/2012（5）

302. 历史的价值：读薛俊华读史论政——史记汉书纵横谈/张大可/前进/2012（10）

303. 儒家思想对两汉史学发展的影响——从史记与汉书的比较入手/何悦驰/黑龙江史志/2012（15）

304. 史记与汉书游侠观点之探究/童桦/现代阅读/2012（16）

305. 浅议司马迁与班固经济思想的差异/马格侠、曹婷婷/商业时代/2012（35）

306. 我们应该怎样读历史：有感于薛俊华读史论政：史记汉书纵横谈/梅生/先锋队/2012（19）

374. 史记汉书后汉书之西南夷列传异同比较/罗晶波、张铭南/北方文学旬刊/2017（3）

375. 茅坤史记汉书比较的价值初探：以汉书钞为中心的讨论/周洁/开封教育学院学报/2017（4）

376. 史记汉书关系新议/潘铭基/海南热带海洋学报/2017（6）

377. 从史记到汉书后汉书——史学体系里对逸民的新阐释方向/董建业/时代报告/2017（22）

378. 先秦两汉人物评价之传统与创新——以论语左传史记汉书为例/高上雯/淡江史学/2017（29）

379. 宋人对史记汉书中汲黯形象的接受——兼论其政治作风/陈畅/华中师范大学/2018（1）

380. 史记汉书中的礼俗术语英译的概念重构特征/李秀英、李娇/外国语文研究/2018（1）

381. 论史记汉书数术叙事的修辞意蕴/方坚伟/青海社会科学/2018（1）

382. 浅析司马迁、班固游侠思想的差别及其原因——以史记游侠列传、汉书游侠传为例/付昀夕/楚雄师范学院人文学院/2018（1）

383. 论项羽形象在史记汉书中的演化/杨芃/安徽师范大学文学院/2018（2）

384. 史记汉书所载西夷西道覆议——兼论汉代南方丝绸之路的求通/龚伟/四川师范大学报（社会科学版）/2018（2）

385. 史记汉书中吕后形象的异同及其原因/李静/长江大学学报（社会科学版）/2018（3）

386. 论史记淮阴侯列传与汉书韩信传之异同/田子君/洛阳理工学院学报（社会科学版）/2018（3）

387. 史记货殖列传与汉书地理志地理风俗记载关系考论/叶文举/渭南师范学院学报/2018（5）

388. 论史记汉书对西夷认知的差异/龚伟/古籍整理研究学刊/2018（5）

389. 古文献中司马法称谓考辨——以史记汉书隋书为中心/姜军/学术交流/2018（6）

390. 略论西汉阴山地区戍边政策的演变——以史记汉书为依据/方玥、郝建平/学理论/2018（7）

391. 前四史流变略论/熊锐/中华文化论坛/2018（9）

392. 景祐本史记汉书用字异文研究/李娟/新乡学院学报/2018（10）

393. 景祐本史记汉书中因一词多字造成的用字异文研究/李娟、何余华/黑龙江工业学院学报（综合版）/2018（11）

Ⅱ. 日本和韩国

1. 司马迁和班固/〔日〕冈崎文夫/史林 17—3/1932

2. 史记汉书的考察——汉代年号制定的时期/〔日〕藤田至善/东洋史研究/1936（1–5）

3. 史记汉书货殖传/〔日〕藤田至善/东洋史研究 2—2/1963

4. 史记封禅书与汉书郊祀志/〔日〕板野长八/岩井博士古稀纪念典籍论集/1963

5. 史记汉书的数词/〔日〕牛岛德次/中国语学第 125 期/1962〔另载语言教学与研究/1995（2）〕

6. 史记汉书的文体/〔日〕高桥君平/鹿儿岛大学研究纪要/1969（4）

7. 汉书司马迁传考释/〔韩〕李章佑/檀国大学中国文学报第 1 辑/1974

8. 从史记到汉书/〔日〕冈村繁/国语第 155 号/东京书籍/1976

9. 淮南子的成立——史记与汉书之检讨/〔日〕池田知久/岐阜大学教育学部研究报告卷 28/1980

10. 史记汉书的东夷王者观/〔日〕井上秀雄/朝鲜学报第 103 期/1982

11. 史记与汉书/〔日〕大薮秀高/汉文研究/中国的历史书/尚学图书/1982

12. 史记大宛传与汉书张骞传李广利传的关系/〔荷〕何四维著，〔日〕榎一雄译/东洋学报/1983（1—2）/（另载于东方学卷 64/1983）

13. 《史记与两汉书》的对外观——东夷传朝鲜传的检讨/〔韩〕郑起燉/忠南史学第 2 辑/1987

14. 简论史记汉书著述精神之分歧/〔韩〕朴宰雨/中国语文学研究论丛/1992

15. 史汉异同研究史略/〔韩〕朴宰雨/中国文化月刊总 150 期/1992

16. 史记汉书再检讨与古代社会的地域的研究/〔日〕加藤国安/科学研究报告书/1994

17. 史记汉书研究文献目录/〔日〕藤田胜久/1994

18. 史记与汉书异同研究史略/〔韩〕朴宰雨/当代海外汉学研究/1997

19. 二十六史所表现的方外人传之展开样态——史记与汉书的先例/〔韩〕尹周弼/中国语文学论集第 11 号/1999

20. ［法语］史记汉书和汉代文化/Kroll，Juri L/Archiv Orientální/2006（3）

21. 由史记乐书与汉书礼乐志看汉代制乐的实际状况——兼谈司马迁与班固的制乐观/［韩］洪承铉/东方学志/2007

22. 韩国史记汉书翻译现状的概括与评价/诸海星/国际儒学研究通讯/2015

第三部分　　班氏家族研究

一、班氏家族研究

（一）学位论文

1. 东汉班氏三杰研究/王珍/华中师范大学硕士学位论文/2007

2. 汉代班氏家族辞赋研究/胡健美/山东大学硕士学位论文/2008

3. 两汉扶风班氏家族文学考论/李雪莲/湘潭大学硕士学位论文/2008

4. 班氏家族文学研究/李云朵/西北大学硕士学位论文/2009

5. 东汉扶风地区的文学考察/陈玲/厦门大学/2010

6. 班氏文学家族研究/商戈/郑州大学硕士学位论文/2011

7. 汉代班氏家族诗赋文创作研究/王啸晨/东北师范大学硕士学位论文/2014

8. 汉代扶风班氏家族文化与文学研究/邓桂姣/扬州大学博士学位论文/2014

9. 汉代班氏文学家族研究/夏晓红/云南大学硕士学位论文/2016

（二）报刊论文

1. 班家诸人/［日］田村实造/龙谷史坛/1974（68、69合并号）

2. 班固一家修汉书/黄岩县志通讯/1987（2）

3. 班氏与晋北古代的文化发展/杜呈辉/雁北师院学报/1994（1）

4. 班彪・班固・班超・班昭・班勇/郭万俊/中学历史教学/1995（1—2）

5. 班门三杰著汉书——东汉史学家班彪班固班昭/秦草/西安教育学院学报/2000（4）

6. 班固与班姓/付笑萍/兰台世界/2012（1）

7. 晋北班氏的史书编辑活动述略/杜呈辉/大同职业技术学院学报/2001（4）

8. 班门好史/赵志伟/作文世界（小学新语文伴侣）/2006（3）

9. 班氏家族骚体赋的楚祖意识及其价值/苏萍/鞍山师范学院学报/2007（1）

10. 班彪祖孙三代的民族关系思想/崔明德/烟台大学学报（哲学社会科学版）/2007（1）［民族问题研究（报刊复印资料）］/2007（4）

11. 诗学名家与辞赋之宗——论班氏所传诗学及其与班氏赋的关系/黄卓颖/江西金融职工大学学报/2008（S1）

12. 从汉书作者班氏家族的匈奴血统谈起/陈三平/文史知识/2009（6）

13. 班氏家族与汉代西域——系列研究之一：家世兴衰与社会背景/殷晴/西域研究/2009（4）

14. 东汉安陵班氏家族的文学成就/王芹/黑龙江史志/2010（15）

15. 楼烦、泥阳、安陵与班氏家族的行迹/徐美莉/聊城大学学报（社会科学版）/2011（3）

16. 班彪父辈主要儒学文学成员生卒年考/邓桂姣/扬州大学文学院/文艺评论/2013（12）

17. 汉代文史三大家的学术承变/崔荣华/南通大学学报（哲学社会科学版）/2014（2）

18. 孝敬恭谨敏于向学——汉朝班氏家族的家风/曾燕波/家族教育（中小学版）/2016（1）

19. 论班氏家族及其对丝绸之路的贡献/王凯/洛阳理工学院学报（社会科学版）/2017（6）

二、班婕妤研究

（一）专著

1. 一朝误落帝王家：汉宫才女班婕妤的坎坷一生/武庆新/北京工业大学出版社/2016

（二）论文

1. 说班婕妤的团扇诗/聂耕书/绥化师专学报/1989（2）

2. 班婕妤诗和赋的考辨/（美）康达维/文选学新论/中州古籍出版社/1997

3. 班婕妤思想浅探/郑之洪/湛江师范学院学报（哲学社会科学版）/1999（2）

4. 小议怨深文绮的班婕妤/陈传胜/江西社会科学/2002（4）

5. 汉代至唐代班婕妤主题演变流程/罗然、郑俊蕊/中国中古文学研究——中国中古（汉—唐）文学国际学术研讨会论文集/2004

6. 论班氏两位女作家的汉赋创作/李彤/闽南师范学院学报（哲学社会科学版）/2004（1）

7. 班婕妤和她的赋/李彤/牡丹江教育学院学报/2006（3）

8. 中国古代妇女早期的一篇文学批评专论——班婕妤报诸侄书考论/虞蓉/苏州大学学报/2006（3）

9. 情深至淡：班婕妤文学思想略论/虞蓉/乐山师范学院学报/2006（5）

10. 六朝诗文中的王昭君、班婕妤现象研究/苏佳文/暨南国际大学硕士学位论文/2007

11. 魏晋南北朝诗歌中的班婕妤形象/吴玲/东京文学/2009（4）

12. 钟嵘诗品班婕妤条疏证/叶飞/许昌学院学报/2009（4）

13. 从自悼赋捣素赋看班婕妤的悲剧命运/宋秋霜/安阳师范学院学报/2011（1）

14. 班婕妤作品中女性意识微探/孙冠楠/文学界/2011（9）

15. 平淡与深邃：班婕妤的人生观管窥/王鹤/山西师大学报（社会科学版）/2013（2）

16. 校勘详密 注解简明——给大一同学推荐班婕妤赞校注/张绍诚/文史杂志/2014（2）

17. 石崇王明君辞、班婕妤怨歌行的美学意象及传递/廖一瑾/中国文化大学中文学报第 30 期 /2015

18. 古典诗歌中"秋扇见捐"文学意义解析——以班婕妤团扇诗为例/崔玲/赤峰学院学报（汉文哲学社会科学版）/2017（1）

19. 班婕妤生年及其怨歌行作年与真伪考辨/谢文学/许昌学院学报/2017（4）

20. 论汉代女性作家的创作特色及其文学价值——以班婕妤、卓文君为例/张佳育/边疆经济与文化/2017（12）

三、班彪研究

（一）文献专著

1. 叔皮集一卷/班彪撰/陕西文献征辑处/1922

2. 中国史学的程序和方法：一个史学世家及其著作（*Les Formes et les méthodes historiques en Chine*，*Une famille d historiens et son oeuvre*）/［法］罗振英/里昂大学法汉研究所出版的研究论著第 9 号（*Bibliotheca Franco—sinicalugdunensis*，*tudes et document /Institut Franco—Chinois de Lyon*）/巴黎保尔·古特纳（Paul Geuthner）

出版社/1931

　　3.［英语］班彪、班固和汉书/［荷］斯普里克（Otto B. Van der Sprenkel）/堪培拉澳大利亚国立大学/1964

（二）论文

Ⅰ．学位论文

　　1. 班彪班固思想研究/陈炽明/香港私立珠海大学硕士学位论文/1991

　　2. 班彪的创作及其宣汉思想/姜平/东北师范大学硕士学位论文/2014

Ⅱ．报刊论文

　　1. 班彪后传浅议/［日］福井重雅/天台思想和东亚文化的研究/山喜房佛书林/1991

　　2. 班彪诲子著汉书/胡万荣、尤克勤/家长/1999（8）

　　3. 论班彪的赋/富世平/华夏文化/2001（4）

　　4. 班彪述评/李虎/咸阳师范学院学报/2002（5）

　　5. 承前启后的史学家班彪/王和生/辽宁师范大学学报（社会科学版）/2002（5）

　　6. 班彪与两汉之际的河西文化/刘跃进/齐鲁学刊/2003（1）

　　7. 论儒家思想在班彪班固赋作中的体现/孙妮桔子/邵阳学院学报（社会科学版）/2004（3）

　　8. 评班彪的史记略论/施丁/史学史研究/2006（4）［历史学（报刊复印资料）］/2007（2）

　　9. 论班彪/孟祥才/东岳论丛/2006（1）

　　10.（英文）对于汉代历史撰述真实性的反思：班彪史记略论译注/（美）A. E. 克拉克/东南亚研究回顾/2008

　　11. 从班彪的赋看其外儒内道思想/李雪莲/黔南民族师范学院学报/2010（1）

　　12. 王充师事班彪考辨/吴从祥/荆楚理工学院学报/2011（3）

　　13. 班彪和班固的汉王朝观及诸帝观/（日）小林春树/林田慎之助博士伞寿纪念三国志论集/2012

　　14. 班彪班昭诸赋创作时间考/金前文/传奇? 传记文学选刊（理论研究）/2012（3）

　　15. 班彪及汉书/朱东润/文献/2014（4）

　　16. 汉代班彪家族受赐皇室秘书副本时间考/邓桂姣/兰台世界/2014（15）

17. 班彪赋研究/彭春艳/贵州师范大学学报（社会科学版）/2015（4）

18. 文选中班彪、班昭父女创作/刘跃进/中国文化/2016（2）

19. 班彪北征赋文史价值考论/金璐璐/北方论丛/2016（3）

四、班昭研究

（一）文献专著

1. 班昭女诫：曹大家文征导言（The Chinese Book of Etiquette and Conduct for Women and Girls，Pan Chao，ca. 49—ca. 120 CE，Entitled，Instruction For Chinese Women And Girls，By Lady Tsao）/［美］鲍德温/纽约 Eaton & Mains 出版社/1900

2. 班昭：公元 1 世纪中国最著名的女学者、女作家：其背景、祖先、生平及作品（*Pan Chao*，*Foremost Woman Scholar of China*，*First Century A.D.*：*Background*，*Ancestry*，*Life*，*and Writings of the Most Celebrated Chinese Woman of Letters*）/［美］孙念礼（Nancy Lee Swan）/密歇根中国研究论丛之五（*Michigan Classics in Chinese Studies No.* 5）/纽约世纪出版公司（*The Century Company*）/1932（1968 年、2001 年再版）

3. 班昭/潘公展等编/学术先进第 3 辑/胜利出版社/1944

4. 班昭/朱偰/胜利出版社/1946（台湾商务印书馆 1977 年重印）

5. 中国历代女名人传——儒林女圣班昭/刘海荣、李光天主编/辽宁民族出版社/1992

6. （英文）昆剧班昭（Ban Zhao：A Kunqu Opera）/李慧明/外语教学与研究出版社/2015

7. 续写青史——班昭/姜越/群言出版社/2017

（二）论文

Ⅰ. 学位论文

1. 班昭与女诫/赵会英/南京师范大学/硕士学位论文/2006

2. 班昭研究——以女诫为中心/余恒森/兰州大学硕士学位论文/2007

3. 对班昭研究中若干问题的再认识/赵海霞/南京师范大学/硕士学位论文/2008

4. 班昭及其著述研究/金璐璐/首都师范大学/博士学位论文/2009

5. 对班昭与女诫的重新剖析/王宇鑫/陕西师范大学/硕士学位论文/2010

Ⅱ．期刊论文

1. 班昭续成汉书论/朱巧莲/学生文艺丛刊/1925（7）

2. 班昭评传/藜舟贵/妇女杂志/1卷1期/1940

3. 班昭生平及其著作考/朱俶/妇女共鸣/1943（2－3）

4. 班昭续汉书/丁明浩/档案工作/1960（3）（航空档案/1978（2））

5. 班昭马续补作汉书八表及天文志志疑/冉昭德/光明日报/1963.2.24

6. 我国古代的女历史学家——班昭/黎虎/中国妇女/1963（4）

7. 女历史学家班昭/历史学（报刊复印资料）/1979（8）

8. 我国第一位女史学家班昭/周笃文/人物/1980（4）

9. 我国历史上唯一女史学家兼文学家——班昭/李甲孚/妇女杂志/1980（6）

10. 我国第一个女历史学家/李士芳/河北日报/1981.2.3

11. 我国第一个女史学家班昭/陆茂清/妇女/1981（4）

12. 一代才女和史家——班昭/陈绍棣/历史教学/1991（8）

13. 班昭与女诫/任芬/中国妇女管理干部学院学报/1992（1）

14. 班昭为兄上书赏析/张瑾/写作/1994（5）

15. 中国最早的女史学家班昭/文泽/阅读与写作/1994（7）

16. 中国史学史和东汉政治史上的班昭/葛亮/中国妇女管理干部学院学报/1995（2）

17. 班昭女诫论/王晖/广西右江民族师专学报/1996（2）

18. 浅谈班昭的女诫/支德河/山东电大学报/1998（1）

19. （英文）班昭：一位女性和她的时代/G．W．L/Calliope/1998（2）

20. 班昭——力图建立传统妇女观的女史/萧虹/阴之德/新世界出版社/1999

21. 中国传统女训的当代审视——以班昭女诫为例/沈时蓉/刘莹/四川师范学院学报（哲学社会科学版）/2001（5）

22. 为女史班昭立传——观新编历史昆剧/班昭/喻静/中国艺术报/2001.10.19

23. 点铁成金 赋予历史题材以现实的生命——新编历史昆剧班昭观后感/周锋/上海戏剧/2001（6）

24. 略谈班昭的史与剧/龚和德/中国戏剧/2001（12）

25. 中国古代第一位女教师班昭/张芳梅/华夏文化/2002（3）

26. 马续能成为班昭的师兄和恋人吗？/贺圣迪/上海戏剧/2002（8）

27. 试论东汉班昭的妇女价值观/胡捷/株洲师范高等专科学校学报/2004（1）

28. 试论一代女史学家班昭的心理悲剧及其价值/苏萍/理论界/2004（5）

29. 班昭女诫的教育思想探析/苏萍/妇女研究论丛/2005（1）

30. 班昭和汉书/赵连稳/中华女子学院学报/2005（6）

31. 班昭称谓考/张秀春/烟台师范学院学报（哲学社会科学版）/2006（1）

32. 班昭考/朱维铮/中华文史论丛/2006（2）

33. 东汉文化史上的班昭/李彤/中国石油大学学报（社会科学版）/2006（5）

34. 班昭女诫再解读/周峨/重庆邮电学院学报/2006（5）

35. 史学大家班昭和她的女诫/李均惠/文史杂志/2006（6）

36. 对班昭贞节观的再认识及对女诫·专心误读的疏正/刘利利/兰州学刊 2006（8）

37. 班昭文学作品述论/李彤/赤峰学院学报（汉文哲学社会科学版）/2007（2）

38. 汉书女诫续写并重：简论东汉史学家文学家教育家班昭/余恒森/辽宁行政学院学报/2007（3）

39. 论班昭的妇女仪容观及其复活儒家古礼的努力/刘利利/东岳论丛/2007（5）

40. 重评班昭《女诫》的女性伦理观/晋文、赵会英/南都学坛/2007（6）

41. 第一女史学家班昭的千古罪责/赵学儒/传奇故事/2007（8）

42. 论班昭女诫及其创作背景/俞士玲/古典文献研究 2008

43. 东汉才女——班昭的多角度解析/赵海霞/文教资料/2008（5）

44. 中国古代著名女教育家——班昭/刘新科、向华/中国地方教育史志研究会会议论文集/2009

45. 论女性在封建和谐家庭建设中的角色要求——读班昭女诫再思考/蔡荷芳/皖西学院学报/2009（4）

46. 论班昭女诫的创作背景/蔡荷芳/淮北煤炭师范学院学报（哲学社会科学版）/2009（4）

47. 试论班昭女诫的女性道德观/贺科燕、张喆/湖北第二师范学院学报/2010（1）

48. 班昭大雀赋作年考/金璐璐/兰台世界/2010（2）

49. 从班昭的文学创作看其道家思想/金璐璐/商丘职业技术学院学报/2010（3）

50. 班昭东征赋及其文学史意义/金璐璐/学术论坛/2010（6）

51. 班昭的文学创作与儒家思想/金璐璐/名作欣赏/2010（20）

52. 班昭东征赋中的情志/杨颖/古典文献研究/2011

53. 班昭东征赋女诫作年考辨/金璐璐/船山学刊/2011（1）

54. 从汉书八表看班昭的史学思想/金璐璐/河南师范大学学报（哲学社会科学版）/2011（3）

55. 中国第一位女历史学家班昭/楚欣/炎黄纵横/2011（11）

56. 论班昭东征赋的创作年代/李艳/济宁学院学报2012（1）

57. 论班昭的女性卑弱观/王玉洁、邹尤/贵州广播电视大学学报/2012（1）

58. 班昭文献注疏模式研究/金璐璐/兰台世界2012（15）

59. 论班昭东征赋的史料价值和文化地位/李艳/济宁学院学报/2013（1）

60. 家学渊源对班昭创作的影响/蔡荷芳/池州学院学报/2013（1）

61. 中国古代女子四德教育的现代价值——以班昭女诫为例/黄梦婉/沈阳大学学报（社会科学版）/2013（3）

62. 从用典看班昭对诗经的接受及其文艺思想/金璐璐/兰台世界/2013（15）

63. 论班昭幽通赋注的文学史意义/孔德明/文艺评论/2014（12）

64. 文史互渗：班昭的文史学家身份对其文学创作的影响/金璐璐/商丘职业技术学院学报/2015（3）

65. 探析班昭女诫中的道德教育义理/王晓宏、李伟杰/兰台世界/2015（12）

66. 东汉史学家班昭女诫中的教育观/刘珏/兰台世界/2015（16）

67. 班昭注幽通赋动因、时间考/孔德明/兰台世界/2015（20）

68. 班昭女诫中的女性教育智慧/陈桃兰、夏雪源/兰台世界/2015（24）

69. 论传统女德的批判继承——以班昭女诫为例/肖群忠 Peng Fasheng/孔学堂/2016（2）

70. 班昭生卒年考辨/戈冬莹/现代语言（学术综合版）/2016（11）

五、班超研究

（一）文献专著

1. 班超通西域/王无咎编选/大众书局/1935

2. 班超/潘公展等编/历代贤豪第 2 辑/胜利出版社/1944

3. 班超/黄文弼/胜利出版社/1946

4. 班超年谱/廉立之/西北师范学院印行/1946

5. 班超/〔日〕贝冢茂树/东京讲谈社/1997

6. 后汉勇将班超：西域攻略/〔日〕太佐顺/东京 PHP 研究所/2004

7. 投笔从戎：班超/姜正成/海潮出版社/2014

8. 班超/孙宝铺/华夏出版社/2017

（二）论文

1. ［法语］东汉三将军——班超、班勇和梁慬/［法］沙畹/1906

2. ［英语］班超/江存源/民立/1916（3）

3. 怎样正确地通过历史人物来进行爱国主义教育——从评论班超的历史功过说起/叶蠖生/小学教师31期/1955

4. 班超对中西交通的贡献/莫任南/湖南师院学报（哲学社会科学版）/1980（2）［经济史（报刊复印资料）/1980（14）］

5. 班超/黄留珠/中国历史大辞典通讯/1982（2）

6. 班超与西域/秦卫星/新疆大学学报（哲学社会科学版）/1983（1）［中国古代史（报刊复印资料）/1983（3）］

7. 班超在西域/李富华/国防/1989（9）

8. 班超献身西域三十年/马国荣/新疆社科论坛/1990（2）

9. 曹参、班超离任时对继任者的嘱托/任继愈/群言/1990（12）

10. 投笔从戎 献身边疆——班超在西域的事迹/齐万良、安悦君/新疆社科论坛/1997（1）

11. 班超的忠告/群言/政府法制/1998（1）

12. 班超任假司马一职考辨/梅显懋、闫海/辽宁师范大学学报/1999（2）

13. 班超宽以待人/敖国栋、汤毅超、晓文/吉林日报/2001. 12. 27

14. 班超治理西域有方/侯增文、李倩/吉林日报/2002. 11. 24

15. 班超/王文良/电影文学/2007（1）

16. 东汉名将班超——投笔从戎 英雄虎胆/戴艳丽/国防/2007（2）

17. 班超：经营西域建奇功/徐习军/大陆桥视野/2009（6）

18. 新疆寻班超觅典故/蒋南桦/西部时报/2010. 6. 1

19. 汉侯班超在疏勒首演/潘黎明/喀什日报（汉）/2010. 10. 8

20. 各方热议汉侯班超/玛依古丽·艾/新疆日报（汉）/2010. 11. 17

21. 班固班超兄弟关系的探究/齐金鹏/学苑教育/2012（12）

22. 扶风对汉代班超家族的纪念/韩金科/龟兹学研究第五辑/2012

23. 新编粤剧——班超胡杨万里情/戏曲品味/2012（144）

24. 班超与东汉中期的西北边疆经略/崔永强/南昌大学学报/2014（2）

25. 班超西域风土记佚文蠡测——兼析甘英出使大秦路线/颜世明、高健/南昌大学学报（人文社会科学版）/2014（2）

26. 班超与东汉中期的西北边疆经略/崔永强/河北北方学院学报/2014（5）

27. 大漠书忠义 丝路扬英名——简评新编秦腔历史剧班超/陈继良/当代戏剧/2014（6）

28. 从异域到任侠——试论日本中国历史小说中班超形象的变迁/钟响/佳木斯职业学院学报/2015（12）

29. 家国视野下的扶风班氏研究——以班超为研究中心/刘夏欣/上海师范大学硕士学位论文/2016

30. 大时代里的大命运：班超经略西域/张涛/人民论坛/2016（1）

31. 班超经略西域的决策艺术及其时代价值/朱永梅、陈金龙/领导科学/2016（33）

32. 东汉西域都护府所在地为新疆新和县玉奇喀特古城——班超曾在这里担任西域都护府最高军政长官/王瑟、秦伟利/2017. 12. 13

六、班勇研究

1. 班勇生平考/柳用能/新疆大学学报（哲学社会科学版）/1978（2）

2. 略述班勇对古代西域的记述/彭卫/历史教学/1987（11）

3. 班勇西域风土记/粟一钟/新疆地方志/1989（4）

4. 略论班勇与西域的关系/张静/新疆社科论坛/2001（4）

5. 班超班勇父子在西域/张磊/今日新疆/2010（6）

6. 柳中屯田与东汉后期的西域政局——兼析班勇的身世/殷晴/西域研究/2011（3）

7. 论班勇经营西域之方略——管窥东汉王朝的西北边防（西域）战略/闫忠林、郝建英/社科纵横/2013（8）

8. 班勇西域诸国记范晔后汉书西域传鱼豢魏略西戎传关系考论——兼与余太山先生商榷/颜世明、刘兰芬/郧阳师范高等专科学校学报/2015（5）

责任编辑：邵永忠

封面设计：黄桂月

责任校对：吕　飞

图书在版编目（CIP）数据

汉书学史. 现当代卷／杨倩如 著 . —北京：人民出版社，2018. 12

ISBN 978 - 7 - 01 - 019968 - 9

Ⅰ. ①汉… Ⅱ. ①杨… Ⅲ. ①中国历史—西汉时代—纪传体 ②《汉书》—研究—20 世纪 Ⅳ. ①K234. 104. 2

中国版本图书馆 CIP 数据核字（2018）第 243391 号

汉书学史

HANSHUXUE SHI

现当代卷

杨倩如　著

人民出版社出版发行

（100706　北京市东城区隆福寺街 99 号）

北京中科印刷有限公司印刷　新华书店经销

2018 年 12 月第 1 版　2018 年 12 月北京第 1 次印刷

开本：710 毫米 ×1000 毫米 1/16　印张：31. 25

字数：500 千字

ISBN 978 - 7 - 01 - 019968 - 9　定价：100. 00 元

邮购地址　100706　北京市东城区隆福寺街 99 号

人民东方图书销售中心　电话（010）65250042　65289539